Einführung in die Arbeitspolitik

Arbeitsbeziehungen und Arbeitsmarkt in sozialwissenschaftlicher Perspektive

Von
Universitätsprofessor
Dr. Berndt Keller

7., völlig überarbeitete Auflage

Oldenbourg Verlag München

Bibliografische Information der Deutschen Nationalbibliothek

Die Deutsche Nationalbibliothek verzeichnet diese Publikation in der Deutschen Nationalbibliografie; detaillierte bibliografische Daten sind im Internet über <http://dnb.d-nb.de> abrufbar.

Rosenheimer Straße 145, D-81671 München
Telefon: (089) 45051-0
oldenbourg.de

Lektorat: Wirtschafts- und Sozialwissenschaften, wiso@oldenbourg.de
Herstellung: Anna Grosser
Coverentwurf: Kochan & Partner, München

Gesamtherstellung: AZ Druck und Datentechnik GmbH, Kempten

ISBN 978-3-486-58475-2

150 Jahre
Wissen für die Zukunft
Oldenbourg Verlag

Inhalt

Abbildungsverzeichnis

1 Einleitung und Problemstellung

1.1 Einleitung

Arbeitspolitik ist ein relativ junges (Lehr- und Forschungs-)Gebiet, das sich erst seit den 1980er Jahren rapide entwickelt und etabliert hat. Seit einiger Zeit beobachten wir, wie sich Arbeitspolitik zunehmend aus der Sozialpolitik ausdifferenziert, in deren Rahmen ihre Fragestellungen zuvor – wenn überhaupt – zumeist thematisiert wurden, und deutlicher zu einem eigenständigen Fachgebiet wird. Die fortschreitende Etablierung im Kanon der sozialwissenschaftlichen Fächer zeigt sich u. a. daran, dass die Veröffentlichungen quantitativ und qualitativ zunehmen. Als akademische Disziplin weist Arbeitspolitik allerdings (noch) keine einheitlichen Konturen auf, was Vorteil und Nachteil zugleich ist. Nicht nur in der öffentlichen und politischen sondern auch in der wissenschaftlichen Diskussion werden mit dem Terminus recht unterschiedliche Inhalte verbunden. Wir gehen von folgender Definition im Sinne einer Nominaldefinition aus: „Arbeitspolitik fragt nach den Entwicklungsbedingungen, Gestaltungsprinzipien und Durchsetzungsformen der Regulierung von Arbeit unter Einbezug der unterschiedlichen Interessen der jeweiligen Akteurssysteme“ (Naschold/Dörr 1992, 38).[1]

In der Arbeitspolitik unterstellen wir, dass nicht technologische Eigengesetzlichkeiten und/oder ökonomischer Determinismus herrschen, sondern dass die sozioökonomischen Bedingungen und Verhältnisse grundsätzlich durch (tarif- und betriebs-)politische Prozesse gestaltet, gesteuert und kontrolliert werden können.[2] Es geht um die zunehmend wichtigeren Handlungsspielräume und -alternativen bei der Gestaltung und Änderung dieser betrieblichen und überbetrieblichen Politikfelder,

---

1 Eine ähnliche Definition lautet: „Unter Arbeitspolitik wird der Prozess der Einflussnahme von betrieblichen, überbetrieblichen und staatlichen Handlungsträgern auf die Organisation des Arbeits- und Produktionsprozesses und seine sozialen Folgewirkungen – unter Berücksichtigung unterschiedlicher Interessenlagen – verstanden“ (Wissenschaftszentrum Berlin für Sozialforschung 1988, 82; zusammenfassend zu diesem Forschungsprogramm Hildebrandt et al. 2007).

2 Lutz sprach in anderem Kontext von der „Lösung aus den Verkürzungen des technologischen Determinismus“ (Lutz 1987b, 48).

d.h. um Formen der politischen Regulierung und damit letzten Endes um die Endogenisierung von Politik auf der Mikro- und Makroebene. Lange Zeit blieb diese Sichtweise innerhalb der (Industrie-)Soziologie, Rechtswissenschaft und Ökonomie weitgehend ausgeklammert (Naschold 1989; Jürgens 2007).

Wir konzipieren Arbeitspolitik als interdisziplinäres Forschungs- und Lehrgebiet, welches wesentliche Teile heterogener etablierter Disziplinen umfasst[3], so z. B.

- aus der Soziologie besonders die Betriebs- und Industrie- (Deutschmann 2002; Schumann 2003; Hirsch-Kreinsen 2005), aber auch Teile der Arbeits- (Mikl-Horke 2000; Abraham/Hinz 2005; Minssen 2006) und Wirtschaftssoziologie (Buß 1996);
- aus der Betriebswirtschaftslehre vor allem die Bereiche „Personal und Organisation" (Staehle 1999; Sadowski 2002; Backes-Gellner et al. 2001), wobei letzterer mit der Organisationstheorie (Kieser 2005; Schreyögg 2003; Müller-Jentsch 2003) eng verbunden ist;
- aus der Volkswirtschaftslehre verschiedene Aspekte vor allem der institutionalistisch orientierten Arbeitsökonomik (Ehrenberg/Smith 2006; Franz 2006; Kaufman/Hotchkiss 2005; Solow 1990) bzw. der Arbeitsmarkttheorie und -politik (Sesselmeier/Blauermel 1997; Zerche et al. 2000; Schmid 2002; Franz 2006);
- aus der Rechtswissenschaft insbesondere das individuelle und vor allem das kollektive Arbeitsrecht (u. a. Tarifvertrags- und Arbeitskampfrecht) (Hanau/Adomeit 2005; Brox/Rüthers 2007; Söllner/Waltermann 2003; Otto 2003; Weiss/Schmidt 2000);
- aus der Psychologie vor allem die Arbeits- und Organisations- (Frei/Udris 1990; Ulich 2005; Weinert 2004) sowie die Wirtschaftspsychologie (Frey et al. 2005);
- aus der Politikwissenschaft (Abromeit/Blanke 1987; Armingeon 1994) u. a. die Verbandsforschung, wobei enge Verbindungen zur neo-institutionalistisch orientierten Politischen Ökonomie bestehen (Hall/Soskice 2001; Traxler et al. 2001);
- aus der Geschichte vor allem die Sozial- und Wirtschaftsgeschichte (Ambrosius et al. 1996; Ambrosius 2001; Berghahn/Vitols 2006).

Unsere Vorgehensweisen und Zielsetzungen sind Folgende:

- Wir werden bei allen Fragestellungen deren historische Dimensionen nicht ausführlich behandeln, die in der Regel anderswo vergleichsweise gut dokumentiert sind (Adamy/Steffen 1985; Endruweit et al. 1985; Berghahn/Karsten 1987; Müller-Jentsch 1988). Außerdem kann eine notwendige Relativierung der eigenen Betrachtungsweise, die durch historische Darstellungen erzielt werden soll, auch durch Herstellung internationaler Bezüge erreicht werden (Hall/Soskice 2001).

[3] Gleichwohl kann eine „Einführung in die Arbeitspolitik" natürlich das Studium der entsprechenden Disziplinen nicht ersetzen.

- Wir befassen uns vorrangig mit den aktuellen Bezügen, was in Zeiten abnehmender „Halbwertzeiten“ von Wissen ein mehr als ehrgeiziges Unterfangen darstellt (Edwards 2005 als britisches Äquivalent). Wir tun dies in der Hoffnung, einen – wahrscheinlich eher bescheidenen – Beitrag, nicht nur zum Verständnis und zur Analyse, sondern auch zur Lösung gegenwärtiger und zukünftiger Probleme zu leisten.[4] In dieser expliziten Politik- und Anwendungsorientierung besteht das inhaltliche Ziel dieser einführenden, überblicksartigen Darstellung; das „Ende der Arbeitsgesellschaft“ (Dahrendorf 1983), das seit den frühen 1980er Jahren verschiedentlich propagiert wird, ist noch lange nicht in Sicht.
- Wir wollen kursorisch den Blick über die nationalen Grenzen auf Länder richten, ohne jedoch systematische internationale Vergleiche anzustreben, die seit den 1990er Jahren im Rahmen der „international and comparative industrial relations“ häufiger angestellt werden (Adams 1995; Bamber et al. 2004; Bean 1995; Eaton 2000; Ferner/Hyman 1998; Locke et al. 1995a; Katz/Darbishire 2000; van Rysseveldt et al. 1995). Durch kursorische Vergleiche können wir Besonderheiten der spezifisch deutschen Entwicklung und Situation sowie die Vor- und Nachteile verschiedener Strategien der Problemlösung deutlicher erkennen.
- Wir versuchen im Gegensatz zu anderen Beiträgen, keine rein disziplinäre Betrachtung zu liefern, sondern gemäß dem formulierten Anspruch inter- oder zumindest multidisziplinär vorzugehen oder verschiedene (Fach-)Perspektiven doch wenigstens additiv zu berücksichtigen.
- Schließlich analysieren wir primär nicht die rechtlich-institutionellen Rahmenbedingungen, welche das individuelle und korporative Handeln beeinflussen, aber nicht determinieren. Von zentraler Bedeutung ist für die Arbeitspolitik das tatsächliche Handeln der Akteure und seiner Konsequenzen im Rahmen bestimmter, extern gesetzter *constraints* und *opportunities*. Arbeitsrecht und Arbeitspolitik unterscheiden sich durch diese Unterschiede in der Schwerpunktsetzung.

Ein solches Konzept stellt keinen Selbstzweck dar, sondern formuliert die Rahmenbedingungen für die Aushandlung von Kompromissen zwischen Vertretern von Interessen *on both sides of industry*, die zum Teil parallel gelagert, zum Teil entgegen gesetzt sind („Konfliktpartnerschaft“). Letztlich geht es um strategische Wahlen bei Entwicklungsprozessen gesellschaftlicher Arbeit. Dieser Gestaltung der Beziehungen zwischen „Markt“ und „Staat“ sind auch internationale Organisationen verpflichtet: „The core premise ... is that industrial relations provide the crucial link between economic and social organization ... Industrial relations will be considered for their potential in reforming the social stability upon which the market economies are based and which they require for their uncontested operation“ (ILO 1996, 9).

---

4 In seinem aktuell vielfach diskutierten Ansatz unterscheidet Kaufmann (2004b; 2007) explizit drei Prinzipien bzw. fundamentale Theoreme: *science building, problem-solving, ethical/ideological*.

Der Untertitel „Arbeitsbeziehungen und Arbeitsmarkt in sozialwissenschaftlicher Perspektive“ signalisiert die beiden großen inhaltlichen Schwerpunkte. Dabei besteht folgende Schwierigkeit: Zum einen blenden die vorliegenden Darstellungen über Arbeitsbeziehungen[5], die klassisch-traditionell als *industrial and labor relations*[6], aktuell in Analogie zu Entwicklungen in den USA und Großbritannien eher als *employment relations* bezeichnet werden, häufig Arbeitsmarktprobleme, vor allem die Arbeitsmarkt- und Beschäftigungspolitiken, aus (Müller-Jentsch 1997; Weiss/Schmidt 2000). Andererseits berücksichtigen Studien über Arbeitsmarktprobleme oft die korporativen Akteure bzw. Institutionen der Arbeitsbeziehungen nicht hinreichend: Wir wollen der institutionalistischen Tradition der *labor economics* (Kaufman/Hotchkiss 2005; Reynolds et al. 1997; Kerr/Staudohar 1994) folgen und beide Perspektiven einbeziehen, um dadurch eine realistische und umfassende Analyse zu ermöglichen. Insofern besteht ein innovativer Anspruch dieser Einführung.[7]

Die Systeme sozialer Sicherung, die klassischerweise den Gegenstandsbereich der Sozialpolitik(-lehre) ausmachen, berücksichtigen wir im Folgenden insofern, als sie Wahl arbeitspolitische Strategien aktuell beeinflussen, was vor allem für Arbeitslosen- und Rentenversicherung gilt. Seit den 1990er Jahren werden zudem die engen Interdependenzen zwischen Arbeits- und Sozialpolitik deutlich (zunächst bei Problemen der Frühverrentung, aktuell bei der sozialen Sicherung atypisch Beschäftigter)[8] bzw. die bis dato dominierende Abgrenzung obsolet.

Ebenfalls nicht ausführlich behandeln wir Teilgebiete der Betriebswirtschaftslehre, die in der Bundesrepublik verschiedene Bezeichnungen bzw. konzeptionelle Orientierungen haben (u. a. Personalwesen, Personalmanagement, Personalwirtschaft,

---

[5] Ich teile folgende, nach wie vor gültige Einschätzung des Forschungsstandes: „Ungeachtet aller Verdienste, die sich die Arbeitsrechtswissenschaft, die Industrie- und Betriebssoziologie oder die ökonomische Theorie der Lohnbildung ... erworben haben, hat jedoch die wissenschaftliche Analyse der Arbeitsbeziehungen in der Bundesrepublik bislang weder Kontinuität gewonnen noch einen eigenständigen Forschungszweig etablieren können. Im internationalen Vergleich – man denke nur an den angelsächsischen Sprachraum, wo die industrial relations einen festen Platz im Konzert der etablierten und „verberuflichten“ Disziplinen einnehmen, liegt die interdisziplinäre Forschung hierzulande weit zurück“ (Cordes 1989, 97).

[6] Als Übersetzungen werden für diesen Begriff in der deutschsprachigen Literatur u. a. „Industrielle Beziehungen“, „Austauschbeziehungen zwischen Kapital und Arbeit“ oder „Arbeitnehmer-Arbeitgeber-Beziehungen“ (zur Entwicklungsgeschichte Plumpe 1996) sowie in der aktuellen Literatur „Beschäftigungsbeziehungen“ als Synonyme verwendet.

[7] Die in den 1980er Jahren – vor allem aus politikwissenschaftlicher Perspektive – vorgelegten Sammelbände (Jürgens/Naschold 1984; Naschold 1985; Abromeit/Blanke 1987) hatten den wesentlichen Vorteil, dieses Forschungsfeld erstmalig zu thematisieren und die „arbeitspolitische Wende“ der Betrachtungsweise einzuleiten.

[8] Ansonsten ist auf die vergleichsweise breite, auch aktuelle (Lehrbuch-)Literatur zur Sozialpolitik (Schmidt 2005; Bäcker et al. 2008; Lampert 2004) zu verweisen.

Personalökonomie, *human resource management* (HRM)) (Weber 1996; Martin/Nienhüser 1998; Staehle 1999; Sadowski 2002; Breisig 2005). Diese „Schulen" weisen, wenn man von den wenigen sozialwissenschaftlich orientierten Ausnahmen absieht, nur lockere persönliche und/oder institutionelle Verbindungen zur Analyse von Arbeitsbeziehungen auf.[9] Sie haben sich in den vergangenen Jahrzehnten zu einer eigenständigen Disziplin sowie vor allem in den angelsächsischen Ländern zum ernsthaftesten Konkurrenten der *industrial relations* bzw. *employment relations* entwickelt, obwohl Schnittstellen bestehen oder sich enge Verbindungen herstellen lassen (Bacon 2003; Kaufman 2004b; Jacoby 2005a).

1.2 Gliederung

Grundsätzlich stehen zwei Möglichkeiten beim Aufbau bzw. bei der Gliederung einer Einführung zur Verfügung: Wir können mit den Politikfeldern oder mit den korporativen Akteuren beginnen. Im Folgenden wählen wir sowohl auf der Basis längerer didaktischer Erfahrungen als auch aus methodologischen Gründen das Akteurskonzept. Probleme der Arbeitspolitik sind bisher nur selten aus der Perspektive und mit den analytischen Instrumenten des methodologischen Individualismus analysiert worden; im Folgenden tragen wir der neueren Theorieentwicklung Rechnung (Schienstock 1982; Müller-Jentsch 2004b)[10], die durch eine massive Erschütterung des lange Zeit dominierenden Systemansatzes gekennzeichnet ist.

Die Strategie, dem struktur-individualistischen Paradigma zu folgen, d. h. von den Ressourcen, Interessen und der (Handlungs-)Logik der beteiligten Akteure her zu argumentieren, verleiht der Analyse innovative Züge in theoretischer Hinsicht. Das Ziel des individualistischen Programms besteht nicht nur in der Analyse von individuellem Handeln und individuellen Effekten, sondern gerade in der Erklärung sozialer Strukturen und Prozesse sowie kollektiver Phänomene (Coleman 1990; Diekmann/Voss 2004; Esser 1999). Zudem ist es in höherem Maße als andere anschlussfähig für Ansätze benachbarter Disziplinen (u. a. der Ökonomie).

---

[9] Dieses Problem zeigt sich in der formalen und weitgehend auch informellen (Nicht-)Beziehung zwischen der *German Industrial Relations Association* (GIRA) und der *Kommission Personal des Verbandes der Hochschullehrer für Betriebswirtschaftslehre* sowie deren Publikationsorganen (zu Einzelheiten Keller 2005). Eine systematische Koordinierung von Aktivitäten wäre sinnvoll. Vgl. zu der schwierigen Beziehung von HRM und industrial relations im Einzelnen König (2005).

[10] Ausgangspunkt der in den *industrial relations* sträflich vernachlässigten Theoriediskussion ist meistens der zuerst 1958 publizierte systemorientierte Ansatz von Dunlop (1993). Ein weiterer Meilenstein im Rahmen eines nach wie vor dominierenden Theorienpluralismus ist der *strategic choice*-Ansatz von Kochan et al. (1986) (zur Kritik Chelius/Dworkin 1990). Einen Überblick über die aktuell vorrangig diskutierten Paradigmen bieten die Beiträge in Kaufman (2004a).

Ausgangspunkt der folgenden Analyse sind nicht, wie in der Personalökonomie (Sadowski 2002, 72-152), die individuellen, sondern die korporativen Akteure der Arbeitsbeziehungen,[11] bei denen wir gemäß der gängigen *industrial and labor relations*-Forschung unterscheiden:

- Arbeitgeber und ihre Verbände, d. h. Unternehmens- sowie vor allem Arbeitgeberverbände,
- Arbeitnehmer und ihre kollektiven Interessenvertretungen, d. h. Betriebsräte (auf betrieblicher Ebene) und Gewerkschaften (auf sektoraler Ebene),
- Staat bzw. staatliche Agenturen.

Zunächst stellen wir diese korporativen Akteure in den Kap. 2 bis 4 kurz vor, indem wir Basisinformationen über ihre Organisationsformen, Strategien und Handlungsoptionen vermitteln. Danach behandeln wir in den Kap. 5ff. im Einzelnen die Politikfelder des „dualen" Systems der Arbeitsbeziehungen, in denen Konfliktregulierung und Konsensbildung stattfinden; wir beginnen wiederum aus didaktischen Gründen mit der niedrigsten Ebene und schreiten bis zur höchsten fort:

- betriebliche Ebene (Betriebsverfassung),
- überbetriebliche Ebene (Unternehmensmitbestimmung),
- sektorale bzw. Branchenebene (Tarifvertragsprobleme),
- gesamtwirtschaftliche Ebene.[12]

Bei dieser Analyse der Arbeitsbeziehungen gehen wir über ihren klassisch-orthodoxen Gegenstand, die Institutionen von *unionism and collective bargaining*, deutlich hinaus und zielen auf die *regulation of all aspects of the employment relationship* (Kaufman 2004a; Keller 2005). Der Schwerpunkt liegt aus Gründen des Umfangs auf der Privatwirtschaft unter Einbeziehung der Dienstleistungssektoren, ohne ausführlich auf branchenspezifische Entwicklungen und Probleme einzugehen.[13]

Traditionell dominierten sozialwissenschaftliche, vor allem soziologische Analysen (Fürstenberg 1991; 2000). Seit den 1990er Jahren beobachten wir – ähnlich wie vorher in den angelsächsischen Ländern – eine gewisse, fortschreitende „Ökonomisierung" (Bertelsmann Stiftung/Schnabel 2003; Dilger 2002; Frick 2003), die den Gegenstandsbereich sowohl in methodischer als auch in inhaltlicher Hinsicht ver-

---

[11] Ausgehend von dem Konzept Colemans (1990) verwenden wir durchgängig dessen Begrifflichkeiten und grenzen uns von den üblichen Vorstellungen kollektiver Akteure ab.

[12] Wir beginnen mit den *politics in production* und bewegen uns in Richtung *politics of production*. Anders formuliert: Berücksichtigung finden die Binnen- und die Außenbeziehungen bzw. die betriebliche und die außerbetriebliche Arbeitspolitik (ähnlich Lehndorf 2006).

[13] Die sinnvolle Analyse der Arbeitspolitik des öffentlichen Sektors, die aufgrund seiner rechtlich-institutionellen Besonderheiten gesondert vorzunehmen wäre, muss aus Platzgründen ausgespart bleiben (Keller 1993, international vergleichend Bach et al. 1999, Dell'Aringa et al. 2001).

schiebt: Die Bedeutung quantitativ-ökonometrischer Methoden nimmt auf Kosten qualitativer Verfahren (u. a. Fallstudien) zu, die inhaltlichen Fragestellungen zielen auf Effizienz und Effektivität von Institutionen statt auf industrielle Demokratie oder Legitimität (international vergleichend Strauss/Whitfield 1998; Whitfield/ Strauss 2000). Diese allmähliche Verschiebung kommt unserer multidisziplinären Vorgehensweise entgegen, solange sie die klassisch-sozialwissenschaftliche Perspektive erweitert und nicht zur Landnahme eines „ökonomischen Imperialismus" neigt.

Anschließend behandeln wir ausführlich den anderen Schwerpunkt der Arbeitspolitik, d. h. die *labor economics* oder Arbeitsmarktprobleme. Dabei wählen wir zuerst eine theoretische Perspektive und gehen der Frage nach, welche Angebote die Sozial- und vor allem die Wirtschaftswissenschaften vorlegen, um die Vorgänge auf Arbeitsmärkten zu erklären; ausgehend vom neoklassischen Basismodell stellen wir dessen Weiterentwicklungen bis zur „neuen Mikroökonomie des Arbeitsmarktes" (Franz 2006) dar. Danach geht es in einer politischen Perspektive um die Frage, mit welchen Instrumenten in Zeiten hoher und persistenter Arbeitslosigkeit und Unterbeschäftigung das Geschehen auf Arbeitsmärkten beeinflusst werden kann.[14]

Im letzten Teil erweitern wir die Perspektive und behandeln aktuelle Probleme, die nicht unbedingt *industrial relations*, aber *employment relations* ausmachen:

- Fragen der Flexibilisierung und Regulierung der Arbeitsbeziehungen und Arbeitsmärkte, vor allem ihrer politischen Gestaltung zwischen „Flexibilität" und „Rigidität" unter Einbezug der atypischen Beschäftigung, die seit den 1980er Jahren an Bedeutung gewinnt (Keller/Seifert 2007; Pernicka/Aust 2007),
- die Zukunft der nationalen, d. h. betrieblichen und sektoralen Arbeitsbeziehungen in Zeiten von „Dezentralisierung" und „Verbetrieblichung" (Müller-Jentsch/ Weitbrecht 2003),
- die Konsequenzen für die nationale Arbeitspolitik in Zeiten der Internationalisierung verschiedener Märkte, die wir im Schlussteil vor allem als Europäisierung (Keller/Platzer 2003; Marginson/Sisson 2006) und weniger als „Globalisierung" konzeptualisieren.[15] Dabei führen wir explizit die supranationale Ebene als eine

---

[14] Die Entwicklungen und Probleme der Arbeitspolitik in den neuen Bundesländern (zusammenfassend Bergmann/Schmidt 1996; Schroeder 2000) prägten die Forschung der 1990er Jahre und dürfen in einem Lehrbuch nicht fehlen. Wir behandeln sie bewusst nicht in einem eigenständigen Kapitel, was aus Sicht des Autors die einfachere Lösung wäre. Wir ordnen diese Aspekte vielmehr den jeweiligen Inhalten zu, also den Kapiteln über korporative Akteure bzw. Politikfelder. Demgegenüber bleibt die Transformationsforschung zu Mittel- und Osteuropa ausgeklammert.

[15] Prozesse der „Globalisierung", die u. a. Ergebnisse einer zunehmenden Kapitalmobilität sowie der *exit*-Drohung darstellen, sind empirisch (u. a. in Bezug auf Direktinvestitionen im Ausland) eher solche der Triadisierung, die Europa, Nordamerika und Südostasien ein- und vor allem Lateinamerika und Afrika weitgehend ausschließen (Jacoby 1995). Außerdem sind in den ökonomisch wie politisch organisierten Kontexten der EU Probleme der Regulierung einfacher zu lösen.

infolge der fortschreitenden Integration (Vollendung des Binnenmarktes, Beginn der Wirtschafts- und Währungsunion) notwendige zusätzliche Ebene der Arbeitspolitik ein, die einfacher zu regulieren ist als die globale (Ferner/Hyman 1998). Diese Ansätze schließen sowohl *corporate governance* als System der Unternehmensführung und -kontrolle als auch von *governance* allgemein ein.

Wir vermitteln in den einzelnen Kapiteln zunächst allgemeine und aktuelle Grundlagen. Am Ende eines jeden Kapitels finden sich Hinweise auf aktuelle und überblicksartige Literaturtitel, deren Lektüre auf der Basis langjähriger Erfahrungen in Lehrveranstaltungen des Grund- und Hauptstudiums geeignet sind, die behandelten Inhalte aus unterschiedlichen Perspektiven zu vertiefen und zu ergänzen.

Einführende Literatur

Franz,W. (2006), Arbeitsökonomik, 6.überarb. Aufl., Berlin-Heidelberg.

Hoffmann,R./Jacobi,O./Keller,B./Weiss,M.(Hg.) (1998), The German model of industrial relations between adaptation and erosion, Düsseldorf.

Industrielle Beziehungen. Zeitschrift für Arbeit, Organisation und Management, seit 1994.

Müller-Jentsch,W. (1997), Soziologie der industriellen Beziehungen. Eine Einführung, 2.erw.Aufl., Frankfurt/Main-New York.

Müller-Jentsch,W.(Hg.) (1999), Konfliktpartnerschaft. Akteure und Institutionen der industriellen Beziehungen, 3.erw.u.verb.Aufl., München-Mering.

Müller-Jentsch,W. (2007), Strukturwandel der industriellen Beziehungen. ‚Industrial Cizitenship' zwischen Markt und Regulierung, Wiesbaden.

Otto,H. (2003), Arbeitsrecht, 3. neu bearb. Aufl., Berlin.

Staehle,W.H. (1999), Management. Eine verhaltenswissenschaftliche Perspektive, 8.überarb. Aufl., München.

Streeck,W. (1992), Social institutions and economic performance. Studies of industrial relations in advanced capitalist economies, London.

Weiss,M./Schmidt,M. (2000), Labour law and industrial relations in Germany, 3rd revised ed. Deventer.

2 Korporative Akteure I: Arbeitgeber- / Unternehmerverbände

Unser theoretisches und empirisches Wissen über die intermediären Organisationen bzw. korporativen Akteure der Arbeitspolitik ist unterschiedlich: Während Gewerkschaften traditionell im Mittelpunkt des wissenschaftlichen und öffentlichen Interesses stehen, so dass wir über sie vergleichsweise gut und umfassend informiert sind, sind unsere Kenntnisse über Arbeitgeber bzw. Unternehmer und deren Verbände nach wie vor recht rudimentär.[16] „The general lack of systematic study of employer associations has meant that there are few established frameworks for analysing these instituitions“ (Plowman 1991, 59).[17]

Dies gilt besonders für die Ebene der einzelnen Mitglieds-, weniger für die der Dachverbände. Diesem erstaunlichen Wissensdefizit, über dessen Ursachen (u. a. defensive Informationspolitik, mangelnde Öffentlichkeitsarbeit, Zugangsprobleme für externe Beobachter) nicht weiter spekuliert werden soll, wollen wir im Folgenden ein Stück weit abhelfen. Wir befassen uns zunächst mit dem in den Verbandssatzungen vorgegebenen, formalen Aufbau (u. a. Organe, Organisation der Willensbildungsprozesse), dann mit der Beschreibung der realen Verhältnisse und ihrer aktuellen Veränderungen sowie mit theoretischen Erklärungen der Verbandsbildung.

Wir unterscheiden zwischen den drei charakteristischen Säulen unternehmerischer Interessenorganisation, d. h. zwischen

- speziellen Arbeitgeberverbänden, die vor allem für die Sozialpolitik zuständig sind und die tarifpolitischen Interessenvertretung gegenüber den Gewerkschaften wahrnehmen bzw. arbeitsmarktbezogene Interessen vertreten (Dach- bzw. Spitzenverband: Bundesvereinigung der Deutschen Arbeitgeberverbände [BDA]),

---

[16] Vgl. als Zusammenfassung älterer Arbeiten Rampelt (1979); Schmitter/Streeck (1981); Czada (1987); Abromeit (1987).

[17] Auf die Bedeutung der Erforschung von Arbeitgeberverbänden bzw. -interessen ist in der *industrial relations*-Literatur gelegentlich hingewiesen worden. Vgl. für andere Flanders (1970, 215).

- allgemeinen Unternehmens- bzw. Wirtschaftsverbänden, die vor allem die breit gefächerten gemeinsamen wirtschaftspolitischen Belange der gesamten Industrie (u. a. Steuerwesen, Wirtschaftsrecht) durch Lobbying gegenüber Parlament, Parteien und Öffentlichkeit verfolgen bzw. produktmarktbezogene Interessen vertreten (Spitzenverband: Bundesverband der Deutschen Industrie [BDI]) (Mann 1994; Burgmer 1999; Lang/Schneider 2006),
- sowie den Kammern (Industrie- und Handelskammern bzw. Handwerkskammern) als Vertretern der Interessen der gewerblichen Wirtschaft (Dachverband: Deutscher Industrie- und Handelskammertag [DIHK] bzw. Zentralverband des Deutschen Handwerks [ZDH]).

Insgesamt besteht ein dichtes Netz von Verbänden industrieller Produzenteninteressen, in denen nahezu alle Einzelinteressen organisiert und arbeitsteilig-kooperativ vertreten werden. Wichtige Informations- und Koordinationsaufgaben übernimmt der Gemeinschaftsausschuss der Deutschen Gewerblichen Wirtschaft. Im Kontext von Arbeitspolitik sind vor allem die Arbeitgeberverbände wichtig, die in historischer Perspektive die Antwort der Unternehmer auf die Bildung von Koalitionen seitens der Arbeitnehmer waren (sog. Antistreikvereine) (Müller-Jentsch 1997, 160-174). Wir wollen die unterschiedlich gestalteten Austauschbeziehungen zwischen Verbänden und Staat (Verbände als Träger öffentlicher Funktionen) zunächst ausklammern; hierauf kommen wir in Kap. 4 ausführlich zurück. Wir befassen uns also zunächst mit der „Mitgliederlogik" und stellen die „Einflusslogik" der Verbände vorläufig zurück.[18] Im Mittelpunkt stehen die sektoralen (international vergleichend van Waarden 1991; 1995a; 1995b) und nicht die Dachverbände (zu letzteren international vergleichend Behrens/Traxler 2004a; 2004b).

2.1 Die Industrie- und Handelskammern

Ein in der Forschung wenig beachteter Fall (eine Ausnahme bildet Adam 1979) aus dem „intermediären" Bereich der Verbände sind die insgesamt 82 Industrie- und Handelskammern, die Vertretung der allgemeinen Wirtschaftsinteressen aller Betriebe und Branchen auf regionaler Ebene. Im Gegensatz zu Unternehmens- und Arbeitgeberverbänden, die die Rechtsform von Vereinen des bürgerlichen Rechts haben, sind die Kammern – nicht dagegen ihr Dachverband, der DIHK – öffentlich-rechtliche Körperschaften, die staatliche und halbstaatliche Aufgaben wahrnehmen. Das „Gesetz zur vorläufigen Regelung des Rechts der IHKn" vom 18.12.1956 nennt in § 1 folgende Aufgaben der Kammern: Wahrung des Gesamtinteresses, Förderung

[18] Diese inzwischen in der Verbandsforschung geläufige Unterscheidung zwischen „logic of membership" und „logic of influence" geht zurück auf Child et al. (1973).

der gewerblichen Wirtschaft und Interessenausgleich, Kammergutachten, Sorge für Wahrung von Anstand und Sitte, Anlagen und Einrichtungen, Ursprungszeugnisse, Handelsbescheinigungen, übertragene Aufgaben. Diese Aufgaben lassen sich zu drei Blöcken zusammenfassen:

- Wahrung des Gesamtinteresses der angeschlossenen Betriebe,
- Durchführung hoheitlicher Aufgaben,
- freiwilliges Dienstleistungsangebot.

Die Kammern erfüllen ihre Aufgaben in Auftrags- und Selbstverwaltung.

Die massiven staatlichen Organisationshilfen erfolgen quasi im Austausch gegen sachverständige Entscheidungshilfen seitens der Kammern und einen Konflikt- und Interessenausgleich durch Interessenaggregation. Allerdings verursachen die Organisationshilfen eine Reihe von Folgeproblemen (u. a. Behördenimage der Kammern, Nicht-Wahrnehmung der Aktivitäten durch die Mitglieder). Die Kammern sind trotz einer staatlichen Bestandsgarantie mitgliederabhängige Organisationen, deren Stabilität und Funktionsfähigkeit – jenseits rechtlicher Normierung – wesentlich von Ressourcen abhängen, welche ihre Mitglieder freiwillig einbringen (Zeit für ehrenamtliche Tätigkeiten, Wissen, zusätzliche finanzielle Mittel, Folgebereitschaft) (Groser et al. 1986). Unter der Rubrik „geschickter" Umgang mit dem Staat lassen sich folgende Strategien als Reaktion auf diese Folgeprobleme nachweisen: Kombination von (staatlich zugewiesenen) Kontrollfunktionen als Beratungsdienstleistungen bzw. Service, Sicherung und Ausbau von Einflusssphären durch Mitwirkungs- und Anhörungsrechte, Sicherung der organisatorischen Autonomie.

Zentrale Strategien zur Mitgliedermobilisierung bestehen im „Ausbau von Serviceleistungen". Hierbei lassen sich Dienstleistungsangebote unterscheiden, die durch Gutachtertätigkeit in staatliche Programme eingebunden sind, sowie eine Vielzahl freiwilliger Angebote für Mitglieder; letztere werden nicht aus dem Kammeretat, sondern über Teilnehmergebühren finanziert. Innerhalb des zuerst genannten Bereichs lassen sich Innovations- und Technologieberatung, verschiedene Bemühungen im Existenzgründungsbereich sowie Flächennutzungs- und Bauleitplanung unterscheiden. Innerhalb des Angebots ohne staatliche Unterstützung finden sich Börsen, praxisbezogene Fort- und Weiterbildungsseminare und Anschluss an EDV-Systeme. Aufgrund der technologischen Entwicklung übernehmen die Kammern oft eine Vielzahl neuer Tätigkeiten bzw. entfalten freiwillige zusätzliche Aktivitäten; sie entwickeln innerhalb kurzer Zeit neue Schwerpunkte in der Kammerarbeit (u. a. Innovations- und Existenzgründungsberatung, berufliche Anpassungsfortbildung).

Wegen der Übernahme staatlicher Aufgaben bzw. der Ausstattung mit staatlichen Vollmachten besteht für alle zur Gewerbesteuer veranlagten Betriebe Zwangsmitgliedschaft mit Beitragspflicht, während die übrigen Verbände aufgrund freiwilliger Mitgliedschaft auf vertraglicher Basis bestehen. Daraus resultieren staatliche Organisationshilfen (Rechtsstatus als Körperschaft des öffentlichen Rechts, Kammerzugehörigkeit kraft Gesetzes, Selbstverwaltung) und eine überfachliche regionale Begrenztheit.

2.2 Aufbau und Aufgaben

Innerhalb eines Systems der Arbeitsbeziehungen besteht die grundsätzliche Alternative „einheitlicher Unternehmensverband vs. besonderer Arbeitgeberverband" durch funktionale Differenzierung (van Waarden 1995a; 1995b). In der Bundesrepublik hat sich – im Gegensatz zur Mehrheit der EU – oder OECD-Mitgliedsländer[19] – die Mehrzahl der Verbände für die zuletzt genannte Strategie des sog. Trennmodells entschieden und damit gegen sog. gemischte oder Gemeinschaftsverbände. Damit wird das insgesamt recht heterogene Interessenspektrum von Unternehmen in relativ homogenere und bei gegebenem Ressourceneinsatz besser zu organisierende Produktmarkt- und Arbeitsmarktsegmente gegliedert, die sich an den jeweiligen Austauschpartnern der Unternehmen orientieren. Da die (Sonder-)Interessen der Einzelmitglieder arbeitsteilig-kooperativ durch spezialisierte Verbände vertreten werden, besteht aus der Mikroperspektive des einzelnen Unternehmens Grund zu Doppel- und Mehrfachmitgliedschaften; diese sind wegen der Differenzierung der Interessenvertretung durch die verschiedenen Verbände unproblematisch und sinnvoll.[20]

Die Organisation der unternehmerischen Interessen bzw. die Abgrenzung von Verbandsdomänen erfolgt zum einen nach dem Fachprinzip (der vertikalen Integration, d. h. nach Wirtschaftszweigen bzw. Branchen), zum anderen nach dem Regional- bzw. Territorialprinzip (der horizontalen Integration, d. h. nach Gebieten); hieraus resultiert die charakteristische Doppelorganisation in fachliche und überfachliche Arbeitgeberverbände (53 Bundesfachverbände bzw. 14 Landesverbände).[21] Ihr

[19] „The structure of these groups varies among the member states [of the European Union, B.K.]. In some cases, notably Germany, separate employer and industry federations exist ... However, more typically the two are combined, as in the case of the Conseil National du Patronat Francais in France, the Confederazione Generale dell'Industria Italinia in Italy, and the Confederation of British Industry in the United Kingdom. In some countries, the services sector is included, in others not; in some, publicly owned companies are included, in others not. Generally, the membership consists of national associations, but occasionally companies are included as well. In addition to these organizations, each country has its own national chamber of commerce (with compulsory membership in most EC member states) plus a variety of other cross-sectoral organizations" (Calingaert 1993, 120).

[20] Derartige funktionale Spezialisierungen bestehen auf Arbeitnehmerseite nicht. Ein wesentlicher Unterschied besteht darin, dass Gewerkschaften Individuen, Unternehmens- und Arbeitgeberverbände hingegen Betriebe bzw. Unternehmen organisieren.

Zweck ist die Wahrung der gemeinsamen Interessen ihrer Mitglieder als Arbeitgeber sowie der Interessenausgleich zwischen ihnen. Diese Aufgaben erfüllen sie durch den Abschluss von Tarifverträgen sowie durch Hilfe und Beratung ihrer Mitglieder in allen Fragen des Arbeits- und Tarifrechts sowie bei Rechtsstreitigkeiten vor den Arbeits- und Sozialgerichten. Damit können wir zwischen externen (Interessendurchsetzung) (Sisson 1987) und internen (Selbsthilfe-)Funktionen unterscheiden (sog. innerer und äußerer Zweckkreis).[22]

Abb. 2.1: Die Struktur der BDA

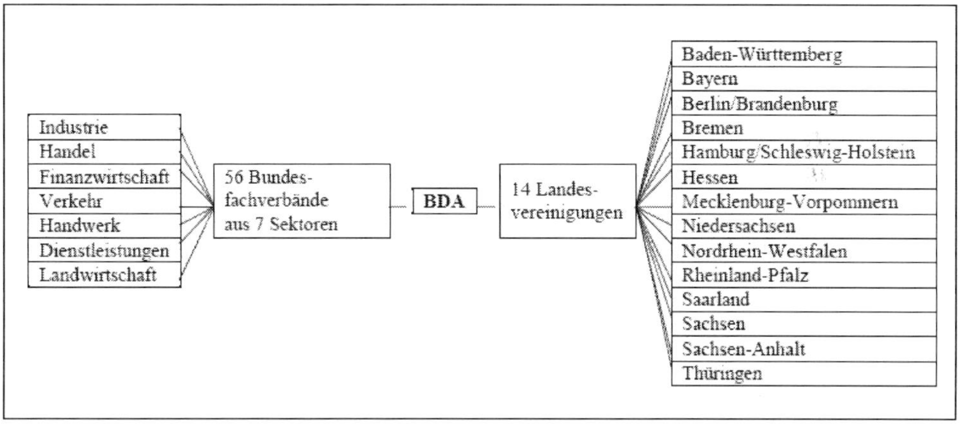

Quelle: Eigene Darstellung nach http://www.arbeitgeber.de/bdaonline.nsf/id/Mitglieder.

21 Gemeinsame Landesverbände bestehen für Berlin und Brandenburg sowie für Hamburg und Schleswig-Holstein.

22 Eine für unsere Zwecke hilfreiche (Nominal-)Definition gibt Schroeder (2007, 203): „Arbeitgeberverbände sind Zusammenschlüsse von miteinander konkurrierenden Unternehmen, die sich im Hinblick auf Ressourcenausstattung und Handlungsmöglichkeiten stark unterscheiden. Ihr Zweck ist es, trotz divergierender Partialinteressen und trotz des ausgeprägten Strebens der Unternehmen nach Entscheidungsautonomie, kollektives Handeln zu organisieren, das zumindest in Teilbereichen auch Vorgaben für unternehmerisches Handeln macht."

Abb. 2.2: Die Bundesfachverbände in der BDA

- Arbeitgeberverband der Cigarettenindustrie
- Arbeitgeberverband der Deutschen Glasindustrie e.V.
- Arbeitgeberverband der Deutschen Kautschukindustrie (ADK) e.V.
- Arbeitgeberverband der Mobilitäts- und Verkehrsdienstleister e.V.
- Arbeitgeberverband der Versicherungsunternehmen in Deutschland
- Arbeitgeberverband der Wohnungs-und Immobilienwirtschaft e.V.
- Arbeitgeberverband des privaten Bankgewerbes e.V.
- Arbeitgeberverband Deutscher Eisenbahnen e.V.
- Arbeitgeberverband Mittelständischer Personaldienstleister e. V. (AMP)
- Arbeitgeberverband Stahl e.V.
- Arbeitgebervereinigung Nahrung und Genuß e.V. (14 Mitgliedsverbände)
- Arbeitsgemeinschaft Keramische Industrie e.V. (8 Mitgliedsverbände)
- Arbeitsgemeinschaft Schuhe/Leder
- Bundesarbeitgeberverband Chemie e.V. (11 Mitgliedsverbände)
- Bundesarbeitsgemeinschaft der Mittel- und Großbetriebe des Einzelhandes e.V.
- Bundesverband der Deutschen Entsorgungswirtschaft e.V. (BDE)
- Bundesverband der Zigarrenindustrie e.V. (BdZ)
- Bundesverband des Deutschen Groß- und Außenhandels e.V.
- Bundesverband Deutscher Zeitungsverleger e.V. (BDZV) (11 Mitgliedsverbände)
- Bundesverband Druck und Medien e.V. (12 Mitgliedsverbände)
- Bundesverband Garten-, Landschafts- und Sportplatzbau e.V. (13 Mitgliedsverbände)
- Bundesverband Zeitarbeit Personal-Dienstleistungen e.V. (BZA)
- Bundesvereinigung Deutscher Dienstleistungsunternehmen
- Deutscher Braunkohlen-Industrie-Verein e.V.
- Deutscher Bühnenverein (8 Mitgliedsverbände)
- Deutscher Hotel- und Gaststättenverband e.V. (20 Mitgliedsverbände)
- Deutscher Sportstudio Verband e.V.
- Gesamtverband der Dt. Land- und Forstwirtschaftlichen Arbeitgeberverbände e.V. (15 Mitgliedsverbände)
- Gesamtverband der Deutschen Textil- und Modeindustrie e.V. (27 Mitgliedsverbände)
- Gesamtverband der metallindustriellen Arbeitgeberverbände e.V. -Gesamtmetall- (18 Mitgliedsverbände)
- Gesamtverband des deutschen Steinkohlenbergbaus (GVSt)
- Hauptverband der Deutschen Bauindustrie e.V. (18 Mitgliedsverbände)
- Hauptverb. der Dt. Holz u. Kunststoffe verarb. Industrie u. verwandter Industriezweige e.V. (24 Mitgliedsverb.)
- Hauptverband des Deutschen Einzelhandels e.V. (42 Mitgliedsverbände)
- Hauptverband Papier und Kunststoffverarbeitung (HPV) e.V. (22 Mitgliedsverbände)
- Kaliverein e.V.
- Sozialpolitische Arbeitsgemeinschaft KEP- und Postdienste e.V.
- Sozialpolitische Arbeitsgemeinschaft Steine und Erden (22 Mitgliedsverbände)
- Sozialpolitische Arbeitsgemeinschaft Telekommunikation (ArgeTEL)
- Sozialpolitische Arbeitsgemeinschaft Verkehr (SAV)
- Unternehmensverband Steinkohlebergbau (UVST)
- Unternehmerverband Deutsches Handwerk (UDH)
- Unternehmerverband Soziale Dienstleistungen Bildung e.V. (6 Mitgliedsverbände)
- Verband der Deutschen Säge- und Holzindustrie e.V. (10 Mitgliedsverbände)
- Verband Deutscher Reeder e.V.
- Verband Deutscher Zeitschriftenverleger e.V. (VdZ) (10 Mitgliedsverbände)
- Verband diakonischer Dienstgeber in Deutschland
- Verein der Zuckerindustrie
- Vereinigung der Arbeitgeberverbände der Deutschen Papierindustrie e.V. (8 Mitgliedsverbände)
- Vereinigung der Arbeitgeberverbände energie- und versorgungswirtschaftlicher Unternehmungen (VAEU)
- WEG Wirtschaftsverband Erdöl- und Erdgasgewinnung e.V.
- Wirtschaftsvereinigung Bergbau (14 Mitgliedsverbände)
- Zentralverband des Deutschen Baugewerbes (41 Mitgliedsverbände)
- ZGV - Zentralverband Gewerblicher Verbundgruppen e.V.

Quelle: Eigene Darstellung nach http://www.bda-online.de sowie den Internetpräsenzen der Mitgliedsverbände.

Abb. 2.3: Die Landesvereinigungen in der BDA

- Landesvereinigung Baden-Württembergischer Arbeitgeberverbände e.V. (41 Mitgliedsverbände)
- Vereinigung der hessischen Unternehmerverbände e.V. (52 Mitgliedsverbände)
- Vereinigung der Bayerischen Wirtschaft e.V. (78 Mitgliedsverbände)
- Landesvereinigung der Arbeitgeber- und Wirtschaftsverbände Sachsen-Anhalt e.V. (28 Mitgliedsverbände)
- Vereinigung der Unternehmensverbände in Berlin und Brandenburg e.V. (60 Mitgliedsverbände)
- Die Unternehmensverbände im Lande Bremen e.V. (16 Mitgliedsverbände)
- UVNord Vereinigung der Unternehmensverbände in Hamburg und Schleswig-Holstein e.V. 51 Mitgliedsverbände)
- Vereinigung der Unternehmensverbände für Mecklenburg-Vorpommern e.V. (29 Mitgliedsverbände)
- Unternehmerverbände Niedersachsen e.V. (30 Mitgliedsverbände)
- Landesvereinigung der Arbeitgeberverbände Nordrhein-Westfalen e.V. (66 Mitgliedsverbände)
- Vereinigung der Sächsischen Wirtschaft e.V. (VSW) (37 Mitgliedsverbände)
- Landesvereinigung Unternehmerverbände Rheinland-Pfalz (29 Mitgliedsverbände)
- Vereinigung der Saarländischen Unternehmensverbände e.V. (19 Mitgliedsverbände)
- Verband der Wirtschaft Thüringens e.V. (41 Mitgliedsverbände)

Quelle: Eigene Darstellung nach http://www.bda-online.de sowie den Internetpräsenzen der Mitgliedsverbände.

Die Verbände der Industrie (einschl. Bergbau) verfügen innerhalb der BDA über ein gewisses Übergewicht gegenüber denen des Dienstleistungssektors;[23] insofern ist die Tertiarisierung der Wirtschaft organisatorisch nicht durch eine entsprechende Ausdifferenzierung nachvollzogen worden. Die BDA, die eine Dachorganisation und keinen Zusammenschluss einzelner Unternehmen darstellt, ist ein komplexer „Verband der Verbände" bzw. ein „Verband dritten Grades", dessen Mitglieder selbst Spitzenverbände auf fachlicher bzw. regionaler Ebene („Verbände zweiten Grades") sind. Die BDA erfüllt u. a. wesentliche Koordinationsaufgaben in allen Fragen von allgemein-überregionalem Interesse; sie wahrt die „gemeinschaftlichen sozialpolitischen Belange ..., die über den Bereich eines Landes oder den Bereich eines Wirtschaftszweiges [und damit der Fachspitzen- bzw. Landesverbände, B.K.] hinausgehen und die von grundsätzlicher Bedeutung sind" (BDA-Satzung, § 2). Adressaten der Verbandspolitik sind vor allem staatliche Entscheidungsträger (besonders Regierung und Ministerialbürokratie, weniger das Parlament) sowie die Öffentlichkeit.

Die BDA schließt ebenso wie der DGB selbst keine Tarifverträge, koordiniert aber die Tarifpolitiken ihrer Mitgliedsverbände, u. a. indem sie für bestimmte Kernfragen einheitliche Richtlinien formuliert („Katalog der zu koordinierenden lohn- und tarifpolitischen Fragen").[24] Das Ausmaß der Koordination dieser Rahmenbedingungen

---

[23] Nicht Mitglieder der BDA sind der Arbeitgeberverband Eisen- und Stahlindustrie (wegen der Konstruktion des Arbeitsdirektors in der Montanmitbestimmung bzw. der dadurch beeinträchtigten Gegnerfreiheit des Verbandes) sowie die eigenständigen Arbeitgeberverbände des öffentlichen Dienstes, zu denen jedoch informelle Kontakte bestehen (zu letzteren Keller 1993, 125-152).

[24] Dieser sog. Tabu-Katalog wurde 1988 modifiziert. „Die wesentlichen Änderungen des Kataloges enthalten aktualisierte Aussagen zu einigen schwergewichtigen Themenkreisen der Tarifpolitik, die

hat seit den 1950er Jahren zugenommen und geht inzwischen faktisch über Empfehlungen an die formal unabhängigen und nicht an Weisungen gebundenen Mitglieder weit hinaus.[25]

Die traditionelle organisatorische Trennung von BDA und BDI kann einerseits zu Abgrenzungskonflikten führen, schließt andererseits aber eine enge Kooperation und Abstimmung von Interessen keinesfalls aus.[26] Seit den 1990er Jahren wird zudem die Funktionalität dieser spezifischen Aufgabendifferenzierung in der Praxis undeutlicher, die Interdependenzen nehmen zu (Hornung-Draus 2002). Es zeichnet sich, auch im internationalen Vergleich (Streeck/Visser 2006; Traxler 2006), eine Tendenz zur Formierung einheitlicher Unternehmensverbände ab. – Beide nationalen Dachverbände sind Mitglied des europäischen Dachverbandes *Businesseurope*.[27] Dieser ist als offiziell anerkannter Sozialpartner zuständig für die Interessenvertretung auf europäischer Ebene, die in Zeiten fortschreitender, vor allem wirtschaftlicher Internationalisierung – im Sinne sowohl von Europäisierung als auch von Globalisierung – als Ergänzung zur nationalen Ebene erheblich an Bedeutung gewinnt.

Im Binnenverhältnis zwischen Mitgliedsverbänden und Spitzenorganisation fand in langfristiger Perspektive eine innerorganisatorische Zentralisierung der Entscheidungskompetenzen statt (Müller-Jentsch 1997, 186ff.). Der Dachverband wahrt und sichert faktisch die Einheitlichkeit der Tarifpolitik durch Kontrolle der tarifpolitischen Willensbildung, obwohl er formal über keinerlei Weisungsbefugnis gegenüber den Mitgliedsverbänden verfügt (Erhöhung der Effektivität der Verhandlungen).

Der Aufbau der Arbeitgeberverbände in den neuen Bundesländern hatte ein relativ einheitliches Grundmuster: Die westdeutschen Fachverbände leisteten im Rahmen von Partnerschaften bzw. Patenschaften personelle, sachliche und finanzielle Unterstützung, so dass Pendants zu den westdeutschen Verbänden gegründet werden konnten (zu Beispielen Henneberger 1993a). Westdeutsche Organisationsprinzipien wurden weitgehend übertragen, so dass formal kompatible Strukturen entstanden.

---

aufgrund der aktuellen Tarifentwicklung in den einzelnen Wirtschaftsbereichen einen erhöhten Koordinierungsbedarf ausgelöst haben. Dabei handelt es sich im Wesentlichen
- um die tarifvertragliche Festlegung der Arbeitstage, um die flexible Arbeitszeitverteilung ...
- um gewerkschaftliche Forderungen auf betriebsnahe bzw. differenzierte Tarifpolitik ...
- um die Grenzen der Arbeitszeitverkürzung" (BDA 1988, 35).

25 Eine ähnliche Aufgabe übernehmen auf anderer Ebene die Fachspitzenverbände, deren wichtigster der „Gesamtverband der metallindustriellen Arbeitgeberverbände" (Gesamtmetall) ist (zu Einzelheiten http://www.gesamtmetall.de).

26 „In Germany the heterogeneity of the BDA is … limited because it has no task in the representation of the - usually much more heterogeneous- economic interests. That is the job of the BDI. This task-differentiation should facilitate centralization within the BDA" (van Waarden 1995a, 60).

27 Zum 23.01.2007 benannte sich die ehemalige *Union of Industrial and Employers' Confederations of the Europen Communities* (UNICE) in BUSINESSEUROPE (www.businesseurope.eu) um.

Originäre ostdeutsche Verbände, d. h. solche, die ohne westdeutsche Hilfe gegründet wurden, blieben aufgrund unzureichender Ressourcenausstattung bedeutungslos.

Abb. 2.4: Organisation von Arbeitgeberinteressen

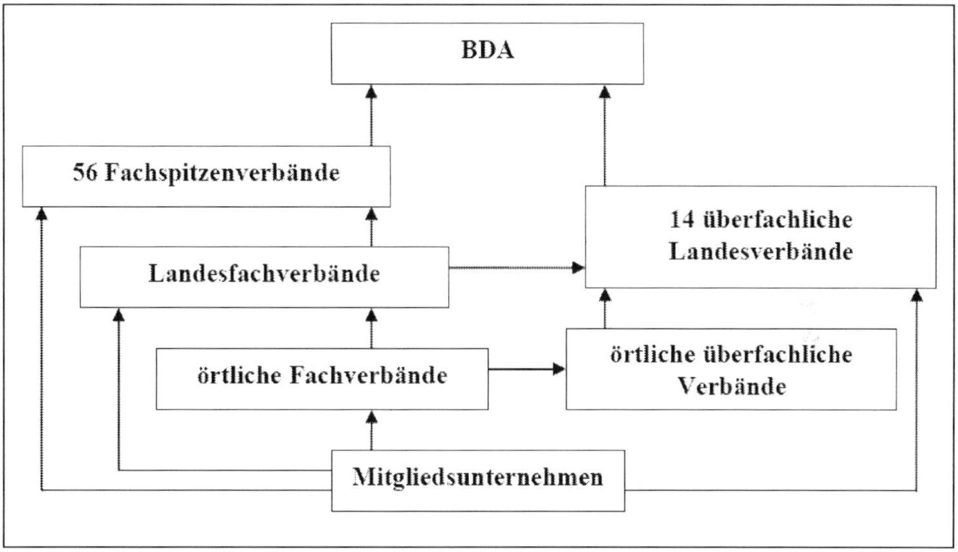

Quelle: *In Anlehnung an Henneberger 1993b, 647.*

Die fachlich-regionalen Verbände, die Beratungs- und Unterstützungsleistungen für die angeschlossenen Unternehmen übernahmen, wurden Mitglieder oder assoziierte Mitglieder in den Fachspitzenverbänden; ebenso entstanden neue überfachliche Landesverbände, die der BDA beitraten. Das in den alten Bundesländern dominierende Trennmodell mit formal getrennten Wirtschafts- und Arbeitgeberverbänden wurde allerdings nicht übernommen; stattdessen besteht – ähnlich wie in einigen alten Bundesländern – ein Trend zu Gemeinschaftsverbänden, vor allem auf örtlicher, aber auch auf Landesebene.[28]

Organisationsprobleme traten auf, als nach erfolgter Privatisierung bzw. Neugründung zahlreiche Arbeitgeber „ihren" Verbänden gar nicht erst beitraten (sog. Verbandsabstinenz). Außerdem erfolgten einige Austritte (sog. Verbands- und damit Tarifflucht) (Ettl/Heikenroth 1996). Wesentliche Motive waren nach Angaben der Betriebe Unzufriedenheit mit der Tarifpolitik des eigenen Verbandes, die in der Wahrnehmung der Kritiker vor allem von den Interessenlagen der Großunternehmen

[28] Die einzige Ausnahme bildet Sachsen mit getrennten Regionalorganisationen.

bestimmt war, bzw. der Versuch, die mit einer Mitgliedschaft einhergehenden Verpflichtungen der Tarifgebundenheit zumindest mittel- und langfristig zu vermeiden. Die Probleme vor allem der Verbandsabstinenz, aber auch der Verbandsflucht treten in Ostdeutschland häufiger als in Westdeutschland auf.

Diese Schwierigkeiten weisen auf deutliche Repräsentationslücken spezifischer ostdeutscher Interessen in den überregionalen Verbänden hin, deren Verpflichtungsfähigkeit und Glaubwürdigkeit eingeschränkt wird. Das enorm heterogenisierte Interessenspektrum, das von prosperierenden, neu gegründeten über privatisierte Unternehmen, Klein- und Mittelbetriebe in Schwierigkeiten bis zu nicht privatisierungsfähigen Treuhandunternehmen reicht (Ettl/Wiesenthal 1994, 430f.), ist innerhalb der von andersartigen westdeutschen Interessen und Politikpräferenzen dominierten Verbände kaum zu integrieren und zu mediatisieren.[29] Zusammenfassend können wir festhalten: „Die Transformation unternehmerverbandlicher Organisationsstrukturen vollzog sich im wesentlichen als Prozess der bloßen Adaption an das westdeutsche Verbändesystem. Die unveränderte Übernahme dieser Strukturen war nicht geeignet, die Probleme der ostdeutschen Wirtschaft zu lösen, da die Artikulation und Vermittlung der spezifisch ostdeutschen Interessen in den westdeutschen (Spitzen-) Verbänden bislang nicht hinreichend gelungen ist“ (Henneberger 1993b, 640).

2.3 Politikformulierung und Organe

Eine gewisse Heterogenität von Interessen (z. B. zwischen kleinen und großen Mitgliedsunternehmen, infolge regionaler Zuständigkeiten oder wegen der Zugehörigkeit zu verschiedenen Branchen) ist bereits gegeben aufgrund der erheblichen organisatorischen Breite der Verbände (*organisational domain*). „... associations like Gesamtmetall have always had to reconcile differences of interest among its extremely diverse membership base, something that ... has become more difficult in recent years as a result of the often diverging opportunities that globalization affords to large versus small firms. The outcome of this internal struggle has enormous implications for the stability of traditional bargaining institutions“ (Thelen 2001, 101).

Das zentrale Problem der verbandsinternen Politikformulierung und -koordinierung besteht folglich darin, die recht unterschiedlichen Interessen der großen Mitglieder (-gruppen) durch formale und reale innerverbandliche Vorkehrungen zu verallge-

---

29 Artus kommt zu dem Schluss, dass die „Politik eher als ‚Stellvertreterhandeln' denn als intermediärer Prozess der Interessenrepräsentation aufzufassen ist. Diese These stützt sich nicht nur auf den Rückgang der unternehmerischen Verbandsbindung, sondern vor allem auf eine qualitative Analyse der Beziehungsmuster zwischen ostdeutschen Arbeitgeberverbänden und ihren Mitgliedern“ (Artus 2004, 233).

meinern und zu vereinheitlichen, um kollektives und solidarisches Handeln primär im Rahmen der Tarifpolitik zu ermöglichen bzw. um die externe Handlungsfähigkeit vor allem gegenüber den Gewerkschaften zu sichern.[30] In diesem komplexen Prozess können nicht alle Individualbelange Berücksichtigung finden, so dass es sich keinesfalls um reine Aggregation, sondern auch um Ausfilterung, Selektion und Gewichtung von Partikularinteressen handelt. Die formalen Organisationsstrukturen der Arbeitgeberverbände sind aufgrund dieser unterschiedlichen Interessenlagen partikularistischer bzw. fragmentierter als die der Gewerkschaften (van Waarden 1991).

Die Herstellung innerverbandlicher Solidarität, „d. h. der Primat von kooperativen Orientierungen gegenüber selbstbezogenen Kosten-Nutzen-Kalkülen“ (Traxler 1986, 14), wird zum wesentlichen Problem bzw. zur zentralen Aufgabe des Verbandes. Unsolidarisches Handeln infolge dominierender Partikularinteressen bzw. autonome unternehmerische Entscheidungen im Rahmen einer profitorientierten Konkurrenzwirtschaft müssen möglichst verhindert werden. Weber fasst diesen Sachverhalt zusammen, indem er den Sinn der Verbände darin sieht, „dass sie gesellschaftlich strukturell verankerte, heterogene bzw. divergierende und konfligierende Interessen absorbieren, die aus der Verfolgung selbstbezogener, rationaler Strategien resultierenden, potentiell selbstdestruktive Interessen integrieren und sie zu zweckvoller kollektiver Aktion so zusammenfassen, dass sie möglichst makropolitischen Erfordernissen und Politiken entsprechen“ (Weber 1987, 17).

Diese Vereinheitlichung der Interessen eines bestimmten Spektrums geschieht häufig durch spezifische innerverbandliche Vorkehrungen, d. h. durch bewusste Entscheidungsdezentralisation in fachlich begrenzten Sachfragen, indem der Verband den Fachgruppen bzw. -ausschüssen als organisatorischen Untereinheiten eine weitgehende Autonomie nicht nur satzungsrechtlich, sondern auch tatsächlich zugesteht. Im Vergleich zum heterogenen Gesamtverband sind diese Fachgruppen hinsichtlich der Interessenlage relativ homogenere Organe der Entscheidungsfindung und -sicherung, die wichtige Zulieferer- und Vorbereitungsfunktionen erfüllen. Sie verfügen häufig über weitgehende Entscheidungs- bzw. Regelungskompetenz in ihrem Aufgabengebiet und leisten inhaltlich-fachlich einen erheblichen Teil der notwendigen Verbandsarbeit. Das Ausmaß der ehrenamtlichen Mitarbeit im Verband – und damit die Partizipation an dessen Entscheidungen sowie die Aktivierung der Mitglieder – ist gerade bei den Ausschüssen erheblich; den Regelfall stellt die wiederholte Entsendung der entsprechenden Experten dar, die häufig aus den großen Mitgliedsfirmen stammen.

---

[30] „Since employers' associations are not only coalitions whose members share certain vital interests but also alliances of competitors, maintaining the cohesiveness of the association is bound to be a primary association aim“ (Windmuller 1987, 38).

Zum einen garantieren diese Strategien einer horizontalen innerverbandlichen Differenzierung einen hohen Beteiligungsgrad der verschiedenen Mitglieder(-interessen) an der Willensbildung und erleichtern deren Einbindung bzw. Integration durch Verpflichtung auf gemeinsame Beschlüsse. Zum anderen lassen sie potentielle Bewertungsunterschiede durch verschiedene Mitglieder(-gruppen) frühzeitig deutlich werden bzw. ermöglichen Konfliktbewältigung durch internes Interessenclearing. Der Kommunikationsprozess zwischen den Mitgliedern sowie zwischen diesen und den Gremien wird verbessert; personelle Verflechtungen durch Mitgliedschaft in verschiedenen Gremien erleichtern und stützen die Integration der Teilentscheidungen zu einem notwendigen einheitlichen Verbandswillen.

Die Verbandsorgane, die im Rahmen des formalen, in den Satzungen vorgezeichneten Organisationsaufbaus für die interne Politikformulierung und -koordinierung arbeitsteilig zuständig sind, lassen sich zunächst grob unterscheiden in statuarische (vor allem Mitgliederversammlung) und exekutive Funktionen (u. a. Vorstand):

- Bei der Mitgliederversammlung, die sich aus Vertretern der Mitgliedsfirmen bzw. bei Spitzenverbänden aus Vertretern der Mitgliedsverbände zusammensetzt, kann ein nach Anzahl der beschäftigten Arbeitnehmer, nach Unternehmensgröße oder Umsatz differenziertes Stimmrecht bestehen, d. h. das demokratische Prinzip „one man, one vote" gilt vor allem bei „Verbänden zweiter Ordnung" nicht ausnahmslos.[31] Sowohl aufgrund der langen Abstände im Tagungsrhythmus (ungefähr einmal jährlich) als auch wegen ihrer Größe und Kompetenzen (u. a. Satzungsänderungen, Festsetzung der Beiträge, Genehmigung des Haushaltsplans, Wahl des Vorstandes) ist die wegen ihrer Größe recht schwerfällige Mitgliederversammlung faktisch nicht das entscheidende und politikbestimmende Organ des Verbandes; dieses repräsentativ zusammengesetzte Gremium dient eher der formaldemokratischen Legitimation der Verbandsführung als der faktischen Entscheidungsfindung bei aktuellen Problemen.
- Der Vorstand, das von der Mitgliederversammlung gewählte Leitungsorgan, ist zumeist ehrenamtlich tätig; er ist aufgrund seiner Größe und Sitzungsfrequenz kaum in der Lage, die in der Satzung formulierten Kontrollaufgaben effektiv wahrzunehmen. Daher haben manche, vor allem größere Verbände außerdem noch ein Präsidium als eigentliches kleineres Kontrollorgan eingerichtet.
- Die mit hauptamtlichen Mitarbeitern besetzte Geschäftsführung mit dem Hauptgeschäftsführer an der Spitze ist satzungsrechtlich lediglich ausführendes Organ des Vorstandes und soll als weisungsgebundene, administrative Einheit die laufenden Geschäfte erledigen. Die Geschäftsführung ist faktisch jedoch u. a. wegen ihres höheren Informationsniveaus und ihrer großen fachlichen Kompetenzen

[31] Solche Regelungen einer egalitären Stimmrechtverteilung können zu einer Vormachtstellung der großen, ökonomisch wichtigeren Mitglieder führen (sog. Verbandsoligarchie).

bzw. ihres aufgrund der kontinuierlichen Tätigkeit erworbenen „Sachverstandes" von größerer Bedeutung für die Verbandspolitik als satzungsrechtlich vorgesehen. Dieser Sachverhalt gilt auch für die formal vom Vorstand eingesetzten verschiedenen Fachausschüsse, vor allem den wichtigen tarifpolitischen Ausschuss. Interessenunterschiede sowohl zwischen einzelnen Mitgliedern als auch zwischen diesen und Verbandsfunktionären können auch hier auftreten.

Charakteristisch für diese Verbände ist die Trennung von ehren- und hauptamtlichen Funktionen. Die häufig anzutreffenden personellen und institutionellen Verflechtungen verschiedener Verbandsgremien (z. B. Mitgliederversammlung, Vorstand, Fachausschüsse) in horizontaler und vertikaler Richtung erleichtern die Formulierung eines einheitlichen Verbandswillens durch Integration von Teilentscheidungen. Formale Abstimmungen in den „legislativen" Verbandsorganen ratifizieren und legitimieren zumeist nur Sachentscheidungen, die in Untereinheiten wie Ausschüssen und Beiräten bereits auf konsensualer Basis gefallen sind.

Bei den internen Willensbildungsprozessen wird auf möglichst breite Mehrheiten Wert gelegt. Sogenannte Kampfabstimmungen sind ebenso selten wie ausgeprägte Fraktionsbildungen, vor allem weil durch solche Verhaltensweisen das notwendige solidarische Handeln bei Verbänden mit freiwilliger Mitgliedschaft kaum gewährleistet werden könnte. Aus demselben Grund werden bei einer Verletzung von Pflichten, die sich für die Mitglieder aus den Vorgaben der Verbandssatzung ergeben, verbandsautonome Sanktionierungen durch sog. Verbandsstrafen in Form von Geldbußen oder sogar Ausschluss nur sehr selten ausgesprochen: Ein verbandsautonomes, von den Umwelten unabhängiges Schlichtungs- und Schiedssystem soll intern auftretende Konflikte beilegen bzw. neutralisieren. Ein gewisses Maß an Solidarität im Binnenverhältnis der Mitglieder, vor allem die Befolgung der Tarifgebundenheit als Folge der Verbandsmitgliedschaft, ist eine notwendige Voraussetzung für die Wahrung der Handlungs- und Entscheidungsfähigkeit im Außenverhältnis, d. h. gegenüber dem Tarifvertragspartner. Kontinuität ist zudem ein wichtiger Faktor in der Verbandspolitik.

Für die Interessendurchsetzung ist sowohl die interne als auch die externe Ausstattung mit Ressourcen von zentraler Bedeutung. Die Verbandsfinanzen, eine für die Aktions- und Mobilisierungsfähigkeit des Verbandes wesentliche interne Ressource, gehören zu den am besten gehüteten Geheimnissen. Die Finanzierung der Verbandsarbeit erfolgt ausschließlich über die Beiträge der Mitglieder; eine Attrahierung anderer Ressourcen findet nicht statt. Die Höhe der Beiträge ist zumeist nach Kriterien der Leistungsfähigkeit, wie Mitarbeiterzahl des Unternehmens oder Lohn- und Gehaltssumme, gestaffelt, wobei letztere die verbreitetste Berechnungsgrundlage darstellt; unterschiedlich hohe Beiträge können auch ein differenziertes Stimmrecht in den Verbandsgremien und damit eine entsprechende Verteilung der Einfluss- und

Durchsetzungsmöglichkeiten implizieren. Die sog. Beitragsehrlichkeit stellt gelegentlich bei kleineren Unternehmen ein Problem dar.

Weiterhin existieren seit langem, verstärkt aber seit den 1970er Jahren häufig verbandsinterne zentrale Unterstützungsfonds, die dreistufig aufgebaut sind:

- als Unterstützungsfonds bei den Tarifträgerverbänden,
- als Gefahrengemeinschaften bei den Fachverbänden auf Bundesebene sowie
- als Schutzgemeinschaft bei der BDA.

Bei Arbeitskämpfen, d. h. konkret bei Aussperrungen, werden Unterstützungszahlungen an betroffene Unternehmen oder Branchen geleistet, um die ökonomischen Nachteile auszugleichen;[32] durch diese Verbandsleistungen kann die Bereitschaft zur aktiven Teilnahme an Kampfmaßnahmen gesteigert bzw. der bei Arbeitskämpfen stets latenten Bedrohung der notwendigen Verbandssolidarität angesichts differierender Einzelinteressen entgegen gewirkt werden (Behrens 2008; international vergleichend Lange 1987, 146-156). Die entsprechenden Richtlinien sind nicht in der Öffentlichkeit bekannt. Ihre faktische Bedeutung hat seit den 1990er Jahren deutlich abgenommen, was auf eine zumindest in dieser Hinsicht verminderte Handlungs- im Sinne von Konfliktfähigkeit schließen lässt (Schroeder 2007, 212f.; Silvia/Schroeder 2007, 1448ff.).

Das Verbandspersonal, eine weitere wichtige, extern beschaffte Ressource, ist zum großen Teil fachlich sehr gut qualifiziert. Der Akademikeranteil ist hoch, die Wahrnehmung der entsprechenden Tätigkeiten ist hochgradig professionalisiert. Die Zahl der Verbandsmitarbeiter ist häufig beträchtlich. Ein Spannungsverhältnis (im Sinne des *principal agent*-Problems) kann bestehen zwischen den Hauptamtlichen, die durchaus Eigeninteressen verfolgen können, und den ehrenamtlich für den Verband Tätigen, die hauptberuflich für Mitgliedsunternehmen tätig sind.

[32] Hinsichtlich der Relation zwischen Aussperrungs- und Streikfähigkeit ergibt sich „eine veränderte Konfliktkonstellation ..., die zeigt, dass die reale Konfliktfähigkeit der Arbeitgeberverbände in den letzten Dekaden rapide abgenommen hat" (Schröder/Silvia 2003, 263).

2.4 Aktuelle Probleme

Arbeitgeberverbände, die sich in einem deutlichen Transformations- und Reorganisationsprozess befinden, reagieren auf tatsächliche oder angenommene Veränderungen ihrer verschiedenen Umwelten (u. a. veränderte Konkurrenzbedingungen auf Produktmärkten, Eröffnung neuer Optionen durch Internationalisierung der Wirtschaft im Sinne von Europäisierung und Globalisierung). Sie versuchen aus organisationstheoretischer Perspektive, ihre Ressourcen und damit ihren Bestand zu sichern, wobei sie durchaus über gewisse, über reine Anpassungsmaßnahmen hinaus gehende Handlungsspielräume im Sine von strategic choices verfügen.[33]

Eine Form der Reaktion sind Veränderungen der Tarifpolitik im Sinne einer Dezentralisierung und/oder Verbetrieblichung (einschl. der Einführung von Öffnungsklauseln), auf die wir später (vgl. Kap. 7ff.) ausführlich eingehen werden. Eine zweite Form resultiert aus verbandsinternen Bedeutungsverschiebungen von der externen oder Einfluss- zur internen oder Mitgliederlogik, d. h. zu einer stärkeren Dienstleistungs- und Serviceorientierung in quantitativer wie qualitativer Hinsicht, welche durch Austritte bzw. die Drohung mit Austritt verstärkt werden (Haipeter/Schilling 2006a; 2006b). Die Ansprüche bzw. Leistungserwartungen der Mitglieder und damit die Performanzabhängigkeit der Verbände steigen; die Allokation der Verbandsressourcen muss dieser Verschiebung folgen.

Generell gilt: „Zur Bewältigung ihrer innerorganisatorischen Probleme diskutieren die Arbeitgeberverbände vor allem zwei Möglichkeiten, die beide ihr bisheriges Rollenverständnis und den Schwerpunkt ihrer Dienstleistungen verändern würden: Zum einen wird intern vorsichtig darüber nachgedacht, eine (in Einzelfällen heute schon bestehende) Mitgliedschaft ohne Tarifbindung generell zuzulassen, doch ist äußerst umstritten, ob dieser Weg eher zu Rettung oder zum Untergang der Arbeitgeberverbände führen würde. Zum anderen wird – mit wesentlich größerem Einvernehmen – eine stärkere Flexibilität und Differenzierung der Tarifpolitik angestrebt, bei der Verbandstarifverträge beibehalten, aber mit größeren Gestaltungs- oder gar Abweichungsmöglichkeiten für die einzelnen Betriebe versehen werden sollen“ (Schnabel 1995b, 69).

Ein sich verschärfendes, nur mit erheblichem Forschungsaufwand zu erhellendes Problem stellen Austritte aus Verbänden dar (Langer 1994; Schroeder/Ruppert 1996; Schroeder 1997; Völkl 1998; 2002; Silvia/Schroeder 2007). Umfang und Be-

[33] Generell gilt: „To survive, organizations require resources. Typically, acquiring resources means that organization must interact with others to control those resources. In that sense, organizations depend on their environments. Because the organization does not control the resources it needs, resource acquisition may be problematic and uncertain“ (Pfeffer/Salancik 1982, 258).

deutung dieser *exit*-Strategien für etliche, allerdings nicht alle Arbeitgeberverbände – nicht hingegen für die Unternehmensverbände – und damit für die Arbeits- und insbesondere die Tarifbeziehungen steigen nach langen Phasen relativer organisatorischer Stabilität seit Mitte der 1980er Jahre. Dabei handelt es sich vor allem um kleinere und mittelgroße Unternehmen, die nicht nur kurzfristig, sondern schon seit längerem mit den Instrumenten und Ergebnissen der Tarifpolitik allgemein und vor allem mit der Arbeitszeitpolitik (im Sinne einer Verkürzung der Wochenarbeitszeit) „ihres" Verbandes im besonderen, unzufrieden waren und Schwierigkeiten bei deren Umsetzung bzw. Implementation hatten. Weitere Motive sind schlechte Geschäftslage, Kritik an den Dienstleistungen des eigenen Verbandes sowie die Höhe der Mitgliedsbeiträge.[34] Vor- und Nachteile ihrer Entscheidung wägen die Unternehmen sorgfältig ab, was freilich Fehleinschätzungen nicht prinzipiell ausschließt.

Interessengegensätze vor allem zwischen großen und kleineren Unternehmen sind von erheblicher Bedeutung für die Austrittsentscheidung:[35] Die Tarifpolitik des Verbandes wird als von den Großunternehmen dominiert wahrgenommen. Die stets schwierige innerverbandliche Vereinheitlichung der bestehenden Interessendifferenzen gelingt nicht mehr in demselben Masse wie früher. Diese Entwicklung signalisiert eine abnehmende Integrations- und Verpflichtungsfähigkeit der Verbände (im Sinne von Weitbrecht 1969; 2008). Den Verlust der Option, von den Dienstleistungsangeboten des Verbandes zu profitieren, schätzen die austretenden Unternehmen nicht sehr hoch ein, da alternative Bezugsquellen zur Verfügung stehen (u. a. Wirtschaftsverbände, privater Erwerb von nicht-verbandlichen Anbietern). Allerdings kommt auch der umgekehrte Weg eines Wiedereintritts in den Verband vor, wenn die erhofften Vorteile im Rahmen eines erneuten Kosten-/Nutzenkalküls sich nicht realisieren lassen. Insofern sind Austritte keine Einbahnstraße.

Das zentrale Anschlussproblem aus Sicht der Arbeitsbeziehungen besteht in der Regelung der Arbeitsbedingungen nach dem Austritt bzw. nach dem Ende der sog. Nachwirkungsfrist, d. h. dem Auslaufen des geltenden Tarifvertrages. Eine Option ist der Abschluss von Einzelarbeitsverträgen, deren erhebliche Transaktionskosten durch sehr ähnliche bzw. identische Vertragsgestaltung reduziert werden können. Eine weitere Option besteht im Abschluss von Haus- bzw. Firmentarifverträgen, die aber das angestrebte und erhoffte höhere Maß an „Flexibilität" außerhalb der Verbandsmitgliedschaft und der dadurch begründeten Tarifbindung wiederum ein-

---

[34] Vgl. zur Bewertung der Verbandsleistungen durch die Mitglieder im Einzelnen Vieregge/HESSEN METALL (1994); Vieregge (1993).

[35] „Large internationally active firms have shifted costs onto SMEs, taking advantage of their market power. Increasing numbers of SMEs have reacted by fleeing employers associations to reduce their own costs. The unions are not beneficiaries of these developments. To the contrary, they have found their ability to improve compensation diminished" (Silvia/Schroeder 2007, 1447f.).

schränken; derartige Verträge können nur von „starken" Gewerkschaften mit hohen Organisationsgraden und entsprechenden Ressourcen – und damit bei weitem nicht immer und überall – durchgesetzt werden (Schroeder 1997).

Die in den „zuständigen" Verbandstarifverträgen getroffenen Regelungen über Entgelte und übrige Arbeitsbedingungen gelten häufig auf informeller Basis auch weiterhin als Orientierungsmaßstab, so dass im Rahmen einer Abwägung der Vor- und Nachteile die Tarifentwicklung auch nach dem Austritt prägend bleibt. Diese Konstellation setzt allerdings voraus, dass eine genügend große „kritische Masse" von Verbandsmitgliedern erhalten bleibt, die Flächentarifverträge abschließen und implementieren. Insofern sind einer *free rider*-Strategie von Nicht-Mitgliedern gewisse organisationsstrukturelle Grenzen gesetzt.[36]

Aus der umgekehrten Perspektive, d. h. nicht aus Sicht des einzelnen Unternehmens sondern aus der des Verbandes, sind die genauen Rückwirkungen von Austritten bzw. der Drohung mit Austritt auf die Verbandspolitik weitgehend ungeklärt. Die inzwischen nicht mehr ungewöhnlichen Reaktionen zur Sicherung des Organisationsbestandes bestehen aus zwei Grundformen: Zum einen in der Gründung sog. OT-Verbände, d. h. solcher ohne Tarifbindung, zum anderen im Angebot besonderer OT-Mitgliedschaften, die alle übrigen Rechte (einschl. der Wahrnehmung des Dienstleistungsangebots) und Pflichten (Beitragszahlung minus Solidarbeitrag) unberührt lassen. Die Organisationsformen nach Realisierung der stets gegebenen *Exit*-Option (Hirschman 1974) sind also unterschiedlich (Aufspaltungs- oder Parallelverbands- versus Stufenmodell): Bei der ersten Option werden neue, eigenständige Verbände gegründet, d. h. organisatorische Alternativen erst geschaffen; bei der zweiten werden die vorhandenen Verbandsstrukturen geöffnet bzw. durch einen neuen Mitgliedsstatus ausdifferenziert, so dass eine unvollständige Abwanderung im Sinne von Hirschman erfolgt (zu rechtlichen Details Schlochauer 1998).

Die Empirie zu diesem Phänomen einer „Entkoppelung von Tarifflucht und Verbandsflucht" (Haipeter/Schilling 2006a, 54) ist bis dato eher kursorisch. Genaue Angaben zur Verbreitung sind zwar nicht – oder jedenfalls nicht öffentlich – zugänglich. Auszugehen ist von einem zunehmenden, durchaus beachtlichen Umfang bzw. Anteil; wahrscheinlich bieten inzwischen ca. ein Drittel aller in Frage kommenden Verbände diese Option an. Den OT-Status wählen, wie bereits erwähnt, vor

---

36 „Individual exit has all the advantages and virtually none of the disadvantages of radical (formal, institutional) decentralization. So long as enough employers stay in the system, defectors can in fact dance at both weddings, since informal, isolated (and sometimes illegal) forms of decentralization still operate under the formal "protections" of the existing system – wage coordination at the industry level and the works council's peace obligation at the plant level. At some point, of course, the whole system trips, as industry-wide bargaining would no longer generate the collective benefits on which defectors could free-ride" (Thelen 2000, 164).

allem kleine und mittlere Betriebe. Ein breites Spektrum an verbandlichen Dienstleistungen erhöht den OT-Anteil bzw. unterstützt seine Einführung. Sein Nutzungsgrad hängt weiterhin wesentlich davon ab, wie nachdrücklich und offensiv der einzelne Verband bzw. seine regionale Untergliederung die entsprechende Strategie einer Mitgliederbindung über seine handelnden Repräsentanten betreibt (Haipeter/Schilling 2006a; 2006b); jedenfalls handelt es sich nicht nur um ein rein reaktives Instrument, sondern ggfls. auch um ein offensiv einsetzbares Druckmittel gegenüber den Gewerkschaften (Koch 1999; Schroeder 2007). Die Verteilung auf die einzelnen Branchen jenseits der industriellen Kernsektoren, vor allem der vergleichsweise umfänglich untersuchten Metallindustrie (Haipeter/Schilling 2006a; 2006b), weist ebenfalls erhebliche Unterschiede auf, wobei u. a. die Branchenstrukturen (kleine und mittlere vs. große Unternehmen) von Bedeutung sind (Völkl 1998; 2002). Die Entkoppelung von Tarif- und Dienstleistungsfunktionen ist vor allem in den neuen Branchen des privaten Dienstleistungssektors, wie der Informations- und Kommunikationstechnologie, weit fortgeschritten (Menez 2008).

Diese „Idee einer Flexibilisierung der Verbandsmitgliedschaft" (Schroeder 2000, 252) in Richtung auf OT-Mitgliedschaften bzw. -Verbänden führt zu einer zunehmenden Heterogenität von Regelungsstrukturen bzw. -verfahren und trägt zu einer neuen „Unübersichtlichkeit" der Arbeitsbeziehungen bei. Einheitliche Strategien sind weder zwischen noch innerhalb von Verbänden zu erkennen. Ungeklärt bleibt, ob OT-Verbände die Lösung oder das Problem darstellen. Insgesamt fällt allmählich das Vertretungsmonopol der Verbände, wodurch u. a. ihre frühere Funktion, makroökonomische Koordinationsaufgaben im Sinne von private interest governments (Streeck/Schmitter 1985b) wirksam wahrzunehmen, erschwert, wenn nicht unmöglich gemacht wird. Im Übrigen gehört die Bundesrepublik zur Minderheit der Länder mit einer relativ verbreiteten OT-Praxis (Traxler 2007). Dieser Sachverhalt ist kaum bekannt und findet in der öffentlichen Diskussion keine Beachtung.

2.5 Erklärungsansätze

Arbeitgeberverbände müssen die heterogene (Arbeitsmarkt-)Interessen ihrer Mitglieder aggregieren und in verbandliche Politik transformieren; sie unterscheiden sich in ihrer Kapazität der Problemverarbeitung. Zunächst sind Informationen über die Organisationsgrade von Verbänden u. a. deshalb wichtig, weil sie Aussagen über die Ausschöpfung des Mitgliederpotentials bzw. die Repräsentativität und damit über die Einflussmöglichkeiten erlauben, und weil sie in unserm Fall über das Ausmaß der Tarifbindung Auskunft geben. Der Organisationsgrad, die Relation zwischen tatsächlichen und potentiellen Mitgliedern, lässt sich bei Arbeitgeberverbänden durch verschiedene Indikatoren bestimmen:

- Zum einen kann der Quotient aus Anzahl der Mitgliedsunternehmen und Gesamtzahl der Unternehmen (z. B. einer Branche), d. h. der potentiellen Mitglieder, berechnet werden. Der deutliche Nachteil dieses Verfahrens besteht darin, dass Klein- und Großbetriebe gleich gewichtet werden, obwohl ihre Einflussmöglichkeiten auf die Verbandspolitik erhebliche Unterschiede aufweisen.
- Um dieses Problem zu vermeiden, wird als Indikator meistens der Quotient aus Zahl der bei den Mitgliedsfirmen beschäftigten Arbeitnehmer und Gesamtzahl der Beschäftigten im Organisationsbereich (z. B. der Branche) berechnet.
- Eine selten gewählte Alternative besteht in der Bestimmung des Quotienten aus Bilanz- oder Umsatzsumme der Mitgliedsfirmen zu der aller Firmen im Organisationsbereich.

Abb. 2.5: Berechnung von Organisationsgraden

(I)
$$\frac{\text{Zahl der Mitgliedsunternehmen}}{\text{Zahl der Unternehmen im gesamten Organisationsbereich}} \times 100$$

(II)
$$\frac{\text{Beschäftigte in den Mitgliedsunternehmen}}{\text{Beschäftigte im gesamten Organisationsbereich}} \times 100$$

Quelle: *Müller-Jentsch 1997, 177.*

Einigermaßen valide Informationen über die Höhe der Organisationsgrade liegen – im Gegensatz zu denen der Gewerkschaften – nur für wenige Branchen vor, vor allem für die Metallindustrie („Gesamtmetall“)[37], wodurch generalisierende Aussagen erschwert werden. Die Angaben in der aktuellen Literatur schwanken zwischen 60 und 80%, ohne dass disaggregierte, branchen- und unternehmensspezifische Daten vorgelegt werden. Bei prinzipiell freiwilliger Mitgliedschaft liegen die Organisationsgrade relativ unabhängig von der Art der Operationalisierung deutlich über denen der Gewerkschaften. Auch in der Mehrzahl vergleichbarer Industrie-, d. h. der OECD-Länder, liegt der Organisationsgrad traditionell hoch und erheblich über dem

[37] „Apparently the metalworking industry has a greater need for pure “employers’ associations”, that is, associations specialized in labour relations. We find such in Italy, Switzerland, Canada and Germany. Again this is not surprising, given the fact that the workers in this industry are in most countries well-organized and strike readily, and that the industry has therefore become a leader in the annual wage negotiation rounds“ (van Waarden 1995b, 91).

der Arbeitnehmer (zu Einzelheiten Traxler 2000; 2001).[38] Vor allem in den 1990er Jahren waren Rückgänge zu verzeichnen, die jüngst von einer Stagnation abgelöst wurden, aber auf abnehmende Stabilität hindeuten. Diese Entwicklungen lösen Prozesse organisatorischer Rationalisierung aus (u. a. Personalabbau, interner Umbau im Sinne einer Verschlankung, gelegentlich auch Zusammenschlüsse), die zu einer Modernisierung der Verbände führen sollen.

Auch über die Determinanten der Organisationsgrade liegen nur wenige empirische Informationen vor (Schnabel/Wagner 1996). Sie hängen vor allem von der Unternehmensgröße ab: Große Unternehmen weisen eine höhere Organisationsbereitschaft und -dichte auf als kleine und mittelgroße; der Grund liegt in der Erwartung einer besseren Vertretung der politischen Interessen sowie im stärkeren Einfluss auf die verbandliche Willensbildung. Weiterhin steigt die Organisationswahrscheinlichkeit mit dem Alter des Betriebes sowie dem gewerkschaftlichen Organisationsgrad der Beschäftigten. Neben diesen betriebspezifischen Faktoren spielt das branchenspezifische Arbeitskampfrisiko eine positive Rolle. Schließlich liegen die Organisationsgrade in den westdeutschen Bundesländern deutlich höher als in den östlichen.

Bei den Unternehmern können wir davon ausgehen, dass für sie – im Gegensatz zu den Arbeitnehmern – der enge Zusammenschluss in Interessenverbänden in Anbetracht der auf den Arbeits- und Produktmärkten bestehenden Konkurrenzsituation zunächst nur von nachrangiger Bedeutung ist; Einzelinteressen werden primär über den Markt bzw. durch betriebliche Aktionsparameter, also individuell und nicht kollektiv realisiert. Insofern ist von einer Machtasymmetrie zwischen Unternehmen und Verband auszugehen. „Many commentators have observed that employers organize in response to employees, that is, that unions take the lead in organization of the labour market; while employers might find it *easier* to organize than labour, they have less *need* to do so if an individualized labour market is working well for them. Capitalists being *per definition* competitive, they combine only under exceptional circumstances" (Crouch 1993, 334). Damit stellt sich die Frage, weshalb Unternehmen unter diesen, von denen der Arbeitnehmer unterschiedlichen Bedingungen überhaupt einem Verband beitreten und sich damit kollektiv gefassten Entscheidungen unterwerfen (Konkurrenzverhalten auf den Märkten versus Solidarverhalten in der Organisation).

---

[38] „If capitalists do achieve higher density, this seems to be because their interest organizations are much more fragmented than trade unions, enabling them to make disproportionate use of their general advantage of small numbers ... high organizational density ... appears to be explained by small numbers generally, plus a class-specific response to interest heterogeneity through high organizational specialization and fragmentation" (Streeck 1991, 179).

Abb. 2.6: Organisationsgrade der Arbeitgeberverbände der Metall- und Elektroindustrie

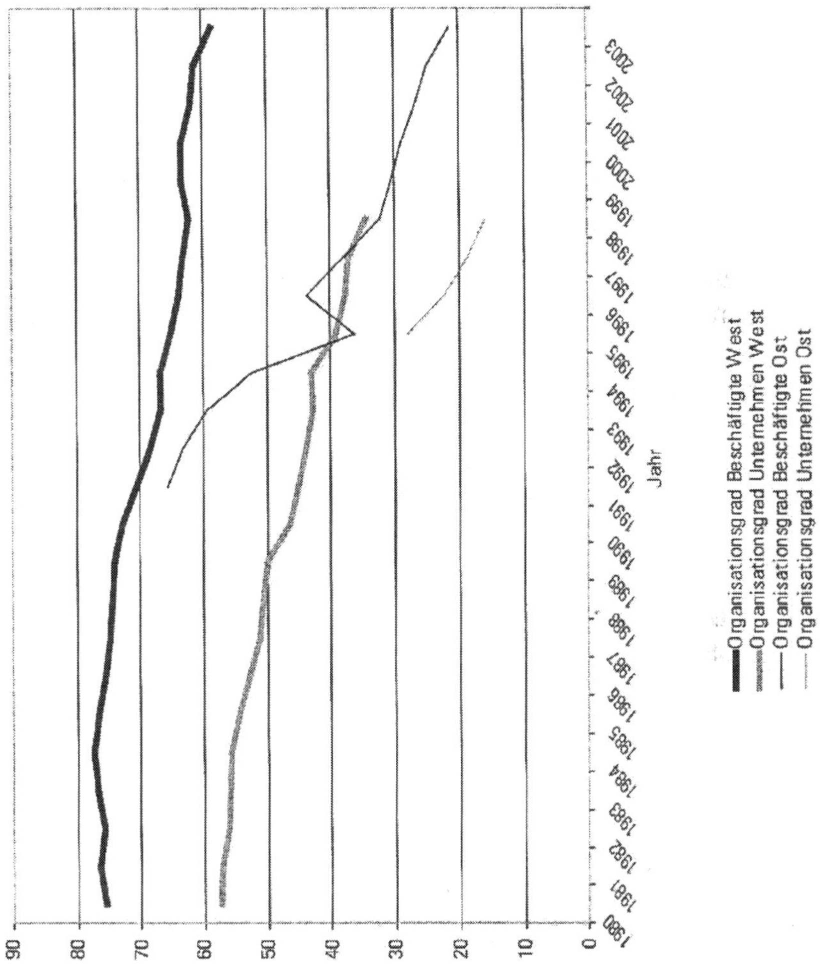

Quelle: Haipeter/Schilling 2006a, 25.

Die generelle Frage, weshalb Arbeitgeber überhaupt versuchen, die „Konkurrenz als organisationshemmenden Faktor zu neutralisieren" (Müller-Jentsch 1997, 163), können wir durch Rückgriff auf einen Ansatz beantworten, den Olson (1968; ähnlich 1982) entwickelt hat und der die neuere Verbandsforschung entscheidend befruchtet und verändert hat.[39] Er überwindet die „klassische" Pluralismustheorie der Politikwissenschaft bzw. politischen Soziologie und leitet eine grundlegende Neuorientierung der Verbändeforschung ein.

Olson unterscheidet zunächst zwischen

- öffentlichen oder kollektiven Gütern, die definitionsgemäß allen (organisierten und unorganisierten) Gruppenmitgliedern zugute kommen, wenn sie überhaupt erstellt werden, und zu deren Bereitstellung freiwillige Beiträge daher kaum geleistet werden bzw. die keinen Anreiz zum Verbandsbeitritt ausüben
- und individuellen oder privaten Gütern, die *ex definitione* ausschließlich den (Gruppen- bzw. Verbands-)Mitgliedern zugute kommen bzw. Nicht-Mitgliedern rechtlich und/oder faktisch vorenthalten werden können.

Weiterhin betont Olson in seiner Theorie des kollektiven Handelns grundsätzliche Unterschiede zwischen kleinen und großen Gruppen: Große (latente) Gruppen sind im Gegensatz zu kleinen dadurch charakterisiert, dass keine spürbaren Interdependenzen zwischen den Handlungen der beteiligten Individuen festzustellen sind. Olson zeigt, dass sich Individuen in großen Gruppen keinesfalls spontan zusammenschließen, wie die ältere, gruppentheoretisch ausgerichtete Pluralismustheorie vermutete, da es sich bei den zu erwartenden Vorteilen um öffentliche Güter handelt. Wegen der fehlenden Wahrnehmbarkeit (wechselseitigen Abhängigkeiten) besteht für den einzelnen in großen Gruppen kein unmittelbarer Anlass, zur Erstellung von Kollektivgütern beizutragen. Aus diesem Zusammenhang von Gruppengröße und individuellem Handeln resultiert das *free rider*-Problem („Trittbrett- oder Schwarzfahrerproblem"): Rational handelnde Individuen beteiligen sich nicht an den Kosten der Erstellung des Kollektivgutes, ohne dass sie von dessen Nutzung ausgeschlossen werden können.

Es bedarf daher besonderer Vorkehrungen in Form von Zwang – etwa Zwangsmitgliedschaft bei den eingangs erwähnten IHKn – oder selektiver Anreize, damit rational und eigeninteressiert handelnde Individuen gemeinsame Ziele auch tatsächlich durch eigene Beiträge fördern. Für Situationen, in denen die Ausübung von Zwang

---

[39] Während Olson implizit asymmetrische Bedingungen der Organisation auf beiden Seiten annimmt, gehen Offe/Wiesenthal später in ihrer Klassentheorie der Organisation explizit von „zwei unterschiedlichen Logiken kollektiver Aktionen" aus, indem sie auf Unternehmerseite sowohl eine geringere Interessenheterogenität als auch eine höhere Organisationsfähigkeit unterstellen. Vgl. zu diesem andersartigen Erklärungsansatz Offe/Wiesenthal (1980); zur Kritik Streeck (1991); Streeck (1992b, 76-104); Traxler (1999); Wiesenthal (1992).

durch die Organisation selbst und/oder durch vom Staat erlassene Gesetze nicht möglich ist, empfiehlt Olson eine andere, sog. Nebenprodukt-Strategie: Neben Kollektiv- müssen auch Individualgüter angeboten werden, die *ex definitione* nur den Mitgliedern zugute kommen. Private Güter wirken als selektive Anreize, die positiv und negativ sowie wirtschaftlicher und besonders in kleinen Gruppen nichtwirtschaftlicher Art sein können.

Was bedeutet dieser Ansatz für unser Problem? Die eine, externe Hauptaufgabe, nämlich der Abschluss von Tarifverträgen mit den zuständigen Gewerkschaften, stellt – ähnlich wie u. a. Öffentlichkeitsarbeit, wie Lobbyismus und Repräsentationsfunktion des Verbandes – ein Kollektivgut dar, von dem auch Nicht-Mitglieder profitieren können. Bei großen Gruppen wie den Arbeitgeberverbänden muss deshalb ein Verband, der wegen seiner privatrechtlichen Basis auf freiwilliger Mitgliedschaft beruht und daher keinen Zwang ausüben kann, auch private Güter und Dienstleistungen anbieten bzw. selektive Anreize mit interner Wirkung zur Verfügung haben. Zu diesem Katalog gehören vor allem

- das Recht auf schriftliche und/oder mündliche Auskunft und Beratung (von Geschäftsführung und Personalabteilung) durch fachlich geschulte Referenten bzw. Sachbearbeiter des Verbandes in allen arbeits- und tarifrechtlichen Fragen,
- Hilfestellung des Verbandes bei Rechtsstreitigkeiten (einschl. Prozessvertretung, insbesondere vor den Arbeitsgerichten),
- Sammlung, Aufbereitung und Verbreitung von (sowohl allgemeinen als auch produktspezifischen) relevanten Informationen technischer, wirtschaftlicher, wirtschaftspolitischer und rechtlicher Art (durch allgemeine oder spezielle Rundschreiben),
- Erstellung von Betriebsvergleichen und Vermittlung der Ergebnisse an die Mitglieder,
- Herstellung von Kontakten.

Manche dieser umfangreichen Vorteile (durch Erstellung privater Dienstleistungen seitens des Selbsthilfeverbandes nur für seine Mitglieder) sind vor allem für kleinere Unternehmen von Bedeutung, die nicht über eine eigene Rechtsabteilung verfügen oder kostspielige technische Einrichtungen nicht allein anschaffen können. Größere Unternehmen treten eher dem Verband bei, weil sie eine einheitliche und allgemeine Vertretung der Interessen nach außen für notwendig halten. Insofern sind die Kalküle der einzelnen Akteure hinsichtlich ihrer Bereitschaft zum Verbandsbeitritt durchaus unterschiedlich.[40]

---

[40] Dieser theoretisch interessante Sonderfall ungleicher „Größe“ der Gruppenmitglieder ist für den Anwendungsfall Arbeitgeberverbände wichtig, für (Einzel-)Gewerkschaften hingegen irrelevant, da stets Individuen, nicht hingegen korporative Akteure wie Unternehmen Mitglieder werden.

Die umfangreiche Kritik am Ansatz von Olson (zusammenfassend Keller 1988b; Marwell/Oliver 1993; Kelly 1998) macht es notwendig, eher von einer theoretischen Alternative auszugehen und individuelle Kosten-/Nutzenkalküle über die existierenden Handlungsalternativen sowie deren Beeinflussung durch die verschiedenen korporativen Akteure in den Mittelpunkt der Betrachtung zu stellen. Die Kosten einer Mitgliedschaft werden kalkuliert im Verhältnis zu ihren Nutzen, die günstigere Alternative wird gewählt. Hierbei kann der Nutzen sowohl wie bei Olson private als auch im Gegensatz zu Olson kollektive Elemente enthalten; die Kosten müssen im Gegensatz zu Olson nicht nur aus Kosten im ökonomischen Sinne bestehen. Die selektiven Anreize sind zwar Teile des Individualkalküls, machen es jedoch nicht vollständig aus. In die individuelle Nutzenfunktion gehen neben privaten also auch kollektive Elemente ein; der verwandte Rationalitätsbegriff wird weiter gefasst als bei Olson, der ihn ökonomistisch verengt.

Bei unserem Anwendungsbeispiel gehören zu den Kosten der Arbeitgeber vor allem

- monatliche Mitgliedsbeiträge, die insbesondere bei kleineren Unternehmen eine Rolle spielen,
- Aufwand für die Erstellung und Weitergabe von Informationen (zeitintensive Auskunftserteilung),
- Verpflichtungen zu einem bestimmten Verhalten auf Arbeits- und Produktmärkten (Folgebereitschaft gegenüber Verbandsbeschlüssen),
- Zeitaufwand für ehrenamtliche Mitarbeit im Verband, die mit Firmengröße und Problemart variiert.

Zum Nutzen gehören vor allem bestimmte Serviceleistungen des Verbandes.[41]

Einen anderen, international-komparativ angelegten Zugang zur theoretischen Erklärung von Problemen der Verbandsbildung und Interessenvermittlung stellt der Ressourcenansatz dar (Traxler 1993; 1995; 1999), der Arbeitgeberverbände und Gewerkschaften vergleicht, aber systematisch zwischen ihren Organisationsbedingungen unterscheidet. Ausgangspunkt der Analyse sind Organisationsfähigkeit und Organisationsbedarf individueller Interessen. Erstere meint die Möglichkeiten der Mitgliederrekrutierung und Sicherung ihrer Folgebereitschaft, letztere die Abhängigkeit der Interessendurchsetzung von verbandlichen Aktivitäten. In Bezug auf die quantitative und qualitative Ressourcenausstattung und -verteilung ergeben sich deutliche Vorteile für die Arbeitgeber, u. a. durch die Disposition über Produktionsmittel als Machtressource.

---

[41] Ein anderes Problem des Ansatzes von Olson besteht darin, dass er sich ausschließlich auf Determinanten des Verbandsbeitritts konzentriert, aktuelle Probleme des Verbandsaustritts bzw. notwendige Strategien der Loyalitätssicherung jedoch nicht behandelt. Vgl. hierzu Hirschman (1974); zur Kritik zusammenfassend Keller (1983b).

Abb. 2.7: Tarifparteien im Organisationsvergleich

Verbandliche Strukturmerkmale	Arbeitgeberverbände	Gewerkschaften
Organisationstyp	• regionaler Honoratiorenverband • dualistische Führungsstruktur • reiner oder integrierter Arbeitgeberverband	• Zentral ausgerichtete Massenorganisation • Monistische Führungsstruktur • Integrierter Verband
Innerverbandliche Entscheidungsstrukturen	• formell repräsentative Demokratie • Mehrheit der Funktionäre inoffiziell ausgewählt und immer ohne Gegenkandidat gewählt • oligarchische Führungsstruktur • prozedural-mehrstufiges Abstimmungsverfahren zwischen den Interessen • gegenüber den Gewerkschaften: meist Reaktiv • regionale Dominanz; durch Delegation zentral • Finanzhoheit der Regionen	• formell repräsentative Demokratie • Mehrheit der Funktionäre vom Apparat ausgewählt und meist ohne Gegenkandidat gewählt • oligarchische Führungsstruktur • prozedural-mehrstufiges Abstimmungsverfahren zwischen den Interessen • gegenüber den Arbeitgeberverbänden: offensiv • zentral koordiniert; durch Delegation regional • Ressourcendominanz der Zentrale; meist keine Finanzautonomie der Bezirke
Verbandsideologie	• liberal-programmatisch • Planungssicherheit und sozialer Friede durch Tarifverträge • Abbau verbindlicher Regelungsdichte: Dezentralisierung/Differenzierung/Flexibilisierung • gesellschaftlich verändernd: differenzorientiert	• sozialdemokratisch-programmatisch • Verbesserung der Arbeitsbedingungen • kontrollierte Dezentralisierung • gesellschaftlich verändernd: egalitätsorientiert
Profil und Herkunft der hauptamtlichen Funktionäre	• Dominanz akademisch gebildeter Juristen • Akademiker auf allen Ebenen • parteipolitische Orientierung: FDP und CDU/CSU	• meist betriebliche und langjährige gewerkschaftliche Sozialisation • Akademiker, vor allem in den Zentralen • parteipolitische Orientierung: mehrheitlich SPD

Quelle: Schroeder/Silvia 2003, 259.

Hinsichtlich der Organisationsfähigkeit gilt es zu unterscheiden zwischen der Rekrutierung von Mitgliedern und der Sicherung ihrer Loyalität. Bei der Lösung des Rekrutierungsproblems, mit dem sich die Analyse von Olson (1968) befasst, bestehen strategische Vorteile der Arbeitgeber, vor allem weil zum Aufbau des Verbandes eine vergleichsweise geringe Zahl von Mitgliedern ausreicht. Bei der Sicherung der Mitgliederloyalität hingegen, mit der sich Hirschman (1974) auseinandersetzt, haben Arbeitgeberverbände mehr Schwierigkeiten, u. a. weil die Mitglieder aufgrund ihrer Ressourcenausstattung über Handlungsalternativen verfügen, ihre Partikularinteressen auch außerhalb des Verbandes durchzusetzen; diese Optionen vermindern die Fähigkeit des Verbandes, seine Mitglieder auf Verhandlungsergebnisse als Resultate interner und externer Kompromissfindung zu verpflichten. Die strategischen Nachteile dieser Konstellation halten sich aufgrund des gegebenen Machtvorsprungs der Arbeitgeber allerdings in Grenzen.

Hinsichtlich des Organisationsbedarfs ist wiederum die Ressourcenausstattung von entscheidender Bedeutung für die Wahl zwischen individueller oder kollektiver Interessendurchsetzung. Auf Arbeitgeberseite dominiert die individuelle Option; die verbandliche wird vor allem relevant, wenn sich die Arbeitnehmer zu überbetrieblichen Organisationen zusammengeschlossen und dadurch ihre kollektive Aktionsfähigkeit hergestellt haben. Der höhere Organisationsbedarf sowie die größeren Anforderungen an die strategische Handlungsfähigkeit bestehen auf Seiten der Arbeitnehmer, die mehr Interesse an kollektiv-überbetrieblichen Regelungen der Arbeitsbeziehungen haben müssen. Die Bereitschaft der Arbeitgeber zur verbandlichen Organisierung hängt von der Stärke der Gewerkschaften ab.

Ein System überbetrieblich-branchenbezogener Kollektivverhandlungen bzw. (Flächen-) Tarifverträge (*multi-employer bargaining*) besteht nach wie vor in der Mehrzahl der kontinental-westeuropäischen Länder im Gegensatz zu den angelsächsischen (*single-employer bargaining*) trotz gewisser Tendenzen der Dezentralisierung, die in der Mehrzahl der Länder „kontrolliert", in einigen hingegen „wild" erfolgt (Traxler et al. 2001). Dieses sektorale Regulierungsinstrument setzt die Existenz und Handlungsfähigkeit entsprechender Verbände mit spezifischen Organisationsstrukturen nicht nur auf Arbeitnehmer- sondern auch auf Arbeitgeberseite voraus. Die Verbände sind – gerade in Zeiten einer „Krise" oder „Erosion" des Flächentarifvertrags – wechselseitig voneinander abhängig.

Der gleiche Zusammenhang gilt für nicht autonom, sondern staatlich gesetzte und rechtlich-organisatorisch gestützte Verfahren zur Ausweitung des Geltungsbereichs von Tarifverträgen auf nicht-organisierte Arbeitgeber: Der Organisationsgrad nimmt mit dem Ausmaß der Allgemeinverbindlichkeitserklärungen zu, die als selektive Anreize zum Verbandsbeitritt im Sinne von Olson wirken (Traxler 2006). Dieses Rechtsinstitut, welches die Unterschreitung von Flächentarifen verhindern soll, existiert in der Mehrzahl der Länder, wird aber unterschiedlich häufig genutzt.

Einführende Literatur

Prigge,W.U. (1987), Metallindustrielle Arbeitgeberverbände in Großbritannien und der Bundesrepublik Deutschland, Opladen.

Sadowski,D./Jacobi,O.(Hg.) (1991), Employers' associations in Europe: Policy and organisation, Baden-Baden.

Streeck,W./Schmitter,P. (1985), Private interest government: Beyond market and state, London.

Streeck,W./Grote,J.R./Schneider,V./Visser,J.(Hg.) (2005), Governing Interests. Business associations facing internationalization, London.

Traxler,F. (1986), Interessenverbände der Unternehmer. Konstitutionsbedingungen und Steuerungskapazitäten, analysiert am Beispiel Österreichs, Frankfurt/Main-New York.

Weber,H. (1987), Unternehmerverbände zwischen Markt, Staat und Gewerkschaften. Zur intermediären Organisation von Wirtschaftsinteressen, Frankfurt/Main-New York.

Schroeder,W./Weßels,B.(Hg.) (2008), Arbeitgeber- und Wirtschaftsverbände in Politik und Gesellschaft der Bundesrepublik Deutschland: ein Handbuch, Wiesbaden.

Windmuller,J.P./Gladstone,A.(Hg.) (1984), Employers associations and industrial relations, Oxford.

3 Korporative Akteure II: Gewerkschaften

Nach klassischer, nach wie vor gängiger (Nominal-)Definition sind Gewerkschaften freiwillige, auf Dauer angelegte Interessenvereinigungen von abhängig beschäftigten Arbeitnehmern mit dem Ziel der Absicherung und Verbesserung ihrer wirtschaftlichen und sozialen Lage bzw. ihrer Arbeits- und Lebensbedingungen. Gewerkschaften versuchen, Strukturen und Prozesse des Arbeitsmarktes faktisch zugunsten ihrer Mitglieder bzw. programmatisch zugunsten aller Arbeitnehmer zu kontrollieren oder zumindest zu beeinflussen, d. h. eine „Einschränkung der Substituierbarkeit von Arbeitskräften" (Müller-Jentsch 1997, 105) zu erreichen.[42]

Ihre Erfolgsaussichten bei der Einschränkung der Konkurrenz zwischen Arbeitnehmern hängen entscheidend ab von der Organisationsform (vor allem Berufs-, Betriebs-, Industriegewerkschaft), die der der Arbeitsmärkte ähnlich sein muss (Windolf 1989b).[43] Das wesentliche Instrument der Interessendurchsetzung im institutionalisierten System der kollektiven Konfliktaustragung unter den Rahmenbedingungen von Tarifautonomie ist der Tarifvertrag einschließlich des Streikrechts, von dem sie in periodischen Abständen Gebrauch machen. Außerdem sind Gewerkschaften nicht nur korporative Akteure des Arbeitsmarktes, sondern auch Interessenvertretung im politischen Raum gegenüber Regierung, Parlament und Öffentlichkeit (vgl. im Einzelnen Kap. 4) sowie an Selbstverwaltungsorganen (u. a. der Sozialversicherung) beteiligt. Im „rheinischen Kapitalismus" der Bundesrepublik sind sie traditionell – und zumindest bis in die 1990er Jahre – nicht nur als „Sozialpartner" von Staat und Arbeitgeberverbänden rechtlich und faktisch anerkannt, sondern als Inte-

---

42 Aus juristischer Perspektive müssen Arbeitnehmerkoalitionen folgende Kriterien erfüllen: freie Bildung, demokratische Strukturen, Gegnerfreiheit, Unabhängigkeit vom Staat und gesellschaftlichen Organisationen, Dauerhaftigkeit, reale Mächtigkeit (für andere Weiss/Schmidt 2000).

43 Dieser Zusammenhang lässt sich in historischer Perspektive dahingehend zusammenfassen, „dass die frühen Gewerkschaften als Organisationen von Subkontraktoren, handwerklich hoch qualifizierten Arbeitskräften und frühen Nutznießern der Industrialisierung Kontrolle über ihre fachspezifischen Arbeitsmärkte ausüben konnten, während die Masse jener, die ihre billige Arbeitskraft auf den Jedermanns-Arbeitsmärkten feilbieten mussten, noch keine gewerkschaftliche Interessenvertretung hatten" (Müller-Jentsch/Stahlmann 1988, 11).

ressengruppen in die Wirtschafts- und Sozialordnung bzw. in das politökonomische Institutionengefüge (durch betriebliche und überbetriebliche Mitbestimmung sowie Tarifautonomie) in unterschiedlicher Form eingebunden (Streeck/Hassel 2003).

3.1 Organisationsprinzipien und bestehende Organisationen

Die im Zusammenhang mit der Industrialisierung entstandene deutsche Gewerkschaftsbewegung war von ihren Anfängen als regionale, solidarische Selbsthilfe-, Unterstützungs- und Widerstandsorganisation um die Mitte des 19. Jahrhunderts bis in die Zeit der Weimarer Republik berufsständisch und weltanschaulich zersplittert. Die frühen Gewerkschaften in den 1860er Jahren waren zumeist berufsständische Organisationen hochqualifizierter Facharbeiter (z. B. Buchdrucker, Arbeiter in der Zigarrenindustrie) mit dadurch recht homogenen Interessenlagen, deren Mitglieder über Markt- und Organisationsmacht verfügten. Erste umfassendere Verbände der vergleichsweise schlecht qualifizierten Arbeitnehmer entstanden erst nach 1890. Aber auch nach der Institutionalisierung der Koalitionsfreiheit im Jahre 1918 bzw. nach dem Übergang von der „klassischen“ zur „befestigten“ Gewerkschaft (Briefs 1965) im Verlauf des 1. Weltkrieges blieb eine gewisse, wenngleich abnehmende Zersplitterung in Richtungsgewerkschaften noch erhalten (zur umfangreich dokumentierten Geschichte u. a. Armingeon (1988a), Schneider (2001), Schönhoven (2003), international vergleichend Visser (1995)).

Während der Phase des Neuaufbaus nach der Zerschlagung des Faschismus im Jahre 1945 bot sich die historisch einmalige Chance einer strukturellen Neugliederung, wobei an Tendenzen zur Entwicklung von Industrie- und Einheitsgewerkschaften in der Zeit der Weimarer Republik angeknüpft werden konnte. Gewerkschaften in der Bundesrepublik sind ähnlich wie in den skandinavischen Ländern, aber im Gegensatz zu einer Reihe anderer Länder (wie Großbritannien, Frankreich, Italien) i. d. R. nach dem Industrieverbandsprinzip organisiert. Dieses Prinzip bedeutet, dass im Gegensatz etwa zu Berufs- oder Betriebsverbänden in einer Branche nur eine einzige Gewerkschaft bestehen soll („ein Betrieb, eine Gewerkschaft“); Kriterien wie Beruf, Status, Qualifikation, Betriebszugehörigkeit, politische Einstellung oder Religion der Arbeitnehmer soll keine Bedeutung zukommen.

Überschneidungen in den Organisationsbereichen bzw. deutliche Fragmentierungen sind daher die Ausnahme, während sie bei anderen Organisationsprinzipien den Regelfall darstellen. In Großbritannien etwa, welches den entgegen gesetzten Fall repräsentiert, dominieren derartige Abgrenzungsstreitigkeiten nach wie vor und erschweren häufig intern die Aggregation sowie extern die Durchsetzung von Interessen. Eine weitere Konsequenz besteht darin, dass Industrieverbände Kollektivverhandlungen auf der sektoralen bzw. Branchenebene (*multi-employer bargaining*) ermöglichen (vgl. im Einzelnen Kap. 8), während bei Betriebsgewerkschaften Verhandlungen mit einzelnen Arbeitgebern (*single-employer bargaining*) dominieren.

Diese in der Rekonstruktionsphase 1948/49 etablierten Organisationsstrukturen blieben über mehrere Jahrzehnte stabil, obwohl Strukturreformen wiederholt intern wie extern (Leif et al. 1993, Niedenhoff/Wilke 1991) angemahnt wurden. Dieser hohe Grad organisatorischer Stabilität stellte in internationalen Vergleichen, die zahlreiche *Mergers and Acquisitions* in einer Reihe von Ländern dokumentieren (Waddington 2005), einen durchaus erstaunlichen Tatbestand dar.[44] Die international-komparative Forschung unterscheidet zwischen Zusammenschlüssen (*Amalgamations*) von zwei oder mehr gleichen, ehemals unabhängigen Partnern zu einer neuen Organisation und Übernahmen (*Acqusitions*) einer kleinen durch eine große Organisation. Im zuerst genannten Fall wird eine mehr oder weniger gründliche Revision der ehemals getroffenen Grundsatz- und Strukturentscheidungen notwendig, im zuletzt genannten Fall finden keine merklichen Änderungen statt.

Seit Mitte der 1990er Jahre erfolgte innerhalb weniger Jahre eine Reihe von Zusammenschlüssen von Gewerkschaften des industriellen und Dienstleistungssektors (*merger mania*), welche einen bis dato unbekannten, erheblichen Konzentrationsprozess bedeutete: Die Anzahl der Mitgliedsorganisationen des Dachverbandes Deutscher Gewerkschaftsbund – DGB, die im internationalen Vergleich sowieso schon gering war, halbierte sich innerhalb weniger Jahre von 16 auf 8.[45] Das wichtigste Resultat – im Sinne einer Amalgamation – ist die Gründung der vereinten Dienstleistungsgewerkschaft – ver.di als Zusammenschluss von fünf Einzelorganisationen mit dem Ziel, eine effektivere Interessenpolitik als die vorher gespaltenen Interessenvertretungen zu betreiben (Keller 2001b, 2004, international-vergleichend Waddington et al. 2005). Weiterhin ist aufgrund seiner Größe der Zusammenschluss zur IG BCE relevant.

---

[44] Die einzigen Ausnahmen waren der Beitritt der vormals unabhängigen Gewerkschaft der Polizei – GdP zum DGB im Jahr 1978 sowie der Zusammenschluss der Industriegewerkschaft Druck und Papier, einer der letzten berufsständischen Organisationen, mit der DGB-Gewerkschaft Kunst und einigen kleineren, unabhängigen Berufsverbänden zu einer „einheitlichen Kraft aller Arbeitnehmer im Medienbereich, der IG Medien – Druck und Papier, Publizistik und Kunst – IG Medien im Jahr 1989.

[45] In organisationstheoretischer, vor allem populationsökologischer Perspektive gilt: „We think that the number of unions in a society is an interesting sociological variable in its own right. A society in which, say, all union members belong to a single union has a quite different structure from one in which the same number of members are organized into a thousand one. For one thing, the average (and maximum) size of unions differs greatly in the two cases, and size is associated with a great many dimensions of internal structure. For another, the totality of collective actions by unions will obviously be more diverse in the second case than in the first" (Hannan/Freeman 1987, 914).

Die wichtigsten Gründe für diese im Prinzip defensiven Reaktionen auf erhebliche Veränderungen der sozioökonomischen Umwelten waren:[46] deutlich sinkende Mitgliederzahlen bzw. Organisationsgrade seit den frühen 1990er Jahren, erhebliche Strukturveränderungen der Wirtschaft weg vom tayloristisch-fordistischen Produktionssystem und damit der Strukturierungsprinzipien der Arbeitsmärkte sowie der Versuch, Antworten auf Flexibilisierungsforderungen der Arbeitgeber zu geben, Deregulierungsmaßnahmen seitens des Staates sowie fortschreitende Dezentralisierungstendenzen des Systems der Kollektivverhandlungen unter den Vorzeichen von Internationalisierung , d. h. von Europäisierung bzw. Globalisierung.

Die organisatorische Folge dieser aktuellen Entwicklungen ist der in der internen wie externen Diskussion kaum beachtete, qualitative Übergang von bis dato dominierenden Industrie- zu Multibranchengewerkschaften („allgemeine Gewerkschaften"). Letztere sind in noch stärkerem Maße als erstere durch eine erhebliche Heterogenität der Mitgliederinteressen charakterisiert. Diese zusätzlichen Probleme der *union governance* versuchen sie, durch organisatorische Differenzierung und gruppenspezifische Repräsentation von Interessen bzw. durch Dezentralisierung ihrer Entscheidungsbefugnisse zu überwinden.

Zusammenschlüsse können einige der aufgetretenen Probleme lösen (etwa infolge der bestehenden Überschneidungen von Organisationsdomänen), andere hingegen kaum (wie Erzielung von *economies of scale* bzw. von Synergieeffekten); sie können sogar zu weiteren Problemen führen (wie Abspaltungen an den organisatorischen Rändern, Zunahme der Transaktionskosten) und die „neue Unübersichtlichkeit" der Arbeitsbeziehungen erhöhen. Die Vor- und Nachteile dieser Organisationsexperimente sind in der Phase der *post-merger integration* kaum valide zu saldieren. Die Mitgliederverluste – und damit die finanziellen Probleme – setzen sich jedenfalls mittelfristig fort. Möglicherweise wäre eine Erweiterung und/oder Vertiefung der Kooperation bestehender Gewerkschaften die überlegene Lösung gewesen.

Im Übrigen erfolgen Entscheidungen über Zusammenschlüsse zumeist auf der Grundlage interner, verbandspolitischer (Interessen- und Macht-)Kalküle und nicht auf der Basis strategisch angelegter „Rationalitäten" optimaler Organisationsformen, die etwa der Dachverband vorschlagen würde, sie sind „negotiated outcomes" (Waddington 1995). Außerdem verändern Zusammenschlüsse nicht nur die Beziehungen zwischen den Einzelgewerkschaften sondern auch das Verhältnis zum Dachverband, dessen Einflussmöglichkeiten abnehmen (horizontale versus vertikale Dimension). Dieser Zusammenhang gilt in besonderem Maße bei einer insgesamt geringen Zahl von Mitgliedsorganisationen.

---

[46] In organisationstheoretischer Sicht gilt, dass Organisationen auf Veränderungen ihrer (relevanten) Umwelten reagieren müssen, um ihr Überleben zu sichern.

Abb. 3.1: Zusammenschlüsse von Gewerkschaften

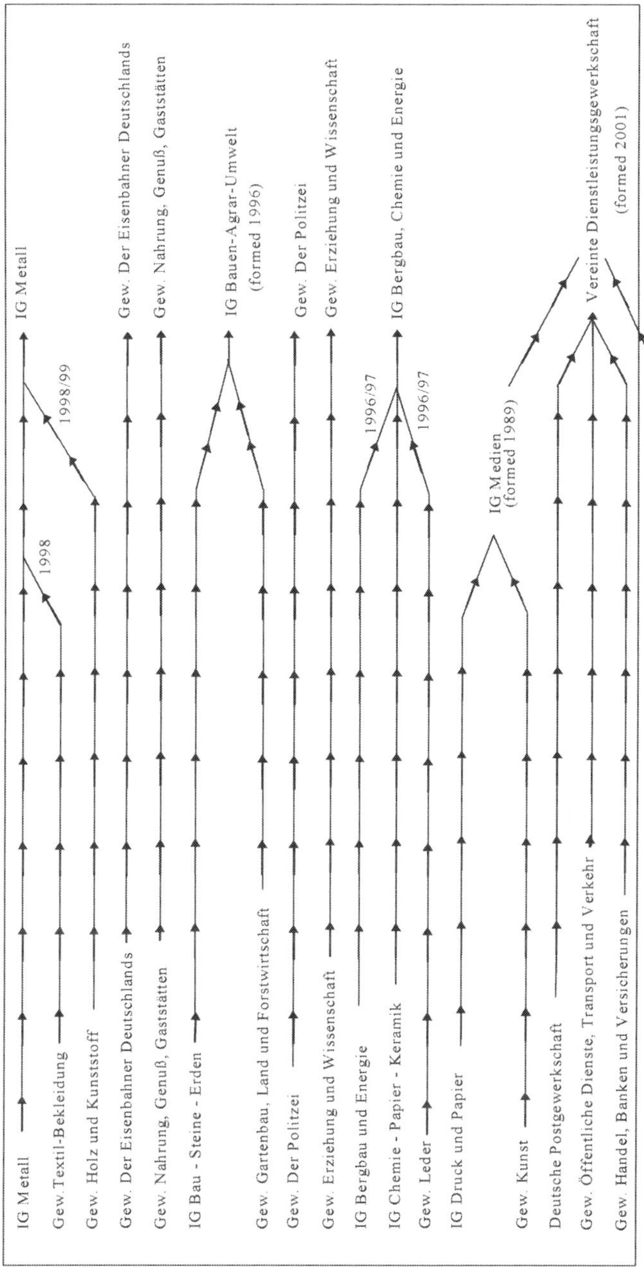

Deutscher Gewerkschaftsbund

Quelle: *Waddington/Hoffmann 2000, 133.*

Formal ist die Einzelgewerkschaft i. d. R. dreistufig nach räumlichen Kriterien (Ort bzw. Kreis, Bezirk, Bund) gegliedert. Ein mehrstufiges Delegiertensystem hat auf jeder Stufe repräsentative (Gewerkschaftstag als formal höchstes) und exekutive (besonders Vorstand) Organe. Die in den Verbandssatzungen festgelegten formalen Regeln der Willensbildung stimmen wie in anderen Großorganisationen nicht unbedingt mit den tatsächlichen überein. Untersuchungen belegen eine Kompetenzanhäufung beim Vorstand, der u. a. die Finanzhoheit hat, Personalentscheidungen über hauptamtliche Mitarbeiter entscheidend beeinflusst und die gesamte zentralisierte Tarifpolitik steuert; hinzu kommt sein Informationsvorsprung und die Kontrollmöglichkeiten der innerverbandlichen Kommunikationsmittel (zusammenfassend Bergmann 1985).

Industriegewerkschaften sind i. d. R. Einheitsgewerkschaften[47], d. h. im Gegensatz etwa zu Richtungsgewerkschaften weltanschaulich/ideologisch und (partei-)politisch grundsätzlich unabhängig und neutral. Dieses Prinzip bedeutet nicht notwendigerweise, dass keinerlei Verbindungen zu politischen Parteien bestehen oder sie sich immer und unbedingt jeglicher Stellungnahme im politischen Willensbildungsprozess zu enthalten haben. Die grundlegende Neugründung nach dem II. Weltkrieg unter Kontrolle der westlichen Alliierten folgte dem Prinzip der Einheitsgewerkschaft, ohne dass dieses sich in reiner Form und ausschließlich hätte durchsetzen können. Insgesamt blieb der Grad der organisatorischen Fragmentierung gering.

Wichtige Ausnahmen von diesen Organisationsprinzipien[48] sind

- der Christliche Gewerkschaftsbund – CGB und
- der Deutsche Beamtenbund – DBB.

Im Vergleich zum DGB sind die anderen Dachverbände nur in wenigen Bereichen von Bedeutung:

- Der DBB (http://www.dbb.de) hat ca. 1,2 Mill. Mitglieder; seine ca. 40 Mitgliedsverbände organisieren ausschließlich im öffentlichen Dienst (mehrheitlich Beamte), wo sie ein deutliches Gegengewicht zu den DGB-Gewerkschaften darstellen. Die Interessenpolitik des DBB, der nach herrschender Meinung nicht über das Tarifverhandlungs- und Streikrecht verfügt, zielt traditionell vor allem auf eine Beeinflussung von Parlament und Öffentlichkeit, seit den 1990er Jahren auch verstärkt auf Kollektivverhandlungen für Tarifbedienstete (Keller 1993).

---

[47] Vgl. zu Strukturen und Konsequenzen „pluralistischer" Vertretungsformen Prigge (1991; 1995; 2000).

[48] Die Deutsche Angestelltengewerkschaft – DAG als „Standesorganisation" nur der Angestellten ging 2001 in dem Zusammenschluss zu ver.di auf. Die DAG konnte nur in wenigen Bereichen eine wirklich eigenständige und unabhängige, berufsständisch orientierte Interessenpolitik betreiben; ihr organisatorischer Schwerpunkt lag bei Banken und Versicherungen.

- Der CGB (http://www.cgb.de) als „Richtungsgewerkschaft" hat ca. 300.000 Mitglieder; er ist sowohl tarif- als auch gesellschaftspolitisch bedeutungslos.

Im Folgenden konzentrieren wir uns auf die eindeutig dominierenden DGB-Organisationen, die mehr als 80% aller organisierten Arbeitnehmer umfassen (Traxler 2003c). Die relativen Kräfteverhältnisse zwischen den Dachverbänden sind im Übrigen im Zeitverlauf ziemlich stabil geblieben.[49]

Der 1949 gegründete Deutsche Gewerkschaftsbund – DGB[50] als Dachorganisation der Einzelgewerkschaften hat vor allem die Aufgabe der Vertretung der „gesellschaftlichen, wirtschaftlichen, sozialen und kulturellen Interessen der Arbeitnehmer" gegenüber Staat und Öffentlichkeit. Die Position des DGB gegenüber seinen Mitgliedsgewerkschaften ist vergleichsweise schwach:[51] Sein Einfluss auf deren Tarifpolitik und damit auf den Kernbereich der ökonomischen Interessenvertretung ist recht gering; die Einzelgewerkschaften sind sowohl in ihrer Politik autonom als auch finanziell unabhängig. Der DGB wird durch seine Einzelgewerkschaften finanziert, die 12% ihres Beitragsaufkommens entrichten. Die mit Abstand mitgliederstärksten Einzelgewerkschaften sind die IG Metall und ver.di, die zusammen ca. 70% aller den DGB-Gewerkschaften angehörenden Arbeitnehmer organisieren – und die Willensbildungsprozesse innerhalb des DGB dominieren können.

Der DGB dient als mehr oder weniger informelle Koordinationsinstanz der recht heterogenen Interessen der Einzelgewerkschaften sowie als deren politisches Repräsentations-, vor allem Lobbyorgan nach außen mit dem Ziel, die gesetzlichen Rahmenbedingungen zu beeinflussen. Die erwähnten Zusammenschlüsse von Einzelgewerkschaften gehen insofern über die pure Reduzierung der Zahl der Mitgliedsgewerkschaften hinaus, als sie eine grundlegende und umfassende Organisationsreform des DGB einschließlich seiner Handlungsmöglichkeiten erforderlich machen; sie schwächen seine Einflussmöglichkeiten mehr als dass sie sie stärken (horizontale vs. vertikale Dimension von Zusammenschlüssen).

Seine Organe sind

- Bundeskongress als formal höchstes Gremium, das sich aus den Delegierten der Einzelgewerkschaften zusammensetzt und die Richtlinien der Gewerkschaftspolitik bestimmt,

---

49 Aus der Vielzahl der älteren Publikationen sind nach wie vor hervorzuheben Bergmann (1979), von Beyme (1977), Markovits (1986), Streeck (1981), Teichmann (1981), von Hauff (1979), international vergleichend Crouch (1982), Freeman/Medoff (1984).

50 Vgl. zu den Grundsatzprogrammen seit 1949 zusammenfassend Leminsky (1998, 30-48).

51 Diese relativ schwache Stellung des Dachverbandes gegenüber seinen Mitgliedsverbänden stellt im internationalen Vergleich keinesfalls eine Ausnahme dar (Traxler et al. 2001).

- Bundesausschuss als höchstes Organ zwischen den alle drei Jahre stattfindenden Bundeskongressen, der u. a. Stellungnahmen zu gewerkschaftspolitischen Fragen verfasst und den Haushalt beschließt,
- Bundesvorstand, der aus den Vorsitzenden der Einzelgewerkschaften und dem geschäftsführenden Bundesvorstand besteht und die Vertretung des DGB nach innen und außen übernimmt,
- Revisionskommission (u. a. Überwachung der Kassenführung, Jahresabrechnung).

Im Verlauf der ökonomischen und politischen Internationalisierung, konkret der fortschreitenden europäischen Integration bis hin zur Wirtschafts- und Währungsunion Ende der 1990er Jahre, hat die europäische Ebene erheblich an Bedeutung gewonnen; eine die nationale ergänzende – und nicht sie substituierende – Ebene der Interessenvertretung wurde erforderlich (vgl. im Einzelnen Kap. 12). Die nationalen Gewerkschaften mussten supranationale Organisationen bilden: Der Dachverband DGB ist Mitglied des Europäischen Gewerkschaftsbundes – EGB, die Sektor- bzw. Branchengewerkschaften haben sich in Europäischen Gewerkschaftsausschüssen zusammengeschlossen.

Da die Organisationsprinzipien und -strukturen auf nationaler Ebene erhebliche Unterschiede aufweisen, sind die Industriegewerkschaften häufig Mitglied in mehr als einer Föderation, wodurch erhebliche Koordinationsleistungen in horizontaler und vertikaler Hinsicht erforderlich werden; außerdem kommt es seit den 1990er Jahren auf beiden Ebenen zu Zusammenschlüssen, die nicht gemeinsamen (Organisations-) Prinzipien folgen und daher notwendige Koordinations- und Abstimmungsprozesse (etwa der nach wie vor national geführten Kollektivverhandlungen) erschweren. Die Gewerkschaftsausschüsse sind in Bezug auf ihre materiellen Ressourcen (u. a. Personal, Finanzen, Verhandlungsmandate, Verpflichtungsfähigkeit) und Aktionsmöglichkeiten nach wie vor relativ schwach – und erhalten nicht immer die notwendige Unterstützung von ihren Mitgliedern, welche primär nationale Interessen verfolgen und den Transfer von Ressourcen auf die europäische Ebene scheuen. Mit anderen Worten: Gewerkschaftspolitik ist nach wie vor besonders nationale Politik; ihre supranationale Handlungsfähigkeit bleibt eingeschränkt.

3.2 Organisationsgrade und Organisationsprobleme

Ausgangspunkt der Analyse ist die in Art. 9, Abs. 3 GG garantierte positive und negative Koalitionsfreiheit (zu Einzelheiten Blanke 2003): Jedermann hat das Recht, „zur Wahrung und Förderung der Arbeits- und Wirtschaftsbedingungen Vereinigungen zu bilden", ohne jedoch zum Beitritt gezwungen werden zu dürfen. Diese Regelung bedeutet, dass es eine rechtlich abgesicherte Zwangsmitgliedschaft nicht geben darf. Vor allem aus der Geschichte der angelsächsischen Länder sind sog. *closed shop*-Regelungen bekannt, die Regulierungsprobleme lösen halfen: Arbeitnehmer wurden nur eingestellt, wenn sie bereits Mitglied einer im Betrieb vertretenen Gewerkschaft waren (*closed shop*), oder wenn sie Mitglied wurden (*union shop*).[52]

„Gewerkschaftliche Macht ist Organisationsmacht, die auf Mitgliederzahlen und Mobilisierungspotentialen beruht. Die Mitgliederzahlen fundieren einen Anspruch auf legitime Repräsentation bedeutsamer Teile der arbeitenden Bevölkerung; das Mobilisierungspotential verweist auf die Reichweite (potentieller) gewerkschaftlicher Störungsmacht" (Müller-Jentsch 1997, 119). Wie lässt sich Macht bestimmen:

- Eine erste Messgröße ist die reine Mitgliederzahl, die auf den programmatischen Anspruch verweist, die Interessen (breiter Teile) der abhängig Beschäftigten zu vertreten; außerdem hängen die Ressourcen der Gewerkschaft (vor allem ihre Finanzen) von diesem Indikator ab.[53] Allerdings gibt er nicht an, inwieweit Gewerkschaften in der Lage sind, ihr Mitgliederpotential tatsächlich auszuschöpfen. Eine Zunahme der Mitgliederzahl kann die Entwicklung der Beschäftigtenzahl widerspiegeln und nicht sonderliche Erfolge bei der Mitgliederrekrutierung.
- Ein wichtigerer Indikator ist daher – ähnlich wie bei Arbeitgeberverbänden (vgl. Kap. 2) – der Organisationsgrad. Ein hoher Organisationsgrad ist eine notwendige, wenngleich noch keine hinreichende Voraussetzung für Verhandlungsmacht (*bargaining power*) und Durchsetzungsfähigkeit von Interessen nach außen[54] sowie für die Repräsentativität von Verbänden. Organisationsgrade können sich auf die gesamte Volkswirtschaft beziehen, was bei internationalen Vergleichen (Visser 1989, 1994, 2006) häufig der Fall ist, auf einzelne Branchen, wobei sich erhebliche Differenzen innerhalb einzelner Ländern ergeben, oder auf spezifische Mitgliedergruppen (u. a. nach Geschlecht, Alter, Qualifikation, Status), wobei ebenfalls deutliche Unterschiede festzustellen sind.

---

52 In der Bundesrepublik bestehen keine rechtlich abgesicherten *closed shops* oder *union shops*. Vgl. zu den tatsächlichen Verhältnissen mit faktischen *closed shop*-Regelungen Kap. 5.

53 Der Mitgliedsbeitrag beträgt ca. 1% des Bruttolohnes. Die Gewerkschaften finanzieren sich zu über 90% aus Beiträgen.

54 Die Mobilisierbarkeit der Mitglieder für sporadisch stattfindende Arbeitskampfaktionen, eine wichtige Ressource des Verbandes, muss ebenfalls gegeben sein.

Der Organisationsgrad (zu diversen Messproblemen Visser 2006) ist der Anteil der organisierten Arbeitnehmer an der Gesamtzahl aller abhängigen Erwerbspersonen, d. h. abhängig Beschäftigten plus Arbeitslosen, bzw. an den Beschäftigten. Da auch Nicht-Beschäftigte (Arbeitslose, Rentner oder Studierende) Mitglieder sein können, haben wir systematisch zu unterscheiden zwischen Brutto- und Nettoorganisationsgraden: Erstere berücksichtigen alle, letzterer nur die sog. betriebstätigen Mitglieder, d. h. die Differenz aus sämtlichen Mitgliedern minus den Nicht-Erwerbstätigen ist wesentlich. Diese Differenz nimmt mit der Veränderung der Altersstrukturen zu. Inzwischen sind deutlich über 20% der Mitglieder nicht mehr erwerbstätig[55] – und tragen nur wenig zur Sicherung der finanziellen Ressourcen sowie zur Mobilisierungsfähigkeit der Organisation bei. Mit anderen Worten: Die Brutto- liegen stets höher als die Nettograde; letztere sind als die valideren Indikatoren für Probleme der Forschung und Praxis der Arbeitsbeziehungen anzusehen.

Abb. 3.2: Berechnung von Organisationsgraden

(1) $$\frac{\text{Gewerkschaftsmitglieder}}{\text{Abhängig Beschäftigte}} \times 100$$ (Brutto-Organisationsgrad I)

(2) $$\frac{\text{Gewerkschaftsmitglieder}}{\text{Abhängige Erwerbspersonen}} \times 100$$ (Brutto-Organisationsgrad II)

(3) $$\frac{\text{Betriebstätige Mitglieder}}{\text{Abhängig Beschäftigte}} \times 100$$ (Netto-Organisationsgrad I)

(1) $$\frac{\text{Betriebstätige + arbeitslose Mitglieder}}{\text{Abhängige Erwerbspersonen}} \times 100$$ (Netto-Organisationsgrad II)

Abhängige Erwerbspersonen = Abhängig Beschäftigte *plus* Arbeitslose
Betriebstätigte Mitglieder = Gewerkschaftsmitglieder *minus* nichterwerbstätige Gewerkschaftsmitglieder (Arbeitlose, Rentner, Studenten, etc.)

Quelle: Müller-Jentsch 1997, 123.

55 Bereits in den frühen 1990er Jahren kam eine Untersuchung zu folgendem Schluss: „Weitgehend unbeabsichtigt und unbemerkt hat sich der Deutsche Gewerkschaftsbund mit seinen Mitgliedsorganisationen .. zu *einer der größten deutschen Seniorenorganisationen* entwickelt.“ (Künemund et al. 1993, 541; kursiv im Original).

Der (Gesamt-)Organisationsgrad lag im Zeitalter des Taylorismus-Fordismus lange Jahre bei über 30%; im internationalen Vergleich war dies nur ein durchschnittlicher Grad. Nach leichten Rückgängen in den frühen 1980er Jahren, welche die institutionelle Verankerung der Gewerkschaften im „Modell Deutschland" nicht grundlegend beeinträchtigten, stieg er im Rahmen des allgemeinen Institutionentransfers nach der deutschen Einigung kurzfristig steil an (sog. Vereinigungsboom). Seitdem treten deutliche Mitgliederverluste in sämtlichen Organisationsbereichen ein, vor allem in den neuen Bundesländern.[56] Der (Netto-)Organisationsgrad beträgt nur noch ca. 20% und hat damit seinen historischen Tiefstand erreicht (Ebbinghaus 2003).

Abb. 3.3: Mitgliederzahlen des DGB im langjährigen Vergleich

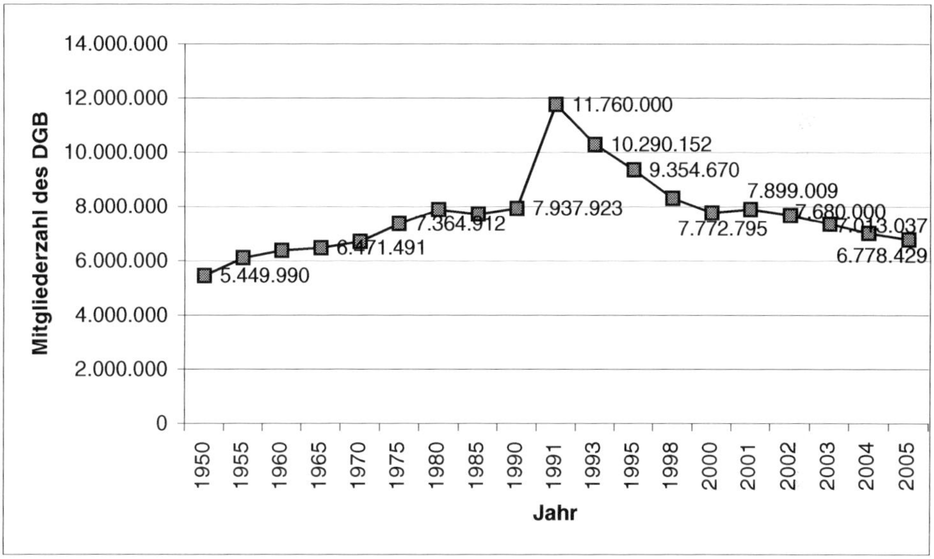

Bis 1990 alte Bundesrepublik, seit 1991 inkl. der neuen Bundesländer.
Bis 2000 sind die Mitgliederzahlen der DAG (als Nicht-DGB-Mitglied) nicht berücksichtigt, mit der Fusion von IG Medien, ÖTV, HBV, DPG und DAG zu ver.di änderte sich dies ab 2001 entsprechend. Die Zahl der Mitglieder der DAG lag am 31.12.2000 bei 450.006.

Quelle: Eigene Darstellung, Zahlenangaben von www.dgb.de.

[56] Ein ausländischer Beobachter nannte folgende Gründe für den Mitgliederrückgang: „... the normalisation of unionisation rates, artificially increased by around 90% as a result of obligatory membership in the old GDR; the disappearance between 1989 and 1994 of almost two-thirds of industrial jobs and of nearly 40% of all jobs; and finally, a certain frustration amongst East German unionists with their new organisations" (Lattard 1994, 55). Aktuelle Studien belegen „...that the level and the structure of unionization has become more and more similar in eastern and western Germany in the period 1992 to 2000. The originally high level of union density in eastern Germany has even dropped below that of western Germany" (Schnabel/Wagner 2003, 227).

In der Anfangsphase der „marktwirtschaftlichen Euphorie" konnten beide Tarifpartner, nachdem sie die westdeutschen Prinzipien auf Ostdeutschland übertragen bzw. ausgeweitet hatten, deutliche Organisationserfolge erzielen.[57] Danach sind sowohl Gewerkschaften als auch Arbeitgeberverbände mit erheblichen Schwierigkeiten und ähnlichen Problemen konfrontiert.

Wichtige Motive für den Austritt waren vor allem folgende:

- Die neuen Mitglieder hatten nach ihren langjährigen Erfahrungen mit den FDGB-Organisationen sowie mit den politisch motivierten Versprechen nach der Wende anfänglich unrealistisch hohe Erwartungen in Bezug auf die realen Handlungsmöglichkeiten der Gewerkschaften im Transformationsprozess, vor allem in Bezug auf die Tarifpolitik sowie eine Politik der Beschäftigungssicherung.
- Die Bekämpfung der Arbeitslosigkeit, die sich infolge der dramatischen Beschäftigungseinbrüche schnell verfestigte, bzw. die Vertretung der Interessen einer überproportional hohen Zahl arbeitsloser Mitglieder entzieht sich weitgehend dem Aktionsradius von Gewerkschaftspolitik.

Die Mitgliederstrukturen weisen inzwischen ähnliche Defizite auf wie die in Westdeutschland, d. h. deutliche Unterschiede zur Beschäftigtenstruktur. Die Schwierigkeiten resultieren vor allem aus der besonderen Finanzierungssituation:

- Auf der Einnahmenseite entstehen Mindereinnahmen sowohl durch geringere Beiträge infolge niedrigerer Einkommen im Osten als auch durch den im Vergleich zum Westen hohen Anteil arbeitsloser Mitglieder, die lediglich einen symbolischen Beitrag zahlen.
- Auf der Ausgabenseite ergeben sich Mehrausgaben sowohl durch den Aufbau der formalen Organisation als auch durch die übergangsspezifische Aufgabenstruktur, die sich auf arbeits- und sozialrechtliche Information sowie auf individuelle Beratung und Vertretung der Mitglieder konzentrieren musste. Dieses Angebot an privaten Gütern ist für die Verbände zwar personal- und kostenintensiv, bietet jedoch gerade in Phasen der Unsicherheit individuelle Anreize zum Beitritt.

Insgesamt verschärfen sich die schon vor der Vereinigung bestehenden Finanzprobleme der Einzelgewerkschaften, da die Ausdehnung des Organisationsbereichs erhebliche (Netto-)Kosten verursacht, ohne die erhofften Mehreinnahmen zu bringen, da die Mitgliederzahlen deutlich zurückgehen. Außerdem engt der Mechanismus die Aktionsfähigkeit nicht nur im Osten sondern auch im Westen deutlich ein. „A major dilemma for German unions is that saving costs by scaling down their regional and local presence and their services may result in a vicious circle of reduced benefits for members and falling membership" (Addison et al. 2007, 9).

---

[57] Diese Entwicklung der 1990er Jahre wird zusammengefasst bei Schroeder (2000).

Bei einer Desaggregation der Daten zur Mitgliedschaft unterscheiden sich die verbandsspezifischen Entwicklungen deutlich. Erhebliche Unterschiede bestehen vor allem zwischen Sektoren (öffentlich versus privat), Industriezweigen (Produktions- vs. private Dienstleistungssektoren), Betriebsgrößen bzw. industrieller Konzentration (Groß- vs. Mittel- und Kleinbetriebe), Beschäftigtengruppen (vor allem Arbeiter vs. Angestellte) sowie nach dem Geschlecht. „Es zeigt sich, dass sowohl individuelle Eigenschaften (wie Geschlecht, Bildung und Einkommen) als auch Arbeitsplatzcharakteristika (Firmengröße) die Organisationswahrscheinlichkeit beeinflussen“ (Lorenz/Wagner 1991, 79; ähnlich Schnabel 1993, 221f.). Schließlich sind für den Zeitraum seit der deutschen Wiedervereinigung Ost-/West-Unterschiede zu beachten (Schnabel/Wagner 2007).

Dieser anhaltende Trend sinkender Organisationsgrade hat erhebliche Konsequenzen nicht nur für die Sicherung der finanziellen und personellen Ressourcen, die für die verbandsinterne Erstellung der Dienstleistungen notwendig sind. Sie beeinträchtigt auch die Handlungsfähigkeit nach außen, weil sie zu abnehmender Verhandlungs- und Durchsetzungsmacht gegenüber Arbeitgeberverbänden führt, und schwächt die politische Legitimation der Gewerkschaften in der Öffentlichkeit. Die Folgen des Mitgliederschwundes gehen über die bekannten Budgetrestriktionen weit hinaus.

Weiterhin müssen wir unterscheiden zwischen Organisationsgraden von Gewerkschaften und Deckungsraten von Kollektivverträgen. Letztere sind im rechtlichen Sinne ausschließlich für die Mitglieder der Tarifparteien verbindlich, faktisch gelten sie jedoch meistens für alle Arbeitnehmer. Arbeitgeber würden durch eine Differenzierung Anreize für den Beitritt zu Gewerkschaften schaffen, was nicht in ihrem Interesse liegt. Aus diesem Grund sind die tariflichen Deckungsraten in den meisten Ländern deutlich höher als die Organisationsgrade (vgl. im Einzelnen Kap. 6). In der Bundesrepublik sind diese beiden wichtigen Indikatoren seit den 1990er Jahren deutlich rückläufig.

In internationalen Vergleichen (Ebbinghaus/Visser 2000) finden wir trotz ähnlicher Probleme deutliche, durchaus erstaunliche Differenzen sowohl in den Organisationsgraden als auch bei deren Entwicklungstrends: Am einen Ende des Kontinuums stehen die skandinavischen Staaten (Dänemark, Finnland, Schweden) mit nahezu 80%, am anderen Frankreich und die USA[58] mit ca. 10%.[59] „There is no generalized downward trend in European union density. Aggregate figures show a progressive decline, but conceal a highly heterogeneous picture where countries with high and

---

[58] Vgl. die detaillierte Beschreibung eines „non-union industrial relations systems" für die USA schon bei Kochan et al. (1986, 47-80); einen Überblick über den aktuellen Stand bietet Behrens (2006b).

[59] Wir wollen die Aspekte eines internationalen Vergleichs aus Platzgründen nicht systematisch weiter verfolgen (vgl. u. a. ILO 1997).

growing membership coexist with others where unionization is low and declining" (Checchi/Lucifora 2002, 399). Die Gewerkschaften mit traditionell hohen Organisationsgraden sind eher stabil geblieben, die mit traditionell eher niedrigen sind in der Regel noch schwächer geworden (Jacoby 1995, Armingeon 1999). Im internationalen Vergleich setzen die Mitgliederrückgänge in der Bundesrepublik relativ spät ein und sind besonders ausgeprägt (Visser 2007).

Zu diesen Erklärungen passt im Übrigen die sog. Substitutionshypothese, die einen engen Zusammenhang zwischen der Organisierung der Arbeitslosenversicherung und Motiven zum Gewerkschaftsbeitritt konstatiert (Blaschke 2000). Die Anreize werden kleiner, wenn der Staat diese Risikoabsicherung, die ursprünglich häufig im Rahmen eines eigenen Unterstützungswesens bei den Gewerkschaften selbst lag, in eigener Regie übernimmt. In den skandinavischen Ländern, die einen hohen Organisationsgrad haben, verfügen die Gewerkschaften zugleich über einen sehr starken Einfluss auf dieses System der sozialen Sicherung (sog. Ghenter Modell). Mit anderen Worten: Institutionelle Regelungen können als (externe) Organisationshilfen stabilisierend wirken.

Die Frage nach den Bestimmungsgründen dieser enormen Differenzen hat im Laufe der Zeit zahlreiche Gewerkschaftsforscher aus verschiedenen Disziplinen (vor allem der Ökonomie und der Soziologie) sowie *industrial relations*-Experten beschäftigt. International-komparativ und langfristig angelegte Studien unterscheiden zwischen strukturellen, zyklischen und institutionellen Determinanten[60], wobei Sozialwissenschaftler den institutionellen Konfigurationen die größte Bedeutung beimessen: „the access of unions to representation in the workplace; the availability of a selective incentive in the form of a union-administered unemployment scheme; recognition of employers through nationwide and sectoral corporatist institutions; and closed-shop arrangements for forced membership" (Ebbinghaus/Visser 1999, 135).[61]

[60] Breit angelegte Überblicke über die umfangreiche theoretische und empirische Forschung bieten u.a. Checchi/Lucifora (2002), Checchi/Visser (2005), Schnabel (2003a) und Schnabel/Wagner (2005).

[61] Eine andere, ebenfalls komparative Analyse kommt zu folgendem Resultat: „Analysis of annual data ... indicates that strong positive effects of union centralization and union disbursement of unemployment benefits on unionization ... Results suggest that labor movements flourish when they establish an institutional control over labor market outcomes beyond wage bargaining" (Western 1993, 266).

Abb. 3.4: Organisationsgrade im internationalen Vergleich

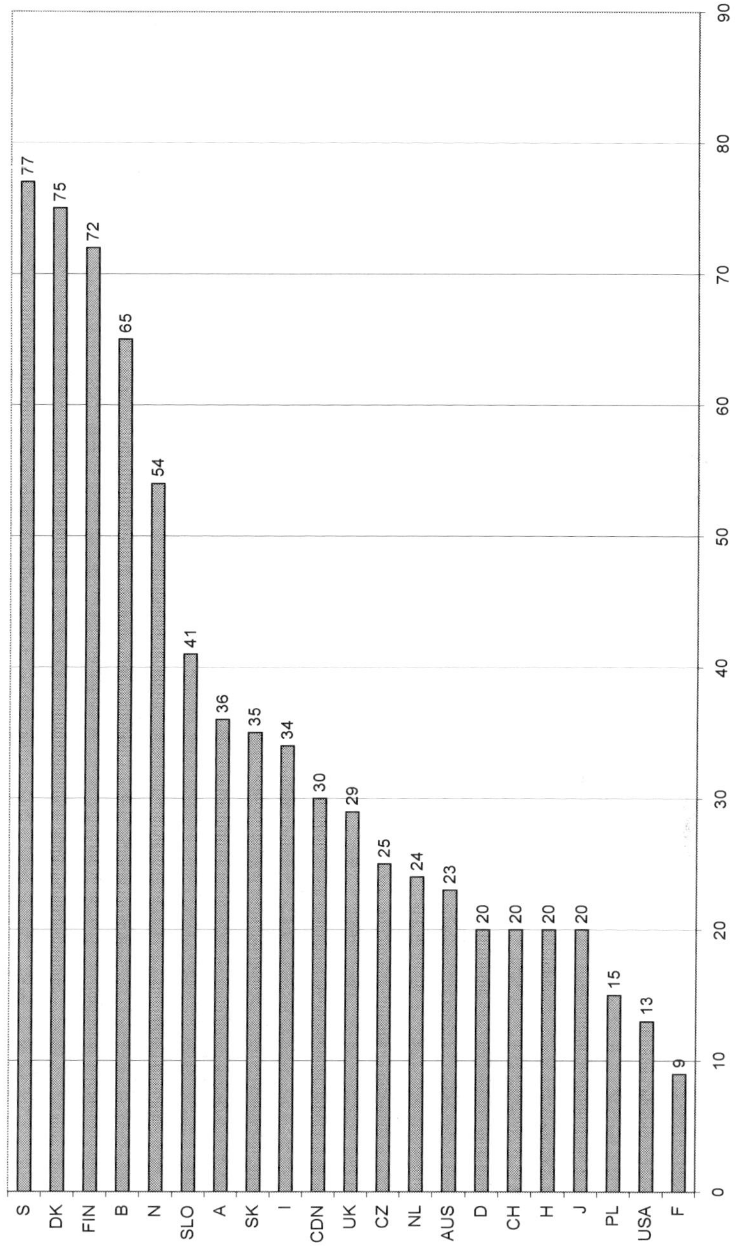

Angaben in Prozent. Die Angaben spiegeln den Netto-Organisationsgrad I wider.

Quelle: Institut der deutschen Wirtschaft 2005, 5.

Organisationsprobleme bzw. -defizite bestehen traditionell weniger bei der „klassischen“ Klientel, insbesondere nicht bei der männlichen Facharbeiterschaft, sondern vor allem bei Jugendlichen, Frauen und technischen Angestellten sowie bei der hoch qualifizierten „technischen Intelligenz“ im Bereich der neuen Informations- und Kommunikationstechnologien.[62] Insofern entsprechen die Mitgliederstrukturen längst nicht mehr den veränderten Produktions- bzw. Beschäftigtenstrukturen, die durch einen wachsenden Anteil von Arbeitnehmern in den privaten und öffentlichen Dienstleistungssektoren gekennzeichnet sind (Prozess der Tertiarisierung der Wirtschaft).[63] „By and large, the present structure of union membership reflects the employment structure of the 1960s“ (Schnabel 2005, 21).

Die Gewerkschaften konnten also ihre Mitgliederstrukturen dem beschäftigungsstrukturellen Wandel (u. a. Tertiarisierung, Feminisierung, Zunahme atypischer Beschäftigungsverhältnisse) nicht anpassen.[64] Sie werden durch eine andere, in stärkerem Maße zielgruppenspezifisch orientierte Organisations- bzw. Rekrutierungspolitik neue Mitglieder in den bisher unterproportional organisierten Gruppen gewinnen müssen, besonders in der heterogenen Gruppen der Angestellten sowie bei Arbeitnehmern in atypischen Beschäftigungsverhältnissen;[65] dabei wird es vor allem auf die Entwicklung von arbeitsplatz- und beschäftigungsbezogenen Dienstleistungen ankommen (im Sinne privater Güter von Olson) – und nicht u. a. auf weitere Versicherungen, Vermittlung von Mietwagen oder Reiseangebote (*industrial versus non-industrial services*) (Griffin 2005). Der Grund ist einfach: Erstere können nicht nur durch Mitgliedschaft, sondern auch über externe Märkte bzw. konkurrierende Angebote beschafft werden, während die Gewerkschaften bei letzteren, die nicht-handelbare Dienstleistungen darstellen, zumindest über Wettbewerbsvorteile, wenn nicht gar über ein Monopol verfügen. Im Übrigen erfordern derartige *organizational drives* die Bereitstellung zusätzlicher Verbandsressourcen, was in Zeiten rückläufiger Organisationsgrade und abnehmender finanzieller Ressourcen schwierig sein dürfte. Schließlich wird eine Professionalisierung der Mitgliederwerbung notwendig (im Einzelnen Keller 2004, 103ff.).

Die Reduzierung der „gewerkschaftsfreien Zonen“ bzw. der „weißen Flecken der Organisationslandkarte“ ist notwendig, um die Politik- und Durchsetzungsfähigkeit bzw. den Bestand und das Überleben zu sichern und um weitere Fragmentierungen

---

62 Vgl. im Einzelnen Schnabel (1993). Entgegen einem verbreiteten Vorurteil sind ausländische Arbeitnehmer vergleichsweise gut organisiert. Vgl. ebd. 210f.

63 Ein weiteres zentrales Problem in Zeiten von Massenarbeitslosigkeit besteht in der Organisierung von Arbeitslosen, für die nur wenige Anreize zur Mitgliedschaft bestehen.

64 Auf diesen Sachverhalt wird seit Jahren immer wieder hingewiesen (Armingeon 1988b; 1989).

65 Vgl. zur entsprechenden Situation in Österreich Pernicka (2005a; 2005b), international vergleichend Wever (1997; 1998).

der Arbeitsbeziehungen zu verhindern.[66] Auf aktive Unterstützung seitens der Betriebsräte, die in der Vergangenheit als Machtressource dienten und diese Aufgaben im arbeitsteilig-kooperativ angelegten, „dualen“ System der Arbeitsbeziehungen faktisch weitgehend übernahmen (vgl. Kap. 5), können sich die Gewerkschaften nur noch bedingt verlassen, da der Anteil der nicht-organisierten Betriebsräte seit Jahren zunimmt (vgl. Kap. 5).[67] Auch die Tatsache, dass nicht nur Arbeitgeberverbände[68], sondern auch andere Großorganisationen (wie politische Parteien und Kirchen) vor ähnlichen Mitgliederproblemen stehen, ist wenig hilfreich bei der Lösung des Problems, dass Gewerkschaften kein sich selbst tragendes Erfolgsmodell (mehr) sind – oder, auf neuhochdeutsch, ihren *taken for grantend*-Charakter einbüßen. Bis dato sind die skizzierten Zusammenschlüsse von Gewerkschaften die dominierende Form der Reaktion auf die massiven Organisationsprobleme.

Zur Erklärung der Organisationsprobleme bietet sich – ähnlich wie bei Arbeitgeberverbänden – die Theorie des kollektiven Handelns von Olson an (vgl. zu Darstellung und Erweiterung des Ansatzes Kap. 2). Zur Erinnerung: Wichtige gewerkschaftliche Leistungen wie Tarifverträge sind öffentliche Güter, die keinen Anreiz zum Beitritt darstellen, da sie *ex definitione* auch Nicht-Mitgliedern zur Verfügung stehen: Die Arbeitgeber diskriminieren faktisch nicht nach Gewerkschaftszugehörigkeit, um keine entsprechenden Beitrittsanreize zu schaffen.

„Zwang“ – im Sinne der erwähnten *closed shop*-Regelungen – kann wegen des im Grundgesetz garantierten Rechts der negativen Koaliationsfreiheit nicht ausgeübt werden. Daher müssen Gewerkschaften als große Mitgliederverbände versuchen, durch „selektive Anreize“ die Kosten-/Nutzenkalküle der rational handelnden Arbeitnehmer zu beeinflussen, damit diese sich zum Beitritt entschließen bzw. ihr Trittbrettfahrer-Verhalten aufgeben.

Zu den direkten und indirekten Kosten einer Mitgliedschaft gehören vor allem

- periodisch zu entrichtende Beiträge,
- Einsatz von immateriellen Ressourcen wie Zeit
- sowie Opportunitätskosten, etwa das Risiko, wegen der Mitgliedschaft Nachteile zu erleiden.

---

66 Vgl. zur inzwischen breiten, international-komparativ angelegten Diskussion um *union revitalization* zusammenfassend Frege/Kelly (2004); Verma/Kochan (2004); Kumar/Schenk (2006). Für die Situation in der Bundesrepublik ist typisch, dass nach wie vor Zusammenschlüsse die dominierende Strategie sind.

67 Die Zeiten, in denen von Betriebsräten als „pillars of union security“ (Müller-Jentsch 1995, 61) gesprochen werden konnte, sind vorbei.

68 „Der steigenden Verbandsabstinenz der Unternehmen entspricht die wachsende Organisationsabstinenz der Beschäftigten“ (Wiesenthal/Clasen 2003, 314).

Zum Nutzen sind vor allem zu rechnen besserer Kontakt zu Kollegen und Anerkennung, günstigere Arbeitsplatzaussichten sowie die Dienstleistungen der Gewerkschaften, u. a.

- Streikunterstützung, deren Höhe von der Dauer der Mitgliedschaft und dem Nachweis der Entrichtung der Beiträge abhängen kann,
- Rechtsschutz nicht nur bei Arbeitsgerichtsprozessen, sondern häufig auch als vollständiger Familien- und Mieterrechtsschutz,
- Versicherungen, etwa Freizeitunfallversicherungen.

Aus analytischer Perspektive ist die Frage des Beitritts, auf die sich Olson bezieht, zu unterscheiden von der einer Beibehaltung der Mitgliedschaft (Hirschman 1974). Im Fall von Unzufriedenheit mit den von der Organisation erbrachten Leistungen verfügen Mitglieder neben der eher passiven Reaktionsform „Loyalität" über zwei Optionen: Sie können individuellen oder kollektiven Widerspruch einlegen (*voice*), um auf eine Änderung zu drängen, oder sie können den Verband verlassen (*exit*) (als Überblick Freeman/Medoff 1984). Da nur saldierte Daten publiziert werden, ist die genaue Zahl der Austritte nicht bekannt, sie dürfte aber erheblich sein. Aus organisatorischer Sicht stellt sich damit das im Vergleich zur Mitgliederrekrutierung weitgehend unbeachtete Problem der Mitgliederbindung in besonderem Maße.

3.3 Interne Probleme der Interessenrepräsentation

Wir können nicht, oder zumindest nicht mehr, Interessenhomogenität aller Arbeitnehmer oder auch nur aller Organisationsmitglieder unterstellen.[69] Notwendig, wenn auch für die weitere Analyse unzureichend, ist zunächst die bekannte Unterscheidung von (Verbands-)Funktionären und Mitgliedern. Damit ist das seit der „klassischen" Analyse von Michels über die sozialdemokratische Partei immer wieder – nicht nur von Sozialwissenschaftlern – diskutierte Oligarchieproblem angesprochen, das in Bezug auf Gewerkschaften vielfach Beachtung fand (zusammenfassend Müller-Jentsch 1997, 138-152). Dieses Problem des „ehernen Gesetzes der Oligarchie", einer Verselbständigung der Interessen des „Apparats" von denen der „Basis", wollen wir nicht weiter behandeln, da es sowohl aus der soziologischen Folklore von „Verschwörungstheorien" als auch aus ernstzunehmenden Analysen seit langem hinreichend bekannt ist.

[69] Nach dem *median voter*-Modell der Ökonomie vertreten Gewerkschaften die Interessen der Mehrheit ihrer Mitglieder, weil die Funktionäre aufgrund der verbandsinternen Wahlmechanismen Rücksicht auf diese Belange nehmen müssen. Die Interessen der übrigen Arbeitnehmer(-gruppen) bleiben unberücksichtigt.

Im Rahmen dieser Diskussion[70], die sich im Sprachspiel der Organisationstheorien als *principal agent*-Problem charakterisieren lässt (Faith/Reid 1987), wird häufig nur zwischen Mitgliedern und Funktionären unterschieden, so dass die Mitglieder als eine Gruppe mit homogener Interessenlage aufgefasst werden. Diese Konzeption eines nur vertikalen Interessenkonflikts ist problematisch, weil sie in Anbetracht von Tendenzen der Heterogenisierung und Individualisierung in hohem Maße unrealistisch wird. Organisationen wie Gewerkschaften sind keine monolithischen Gebilde mit homogenen Interessenlagen, sondern Koalitionen unterschiedlicher, wenn nicht sogar widerstreitender (Gruppen-)Interessen[71] bzw. ein explizites und implizites *network of contracts*. Wir wollen daher im Folgenden einen Schritt weitergehen und differenzieren zwischen verschiedenen Mitgliedergruppen mit jeweils relativ gleichgerichteten (Gruppen-)Interessen; damit werden horizontale Interessenkonflikte explizit zugelassen und explizit in die Analyse eingeführt (Keller 1986).

Der Grad der innerverbandlichen Interessenheterogenität hängt wesentlich ab vom eingangs erwähnten Organisationsprinzip. Bei Dominanz des Industrieverbandsprinzips wird das Ausmaß zwischengewerkschaftlicher Konflikte erheblich reduziert, indem Auseinandersetzungen zwischen Gruppen auf Arbeitnehmerseite eher innerhalb der Organisation ausgetragen werden; unterschiedliche (Partikular-)Interessen einzelner Mitgliedergruppen sind in stärkerem Ausmaß als etwa bei Berufsverbänden vorhanden. Diese Präferenzen werden bei der notwendigen Formulierung der gemeinsamen Verbandspolitik stärker mediatisiert, da sie mit den Interessen anderer Gruppen abgestimmt und verschränkt werden müssen; dadurch entstehen innerverbandliche Probleme der Interessenaggregation und -transformation, Abstimmungs- und Interpretationsprozesse werden notwendig.

Die innerorganisatorische Antwort auf Probleme von (Gruppen-)Heterogenität und notwendigem Unitarismus der Verbandspolitik ist eine Politik der Errichtung von stabilen Gruppengliederungen mit ehrenamtlichen Partizipationsmöglichkeiten ohne Entscheidungskompetenz über verschiedene Ausschüsse. Dabei ist als Tendenz ein Wandel der Differenzierungslinien festzustellen, d. h. schwindende Relevanz der Fachgruppenarbeit und zunehmende Bedeutung der Personen- (Frauen, Jugendliche, vor allem Angestellte) und Berufsgruppenarbeit. Die Folgeprobleme von langfristig beobachtbaren, sich kurz- und mittelfristig nicht verstärkenden Bürokratisierungs- und Zentralisierungstendenzen als notwendigen Voraussetzungen kollektiver Hand-

---

70 Zumeist in der Nachfolge der Analyse eines „abweichenden“ Falles von Lipset et al. (1956). Kurze Problemübersichten bieten Müller-Jentsch (1997, 101-104) sowie Golden (1992).

71 In ihrer ökonomischen Theorie der Organisation betonen Homann/Suchanek (2000, 340), dass „die Fiktion, dass diese Organisationen nach außen als eine Einheit, nämlich als korporativer Akteur auftreten, uns nicht insensibel machen (sollte, B.K.) für die Interaktionsprobleme, die im Binnenverhältnis, also in dem Netzwerk von Verträgen, auftreten ...“.

lungsfähigkeit werden durch eine Erhöhung der Anzahl ehrenamtlicher Repräsentanten in den Beiräten und eine Ausweitung ihrer Rechte angegangen.

In die gemeinsame Verbandspolitik gehen häufig nur bestimmte Interessen ein.[72] Diese müssen entweder relativ verallgemeinerungsfähig und damit von betriebsspezifischen Bedingungen weitgehend unabhängig sein, oder sie müssen mit anderen Gruppeninteressen wirksam koalieren können. Beispiele für die erste Voraussetzung sind besonders quantifizierbare Interessen wie Lohnsteigerungen oder früher allgemeine Arbeitszeitverkürzungen; ein Beispiel für die zweite Voraussetzung wäre ein Tausch zwischen Gruppen über mehrere Lohnrunden hinweg. Verbands- und insbesondere Tarifpolitik konzentriert sich unter diesen Vorzeichen auf wenige, relativ ab-strakte Gegenstände und kann dadurch selektiv wirken. Die übrigen gruppenspezifischen „Sonderinteressen" haben kaum Aussicht auf erfolgreiche Repräsentation, zumal sie häufig auch miteinander in Konkurrenz stehen.

Die Interessenwahrnehmung durch Industriegewerkschaften beruht auf einer internen Umverteilung von Verhandlungsmacht von durchsetzungs- und arbeitskampfstarken Mitgliedergruppen auf schwache. Die Organisationsmacht hängt entscheidend ab von der Handlungsfähigkeit und Handlungsbereitschaft ihrer konfliktfähigen Gruppen; dabei ist weniger deren Größe als vielmehr die ausgeübte Tätigkeit bzw. das damit verbundene Störpotential[73] von Bedeutung. Industrie- und allgemeine Gewerkschaften stellen umfassende Verteilungskoalitionen dar (Olson 1982); sie müssen „inklusive" Solidarität organisieren, während kleine, partikularistische Gruppen sich auf Formen „exklusiver" Solidarität stützen (Fichter/Zeuner 2002).

Seit den 1980er Jahren wird die Aggregation und Vereinheitlichung von Interessen offensichtlich problematisch, u. a. weil die Konkurrenz auf (Produkt- und Arbeits-) Märkten zunimmt, Produktionsverfahren und Arbeitsorganisation sich drastisch ändern, die Arbeitsplätze knapp werden und die (Real-)Einkommen stagnieren oder sogar rückläufig sind. Die materiellen Interessenkonflikte „within organized labor among similarly positioned groups" (Golden 1992, 322) werden intensiver, die organisatorischen Antworten schwieriger (vgl. im Einzelnen Kap. 8).

---

72 Ein ausländischer Beobachter kommt zu folgendem Urteil: „... während das System der industriellen Beziehungen in Deutschland mit großem Erfolg dem Mitgliederkern (besonders den qualifizierten, männlichen deutschen Arbeitnehmern) stetige Verbesserungen gebracht hat, hat die Politik der Gewerkschaften die Lücke zwischen denen, die drinnen sind, und denen, die draußen sind, immer weiter vergrößert" (Locke 1995a, 608).

73 Offe nennt als Voraussetzung für verbandsmässige Repräsentation gesellschaftlichen Interesses Organisationsfähigkeit und Konfliktfähigkeit eines gesellschaftlichen Bedürfnisses. „Konfliktfähigkeit beruht auf der Fähigkeit einer Gruppe bzw. der ihr entsprechenden Funktionsgruppen, kollektiv die Leistung zu verweigern bzw. eine systemrelevante Leistungsverweigerung glaubhaft anzudrohen" (Offe 1974, 276).

Die vor der Wende begonnene Diskussion um eine „Modernisierung der Gewerkschaftspolitik“ (Hoffmann et al. 1990) bzw. um eine notwendige Organisationsreform auf der Ebene des Dachverbandes wie auch der der Einzelgewerkschaften stagnierte nach der Wiedervereinigung. Unterschiedliche Interessen, etwa in den Präferenzen für eine mehr quantitativ bzw. eher qualitativ orientierte Tarifpolitik, in der Arbeitszeitpolitik, in Fragen der Ökologie oder der Frauenpolitik, bewirkten eine nahezu ungebrochene Kontinuität bzw. Rückkehr zu traditioneller Politik. „As far as policies are concerned, the DGB has in any case been torn between the more ecological and "post-material" discourse which the new, under-unionised social strata in the West expect of it, and the needs of workers in the East who are concerned above all with material improvements and with the protection of jobs" (Lattard 1994, 56).

Die Prozesse innerverbandlicher Willensbildung werden aufgrund der zunehmenden Interessenheterogenität schwieriger; die Formulierung von Strategien der konstitutiven Interessenaggregation bzw. -vereinheitlichung bereiten (nicht nur in der Lohn- und Einkommenspolitik) mehr Probleme als vor der Wende. „While employees in the ex-GDR are primarily interested in bread-and-butter issues, such as pay and employment security, the old Western unions had, prior to reunification, begun to assume a more political role, and to voice demands of a broader socio-political and cultural nature ... It will be impossible to mobilize Eastern members in support of such demands" (Lane 1994, 195).

Ähnliche Probleme wie bei der innerverbandlichen Willensbildung treten auch bei der Interessendurchsetzung nach außen auf. Insofern handelt es sich nicht um ein Sonderproblem der neuen Bundesländer, sondern um eines, das auf die Interessenvertretung insgesamt zurückwirkt und die innerorganisatorische „Solidarität“ auf eine harte Probe stellt. „The post-Fordist issues of the west now have to compete with the old social questions of the east. This collision has generated a heterogeneous social maelstrom in which the fragmentation of interests among the employed will increase in intensity“ (Baethge/Wolf 1995, 257).

Die explizite oder implizite Verbandsverfassung legt in Form von Verfahrensregeln die individuellen und kollektiven Rechte und Pflichten von Individuum/Mitglied und Organisation[74] fest; diese prozeduralen Regeln organisierten Handelns umfassen besonders Mitbestimmungsrechte wie das Stimmrecht bei kollektiven Entscheidungen. Die Verbandsverfassung als *Magna Charta* formuliert Verfahrensregeln mit den üblichen verbandsdemokratischen Garantien in Form von Mehrheitsentscheidungen, die als pragmatische Kompromisse zwischen Einstimmigkeits- und Jedermann-Regel zu verstehen sind.

---

[74] Im Sinne von Coleman (1990, 325-370) handelt es sich um die Beziehungen zwischen natürlichen Personen und korporativen Akteuren.

Diese allgemeine Legitimation wird ergänzt durch die Sonderlegitimation der Tarifwillensbildung, die direkt durch unmittelbare Stimmabgabe (z. B. Urabstimmung) oder indirekt durch legitimierte Organe (z. B. Delegation von Kompetenzen an die Tarifkommission) erfolgen kann. Die Tarifkommission soll eine Beteiligung der Mitglieder an der Willensbildung garantieren, indem sie eine Rückkoppelung der Interessen der Verhandlungsführer an die der Mitglieder ermöglicht.

Falls ein Arbeitskampf bevorsteht, wird ein besonderes Instrument eingesetzt: Urabstimmungen, die für die Rechtmäßigkeit eines anschließenden Arbeitskampfes bedeutungslos sind, werden in der Bundesrepublik (im Gegensatz etwa zu Großbritannien) nicht durch Gesetze geregelt, sondern durch Satzungen und Richtlinien der Gewerkschaften. Urabstimmungen als Mechanismen der Willensbildung sichern nach innen die Folgebereitschaft der Mitglieder und demonstrieren nach außen Geschlossenheit und Zusammenhalt der Organisation. Die unterschiedlich hohen Quoren (75% Zustimmung bei dem ersten Votum, d. h. vor dem Streik, bzw. 25% bei dem zweiten, d. h. bei der Abstimmung über Annahme oder Ablehnung eines ausgehandelten Kompromisses), tragen diesem Sachverhalt Rechnung.[75]

Der mit den erwähnten Zusammenschlüssen verbundene Übergang von der Industrie- zur Multibranchengewerkschaft begünstigt eine Abnahme der Integrationsfähigkeit an den Rändern der Organisationsbereiche; er führt nicht zu Abspaltungen (im klassischen Sinne von *breakaway unions* angelsächsischen Typs), aber zur Renaissance von Berufs- und Standesverbänden bzw. zur „Syndikalisierung“ der Interessenpolitik sowie zur Abkehr vom Prinzip der Tarifeinheit („ein Betrieb, ein Tarif“). Kleine, hochgradig organisierte Verbände (u. a. Vereinigung Cockpit, Marburger Bund, Gewerkschaft Deutscher Lokomotivführer) verfolgen homogene (Berufs-) Interessen, ohne die bei anderen Organisationsprinzipen, wie dem Industrieverbands- oder Multibranchenprinzip, notwendige Solidarität zwischen starken und schwachen Arbeitnehmergruppen üben zu müssen (inklusive versus exklusive Solidarität). Sie können ihre gruppenspezifischen Ziele durchsetzen, weil ihre Mitglieder in Funktionen tätig sind, deren Erbringung für die Öffentlichkeit wichtig bzw. für die Kunden sensibel sind, und sie daher über ein hohes Drohpotential verfügen.

Die im Prinzip nivellierende Wirkung inklusiver Solidarität nimmt infolge dieser isolierten Aktionen kleiner Gruppen ab. Eine unbeachtete Folge der exzessiven Ausnutzung von Drohpotential besteht darin, dass die Interessen der weniger verhandlungsstarken und konfliktfähigen Gruppen in den internen Auseinandersetzungen über die Verteilungsmasse in geringerem Maße Berücksichtigung finden als bisher; die Unterschiede in den Arbeitsbedingungen zwischen Gruppen nehmen zu, wie sich am Fall der angelsächsischen *business unions* studieren lässt.

---

75 Abstimmungsberechtigt sind nur die organisierten Arbeitnehmer; die Quoren beziehen sich entweder auf die tatsächlich abgegebenen Stimmen oder auf alle Mitglieder.

3.4 Außenbeziehungen und Effekte

Bisher haben wir im Wesentlichen die Binnenstrukturen von Gewerkschaften behandelt.[76] Von ihrer Mitgliederlogik (*logic of membership*) ist – ähnlich wie bei den Arbeitgeberverbänden – systematisch ihre Einflusslogik (*logic of influence*) zu unterscheiden: Nach außen und damit gegenüber den anderen korporativen Akteuren der Arbeitsbeziehungen verfügen Industriegewerkschaften zumindest in den wichtigen Zweigen der Volkswirtschaft über ein effektives Monopol der ökonomischen und politischen Interessenvertretung. Sie müssen stärker als etwa Berufsverbände Rücksicht nehmen auf die institutionellen Randbedingungen ihres korporativen Handelns in Form gesamtwirtschaftlicher Folgen ihrer Verbandspolitik (u. a. für Beschäftigungsniveau, Preisniveaustabilität, Wirtschaftswachstum); dies ist notwendig, weil sie die Bereitstellung dieser Güter wesentlich beeinflussen.[77]

Für die anderen korporativen Akteure, insbesondere für staatliche Agenturen, ist es häufig einfacher und Erfolg versprechender, mit wenigen großen Organisationen, vor allem mit deren Dachverband, zu kooperieren als mit vielen kleinen. Der Ausgleich heterogener Interessen ist im zuerst genannten Fall bereits erfolgt, indem weitgehend eine Konfliktverlagerung in die Organisation stattgefunden hat. Dies gilt etwa im Rahmen staatlicher Einkommenspolitiken, die in verschiedenen westeuropäischen Ländern vor allem in den späten 1960er und frühen 1970er Jahren[78] die staatliche Konjunktur- und Beschäftigungspolitik stützen sollten (vgl. Kap. 4).

Berufsverbände können eher als Industrieverbände als „Grenzmoralisten" im Sinne von Briefs (1965) handeln. Sie nutzen häufig ihren gruppenindividuellen Spielraum zu ihren Gunsten und damit auf Kosten nicht-intendierter Folgen für andere Gruppen, da ihr Einfluss auf makroökonomische Größen unmerklich ist und sie daher kaum zu kümmern braucht. Wenn sie sich „stabilitätsbewusst" verhielten anstatt die Außenseiterposition einzunehmen, würden sie sich in eine für sie ungünstige Position bringen, zumal ein entsprechendes kollektives Handeln der übrigen Gruppen nicht ohne weiteres erwartet werden kann. Berufsverbände können auch ein breiteres, über die hochgradig verallgemeinerbaren Interessen hinausgehendes Spektrum von Mitgliederbelangen repräsentieren, da bei ihnen die Interessenheterogenität weniger stark ausgeprägt ist als bei Industrieverbänden.

---

[76] Vgl. zur Unterscheidung von administrativer und repräsentativer Effektivität Child et al. (1973).

[77] Hassel (2007) weist darauf hin, dass die Verankerung der Gewerkschaften im politischen System bereits seit längerer Zeit rückläufig ist.

[78] Die „klassische" Studie dieser Phase stammt von Bergmann et al. (1979).

Weitbrecht (1969) zeigte in seiner bahnbrechenden Studie schon früh, dass innerhalb des Systems der Tarifautonomie ein Dilemma besteht zwischen interner Effektivität, d. h. Kompromiss- bzw. Verhandlungsfähigkeit, und Legitimität, d. h. Verpflichtungsfähigkeit der Organisation. Für erstere ist eine geringe, für letztere hingegen eine hohe Beteiligung der Mitglieder am Entscheidungsprozess notwendig. Mit anderen Worten: Mechanismen, die der Erhöhung der Legitimität des kollektiven Verhandlungssystems dienen, können dessen Effektivität abträglich sein. Am Beispiel der Metallindustrie belegte Weitbrecht, dass die Problemlösungsstrategie in einer organisatorischen Trennung von tarifpolitischen Entscheidungs- und Beteiligungsprozessen besteht, wobei letztere primär der Verpflichtung der Mitglieder dienen. Dieses Ergebnis ist auf andere Industriegewerkschaften übertragbar. Empirisch lässt sich zeigen, dass in der Grad der Mitgliederbeteiligung nur gering ist.

Bereits die ältere, institutionalistisch ausgerichtete Literatur behandelte die Frage nach dem Einfluss von Verbänden, insbesondere der Gewerkschaften (zusammenfassend Schnabel 1989). Seit den 1980er Jahren findet, zunächst in den USA, später auch in der Bundesrepublik, im Rahmen einer neu entfachten „ökonomischen“ Gewerkschaftsanalyse eine intensive Diskussion statt über die Wirkungen und Folgen des Handelns der Gewerkschaften als Institutionen des Arbeitsmarktes im Rahmen der gesellschaftspolitischen, vor allem aber der gesamtwirtschaftlichen Entwicklung (Löhne, Preise, Beschäftigung, Produktivität).

Die Ergebnisse der inzwischen breiten empirischen Forschungsrichtung, welche die typische *industrial relations*- um eine *rational choice*-Perspektive zu erweitern sucht, lassen sich folgendermaßen zusammenfassen:

„1. Unions raise wages and the cost of labor to firms, with a modest misallocation of resources due to the consequent shrinkage of employment in the union sector.

2. Unions increase fringe benefits desired by workers.

3. Unions reduce inequality of wages in workplaces and across establishments and reduce white-collar/blue-collar pay differentials.

4. Unions reduce quits and increase job tenure, with a resultant modest increase in productivity to firms. The reduction in turnover reflects the extra welfare to workers from unionism.

5. Unions are associated with high productivity in many but not all cases.

6. Unions reduce company profits“ (Freeman 1986, 199).[79]

---

[79] Vgl. allgemein zur „ersten“ Generation: Freeman/Medoff (1984); Hirsch/Addison (1986); Addison (1985). Eine aktuelle Zusammenfassung der folgenden, intensiven Diskussion bietet Freeman (2005).

Diese insgesamt recht positive Einschätzung läuft auf eine gewisse Rehabilitierung der Wirkungen und Einflussnahmen von Gewerkschaften – wohl nicht nur im US-amerikanischen Kontext – hinaus (*two faces of unionism*). Sie sind nicht nur, wie die traditionell-orthodoxe Analyse einer vollkommenen Wettbewerbswirtschaft voraussetzt,[80] als Störfaktoren bzw. monopolistische Institutionen mit unerwünschten negativen Wohlfahrts- bzw. Effizienzeffekten (auf Entgelte, restriktive Arbeitspraktiken, Investitionsentscheidungen, Arbeitskampfhäufigkeit und -dauer, Profite etc.) anzusehen; sie sind vielmehr als soziopolitische und kooperative Institutionen (*collective voice institutions* im Sinne von Freeman/Medoff 1984 in Anlehnung an die Typologie von Hirschman 1974) mitverantwortlich auch für empirisch nachweisbare positive Wohlfahrtseffekte (vor allem durch Wahrnehmung der Ordnungsfunktion sowie durch produktivitäts- und effizienzsteigernde Wirkungen). Andere Analysen sind pessimistischer in Bezug auf die Arbeitsmarkteffekte als die der „Harvard-Ökonomen" (zusammenfassend für Deutschland Schnabel 1989, 184-211; für die USA Hirsch/Addison 1986).

In Deutschland wurden diese Fragestellungen einer strikt ökonomisch orientierten Analyse erst später aufgegriffen als in den USA.[81] Stattdessen dominierte im Rahmen institutionalistischer Sichtweisen eine verhaltenswissenschaftliche Perspektive, für die Gewerkschaftsanalyse und *collective bargaining* mit *industrial relations* gleichzusetzen war. Im Gegensatz zu den USA oder Großbritannien muss aufgrund andersartiger institutioneller Bedingungen, d. h. der dualen Struktur der Arbeitsbeziehungen bzw. Interessenrepräsentation im Gegensatz zur monistischen, analytisch unterschieden werden zwischen Effekten von Betriebsräten und von Gewerkschaften; außerdem müssen sowohl der Einfluss der Arbeitsgesetzgebung (sog. Verrechtlichung der Arbeitsbeziehungen) bzw. der Regulierung seitens des Staates (vgl. im Einzelnen Kap. 4) als auch die spezifischen Organisationsformen der Tarifparteien berücksichtigt werden. Weiterhin muss die abhängige Variable jeweils genau definiert werden (z. B. Entgelte, Fluktuation bzw. Kündigung, Beschäftigungsentwicklung, Produktivität, Profitabilität, Investitionen, Arbeitskosten).

Die inzwischen in beachtlicher Zahl vorliegenden empirischen Studien[82] kommen für die Bundesrepublik u. a. zu folgenden Resultaten:

---

[80] Ähnlich argumentiert später u. a. Olson (1982); zur Kritik zusammenfassend Schubert (1992).

[81] „The question is not posed in this form in the German-language literature, in which employee representation is not justified in economic terms and collective representation is assumed as a basic political right" (Wever 1994, 469).

[82] Einen breit angelegten Überblick über britische, deutsche und US-amerikanische Untersuchungen bietet Frick (1995).

- Hinsichtlich der Entlohnung gelangen „die meisten der bislang ... vorliegenden Untersuchungen auch zu dem erwarteten Ergebnis ..., dass die Erwerbseinkommen von gewerkschaftlich organisierten und nicht-organisierten Arbeitnehmern nicht nennenswert differieren“ (Frick 1995, 235).
- Der gewerkschaftliche Organisationsgrad „seems to exert a negative, but quantitatively small, influence on labour productivity in Germany” (Schnabel 1991, 18; ähnlich Genosko 1990, 600f.).
- In Betrieben mit Betriebsräten sind die Entlassungs- und Kündigungsraten niedriger als in Firmen ohne gewählte betriebliche Interessenvertretung; der gewerkschaftliche Organisationsgrad übt keinen signifikanten Einfluss auf die Fluktuationsraten aus (Sadowski et al. 1995b).
- Gewerkschaften „do not have a negative impact on innovative activity which is measured by either the percentage of revenues spent on R&D or the percentage of employees working in R&D“ (Schnabel/Wagner 1992, 393).

Einführende Literatur

Addison,J.T./Schnabel,C.(Hg.) (2003), International handbook of trade unions, Cheltenham-Northampton.

Ebbinghaus,B./Visser,J. (2000), Trade unions in Western Europe since 1945, London.

Keller,B. (2004), Multibranchengewerkschaft als Erfolgsmodell? Zusammenschlüsse als organisatorisches Novum – das Beispiel ver.di, Hamburg.

Leminsky,G. (1998), Bewährungsproben für ein Management des Wandels. Gewerkschaftliche Politik zwischen Globalisierungsfalle und Sozialstaatsabbau, Berlin.

Müller-Jentsch,W./Ittermann,P. (2000), Industrielle Beziehungen. Daten, Zeitreihen, Trends 1950-1999, Frankfurt/Main-New York.

Schroeder,W./Wessels,B.(Hg.) (2003), Die Gewerkschaften in Politik und Gesellschaft der Bundesrepublik Deutschland. Ein Handbuch, Wiesbaden.

Strauss,G./Gallagher,D.G./Fiorito,J.(Hg.) (1991), The state of the unions, Madison.

Thelen,K.A. (1991), Union of parts. Labor politics in postwar Germany, Ithaca-London.

4 Korporative Akteure III: Staat / Staatliche Agenturen

4.1 Einleitung

Auf der einen Seite stimmt die überwiegende Mehrzahl unserer Konzepte und Theorien – unabhängig von ihrer Herkunft aus systemtheoretischen, pluralistischen, marxistischen, Regulations- oder anderen „Schulen" (Adams 1992, 503ff.; Müller-Jentsch 2004b) – darin überein, dass wir bei unseren Versuchen, auf dem interdisziplinären Gebiet der Arbeitsbeziehungen Hypothesen zu formulieren und zu überprüfen, explizit von drei korporativen Akteuren und ihren formalen und informellen Beziehungen auszugehen haben:

- Arbeitnehmer und Gewerkschaften als ihre Interessenvertretungen,
- Management, Arbeitgeber und ihre Verbände,
- Staat, wobei verschiedene seiner Agenturen, Bundes- und Länderregierungen sowie die Arbeitsgerichte eingeschlossen werden.

Auf der anderen Seite konzentriert sich die überwiegende Mehrzahl der empirischen und theoretischen Analysen deutlich auf die bilateralen Beziehungen zwischen Arbeitnehmern und Arbeitgebern unter Einschluss ihrer jeweiligen Organisationen. Der Staat als der dritte korporative Akteur wird selten in die Kalküle einbezogen.[83]

Dieses Faktum scheint auf den ersten Blick insoweit keine ernsten Probleme aufzuwerfen, als die Länder (wie etwa Großbritannien) betroffen sind, in denen der Staat traditionell eine weniger wichtige, zumindest aber keine entscheidende Rolle in den Arbeitsbeziehungen spielt, sondern lediglich einen weiten institutionellen Rahmen für den dominierenden Bipartismus von Arbeitgebern und Arbeitnehmern vorgibt.[84]

---

[83] Zu den theoretischen Ausnahmen gehören Windmuller (1987); Dabscheck (1989); Giles (1989).

[84] Dies ist einer der Hauptgründe, weshalb der „KKM-approach" (Kochan et al. 1986) in einem nicht US-amerikanischen Kontext nur von begrenztem Nutzen ist. Vgl. zur Kritik zusammenfassend IRRA (1988); Chelius/Dworkin (1990).

Dieser offensichtliche *Bias* verursacht aber beträchtliche Schwierigkeiten, wenn wir versuchen, diese analytischen Konzepte auf andere Länder zu übertragen, in denen neben vergleichsweise zentralisierten *collective bargaining*-Systemen sowie institutionalisierten Gewerkschaften wesentliche Einflussnahmen des Staates vorzufinden sind (u. a. Österreich, die skandinavischen Staaten, Deutschland).

Ein paralleles, aber weitgehend unbemerktes Problem können wir in der in den vergangenen beiden Jahrzehnten geführten Diskussion über die Zukunft der nordamerikanischen und europäischen Arbeitsbeziehungen feststellen: Viele der hochgradig kontroversen Konzepte kreisen um Aspekte der Zukunft der Gewerkschaften (wie Mitgliederverluste, abnehmende Organisationsgrade, neue Strategien und notwendige Politiken angesichts der Einführung neuer Technologien auf Betriebsebene, mehr Wettbewerb auf den sich verändernden Weltmärkten, verschiedene Strategien gegen Arbeitslosigkeit) (vgl. Kap. 3). Gelegentlich schließen diese Konzepte einige allgemein gehaltene Informationen und/oder begründete Spekulationen über die Zukunft von Management und Arbeitgebern ein. Der Staat als korporativer Akteur und sekundäre Machtressource (Traxler et al. 2001) wird wiederum nicht thematisiert.[85]

Dieser offensichtliche Mangel[86] verursacht ernsthafte Schwierigkeiten nicht nur für die erwähnte Theoriebildung, sondern auch für Forschungsaktivitäten. Im Folgenden wollen wir einen Beitrag zur Beseitigung dieser konzeptionellen Lücke leisten. Dabei werden wir zunächst auf einige historische Entwicklungen, danach vor allem auf aktuelle Probleme eingehen.[87] Allgemein gilt: „Governments play important roles in industrial relations (though more so in some countries than in others). They set the ground rules for collective bargaining; they may function as key bargainers in corporatist countries; they may determine conditions of employment directly; they may have important influences on macro forces, through fiscal policy, protectionism, or training, for example; and they are important employers and so provide examples for the rest of the economy“ (Strauss 1998, 176).

In diesem Kontext brauchen wir in stärkerem Maße eine politikwissenschaftlich orientierte Perspektive auf dem interdisziplinären Forschungs- und Lehrgebiet der Arbeitspolitik, welches stark von Juristen und Ökonomen beeinflusst wird. Wir

---

[85] „... students of shop-floor industrial relations typically see little reason to consider the state as a relevant object of enquiry“ (Hyman 1989, 202).

[86] Bemerkenswerte Ausnahmen sind allgemein gehaltene Kapitel über den Staat in international vergleichender Perspektive bei Bean (1994) und Poole (2003) sowie Traxler et al. (2001).

[87] Vgl. zur historischen Entwicklung der *collective bargaining*-Regelungen in verschiedenen Ländern Bean (1994); zur Entwicklung in Deutschland Armingeon (1988); international vergleichend Armingeon (1992); (1993a); (1993b); van Waarden (1995c).

müssen versuchen, „to bring the state back in".[88] Eine politische Ökonomie der Arbeitsbeziehungen könnte eine Alternative sein (Hyman 1989).[89] Schlüsselvariablen wären u. a. die Struktur des Parteiensystems, die Unterscheidung von Bundes-, Länder- und kommunaler Ebene (vor allem in föderalistischen Staaten), das Ausmaß der Verrechtlichung sowie die sich rapide verändernden Beziehungen zwischen dem Staat und den anderen korporativen Akteuren.[90]

Eine Konzentration auf die Regierung und ihre strategischen Handlungsalternativen (Kochan et al. 1984) – unter Einschluss ihrer Interaktionen mit den anderen korporativen Akteuren – bei der Formulierung und Implementierung politischer Strategien ist in unserem Kontext sinnvoll und problemadäquat. Daher werden wir uns nicht ausführlich mit den anderen Teilen des korporativen Akteurs „Staat" beschäftigen, insbesondere nicht mit dem Parlament und den Prozessen routinisierter Entscheidungsfindung innerhalb des Rechtssystems – mit seiner charakteristischen Interpretation, Verwaltung und Implementation des individuellen und kollektiven Arbeitsrechts; auch die anderen Teile des dichten Netzwerkes von staatlichen und halbstaatlichen Institutionen zur Ausübung spezieller Funktionen werden wir nicht behandeln. Im Zentrum steht „the role of government as guardian of the public interest, as arbiter and rule maker – in brief, as sovereign..." (Windmuller 1987, 121).

Durch diese Akzentsetzung lassen sich Probleme der internen Entscheidungsfindung sowie von Konflikten innerhalb des korporativen Akteurs Staat vermeiden. Im Mittelpunkt stehen marktwirtschaftlich ausgerichtete Industrienationen.

---

88 „The special importance of state regulation follows both the structural and regulatory asymmetries in the labour market, which make employers prefer individual (market-style) contracting over collective bargaining. As a consequence of the regulatory asymmetry, there is hardly a power other than the state which can dam this threat to organized industrial relations" (Traxler 2003a, 144).

89 Eine aktuelle Alternative ist der „varieties of capitalism"-Ansatz, der die Bedeutung der institutionellen Grundlagen hervorhebt und grundlegend zwischen „koordinierten" und „liberalen" Marktwirtschaften sowie deren unterschiedlichen Ergebnissen unterscheidet (Hall/Soskice 2001).

90 „In short, what is needed is a framework that meets the acknowledged definition of the discipline – the study of all aspects of the employment relationship" (Giles 1989, 149).

4.2 Historische und aktuelle Funktionen des Staates

Aus der *industrial and labor relations*-Literatur können wir einige Informationen über die historische Rolle sowie die aktuellen Funktionen des Staates gewinnen:[91]

In Industrienationen entstanden umfassende Systeme des individuellen und kollektiven Arbeitsrechts, um die prinzipiell konflikthaften Beziehungen zwischen Arbeitnehmern und Arbeitgebern auf den Ebenen der Arbeitsbeziehungen (des Unternehmens, der Branche, der Gesamtwirtschaft) zu regulieren, um die Arbeitnehmer durch stabile, rechtliche Vorkehrungen vor Unterdrückung und Ausbeutung zu schützen und um soziale Ordnung zu ermöglichen. Die Notwendigkeit besteht darin „...that statutory regulation that constraints the freedom of the contracting parties is justified because it counteracts the inequality of bargaining power which is inherent in the employment relationship“ (Dickens/Hall 2003, 129).

Wir finden allerdings aus historischen und anderen Gründen enorme nationalspezifische Unterschiede zwischen diesen allgemeinen, überall zu beobachtenden Typen rechtlicher Intervention in eine reine *laissez faire*-Wirtschaft: Vor allem die australischen und deutschen Rechtssysteme sind bekannt für ihren ungewöhnlich hohen Grad an legalistischer Intervention (sog. Verrechtlichung), während etwa Großbritannien über lange Phasen bis in die 1970er Jahre durch rechtliche Enthaltsamkeit und *voluntarism* und *collective laissez-faire* charakterisiert war (zu nationalen Fallstudien Rogowski/Tooze 1992; zu Großbritannien Crouch 2003).[92]

Im internationalen Vergleich ist für das „deutsche Modell“ der Arbeitsbeziehungen eine starke Verrechtlichung nahezu aller Elemente typisch. „Verrechtlichung meint enge rechtliche Bindung an ein dichtes Netz vornehmlich prozeduraler Regelungen sowie rechtliche Einfriedung industrieller Konflikte und Arbeitskämpfe“ (Müller-Jentsch 1997, 197). Durch diese regulativen Politiken werden vor allem für die Gewerkschaften einerseits Handlungsrestriktionen formuliert, andererseits aber auch institutionelle Sicherungen garantiert (*constraints and opportunities*); dadurch werden kurzfristige Flexibilisierungs- bzw. Deregulierungsstrategien ökonomischer bzw. politischer Provenienz erschwert. Der Staat wird als Gesetzgeber vor allem aktiv in der Normierung der Arbeitsbeziehungen und Arbeitsmärkte durch:

91 „... differences between national systems of industrial relations can partly be related to the types of government intervention in France, non-intervention in Great Britain, active support and legal framework for corporatist structures in Germany – statism, pluralism and corporatism respectively – are the archetypes by which to describe government intervention ..“ (van Waarden 1995, 130f.).

92 Der Terminus Verrechtlichung meint zunächst allgemein „the activity by which the state steers labor relations in certain prescribed directions. Over time, the state acts to perform a society based on status and individual contractual arrangements to a society subject to comprehensive regulation. The state is no longer „contemplative“ but „activist““ (Bellace 1994, 25).

- Mitbestimmungsregelungen auf betrieblicher und überbetrieblicher Ebene,
- das Tarifvertragsgesetz, welches die rechtlich-institutionellen Rahmenbedingungen einer autonomen Konfliktaustragung der Tarifvertragsparteien auf sektoraler Ebene definiert,
- Gesetze, welche u. a. die Instrumente der Arbeitsmarkt- und Beschäftigungspolitik vorgeben (lange Zeit Arbeitsförderungsgesetz, aktuell vor allem Gesetze für moderne Dienstleistungen am Arbeitsmarkt (Hartz I – IV)),
- Gesetze, welche in jüngerer Zeit durch Maßnahmen der Deregulierung die bestehenden Regelungen der Austauschbedingungen vor allem auf der Makro-, aber auch auf der Mikroebene verändern sollen (u. a. Beschäftigungsförderungsgesetz, Novellierung des Betriebsverfassungsgesetzes, Veränderungen des Kündigungsschutzes).

Abb. 4.1: Verrechtlichung der Arbeitspolitik: wichtige rechtliche Grundlagen

Regelungsgegenstand	Rechtliche Grundlage
Koalitionsfreiheit	Grundgesetz (GG) Art. 9,3
Arbeitskampf -Streik -Aussperrung	Bundesarbeitsgericht (BAG) -Urteile von 1955, 1971 -Urteile von 1955, 1971, 1980
Tarifvertragsbeziehungen (Tarifautonomie)	Tarifvertragsgesetz (TVG)
Betriebliche Arbeitsbeziehungen -in der Privatwirtschaft -im öffentlichen Dienst	Betriebsverfassungsgesetz (BetrVG) Personalvertretungsgesetze des Bundes und der Länder
Mitbestimmung in Unternehmen	Montanmitbestimmungsgesetze von 1951 und 1956 Mitbestimmungsgesetz von 1976 Drittelbeteiligungsgesetz von 2004
Interne Verbandsbeziehungen	Vereinsrecht (BGB)
Arbeitsmarkt	Gesetze für moderne Dienstleistungen am Arbeitsmarkt (Hartz I-IV)

Quelle: *In Anlehnung an Müller-Jentsch 1997, 304.*

„Unlike the American model in which interventions are ad hoc and uncoordinated, the German state's involvement in labor relations ... establishes a general framework (Rahmenbedingungen) that structures relations between actors in the market without dictating outcomes directly“ (Thelen 1991, 53). Diese gesetzlichen Regelungen sind geronnener Ausdruck der jeweiligen politischen Kräfteverhältnisse zum Zeitpunkt ihrer Verabschiedung bzw. langfristig wirksames Resultat der Auseinandersetzungen um Macht- und Herrschaftspositionen. In soziologischer Terminologie ist traditionell von der Institutionalisierung des Klassengegensatzes (Dahrendorf 1967, 64ff.) die Rede, womit besonders die vom Staat detailliert vorgegebene Definition von Regeln für die Austragung industrieller Konflikte (Tarifautonomie und Tarifvertragsbeziehungen bzw. Arbeitsbeziehungen auf betrieblicher Ebene) sowie deren strikte Trennung von politischen Konflikten gemeint ist.

In engem Zusammenhang mit dieser Setzung von Rechtsnormen durch Gesetzgebung steht die umfangreiche Rechtsprechung vor allem durch die aus dem allgemeinen Rechtssystem ausgegliederte Arbeitsgerichtsbarkeit, die dreistufig in Arbeitsgerichte, Landesarbeitsgerichte und Bundesarbeitsgericht aufgebaut ist (im Einzelnen Weiss/Schmidt 2000, 122ff, zur personal- und rechtsökonomischen Sicht Sadowski 2002, 260ff.). Wichtig in unserem Zusammenhang sind Entscheidungen zu Problemen des individuellen und kollektiven Arbeitsrechts, insbesondere zum Kündigungsschutz und Entlohnungsfragen, aber auch zum Arbeitskampfrecht, d. h. zu Streik und Aussperrung (vgl. im Einzelnen Kap. 7).

Der Staat hat seine ursprüngliche Strategie der Unterdrückung allmählich aufgegeben und die Koalitionsfreiheit, das Kollektivverhandlungs- sowie das allgemeine Streikrecht nach und nach gesetzlich anerkannt und garantiert (Hartwich 1998, 93ff.). Später hat er versucht, kollektive industrielle Konflikte – vor allem offizielle und inoffizielle Streiks, gelegentlich aber auch Aussperrungen – zu verhindern oder zumindest durch Setzung bestimmter Regeln einzugrenzen, um die „Öffentlichkeit“ vor den angenommenen oder tatsächlichen schädlichen Auswirkungen zu schützen.

In einigen Ländern (u. a. Großbritannien und USA) sind die Regierungen oder mit ihnen verbundene Agenturen sowohl in der Privatwirtschaft als auch im öffentlichen Sektor zugleich verantwortlich für Institutionen und Mechanismen der Konfliktlösung durch Intervention dritter, am Konflikt nichtbeteiligter Parteien. Der Staat sorgt extern für verschiedene Typen von Verfahrensregeln für Schlichtungs- und/oder Schiedsverfahren (vor allem *mediation, conciliation, voluntary* oder *compulsory arbitration*). In anderen Ländern wie der Bundesrepublik ermutigt der Staat die Tarifvertragsparteien, untereinander ausgefeilte Verfahren zur intern-autonomen Konfliktbeilegung, d. h. Schlichtungsvereinbarungen, zu vereinbaren, ohne selbst involviert zu sein (Keller 1985; 1988a). Insgesamt findet sich eine enorme Heterogenität der Regelungen.

In der Mehrzahl der Staaten[93] – nicht aber z. B. in Italien und Frankreich – bestehen strikte, rechtlich einklagbare Verpflichtungen, während der Laufzeit von Kollektivverträgen die sog. Friedenspflicht einzuhalten, d. h. keinerlei Arbeitskämpfe über deren Inhalte zu führen.[94] In diesem Zusammenhang besteht häufig eine klare und eindeutige Trennung zwischen

- individuellen und kollektiven Rechtskonflikten über die Auslegung bzw. Interpretation eines bestehenden Kollektivvertrages, die in den meisten Fällen friedlich, d. h. durch Rechtsmittel unter Einschluss von Arbeitsgerichtsentscheidungen und nicht durch private Vereinbarungen (sog. *grievance procedures* im Sinne der US-amerikanischen Arbeitsbeziehungen) beigelegt werden
- und Regelungs- oder Interessenkonflikten über die noch auszuhandelnden Bedingungen eines neuen Kollektivvertrages mit verschiedenen Methoden der Konfliktaustragung unter Einschluss von Arbeitskämpfen. Bestimmte Formen von Arbeitskämpfen können für illegal erklärt werden.

Eine andere, in der *industrial relations*-Literatur gängige Unterscheidung ist die zwischen substantiellen und prozeduralen Regeln, welche in etwa der Unterscheidung zwischen individuellem und kollektivem Arbeitsrecht entspricht; die Regeln werden zumeist direkt oder indirekt durch staatliche Politiken formuliert. Während erstere materielle Normen setzen (etwa Länge der Arbeitszeiten oder des Urlaubs) beziehen sich letztere auf Verfahrensfragen (etwa von Tarifverhandlungen oder Arbeitskämpfen). Prozedurale bzw. Verfahrensregeln zielen häufig auf die Einrichtung oder Veränderung von Institutionen, während substantielle bzw. Inhaltsregeln in starkem Maße von den etablierten institutionellen Merkmalen abhängen.

Aus säkularer Perspektive besteht ein Trend von eher substantieller zu eher prozeduraler Regulierung. „There is good reason to assume that procedural regulation will become a key issue in future industrial relations. This is not only because neo-liberal de-regulation – which still dominates public debate – is a procedural device. In addition, there is the challenge of growing internationalization. Since economic internationalization intensifies market competition, the incentive for employers and employees to take a „free ride“ correspondingly increases. The key role in containing such tendencies accrues to procedural state regulation“ (Traxler 1997a, 28ff.).

---

[93] In der international-komparativen Literatur (Traxler 1998a; 1998b; Traxler et al. 2001) werden verschiedene Verfahren der staatlichen Lohnkontrolle ausführlich behandelt. Wir nehmen diesen Strang der Diskussion im Folgenden nicht auf, da in der Bundesrepublik die gesamtwirtschaftliche Koordinierung durch Selbstregulierung der Tarifvertragsparteien und nicht durch den Staat erfolgt.

[94] Diese Friedenspflicht der Tarifvertragsparteien ist strikt zu unterscheiden von der im Betriebsverfassungsgesetz formulierten Friedenspflicht des Betriebsrats, der ausschließlich auf schiedlich-friedliche Mittel der Interessendurchsetzung zurückgreifen bzw. auf keinen Fall Mittel des Arbeitskampfes einsetzen darf.

Häufig enthalten die rechtlichen Rahmenbedingungen auch inhaltliche Vorgaben für minimale oder maximale Standards von Arbeitsbedingungen (wie Minimallöhne[95], Begrenzung oder Standardisierung der täglichen oder wöchentlichen Arbeitszeiten, Arbeitsschutz- und Gesundheitsvorkehrungen, Anti-Diskriminierungsregelungen, Urlaub, Kündigungsschutz). Der alternative, in manchen Ländern (etwa Großbritannien oder USA) auch ergänzende Mechanismus zur Festsetzung der allgemeinen Arbeitsbedingungen durch nicht-politische Mittel ist das Tarifverhandlungssystem, falls die Gewerkschaften über genügend Stärke und Durchsetzungsmacht verfügen.

Unter bestimmten, im Tarifvertragsgesetz (TVG) spezifizierten Bedingungen können der Bundes- oder Landesminister für Arbeit und Sozialordnung einen (Flächen- bzw. Verbands-)Tarifvertrag im Einvernehmen mit dem von den Tarifparteien paritätisch besetzten Tarifausschuss für allgemeinverbindlich erklären.[96] Danach erfassen die Rechtsnormen, nicht hingegen die schuldrechtlichen Verpflichtungen des Tarifvertrags, auch alle Tarifaußenseiter, d. h. die in Folge nicht bestehender Verbandsmitgliedschaft nicht tarifgebundenen Arbeitgeber und deren Arbeitnehmer. Die möglichen Nachteile der Begrenzung der Tarifbindung auf die Mitglieder der Tarifvertragsparteien sollen ausgeglichen werden; die Verhinderung untertariflicher Arbeitsbedingungen durch Schutz von Nichtorganisierten bzw. die Vereinheitlichung der Wettbewerbsbedingungen liegen in beiderseitigem Interesse (Kreimer-de-Fries 1995).[97]

Wir sollten explizit unterscheiden zwischen der Existenz einer solchen staatlich-institutionellen Organisationshilfe und ihrer Anwendung. Die tatsächliche Verbreitung sowie die Bedeutung der Allgemeinverbindlicherklärung (AVE) wird in der öffentlichen Diskussion häufig überschätzt. In der Realität ist diese AVE – im Gegensatz zur Zeit der Weimarer Republik – auf wenige Fälle bzw. einen geringen Anteil aller geschlossenen Tarifverträge beschränkt: Weniger als 500 Verbandstarifverträge sind betroffen; für über 4 Millionen sozialversicherungspflichtige Arbeitnehmer entsteht eine faktische Wirkung bei unterschiedlichen Tarifvertragsarten. Die quantitative Bedeutung des Instruments hat seit den frühen 1990er Jahren

---

95 In der Bundesrepublik besteht im Gegensatz zur Mehrzahl der EU-Mitgliedsländer – zumindest bisher – keine allgemein gültige, gesetzliche Regelung der Mindestlöhne. Die minimalen Entgelte werden durch die unteren Lohngruppen der Tarifverträge vorgegeben. Eine branchenspezifische Allgemeinverbindlichkeitserklärung ist möglich.

96 Dieser Schritt ist möglich (§ 5 TVG), „wenn 1. die tarifgebundenen Arbeitgeber nicht weniger als 50 vom Hundert der unter den Geltungsbereich des Tarifvertrages fallenden Arbeitnehmer beschäftigen und 2. die Allgemeinverbindlicherklärung im öffentlichen Interesse geboten erscheint".

97 "The power of government to extend the application of an agreement to non-signing enterprises and their employees has its basis in the idea that collective bargaining is a desirable institution and that the parties to the process are entitled to protection against lower-cost competition from employers not bound by the terms of the agreement" (Windmuller 1987, 157).

sowohl in absoluter als auch in relativer Hinsicht deutlich abgenommen (Kirsch 2003).[98]

Die AVE kommt vor allem vor in Branchen mit vielen kleinen und mittelgroßen Firmen (Baugewerbe, Entsorgung, Reinigung und Körperpflege, Textil, Bekleidung, Handel, Steine und Erden/Keramik/Glas, Nahrungs- und Genussmittel). Gegenstand sind nur selten Entgeltfragen, sondern vor allem manteltarifliche Regelungen (vor allem zur Altersversorgung, Berufsbildung sowie überbetriebliche Urlaubsregelungen) (im Einzelnen Bispinck/WSI-Tarifarchiv 2005, 71f.).[99] Diese gesetzliche Variante der Stabilisierung des Tarifverhandlungssystems ist im internationalen Vergleich nur schwach ausgeprägt.

Derartige Optionen zur AVE, die ähnlich wie die Friedenspflichten auf staatlichen Vorgaben basieren und *free rider*-Verhalten eindämmen bzw. die tariflichen Deckungsraten (vgl. Kap. 9) erhöhen sollen, bestehen in einer Reihe wichtiger Länder.[100] Sie sind abhängig vom rechtlich-institutionellen Rahmen der Kollektivverhandlungen: Sie nicht notwendig bei hohen Organisationsgraden bzw. Deckungsraten (wie in den skandinavischen Ländern); sie können *ex definitione* keine Anwendung finden bei strikt dezentralen *bargaining*-Systemen (wie in Großbritannien) (Traxler et al. 2001).

---

[98] Die politische Einschätzung des Instruments ist durchaus nicht einheitlich. Konservative und marktradikale Kritiker fordern seine völlige Abschaffung; andere plädieren für einen systematischen Ausbau des Einsatzes, um seine Stabilisierungs- und Stützungsfunktion zu stärken. Die BDA votiert, im Gegensatz zu einigen ihrer Mitgliedsverbände (z. B. Bauindustrie) gegen die AVE. Generell gilt: „Aus neoliberaler Sicht ist die Allgemeinverbindlichkeit ... keine Lösung opportunistischen Interessenhandelns, sondern Teil des Problems, da ihr zufolge Tarifverträge eine leistungshemmende Kartellierung des Arbeitsmarktes begründen. Die Deregulierung der Allgemeinverbindlichkeit ist danach ein Schritt zur Stimulierung von Beschäftigung…“ (Traxler 1998b, 253).

[99] Eine Sondersituation besteht aufgrund des Arbeitnehmer-Entsendegesetzes der EU in der Bauwirtschaft. Der Bundesarbeitsminister kann auf Antrag nur einer Tarifpartei die Allgemeinverbindlichkeit erklären, ohne dass weitere Bedingungen eine Rolle spielen. Daher sollen in- und ausländische Firmen zur Einhaltung tariflich vereinbarter Mindeststandards veranlasst bzw. deren Wettbewerbsbedingungen angeglichen werden.

[100] Im Vergleich der OECD-Mitgliedsländer gilt: „…extension mechanisms are a powerful variable which explains a great deal of variation in the level of collective bargaining coverage across countries … the existence of extension also benefits bargaining coverage by way of lowering the relative costs of becoming and remaining a member of an employers' association.“ (Traxler 2002, 13).

Abb. 4.2: Anzahl der allgemeinverbindlich erklärten Tarifverträge 1975-2007

Jahr	Anzahl der allgemeinverbindlichen Tarifverträge am 1. Januar		Im Laufe des Jahres neu für allgemeinverbindlich erklärte Tarifverträge		Im Laufe des Jahres außer Kraft getretene allgemeinverbindliche Tarifverträge	
	Insgesamt	Darunter: Neue Bundesländer	Insgesamt	Darunter: Neue Bundesländer	Insgesamt	Darunter: Neue Bundesländer
1975	448		140		109	
1976	479		213		188	
1977	504		215		147	
1978	572		202		189	
1979	585		206		183	
1980	608		212		219	
1981	601		201		212	
1982	590		150		152	
1983	588		147		158	
1984	577		159		140	
1985	596		148		181	
1986	563		159		192	
1987	530		148		124	
1988	554		170		211	
1989	513		116		93	
1990	536		176		90	
1991	622	7	199	52	200	3
1992	621	56	205	56	196	19
1993	630	93	179	35	177	33
1994	632	95	163	47	168	24
1995	627	118	136	43	192	39
1996	571	122	145	44	158	22
1997	558	144	140	45	110	26
1998	588	163	99	31	96	15
1999	591	179	102	34	142	42
2000	551	171	82	20	99	20
2001	534	171	59	19	51	2
2002	542	188	56	28	118	41
2003	480	175	50	18	54	14
2004	476	179	37	26	37	11
2005	475	194	19	11	30	6
2006	446	173	16	3	54	24
2007	454	176	16		20	4

Quelle: *Bundesministerium für Wirtschaft und Arbeit, http://www.bmas.de, Stand Jan. 2008.*

Die bisher skizzierten Entwicklungstendenzen zeigen bedeutsame nationalspezifische Unterschiede in den quantitativen und qualitativen Bedingungen und Formen der historischen und aktuellen Interventionen des Staates. Gelegenheiten für eine Veränderung der Grundsatzentscheidungen über die politische Regulierung der Arbeitsbeziehungen bieten häufig Entscheidungssituationen wie Weltkriege, Weltwirtschaftskrisen, umfangreiche Arbeitskämpfe, Systemwechsel, große Regierungswechsel in Demokratien sowie die Regierungsbeteiligung sozialdemokratischer Parteien, ohne dass diese Chancen zur Änderung von Grundsatzentscheidungen notwendigerweise immer genutzt werden. „Deterministische, lineare Beziehungen zwischen diesen Veränderungen oder Strukturen der politischen, institutionellen oder sozialen Umwelten des Systems der kollektiven Arbeitsbeziehungen und dessen prozeduralen Regeln bestehen nicht" (Armingeon 1994, 159). Nachdem die Grundsatzentscheidungen einmal getroffen wurden, werden in der Regel nur noch inkrementale Veränderungen im Sinne schrittweiser und begrenzter Folgereformen (Kodifikation, Weiterentwicklung oder Behebung funktionaler Defizite) vorgenommen.

Wir beobachten vor allem seit der langen Prosperitätsphase nach dem II. Weltkrieg, dass aktive Interventionen der Regierungen in die Wirtschafts- und Sozialpolitik im Allgemeinen sowie in Teilbereiche der Arbeitsbeziehungen im Besonderen in entwickelten Industrienationen häufiger, systematischer und umfassender werden.[101] Weiterhin sind Einflussnahmen des Staates über die Systeme sozialer Sicherung (in unserem Kontext vor allem über die Sicherung bei Arbeitslosigkeit) sowie durch die staatliche Arbeits- und Gesundheitsschutzgesetzgebung gegeben.[102] Insofern hat der Staat zahlreiche Aufgaben übernommen, die früher die Gewerkschaften in ihrer Eigenschaft als Selbsthilfeorganisationen zu bewältigen hatten.

Diese langfristige Entwicklung implizierte in frühen Perioden vor allem die Aufhebung des Koalitionsverbots[103] bzw. die aktive Unterstützung der Entwicklung eines rechtlich abgesicherten, freien und autonomen Tarifverhandlungssystems sowie in einer jüngeren Phase u. a. verschiedene, mehr oder weniger aktive Arbeitsmarktpolitiken sowie makroökonomische Strategien zur Stabilisierung des Wachstums und/

[101] „All in all, ... it would be difficult to disagree with the proposition that the State has in recent decades assumed a more active role in collective bargaining by promulgating more rules, imposing more restraints and becoming a more active participant in negotiations" (Windmuller 1987, 126).

[102] Auf das vor allem in den 1970er Jahren populäre Programm zur „Humanisierung des Arbeitslebens" sei nur der Vollständigkeit halber hingewiesen; seine Attraktivität für Betriebsräte und Gewerkschaften schwand in der folgenden Krise (Bernschneider 1986).

[103] „Der Zeitpunkt der Institutionalisierung der unbeschränkten Koalitionsfreiheit ist abhängig von der Stellung des betreffenden Landes im Weltmarkt sowie von Zielen und Konstellationen der politischen Akteure. Je stärker die Außenhandelsabhängigkeit eines Landes und je schwächer der Widerstand gegen die Organisationswünsche der Arbeitnehmer ist, desto früher erfolgt die dauerhafte Einführung der Koalitionsfreiheit" (Armingeon 1994, 159).

oder zur Bekämpfung von Arbeitslosigkeit. „The role adopted by the State in the field of industrial relations in the post-war period was essentially that of guarantor of the understandings reached between labour and management ... it was understood that the State would attempt to maintain a balance between labour and management so that neither side dominated the bilateral relationship“ (Adams 1989, 49).

In den 1980er Jahren ging dieser langfristige Trend zunehmender regulativer und distributiver Politiken sowie eines Managements der Wirtschaft durch einen interventionistischen Staat allmählich zu Ende. Verschiedene, vor allem von konservativen Regierungen eingeleitete Deregulierungsmaßnahmen zeigen ebenfalls eine Umkehr dieses Trends an. Wir beobachten erhebliche Unterschiede zwischen derartigen Politiken (z. B. Großbritannien und USA auf der einen, die Bundesrepublik auf der anderen Seite) (Esping-Andersen 1990, 162-190). Der Prozess „should not be seen as the state's removing itself from intervention in setting labor market policy. Rather ... deregulation has merely meant a process of reformulation of the web of rules so that the state could better achieve its labor market objectives“ (Bellace 1994, 26).

4.3 Der Staat als Arbeitgeber

Der Staat ist an der Gestaltung der Arbeitsbeziehungen nicht nur in der Privatwirtschaft sondern vor allem im öffentlichen Dienst aktiv beteiligt: Der Staat und die Gebietskörperschaften (Bund, Länder, Gemeinden) sind unmittelbar Arbeitgeber von insgesamt ca. 15% aller Beschäftigten und beeinflussen dadurch direkt sowohl deren Entgelte als auch alle übrigen Arbeitsbedingungen. Indirekt können staatliche Akteure dadurch auch einen gewissen, zumindest informellen Einfluss auf die Entwicklung der Arbeitsbedingungen in der Privatwirtschaft ausüben.

Infolge der Veränderung und Erweiterung des staatlichen Aufgabenkatalogs (u. a. Planung und Schaffung der Infrastruktur, staatliche Sozialpolitik und dadurch Sozialverwaltung, Wirtschaftsgestaltung) stieg die Zahl der öffentlichen Bediensteten säkular bis in den 1980 Jahre an; die Zuwächse konzentrierten sich auf wenige Bereiche und reflektierten die jeweiligen politischen Prioritäten (vor allem Bildung, Wissenschaft und Kultur, Verteidigung, öffentliche Sicherheit und Ordnung, Gesundheit, Sport, Erholung). Zu einer deutlichen Zunahme kam es infolge der deutschen Wiedervereinigung. Seit Beginn der 1990er Jahre ist ein erheblicher Rückgang zu konstatieren, der eine eindeutige Trendwende bedeutet.[104]

---

[104] Im Übrigen hat der Anteil der Teilzeitbeschäftigten über mehrere Jahrzehnte erheblich zugenommen und liegt deutlich höher als in der Privatwirtschaft. Der Anteil der atypisch Beschäftigten (u. a. Befristungen) liegt über dem der Privatwirtschaft.

Abb. 4.3: Beschäftigte im öffentlichen Dienst nach Beschäftigungsbereichen

Jahr	Bund	Länder	Gemeinden/ Gemeinde-verbände	Mittelbarer öffentlicher Dienst	insgesamt
1991	652,0	2.572,0	1.995,9	325,1	7.536,07.536
1992	624,7	2.531,3	2.015,2	352,2	7.515,4
1993	602,9	2.510,7	1.884,1	387,9	7.378,6
1994	577,6	2.482,0	1.806,4	428,0	7.288,0
1995	546,3	2.453,4	1.735,6	449,9	7.180,2
1996	533,2	2.429,9	1.671,5	462,6	7.093,2
1997	526,4	2.401,9	1.615,2	450,5	6.991,0
1998	516,0	2.363,1	1.580,7	449,3	6.907,1
1999	510,2	2.313,7	1.537,3	457,3	6.817,5
2000	502,0	2.273,3	1.502,2	488,0	6.765,5
2001	493,8	2.178,9	1.469,7	545,1	6.688,5
2002	489,8	2.156,0	1.441,7	588,0	6.677,5
2003	491,1	2.151,7	1.409,6	595,1	6.650,5
2004	492,1	2.116,1	1.392,3	613,8	6.618,3
2005	484,9	2.096,0	1.344,4	634,7	6.565,0
2006	476,5	2.054,5	1.316,8	678,2	6.532,0

Angaben in 1.000 jew. zum 30. Juni; beim Bund und den Gemeinden nur Kernhaushalt ohne Sonderrechnungen. Rechtlich selbständige Einrichtungen sind nicht berücksichtigt.

Quelle: Eigene Zusammenstellung nach der Fachserie 14 des Statistischen Bundesamts, versch. Jahrgänge.

Von grundlegender Bedeutung ist der unterschiedliche Rechtsstatus der Arbeitnehmergruppen, d. h. der Dualismus von privatrechtlichem Arbeitnehmerstatus der Angestellten und Arbeiter sowie öffentlich-rechtlichem Dienstverhältnis der Beamten. Diese traditionelle Unterscheidung wurde in der Gründungsphase der Bundesrepublik durch die Restaurierung der sog. hergebrachten Grundsätze des Berufbeamtentums (Art. 33 Abs. 5 GG) als Strukturprinzip beibehalten.[105] In langfristiger Perspektive ist die Struktur der Dienstverhältnisse bei relativer Konstanz des Anteils der Beamten durch eine deutliche Verminderung des Anteils der Arbeiter und eine starke Erhöhung des Anteils der Angestellten charakterisiert.

Die rechtlichen Unterschiede in den Beschäftigtenverhältnissen haben entscheidende Folgen für die Gestaltung der Arbeitsbeziehungen (Keller 1983a; 1993): Nach herrschender Rechtsprechung und Rechtslehre haben die Beamten kein Kollektivverhandlungs- und Streikrecht. Die ansonsten zentrale Institution der Tarifautonomie, die autonome und staatsfreie Gestaltungsform der Arbeitsverhältnisse (vgl. im Einzelnen Kap. 7), ist für diese Gruppe aufgehoben zugunsten einer gesetzlicher Regelungskompetenz des Parlaments, während sie den Angestellten und Arbeitern ebenso wie allen Arbeitnehmern der Privatwirtschaft garantiert wird. Dadurch werden andere, vor allem auf Lobbyismus basierende Strategien der Einflussnahme wichtig. Beamte können sich jedoch wie alle anderen Arbeitnehmer in Gewerkschaften und Interessenverbänden zusammenschließen (eingeschränkte Koalitionsfreiheit nach Art. 9 Abs. 3 GG). Der Organisationsgrad der Arbeitnehmer liegt – wie in der überwiegenden Mehrzahl vergleichbarer Länder – im öffentlichen Dienst deutlich über dem der Privatwirtschaft.[106]

Damit existieren zwei Formen der Interessenvertretung, das Tarifmodell für Angestellte und Arbeiter sowie das Gesetzesmodell für Beamte, die sich in der Vergangenheit in der Praxis wechselseitig durchdrangen und beeinflussten.[107] Die Beschäftigungsverhältnisse haben sich im Laufe der Jahrzehnte sowohl von den materiellen

---

[105] Art. 33 Abs. 4 GG bedeutet die institutionelle Gewährleistung des Berufsbeamtentums: „Die Ausübung hoheitsrechtlicher Befugnisse ist als ständige Aufgabe in der Regel Angehörigen des öffentlichen Dienstes zu übertragen, die in einem öffentlich-rechtlichen Dienst- und Treueverhältnis stehen" (Funktionsvorbehalt).

[106] Eine Reihe von Schwierigkeiten, die aus den rechtlichen Besonderheiten resultieren, sind in der international-vergleichenden Literatur dokumentiert (Gladstone et al. 1989, 267-366; Bach et al. 1999; Dell'Aringa et al. 2001).

[107] Einerseits übernahm der Gesetzgeber wichtige Elemente tarifvertraglicher Vereinbarungen in das Beamtenrecht (u. a. Teilzeitbeschäftigung, Überbrückungszahlungen, Überstundenvergütung, Vermögensbildung, Weihnachtsgratifikation); andererseits setzten die Gewerkschaften die Übernahme beamtenrechtlicher Regelungen in den Tarifbereich durch (u. a. Beihilfe, Lohnfortzahlung im Krankheitsfall, Altersversorgung, Bewährungsaufstieg, Monatslohn für Arbeiter, Unkündbarkeit nach 15 Dienstjahren).

und sozialen Bedingungen als auch von den Tätigkeitsinhalten her angeglichen; die formal-rechtlichen Unterschiede blieben bestehen, obwohl sie von der Funktion her kaum noch zu rechtfertigen und aus der Aufgabenstellung nicht mehr abzuleiten sind. Die formale Trennungslinie der Regulierungsmodelle verläuft faktisch nicht so sehr zwischen Privatwirtschaft und öffentlichem Dienst, sondern eher innerhalb des öffentlichen Sektors (sog. Zweigleisigkeit des Dienstrechts).

Die Arbeitsbeziehungen in der Privatwirtschaft sind in Form eines dualen Systems gestaltet, d. h. durch die formale Trennung der Interessenvertretung auf betrieblicher und überbetrieblich-sektoraler Ebene gekennzeichnet; die korporativen Akteure sind Betriebsrat und Management bzw. Gewerkschaft und Arbeitgeberverband. Die Arbeitsbeziehungen des öffentlichen Dienstes sind ebenfalls dual geprägt, weisen aber relevante Besonderheiten auf: Für die Mitbestimmung auf Ebene der Dienststellen, dem funktionalen Äquivalent zur betrieblichen Mitbestimmung in der Privatwirtschaft, gilt nicht das Betriebsverfassungsgesetz (vgl. im Einzelnen Kap. 5), sondern besondere Regelungen in Form der Personalvertretungsgesetze (PersVG) des Bundes und der Länder (Altvater et al. 2004; Altvater/Peiseler 2005).

Die Rechte von Personal- und Betriebsräten sind faktisch recht ähnlich, da die PersVG eine zwar eigenständige, aber dem BetrVG weitgehend nachempfundene Rechtsgrundlage bilden; Modifikationen ergeben sich durch rechtlich-institutionelle Besonderheiten des öffentlichen Dienstes. Während formalrechtlich die betrieblichen Interessenvertretungen Betriebsrat bzw. Personalrat von den überbetrieblich-sektoral tätigen Gewerkschaften in beiden Sektoren strikt getrennt werden, sind sie in ihrer praktischen Arbeit wechselseitig voneinander abhängig und aufeinander angewiesen.[108] – Im Gegensatz zur Privatwirtschaft (vgl. im Einzelnen Kap. 6) existieren im öffentlichen Dienst keine analogen Regelungen zu den Mitbestimmungsgesetzen für die überbetriebliche bzw. Unternehmensebene.

Trotz des föderalistischen Aufbaus der Bundesrepublik bestanden bis in die jüngste Vergangenheit zentral-einheitliche Regulierungsvorgaben.[109] Das System der Kollektivverhandlungen war traditionell hochgrad zentralisiert. Auf Seiten der Arbeitgeber bestand über mehrere Jahrzehnte eine drittelparitätisch besetzte Verhandlungsgemeinschaft, welche die Tarifverhandlungen für Bund, Länder (Tarifgemeinschaft der Deutschen Länder – TdL) und Gemeinden (Vereinigung kommunaler Arbeitgeberverbände – VkA) führte und trotz vorhandener Interessenunterschiede bzw. laten-

[108] Diese Regelungen sind selten Gegenstand juristischer sowie vor allem empirischer Analyse. Die Ausnahmen sind Keller/Schnell (2003; 2005).

[109] Auf die Veränderungen durch *New Public Management* (Damkowski/Precht 1999; Naschold/Bogumil 2000) gehen wir im Folgenden nicht ein.

ter Interessengegensätze stets gemeinsame Abschlüsse tätigte.[110] Auf Seiten der Gewerkschaften war der dominierende Akteur die Gewerkschaft Öffentliche Dienste, Transport und Verkehr – ÖTV bzw. nach deren Zusammenschluss mit anderen Einzelgewerkschaften (vgl. im Einzelnen Kap. 3) die Vereinte Dienstleistungsgewerkschaft – ver.di, die ihre Verhandlungsstrategien mit den kleineren DGB-Gewerkschaften (vor allem GdP, GEW) abstimmte. Im Laufe der Jahre gab es verschiedene Verhandlungsgemeinschaften mit kleineren, unabhängigen Organisationen.

Für alle Angestellten und Arbeiter von Bund, Ländern und Gemeinden wurde nur eine gemeinsame Tarifverhandlung geführt; die materiellen Ergebnisse dieses einheitlichen (Flächen-)Tarifvertrages wurden zumeist zeit- und inhaltsgleich per (Besoldungs-)Gesetz auf die Beamten übertragen. Die Folge war eine weitgehende Vereinheitlichung und Standardisierung der Entgelte und übrigen Arbeitsbedingungen (u. a. Arbeitszeiten).

Diese über lange Jahre stabilen Organisations- und Verhandlungsstrukturen haben sich in jüngster Vergangenheit deutlich verändert (Keller 2006a; 2007), wobei die Entwicklung in Richtung auf eine „kontrollierte" bzw. „organisierte" Dezentralisierung (Traxler 1997b; 1998a) weist. Es handelt sich definitiv nicht um „wilde Dezentralisierung", da die Tarifvertragsparteien die Prozesse der kollektiven Aushandlung von Arbeitsbedingungen – wenngleich auf einer anderen Ebene – weiterhin gemeinsam kontrollieren (*joint regulation*). Außerdem bleiben die Deckungsraten, d. h. der Anteil der durch Kollektivverträge erfassten an allen Arbeitnehmern der Branche bzw. des Sektors, vergleichsweise hoch; es kommt zu anderen, dezentral organisierten Deckungsformen, nicht aber zu „weißen Flecken" auf der Tariflandkarte, wie sie aus der Privatwirtschaft bekannt sind. Schließlich findet „stille Tarifflucht", d. h. eine Nichteinhaltung getroffener, kollektiver Regelungen trotz weiterhin bestehender Verbandsmitgliedschaft, – zumindest bisher – nicht statt.

Im Jahr 2006 kam es wegen des Versuchs einiger Arbeitgeber, die Wochenarbeitszeiten zu verlängern, zum längsten Streik in der Geschichte des insgesamt recht konfliktarmen öffentlichen Dienstes. Die jahrzehntelang bestehende Verhandlungsgemeinschaft auf Arbeitgeberseite brach auseinander. Nunmehr verhandeln nur noch Bund und Gemeinden gemeinsam; die Bundesländer tätigen eigenständige, materiell durchaus unterschiedliche Abschlüsse (vertikale Differenzierung). Darüber hinaus ist die organisatorische Stabilität der TdL aufgrund von Verbandsausschlüssen und -austritten gefährdet (horizontale Differenzierung).

---

[110] Die Unterschiede in den Strategien privater und öffentlicher Arbeitgeber sind seit den 1980er Jahren geringer geworden (Keller/Henneberger 1999); in Zeiten von Massenarbeitslosigkeit und Privatisierungsmaßnahmen können öffentliche Arbeitgeber kaum noch als „Modell"-Arbeitgeber bezeichnet werden.

Der Tarifvertrag für den öffentlichen Dienst (TVöD), der 2005 in Kraft trat und den mehrere Jahrzehnte geltenden Bundes-Angestelltentarifvertrag (BAT) ablöste, gilt nur für die Tarifbediensteten von Bund und Kommunen. Er soll u. a. die rechtlichen Unterschiede zwischen Arbeitern und Angestellten beseitigen, die Einführung einer Niedriglohngruppe zulassen, ein einheitliches Entgeltsystem etablieren sowie sukzessive „leistungsbezogene Entgeltkomponenten" einführen. Außerdem gelang es dem Marburger Bund, dem Verband der angestellten und beamteten Ärztinnen und Ärzte Deutschlands (http://www.marburger-bund.de), erstmals einen eigenständigen Tarifvertrag für Krankenhausärzte abzuschließen, der zu einer weiteren Heterogenisierung der Arbeitsbeziehungen bzw. zu einer Zunahme der Tarifkonkurrenz der Verbände auf Arbeitnehmerseite sowie zu einem „Ausfransen" an den organisatorischen Rändern beitrug (Keller 2007).

Diese Prozesse führen zu steigenden Transaktionskosten[111] im Sinne direkter Verhandlungs- sowie späterer Implementations- und Kontroll- bzw. Überwachungskosten (Williamson 1985, 1996), vor allem auf Seiten der Gewerkschaften, deren Ressourcen aufgrund der deutlichen Mitgliederrückgänge seit den frühen 1990er Jahren ohnehin beschränkt sind. Diese aktuellen Trends der Dezentralisierung bzw. „Flexibilisierung" sind für die hochgradig verrechtlichten und vereinheitlichten Arbeitsbeziehungen der Bundesrepublik beachtlich und in ihren Konsequenzen weit reichend,[112] liegen im internationalen Vergleich (Bach et al. 1999; Dell'Aringa et al. 2001) allerdings durchaus „im Trend" aktuellerer Entwicklungen.

Die erwähnten, rechtlichen Besonderheiten des Beamtenstatus haben Konsequenzen für die Arbeitsbeziehungen. Beamte können sich sowohl in Mitgliedsgewerkschaften des Deutschen Gewerkschaftsbundes – DGB organisieren als auch in Interessenverbänden, die dem Deutschen Beamtenbund – DBB angehören. Während in der Privatwirtschaft monopolisierte Interessenvertretungen dominieren, stehen im öffentlichen Dienst die beiden Dachverbände in einem Konkurrenzverhältnis zueinander, haben aber eine pragmatisch orientierte Form der Koexistenz entwickelt; seit Mitte der 1990er Jahre hat die „Standesorganisation" DBB, die in Form der dbb-Tarifunion auch über einen „Tarifflügel" verfügt, mehr verbeamtete Mitglieder als

---

[111] „The ex ante costs of drafting, negotiating, and *safeguarding* an agreement, and, more especially, the ex post costs of maladaptation and adjustment that arise when contract execution is misaligned as a result of gaps, errors, omissions, and unanticipated disturbances; the costs of running the economic system" (Williamson 1996, 379).

[112] Außerdem sind weitere Trends zur Dezentralisierung festzustellen: Im Zuge von Liberalisierungsbestrebungen und Vermarktlichungstendenzen werden vor allem auf kommunaler Ebene bestimmte Aufgabenbereiche (u .a. Ver- und Entsorgung sowie Personennahverkehr) (in unterschiedlicher Form teil-)privatisiert; sie fallen damit nicht mehr in den Regelungsbereich der Tarifverträge des ÖD sondern unter sog. Spartentarifverträge.

der DGB.[113] Die Dachverbände verfügen, wie bereits erwähnt, nicht über das Kollektivverhandlungs- und Streikrecht, wohl aber über gesetzlich garantierte Anhörungs- und Beteiligungsrechte, die ihnen formale und informelle Einwirkungsmöglichkeiten in Bezug auf die Gestaltung der Arbeitsbedingungen eröffnen.

Die beiden, auf unterschiedlichen Rechtsgrundlagen basierenden Regulierungsformen, also das Tarif- und das Gesetzesmodell, führten bis in den 1990er Jahre zu sehr ähnlichen materiellen Ergebnissen, wobei der dominierende Einfluss bei gelegentlichen Ausnahmen vom Tarifbereich ausging. Diese enge Koppelung löst sich in jüngster Vergangenheit unter den Rahmenbedingungen einer anhaltenden Finanzkrise sukzessive auf. Die öffentlichen Arbeitgeber machen in stärkerem Maße von ihrer unilateralen Regelungsgewalt Gebrauch und schaffen Präjudizien, indem sie zunächst die Arbeitsbedingungen der Beamten verändern (u. a. Verlängerung der regelmäßigen Arbeitszeiten, Kürzung oder Streichung von Sonderzuwendungen wie Weihnachts- und Urlaubsgeld, Verzögerung von Besoldungserhöhungen). Anschließend versuchen sie, diese Verschlechterungen in den Kollektivverhandlungen auf den Tarifbereich zu übertragen. Damit soll das jahrzehntelang dominierende Muster von *pattern setting* und *pattern following* umgekehrt werden.

Die in den späten 1960er/frühen 1970er Jahren auf Betreiben der Arbeitgeber schrittweise erfolgte Zentralisierung und Harmonisierung des ursprünglich föderalistischen Besoldungsrechts (Art. 74a GG) führte zu bundeseinheitlichen Regelungen. Im politischen Rahmen der aktuellen Föderalismusreform wurde diese wichtige Änderung zu einheitlichen beamtenrechtlichen Regelungen rückgängig gemacht. Nunmehr verfügen die Bundesländer wiederum über die Regelungskompetenz für die Beamten der Länder und Kommunen – und können eigenständige, vom Bund unabhängige Politiken betreiben. Die Folgen dieser Variante des „Wettbewerbsföderalismus" sind ungewiss.

---

[113] Verbandsintern besteht jeweils eine spezifische Arbeitsteilung in Bezug auf die Repräsentation der heterogenen Mitgliederinteressen. Die Dachverbände vertreten die allgemeinen Interessen (z. B. Einkommen), während die Mitgliedsverbände, welche häufig Berufsverbände sind, für die Durchsetzung gruppenspezifischer Belange (etwa für Lehrer oder Polizeibeamte) zuständig sind.

4.4 Makro-Korporatismus als temporärer Regulierungsmodus

Soweit ist unsere Vorgehensweise impressionistisch oder zumindest rein beschreibend. Eine stringente und stärker theoretisch orientierte Analyse finden wir in der Diskussion über Neo-Korporatismus, die seit den 1970er Jahren hauptsächlich von Politikwissenschaftlern und politischen Soziologen geführt wird, zu denen sich erstaunlicherweise nur selten *industrial relations*-Vertreter gesellen.

Parallel zu den bereits skizzierten Aktivitäten des Staates üben die anderen korporativen Akteure nicht so sehr „Druck" aus, indem sie versuchen, politische Entscheidungen zu beeinflussen – wie es das „Vektorsummenmodell" von pluralistisch orientierter Interessenpolitik („Parallelogramm der Kräfte") nahe legt. Im Rahmen des „korporatistischen" Modus von Interessenvermittlung versuchen vielmehr die Regierungen bzw. staatlichen Agenturen, mit Gewerkschaften und Arbeitgeberverbänden eine mehr oder weniger formalisierte und institutionalisierte Verhaltensabstimmung (u. a. in Bezug auf Einkommenspolitiken) auf freiwilliger oder sozialkontraktueller Ebene zu betreiben. Das Ziel besteht darin, auf dem Verhandlungs- und Überzeugungswege eine Koordination bzw. Abstimmung der Verhaltensweisen in Bezug auf makro-ökonomische Zielvorstellungen (u. a. relative Preisniveaustabilität, stetiges Wirtschaftswachstum, außenwirtschaftliches Gleichgewicht) zu erreichen.[114]

Nach dem II. Weltkrieg, vor allem aber in den 1960er und 1970er Jahren, entstanden in verschiedenen marktwirtschaftlich verfassten, liberalen Demokratien erneuerte Formen von Systemen der Interessenrepräsentation zwischen den Regierungen und den Führungen der wichtigsten Interessenorganisationen von Arbeit und Kapital (für andere: Lehmbruch/Schmitter 1982; Schmitter/Lehmbruch 1979).

Diese besondere Form der organisatorischen und politischen Interessenvermittlung und/oder Konfliktschlichtung in korporatistischen Verbünden, d. h. zwischen staatlichen Agenturen und gewerkschaftlichen bzw. unternehmerischen Verbandseliten, ersetzte allmählich „klassische", eher pluralistisch-liberal ausgerichtete Varianten eines vor allem in den angelsächsischen Ländern vorzufindenden Typs der Arbeitsbeziehungen durch stärker zentralisierte, institutionalisierte und koordinierte, kontinental-westeuropäische Formen der Interessenvermittlungspolitik. „Ostensibly corporatism provides an ideal solution to the central problem of modern capitalism: the maintenance of order where market relations are no longer supreme, where the division between polity and economy can no longer be sustained, and where both the working class and capital are organized" (Crouch 1978, 215).

---

[114] Vgl. zu einem verbandlichen Modell der sozialen Ordnung Streeck/Schmitter (1985a).

Korporatistische Systeme, die *growth industry* der 1970er Jahre, sind der Versuch,

- den autonomen und unabhängigen Staat mit seiner aktiven und direkten Intervention in ökonomische Prozesse und ihre materiellen Ergebnisse wieder in den Mittelpunkt der Analyse zu rücken
- sowie in theoretisch orientierten Kategorien einige jüngere integrative und stärker kooperative Trends innerhalb des Systems der Interessenrepräsentation – vor allem der Interessenvermittlung innerhalb institutionalisierter Arbeitsbeziehungen – zu analysieren.[115]

Notwendige, vielleicht sogar hinreichende Voraussetzungen für den zumindest in einigen Ländern relativ guten, wenngleich häufig zeitlich begrenzten Erfolg einer derartigen breiten korporatistischen Konzertierung sind bestimmte institutionelle Strukturen organisierter Interessen:

- vereinheitlichte, hochgradig zentralisierte Systeme der Interessenrepräsentation mit entsprechenden nicht-fragmentierten Strukturen korporativer Entscheidungsfindung sowohl innerhalb als auch zwischen Organisationen,
- damit eng verbunden eine deutliche Dominanz des Organisationsprinzips der Industrie- (und Einheits-)Gewerkschaft anstelle einer stärker fragmentierten Gewerkschaftsstruktur (etwa mit Berufsverbänden),
- eine gewisse Organisationssicherung der Verbände,
- das Recht der Verbände, faktisch als alleinige Repräsentanten ihres Klientels zu handeln (effektives Repräsentationsmonopol),
- die Fähigkeit der Verbandsspitzen, soziale Kontrolle über das Verhalten ihrer Mitglieder ausüben zu können, um wechselseitige Verpflichtungen aus getroffenen Vereinbarungen auch tatsächlich ausführen und durchsetzen zu können (Funktion der Konsensbeschaffung),
- die aktive Teilhabe der Verbände an der Politikformulierung und -gestaltung, also an diversen Prozessen makroökonomischer Planung im Allgemeinen sowie an der Einkommenspolitik im Besonderen,
- von Arbeiter- oder sozialdemokratischen Parteien geführte Regierungen, die über institutionelle Verknüpfungen, starke personelle Verbindungen, sich überschneidende Mitgliedschaften und ideologische Verschmelzungen verfügen (sollten) und dadurch eher politischen Konsens mit „ihren“ loyalen Gewerkschaften beschaffen können als andere Parteien.[116]

---

[115] Korporatistisch ausgerichtete Versuche der Interessenvermittlung und -koordination können auf der Makro-(National-) oder auf der Mesoebene (einzelner Wirtschaftssektoren) ansetzen; jüngere Untersuchungen betonen die Arrangements in einzelnen Sektoren (*private interest government*).

[116] Österreich ist das prototypische Beispiel auf der einen, das hochgradig dezentralisierte System der USA das auf der anderen Seite.

Die Regierungen verschiedener Länder versuchten wiederholt, sich dieser hilfreichen tripartistischen Institutionen zu bedienen, die sie oft selbst initiiert und aufrecht zu erhalten versucht hatten (Juris 1985).[117] Hierzu gehören u. a. Österreich, die Niederlande sowie die skandinavischen Länder; nicht hinzuzurechnen sind Australien (bis 1985), Kanada und vor allem die USA. In der Mitte von „Korporatismusskalen“[118] befinden sich Italien und Frankreich; auch die Bundesrepublik folgt einer „Politik des mittleren Weges“ (Weßels 1999). Diese enge Kooperation zwischen Regierungen und den Spitzen der wichtigsten Interessenorganisationen von Kapital und Arbeit auf der zentralstaatlichen Ebene zielt auf die Abarbeitung der gesamten Palette der Probleme eines Managements des keynesianischen Wohlfahrtsstaates (vor allem relative Preisniveaustabilität, Einkommensverteilung unter Einschluss von Einkommenspolitik, stetiges Wirtschaftswachstum sowie später Probleme einer Vollbeschäftigungspolitik). Im internationalen Vergleich war das Ausmaß der Verbindlichkeit von Interventionen in das System „freier“ Kollektivverhandlungen recht unterschiedlich (indikative, imperative und kooperative Varianten); die institutionellen Formen wiesen deutliche Differenzen auf.

Einerseits benötigten die Regierungen – in einer ausgedehnten Phase wachsenden Wohlstandes und steigender Masseneinkommen – unbedingt die freiwillige Unterstützung und direkte „verantwortliche“ Kooperation der Führungsspitzen von unabhängigen Gewerkschaften für ein erfolgreiches Management im Rahmen der Strategien makroökonomischer Stabilisierung; diese schlossen vor allem eine Einkommenspolitik mit einer gewissen „Lohnzurückhaltung“ der Arbeitnehmer bzw. ihrer Gewerkschaften ein. Auf der anderen Seite mussten die Regierungen ihren „Partnern“ im politischen Tausch bestimmte Leistungen als Kompensation für Inkorporation und gesellschaftliche Integration bieten. Resultate dieser impliziten oder sogar expliziten Sozialkontrakte innerhalb eines *bargaining corporatism* waren u. a.

---

[117] Vgl. zu den Besonderheiten des *German corporatism* zusammenfassend Thelen (1991, 38ff.); einen aktuellen Überblick über die „deutsche Variante“ im internationalen Vergleich gibt Weßels, der zu folgendem Schluss gelangt: „Die Besonderheit des deutschen Korporatismus erweist sich ... auch im Interaktionsverhältnis von linker Regierungsbeteiligung, strukturellem Korporatismus und Konzertierung im internationalen Vergleich als Politik des mittleren Weges mit mittleren Effekten“ (Weßels 1999, 101).

[118] Eine Zusammenfassung der zahlreichen vorliegenden Studien, deren Ergebnisse wir nicht im Einzelnen präsentieren, bietet Siaroff (1999), der auch die verschiedenen Messprobleme ausführlich behandelt. Seine Nominaldefinition lautet: „within an advanced industrial society and democratic polity, the co-ordinated, co-operative, and systematic management of the national economy by the state, centralised unions, and employers (these latter two co-operating directly in industry), presumably to the relative benefit of all three actors“ (Siaroff 1999, 177). Einen weiteren Überblick einschl. eines Versuchs der Aktualisierung des Konzepts unter den veränderten makroökonomischen Bedingungen der Wirtschafts- und Währungsunion in Richtung auf „political exchange“ geben Molina/Rhodes (2002).

- zunehmende Organisationsmacht der Gewerkschaften,
- mehr und verbesserte Mitbestimmungs- und Partizipationsrechte,
- Erfüllung bestimmter sozialpolitischer Forderungen (vor allem nach einer Expansion des Wohlfahrtsstaates) und/oder
- mehr politischer Einfluss in diesem permanenten Prozess von politischem Geben und Nehmen.[119]

Das Ergebnis war, dass die Gewerkschaften in einer ausgedehnten Phase von leergefegten Arbeitsmärkten bzw. Vollbeschäftigung einflussreicher wurden. Sie gewannen innerhalb des politischen Systems offizielle und integrierende Anerkennung und hatten effektiven Zugang zu „ihren“ kooperationsbereiten Regierungen; weiterhin verfügten sie als „Sozialpartner“ über beachtlichen Einfluss innerhalb dieser restrukturierten Machtverteilung, die überall korporative Repräsentation sowie einen tripartistisch organisierten, „generalized political exchange“ (Crouch 1990) als *modus operandi* einschlossen.

Früher drohten Gewerkschaften mehr als einmal, diese tripartistischen Institutionen zu verlassen – oder verließen sie tatsächlich. „Instances can be readily cited ... in which corporatist arrangements have collapsed either as a result of the withdrawal of union leaders or of their inability to "deliver" their rank and file“ (Goldthorpe 1984, 336). Insofern war das Scheitern der aus dem Gesetz zur Förderung der Stabilität und des Wachstums von 1967 resultierenden Konzertierten Aktion (K. A.) (1967-1977) als spezifisch deutscher Variante einer zwischen Gebietskörperschaften bzw. durch Wahlen legitimierten Politikern, Gewerkschaften und Arbeitgeberverbänden informell ausgehandelten, „freiwilligen“ bzw. indikativ-persusiven Einkommenspolitik ebenso wenig verwunderlich wie Fehlschläge im Bereich materieller Politiken. Diese wirtschaftspolitische Institution war als trilaterales Arrangement zwischen den korporativen Akteuren konzipiert, als Versuch, durch regelmäßige Treffen am „Tisch der kollektiven Vernunft“ zum Zwecke des „Austauschs von Informationen zwischen allen für den Wirtschaftsprozess verantwortlichen Instanzen“ die Interessengegensätze der Tarifvertragsparteien im Rahmen einer Globalsteuerung von Stabilität des Preisniveaus, hohem Beschäftigungsstand, außenwirtschaftlichem Gleichgewicht, stetigem und angemessenem Wirtschaftswachstum zu entpolitisieren und zu versachlichen (zusammenfassend Schroeder 2001).

Innerhalb der Gewerkschaften war die K. A., ein Instrument indikativer Planung, von Anfang an heftig umstritten, vor allem weil die ohne formalrechtliche Verbindlichkeit genannten Orientierungsdaten (*moral suasion*-Appelle) über die wirtschaft-

[119] Crouch fasst dieses Muster in der „social-democratic thesis“ zusammen: „Heightened union industrial and political power, major difficulty in transcending episodes of high conflict, leading to either bipartite or tripartite attempts at forging an agreement on wage development achieved by binding employers' organizations and unions into an intense net of exchanges“ (Crouch 1993, 258).

liche Entwicklung – vor allem über die aus gesamtwirtschaftlicher Sicht wünschenswerten Lohnsteigerungen – allzu leicht als „Lohnleitlinien“ interpretiert werden konnten.[120] Außerdem war eine parallele politische Steuerung des Preisniveaus weder erwünscht noch möglich, so dass die Fähigkeit zur Herstellung „sozialer Symmetrie“ bezweifelt wurde.

Die Klage der Arbeitgeberverbände vor dem Bundesverfassungsgericht gegen das Mitbestimmungsgesetz von 1976 (MitbG) wegen dessen Unvereinbarkeit mit der Eigentumsgarantie des GG, Beeinträchtigung der Tarifautonomie, Überparität durch betriebliche und Unternehmens-Mitbestimmung war für die Gewerkschaften eher Anlass als Ursache, die Mitarbeit in der K. A. endgültig aufzukündigen.[121] Die Arbeitgeberverbände wollten durch ihre Klage eher eine höchstrichterliche, langfristige Festschreibung des mitbestimmungspolitischen *status quo* als eine Zurücknahme des von allen Fraktionen des Bundestages beschlossenen MitbG erreichen.[122]

[120] Gelegentlich wird eine Neuauflage der K. A. im Rahmen „runder Tische“ vorgeschlagen, wobei derartige Pläne nicht konsens- bzw. mehrheitsfähig sind. Zudem ist nicht auszumachen, weshalb das Stabilisierungsziel, das nach wie vor typischen Kollektivgutcharakter hat, nunmehr erreicht werden sollte. Belohnt im Sinne einer Besserstellung wird nicht (stabilitäts-)konformes, sondern von den Rahmenvorgaben abweichendes Verhalten einzelner Gruppen; außerdem haben die Gruppen, die sich nicht stabilitätsgerecht verhalten, die Folgen ihres Handelns nur zum kleineren Teil selbst zu tragen.

[121] Die tatsächlichen Gründe lagen tiefer. Die Treffen der K. A. waren „largely ceremonial and informal – too short, sometimes lasting less than a full day, too infrequent, held only two or three times a year, too unwieldly, sometimes attended by more than a hundred people, and too understaffed, having no permanent secretariat – to function as policy-making sessions“ (Flanagan et al. 1983, 116).

[122] Im Übrigen bestätigt das BVerfG in seiner Entscheidung die Verfassungskonformität: „Die erweiterte Mb der Arbeitnehmer nach dem Mitbestimmungsgesetz vom 4.5.1976 ist mit den Grundrechten der von dem Gesetz erfassten Gesellschaften, der Anteilseigner und der Koalitionen der Arbeitgeber vereinbar“ (Backhaus 1987).

Abb. 4.4: Regulierungsmodelle im Vergleich

	Korporatistisches Regulierungsmodell (Konzertierung)	Neokonservatives Regulierungsmodell (Dualisierung)
Verhältnis Markt/ Organisation	Ersetzung von Marktmechanismen durch organisatorische und politische Macht	Zurückdrängung von organisatorischer und politischer Macht zugunsten der Marktkräfte
Wirtschaftspolitische Hauptdoktrin	Keynesianismus (Nachfragepolitik)	Neoliberalismus (Angebotspolitik)
Wirtschaftspolitische Hauptziele	Sicherung von Stabilität, Wachstum und Vollbeschäftigung (Modernisierungspolitik unter Prosperitätsbedingungen)	Förderung der Innovations- und Konkurrenzfähigkeit im internationalen Wettwerberb (Modernisierungspolitik unter Krisenbedingungen)
Verhältnis Staat/Gewerkschaft	politischer Tausch (Sozialkontrakt)	Disziplinierung/Ausgrenzung (Labour Exclusion)
Verrechtlichungs-tendenz	Stärkung der Gewerkschaften, der Tarifautonomie und der betriebl. Mitbestimmung	Schwächung der Gewerkschaften und ihrer Integrationsfähigkeit Deregulierung
Sozialstaat	expansiv	kontraktiv
typische Folge-probleme	Überforderung der systemischen Konzessionsspielräume/ Rigiditäten	Spaltung der Gesellschaft ("Zweidrittelgesellschaft")

<u>Quelle:</u> *Müller-Jentsch 1988, 271; ähnlich 2007, 74.*

4.5 Aktuelle Herausforderungen

Mit der folgenden Argumentationsweise bewegen wir uns auf den Grundlagen der Tauschtheorie bzw. des methodologischen Individualismus (Lehmbruch 1984; Lange 1984); wir bauen nicht auf anderen Konzepten auf wie etwa marxistischen Theorien über die Funktionen des Staates in fortgeschrittenen kapitalistischen Gesellschaften unter Einschluss klassentheoretischer Überlegungen. Wir gehen davon aus, dass alle Teilnehmer rational handeln und die subjektiven Kosten und Nutzen ihrer weiteren Partizipation an korporatistischen, mehr oder weniger freiwilligen Experimenten strategisch kalkulieren. Die korporativen Akteure handeln entsprechend ihren Eigeninteressen, d. h. sie verfolgen die (Einkommens- bzw. Profit-)Strategien, welche den subjektiv erwarteten Nutzen ihrer Organisation maximieren. Alle Teilnehmer verfügen über die Option der „Abwanderung“ (Hirschman 1974), falls sie zu dem Ergebnis gelangen, dass ihre positiven, internen und externen Kompensationen sich wesentlich verschlechtern.

Die interne „Handlungslogik“ der korporativen Akteure besteht im Tausch wechselseitiger kollektiver Vorteile, der sich über verschiedene Politikbereiche erstrecken kann (etwa Ausweitung der Mitbestimmungsrechte gegen „Zurückhaltung“ in der Lohnpolitik). Neokorporatistische Arrangements können nur solange erfolgreich sein, wie jeder der für ihr Gelingen notwendige Akteur weiter teilnimmt. Diese tripartistischen Arrangements werden eher allmählich als sofort aufgegeben, wenn sie sich unter veränderten ökonomischen und/oder politischen Rahmenbedingungen für mindestens einen der beteiligten Akteure nicht mehr auszahlen. Die Ziele des Verbundes sind als kollektive Güter anzusehen, bei deren Erreichung häufig die bekannten Schwierigkeiten in Form des *free rider*-Problems auftreten.

Daher sind korporatistische Netzwerke auf nationaler wie regionaler Ebene aus Gründen, die in den Beziehungen innerhalb und zwischen ihren Akteuren liegen, zeitlich begrenzt, relativ instabil sowie unsicher (Streit 1988). Ein grundlegendes Problem bestand von Anfang an in der Tatsache, dass die Gewerkschaftsführer unter bestimmten externen politischen Bedingungen in Schwierigkeiten gerieten: Sie konnten die vitalen Interessen ihrer Mitglieder nicht mehr verfolgen, sobald sie einer konsensualen Lohnpolitik zustimmen mussten, d. h. eine „Zurückhaltung“ bei Lohnforderungen intern durchzusetzen hatten.[123] Gleichzeitig waren die Regierungen nicht in der Lage, makroökonomische Variablen (vor allem Preisniveau, Entwicklung der Profite und Investitionen) mit politischen Mitteln zu kontrollieren.

[123] „Even under favourable circumstances, it is difficult to reconcile for any length of time the practice of free collective bargaining with self-imposed restraints, especially for the leaders of organisations whose tenure in office depends on periodic renewal of membership support through democratic procedures“ (Windmuller 1987, 142).

In einer Phase ökonomischer Transformation, technologischer Innovationen und politischer Veränderungen, sind sowohl konservative Regierungen als auch Arbeitgeber (unter Einschluss einiger mächtiger Fraktionen ihrer Verbände) in der Lage und durchaus bereit, eigene Gewinne und Verluste neu zu kalkulieren und zu anderen Ergebnissen über die Aussichten ihrer Teilnahme an korporatistischen Verbünden zu gelangen.[124] Als Hauptbedrohung dieser Pakte erweisen sich nicht die Gewerkschaften, sondern die Arbeitgeber bzw. unter bestimmten politischen Bedingungen konservative Regierungen. In einer Phase sich verändernder ökonomischer Bedingungen seit Mitte der 1970er Jahre sowie seit dem Aufstieg der flexibleren Form eines „Post-Fordistischen" Kapitalismus der „flexiblen Spezialisierung" (Piore/Sabel 1985) anstelle der tayloristischen Massenproduktion in den 1980er Jahren verschwindet allmählich eine Reihe der regulativen und integrativen Arrangements des „goldenen Zeitalters" des gesellschaftlichen Korporatismus (Thompson 1991, 95ff.). „With hindsight, the neocorporatist experiments of the 1970s can be seen as attempts to preserve the labor-inclusiveness of the postwar European political economy under increasingly adverse domestic and international conditions. Because of rapid changes in social structures, growing economic interdependence and the attendant loss of national power, and finally the competitive withdrawal of both Japan and the United States from the worldwide postwar regime of labor-inclusive adversarialism, neocorporatism faltered in the early 1980s" (Streeck 1993, 97). Die aktuellen Entwicklungen der Internationalisierung von Märkten – sowohl im Sinne von Europäisierung als auch von Globalisierung – verstärken diese Trends.

Leider wissen wir nicht viel über Strategien des Managements; es gibt keine ausgearbeitete „Soziologie des Managements", die wir in verschiedenen nationalen Kontexten anwenden könnten (Schienstock 1991; grundlegend Buß 2007). Die Initiative zu strategischen Aktionen, die nach dem II. Weltkrieg über mehrere Jahrzehnte eher auf Seiten der Gewerkschaften gelegen hatte, ist in der jüngeren Vergangenheit wieder auf Management und Arbeitgeber übergegangen. Diese drängen vehement auf „Anpassung", d. h. auf flexiblere Produktionsbedingungen im Allgemeinen sowie auf größere „Flexibilität" der institutionellen Bedingungen des Arbeitsmarkts (u. a. auf einen Abbau von „Beschäftigungshemmnissen") im Besonderen. Ihre Forderungen nach weniger rechtlichen Beschränkungen, weniger „Rigiditäten" bei den Löhnen, nach flexibleren Regelungen bei Arbeitszeiten sowie bei allen übrigen Arbeitsbedingungen begünstigen ihre Interessen in einer Phase schnellen Wandels und fundamentaler Unsicherheiten auf in- und ausländischen Märkten.

Insgesamt votieren die Arbeitgeber für eine umfassende und weit reichende „Flexibilisierung" aller Beschäftigungsbedingungen, um die andauernden Prozesse der ökonomischen Restrukturierung zu unterstützen. Aber: „The authoritarian, nonunion

---

[124] Zu Aufstieg und Fall neo-korporatistischer Arrangements aus anderer Perspektive Streeck (1992a).

strategy is generally justified on the basis that it is more efficient economically than is democratic participation by right. There is, however, little objective evidence to support that proposition“ (Adams 1985, 146).

Diese ökonomischen Gründe vermischen sich mit Veränderungen im politischen Umfeld. Die Tendenzen zu einem neuen Machtungleichgewicht sowie zu grundlegenden Veränderungen in der politischen Gesamtorientierung werden durch die Tatsache gestärkt, dass sozialdemokratisch geführte Regierungen in wichtigen europäischen Ländern durch neo-konservative Regierungen abgelöst wurden. Die Sozialdemokraten hatten auf „verantwortungsbewusste“ Gewerkschaften als legitime Verhandlungspartner gebaut und „vertrauensvoll“ mit deren Führern innerhalb der politischen und organisatorischen Prozesse eines *quid pro quo* zusammengearbeitet.

Zumindest in einigen Ländern (vor allem in Großbritannien, in geringerem Maße in der Bundesrepublik) entfielen wesentliche Voraussetzungen des Korporatismus, nämlich die Offerte des Staates an Arbeitgeberverbände und Gewerkschaften, an sozioökonomischen Entscheidungsprozessen aktiv teilzunehmen.[125] Andererseits funktionierten korporatistische Institutionen in den Ländern (besonders Österreich und Schweden) weiterhin, in denen persönliche Bindungen, politische Verbindungen und ideologische Affinitäten zwischen Gewerkschaften und Regierungen erhalten blieben. Die Überlebenschancen tripartistischer Institutionen waren hoch, wenn diese bereits bestanden hatten, bevor konservative Regierungen gewählt wurden.[126]

Fast zur selben Zeit, als die Arbeitgeber ihre Flexibilisierungsstrategien begannen, initiierten konservative Regierungen politische Maßnahmen zur mehr graduellen denn prinzipiellen „Deregulierung“ verschiedener Teile der Arbeitsbeziehungen.[127] Diese Strategien, welche neue politische Rahmenbedingungen schufen, zielten vor allem auf Strukturen und Institutionen des Arbeitsmarktes sowie auf Teile des traditionellen Arbeitsrechts, auf denen Arbeitsbeziehungen oft aufbauen; eingeschlossen waren fast alle Beschäftigungsbedingungen (u. a. Kündigungsschutzregelungen).

---

125 „Since then countries have moved in contrary directions. Where GPE (generalized political exchange, B. K.) models already existed in the mid 1970s, there was often commitment to keep them working, if often with reduced ambitions. Elsewhere, the failure of new 1970s experiments has lead to a search for very different solutions - including both mild returns to the repression of organised labour and a new search for means of securing the identity of workers to their companies, or to the capitalist system, that do not require the intermediary of unions performing within GPE“ (Crouch 1990, 115).

126 Es ist allerdings schwierig, von nationalspezifischen Besonderheiten zu abstrahieren bzw. zu verallgemeinern. Einen Versuch der Generalisierung unternimmt Slomp (1992).

127 Normative Regulierungen der Arbeitszeiten sind in verschiedenen Ländern das typische Beispiel für diese Strategien (Treu 1989).

So wirkten ökonomische Trends (Arbeitsmarktentwicklungen und schneller technologischer Wandel) und politische Faktoren (Veränderung der politischen Mehrheiten) in dieselbe Richtung, nämlich hin auf eine Schwächung der gewerkschaftlichen (Verhandlungs-)Macht und auf eine Verringerung ihrer politischen Einflussmöglichkeiten. Beide Trends gehören nicht notwendigerweise zusammen, aber die Deregulierungsstrategien der Regierungen unterstützen und verstärken die Initiativen des Managements zu mehr Flexibilisierung. Die Arbeitgeberverbände versuchen recht erfolgreich, durch informelle und formelle Einflussnahme die Unterstützung der Regierungen für ihre Absichten zu gewinnen, was bei konservativen Mehrheiten in der Regel einfacher ist als bei sozialdemokratischen (Windmuller/Gladstone 1984). Wie wir anhand internationaler Vergleiche sehen, bewirken konkrete politische Strategien wesentliche Unterschiede (Traxler 2003a).

Auch ohne diese politischen Veränderungen wäre die Situation für die Gewerkschaften schwierig, aber insgesamt einfacher zu bewältigen. Die Gewerkschaften haben in der Regel auf der Branchen- und nationalen Ebene nicht mehr viel im politischen Tauschgeschäft als Gegenleistung anzubieten. Der wichtigste Grund ist die Tatsache, dass die andauernde Arbeitslosigkeit ihre Organisations- und Verhandlungsmacht in wichtigen Sektoren der Volkswirtschaft geschwächt hat.[128]

Gewerkschaften haben nicht viel Unterstützung von konservativen Regierungen zu erwarten, die einem starken formalen und informellen Einfluss von Gewerkschaften sowie jeder Art von Korporatismus mit politisch vermittelndem Interessenausgleich anstelle einer Regulierung über den Markt skeptisch gegenüberstehen. Stattdessen vertrauen diese Regierungen u. a. auf Privatisierungsmaßnahmen (einzelner Unternehmen oder auch ganzer Industriezweige), auf die Kräfte des „freien" Marktes sowie dessen „unsichtbare Hand" als Regulativ. Sie versuchen, die Arbeitsbeziehungen und – wie beispielsweise in Großbritannien[129] und den USA – die bestehenden Institutionen zu deregulieren, um die Produktivität und damit die eigene Position auf den umkämpften Weltmärkten zu verbessern. Häufig sind die formalen Verhandlungsstrukturen und sogar die informellen Kontakte sowie die anderen vermittelnden Tauschbeziehungen zwischen Regierungen und Gewerkschaften auf das absolute Minimum reduziert. Gedankenaustausch, Konsens und Partizipation der Gewerkschaften scheinen nicht mehr notwendig zu sein.

---

[128] Die Situation ist auf der Ebene des Einzelunternehmens anders, da dort integrative mikrokorporatistische Lösungen, sog. Produktivitätskoalitionen, an Bedeutung gewonnen haben (international vergleichend Windolf 1989a).

[129] „... the „ultra-restrictionist" legislation of the UK Government ... seeks to erode and marginalise trade union influence. The 1980s have seen successive Government attempts to sideline and weaken trade union influence and to confine their activity to a narrowly defined area of collective bargaining" (Cressey 1993, 102; zur aktuellen Entwicklung Dickens/Hall 2003).

Weiterhin beobachten wir seit den frühen 1980er Jahren eine Transformation der Wirtschafts- und Sozialpolitik von nachfrage- zu angebotsorientierten Politiken bzw. einen Paradigmenwechsel vom Keynesianismus zum Monetarismus, also in Richtung auf neo-konservative Strategien der Regulierung. Dieser wirtschaftspolitische Phasen- und Strategienwechsel markiert den Wendepunkt von neokorporatistischen hin zu stärker marktorientierten Politiken. Korporatistische Lösungen sind keine prinzipielle Frage eines strikten entweder-oder, sondern eine des mehr-oder-weniger. Diese an Marktprinzipien orientierten Formen einer Konfliktbeilegung werden zum aktuellen Ersatz für korporatistische Arrangements innerhalb eines neoliberalen Politikstils sowie einer erneuerten *laissez faire*-Politik.

Konservative Regierungen handeln nicht einheitlich; wir registrieren deutliche Unterschiede zwischen politischen Konzepten eines *rollback*.[130] Es bestehen enorme, vielleicht sogar wachsende, sich beschleunigende Unterschiede zwischen nationalen Strategien und Resultaten der Deregulierung und Deinstitutionalisierung. Einige Regierungen verfolgen eine Strategie der Schwächung der Gewerkschaften, andere handeln vorsichtiger. Diese „Varianz" spiegelt fundamentale Unterschiede innerhalb und zwischen den korporativen Akteuren, den politischen Voraussetzungen und Wahrnehmungen über die Stärke der Gewerkschaften und deren Einbindung (Adams 1989). Wir denken an *labour exclusion strategies* in Großbritannien[131] und *union avoidance* in den USA als ein Ende eines Kontinuums sowie an Österreich und die Bundesrepublik mit moderaten Veränderungen innerhalb des kollektiven und individuellen Arbeitsrechts und der Arbeitsbeziehungen als das andere Ende.

Politische Attacken auf Institutionen, d. h. Gewerkschaften, sowie auf deren formalisierte Rechte und Regeln sind „erfolgreicher" und weit reichender, wenn Gewerkschaften nicht hochgradig zentralisiert sind, d. h. nicht dem Organisationsprinzip der Industriegewerkschaft folgen, und wenn Regeln und Rechte nicht durch gesetzliche Vorkehrungen umfassend institutionalisiert sind, wenn also kein System von Beteiligungs- und Mitbestimmungsrechten vorhanden ist.

---

130 „The Thatcher regime in Britain is an extreme instance of a more general transformation: casting trade unions as scapegoats for economic decline, rejecting political exchange as a dangerous legitimation of distinctive working-class identity and interests, pursuing market discipline as an alternative and more potent mechanism for achieving moderation in the labour market ... In Germany, despite a right-wing regime, there is no "Kohlism" to parallel the experience of Thatcherism in Britain" (Hyman 1991, 625f.).

131 „Together, the British Government's labour market policies constituted a complex amalgam of deregulation and re-regulation. While the former subjected sections of the work force to the harsh realities of market discipline, while creating greater autonomy for employers, the latter, aimed primarily at trade unions, created a strengthened regulatory framework, severely constraining the countervailing powers of the labour movement. The combination, and functional interdependence, of strong state and free market was nowhere better displayed" (Rhodes 1991, 255; vgl. auch Dickens 1994; Crouch 2003).

Diese Unterschiede werden deutlich, wenn wir Großbritannien und die USA mit deutlichen Tendenzen der Destabilisierung und Erosion vergleichen mit der Bundesrepublik, Österreich und Schweden. Starke und hochgradig zentralisierte Gewerkschaften mit gesetzlich fixierten Rechten auf Partizipation und/oder Mitbestimmung sowie auf Kollektivverhandlungen sowohl auf der einzelbetrieblichen als auch der regionalen und nationalen Ebene scheinen besser gerüstet zu sein gegen fundamentale Änderungsversuche als dezentralisierte und schwache Organisationen mit weniger formal abgesicherten Rechten. „"Corporatism" has continued to be a focus on both economic and political research in the 1980s ... Recent work suggests an U-shape relationship between corporatism, liberalism and economic performance with performance being best in highly corporate and highly liberal countries, and with poorer performance by countries in between..." (Adams 1992, 498).

Die Mehrzahl der Beobachter geht davon aus, dass die Bedeutung korporatistischer Arrangements langfristig zurückgegangen sei (Streeck 2003; 2005). Demgegenüber argumentieren einige Kritiker (Traxler 2004), dass sich lediglich die Art – konkret die institutionellen Voraussetzungen einer freiwilligen Lohnmoderation auf der Basis von Koordination zentralisierter Verhandlungen – verändert habe und die „klassische" durch eine „schlanke" Form der Konzertierung abgelöst wurde. Eine Moderation der Löhne und Entgelte bleibt auch unter wechselnden politischen Vorzeichen und ökonomischen Regimen das Ziel jedweder Koordination. Die kollektiven Arbeitsbeziehungen bleiben erhalten auf der Basis eines neuartigen Kompromisses, der (in prozeduraler Sicht) aus einem Mix von Formen organisierter Dezentralisierung der Tarifverhandlungen sowie (in substantieller Sicht) der Verbindung von Makrokoordination und Mikroflexibilität besteht. „Under the Keynesian regime, it was designed as a counter-inflationary measure; in a supply-side context, it centres on lowering comparative labour costs and improving competitiveness" (Traxler 2003a, 148). Diese aktuelle Variante eines wettbewerbsorientierten, nicht mehr nachfrage- sondern nunmehr angebotsseitigen Korporatismus erlaubt Lohnzuwächse unterhalb der Schwelle des Produktivitätsfortschritts sowie zunehmende Lohndifferentiale und ist in Bezug auf ihre Leistungsfähigkeit der klassischen durchaus ebenbürtig.[132]

Das – weitgehend unerwartete – Auftreten von nationalen, tripartistischen „Sozialpakten" und Konzertierungsversuchen in einer Reihe von Ländern (u. a. Finnland, Irland, Italien, Niederlande) unter gänzlich veränderten makroökonomischen und politischen Vorzeichen (als Überblicke Fajertag/Pochet 1997; 2000; Lee et al. 2004) seit den späten 1980er Jahren ist prinzipiell mit dieser Argumentation vereinbar. In anderen Ländern sind derartige voraussetzungsvolle Versuche, korporative Formen der Interessenregulierung mit veränderter, d. h. erweiterter politischer Agenda (wie-

[132] „In recent years ... tripartism has come to focus more on working time flexibility and the promotion of part-time work than on previous concerns about inflation" (Katz 2005, 276).

der) zu institutionalisieren, bei unterschiedlichen Zusammensetzungen der Regierungen mehrfach gescheitert (u. a. Belgien, Schweden). Die prominenten deutschen Beispiele sind die Versuche, „Bündnisse für Arbeit" zu schließen (Hassel 2001; Schroeder 2001; Trampusch 2004).[133] Im internationalen Vergleich zeigt sich „an expanding variation in capitalist economies" (Lee et al. 2004, 221).

Eine weitere, seit den späten 1980er Jahren verfolgte, umfangreiche international-komparative, (polit-)ökonomische Diskussion bewegt sich zwischen den beiden skizzierten Regulierungsformen. Sie fragt nach der gesamtwirtschaftlichen Leistungsfähigkeit bzw. nach dem Zusammenhang von Institutionen des *collective bargaining* und ökonomischen Variablen (wie Entgelte, Erwerbstätigenquote, Arbeitslosenquote, Lohnstückkosten oder Inflationsrate als Indikatoren der Performanz). Der „klassische" Beitrag (Calmfors/Driffel 1988) behauptet einen U-förmigen Zusammenhang von Leistungsfähigkeit und Verhandlungsstrukturen (*hump shape*-Hypothese): Die komparativen Vorteile erzielen demnach dezentralisierte oder zentralisierte Systeme der Tarifverhandlungen, während sich bei einer Dominanz der sektoralen oder Mesoebene, also bei mittleren Zentralisierungsgraden, die Leistungsfähigkeit verschlechtert. Bei starker Dezentralisierung, d. h. bei betrieblichen Systemen, wirken die reinen Marktkräfte moderierend, bei hochgradiger Zentralisierung müssen die Verbände die makroökonomischen Folgewirkungen ihrer Handlungen (im Sinne möglicher externer Effekte) einkalkulieren; bei einem mittleren Zentralisierungsgrad hingegen besteht kein Anreiz zur Lohnmoderation. – Die politischen Folgerungen aus diesen Analysen waren schnell gezogen und liefen auf Forderungen nach weiterer Deregulierung, vor allem nach konsequenter Dezentralisierung sektoraler Verhandlungssysteme hinaus.

Aktuellere Beiträge kritisieren, dass die ursprüngliche Hypothese bei den Arbeitsmarktinstitutionen bzw. Strukturmerkmalen des Tarifsystems nur den Grad der Zentralisierung, nicht aber den ebenso wichtigen Grad der Koordination von Kollektiv, insbesondere Lohnverhandlungen berücksichtigt;[134] beide können im Prinzip unabhängig voneinander variieren (Soskice 1990; OECD 1997; 2004; Flanagan 1999; Kittel/Traxler 1999; Traxler et al. 2001; Aidt/Tzannatos 2002, Kittel 2003).[135]

---

133 Über die Gründe des Scheiterns kollektiver Problemlösungen besteht in der recht umfangreichen Literatur deutlicher Dissens; genannt werden u. a. institutionelle Gründe, organisationsstrukturelle Hindernisse, Partikular- und Eigeninteressen der Akteure sowie macht- und interessenpolitische Kalküle (zusammenfassend Trampusch 2004).

134 „To summarize ... unions are bad for jobs, but these bad jobs can be nullified if both the unions and the employers can coordinate their wage bargaining activities." (Nickell 1997, 68)

135 Die Ergebnisse hängen stark von der Untersuchungsperiode, der Länderauswahl sowie der Operationalisierung der Variablen ab.

Abb. 4.5: Vergleich zwischen Konzertierter Aktion und Bündnis für Arbeit

	Konzertierte Aktion	**Bündnis für Arbeit**
Ausgangsbedingungen	Vollbeschäftigungspolitik/ Inflationsbekämpfung	umfassende Krise des Sozialstaates
Strukturen (Teilnehmer, Arbeitsstruktur, etc.)	großer Teilnehmerkreis	kleiner Teilnehmerkreis
Politikfelder	Einkommenspolitik	Steuer-, Sozialversicherungs- und Arbeitsmarktpolitik
Rahmenbedingungen	nationalstaatliche Perspektive/ geringe Arbeitslosigkeit/ Inflationsangst und stabile Sozialversicherungssysteme	europäisch, globalisierte Perspektive/Dauer-/Massenarbeitslosigkeit/Krise der Sozialversicherungen
Wirtschafts- und sozialpolitische Leitideen	Dominanz keynesianischer Steuerungsvorstellungen/durch koordinierte Einkommenspolitik Inflationsdruck abbauen	Dominanz der Angebotspolitik/ differenzierte beschäftigungsorientierte Lohnpolitik
Rolle des Staates/Rolle der Verbände	Staat als Steuerungsinstanz anerkannt/intakte Verbände	Staat und Verbände angeschlagen
Autoritätsinstanz	Karl Schiller, Wirtschaftsminister	Gerhard Schröder, Bundeskanzleramt

Quelle: Schroeder 2001, 50.

Mit anderen Worten: Der Grad der Koordinierung der Verhandlungssysteme ist von Bedeutung für die Internalisierung von Externalitäten. Zu unterscheiden sind demnach verschiedene, empirisch feststellbare Modi der gesamtwirtschaftlichen Koordination (zwischenverbandlich, innerverbandlich, staatlich flankiert, Lohnführerschaft, autoritative Lohnfestsetzung); außerdem findet sich im internationalen Vergleich die unkoordinierte Variante. Die horizontal koordinierten Verhandlungssysteme erzielen keinesfalls schlechtere makroökonomische Ergebnisse (Wachstum, Beschäftigung, Preisstabilität). Der Staat als dritter korporativer Akteur, d. h. als Gesetzgeber, kann externe Durchsetzungshilfen (wie eine gesetzliche Friedenspflicht) zur Verfügung stellen, um die Regierbarkeit (*governability*) des Tarifsystems zu erhöhen.

4.6 Mikrokorporatismus – der Staat wird nicht überflüssig

Die tripartistischen makro-korporatistischen Pakte[136] auf nationaler und Branchenebene werden auf Ebene der Einzelunternehmen teilweise ersetzt durch bipartistische, sog. mikro-korporatistische Arrangements zwischen Arbeitgebern und Gewerkschaften oder Betriebsräten als deren funktionalen Äquivalenten in einigen Ländern. Dieser entweder erneuerte oder neue Modus der Mikro-Regulierung besteht aus primär kooperativ ausgerichteten *high trust-low conflict relations*, welche den Interessen beider Seiten, also von Arbeitgebern und Arbeitnehmern, gleichzeitig und wechselseitig dienen sollen (u. a. Beschäftigungssicherheit versus Produktivitätsgewinne und -zuwächse, Schließung versus erhöhte Flexibilität interner, firmenspezifischer Arbeitsmärkte).[137]

Diese Pakte und Übereinkommen schließen Aspekte eines integrativen *bargaining* (Walton/McKersie 1991) ein; sie sind ziemlich stabil und nur schwer aufzubrechen. Zumindest auf den ersten Blick scheinen diese relativ autonomen Mikro-Allianzen auch – oder gerade – ohne kontinuierliche staatliche Partizipation oder aktive Intervention lebensfähig zu sein, obwohl der Rahmen für ihre Existenz von staatlichen Agenturen erst geschaffen wurde. Dennoch gibt es Handlungsalternativen.

Diese syndikalistischen Entwicklungstendenzen können wir interpretieren als Dezentralisierung der Arbeitsbeziehungen in Richtung auf eine zunehmende Bedeutung der Unternehmens- bzw. Betriebs- im Verhältnis zur Branchenebene.[138] Die Entwicklung ist nicht nur, aber vor allem in den Ländern festzustellen, die in der Vergangenheit über hochgradig zentralisierte Systeme der Arbeitsbeziehungen verfügten.[139] Besonders die fortschreitende Internationalisierung der Ökonomien sowie die andauernden Prozesse der Einführung und Implementation neuer Technologien verstärken diese Tendenz, da spezifische und flexible Anpassungen auf der betrieblichen Ebene notwendig werden. In einigen westeuropäischen Ländern (u. a. in der

---

[136] Eine andere Position vertreten Lange et al. (1995).

[137] Typischerweise werden die negativen Folgen dieser kollektiven Handlungen externalisiert (durch hohe Eintrittsbarrieren des internen, firmenspezifischen Arbeitsmarktes sowie durch eine sich ausweitende Kluft zwischen Beschäftigten und Arbeitslosen). So entstehen nicht-intendierte Probleme auf der Makroebene, die aus den rationalen, kollektiven Handlungen auf der Mikroebene des Einzelunternehmens resultieren (steigende oder zumindest doch stagnierende Beschäftigungslosigkeit, zunehmende Segmentationsprozesse und/oder Dualisierung innerhalb und zwischen verschiedenen Arbeitsmärkten).

[138] Einen Überblick über aktuellere Entwicklungen in mehreren Ländern bietet Ozaki (1999, 67-88).

[139] Zu denken ist u. a. an die Kollektivverhandlungssysteme in der Bundesrepublik und in Österreich (vgl. auch Windolf 1989a).

Bundesrepublik) wird dieser Trend durch die zeitlich parallel verfolgte Politik einer Verkürzung der Wochenarbeitszeit stabilisiert und verstärkt, da diese eine zweite, dezentralisierte Verhandlungsrunde auf Betriebsebene notwendig macht.

Prognosen oder allgemeine Ausblicke auf Entwicklungstendenzen sind schwierig, vor allem in einer Periode grundsätzlicher Veränderungen und rapiden Wandels, von den strategischen Handlungsalternativen der korporativen Akteure ganz zu schweigen. Die Unterschiede innerhalb und zwischen den nationalen Arbeitsbeziehungen werden nicht verschwinden. In Zukunft wird der Staat vermutlich eine weniger dominierende Rolle als in der Vergangenheit spielen, als unter den Vorzeichen von Keynesianismus und Wohlfahrtsstaat die Regierungen aktiv und mehr oder weniger erfolgreich versuchten, wichtige Makro-Probleme zu bewältigen.

Was bedeuten diese Veränderungen für die zukünftige Forschung und Theoriebildung? Zuallererst müssen wir die Tatsache ernst nehmen, dass Systeme der Arbeitsbeziehungen drei korporative Akteure haben bzw. den Staat als autonome Institution einschließen. „The state has its own objectives, which are analytically unique and distinct from those of other institutions. The state, like other institutions in society, does not exist in a vacuum and interacts, or is involved in a conflict struggle, with the other institutions that constitute society“ (Dabschek 1983, 174).

Diese Tatsache schließt die Notwendigkeit ein, die zahlreichen staatlichen Aktivitäten sowohl auf der vertikalen, d. h. auf die anderen korporativen Akteure gerichtet, als auch auf der horizontalen Achse, d. h. zwischen staatlichen Agenturen, zu analysieren. Wir haben uns ausschließlich mit dem ersten Teil dieses Problems beschäftigt. Aber wir wissen fast nichts über die Interaktionen und Beziehungen zwischen nicht-uniformen, nicht-monolithischen staatlichen Agenturen bzw. über die Auswirkungen der (Arbeits-)Rechtssysteme in verschiedenen Ländern.

In den 1990er Jahren setzte sich die Einsicht durch (Treu 1992a; Crouch/Traxler 1995), dass im Gegensatz zu den in den 1980er Jahren präferierten neo-liberalen und neo-konservativen Positionen eine Koordinierung und soziale Konzertierung privater und staatlicher Aktivitäten auf den einzelnen Ebenen (Gesamtwirtschaft, Branche, Unternehmen) notwendig bleibt, d. h. nicht nur zu überlegenen sozialpolitischen, sondern auch zu besseren ökonomischen Ergebnissen führt (soziale Solidarität und ökonomische Effizienz) als strikte Deregulierung, pure Dezentralisierung und reine Flexibilisierung. Derartige Arrangements sind partizipativ-tripartistisch und „the objects of tripartite concertation may vary from the traditional distributive items centered around incomes policy to "productive" and organizational issues“ (Treu 1992b, 12).

Infolge der Prozesse der Deregulierung und Flexibilisierung wird die theoretische und empirische Analyse komplexer. Generalisierungen zwischen Sektoren eines nationalspezifischen Systems oder sogar zwischen nationalen Systemen der Arbeitsbeziehungen werden in Zukunft noch schwieriger. Von einer vielfach im Rahmen neoliberaler oder neokonservativer Analyse behaupteten, generellen institutionellen „Konvergenz" oder marktgesteuerten Homogenisierung nationaler Systeme der Arbeitsbeziehungen kann dennoch nicht die Rede sein; die international-komparativen Befunde stützen die Alternativhypothese und lassen „auf pfadabhängige Anpassungsprozesse und kontingente Leistungseffekte schließen" (Traxler 1998b, 235).[140] Die Institutionen des Arbeitsmarktes bleiben einflussreich für die Ergebnisse der Kollektivverhandlungen (wie Arbeitslosigkeit, Wachstum und Preisniveaustabilität) und bestimmten die *constraints and opportunities* der korporativen Akteure.

Last but not least ist hinzuweisen auf den seit den frühen 1990er Jahren zunehmenden Einfluss der Europäischen Union (EU) auf die Gestaltung der nationalen Arbeitsbeziehungen („soziale Dimension des Binnenmarktes" bzw. „europäisches Sozialmodell"). Durch Rahmenvorgaben, welche die Mitgliedsstaaten im Falle von Richtlinien umzusetzen haben und ansonsten implementieren können, ist die EU in der Lage, nicht nur die nationale, sondern auch die sektorale und betriebliche Ebene mehr oder weniger deutlich zu beeinflussen, wobei die Wirksamkeit durchaus zwischen einzelnen Mitgliedsländern schwanken kann.[141] Freilich kann von einer echten „Europäisierung" nicht gesprochen werden (vgl. im Einzelnen das Schlusskapitel).

---

[140] Im Rahmen des „varieties of capitalism"-Ansatzes wird die Konvergenzvermutung ebenfalls zurück gewiesen, indem die grundlegenden und zunehmenden Unterschiede zwischen koordinierten und liberalen Marktwirtschaften hervorgehoben werden (Thelen 2001).

[141] So ist in Großbritannien dieser Einfluss recht deutlich: „The regulation of working time, the reform of employee consultation procedures, improved rights for non-standard workers, and the introduction of statutory rights to parental leave are among the EU-driven developments in British employment law…" (Dickens/Hall 2003, 129)

Einführende Literatur

Armingeon,K. (1994), Staat und Arbeitsbeziehungen. Ein internationaler Vergleich, Opladen.

Crouch,C. (1993), Industrial relations and European state traditions, Oxford.

Schmidt,M.G.(Hg.) (1988), Staatstätigkeit. International und historisch vergleichende Analysen, Opladen.

Traxler,F./Blaschke,S./Kittel,B. (2001), National labour relations in internationalized markets. A comparative study of institutions, change, and performance, Oxford.

Treu,T.(Hg.) (1992), Participation in public policy-making: The role of trade unions and employers associations, Berlin-New York.

5 Mitbestimmung I: Betriebsebene

Nach der Vorstellung der drei korporativen Akteure der Arbeitspolitik in sozialstaatlichen Demokratien beschäftigen wir uns mit dem Interaktionsgeflecht zwischen diesen Akteuren. Typisch für die Arbeitsbeziehungen ist die Tatsache, dass ihre Politikfelder zumeist durch gesetzliche Vorgaben, also durch den Akteur Staat, geregelt werden; hinzu kommt eine umfangreiche Rechtsprechung der spezialisierten Arbeitsgerichte. Diese ausgeprägte Tendenz zur Verrechtlichung impliziert eine hochgradige Konfliktnormierung und Institutionalisierung der Interessenvertretung.[142] Dadurch wird einerseits für alle beteiligten Akteure ein verbindlicher Bezugsrahmen vorgegeben, andererseits Rechtssicherheit erzeugt. Internationale Vergleiche (Locke et al. 1995a, Ferner/Hyman 1998, Bamber et al. 2004) zeigen, dass auch andere Regelungsverfahren möglich sind (u. a. tarifvertragliche Abmachungen oder bloß informelle Vereinbarungen).

Unter Mitbestimmung (Mitb) verstehen wir im Folgenden im Sinne einer Nominaldefinition die institutionalisierten Partizipationsrechte von Arbeitnehmer(-vertretern) an unternehmerischen Willensbildungs- und Entscheidungsprozessen, also die strukturelle Begrenzung der unternehmerischen Dispositionsbefugnisse über die Arbeitskraft (vgl. zu neuen Formen der direkten Partizipation Kap. 5.4). „The system of works constitution is probably the most important characteristic of labour law in Germany. It has implications for virtually all aspects of individual and collective labour law" (Weiss/Schmidt 2000, 187). Zwischen Mitb auf Betriebs- und Unternehmensebene existiert eine strikte formale Trennung hinsichtlich der rechtlichen Regelungsinstrumente und korporativen Akteure; in der Realität bestehen personelle und funktionale Verbindungen, auf die wir im Einzelnen eingehen werden.[143]

---

[142] Im internationalen Vergleich gilt daher: „... the legal rights of German works councils have contributed to the relatively high degree of standardization in complaint resolution procedures and the structure of employee representation... the rights of works councils lead to less variation in the information employee representatives receive at either the plant or the company level." (Katz 2005, 270)

[143] Wir schließen aus Gründen der Klarheit der Präsentation Kollektivverhandlungen zunächst aus.

Wir beginnen aus didaktischen Gründen mit der betrieblichen Ebene, auf der die prinzipiell konfliktuellen Beziehungen, Interaktionen und gegenseitigen Abhängigkeiten zwischen Arbeitnehmern und Management („antagonistische Kooperation") traditionell durch spezielle Gesetze geregelt sind:

- Das Betriebsrätegesetz der Weimarer Republik von 1920 garantierte den Betriebsräten einige Mitentscheidungsrechte bei personellen und sozialen Angelegenheiten.[144]
- Das erste Betriebsverfassungsgesetz (im Folgenden BetrVG) für die Bundesrepublik wurde 1952 nach harten innenpolitischen Auseinandersetzungen unter der ersten Regierung Adenauer verabschiedet.[145]
- Das von der sozialdemokratisch-liberalen Koalition im Jahre 1972 verabschiedete BetrVG verbesserte die Rechtsstellung der Arbeitnehmervertreter und erweiterte ihre Beteiligungsrechte (Borgmann 1987).[146]
- Die christdemokratisch-liberale Koalition novellierte das BetrVG im Jahre 1988 (Keller 1998). Diese Änderung findet im Gegensatz zu den anderen in der aktuellen Diskussion und Literatur erstaunlicherweise kaum Beachtung.
- Schließlich novellierte die sozialdemokratisch-grüne Regierung das BetrVG nochmals 2001. Diese Novellierung vereinfacht und verkürzt die überaus komplizierten Wahlverfahren für kleine und mittelgroße Betriebe, erhöht die Anzahl der für die BR-Tätigkeit möglichen Freistellungen, welche von der Beschäftigtenzahl abhängt, verbessert die Einflussmöglichkeiten der BR bei einigen Gegenstandsbereichen (u. a. Beschäftigungssicherung, Umweltschutz, schafft die getrennten Wahlen für Arbeiter und Angestellte ab (sog. Gruppenprinzip) zugunsten gemeinsamer Wahlen und führt eine Gleichstellungsquote ein, um den Anteil weiblicher BR-Mitglieder zu erhöhen (zusammenfassend Wassermann 2002, Weiss 2002, Addison et al. 2004).

---

[144] „In welchem Maße dieses Betriebsrätegesetz von 1920 strukturbildend für die deutsche Betriebsverfassung bis heute geworden ist, lässt sich daran ablesen, dass bereits damals alle Grundprinzipien, die diese bis heute auszeichnen, im Kern angelegt sind" (Blanke 1995, 18).

[145] „In sum, the maturing of the relationship between central unions and works councils since World War II was accomplished in two phases. The first, a political defeat for labor in 1952, emphasized the independence of works councils from the unions. The second, a political victory two decades later, reemphasized their subordination to the unions, while bolstering their powers in the plant" (Thelen 1991, 65).

[146] „Erweiterte Mitbestimmungsrechte in sozialen und personellen Angelegenheiten, bessere Arbeitsgrundlagen für den Betriebsrat, mehr Informations- und Unterrichtungsrechte, ausgeprägtere Gestaltung der Schutzbestimmungen für den einzelnen Arbeitnehmer, aber auch eine umfassende Anerkennung der gewerkschaftlichen Präsenz im Betrieb und eine breitere Basis für die Tätigkeit der Jugendvertreter waren wesentliche Elemente der neuen Regelung, während die Mitspracherechte in wirtschaftlichen Fragen weiterhin relativ begrenzt blieben" (Lompe 1989, 195).

Die Geschichte der Mitb als Forderung nach institutioneller Vertretung von Arbeitnehmerinteressen lässt sich mindestens bis zur verfassungsgebenden Nationalversammlung der Frankfurter Paulskirche zurückverfolgen. Die betriebliche Mitb ist „die älteste konfliktregulierende Institution in der modernen Arbeitswelt, die stetig weiterentwickelt und neuen Anforderungen angepasst wurde“ (Kotthoff 1994, 338). Wir wollen uns nicht mit der Historie seit den Anfängen der Industrialisierung befassen (Nutzinger 1999), sondern uns auf die Zeit der Bundesrepublik, genauer auf das BetrVG von 1972 sowie die aktuelle Novellierung, konzentrieren.

Das BetrVG „zielt darauf ab, der Abhängigkeit der Arbeitnehmer im Betrieb entgegenzuwirken, ihren Freiheitsspielraum zu erweitern und den Arbeitsvollzug menschlicher zu gestalten“ (Neumann/Schaper 1998, 82). Das ordnungspolitische Leitprinzip ist eine Begrenzung einseitiger, strukturell bedingter Machtbefugnisse des Arbeitgebers, der *managerial prerogatives*, durch Institutionalisierung indirekt-repräsentativer, über Mandatsträger vermittelter und nicht direkt-individueller Mitwirkungsrechte der Arbeitnehmer bei wichtigen sozial- und wirtschaftspolitischen Entscheidungen.[147] Das Management wird durch die Verschiebung von unilateraler zu bilateraler Entscheidungsfindung zu einer Änderung seines Führungsstils veranlasst.

Die konkret-inhaltlichen Ausgestaltungen des BetrVG spiegeln die gesellschaftspolitischen Kontroversen bzw. politischen Macht- und Mehrheitsverhältnisse zum Zeitpunkt seiner Verabschiedung bzw. Novellierungen wider. In längeren Abständen werden aufgrund von realen Veränderungen der relevanten Umwelten (u. a. Internationalisierung, vor allem Europäisierung der Wirtschaft, Einführung neuer Arbeitsformen, Veränderungen der Produktionseinheit Betrieb) Anpassungen der getroffenen Regelungen notwendig (Gerum 1997); deren konkrete Ausgestaltungen bleiben jeweils politisch strittig (Wassermann 2002, 73ff.).[148]

---

[147] Eine Synopsis präsentiert Streeck (1984); Überblicke bieten Kirsch/Scholl (1983), Lompe (1989).

[148] Generell gilt: „... the works council system has not been changed fundamentally. One cannot speak of a change of paradigm. On the contrary, in a very incremental – perhaps much too cautious – way the works council system has been adapted to modern workplace realities“ (Weiss 2002, 263).

5.1 Strukturprinzipien und Gremien

Wichtige Strukturprinzipien und Gremien des BetrVG sind:

1. Der Betriebsrat (im folgenden BR) ist das alle vier Jahre[149] in allgemeiner, freier, gleicher, geheimer und unmittelbarer Wahl gewählte Repräsentationsorgan aller Arbeitnehmer (und nicht nur der Gewerkschaftsmitglieder). Der BR ist ein reines Repräsentationsorgan und nicht an Weisungen der Belegschaft gebunden. Er besteht im Gegensatz zu Interessenvertretungen in einigen anderen Ländern (u. a. Belgien, Dänemark, Frankreich) nur aus Vertretern der Arbeitnehmer. Das BetrVG konzipiert BR und Gewerkschaft als voneinander unabhängige Organisationen, was praktisch jedoch häufig von geringer Bedeutung ist (vgl. Kap. 5.3). Den im Betrieb vertretenen Gewerkschaften ist „zur Wahrnehmung der ... Aufgaben und Befugnisse ... nach Unterrichtung des Arbeitgebers ... Zugang zum Betrieb zu gewähren“ (§ 2).[150]

Der BR steht unter einem besonderen Kündigungsschutz (außerordentliche Kündigung in besonderen Fällen nach § 103), der ihn vor einem durch die BR-Tätigkeit bedingten Arbeitsplatzverlust schützt. Der Arbeitgeber muss für die materiellen Voraussetzungen der BR-Arbeit Sorge tragen (Umlageverbot gemäß § 41).[151]

2. Arbeitgeber und BR arbeiten laut Generalklausel des § 2 „vertrauensvoll ... zum Wohl der Arbeitnehmer und des Betriebes zusammen“. Diese Kooperationsmaxime als allgemeiner Handlungsrahmen impliziert u. a. ein Verbot der parteipolitischen Betätigung im Betrieb, womit das Grundrecht auf freie Meinungsäußerung begrenzt wird. Weiterhin darf der BR im Gegensatz zur Gewerkschaft, die über das Streikmonopol verfügt, keine Arbeitskämpfe führen: BR unterliegen einer absoluten Friedenspflicht, die jedwede Organisierung von Arbeitskämpfen aus- und die Verpflichtung zur Wahrung des Betriebsfriedens einschließt (§ 74).

---

[149] Die Amtszeit neu gewählter BR wurde immer länger. Sie betrug nach dem BetrVG von 1920 lediglich ein Jahr, nach dem BetrVG von 1952 bereits zwei Jahre, bei der ersten Novellierung 1972 wurde sie auf drei Jahre, bei der zweiten Novellierung 1988 schließlich auf vier Jahre verlängert.

[150] Falls in einem Unternehmen mehrere BR bestehen, kann ein Gesamt-BR gebildet werden (§ 47ff.), bei einer Unternehmensgruppe ein Konzern-BR (§ 54ff.). Über die Auswirkungen dieser häufig anzutreffenden, komplexen Strukturen auf die tägliche Arbeit der Interessenvertretung ist wenig bekannt (Behrens 2005a).

[151] Die nach demokratischen Grundprinzipien organisierten Wahlen fanden traditionell nach dem sog. Gruppenprinzip, d. h. nach Beschäftigtengruppen getrennt statt. Eine gemeinsame Wahl fand statt, wenn beide Gruppen dies vor der Wahl in getrennter und geheimer Abstimmung beschlossen hatten; Sonderinteressen der verschiedenen Gruppen werden dadurch weniger berücksichtigt. Im Rahmen der Novellierung 2001 wurde das Gruppenprinzip abgeschafft.

Der BR als wichtigste Institution des BetrVG ist durch diese Generalnormen festgelegt auf eine kooperative Politik der Interessenvertretung mit Kompromisscharakter bzw. auf schiedlich-friedliche Formen der Konfliktaustragung, gegebenenfalls unter Einschaltung dritter Stellen, d. h. der Einigungsstellen bzw. der Arbeitsgerichte.[152] Die Frage, ob der BR als zentrales Organ der Betriebsverfassung eher „Ordnungsfaktor“ oder mehr „Gegenmacht“ sein soll, ist damit von vornherein zugunsten einer Integration in das *managerial decision making* entschieden und faktisch als Handlungsgrundlage von den BR akzeptiert. Insofern bestehen in Bezug auf die Alternative „Integration vs. Konflikt“ wesentliche Unterschiede zu anderen, ausländischen Normierungen der Betriebsverfassung, etwa zu den britischen *shop stewards*, die häufig konfliktorientierte Strategien zur Interessenvertretung einsetzen.

3. In Kleinbetrieben mit weniger als fünf Beschäftigten bestehen keinerlei Mitb-Rechte. In allen Betrieben der Privatwirtschaft mit in der Regel mindestens fünf ständigen wahlberechtigten Arbeitnehmern, von denen drei wählbar sein müssen, können BR gewählt werden (§ 1). Die Wahl geschieht faktisch bei weitem nicht immer, da kein sog. Einrichtungszwang besteht.[153] Die Zahl der BR-Mitglieder steigt (allerdings unterproportional) mit der Zahl der beschäftigten Arbeitnehmer; ab 200 Beschäftigten muss die Firma eine bestimmte Anzahl von BR von ihrer Tätigkeit freistellen, wobei die Anzahl der Freistellungen mit der Anzahl der Arbeitnehmer wiederum unterproportional wächst (§ 38), d. h. die Höchstzahl der je BR-Mitglied zu vertretenden Arbeitnehmer nimmt mit der Betriebsgröße zu.[154]

Die Geltung des BetrVG ist bei Tendenzbetrieben, d. h. solchen, die „Zwecken der Berichterstattung oder Meinungsäußerung“ dienen (vor allem politische Parteien, Nachrichtenagenturen, Zeitungsverlage) und Religionsgemeinschaften sowie deren karitativen und erzieherischen Einrichtungen unbeschadet deren Rechtsform (Beyer/ Nutzinger 1991) eingeschränkt (§ 118). – Ebenfalls explizit ausgeschlossen bleibt der öffentliche Dienst, für den eigenständige, in wesentlichen Punkten dem BetrVG ähnliche Sonderregelungen in Form des Personalvertretungsgesetzes des Bundes (BPersVG) von 1974 bzw. 1989 (Altvater et al. 2004) sowie entsprechender Gesetze der Bundesländer (LPVG) für die Arbeiter, Angestellten und Beamten existieren.

---

[152] Diese betriebsverfassungsrechtliche Friedenspflicht steht Arbeitskampfmaßnahmen der Tarifvertragsparteien nicht entgegen. BR dürfen sich wie alle anderen Arbeitnehmer an legalen Streiks beteiligen, diese jedoch nicht von Amts wegen unterstützen oder organisieren.

[153] „Wir befinden uns hier gewissermaßen in der Unterwelt von Arbeitsrecht und Mitbestimmung, in der sozialpolitischen Schattenwirtschaft der Bundesrepublik Deutschland“ (Wassermann 1992, 12).

[154] Grundsätzlich sind die BR-Mitglieder unentgeltlich und damit ehrenamtlich tätig. Die laufenden Geschäfte führt im Allgemeinen der BR-Vorsitzende, der aus dem Kreis der BR gewählt wird. Bei Betrieben mit mindestens 201 wahlberechtigten Arbeitnehmern (dann hat der BR gem. § 9 mindestens 9 Mitglieder) wird ein Betriebsausschuss gebildet, der die Arbeit koordiniert (§ 27).

4. Der BR verfügt über gesetzlich genau vorgegebene und sorgsam abgestufte Rechte und Pflichten. Die Beteiligungsrechte lassen sich nach ihrer Intensität unterscheiden in echte, d. h. gleichberechtigte und erzwingbare Mitb und bloße Mitwirkung bzw. Information. Hinsichtlich des Gegenstandsbereichs unterscheiden wir personelle, soziale und wirtschaftliche Angelegenheiten. Die Mitbestimmungsrechte sind

- bei sozialen Angelegenheiten (§ 87) quantitativ und qualitativ vergleichsweise weitgehend (u. a. Fragen der Ordnung des Betriebes und des Verhaltens der Arbeitnehmer, Festlegung von Beginn und Ende der täglichen Arbeitszeit, vorübergehende Verkürzung oder Verlängerung der betriebsüblichen Arbeitszeit, Verteilung der Arbeitszeit auf die einzelnen Wochentage, Sozialeinrichtungen, Fragen der betrieblichen Lohngestaltung); Maßnahmen setzen eine Einigung zwischen BR und Arbeitgeber voraus (sog. erzwingbare Mitb-Rechte bzw. Kernstück der Beteiligungsrechte oder „Herzstück der Betriebsverfassung“ (Müller-Jentsch 1997, 269),
- bei personellen Angelegenheiten (§ 92ff.) schwächer ausgeprägt (vor allem bei der Gestaltung personalpolitischer Grundsätze und Richtlinien wie u. a. Personalplanung, Berufsbildung, innerbetriebliche Stellenausschreibung, Erstellung von Auswahlrichtlinien, Verwendung von Personalfragebogen, Aufstellung allgemeiner Beurteilungsgrundsätze sowie bei personellen Einzelmaßnahmen wie z. B. Kündigung, Versetzung oder Einstellung),
- bei wirtschaftlichen Angelegenheiten (§ 106ff.) recht eingeschränkt, d. h. auf Informations- und Unterrichtungsrechte bei den eigentlich unternehmerischen Entscheidungen reduziert (Unterrichtungsrechte über wirtschaftliche Angelegenheiten, jedoch Beteiligungsrechte bei Betriebsänderungen).

Als Prinzip gilt: Das BetrVG stellt ein System sozialpolitischer Schutz- und Kontrollmöglichkeiten zur Verfügung. Die Wirksamkeit der Mitb-Möglichkeiten des BR ist in nachgelagerten Bereichen hoch und nimmt ab, je stärker zentrale wirtschaftliche und unternehmenspolitische Entscheidungen tangiert werden. „Mit anderen Worten: Die Eingriffsmöglichkeiten und Beteiligungsrechte des Betriebsrats sind umso größer, je weiter sie von den strategischen Unternehmensentscheidungen (z. B. über Ziele und Inhalte der Produktion) entfernt sind“ (Müller-Jentsch 1997, 271).

Abb. 5.1: Die wichtigsten Beteiligungsrechte des Betriebsrates lt. BetrVG 2001

Gegenstand / Intensität	Soziale Angelegenheiten	personelle Angelegenheiten	wirtschaftliche Angelegenheiten
(erzwingbare) Mitbestimmungs-rechte	§ *87:* Beginn u. Ende der tgl. Arbeitszeit; Urlaubsgrundsätze/ Urlaubsplan; Lohngestaltung; Akkord- und Prämiensätze § *91:* menschen-gerechte Gestaltung der Arbeit (nach »gesicherten arbeits-wissenschaftlichen Erkenntnissen«)	§ *94:* Personal-fragebogen § *95:* Auswahl-richtlinien § *98:* Betriebliche Bildungsmaßnahmen	§ *112:* Sozialplan
Widerspruchsrechte		§ *99:* Einstellung/ Eingruppierung/ Umgruppierung/ Versetzung § *102:* Kündigung	
Mitwirkungsrechte (Informations-, Anhörungs-, Beratungsrechte)	§ *89:* Arbeitsschutz/ Unfallverhütung	§ *92:* Unterrichtung und Beratung über Personalplanung § *102:* Anhörung vor Kündigungen	§ *90:* Unterrichtung über Planung/ Beratung über Auswirkungen von Neu-, Um- und Er-weiterungsbauten; techn. Anlagen; Arbeitsverfahren/ Arbeitsabläufe; Arbeitsplätze § *106:* Wirtschafts-ausschuß § *111:* Unterrichtung bei Betriebs-änderungen

Quelle: *Müller-Jentsch 1997, 270; ähnlich 2007, 56.*

5. Die Einigungsstelle (§ 76) als innerbetriebliches Pendant zur tarifvertraglich vereinbarten Schlichtungsstelle (vgl. Kap. 7) ist ein eigenständiges, paritätisch besetztes Gremium unter Vorsitz eines Unparteiischen, dem eine Schlüsselrolle zukommt. Ihre Einrichtung ist notwendig, weil BR nicht über das Streikrecht verfügen. Die Einigungsstelle, die bei Bedarf oder als ständige Einrichtung durch Betriebsvereinbarung gebildet werden kann, verfolgt das Ziel der Beilegung innerbetrieblicher Meinungsverschiedenheiten. Auf jeden Fall werden Konflikte, die zwischen BR und Unternehmensleitung auftreten, durch institutionalisierte Formen der Konfliktaustragung ohne Arbeitskampfmaßnahmen für beide Seiten verbindlich geregelt. Die Arbeitsgerichte können prüfen, ob der Ermessensspielraum bei der Entscheidung eingehalten wurde. Die Beschlüsse sind unter bestimmten Voraussetzungen (z. B. erzwingbare Mitb-Rechte nach § 87) bindend und ersetzen die Einigung zwischen Arbeitgeber und BR.[155] Der Vorsitzende ist zumeist (Arbeits-)Richter.

In der Praxis wird die Einigungsstellen nur selten eingeschaltet: In der überwiegenden Mehrzahl aller Unternehmen wird sie nie angerufen. Mit steigender Betriebsgröße bzw. Mitarbeiterzahl nimmt die Häufigkeit der Anrufung zu, da die Themenpalette der Mitb-Praxis wächst (Knuth 1982). Die Gründe liegen im notwendigen Zeit- und Kostenaufwand sowie in der prinzipiellen Unsicherheit über den Ausgang des Verfahrens. Wenn kein kooperatives Verhältnis zwischen BR und Management besteht, nimmt die Wahrscheinlichkeit der Einschaltung ebenso zu wie bei mangelnder Bereitstellung von Informationen (Behrens 2006a, 2007). Alternativen zum Einsatz direkter Sanktionen sind häufig weitere, auch informelle Verhandlungen im Rahmen einer „Politik der kleinen Schritte". - Der Abschluss von Tarifverträgen mit flexibilisierten Arbeitszeiten seit Mitte der 1980er Jahre führt zur häufigeren Einschaltung dieser Einrichtung der Konfliktbearbeitung und -lösung; Gegenstand des Verfahrens sind Probleme von Betriebsvereinbarungen über die „Umsetzung" der Öffnungsklauseln der tarifvertraglich vereinbarten Rahmenregelungen zur Wochenarbeitszeitverkürzung auf die Betriebsebene (Oechsler et al. 1988, 847ff.).

6. Ein wichtiges Regelungsinstrument sind die (nach § 77) zwischen BR und Arbeitgeber abzuschließenden Betriebsvereinbarungen (im folgenden BV), die unmittelbar und zwingend für und gegen alle Betriebsangehörigen gelten (Weiss/Schmidt 2000, 205f.). Sie können sowohl betriebliche als auch betriebsverfassungsrechtliche Spezialprobleme regeln, dürfen aber grundsätzlich nicht höherrangiges Recht (z. B. tarifvertragliche Regelungen) verletzen (sog. absolute Sperrwirkung). Während Tarifverträge die überbetriebliche Ordnung der Arbeitsverhältnisse und des Arbeits-

[155] Vgl. zur Funktionsweise Knuth (1983); Oechsler/Schönfeld (1988); international-komparativ Owen-Smith et al. (1989, 64ff.).

friedens sichern, sollen die sie ergänzenden BV die betriebliche Ordnung garantieren; BV sind daher „die kleine Schwester [...] des Tarifvertrages“ (Hanau/Adomeit 2005, 108) bzw. als Tarifverträge im „Kleinformat“ anzusehen. Wir unterscheiden zwischen freiwilligen und erzwingbaren BV; letztere werden über die Einigungsstelle durchgesetzt und beziehen sich vor allem auf entsprechende Mitb-Rechte des BR.

Schon früh bestanden in 80% aller Betriebe mit mindestens 200 Arbeitnehmern BV, wobei „ein enger Zusammenhang zwischen Betriebs(rats)größe und dem Vorhandensein sowie der Anzahl von Betriebsvereinbarungen nachzuweisen war“ (Knuth 1982, 204); das vollständige Fehlen wird zumeist als Indikator für eine faktische Unwirksamkeit des BR interpretiert (Müller-Jentsch 1997, 288). Die BV beziehen sich vor allem auf Regelungsbereiche mit erzwingbaren Mitb-Rechten nach § 87 (Entlohnung, Arbeitszeit, Urlaub) sowie auf freiwillige BV zu sozialen Angelegenheiten (§ 88). Nur wenige BV regeln in gegenseitigem Einverständnis Konfliktgegenstände, bei denen keine Mitb-Rechte bestehen.

Die ursprünglich geringe Bedeutung der BV nimmt seit den 1980er Jahren infolge der Trends zu „Flexibilisierung“ und Dezentralisierung der Arbeitsbeziehungen bzw. Verbetrieblichung der Tarifpolitik (vgl. Kap. 7) quantitativ wie qualitativ deutlich zu; tarifvertraglich vereinbarte Öffnungsklauseln (vor allem zu Arbeitszeiten, Entlohnung bzw. Eingruppierung oder Fragen der Arbeitsorganisation) werden häufig durch BV konkretisiert bzw. angepasst. Aktuelle Studien belegen, dass die Haltung der Personalmanager zu BV, die sie als Instrument der Flexibilisierung und zur Durchsetzung eigener Interessen sehen, überwiegend positiv ist, aber mit der Wahrnehmung ihrer Beziehungen zum BR bzw. BR-Typs hinsichtlich Macht und Kooperationsbereitschaft deutlich variiert (Nienhüser/Hoßfeld 2004, Nienhüser 2005).

7. Die <u>Betriebsversammlung</u> als Versammlung aller Arbeitnehmer des Betriebes ist kein Handlungs-, sondern ein Informationsorgan ohne Weisungsrecht gegenüber dem BR. Themen können sein „Angelegenheiten einschließlich solcher tarifpolitischer, sozialpolitischer und wirtschaftlicher Art ..., die den Betrieb oder seine Arbeitnehmer unmittelbar betreffen“ (§ 45). Die Betriebsversammlung mit ihren Möglichkeiten eines breiten Informationsaustauschs findet in der Realität weitaus seltener statt als nach § 43 vorgeschrieben.[156] Die geringen Kontrollmöglichkeiten der Belegschaft werden weiter reduziert. Ähnliche Zusammenhänge gelten für Teil- bzw. Abteilungsversammlung gemäß § 45.

---

[156] „First, [...] only within 51.6% of the plants investigated, such assemblies take place regularly and quarterly as legally prescribed. In 46.5% of the cases (mainly smaller enterprises) they convene "according to need". Active participation furthermore is handicapped by the mass attendance of such assemblies and the wide range of subjects“ (Fürstenberg 1993, 56).

8. Die einzige im BetrVG vorgesehene Sondervertretung ist die Jugend- und Auszubildendenvertretung (§ 60-73), die gewählt wird, wenn mindestens fünf Auszubildende unter 25 Jahren beschäftigt sind. Diese Vertretung ist kein eigenständiger „Jugendbetriebsrat" mit autonomen Entscheidungsbefugnissen; sie nimmt die besonderen Interessen ihres nicht-wahlberechtigten Klientels (u. a. Maßnahmen der Berufsbildung, Überwachung der Einhaltung von Gesetzen wie Jugendarbeitsschutz, soziale Belange) gegenüber dem BR, nicht gegenüber dem Arbeitgeber wahr, so dass kaum Tendenzen der Verselbständigung auftreten können. Die Vertreter, die vom BR rechtzeitig und umfassend zu unterrichten sind, haben das Recht, an den Sitzungen des BR teilzunehmen, besonders wenn Belange der Jugendlichen behandelt werden. In der Praxis werden häufig keine Jugendvertretungen gewählt, obwohl alle Voraussetzungen erfüllt sind.[157]

9. Wirtschaftsausschüsse auf Unternehmensebene werden bei mehr als 100 ständig beschäftigten Arbeitnehmern als reine Gremien der Belegschaft gebildet. Sie haben einige Beratungs- und Informations-, jedoch keinerlei Mitb-Rechte bei wirtschaftlichen Angelegenheiten des Unternehmens (§ 106). Es handelt sich um reine Beratungs- und Unterrichtungsorgane, die in der Praxis vielfach nicht vorhanden sind. Sie dienen vor allem der Informationsvermittlung zwischen BR und Unternehmensleitung sowie dem BR als zentrales Gremium der Beschaffung von Informationen über die wirtschaftlichen Angelegenheiten des Betriebes.[158]

10. Sozialplanregelungen zum Ausgleich oder zur Milderung der wirtschaftlichen Nachteile der Arbeitnehmer bei Betriebsänderungen (u. a. Einschränkung und Stilllegung, Verlegung, bloße Personalreduzierung, Zusammenschluss gemäß § 111) können nach § 112 zwischen BR und Unternehmensleitung in Betriebsvereinbarungen getroffen werden, gegebenenfalls unter Einschaltung der Einigungsstelle und deren verbindlicher Entscheidung. Diese Form eines Interessenausgleichs vor allem durch materielle Kompensation bewährte sich vor allem bei Rationalisierungsmaßnahmen nicht nur in den traditionellen Krisenbranchen.[159]

---

[157] Auch die Sonderinteressen aller übrigen Beschäftigtengruppen (z. B. der Frauen, der ausländischen Arbeitnehmer, der Schwerbeschädigten) sollen vom BR wahrgenommen werden.

[158] Eine personelle Verknüpfung zwischen BR, Wirtschaftsausschuss und Aufsichtsrat erfolgt über gemeinsame Mitgliedschaften.

[159] Das Schwergewicht lag bei Abfindungszahlungen für ältere Arbeitnehmer (Adamy/Steffen 1985, 169-184). Einschränkungen wurden vor allem durch das „Gesetz über Sozialpläne im Konkurs- und Vergleichsverfahren" (1984) sowie durch das Beschäftigungsförderungsgesetz (1985) wirksam.

5.2 Die Praxis der Betriebsverfassung

Nach der knappen Darstellung der formal-juristischen Regelungen befassen wir uns mit dem informellen und tatsächlichen Verhalten der betrieblichen Akteure, das in aller Regel nicht mit den gesetzlich festgelegten Rechten und Pflichten identisch ist. Das BetrVG gibt lediglich einen weit gefassten, formalrechtlichen Rahmen vor, der den individuellen und korporativen Akteuren erhebliche Spielräume zur konkreten Ausgestaltung ihrer Interaktionen bzw. Arbeitsbeziehungen auf betrieblicher Ebene lässt (*de iure*- vs. *de facto*-Partizipation).[160] Vor allem über den BR und seine Handlungen, weniger hingegen über Handlungsoptionen des Managements, liegen zahlreiche empirische Analysen vor; die Mehrzahl vor allem der älteren Arbeiten kann allerdings aufgrund begrenzter Fallzahlen und Konzentration auf bestimmte Größenklassen von Unternehmen und/oder Industriezweige nicht beanspruchen, repräsentativ für den Geltungsbereich des BetrVG zu sein.[161]

Diese Studien verdeutlichen eine enorme Variationsbreite vor allem der informellen Aktivitäten bzw. zeigen den deutlichen Kontrast zwischen Gesetzesnorm und Wirklichkeit. Das BetrVG ist in seiner Funktion als stabilisierende und konfliktreduzierende Grundlage der betrieblichen Arbeitsbeziehungen von den Beschäftigten weitestgehend akzeptiert. Die Akteure der betrieblichen Ebene bzw. die innerbetrieblichen Arbeitsbeziehungen gewinnen im andauernden Strukturwandel, der durch Tendenzen der Dezentralisierung von Regelungskompetenz sowie durch Prozesse der „Verbetrieblichung" gekennzeichnet – ist, erheblich an Bedeutung (Trinczek 1989).

1. Zum einen ist – wie schon erwähnt – der sachliche Geltungsbereich bereits gesetzlich reduziert, indem bestimmte, relativ umfangreiche Bereiche explizit ausgenommen werden (Kleinbetriebe mit bis zu fünf abhängig Beschäftigten, Religionsgemeinschaften sowie deren karitative und erzieherische Einrichtungen, Tendenzbetriebe sowie der öffentliche Dienst). Zum anderen ist die volle Geltung faktisch eingeschränkt: Das BetrVG formuliert keinen Einrichtungszwang, d. h. es schreibt die Wahl eines BR nicht zwingend vor bzw. sieht keine Sanktionen vor. „... but obviously employees who do not establish a works council voluntarily abandon all the rights invested in the works council by law" (Weiss/Schmidt 2000, 189). Zahlreiche, vor allem kleinere und mittlere Firmen außerhalb der industriellen Ballungsräume haben keinen BR, obwohl sie alle nach dem BetrVG notwendigen Voraussetzungen

[160] „In the Federal Republic of Germany, as in any other country, the formal industrial relations system as defined in law and agreements is paralleled by an informal system reflecting actual practice, which is often remote from the legal and conceptual structure" (Schregle 1989, 107).

[161] Eine „klassische" Studie ist Kotthoff (1981); zusammenfassend Borgmann (1987); Kißler (1992).

erfüllen.[162] Nach Schätzungen von Gewerkschaften trifft dieser Sachverhalt sog. betriebsratsfähiger Betriebe ohne BR auf etwa jedes zehnte Unternehmen zu.

Seit den frühen/mittleren 1990er Jahren setzten sich als Indikatoren zur Beschreibung der Arbeitsbeziehungen sowohl auf betrieblicher als auch auf überbetrieblicher Ebene sog. Deckungsraten durch (vgl. auch Kap. 7). Sie geben an, wie hoch entweder der Anteil der Betriebe oder ihrer Beschäftigten ist, für die eine Interessenvertretung durch Betriebsräte bzw. Gewerkschaften tatsächlich besteht.[163] Die betrieblichen Deckungsraten sind seit den mittleren 1990er Jahren stabil, während die tariflichen abgenommen haben.[164]

Die wichtigste Determinante der quantitativen Reichweite ist die Unternehmensgröße, d. h. die Wahrscheinlichkeit der Existenz eines BR nimmt mit der Beschäftigtenzahl zu; weiterhin steigt sie u. a. mit dem Alter des Betriebes und dem Status als Filialbetrieb; die Wahrscheinlichkeit sinkt mit einem hohen Frauen- sowie Teilzeitbeschäftigtenanteil. Erhebliche Differenzen bestehen zwischen Branchen: Überdurchschnittlich hoch sind die Deckungsraten in der Wasserwirtschaft sowie bei Banken und Versicherungen, deutlich unterdurchschnittlich hingegen im Handel, den übrigen privaten Dienstleistungssektoren sowie in der Bauindustrie. Die Deckungsraten sind im Osten niedriger als im Westen (Ellguth 2003).[165] – Betriebliche und tarifliche Deckungsraten können auseinander fallen.

Insgesamt greifen die Regelungen des BetrVG zur kollektiven Interessenvertretung nur in einer Minderheit der Privatunternehmen, die ca. die Hälfte der Arbeitnehmer beschäftigten (Frick/Sadowski 1995). Vor allem in Betrieben mit weniger als 100 Arbeitnehmern gibt es überproportional häufig keinen BR, obwohl das BetrVG seine Bildung ermöglicht (empirisch zu „mitbestimmungsfreien Zonen" Ellguth 2005).

---

[162] Weiterhin ist zu berücksichtigen, dass bei Existenz eines BR die Interessenvertretung prekär sein kann. Vgl. zu den in der Forschung vernachlässigten Klein- und Mittelbetrieben, in denen Mitb nach wie vor ein „Randphänomen" darstellt (Wassermann 1992, Schlömer et al. 2007). Von Bedeutung sind eine positive Einstellung von Geschäftsführer oder Eigentümer, am skeptischsten sind Familienunternehmen. Andere Vertretungsformen (runde Tische) können die Mitb übernehmen.

[163] Damit ist freilich noch keine Aussage über Effektivität und Effizienz dieser Vertretung getroffen sondern lediglich ihre formale Existenz registriert.

[164] Über den Zeitraum seit Mitte der 1990er Jahre liegen dank der Erhebungen des IAB Paneldaten vor. Für frühere Zeiträume verfügen wir nur über kursorische Evidenz (Armingeon 1988a, 118; Bertelsmann-Stiftung/Hans-Böckler-Stiftung 1998, 52ff.; Wassermann 2002, 74ff.).

[165] Vgl. zur Sondersituation der nicht näher behandelten *new economy* Boes/Baukrowitz (2002); Helfen (2005).

Abb. 5.2: Betriebe bzw. Beschäftigte in Betrieben mit Betriebsrat 1993-2006 in %

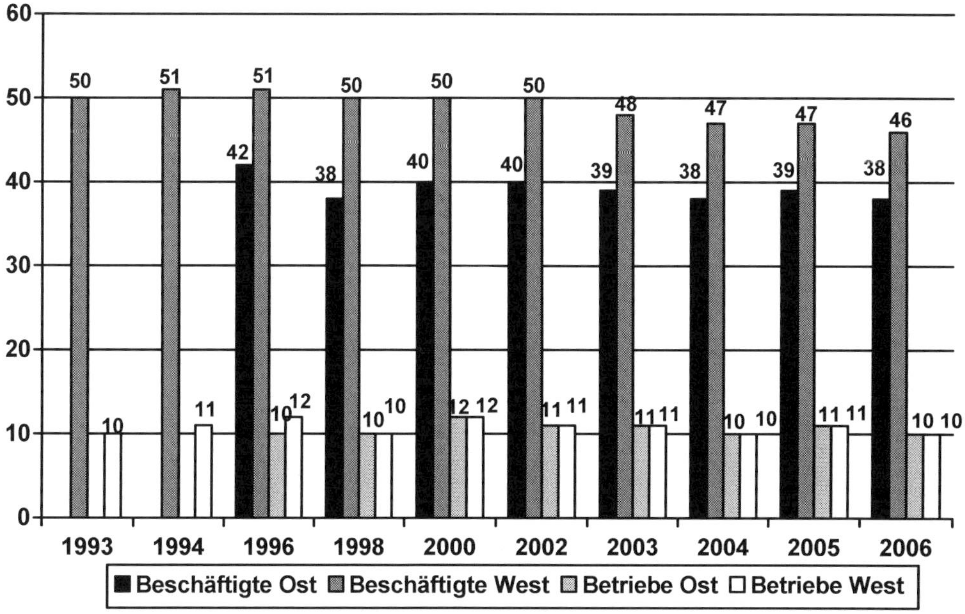

Quelle: Eigene Darstellung nach Ellguth/Kohaut 2007.

Abb. 5.3: Betriebsrat und andere Form der Mitarbeitervertretung nach Betriebsgröße

Anteile in %	Betriebsgrößenklassen 5 bis 50 Besch.	51 bis 100 Besch.	101 bis 199 Besch.	200 bis 500 Besch.	501 u.m. Besch.	Insgesamt (ab 5 Besch.)
			Westdeutschland			
Betriebe mit BR	7	43	66	79	89	11
Betriebe mit anderer MA-Vertretung	11	13	9	13	15	11
Beschäftigte mit BR	12	45	67	81	92	47
Beschäftigte mit anderer MA-Vertretung	13	13	9	13	16	13
			Ostdeutschland			
Betriebe mit BR	7	44	61	79	86	11
Betriebe mit anderer MA-Vertretung	5	8	12	9	15	5
Beschäftigte mit BR	12	46	62	77	89	39
Beschäftigte mit anderer MA-Vertretung	6	8	13	9	16	8

Quelle: Ellguth 2007, 156.

Diese erheblichen Lücken in den Deckungsraten haben weit reichende Folgen: „Das Zusammenspiel zwischen Tarifvertrag und Mitbestimmung bedarf für seine Wirksamkeit *funktionierender betrieblicher Interessenvertretungen.* In dem Maße, wie ein flexiblerer Flächentarif Regulierungsfunktionen auf die Betriebsparteien überträgt, gefährdet insbesondere die geringe Verbreitung von Betriebsräten in Klein- und Mittelunternehmen auch die Reform des Tarifvertragswesens und damit die Funktionsfähigkeit des dualen Systems der industriellen Beziehungen insgesamt.“ (Bertelsmann-Stiftung/Hans-Böckler-Stiftung 1998, 15; Hervorhebung im Original)

2. Der BR steht infolge der rechtlichen Rahmenvorgaben für sein Handeln „... in einem sozialen Spannungsfeld zwischen Wählerschaft, Betriebsleitung und Gewerkschaft ...“ (Fürstenberg 1975, 113); er kann als vermittelnde Instanz zwischen den Interessen der Beschäftigten auf der einen und denen der Unternehmensleitung auf der anderen Seite angesehen werden. Generell beobachten wir seit langem neben einer Bürokratisierung (u. a. mit der Existenz eines Verwaltungsapparats) vor allem eine im BetrVG implizit angelegte Professionalisierung der BR-Arbeit mit Arbeitsteilung und Spezialisierung, die besonders in Großbetrieben weit fortgeschritten ist.

Diese hochgradige Professionalisierung kann einerseits vor allem in großen Unternehmen zur „Entfremdung“ zwischen BR und Belegschaft bzw. zu Problemen innerhalb des repräsentativen Systems der Interessenvertretung führen, das nur ein freies, aber kein imperatives Mandat kennt und deswegen demokratische Kontrolle vor allem über Wahlen ausüben lässt. Andererseits ist ein gewisser Grad an Professionalisierung allein durch die Aneignung der für eine erfolgreiche Tätigkeit notwendigen Fachkenntnisse bedingt: Eine effektive Wahrnehmung der Mitb-Rechte setzt notwendigerweise Sachwissen und Vertrautheit mit der komplizierten Rechtsmaterie voraus. Auch sprachliche Ausdrucksfähigkeit ist ein zentrales Mittel in den Verhandlungen mit der entsprechend qualifizierten Unternehmensleitung.

3. Der BR-Vorsitzende ist nach den Buchstaben des Gesetzes (§ 26) zwar vom BR als repräsentativem Kollektivorgan und dessen Mehrheitsbeschlüssen abhängig. Faktisch ist jedoch häufig eine Machtkonzentration in der Person des Vorsitzenden festzustellen, der der bevorzugte Ansprech- bzw. Interaktionspartner der Geschäftsleitung ist; er verfügt u. a. aufgrund seines Informations- und Wissensvorsprungs infolge der Mitgliedschaft in verschiedenen Gremien eine dominierende Position bei den *Bargaining*- bzw. Politikformulierungsprozessen innerhalb des BR. In großen Unternehmen ist der BR-Vorsitzende häufig zugleich Arbeitnehmervertreter im Aufsichtsrat und damit Akteur der Unternehmensmitbestimmung (vgl. im Einzelnen Kap. 6). In den 1990er Jahren zeichnete sich „ein verstärkter Generationenwechsel ab. Der Generationenwechsel ist weit mehr als eine personelle Wachablösung und

ist in vielen Fällen auch von einer Änderung des Arbeitsstils (Arbeit im Team) und des Politikverständnisses (Partizipationsorientierung, Integration der verschiedenen Beschäftigtengruppen usw.) begleitet (Leminsky 1998, 241-242).

Die Beteiligung an den BR-Wahlen liegt regelmäßig bei fast 80%, woraus eine hohe Priorität bei den Arbeitnehmern deutlich wird. An dieser hohen Partizipationsrate haben weder Rezessionen noch die andauernde Arbeitslosigkeit etwas geändert. Die in den 1970er Jahren zugunsten der Arbeiter bestehende Differenz in der Wahlbeteiligung haben die Angestellten inzwischen weitgehend geschlossen.[166] Aus dieser hohen Wahlbeteiligung, die mit zunehmender Betriebsgröße relativ abnimmt, kann gefolgert werden, dass die überwiegende Mehrheit der Arbeitnehmer die betriebliche Mitbestimmung für notwendig und wichtig hält.

Mehrfache Wiederwahl von BR-Mitgliedern ist häufig, wobei der Anteil mit der Betriebsgröße zunimmt: Bei den Vorsitzenden liegt diese Quote höher als bei den Mitgliedern (Niedenhoff 2002, 13f.). Diese „Konstanz des Mandats“ zeigt sich auch darin, dass der Grund des Ausscheidens häufig das Erreichen der Altersgrenze und nicht Abwahl ist; Kampfabstimmungen finden sehr selten statt. – Diese Relationen von Neu- und Wiederwahl sind in langfristiger Perspektive relativ konstant.[167] Seit den späten 1980er Jahren nimmt die Fluktuation in den BR zu, wobei deutliche Unterschiede zwischen Branchen und Betriebsgrößen bestehen (Leminsky 1998, 242f.)

Ein Indikator für die Bindung von betrieblicher Interessenvertretung und Gewerkschaft ist der Organisationsgrad. Etwa 60% der BR und ca. 70% der BR-Vorsitzenden sind in DGB-Gewerkschaften organisiert (vgl. zu den Konsequenzen im Einzelnen Kap. 5.3). Anders formuliert: Ungefähr 40% der BR und ca. 30% der BR-Vorsitzenden sind gewerkschaftlich nicht organisiert. In langfristiger Perspektive nimmt der Anteil der Gewerkschaftsmitglieder allmählich ab, der der unorganisierten Mandatsträger folglich zu (Wassermann 2002, 52f.). Aller Erfahrung nach tritt ein gewisser, nicht unerheblicher Teil der bei ihrer Wahl nicht-organisierten BR während ihrer Amtszeit einer Gewerkschaft bei (Rudolph/Wassermann 2007).[168] Allerdings verdecken diese hoch aggregierten Daten erhebliche Unterschiede zwischen Branchen.

---

166 Unterschiede zwischen alten und neuen Bundesländern sind durchweg minimal; gleiches gilt für Listen- oder Persönlicheitswahl.

167 Vor allem in den 1970er Jahren haben oppositionelle Gewerkschaftsgruppen in Großbetrieben (u. a. Automobil, Chemie, Stahl- und Werftindustrie) eigene Listen aufgestellt – und Wahlerfolge erzielt.

168 „Splittergruppen oder parteipolitisch motivierte Gruppen hatten in den Betriebsräten keine Chancen [...]“ (Niedenhoff 2002, 7).

Zur folgenden Tabelle ist anzumerken: Seit vielen Jahren analysieren sowohl der DGB als auch das Institut der deutschen Wirtschaft (IW) die Ergebnisse von BR-Wahlen. Die vom DGB genutzte Stichprobe schloss alle Betriebe aus, in denen DGB-Gewerkschaften nicht vertreten waren. Daher waren in den Veröffentlichungen die Angaben über die Organisationsgrade in DGB-Gewerkschaften in der Regel überhöht bzw. die zur Mitgliedschaft in anderen Gewerkschaften sowie zu Unorganisierten niedriger als in den Analysen des IW. Seit 1998 veröffentlicht der DGB keine gewerkschaftsübergreifenden Ergebnisse mehr; seitdem nimmt das Büro für Sozialforschung die Auswertung („Trendreports Betriebsrätewahlen") auf Basis von Betrieben im Organisationsbereich der vier größten Einzelgewerkschaften vor (IG Metall, ver.di, IG BAU, IG BCE) und macht Aussagen zu Entwicklungstrends. Die Tabelle enthält – in Ermangelung repräsentativer Erhebungen bzw. amtlicher Statistiken – die vom IW erhobenen Daten, wodurch Unternehmen überrepräsentiert werden, die Mitglied von Arbeitgeberverbänden sind. – Jenseits der Ergebnisse von BR-Wahlen informieren seit Ende der 1990er Jahre vor allem mehrere, breit angelegte Befragungen des WSI über ausgewählte Handlungsfelder und Probleme von BR und Personalräten (Schäfer 2001; 2003; 2005).

4. Weltz (1977) analysierte Mitte der 1970er Jahre ausgewählte Großbetriebe, in denen technisch-organisatorische Veränderungen durchgeführt worden waren, die allerdings nicht zu Entlassungen geführt hatten. Er fragte nach den Typen bzw. Stilen der Verarbeitungsprozesse durch Management und BR. Zentrale Elemente des vorherrschenden kooperativen Stils der Konfliktverarbeitung zwischen offener Konfrontation und Konfliktverdrängung sind u. a.

- Vermeidung harter und offener Konfrontation,
- hohe Kompromissbereitschaft auf beiden Seiten,
- Verzicht auf die Vertretung maximalistischer Positionen,
- Anerkennung divergierender Interessen,
- Existenz eines Systems inoffizieller betrieblicher Spielregeln als Ausgestaltung der Regelungen des BetrVG bei der Konfliktbewältigung ohne Einschaltung externer Organisationen,
- Anerkennung eines gemeinsamen Betriebsinteresses von beiden Seiten als handlungsleitender, übergeordneter Rahmen.

Eine „antizipatorische Konfliktreduzierung" bewirkt, dass sich anbahnende Konflikte bereits im Vorfeld erkannt und im Rahmen der fortlaufenden intensiven informellen Kontakte zwischen BR und Unternehmensleitung frühzeitig angegangen werden. Als dominante Form der Zusammenarbeit innerhalb der untersuchten Großbetriebe wird die kooperative Konfliktverarbeitung innerhalb eines „Systems wechselseitiger Abhängigkeiten" mit Sanktions- und Gratifikationsmitteln auf beiden Seiten praktiziert. Dadurch werden Management und BR gestärkt sowie die Autonomie gegenüber außerbetrieblichen Einflüssen vor allem der Gewerkschaft erhöht.

Abb. 5.4: Gesamtergebnisse der Betriebsratswahlen 1975-2006

		1975	1978	1981	1984	1987	1990	1994	1998	2002	2006
Wahlbeteiligung	Arbeiter	82,6	81,9	79,9	82,6	82,5	79,1	78,8	64,6	77,9	74,4
	Angestellte	72,7	80,8	79,3	82,5	83,6	75,9	76,6	68,4		
Wiederwahl	BR-Mitglied	72,3	72,8	65,6	70,3	68,4	68,4	67,1	67,9	61,2	66,3
	BR-Vorsitzender	69,9	75,9	75,4	73,1	71,5	72,2	71,1	71,2	70,0	70,5
Neuwahl	BR-Mitglied	27,8	27,2	34,3	29,7	31,6	31,6	32,9	32,1	38,8	33,7
	BR-Vorsitzender	30,1	24,1	24,6	26,9	29,4	27,8	28,9	28,8	30,0	29,5
Organisationsgrad											
DGB	BR-Mitglied	67,9	58,6	63,2	63,9	65,4	69,3	66,7	61,9	57,8	48,7
	BR-Vorsitzender	78,8	71,4	79,9	75,1	74,8	78,4	74,7	73,2	68,1	56,1
DAG	BR-Mitglied	10,4	14,6	8,5	8,9	5,6	4,0	4,3	3,2	-	-
	BR-Vorsitzender	2,6	14,4	5,2	6,8	3,6	3,8	4,5	3,0	-	-
CGB	BR-Mitglied	2,6	0,7	3,7	0,8	1,0	1,0	1,6	0,5	0,5	0,8
	BR-Vorsitzender	0,0	0,1	0,5	0,1	0,3	0,5	0,2	0,4	0,2	0,1
Sonstige	BR-Mitglied	1,6	2,8	1,3	1,0	0,5	0,6	0,9	1,1	1,0	3,0
	BR-Vorsitzender	0,6	0,7	3,9	0,9	1,2	0,8	0,8	1,5	0,4	1,1
Gewerkschaftlich nicht organisiert	BR-Mitglied	17,5	23,3	23,3	25,4	27,5	25,2	26,5	33,3	40,7	47,5
	BR-Vorsitzender	1,5	13,1	13,1	17,0	20,1	16,6	19,8	21,9	31,3	42,7
AUB oder ihr nahe stehende Listen in Bezug zu den Nichtorganisierten	BR-Mitglied	-	-	-	-	-	-	-	-	8,8	19,8
	BR-Vorsitzender	-	-	-	-	-	-	-	-	9,0	9,7

Quelle: *Niedenhoff 2007, 12.*

Kotthoff (1980; 1981; 1985) unterscheidet in seiner „klassischen" Untersuchung von Betrieben verschiedener Größenordnung in der südbadischen Industrieregion sechs recht unterschiedliche BR-Typen als Beziehungs- und Interaktionstypen bzw. eine Bandbreite von Partizipationsformen:

- Der respektierte, zwiespältige BR als Ordnungsfaktor kommt in Großbetrieben (Kapitalgesellschaften) vor und stellt das bedeutendste Muster dar. Er wird zwar vom Management als autonome Interessenvertretung akzeptiert und an der Entscheidungsfindung beteiligt; das Alleinentscheidungsrecht verbleibt aber beim Management.
- Der respektierte, standfeste BR findet sich in größeren Mittelbetrieben. Er erweist sich bei durchaus offenen Formen der Konfliktaustragung als klare Interessenvertretung, die das vorgegebene Recht vollständig zur Durchsetzung ihrer Vorstellungen nutzt (hohe Vertretungswirklichkeit).
- Der BR als kooperative Gegenmacht findet sich nur höchst selten (in einem Großbetrieb): Er ist als konsequente Gegenmacht so stark, dass Entscheidungen – auch über die Bestimmungen des BetrVG hinaus – nur mit ihm getroffen werden. Typisch sind hohe Vertretungskompetenz des gesamten BR, offene Konfliktbeziehung zur Geschäftsleitung, intensive Kommunikation zwischen BR und Belegschaft sowie gewerkschaftlichen Vertrauensleuten.
- Der BR als Organ der Geschäftsleitung: Dieser BR, der in Mittel- und Kleinbetrieben vorkommt, ist unselbständig und nicht als eigenständige Interessenvertretung akzeptiert; bei einer patriarchalisch-traditionalen Herrschaftsform bzw. Geschäftsführung besteht häufig eine über Privilegien gestützte enge Bindung des BR-Vorsitzenden an die Geschäftsführung.
- Der isolierte BR kommt vor allem in mittelgroßen Betrieben vor. Er verfügt bei formalrechtlicher Stabilität weder über ausgebaute Kontakte zu Gewerkschaften noch zur Geschäftsleitung; Misstrauen und Repression dominieren bei einem autoritären Führungsstil.
- Der ignorierte BR findet sich in Kleinbetrieben mit hohem Facharbeiteranteil. Der Betriebsleiter ignoriert ihn und löst die auftretenden Probleme ohne ihn direkt mit der Belegschaft; der Gewerkschaftseinfluss ist bei einem hohen Organisationsgrad gering.[169]

---

[169] Eine andere Typologie unterscheidet drei unterschiedliche Beziehungsgefüge: Der BR als verlängerter Arm der Gewerkschaft („Verschmelzung"); die Gewerkschaft als Helfer, aber auch Antreiber des BR in allen Lebenslagen („Verschränkung"); die Gewerkschaft als Service-Abteilung für den BR („Entkoppelung") (Schmidt/Trinczek 1993). Eine weiterführende Typologie der Interaktionsmuster entwickeln Bosch et al. (1999). Eine von diesen Arbeiten unabhängige Typologie (*social partnership, politicized legalism, depoliticized legalism*) findet sich bei Thelen (1991, 126ff.). Vgl. zur weiter gehenden Frage, wie sich der BR „als Organisation in der Organisation" verhält Minssen/Riese (2007).

Das zentrale Ergebnis dieser Mitte der 1970er Jahre durchgeführten Studie lautete, dass ca. zwei Drittel der untersuchten Betriebe über keinen effizienten und vertretungswirksamen, d. h. sowohl konflikt- als auch kooperationsfähigen BR verfügten; nur ca. ein Drittel kannte eine wirksame Form der Interessenvertretung. Drei der sechs Varianten weisen defiziente, drei vertretungswirksame Formen der Mitb auf.

Eine 15 Jahre später in denselben Betrieben durchgeführte Folgestudie (Kotthoff 1994; 1995a) geht den Wandlungs- bzw. Kontinuitätsmustern nach und zeigt, dass Wandel dominiert. „In zwei Drittel der Untersuchungsbetriebe haben deutliche Veränderungen der betrieblichen Interessenvertretung stattgefunden. Die größte Überraschung ist, dass etwas mehr als die Hälfte der Betriebe, die damals eine defiziente Partizipationsstruktur hatten, heute eine vertretungswirksame haben“ (Kotthoff 1994, 15f., ähnlich 39). Die Relation von effizienter und defizienter Interessenvertretung hat sich genau umgekehrt, was in Anbetracht der zwischenzeitlich eingetretenen deutlichen Veränderungen der Rahmenbedingungen (u. a. Personalabbau, technisch-organisatorische Modernisierung, Wandel der betrieblichen Leistungspolitik) ganz und gar nicht zu erwarten war. Die Akzeptanz des BR seitens der Unternehmensleitungen ist bei der „Entwicklung von einer autokratischen Sozialordnung zum betrieblichen Bürgerstatus“ (ebd., 161) also deutlich gestiegen; innerhalb einer veränderten betrieblichen Herrschaftsstruktur sind die ehemals eher ideologisch geprägten Diskussionen sachlicher geworden, der BR als autonom-gleichwertiges Vertretungsorgan anerkannt. Aus strategischer Perspektive sind die treibenden Akteure des Wandels kleine Gruppen von Protagonisten oder einzelne Führungspersonen, die auf gesellschaftspolitische Veränderungen (Novellierung des BetrVG) reagieren und Gleichberechtigung sowie pragmatische Kooperation durchsetzen.

5. Die wichtigste Determinante für Erfolg und Wirksamkeit der BR-Arbeit ist die Betriebsgröße: Die Möglichkeiten einer erfolgreichen Einflussnahme nehmen in Sprüngen mit steigender Betriebsgröße (operationalisiert über die Mitarbeiterzahl) zu. Eine qualitative Schwelle liegt bei 200 Beschäftigten, die seit der Novellierung des BetrVG 2001 eine erste Freistellung für hauptamtliche BR-Arbeit und damit eine gewisse Professionalisierung ermöglichen (Behrens 2003). Eine größere Anzahl von BR erlaubt Arbeitsteilung und Spezialisierung innerhalb einer effektiven Interessenvertretung. Institutionalisierte und formalisierte Entscheidungsprozesse des Unternehmens verlangen eine Einbindung des BR in die tägliche „Verwaltungsroutine“ der Praktizierung des BetrVG. Weiterhin haben die Besitzverhältnisse (kein Privatbesitz, sondern eher Kapitalgesellschaften) und eine (hohe) Zahl der gewerkschaftlichen Vertrauensleute, nicht hingegen der gewerkschaftliche Organisationsgrad, deutlich Einfluss auf die Interessenwahrnehmung.

Die detailliert abgestuften Mitb- und Beratungsrechte sind nicht nur vom Wortlaut des Gesetzes her unterschiedlich ausgeprägt, sondern werden auch faktisch unterschiedlich durchgesetzt. Falls dem Arbeitgeber bei Nichtbeachtung Sanktionen drohen, sind die Rechte besser realisiert als in den Fällen, in denen keine wesentlichen Folgen vorgesehen sind. Generell gilt, dass die Mitb-Rechte bei sozialen Angelegenheiten und personellen Einzelmaßnahmen am ehesten und besten verwirklicht sind. Die Verstöße nehmen zu, je stärker der genuin unternehmerische Entscheidungsbereich tangiert wird (Staehle/Osterloh 1985, 788).

Die Aufgaben von BR haben sich im Rahmen des betrieblichen Strukturwandels quantitativ erweitert und qualitativ verschoben.[170] Seit Mitte der 1990er Jahre stellt Personalabbau mit seinen Begleit- und Folgeerscheinungen (wie Umstrukturierung, Outsourcing und Leistungsverdichtung) das Hauptproblem dar (WSI-Projektgruppe 1998, Schäfer 2005). Die fortschreitende Dezentralisierung und Verbetrieblichung der Tarifpolitik (vgl. Kap.7), die zu stärkeren Belastungen führt und mit abnehmenden tariflichen Deckungsraten einher geht („äußere und innere Erosion"), empfinden die BR mehrheitlich als problematisch bzw. skeptisch; ihr eigenes Durchsetzungsvermögen schätzen sie eher vorsichtig-zurückhaltend ein (Bispinck/Schulten 2003).

6. Auf die „Vertretung der Minderheitsgruppen" wird – u. a. bei der Wahl des BR-Vorsitzenden und seines Stellvertreters, bei der Zusammensetzung des Betriebsausschusses und bei Freistellungen[171] – sowohl vom Buchstaben des Gesetzes als auch faktisch recht genau geachtet. Demgegenüber sind Frauen im BR im Allgemeinen (mit derzeit ca. 30%) und bei den BR-Vorsitzenden im Besonderen (mit ca. 20%) immer noch unterrepräsentiert im Verhältnis zu ihrem säkular steigenden Anteil an den Beschäftigten bzw. den Mitgliedern; ihr Anteil hat langfristig zugenommen (Niedenhoff 2002, 1f., Wassermann 2002, 49f.).[172]

---

[170] „Die Reorganisationen auf dem shop floor, auf Betriebsebene und in der Geschäftspolitik der Unternehmen und die Deregulierung arbeits- und sozialpolitischer Standards schaffen durch vielfältige Kostensenkungen, Leistungsverdichtungen und schärfere Effektivitätskriterien ein neues Niveau der Ökonominiserung der Arbeitskraft. Für den Betriebsrat ist dies nicht die Zeit großer Vertretungserfolge, sondern großer interessenpolitischer Zugeständnisse. Gemessen an den interessenpolitischen Wachstumsraten der Vergangenheit ist seine Vertretungswirksamkeit geringer geworden. Damit ist bislang keine Erosion seiner institutionellen Grundlagen verbunden" (Kotthoff 1998, 96).

[171] Die Zahl der freigestellten BR-Mitglieder nahm 2002 deutlich zu, was auf die bei der Novellierung des BetrVG 2001 erfolgte Absenkung der Schwellenwerte zurückzuführen war. 2006 blieb die Quote konstant. Die rechtlichen Möglichkeiten werden in größeren Betrieben stärker genutzt als in kleineren. Neben Voll- können auch Teilfreistellungen erfolgen (Rudolph/Wassermann 2007).

[172] Allerdings gilt: „Frauenförderung per Betriebsvereinbarung kommt bisher nur in einem Zehntel der antwortenden Betriebe zum Tragen und steht an letzter Stelle der abgeschlossenen Betriebsvereinbarungen." (Klenner/Lindecke 2003, 182). Der öffentliche Dienst hat eine „Vorreiterrolle" sowohl bei Familienfreundlichkeit als auch bei der Förderung von Chancengleichheit (Lindecke 2005).

Diese langfristig sowie über Wirtschaftszweige und bei unterschiedlichen Betriebsgrößen stabile Unterrepräsentation besteht nach wie vor, obwohl das BetrVG eine Vertretung der Geschlechter „entsprechend ihrem zahlenmäßigen Verhältnis" (§ 15) empfiehlt und jedwede unterschiedliche Behandlung von Betriebsangehörigen u. a. wegen ihres Geschlechts ausschließt (§ 75). Neben den Frauen sind auch ausländische Arbeitnehmer in den BR und vor allem bei den BR-Vorsitzenden trotz leichter Verbesserungen bei den vergangenen Wahlen nach wie vor deutlich unterrepräsentiert (Niedenhoff 2002, 18; Müller-Jentsch 1997, 278).

Der Hebel zur Veränderung ist die Aufstellung der Kandidatenliste. Hier liegt ein wichtiger Konflikt der Zukunft, zumal die seit den 1980er Jahren erhobenen Forderungen nach Gleichstellung und Gleichberechtigung der Frauen im Erwerbsleben einen strategisch günstigen, weil institutionalisierten Anknüpfungspunkt finden. Während im öffentlichen Dienst Quotenregelungen als formale numerische Richtwerte und andere Maßnahmen wie die Einrichtung von Gleichstellungsstellen und Frauenbeauftragten häufiger gesetzlich festgelegt werden, geschieht in der Privatwirtschaft die Förderung von Frauen nur auf freiwilliger Basis in wenigen Großunternehmen. Eine gezielte Personalpolitik der Chancengleichheit bzw. des Abbaus von Benachteiligungen (u. a. in Einsatz, Entlohnung, Weiterqualifizierung, Vereinbarkeit von Familie und Beruf, Rückkehr in den Beruf) könnte sowohl in Betriebsvereinbarungen als auch in Tarifverträgen betrieben werden. Systematische Fortschritte sind auch innerhalb der Gewerkschaften nur mühsam durchzusetzen.

Ein breit angelegter Übersichtsartikel kam schon früh zu folgendem zusammenfassendem Ergebnis: „As to the consequences of co-determination ... it has significantly changed the way in which employers utilize labour as a factor of production, and this was accompanied by a takeover of managerial responsibilities by representatives of the workforce which, in turn, has contributed to creating and reinforcing a vested interest of workers in "social partnership" and "co-operation" in the enterprise" (Streeck 1984, 391). Die Mitb-Regelungen haben zur wechselseitigen Inkorporation von Arbeit und Kapital geführt, die internen Arbeitsmärkte zu Lasten der externen gestärkt und die Institutionalisierung syndikalistischer Formen der Interessenvertretung begünstigt. „Die gesetzliche Grundlage und die insgesamt erfolgreiche Praxis haben den Betriebsrat zu einer der stabilsten Institutionen der industriellen Beziehungen in Deutschland werden lassen" (Müller-Jentsch 1997, 280).

Last but not least existieren alternative Formen der kollektiven Interessenregulierung: Vor allem in Betrieben mit weniger als 100 Beschäftigten sowie in privaten Dienstleistungssektoren bestehen auch rechtlich nicht abgesicherte Vertretungsorgane (u. a. Mitarbeitersprecher, Runde Tische, Vertrauenspersonen). Ihre Strukturen sind wegen der fehlenden institutionellen Basis heterogen (z. B. paritätische Zusammensetzung vs. reine Arbeitnehmervertretung); sie werden von der Geschäftsleitung eingesetzt oder von den Beschäftigten gewählt. Ihre Kompetenzen bzw. Beteiligungsniveaus sind schwächer als die der BR (vor allem bei verteilungspolitischen Problemen wie Lohn und Arbeitszeit, Pakten zur Beschäftigungssicherung); diese Gremien sind weniger konfliktfähig, aber nicht bedeutungslos und verfügen mehrheitlich über eigene Ressourcen (Hauser-Dietz et al. 2006a, 2006b). „Während Betriebsräte vor allem Ausdruck von Betriebsgrößen- und Branchendifferenzen, betrieblichen Entwicklungspfaden und berufskulturellen Orientierungen der Beschäftigten sind, stehen AVOs in engem Zusammenhang mit der Beteiligungsstrategie des Managements und betriebskulturellen Faktoren." (Hauser-Dietz et al. 2006b, 33)

5.3 Das duale System der Interessenvertretung

1. In der politischen und wissenschaftlichen Literatur ist häufig vom dualen System der Interessenvertretung die Rede (für andere Jacobi et al. 1998). Dies soll die juristisch vorgegebene, formal-organisatorische Trennung von BR als gesetzlich verankerter, einheitlicher betrieblicher Interessenvertretung aller Arbeitnehmer und Gewerkschaft als grundsätzlich freiwilliger, überbetrieblich-sektoraler Vertretung auf dem Arbeitsmarkt verdeutlichen. Dieser strikten Unterscheidung der korporativen Akteure entsprechen unterschiedliche Mittel der Interessendurchsetzung bzw. Instrumente der Konfliktaustragung: Die Gewerkschaften verfügen über das legalisierte Streikmonopol (vgl. Kap. 7), BR sind auf schiedlich-friedliche Mittel der Interessendurchsetzung (einschl. Friedenspflicht) verwiesen. Insgesamt erfolgt eine Separierung der existierenden, im Prinzip anerkannten Konfliktsphären in „Arenen".

Jenseits dieser formalen, für die Arbeitsbeziehungen konstitutiven Trennung bestehen in der Realität komplexe Wechselwirkungen personaler und funktionaler Art zwischen beiden Institutionen, die als „widersprüchliche Einheit" (Streeck 1979a, 217) voneinander abhängig und aufeinander angewiesen sind: Seit vielen Jahren sind ca. zwei Drittel aller BR-Mitglieder und ca. drei Viertel aller BR-Vorsitzenden loyale Mitglieder (vgl. im Einzelnen Kap. 5.2) und häufig in ihrem überbetrieblichen Engagement sogar Funktionsträger von Gewerkschaften. Diese übernehmen die zur effektiven Amtsausübung notwendige Aus- und Weiterbildung der BR durch Schulungen und andere Fortbildungskurse sowie Informations-, Beratungs- und Unterstützungstätigkeit. Ohne diese zentralen organisatorischen Hilfestellungen der Gewerkschaften wären BR kaum handlungsfähig. Die Gewerkschaften ihrerseits brauchen die BR, u. a. zur Mitgliederwerbung und damit zur Organisationssicherung (Kotthoff 1985, 82; Müller-Jentsch 1997, 228), da die Verankerung im Einzelbetrieb ihre organisatorische Basis ist, ohne die sie letztendlich machtlos wären. Entsprechend einflussreich sind BR im innergewerkschaftlichen Willensbildungsprozess.

Betriebsräte stellen eine wichtige Ressource für Gewerkschaften dar, weil sie häufig Mitglieder rekrutieren, auch wenn dies nicht zu ihrem gesetzlichen Aufgabenkatalog zählt; bei diesen Aktivitäten bestehen deutliche Unterschiede hinsichtlich der Organisationsbereiche (Behrens 2005b). [173] Betriebsräte handelten in der Vergangenheit häufig so, dass in wichtigen Branchen zwar nicht rechtlich abgesichert, wohl aber faktisch *closed shops* – zumindest solche der *post entry* Form – entstanden. „So werden ... als Folge der weitgehenden „Übernahme" des BR-Systems durch die Gewerkschaften zahlreiche westdeutsche Gewerkschaftsmitglieder unter Ausnutzung der personalpolitischen Mitwirkungsrechte des Betriebsrats gegenüber dem Arbeitgeber von gewerkschaftlich organisierten Betriebsräten rekrutiert. Die Grundlage hierfür bilden informelle Übereinkünfte zwischen Betriebsräten und Arbeitgebern, die in der Praxis auf eine vom Betriebsrat überwachte Gewerkschaftspflicht aller neu eingestellten Arbeitnehmer nach Art des amerikanischen „union shop" hinauslaufen." (Streeck 1979b, 249; ähnlich 1981, 155f.) Die Arbeitgeber, welche die Arbeit der BR prinzipiell positiv beurteilen, tolerieren diese Praxis zumeist stillschweigend aufgrund informeller Übereinkunft. Infolge des abnehmenden Organisationsgrades und des sich wandelnden Selbstverständnisses von BR ändert sich diese Praxis allmählich.

Fazit: Das Insistieren auf der formalrechtlich abgesicherten negativen Koalitionsfreiheit als Korrelat der positiven (Art. 9 III GG) ist die eine Seite, die Imperative der Handlungsrationalität betrieblicher Akteure die andere.[174] Die häufig betonte formale Unabhängigkeit beider Institutionen, BR und Gewerkschaft, beschreibt den Sachverhalt aus juristischer Perspektive zutreffend. Dies bedeutet jedoch nicht, dass nicht materiell andere Lösungen einer recht stabilen „arbeitsteiligen Kooperation" realisiert werden können.[175] Insofern stellt der formale Dualismus von BR und Gewerkschaften faktisch eher eine „widersprüchliche Einheit" dar.[176]

---

[173] Diese enge Interaktion ist in Anbetracht der selten berücksichtigten Entstehungsgeschichte des BetrVG keinesfalls selbstverständlich. „... the creation of the works council system [...] – under conservative auspices – institutionalized a system of labor representation that the unions at the time could not endorse and indeed against which they fought. Rather then meeting their demands for stronger unions rights a parallel structure for labor representation on the shop floor, the conservative government created a parallel structure for labor representation at the plant level, emphasizing its formal separation from Germany's multi-industrial unions" (Thelen 1991, 228).

[174] Die Tatsache, dass empirische Nachweise der Existenz von faktischen *closed shops* selten geblieben sind, ist weniger ein inhaltliches als vielmehr ein methodisches Problem: In breit angelegten quantitativen Untersuchungen kann die Aufdeckung dieses Zusammenhangs kaum gelingen; die empirischen Belege stammen eher aus (Tiefen-)Interviews.

[175] Olson argumentiert sehr ähnlich: „The best-known type of organized interest group in modern democratic societies, the labor union, is also usually supported, in part, through negative selective incentives. Most of the dues in strong unions are obtained through union shop, closed shop, or

Die Tatsache, dass die früher in verschiedenen Ländern rechtlich abgesicherten, verbandsextern begründeten *closed shops* heutzutage gegenüber den anderen korporativen Akteuren, Staat und Arbeitgeber, nicht mehr durchzusetzen sind, impliziert noch nicht, dass *closed shops* überhaupt nicht mehr bestehen. Die Existenz von *de facto*, verbandsintern begründeten *closed shops* bei formalgesetzlichen Verboten (negative Koalitionsfreiheit nach Art. 9 III GG) ist im Übrigen keineswegs auf die Bundesrepublik beschränkt, sondern in einer Reihe von Industrienationen festzustellen (Cordova/Ozaki 1980, 30). Weiterhin müssen wir beachten, dass BR an der Umsetzung tarifvertraglicher Regelungen in die betriebliche Praxis beteiligt sind und gemäß BetrVG über eine Reihe von Mitb-Rechten verfügen. Faktisch gilt: „Plant politics in the dual system is ... best characterized in terms of ongoing political jockeying for position in the context of a stable institutional framework that neither employers nor labor is seriously trying to dismantle" (Thelen 1991, 123).

Verschiedene Gewerkschaften haben versucht, durch den Aufbau von Vertrauensleutekörpern ihre Präsenz vor allem in größeren Betrieben zu verbessern. Vertrauensleute sind ehrenamtlich tätige, vom BR formal und prinzipiell unabhängige Gewerkschafter mit der Aufgabe einer Stärkung der gewerkschaftlichen Interessenvertretung. Einerseits unterliegen Vertrauensleute, die im Gegensatz zu den BR nur von den Gewerkschaftsmitgliedern eines Betriebes gewählt werden, nicht den handlungseinschränkenden Bestimmungen des BetrVG und können gewerkschaftspolitisch aktiv werden. Andererseits ist ihre Stellung nicht rechtlich abgesichert, sondern lediglich durch gewerkschaftliche „Richtlinien zur Vertrauensleutearbeit" definiert; die Arbeitgeberverbände lehnen eine tarifvertragliche Absicherung ab.

Faktisch erbringen Vertrauensleute häufig Dienstleistungen für die gewerkschaftliche Organisation sowie Unterstützungsleistungen für die Arbeit der BR; sie sind entgegen der ursprünglichen Absicht keine Kontrollinstanz gegenüber dem BR, sondern dienen eher der Verbesserung der Kommunikation zwischen BR und Belegschaft (Müller-Jentsch 1997, 231). Zusammenfassend gilt allerdings: „Die Versuche, über Vertrauensleute einen autonomen gewerkschaftlichen Brückenkopf im Betrieb aufzubauen, schlugen fehl. Dort wo Vertrauensleute bestehen, dienen sie mit wenigen Ausnahmen nur als verlängerter Arm der gewerkschaftlich organisierten Betriebsräte" (Armingeon 1988a, 112). Ihre Ressourcen sind begrenzt.

---

agency shop arrangements which make dues paying more or less compulsory and automatic. There are often also informal arrangements with the same effect" (Olson 1982, 21).

[176] „Für die Gewerkschaften hat die Tätigkeit der BR entlastende Funktionen. Partielle und berufliche Sonderinteressen ebenso wie Konflikte um Arbeitsbedingungen werden gewöhnlich ebenso durch den BR in der Weise abgeklärt, dass die gewerkschaftliche Interessenpolitik von der Vertretung spezifischer Gruppen- und Berufsinteressen wie auch von der Wahrnehmung qualitativer Interessen entlastet wird. Sie kann sich daher auf die Vertretung der allgemeinen Interessen, Lohn- und Arbeitszeit, konzentrieren" (Müller-Jentsch 1983a, 389).

2. Die neuere Literatur weist auf eine wichtige Einflussmöglichkeit von BR hin, die lange Zeit unbeachtet blieb, in der Beschäftigungskrise aber deutlicher wurde (Windolf/Hohn 1984; Hohn 1987; international vergleichend Windolf/Wood 1988): BR beeinflussen die Strukturierung der Arbeitsmärkte. Im BetrVG von 1972 wurden die Mitb-Rechte in der betrieblichen Personalpolitik wesentlich erweitert und die BR dadurch mit Managementfunktionen betraut. Die Arbeitsmarktchancen werden durch die informellen und formalen (kodifizierten) Mitb-Möglichkeiten beeinflusst, die sich auf Einstellungen, den Marktzutritt, die arbeitsmarktinterne Mobilität sowie auf Entlassungen, den Marktaustritt, beziehen.

BR haben eine Politik der Konsolidierung bzw. Stabilisierung der (Kern- bzw. Stamm-)Belegschaften auf einem als gesichert geltenden Mindestniveau mitbetrieben – und dadurch Investitionen in Humankapital für beide Seiten rentierlich gemacht. Gleichzeitig wurden bei dieser Politik der Regulierung des internen Marktes und damit der ökonomischen und sozialen Interessen ihres Wahlklientels häufig Einstellungen und damit eine grundsätzlich wünschenswerte bzw. notwendige Entlastung des externen Marktes zugunsten von vermehrten Überstunden oder dem Einsatz von Zeit- bzw. Leihpersonal vermieden.

BR sind aufgrund ihrer institutionell vorgeprägten Handlungslogik in der Regel vor allem daran interessiert, die Bedingungen des internen Arbeitsmarktes ihres Unternehmens zu verbessern und die Interessen der vorhandenen Belegschaft zu vertreten und zu schützen; dieser Zielkonflikt zwischen Stabilisierung und Rekrutierung führt zu Schließungstendenzen gegenüber dem externen Markt. Die Einflussmöglichkeiten bei Entlassungen (§ 102) und damit auf den unter den gegenwärtigen Arbeitsmarktbedingungen wichtigen Komplex „Arbeitsplatzsicherheit" werden häufig zugunsten der hochgradig organisierten Gruppen genutzt. Einfluss nehmen BR auch auf Umfang und Interessenvertretung atypischer (im Sinne befristeter und geringfügiger) Beschäftigungsverhältnisse (Düll/Ellguth 1999).

Empirische Analysen (Hohn 1988; Windolf/Hohn 1984; Hohn/Windolf 1985) weisen nach, dass BR durch ihre betriebliche Rekrutierungspraxis die Strukturierung von Arbeitsmärkten nicht nur bei Entlassungen, sondern auch durch Auslese bei Einstellungen mitsteuern (§ 99 „Mitbestimmung bei personellen Einzelmaßnahmen"); diese Einflussnahme am vorderen Ende der Arbeitskräfteschlange bzw. des innerbetrieblichen Verhandlungs- und Entscheidungsprozesses verläuft in Richtung auf eine Erweiterung interner Märkte bzw. eine deutlichere Segmentierung.

Im Übrigen verstärken personalpolitische Instrumente wie innerbetriebliche Stellenausschreibungen als Mittel der Zuordnung von Arbeitskräften zu Arbeitsplätzen die Institutionalisierungsprozesse innerhalb von Arbeitsmärkten bzw. die Segmentation des internen Arbeitsmarktes.[177] Durch diese Handlungsoption des BR werden Aufstiegschancen für vorhandene Mitarbeiter verbessert und stabile interne Rekrutierungsmuster installiert; die Strukturen betriebszentrierter Arbeitsmärkte werden verfestigt. – *Last but not least* wurde auch gezeigt, dass informelle Einflussnahmen bereits auf dem Lehrstellenmarkt erfolgen: Eintrittspositionen des internen Marktes, die wichtigen *ports of entry* als Verbindung zum externen Markt, werden häufig aus dem Verwandten- und Bekanntenkreis von Mitarbeitern besetzt. Diese Rekrutierung durch informelle Netzwerke geschieht über sog. betriebsnahe Arbeitsmärkte.

Die Autoren fassen zusammen: „In Zeiten hoher Arbeitslosigkeit werden relativ mehr Arbeitsplätze „internalisiert", d. h. der Markt wird durch Grenzziehung von einem offenen in einen geschlossenen Markt verwandelt. Zugleich erweitert sich der Kreis der Arbeitsplätze, für die ein formales Bildungszertifikat erforderlich ist. Damit wird nicht unterstellt, dass die Qualifikationsanforderungen der einzelnen Arbeitsplätze gestiegen seien. Es wird nur angenommen, dass sich die selektive Funktion der Bildungsabschlüsse verstärkt hat, dass sie also überwiegend marktregulierend wirken. Ein „Berechtigungswesen", das für jeden Arbeitsplatz ein bestimmtes Zertifikat vorschreibt, hat in Zeiten hoher Arbeitslosigkeit eine bessere Chance sich durchzusetzen als in Zeiten der Vollbeschäftigung" (Windolf/Hohn 1984, 233).

Dieses Dilemma von institutionell vorgegebener Handlungslogik (Stabilisierung bzw. Verstetigung des internen Marktes) und Gesamtrationalität (Rekrutierung vom externen Markt) ist für BR nur schwierig zu lösen. Insgesamt sind diese Mechanismen und Tendenzen „sozialer Schließung" (M. Weber), d. h. der Versuch einer Verbesserung der Marktchancen durch Monopolisierung des Zugangs, vorteilhaft für alle direkt Beteiligten und daher nur schwer zugunsten der Angehörigen des externen Marktes umkehrbar. „The emergence of internal labour markets with strong employment guarantees has clearly been advanced by co-determination and is in this sense a result of trade union strength. But as the "social closure" of the employment system proceeds ..., trade unions are faced with the dilemma that what has served the interests of some of their members well, may increasingly clash with the interests of other members or, more likely, of an increasingly unorganised marginal labour force" (Streeck 1987, 19).

Auf jeden Fall ist der „angebotsseitige" Einfluss der betrieblichen und überbetrieblichen Arbeitnehmervertretung auf Selektions- und Rekrutierungsprozesse auf Arbeitsmärkten kaum grundsätzlich zu bestreiten. Trotz des industrieverbandlichen Organisationsprinzips mit seinen notwendigerweise weiträumigen Tarifverträgen gelingt die Beeinflussung zentraler arbeitsmarktprozessualer Bedingungsfaktoren

[177] § 93 BetrVG regelt die „Ausschreibung von Arbeitsplätzen": „Der Betriebsrat kann verlangen, dass Arbeitsplätze, die besetzt werden sollen, allgemein oder für bestimmte Arten von Tätigkeiten vor ihrer Besetzung innerhalb des Betriebs ausgeschrieben werden."

auf der betrieblichen Ebene.[178] – Auf wesentliche, häufig unbeachtete aber wesentliche Veränderungen der Handlungsgrundlagen weist Thelen (2001, 91f.) hin: „... there are signs that the specific legal rights that works councils enjoy under the law are receding in importance relative to the new *delegated* bargaining competencies they have acquired through industry-level bargains..."

5.4 Repräsentative Mitbestimmung und direkte Partizipation

Seit den 1980er Jahren ergibt sich die Gelegenheit einer grundlegenden Revision des „klassischen" Konzepts der Mitb. Es ist unter veränderten Rahmenbedingungen (tayloristische Massenproduktion vs. flexible Spezialisierung) zu stark an institutionalisiert-verrechtlichten und formal-repräsentativen Formen orientiert und berücksichtigt die Gewichtsverlagerung zwischen den Ebenen der Arbeitsbeziehungen nicht adäquat (Leminsky 1995, 21-34). Vor allem die Bedeutung der direkt-individuellen Partizipation am Arbeitsplatz (zum Verhältnis der Varianten Greifenstein et al. 1988) sowie die der Mitb auf Unternehmensebene als programmatische Leitidee sind neu zu justieren (IDE 1993, 25). Indirekt-repräsentative Formen sind durch organisationszentrierte Mitb gewählter Vertreter, direkt-individuelle durch arbeitszentrierte persönliche Partizipation charakterisiert.[179] „Representative participation usually tends towards rule making, both substantive and procedural. Thus, gradually a reliable system of mutual expectations and role commitments is established ... On the other hand, individual participation is likely to activate persons in social settings and to promote the articulation of their proper interests, thereby reducing subjectively perceived alienation" (Fürstenberg 1993, 63).

Die für die Entwicklung der Arbeitsbeziehungen zentrale Frage lautet, ob direkte Partizipation und repräsentative Mitbestimmung (individuelle bzw. kollektive *voice*-Formen) in einer komplementären oder substitutiven Beziehung stehen (Weitbrecht 1998, Minssen 1999). Für beide Vermutungen finden sich empirische Belege im

---

[178] Hier wird, und dies ist von theoretischem Interesse, zugleich deutlich, dass nur ein Teil der Leistungen echte Kollektivgüter darstellen (z. B. Lohnerhöhungen, allgemeine Arbeitszeitverkürzungen), während ein anderer Teil durchaus Charakteristika von privaten Gütern haben kann.

[179] Aus Gründen der Vollständigkeit sind noch hier nicht näher behandelte Varianten zu erwähnen: „The most common forms of worker ownership in the Western world can be divided into three categories: (a) stock (or share) ownership, (b) worker "buyouts" of financially troubled facilities that might otherwise be closed, and (c) producers' cooperatives established with the purpose of being democratic and highly participative. In practice these three forms overlap, differing mainly in the extent of worker ownership and the purposes for which it is established" (Strauss 1989, 300).

nationalen wie internationalen Vergleich.[180] Falls sie sich eher ergänzen bzw. vernetzen lassen, wird die Realisierung bilateraler Vorteile im Sinne von Positivsummenspielen möglich.[181] Die ursprünglich abwartenden, häufig skeptischen oder strikt ablehnenden Haltungen der BR und vor allem der Gewerkschaften in Bezug auf „unternehmerische Sozialtechniken" haben sich in den 1990er Jahren angesichts der offensichtlichen Irreversibilität aktueller Entwicklungen und ihrer Chancen aus Arbeitnehmersicht in Richtung auf eine differenzierte Einschätzung und grundsätzliche Zustimmung bzw. Unterstützung verändert; Formen direkter Beteiligung und Mitgestaltung („Mitbestimmung in der ersten Person") können den Interessen bestimmter Arbeitnehmergruppen durchaus entsprechen und werden von diesen u. U. sogar aktiv eingefordert (Weyand 1993, 165ff., Mückenberger 1997).

Seit Jahren beobachten wir unter den Vorzeichen erweiterter Flexibilisierungsspielräume, die u. a. durch die Einführung neuer Technologien notwendig bzw. möglich werden, und individualistischen Handlungsmustern, die durch wertbezogenen Einstellungswandel verstärkt werden, in verschiedenen Ländern ausgeprägte Trends „von der repräsentativen Mitbestimmung zur direkten Partizipation" (Müller-Jentsch 1994, 362). Unter direkter Partizipation verstehen wir im Sinne einer Nominaldefinition: „Opportunities which management provide, or initiatives to which they lend their support, at workplace level for consultation with and/or delegation of responsibilities and authority for decision-making to their subordinates either as individuals or as groups of employees relating to the immediate work task, work organisation and/or working conditions" (Sisson 1994, 144; ähnlich Geary/Sisson 1994, 2).

Die Einführung und Implementation neuer Informations- und Kommunikationstechnologien sowie neuer Formen der Arbeitsorganisation führen zu Wandel in Richtung einer Dezentralisierung vor allem der betrieblichen Arbeitsbeziehungen sowie zu abgeflachten Hierarchien, die Kommunikation verbessern und Innovationsbereitschaft erhöhen sollen. Die Veränderungen der Produktionskonzepte tendieren von tayloristisch-fordistischer Massenproduktion mit ihrer typischen Dequalifizierung der Arbeitskraft zur flexiblen Spezialisierung mit einer wieder ganzheitlichen Nutzung der Arbeitskraft (im Einzelnen Marshall 1992).

---

[180] Vgl. die deutschen Fallstudien bei Greifenstein et al. (1990); vgl. auch Kißler (1989) sowie Hauser-Dietz (2006b). Optimistisch äußert sich auch mehrfach Turner (1991).

[181] Dieses positive Szenario lässt sich zusammenfassen: „Es spielt sich eine neue Arbeitsteilung bei der Interessenwahrnehmung ein: ihre Arbeit und deren unmittelbares Umfeld gestalten die Gruppen selbst. Für das weitere Umfeld der betrieblichen Arena, in die ihre Arbeit eingebettet ist, fehlen ihnen in der Regel aber die erforderlichen Informationen (z. B. bei Entlohnungsfragen, bei rechtlichen Problemen) und hier sind sie und fühlen sich auf die Betriebsräte angewiesen. Als Machtfaktor im Hintergrund behält der Betriebsrat, solange er sich engagiert, eine entscheidende Rolle, wird im Zuge der stärkeren Politisierung der unmittelbaren Arbeit sogar wichtiger" (Baethge 1994, 723).

International vergleichende Studien zeigen, „that participation is not restricted to minor or peripheral aspects of the innovation process, but can be central to its development" (Gill/Krieger 1992, 332f.). Im Rahmen „neuer Produktionskonzepte" (Kern/Schumann 1984) macht die Neuorganisation der Arbeit direkt-informelle Formen der Partizipation[182] möglich, wenn nicht sogar notwendig, da nur sie die erforderliche Kooperation des neuen Produktionsfacharbeiters erreichen können. Selbstbewusste Arbeitnehmer mit höherer Qualifikation erwarten von sich aus erweiterte Möglichkeiten der Partizipation (Freeman/Rogers 1995); daher ergeben sich keine Akzeptanzprobleme. Die „Diffusion von Managementaufgaben" führt zu einem überraschenden Ergebnis: „Das Management wird zur Alltagsaufgabe von Nicht-Managern" (Sperling 1994, 32).

Grundlegend verändert sich die Form der Regulierung: Die neuen Formen der Partizipation werden nicht mehr wie die „alten" Versionen von Mitb vom Staat per Gesetz institutionalisiert oder von den Tarifparteien durch Vertrag vereinbart. Sie werden vor allem vom Management initiiert und gefördert, das seit den 1980er Jahren die Initiative des strategischen Handelns ergreift, die zuvor eher bei den anderen Akteuren lag (Terry 1994); das Management, das bei grundlegend veränderten Arbeitsmarktverfassungen in einer günstigeren Situation ist, wird in dieser „neuen Entwicklungsphase der Partizipation" (Müller-Jentsch 1993, 258) zum Propagandisten von Konzepten der Flexibilisierung (Beisheim et al. 1991).

Regelungsinstrumente sind nicht mehr Gesetze, sondern unilaterale Einführung durch die Unternehmensleitung oder bilaterale Absprachen mit BR und/oder Gewerkschaften, zumeist in Form von Betriebsvereinbarungen.[183] Das Management könnte diese *ad hoc*-Arrangements durch einseitigen Beschluss zurücknehmen und zum *status quo ante* zurückkehren, wenn nicht, was in Deutschland häufig der Fall ist, betriebsverfassungsrechtliche Abmachungen vorhanden sind.[184]

---

[182] Zur Unterscheidung in Korrektur- und Konzeptionspartizipation Greifenstein et al. (1990, 602ff.).

[183] „In der Hälfte der Vereinbarungen bzw. Entwürfe ist ein volles Mitbestimmungsrecht der Betriebsräte in Fragen der Gestaltung und Abwicklung des QZ-Projekts enthalten, teils über eine generelle Mitbestimungsklausel, teils über ein paritätisch besetztes Steuerungskomitee ... Über die Mitbestimmung hinaus haben die Betriebsräte ihr Augenmerk auf die Schaffung infrastruktureller Rahmenbedingungen gelegt, um auch während des laufenden QZ-Projekts Gestaltungs- und Kontrollfunktionen wahrnehmen zu können" (Breisig 1991, 75).

[184] „Die entscheidende Differenz ... liegt darin, dass direkte Partizipation ein Instrument der Unternehmensführung ist, der Betriebsrat hingegen eine demokratische Institution. Während die Institutionen der Mitbestimmung von den Arbeitnehmern gebildet, gewählt und kontrolliert werden können, haben sie über die freiwillig gewährte Partizipation keine Kontrolle; sie kann einseitig durch das Management aufgekündigt werden" (Müller-Jentsch 2004a, 149).

Abb. 5.5: Mitbestimmungs- und Partizipationsregeln im Vergleich

	„alte“ Mitbestimmung	„neue“ Partizipation
Ziele	Wirtschaftsdemokratie, Humanisierung der Arbeit	Wettbewerbsvorteile, Flexibilisierung
Instrument	Gesetz/trilateral	Vertrag/unilateral
Initiatoren	Gewerkschaften, Staat	Management
Ebene	Betrieb, Unternehmen relativ zentral	Arbeitsplatz strikt dezentral
Form	repräsentativ indirekt/kollektiv	individuell direkt
Produktionskonzept	Taylorismus/Fordismus	„neue“ Produktionskonzepte, flexible Spezialisierung
Kooperationsform	Fließbandarbeit	Gruppen- und Teamarbeit, QC
Kooperation/Konflikt	antagonistische Kooperation/Konfliktpartner	Kooperation
Qualifikationsniveau	eher niedrig	eher hoch
Objektbereich	sozial, personell, wirtschaftlich	Personalplanung
Intensität	Information und Anhörung/ Vetorechte	konsultativ/ substanziell
Faktoren	„harte“ Faktoren, Technik	„weiche“ Faktoren, Humanressourcen

Quelle: Eigene Darstellung.

Diese manageriellen Konzepte der Verhaltenssteuerung setzen dezentral an und verstärken die u. a. infolge der Arbeitszeitpolitik der 1980er Jahre bereits vorhandenen Tendenzen der Verbetrieblichung. Die Art und Weise der mehr oder weniger unilateralen Einführung durch das Management strahlt auf die Wirkung der Partizipation aus. „Sooner or later the structural characteristics ... will be modified: The dual system might give way to a triple system of interest representation with sectoral bargaining between trade unions and employers' associations, enterprise negotiations between works councils and management, and direct participation by work-groups with elected teamleader ... And there is no guaranty that the integration of the formal and representative institutions with the emerging decentralized and informal structures will succeed" (Müller-Jentsch 1995, 75).

Auf der Agenda steht trotz der grundsätzlich positiven Einstellung nicht die Institutionalisierung bzw. Garantie von Partizipationsrechten auf der Mikroebene im Sinne der alten gewerkschaftlichen Forderung nach „Mitbestimmung am Arbeitsplatz" bzw. „Demokratisierung der Arbeitswelt". Durch verbesserte Kooperation und mehr Partizipation sollen im Gegensatz zu älteren gruppenorientierten Konzepten nicht die Humanisierung der Arbeit oder mehr individuelle Rechte im Sinne einer Förderung industrieller Demokratie (Mitb als „industrielles Bürgerrecht") als parallele Institution zur politischen erreicht werden (zusammenfassend Poole 1992).

Partizipation als spezifische Form von Kommunikation ist kein Ziel an sich, sondern verfolgt pragmatische integrative Ziele: Zunächst und vor allem sollen Wettbewerbsvorteile (u. a. durch weniger Arbeitskonflikte, Fehlzeiten und Arbeitsplatzwechsel) auf Arbeits- und Produktmärkten, mehr numerische und funktionale Flexibilität bzw. erhebliche Produktivitätssteigerungen sowie Verbesserungen der Produktqualität erreicht werden; eine Steigerung der Kooperationsbereitschaft, Motivation bzw. Arbeitszufriedenheit dient ebenfalls diesem Zweck.[185] Diese ergebnisorientierten Zielvorstellungen von Beteiligungsangeboten für die Gestaltung und Ausführung der Arbeit sind realistisch: „Our overall assessment of the empirical literature ... is that participation usually leads to small, short-run improvements in performance and sometimes leads to significant, long-lasting improvements in performance ... The size and strength of the effect are contingent on the form and content of participation" (Levine/Tyson 1990, 203f. Eaton/Voos 1992, 175ff.).

Erweiterte Partizipation kann durchaus Vorteile für Arbeitnehmer bieten. Wenn wir nicht vom neoklassisch inspirierten Monopolmodell sondern vom institutionalistisch geprägten *exit-/voice*-Paradigma (vgl. Kap. 3) ausgehen, wird die *collective voice*-Option der Arbeitnehmer durch Verbesserung der Kommunikation im Prozess der

---

185 „Direct participation is used as a means of generating employee commitment, motivation and cooperation. It is an effort on management's part to gain employees' active consent and to persuade them to work hard and diligently" (Geary/Sisson 1994, 4).

Entscheidungsfindung gestärkt (Eaton/Voos 1992, Freeman/Lazear 1995). Nach wie vor vorhandene Interessengegensätze werden als weniger starr und nicht mehr im Sinne eines Grundwiderspruchs zwischen Kapital und Arbeit interpretiert; die neuen Konzepte basieren auf Konsens, Verhandlungsbereitschaft und gegenseitigem Vertrauen anstelle von offenem Konflikt und Gegenmacht.

Die unternehmerischen Angebote, die durch betriebswirtschaftliche Kalküle motiviert sind, begreifen Partizipation als Produktivkraft.[186] Wir finden sie nicht nur in den Kernsektoren der industriellen Produktion (u. a. im Automobilbau (Müller-Jentsch/Sperling 1995, 20ff.), im Maschinenbau und der Chemieindustrie (Lecher 1995) sondern in spezifischen Variationen auch im Dienstleistungssektor (u. a. bei Banken und Versicherungen) und nicht nur in Groß-, sondern auch in Klein- und Mittelbetrieben. Sowohl die Zahl der Unternehmen als auch die der Qualitätszirkel wächst in Deutschland ähnlich wie in vergleichbaren Ländern deutlich (Sperling 1994, 37). Generell können wir davon ausgehen, dass die Bedeutung der neuen Beteiligungsformen seit den 1980er Jahren erheblich zugenommen hat.[187] In Bezug auf die Verbreitung gilt: „It is expected that direct participation will be confined to about 20% of establishments in Europe. It will most likely be found in organisations which compete in international markets and have come into close competition with Japanese firms. Firms which produce customised, high value-added, high quality goods are likely to have a more advanced form of direct participation than high volume, low value-added, labour intensive producers“ (Sisson 1994, 148).

Diese neuen Ansätze der Arbeitsgestaltung auf der Mikroebene bzw. der betrieblichen Personalpolitik setzen nach Ausreizen des Potentials der „harten“ Faktoren, der „Technik“, ein und zielen auf eine intensivere Nutzung der „weichen“ Formen, des Humankapitals, im Produktionsprozess. Die sog. Wende von der Technik- zur Menschenzentrierung erfasst Technik und Organisation gleichermaßen. Partizipation bleibt nicht mehr Forderung der Arbeitnehmer(-vertreter) sondern wird zur Managementaufgabe – häufig in Verbindung mit veränderten Unternehmenskulturen und „management values“.[188] Entsprechende Angebote werden vor allem, aber nicht nur, in den Ländern gemacht, die bis dato keine ausdifferenzierten Partizipationsrechte

---

[186] „In any case, participative schemes are likely to be adopted only if they are perceived to have some sort of payoff in productivity, quality, turnover, satisfaction, and the like – and they are dropped because they are perceived not to have such payoffs.“ (Strauss 2006, 787)

[187] Vgl. zur Diffusion verschiedener Formen direkter Arbeitnehmerbeteiligung zusammenfassend Krieger/Lange (1992, 795ff.); vgl die Angaben für einzelne Länder bei Locke et al. (1995b, 147ff.).

[188] „Despite much talk of social responsibility, the emphasis today is on immediate cost minimization, short-run profits, and the price of company stock. Stocks tend to go up when layoffs are announced“ (Strauss 2006, 800f.).

kannten, vor allem in den USA (als Überblicke Strauss 1989, 2006) und in Japan. Die Komponenten dieser partizipationsorientierten Managementphilosophie sind:

„- improvement of functional participation by regular discussion and consultation as part of the work process,

- work structuring with the purpose of establishing multi-functional work teams,

- establishment of qualification schemes, including personal counselling, establishment of "learning centres and groups" at the workplace and an extension of career planning to larger segments of the employees“ (Fürstenberg 1993, 60).

Die wichtigsten Organisationsformen dieser veränderten Nutzung von Humanressourcen in den Betrieben sind Qualitätszirkel (Beteiligungsgruppen, Lernstatt) und Gruppen- bzw. Teamarbeit:[189]

- Qualitätszirkel sind „Gruppen von etwa fünf bis zehn Beschäftigten aus einem gemeinsamen Arbeitsbereich, die regelmäßig (etwa alle 14 Tage oder nach Absprache) für etwa ein bis zwei Stunden als Gesprächsrunde während der Arbeitszeit zusammenkommen, um über ihre tägliche Arbeit zu sprechen und Vorschläge zur Beseitigung von Problemen (etwa in Bezug auf Qualität, Produktionsablauf, Arbeitsbedingungen) zu erarbeiten“ (Breisig 1990, 423; ähnlich Sperling 1994, 36f.). Weiterentwicklungen des Konzepts gehen in Richtung *Total Quality Management* und kontinuierliche Verbesserungsprozesse.
- Gruppenarbeit als sozialorganisatorische Innovation „... wird im Kern als Erledigung einer ganzheitlichen Aufgabe durch eine Gruppe von fünf bis fünfzehn Arbeitnehmern definiert, wobei der Zuschnitt der Arbeitsaufgaben durch Aufgabenanreicherung und -erweiterung sowie Arbeitswechsel gleichermaßen charakterisiert ist wie durch die Integration von Sekundärfunktionen bzw. indirekten Tätigkeiten wie Instandhaltung, Qualitätssicherung, Logistik sowie Aufgaben der Steuerung und Koordination“ (Sperling 1994, 51).

Während Qualitätszirkel als Problemlösungsgruppen bzw. organisatorisches Verfahren parallel zur formalen Arbeitsorganisation bestehen, sind teilautonome Gruppen in die Arbeitsorganisation integriert und verfügen über ein bestimmtes Maß an Autonomie bzw. Handlungsspielräumen; mit der Einführung von Gruppen- bzw. Teamarbeit erfährt die betriebliche Arbeitsorganisation einschneidende Veränderungen.[190] Innerhalb des Konzepts bestehen allerdings fundamentale Unterschiede vor allem zwischen japanischen und europäischen Vorbildern (Toyotismus vs. Volvoismus).

---

[189] Andere Varianten sind u. a. *job enrichment*, d. h. der Anreicherung von Arbeitsinhalten mit dem Ziel ihrer Humanisierung.

[190] Generell gilt: „Work teams can implement decisions on their own, within specified limits, while quality circles can only make recommendations to management“ (Strauss 1992, 295).

Die in Japan dominierende Kombination von flexibel-spezialisierter Technologie mit konventionell-starrer, tayloristischer Arbeitsorganisation wird besonders in schwedischen Konzepten in Richtung auf „Humanisierung der Arbeit" überwunden (Berggren 1992). Die deutschen Experimente weisen gewisse Parallelen mit den schwedischen auf, ohne jedoch mit diesen identisch zu sein.[191]

In Bezug auf Partizipation lassen sich mehrere Dimensionen unterscheiden:

- Die Gegenstandsbereiche sind unterschiedlich: „Still, it seems that in areas such as economic and financial policy of the firm and questions of general policy which have to do with the structure of the firm and its very existence, employers are strongly inclined to maintain decisions within the scope of management prerogatives, whereas in relation to personnel questions and various daily operational issues they may be more inclined to accept and even encourage various participative methods" (IDE 1993, 28). Insofern wird das unternehmerische Direktionsrecht nicht wesentlich eingeschränkt, die neuen Formen sind Ausfluss dieses Rechts.
- Die Intensität der Partizipation variiert bei den Formen: Qualitätszirkel zielen auf konsultative Partizipation, d. h. das Management behält das Letztentscheidungsrecht trotz individueller Teilhabe in kleinen Gruppen; teilautonome Arbeitsgruppen hingegen implizieren Elemente substantieller Partizipation mit echter Entscheidungsbefugnis innerhalb neuer Formen der Arbeitsorganisation und begrenzter Einschränkung der Kontrollmöglichkeiten des Managements (konsultative vs. delegative Partizipation).

Insgesamt bleibt die Reichweite der Beteiligung eher begrenzt. Im internationalen Vergleich (zusammenfassend Fröhlich 1998) zeigt sich: „Direct participation does not set any new trends in the field of labour relations, let alone upset trends (it does not turn hierarchy upside down), on the contrary, direct workers' participation strengthens already existing development trends" (Kißler 1994a, 197). Mit relativ guten Aussichten auf Erfolg kann „gemanagte Partizipation" (Kißler 1994b, 83ff.) innerhalb kooperativer Arbeitsbeziehungen eingesetzt werden, vor allem in den auszulotenden Bereichen, in denen die Interessen der Akteure deutliche Parallelen aufweisen (etwa Effizienzsteigerung bzw. Umgestaltung der Arbeitsbedingungen). Vergleichsweise schlecht sind die Erfolgsaussichten bei konfliktorischen Arbeitsbezie-

[191] Ein Vergleich der US-amerikanischen und deutschen Varianten findet sich bei Turner (1991, 154ff.); vgl. zur Situation in den USA auch Levine (1995).

hungen und/oder deutlich divergierenden, nicht kompromissfähigen Interessen der Akteure. Die Erfolgsaussichten hängen von den institutionellen Bedingungen ab.[192]

Die neuen partizipativen Managementstrategien bzw. -philosophien basieren nicht auf kohärenten, homogenen Konzepten, sondern stellen *ad hoc*-Experimente auf inkrementalistischer Basis dar, die langwieriger als ursprünglich erwartet sind, durchaus scheitern können und deren Erfolgsaussichten im Prinzip ungewiss sind. Die Folgen dieser ambivalenten „Diffusion von Managementaufgaben" für die korporativen Akteure und Institutionen der Arbeitsbeziehungen sind noch weitgehend ungeklärt. Die Auswirkungen können trotz gewisser Annäherungen der Betriebs- bzw. Tarifvertragsparteien deren Interessenlagen noch weiter heterogenisieren, was in der aktuellen Diskussion häufig übersehen wird (zu den Ausnahmen gehören: Beisheim et al. 1993; Greifenstein et al. 1990; Kißler 1991, 298ff.):

- Sie führen zu weiteren Segmentierungen der betrieblichen Arbeitsmärkte und damit der betrieblichen Sozialstruktur, d. h. zu Partizipationsgewinnern und -verlieren[193], da stets nur eine ausgewählte Minderheit der Arbeitnehmer auf bestimmten Hierarchieebenen teilnehmen kann (sog. Partizipationseliten);[194] die Chance der Teilhabe und damit des individuellen Nutzens materieller und immaterieller Art (nicht nur der hauptamtlichen Koordinatoren) hängt zwar nicht konzeptionell, wohl aber faktisch vom Qualifikationsniveau ab, da sich die Investitionen aus betrieblicher Sicht amortisieren müssen. Die neuen Partizipationsformen können außerdem als Instrument betrieblicher Rationalisierung benutzt werden, u. a. bei der Implementation neuer Produktionskonzepte als „Modernisierungsallianzen".
- Weiterhin treten bis dato unbekannte Autoritäts- und Statusprobleme innerhalb des Managements auf, welches keine homogene Gruppe mehr bildet: Im unteren und mittleren Management (z. B. bei den Industriemeistern als unmittelbaren Vorgesetzten) können die Reduzierung der Hierarchieebenen sowie die Veränderung des Führungsstils zur Aushöhlung von Kompetenzen sowie zu Doppelbelastungen führen (Faust et al. 1994, 45); demgegenüber gehört das Topmanagement in der Regel zu den Protagonisten der Beteiligungsverfahren.

---

192 „When employee co-determination rights on personnel and production matters are well established, as in the case of Germany, HRM tends to be mediated through the traditional collective industrial relations channel" (ILO 1997, 99).

193 Eine international vergleichende Studie zeigt: „A ... source of tension apparently due to the drive for increased flexibility in work organization and related employment practices is the potential for polarization between workers with access to jobs with innovative practices and those without" (Locke et al. 1995b, 155).

194 „Die Kluft zwischen prosperierenden und komfortablen „Wertschöpfungsgemeinschaften" mit ihren „modernen" Arbeitnehmern und den im zunehmendem Maße auf dem Arbeitsmarkt ausgegrenzten und marginalisierten Gruppen weitet sich aus" (Sperling 1997, 68).

- Außerdem überfordern die neuen Formen häufig die fachliche und soziale Kompetenz der traditionellen betrieblichen Interessenvertretung, die nicht mehr nur passiv kontrollieren kann, sondern im Rahmen einer neuen Betriebspolitik Veränderungsprozesse (wie die Gestaltung der Gruppenarbeit) in stärkerem Maße aktiv mitgestalten und selbst initiativ werden muss (alte Schutz- vs. neue Gestaltungsinteressen); außerdem muss sie sich in ihrer Interessenpolitik „nach unten" in Richtung auf eine direkte Beteiligung der unmittelbar Betroffenen öffnen. Eine Überforderung der BR durch die Übernahme zusätzlicher Aufgaben der Kooperation und Gestaltung erscheint ebenso möglich wie interne Fraktionierungen aufgrund alter und neuer Interessengegensätze, zumal sie auch Rahmentarifverträge vor allem zur Arbeitszeit und Qualifizierung auf die betriebliche Ebene „umzusetzen" und zu konkretisieren haben (Kotthoff 1995b).
- Ein latentes oder manifestes Konkurrenzverhältnis zwischen Aufgaben und Funktionen der BR und partizipativen Organisationsformen bzw. ihren Trägern wie den gewählten Gruppensprechern ist nicht immer auszuschließen, eine funktionierende Arbeitsteilung zwischen arbeitsplatzsspezifischen und generelleren Interessen oftmals schwer herzustellen. „Als Regelungsprobleme ergeben sich ... der Modus der Einführung von Arbeitsgruppensprechern und die Frage der Kompetenzverteilung in dem neuen Beziehungsgeflecht" (Gerum 1997, 188). Außerdem können vor allem in kleinen und mittleren Betrieben neue Formen der Arbeitsorganisation an den BR vorbei organisiert werden. Andererseits konstatieren Untersuchungen im Prozess der Restrukturierung und Reorganisation von Unternehmen „eine Praxis von Co-Management als Mit-Beteiligung am Managementprozess" (Sperling 1997, 39).
- Schließlich stellen die neuen Formen der Partizipation die Gewerkschaften vor neue Solidaritäts-, Abgrenzungs- und Dezentralisierungsprobleme, die sich bei den repräsentativen Formen der Mitb nicht ergaben (Leminsky 1998, 101-104); außerdem können nicht nur die Beziehungen zwischen BR und Gesamt-BR, sondern vor allem die eingespielte Kooperation zwischen BR und Gewerkschaft und damit die arbeitsteilig-kooperative Form der Interessenwahrnehmung und Konfliktverarbeitung infrage gestellt werden; eine „Fragilisierung der industriellen Beziehungen" (Sperling 1994, 9 et passim) ist vor allem auf überbetrieblicher Ebene zu beobachten. Notwendig wird eine grundlegend veränderte gewerkschaftliche Betriebspolitik, die Partizipationsgewinner und -verlierer gleichermaßen berücksichtigt. Staatliche Unterstützung in Form einer Rahmengesetzgebung, die Gewerkschaften integriert und/oder Mitbestimmungsrechte kodifiziert, könnte die Akzeptanz seitens der Gewerkschaften wesentlich fördern.

Generell gilt: „Sowohl der Betriebsrat als auch das Management befinden sich bei der Einführung partizipativer Organisationsformen auf einer Gratwanderung, bei der sie Chancen realisieren, aber auch Verluste erleiden können. Management und Betriebsrat geben Kontrollmöglichkeiten auf und hoffen, dass die impliziten Vereinbarungen halten und ein Äquivalent für die aufgehobene Kontrolle darstellen“ (Beisheim et al. 1993, 133f.). Chancen ergeben sich vor allem für einzelne Arbeitnehmer, die ihre fachlichen und sozialen Qualifikationen verbessern, ihre individuellen Handlungsspielräume vergrößern sowie die Gestaltung ihrer Arbeitsbedingungen stärker beeinflussen können. Ungewiss sind die Folgen auf der Makroebene für das System der Arbeitsbeziehungen. „... the dual system might give way to a triple system of interest representation with industry-wide bargaining between trade unions and employers' associations, enterprise negotiations between works councils and management, and direct participation by work-groups with elected team leaders“ (Müller-Jentsch/Sperling 1995, 26).

Einführende Literatur

Bertelsmann-Stiftung/Hans-Böckler-Stiftung (Hg.) (1998), Mitbestimmung und neue Unternehmenskulturen – Bilanzen und Perspektiven. Bericht der Kommission Mitbestimmung, Gütersloh.

Frick,B./Kluge,N./Streeck,W.(Hg.) (1999), Die wirtschaftlichen Folgen der Mitbestimmung. Expertenberichte für die Kommission Mitbestimmung, Frankfurt/Main-New York.

Kotthoff,H. (1994), Betriebsräte und Bürgerstatus. Wandel und Kontinuität betrieblicher Mitbestimmung, München-Mering.

Rogers,J./Streeck,W.(Hg.) (1995), Works councils. Consultation, representation, and cooperation in industrial relations, Chicago.

Wassermann,W. (2002), Die Betriebsräte. Akteure für Demokratie in der Arbeitswelt, Münster.

6 Mitbestimmung II: Unternehmensebene

Jede Analyse der institutionalisierten Partizipationsrechte von Arbeitnehmern an unternehmerischen Willensbildungs- und Entscheidungsprozessen sollte aus analytischer Perspektive unterscheiden zwischen den betrieblichen und überbetrieblichen Teilen der Mitbestimmung bzw. Betriebsverfassung, die bei unterschiedlichen gesetzlichen Grundlagen inhaltlich eng aufeinander bezogen sind. Nach der innerbetrieblichen wollen wir uns mit der Unternehmens-Mitb befassen. Die gesetzlichen Regelungen betreffen die Zusammensetzung von zwei Organen, die nach deutschem Recht im Gegensatz zu anderen nationalen Rechtsordnungen, wie etwa denen der angelsächsischen Länder, nebeneinander bestehen (dualistische vs. monistische Formen der Unternehmensverfassung bzw. *corporate governance*):[195]

- die Beteiligung von Arbeitnehmervertretern im Aufsichtsrat, dem als Wahl- und Kontrollorgan des Vorstandes nach dem Aktiengesetz zentrale Bedeutung zukommt;[196] vorgegeben sind unterschiedliche Modi hinsichtlich der Bestellung, u. a. über die Beteiligungsrechte der Gewerkschaften bei der Entsendung;

---

[195] Anders formuliert: Das angelsächsische *board*-System vereinigt leitende und kontrollierende Funktionen in einem Gremium, während in der Bundesrepublik eine Trennung von Unternehmensführung und -kontrolle erfolgt. Ersteres ist auf exit-, letzteres auf voice- bzw. Widerspruchsmechanismen orientiert. Von einer Konvergenz beider Systeme kann trotz ausgeprägter Internationalisierung nicht die Rede sein; vielmehr bestehen Pfadabhängigkeiten im Sinne von Kontinuität trotz Wandel (Gerum 2007).

[196] Der Aufsichtsrat hat laut Aktiengesetz eine Reihe von Informations-, Überwachungs- und Entscheidungsbefugnissen, zu denen u. a. gehören: Bestellung und Abberufung des Vorstandes, regelmäßige Entgegennahme von Vorstandsberichten zur zukünftigen Geschäftspolitik sowie zu grundsätzlichen Fragen des Unternehmens, Überwachung der Geschäftsführung mit Informations- und Prüfungsbefugnissen, Einberufung der Hauptversammlung, Recht der Zustimmungsverweigerung bei bestimmten Geschäften. Ob durch diese Konstruktion das *principal-agent*-Problem im Sinne eines möglichen Konflikts zwischen den Interessen der Aktionäre und denen des Vorstands gelöst werden kann ist eine durchaus offene Frage.

- die Zusammensetzung des Vorstandes als Leitungsorgan, d. h. hauptamtliche Geschäftsführung des Unternehmens mit der Verpflichtung, dem Aufsichtsrat in entscheidenden Fragen der Geschäftspolitik Bericht zu erstatten.

Wichtige Regelungen der Unternehmens-Mitb sind vor allem (zu den Varianten aus juristischer Perspektive Weiss/Schmidt 2000, 211-221):

- die 1951 im „Gesetz über die Mitbestimmung der Arbeitnehmer in den Aufsichtsräten und Vorständen der Unternehmen des Bergbaus und der Eisen und Stahl erzeugenden Industrie“ (Montan-Mitbestimmungsgesetz – MontanMitbG) getroffenen Sonderbestimmungen für die Montanindustrie. Hierzu gehören auch spätere Änderungen wie das „Gesetz zur Ergänzung des Gesetzes über die Mitbestimmung der Arbeitnehmer in den Aufsichtsräten und Vorständen der Unternehmen des Bergbaus und der Eisen und Stahl erzeugenden Industrie“ von 1956.[197]

- das „Gesetz über die Drittelbeteiligung der Arbeitnehmer im Aufsichtsrat“ („Drittelbeteiligungsgesetz“ – DrittbG), das 2004 das alte Betriebsverfassungsgesetz von 1952 für die Regelung der unternehmerischen Mitb in kleineren Kapitalgesellschaften ablöste,

- das „Gesetz über die Mitbestimmung der Arbeitnehmer“ (Mitbestimmungsgesetz – MitbG) von 1976 für Arbeitnehmer in den großen Kapitalgesellschaften (mit mehr als 2.000 Arbeitnehmern) außerhalb des Montanbereichs.

In den ersten Jahrzehnten der Bundesrepublik war die Unternehmens-Mitb in der öffentlichen Diskussion von größerer Bedeutung. Seit Ende der 1970er Jahre, nachdem die Arbeitgeberverbände mit ihrer Klage gegen das MitbG von 1976 vor dem Bundesverfassungsgericht gescheitert waren, fand diese Variante wenig Aufmerksamkeit. Anders formuliert: Unter den Vorzeichen fortschreitender Dezentralisierung der Arbeitsbeziehungen und Verbetrieblichung der Tarifpolitik (vgl. Kap.7) stand lange Zeit der betriebliche Teil im Mittelpunkt des öffentlichen und wissenschaftlichen Interesses (zusammenfassend Funder 1999). In der jüngeren Vergangenheit beobachten wir „die tatsächliche Gewichtsverlagerung der Mitbestimmung im Sinne einer „Verbetrieblichung“ der Unternehmensmitbestimmung [...], sie wird gewissermaßen zur Verlängerung der Betriebsverfassung“ (Leminsky 1998, 118f.).

[197] Diese sog. Holdingnovelle schließt die konzernbeherrschenden Obergesellschaften ein und soll einen Ausstieg aus der MontanMitb verhindern.

6.1 Die Sonderregelung für den Montanbereich

Die MontanMitb (einführend Borsdorf/Müller 1987) hat charakteristische Elemente:

- Sie sieht in Unternehmen des Bergbaus und der Eisen und Stahl erzeugenden, nicht hingegen der weiterverarbeitenden Industrie mit mehr als 1.000 Arbeitnehmern echte Parität zwischen Kapital und Arbeit vor; beide Seiten entsenden eine gleiche Zahl von Vertretern in den AR, d. h. je 5, 7 oder 10 je nach Höhe des Nenn- oder Grundkapitals des Unternehmens. Jede Seite hat neben den Vertretern aus dem Unternehmen noch ein weiteres externes Mitglied, das im Unternehmen weder als Arbeitgeber oder als Arbeitnehmer tätig noch an ihm wirtschaftlich wesentlich interessiert sein darf. Die Hauptversammlung, die Versammlung aller Anteilseigner mit bestimmten Entscheidungsvorbehalten, wählt formal alle AR-Mitglieder[198]; sie ist aber bei der Wahl der Arbeitnehmervertreter an die Vorschläge der Gewerkschaft bzw. des Betriebsrats gebunden, die dadurch über ein Vetorecht verfügen.
- Beide Seiten müssen sich auf ein weiteres Mitglied verständigen, welches auf Vorschlag der übrigen AR-Mitglieder von der Hauptversammlung gewählt wird. Dieser sog. Neutrale soll mögliche Pattsituationen bei Stimmengleichheit auflösen, d. h. Mehrheitsentscheidungen ermöglichen und damit die Beschluss- und Funktionsfähigkeit des AR auf jeden Fall garantieren.[199]
- Schließlich wird innerhalb des dreiköpfigen Vorstands gleichberechtigt der Arbeitsdirektor eingeführt. Er kann nicht gegen die Mehrheit der Stimmen der Arbeitnehmervertreter im AR bestellt oder abberufen werden.[200]

Die Einrichtung der Position des Arbeitsdirektors, der zumeist neben kaufmännischem und technischem Direktor dem Vorstand als gleichberechtigtes und voll verantwortliches Mitglied angehört, trägt wesentlich zu einer Verbesserung des Informationsflusses sowie der Mitb in Personal- und Sozialfragen bei. Der von ihm vertretene Bereich „Personal- und Sozialwesen“ wird erheblich von Arbeitnehmerinteressen beeinflusst und innerhalb des Unternehmens aufgewertet. Allerdings werden auch Entfremdungsprozesse beklagt. Der Arbeitsdirektor befindet sich in einer gewissen „Zwitterstellung“ bzw. in einem Loyalitätskonflikt: Einerseits erwarten die

---

[198] Nach dem MitbG von 1976 wählt die Hauptversammlung nur die Mitglieder der Anteilseigner.

[199] Die Neutralen, die häufig als „Zünglein an der Waage“ bezeichnet werden, sind zumeist höhere Beamte oder bei Banken beschäftigt; die Hauptversammlung besteht i. d. R. nicht auf ihrem Letztentscheidungsrecht.

[200] Diese weit reichende Vetoposition der Arbeitnehmervertreter gemäß § 13 wurde schon in der Holdingnovelle von 1956 für Muttergesellschaften von Konzernen nicht mehr vorgesehen. Demnach wird der Arbeitsdirektor wie die übrigen Mitglieder des Vorstands bestellt und abberufen.

Arbeitnehmer von ihm eine eindeutige Vertretung ihrer Interessen („Treuhänderfunktion“), andererseits hat er sich als Vorstandsmitglied für die Interessen des Unternehmens einzusetzen (Spieker 1992).

Die Regelungen der MontanMitb ermöglichen ein hohes Maß an Information und Einfluss gegenüber den Unternehmensleitungen; sie führen zu einer frühzeitigen Beteiligung der Arbeitnehmervertreter an unternehmerischen Entscheidungsprozessen.[201] Diese Verfahrensweisen dürften wesentlich dazu beigetragen haben, dass der säkulare Umstrukturierungs- und Schrumpfungsprozess der Krisenbranchen Kohle und Stahl weitgehend ohne Massenentlassungen und stattdessen u. a. durch Abfederung über Sozialpläne und Frühpensionierungen vonstatten ging. Neben diesen positiven sozialen Folgen lassen sich auch keine negativen wirtschaftlichen Konsequenzen (z. B. für die Investitionstätigkeit der Unternehmen oder die Dividenden- oder Kapitalbeschaffungspolitik) feststellen (Adams/Rummel 1977, 10ff.; Vitols 2006).

Die Regierung der Großen Koalition setzte 1968 eine Sachverständigenkommission ein, die nach ihrem Vorsitzenden häufig „Biedenkopf-Kommission“ genannt wurde und die eine „Auswertung der bisherigen Erfahrung mit der Mitbestimmung“ durchführen sowie Vorschläge zur Novellierung unterbreiten sollte. Der auf der Grundlage von Anhörungen und einer schriftlichen Befragung zahlreicher Unternehmen erarbeitete Erfahrungsbericht wurde 1970 der Regierung der ersten sozial-liberalen Koalition vorgelegt (Mitbestimmungskommission 1970). Die Kommission stellte u. a. fest, dass „von einer negativen Einflussnahme der Mitbestimmungsträger auf die unternehmenspolitische Planung der Unternehmensleitung nicht gesprochen werden kann“[202]; die MontanMitb führe zu einer stärkeren Betonung der sozialen Aspekte unternehmerischen Handelns, ohne jedoch das Rentabilitätsprinzip in Frage zu stellen; von einer Unverträglichkeit zwischen MontanMitb und bestehender Wirtschaftsordnung könne keine Rede sein; die paritätische Mitb führe nicht zur Funktionsunfähigkeit der Unternehmen. Das Urteil der Kommission über die Erfahrungen mit der MontanMitb war insgesamt positiv[203]; sie votierte für eine Ausweitung der Mitb über den Rahmen des BetrVG von 1952 hinaus, ohne allerdings eine paritätische Lösung nach dem Montanmodell zu befürworten.

Wegen der langfristig abnehmenden Bedeutung der ehemaligen Schlüsselindustrien Kohle und Stahl für die Gesamtwirtschaft (säkularer Strukturwandel, Subventionspolitik der EG) sowie aufgrund betriebswirtschaftlich bzw. unternehmenspolitisch

---

[201] Vgl. zu faktischen Unterschieden zwischen der Montan-Mitb und dem Mitb-Gesetz von 1976 im Einzelnen Staehle/Osterloh (1985, 804ff.).

[202] Eine Zusammenfassung der Ergebnisse gibt Streeck (1984, 397ff.); vgl. auch Gerum (1989, 56ff.).

[203] Schließlich haben im Montanbereich trotz erheblicher Strukturprobleme keine Arbeitskämpfe stattgefunden, wozu die spezifischen Regelungen dieser weitestgehenden Form der Mitb wesentlich beigetragen haben dürften.

motivierter Konzentrations- und Umstrukturierungsprozesse[204] fielen im Laufe der Zeit immer weniger Unternehmen in den Geltungsbereich der ältesten, vergleichsweise weitreichenden Mitb-Regelungen (sog. paritätische oder qualifizierte Mitb).[205]

In Anbetracht dieser Auflösungs- und Gefährdungserscheinungen garantierten mehrfach gesetzliche Regelungen ein zeitlich begrenztes Fortdauern der MontanMitb trotz verschiedener Änderungen. Das Problem war politisch brisant, weil aus gewerkschaftlicher Sicht der MontanMitb über ihren eigentlichen Anwendungsbereich hinaus erheblicher Symbol- und Modellcharakter für die gesamte Wirtschaft zukam.[206] Demgegenüber konnten die Arbeitgeberverbände, vor allem die BDA, keinen sachlichen Grund für eine Sicherung erkennen. Die Parität blieb gewahrt; das geänderte Wahlverfahren sowie die Veränderung der Zusammensetzung der Arbeitnehmerbank im AR schwächten die Position der Gewerkschaften.

1988 wurde das „Gesetz zur Ergänzung des Gesetzes über die Mitbestimmung der Arbeitnehmer in den Aufsichtsräten und Vorständen der Unternehmen des Bergbaus und der Eisen und Stahl erzeugenden Industrie (Mitbestimmungsergänzungsgesetz)“ neu gefasst. Danach gilt die MontanMitb nur noch für Konzernobergesellschaften,

- zu denen eine oder mehrere Tochterunternehmen gehören, die insgesamt mindestens 2.000 Kohle- und Stahlbeschäftigte haben oder
- wenn wenigstens 20% der Wertschöpfung des Konzerns in diesem Bereich erfolgen (sog. Montanquote).

[204] Dazu gehören z. B. Fusionen, Verlagerung von Produktionsschwerpunkten in andere Branchen, Gründung von Konzernobergesellschaften, sog. *Holdings*, die ursprünglich nicht in den Geltungsbereich des MontanMitbG fielen. Unter die Sonderregelungen der Montan-Mitbestimmung fielen infolge des säkularen Niedergangs der Kohle- und Stahlindustrie nur noch ca. 40 Unternehmen. Die Mitbestimmung nach dem BetrVG von 1952 galt Ende der 1990er Jahre für ca. 2.600 Unternehmen (Bertelsmann-Stiftung/Hans-Böckler-Stiftung 1998).

[205] Insgesamt gilt: „Auch wenn die Gewerkschaften heute zur Kenntnis nehmen müssen, dass die Montanmitbestimmung als ein „Auslaufmodell“ gilt und dass allein die spätere Form der Unternehmensmitbestimmung – nach Zahl der Unternehmen und der von ihnen Beschäftigten – von quantitativer Relevanz ist, kann die sozialpolitische Bedeutung der Montanmitbestimmung für das Ruhrgebiet und – in ihrer Fernwirkung – für die westdeutsche Nachkriegsentwicklung insgesamt kaum überschätzt werden“ (Müller-Jentsch 1998, 17).

[206] „Da diese Montanmitbestimmung das einzige Element aus den Neuordnungsvorstellungen der Gewerkschaften geblieben war, das in die Tat umgesetzt werden konnte, wurde es später ideologisch überhöht im Sinne eines historischen Kompromisses zwischen Kapital und Arbeit oder im Sinne eines Faustpfandes der Wirtschaftsdemokratie“ (Leminsky 1994, 39).

Abb. 6.1: Gesetzliche Grundlagen der Mitb im Aufsichtsrat im Vergleich

Montanmitbestimmung

Montanmitbestimmungsgesetz – seit 7. Juni 1976 in Kraft

- Gilt im Bergbau sowie der Eisen- und Stahlindustrie bei mehr als 1.000 Beschäftigten
- Paritätisch besetzt auf Anteilseigner- und Arbeitnehmerseite plus einem Neutralen
- Anzahl der Aufsichtsräte: 11, 15 bis 21
- Vorschlagsrecht der Gewerkschaften für 2 bis 4 Aufsichtsratssitze; Gewerkschaftskandidaten müssen sich genauso zur Wahl stellen wie betriebliche Vertreter*
- Wahlrecht: Urwahl

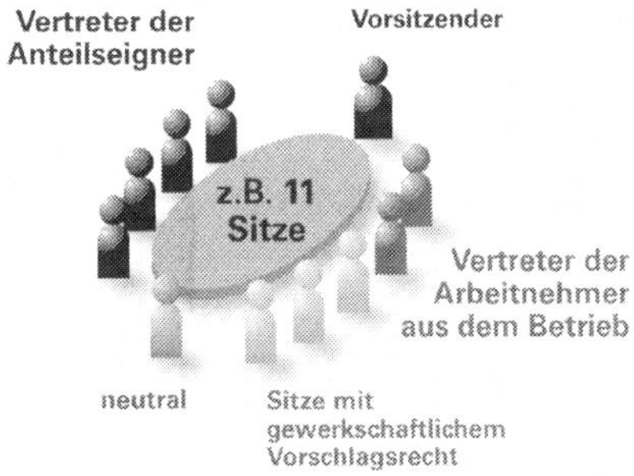

*bis 1981 hatten Gewerkschaften das Recht, ihre Vertreter zu entsenden

Drittelbeteiligungs-Modell

Gesetz über die Drittelbeteiligung der Arbeitnehmer im Aufsichtsrat „Drittelbeteiligungsgesetz" – seit 1. Juni 2004 in Kraft

- Gilt für alle Unternehmen zwischen 500 und 2.000 Beschäftigten; löste das Betriebsverfassungsgesetz von 1952 ab, das zuvor die Mitbestimmung in diesen Unternehmen geregelt hatte
- Im Aufsichtsrat sind ein Drittel Arbeitnehmervertreter
- Größe nach Satzung – mindestens drei Aufsichtsräte
- Beteiligung von Gewerkschaften keine Pflicht
- Wahlrecht: Urwahl

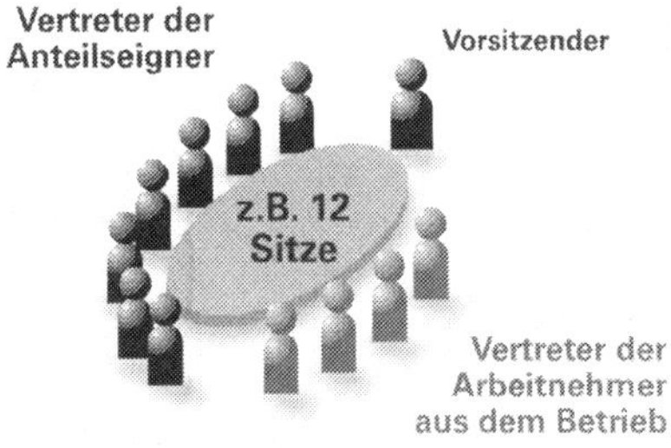

Mitbestimmung nach dem 1976er-Gesetz

Gesetz über die Mitbestimmung der Arbeitnehmer – seit 1. Juli 1976 in Kraft

- Gilt für Großunternehmen ab 2.000 Beschäftigten
- Trotz gleicher Anzahl an Sitzen strukturelle Unterparität der Arbeitnehmerseite
- Der stellvertretende Aufsichtsratsvorsitzende ist in der Regel Arbeitnehmervertreter; beide Vorsitzende müssen mit Zweidrittelmehrheit vom AR gewählt werden
- Anzahl der Aufsichtsräte: 12 bis 20
- Vorschlagsrecht der Gewerkschaften für 2 bis 3 Aufsichtsratssitze; Gewerkschaftskandidaten müssen sich genauso zur Wahl stellen wie betriebliche Vertreter
- Wahlrecht: Urwahl, ab 8.000 Beschäftigten Delegiertenwahl

Quelle: Hans-Böckler-Stiftung, http://www.boeckler-boxen.de

6.2 Die Regelungen für die übrige Privatwirtschaft

Für kleinere Kapitalgesellschaften (u. a. GmbH, AG, KGaA) mit mehr als 500 und bis zu 2.000 Beschäftigten regelt das DrittbG, das 2004 die Regelungen der § 76ff. des alten BetrVG von 1952 abgelöst hat, die unternehmerische Mitb der Arbeitnehmer. Das DrittbG kennt die Institution des Arbeitsdirektors entsprechend der MontanMitb nicht und gesteht den Arbeitnehmervertretern lediglich ein Drittel der AR-Sitze (sog. Drittelbeteiligung) zu. Die Vertreter der Anteilseigner werden von der Hauptversammlung, die der Arbeitnehmer von der Belegschaft in Urwahl gewählt. In den übrigen Unternehmen mit fünf und mehr Beschäftigten bestehen lediglich innerbetriebliche Mitb-Rechte des BR nach dem BetrVG.

Die Regelungen des heutigen DrittbG und früheren BetrVG v. 1952 fallen aus Arbeitnehmer- bzw. Gewerkschaftssicht deutlich hinter die früher auf massiven Druck der Gewerkschaften beschlossenen Regelungen im Montanbereich zurück (Bürger 1991). „Nach empirischen Untersuchungen wird die Drittelbeteiligung in der gewerkschaftlichen und öffentlichen Diskussion nur wenig wahrgenommen, obwohl doch die Zahl mittlerer Unternehmen unter dieser Mitbestimmungsform im Vergleich zu den großen Unternehmen weiter zunehmen wird“ (Leminsky 1998, 122).

Das von der sozial-liberalen Koalition nach langer und kontroverser Diskussion 1976 als Ergebnis eines politischen Aushandlungsprozesses *par excellence* verabschiedete Mitbestimmungsgesetz gilt außerhalb des Montanbereichs für alle Kapitalgesellschaften mit in der Regel mehr als 2.000 Arbeitnehmern unabhängig von anderen Kriterien wie Umsatz oder Bilanzsumme. Zentrale Regelungen sind:

- Der AR besteht in Abhängigkeit von der Beschäftigtenzahl des Unternehmens aus 12, 16 oder 20 Mitgliedern, Anteilseigner und Arbeitnehmer entsenden je die Hälfte (§ 7 MitbG). Das Wahlverfahren ist anders als bei der MontanMitb: Die Anteilseignervertreter werden von der Hauptversammlung gewählt, die Arbeitnehmervertreter entweder in Urwahl, d. h. direkt durch die Belegschaft bei bis zu 8.000 Arbeitnehmern, oder durch die zwischengeschaltete Wahlmännerversammlung, d. h. indirekt bei mehr als 8.000 Arbeitnehmern; Gewerkschaften und „leitende Angestellte“ haben ein nicht-bindendes Vorschlagsrecht.

- Wird der AR-Vorsitzende im ersten Wahlgang nicht mit einer 2/3-Mehrheit gewählt, können die Vertreter der Anteilseigner im zweiten Wahlgang ihren Kandidaten durchsetzen; die Vertreter der Arbeitnehmer wählen dann den stellvertretenden Vorsitzenden (§ 27 MitbG).

- Die Position des „Neutralen“, wie wir sie aus der MontanMitb kennen, wird nicht übernommen, so dass ein anderer Mechanismus zur Auflösung möglicher Pattsituation notwendig wird: Das Letztentscheidungsrecht verbleibt *de facto* auf der Seite der Kapitaleigner, da bei formal paritätischer Zusammensetzung des AR im Falle einer Stimmengleichheit der Vorsitzende bei der erneuten Abstimmung eine zweite Stimme hat (sog. Doppelstimmrecht nach § 29 MitbG).

- Auf Seiten der Arbeitnehmer sind Arbeiter und Angestellte entsprechend ihrem zahlenmäßigen Verhältnis vertreten, wobei nach dem Prinzip der Gruppenwahl verfahren wird, sofern nicht nach einem getrennten und geheimen Beschluss gemeinsame Wahl beantragt wird.

- Die Institution des Arbeitsdirektors als gleichberechtigtes Mitglied des Vorstandes bleibt bestehen; er wird aber wie jedes andere Vorstandsmitglied gewählt, d. h. er kann auch gegen die Stimmen der Mehrheit der Arbeitnehmervertreter im AR bestellt oder abberufen werden. Er hat seine Aufgaben „im engsten Einvernehmen mit dem Gesamtorgan auszuüben" (§ 33 MitbG).

- Aufgrund massiver Interventionen des Koalitionspartners FDP wird im Gegensatz zur Montan-Mitb eine eigenständige Vertretung der leitenden Angestellten im AR institutionalisiert, die unabhängig von der absoluten oder relativen Anzahl der „Leitenden" ist. Die Zurechnung erfolgt auf Arbeitnehmerseite, obwohl die „Leitenden" nach Meinung der Gewerkschaften faktisch häufig Arbeitgeberfunktionen bzw. unternehmerische Aufgaben wahrnehmen und in ihrer Interessenlage Unterschiede zu den übrigen Arbeitnehmern aufweisen.[207]

Auch bei der Unternehmens-Mitb wollen wir ähnlich wie bei der innerbetrieblichen Mitb nach Realität und Praxis fragen, da die tatsächlichen Abläufe von Entscheidungen und die gesetzlichen Regelungen nicht übereinstimmen müssen. Mitb-Rechte auf Unternehmensebene bestehen nur für eine Minderheit, nämlich für die Beschäftigten der Montanindustrie durch branchenspezifische Sonderregelungen sowie der großen und kleinen Kapitalgesellschaften durch das MitbG bzw. DrittbG („Zone der doppelten Mitb" durch BR und AR). Der weitaus größere Teil der Arbeitnehmer verfügt über keine institutionalisierten Mitb-Rechte.[208]

---

[207] Vor allem die Gewerkschaften befürchteten, dass diese Sondervertretung der „Leitenden" die Arbeitnehmerbank weiter aufsplittern und eine einheitliche Interessenvertretung verhindern würde, nachdem bereits getrennte Vertretungsrechte der Arbeiter und Angestellten eingeführt waren. Die gegenteilige Meinung betonte Kompetenz und Sachverstand der „Leitenden".

[208] Der DGB kritisierte schon früh, dass das MitbG Personengesellschaften, kapitalintensive Unternehmen mit geringer Beschäftigtenzahl, aber hohem Umsatz und bestimmte Konzernformen nicht einbezieht; auch verschiedene „Fluchtstrategien" bzw. Umstrukturierungsmaßnahmen (u. a. Divisionalisierung bzw. Spartenorganisation, Änderung der Rechtsform) werden beklagt, die allerdings keine große Bedeutung haben.

Abb. 6.2: Mitbestimmte Unternehmen nach MitbG, 1981-2006

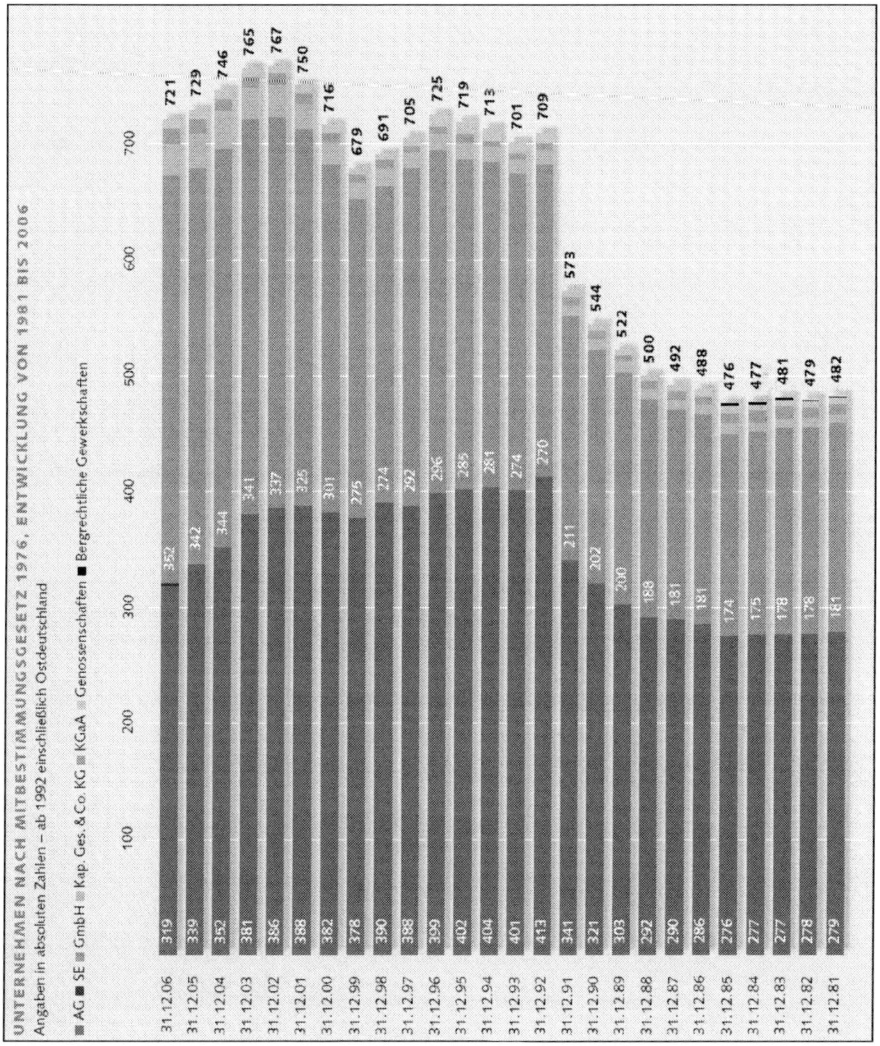

Quelle: *Ehrenstein 2007, 70.*

„Hauptursache der Abgänge ist das Absinken der Beschäftigtenzahl unter 2.000. Weitere wesentliche Ursachen sind der Abschluss eines Betriebspacht- oder Betriebsüberlassungsvertrages, Eingliederungen/Verschmelzungen, Fusionen/Umwandlungen sowie Konkurse ... Hauptursache der Zunahme ... ist – neben der deutschen Vereinigung – die Unternehmenskonzentration, m. a. W. die Zunahme der größeren und großen Unternehmen und Konzerne durch externes Wachstum" (Kronenberg et al. 1994, 25).

Die älteren Forschungsarbeiten lassen sich folgendermaßen zusammenfassen: „Mitbestimmung ... ist eine Reaktion auf legislatorische Akte, bislang vorwiegend auf das Montanmitbestimmungsgesetz von 1951. Mitbestimmungsforschung ... untersucht die Effektivität der Mitbestimmungsgesetze. Mitbestimmungsforschung entwickelt sich zunehmend von einer soziologischen Einstellungs- zur betriebswirtschaftlichen Organisationsforschung ... Das Forschungsfeld ist die gewerbliche Wirtschaft. Fallstudien und Forschungsinteresse am tertiären Sektor nehmen allerdings zu" (Kißler 1986, 20f.). Studien über die älteren Formen liegen in größerer Zahl vor. Erstaunlicherweise sind Untersuchungen über die jüngere Unternehmens-Mitb von 1976 selten geblieben.[209] Wesentliche Ergebnisse sind:

- Das Wahlverfahren (Ur- oder Wahlmännerwahl) wird in den Wahlordnungen außerordentlich kompliziert gestaltet, was zu langwierigen und schwierigen Prozeduren führen kann; beide Seiten kritisieren das Verfahren, ohne Konsens in Bezug auf seine Änderung erzielen zu können. – Die DGB-Gewerkschaften behaupten ihre Vormachtstellung bei dem Wettbewerb um die AR-Sitze; sie erringen jeweils ca. 75% der Sitze. Das Verhältniswahlrecht mit „Minderheitenschutz" begünstigt kleinere Gruppierungen gegenüber Einheitsgewerkschaften.

- Nur wenige Arbeitnehmervertreter sind der Meinung, dass die „Leitenden" die Geschlossenheit der Arbeitnehmerbank wirklich gefährden; die praktische Arbeit im AR wird als recht kooperativ bezeichnet. Die Vertreter der „Leitenden" entscheiden wegen des Zweitstimmrechts des AR-Vorsitzenden nur sehr selten Abstimmungen. Bei bestimmten Problemen (z. B. Betriebsstilllegungen) sind die Interessen aller Arbeitnehmervertreter dieselben. Die „Leitenden" werden sehr häufig in Vorbesprechungen der Arbeitnehmerbank einbezogen und tragen deren Position im AR mit (Bamberg et al. 1987, 183ff.). Sie können im Rahmen einer stärkeren Akzentuierung betrieblicher und unternehmensbezogener Interessen zur Professionalisierung der AR-Arbeit beitragen (Leminsky 1998, 119).

---

[209] Vgl. aber Bamberg (1984); sowie vor allem Bamberg et al. (1987); eine Zusammenfassung älterer Ergebnisse findet sich bei Streeck (1984, 405ff.); zusammenfassend zur empirischen Mitbestimmungsforschung auch Kißler (1992, bes. 101ff.).

- Die im Unternehmen beschäftigten Arbeitnehmervertreter im AR sind zumeist auch BR, die die AR-Arbeit als „institutionell verlängerte Betriebsratsarbeit" (Adamy/Steffen 1985, 201) verstehen. Ihnen wird häufig „betriebsegoistisches" Verhalten bei Form und Inhalt ihrer die Gegensätze vertuschenden, kooperativen Interessenvertretung vorgeworfen. Die Vertreter der Anteilseigner versuchen häufig, diese „internen" Arbeitnehmervertreter stärker in die Unternehmenspolitik einzubinden. Dadurch sollen die „externen", d. h. Gewerkschaftsvertreter, auf Distanz gehalten werden.

Diese Identifikation mit den Interessen der eigenen Belegschaft, die in Zeiten hoher Arbeitslosigkeit und stärkerer Segmentation der Arbeitsmärkte zunehmend Probleme schafft, gilt nicht für die externen Vertreter; diese sollen eher unternehmensunabhängige, überbetrieblich-vereinheitlichende (Gesamt-)Interessen der Arbeitnehmer einbringen und sachkompetent vertreten. Sie sind jedoch formal schwach repräsentiert; die AR-Tätigkeit hat für sie keinen zentralen Stellenwert. Gelegentlich können Probleme zwischen Internen und Externen auftreten:

- Häufig ist der BR-Vorsitzende bzw. zunehmend der Vorsitzende des Konzern-BR nicht nur Arbeitnehmervertreter im AR (Gerum 2007) sondern sogar dessen stellvertretender Vorsitzender; dadurch verfügt er über eine herausgehobene Position innerhalb seiner Gruppe (vgl. Kap. 5) sowie über beträchtliche Einflussmöglichkeiten im Rahmen einer „Feinabstimmung" zwischen betrieblicher und Unternehmens-Mitb.

- Der AR-Vorsitzende hat faktisch eine herausragende Position, da er nicht nur sein Doppelstimmrecht einsetzen kann, sondern häufig auch direkter Ansprechpartner des Vorstandes ist, dadurch über einen Wissens- und Informationsvorsprung verfügt und faktisch wichtige Koordinations- und Abstimmungsaufgaben wahrnimmt.

- Kampfabstimmungen im AR, wie sie der Gesetzestext suggeriert, finden nur sehr selten statt (Jürgens/Lippert 2005); offene Konflikte werden durch vorklärende Gespräche zwischen Vorstand und Arbeitnehmervertretern vermieden. Auch sind häufige informelle Kontakte zwischen bestimmten Vertretern beider Seiten mit dem Ziel der Informationsgewinnung und Interessenabstimmung von erheblicher Bedeutung für die AR-Arbeit. In Vorbesprechungen werden Konflikte bereits vor den Sitzungen ausgeräumt und Kompromisse ausgehandelt; die eigentliche Sitzung, die durch Vorabklärungen zudem verkürzt wird, dient nur noch der formalen Abstimmung, nicht aber kontroversen Debatten.

- Die Arbeitnehmervertreter haben infolge fehlender betriebswirtschaftlicher Alternativen häufig keine andere Möglichkeit, als den Plänen des Vorstandes zuzustimmen.

- Eine nachträgliche, wirklich effektive Kontrolle der Unternehmenspolitik des Vorstandes durch die Arbeitnehmervertreter im nebenamtlich tätigen AR gestaltet sich sowohl wegen der gelegentlich mangelhaften Informationspolitik des Vorstandes (z. B. Vorenthaltung und/oder Filterung der relevanten Informationen) als auch wegen der geringen Sitzungsfrequenz des AR (mit ca. vier Sitzungen pro Jahr mit einer Dauer von nur wenigen Stunden) zumeist schwierig.

- Der AR wird häufig erst zum Zeitpunkt der Beschlussfassung in den unternehmensinternen Entscheidungsprozess eingebunden: er hat nur die Aufgabe, Entscheidungen zeitlich zu fixieren bzw. im nach hinein zu legitimieren – und nicht, sie tatsächlich zu fällen. Gestaltungsspielräume der Arbeitnehmervertreter sind dadurch wesentlich eingeengt. Die Steuerungsfunktion des AR im Entscheidungsprozess der Unternehmenspolitik bzw. der Überwachung des Vorstandes haben sich im Laufe der Zeit in der Tendenz verbessert (Gerum 2007).

- In der überwiegenden Mehrzahl der Unternehmen bestehen inzwischen Ausschüsse des AR mit spezifischen, eher routinemässigen Aufgaben der Vorbereitung und Überwachung (u. a. für Investitions-, Finanzierungs-, Bilanz-, Arbeitsschutz- und Personalfragen), die häufig auch entscheidungsbefugt sind; diese Entwicklung der organisatorischen Differenzierung ist Ausdruck einer zunehmenden Professionalisierung der AR-Arbeit (Gerum 2007). Zusammensetzung, Funktion und Arbeitsweise dieser Ausschüsse sind jedoch durch das MitbG nicht detailliert geregelt (insb. keine zwingende paritätische Besetzung, in Einzelfällen keine Beteiligung der Arbeitnehmer, Zweitstimmrecht bzw. Stichentscheidungsrecht des Ausschussvorsitzenden). In den Ausschüssen, welche die notwendige fachliche Arbeit faktisch weitgehend leisten, finden wesentliche informelle Vorabsprachen statt, an denen Arbeitnehmervertreter in unterschiedlichem Ausmaß und zu verschiedenen Zeitpunkten beteiligt werden. Insgesamt ist daher durch die Verlagerung der Entscheidungsprozesse eine Verringerung des Arbeitnehmereinflusses festzustellen. Diese Tendenzen können durch die Ausgestaltung von Satzung und Geschäftsordnung des AR – vor allem über einen Mindestkatalog zustimmungspflichtiger Geschäfte – verändert werden.

- Die Position des Arbeitsdirektors ist aus Sicht der Arbeitnehmervertreter aufgrund des Wahlmodus schwach im Vergleich zur MontanMitb; er ist ihrem Einfluss weitgehend entzogen. Der Arbeitsdirektor ist traditionell zumeist für das Personal- und Sozialwesen zuständig, ohne dass sein Aufgabenbereich wie im Montanbereich verbindlich und genau definiert wäre. Der Arbeitsdirektor befindet sich als Vermittler notwendigerweise in einer gewissen „Zwitterstellung", die jedoch nicht so ausgeprägt ist wie im Montanbereich. „Als zentraler Eindruck bleibt, dass die Funktion des Arbeitsdirektors in den privaten Unternehmen (außerhalb des Montansektors) kurzfristigen betriebswirtschaftlichen Kalkülen und Kostenüberlegungen untergeordnet wird, was ein Einvernehmen mit den Stammbelegschaften und betrieblichen Interessenvertretungen nicht ausschließt. Personalpolitik hat keinen eigenständigen Stellenwert, eine Ergänzung der ökonomischen durch eine soziale Legitimation findet nicht statt" (Leminsky 1998, 141).

- Zumeist schlägt die Arbeitgeberseite den Arbeitsdirektor vor, was nicht unbedingt im Einvernehmen mit, geschweige denn auf Initiative der Arbeitnehmervertreter geschieht; häufig war er früher Personalchef. Offene Konflikte im Bestellungsverfahren treten gelegentlich bei externen Kandidaten auf, werden aber im Regelfall wegen ihrer Aussichtslosigkeit und in Anbetracht der notwendigen zukünftigen Kooperation von den Arbeitnehmervertretern vermieden. Es kommt kaum zu „Kampfabstimmungen oder Gegenkandidaten, weil die Geschäftsleitungen Personalfachleute aus dem Unternehmen präsentieren, oder weil die Arbeitnehmerseite hofft, durch ein Entgegenkommen bei der Wahl die Chance auf eine spätere Zusammenarbeit zu verbessern" (Leminsky 1998, 253).
- Die Gewerkschaften bemängeln eine Hierarchisierung der BR. Schwerpunkte der Politik werden zumeist vom Gesamt-, nur selten vom Konzern-BR entschieden.

Eine ältere Untersuchung kommt zu dem Ergebnis, „dass das MitbestG 1976 den Arbeitnehmervertretern gegenüber dem BetrVG 52 deutlich erweiterte Einflussmöglichkeiten bietet, die allerdings gemessen an dem Montanmitbestimmungsgesetz von 1951 gering ausfallen" (Dzielak 1983, 738). Die Mitb-Möglichkeiten bleiben faktisch knapp unterhalb der Paritätsgrenze.[210] – Eine aktuelle Studie kommt zu folgendem Resultat: „Die Befunde zur Machtverteilung im mitbestimmten Aufsichtsrat zeigen, dass sich, global betrachtet, an der Nutzung der rechtlichen Möglichkeiten, das Einflusspotenzial zugunsten der Kapitaleigner bzw. zu Lasten der Arbeitnehmer zu verschieben, im Ergebnis nichts geändert hat." (Gerum 2007, 428).

Die Mitb-Rechte der Arbeitnehmervertreter werden auch von der Mehrheit der Arbeitgeber nicht grundsätzlich infrage gestellt; negative Konsequenzen (etwa für die Effizienz von Betrieben), die gelegentlich behauptet werden, lassen sich kaum empirisch belegen (vgl. im Einzelnen Kap. 6.3). Erhebliche Differenzen, die zugleich unterschiedliche Vorstellungen von Regulierungspolitik repräsentieren, bestehen allerdings hinsichtlich des sinnvollen Ausmaßes:

- Der DGB tritt in seinen Leitsätzen ein für die „allgemeine Durchsetzung der qualifizierten Mitbestimmung" nach dem Montan-Modell in allen Großunternehmungen und Konzernen der Wirtschaft (sog. volle Parität von Arbeit und Kapital). Eine solche Ausweitung ist allerdings politisch nicht durchzusetzen.

---

210 Die MontanMitb wurde von einer deutlichen Mehrheit sowohl aller Arbeitnehmer als auch der verschiedenen Gruppen als die im Vergleich zum 76er MitbG „bessere Form der Mitb" eingestuft (Adamy/Steffen 1985, 204).

- Die Arbeitgeberverbände klagten gegen das MitbG 1976 vor dem BVerfG. „The judgement rejected employer claims that the provisions for (quasi-)parity on the boards of large private companies compromised property rights projected in the constitution, by arguing that concessions to collective employee rights to representation were a necessary means to obtain cooperation and consent in the pursuit of profit. In short, the market could not operate unfettered in the real social world, and a regulatory compromise provided a superior framework to the unregulated use of force to establish authority relations" (Ramsay 1991, 559).

Die Gewerkschaften bzw. Arbeitnehmervertretungen in der Mehrzahl der Industrienationen standen den deutschen Mitb-Regelungen mit ihrer hochgradigen Institutionalisierung und Verrechtlichung lange Zeit skeptisch gegenüber; vor allem lehnten sie rechtliche Vorgaben als einseitige Integrations- bzw. Befriedungsinstrumente ab. Typisch für diese Sichtweise ist das *collective bargaining*-System des *New Deal* in den USA[211], welches zur Maxime hat, dass „management manages and workers and their unions grieve or negotiate the impacts of management decisions through collective bargaining" (Kochan et al. 1986, 179).[212] Einerseits ist die Verbreitung von „codetermination and unions in the boardroom" (Sloane/Witney 2007, 351) im Sinne strategischer Partnerschaften, die rein freiwillig geschlossen werden müssten, nach wie vor eng begrenzt; andererseits zeigen Befragungen, dass Arbeitnehmer eine Beteiligung ihrer Repräsentanten an strategischen Entscheidungen von Unternehmen mehrheitlich unterstützen würden (Freeman/Rogers 1993, 1999).

Auch die voluntaristisch geprägten Arbeitsbeziehungen Großbritanniens (Edwards 2005) mit ihrer Bedeutung informeller *customs and practices* kannten im Gegensatz zu anderen Ländern nur wenige rechtliche Interventionen.[213] Das *collective bargaining* bedurfte keiner gesonderten Ergänzung, während in Deutschland Tarifautonomie und Mitb traditionell als zwei Seiten ein- und derselben Medaille konzipiert wurden.[214] Diese Einschätzungen hatten auch mit deutlichen Unterschieden in den Zentralisierungsgraden der Tarifverhandlungssysteme zu tun (Bean 1994, 166ff.).

---

[211] „Ten years ago North American unions were almost universally satisfied with "job control" unionism. They were also unwilling to participate in strategic decision-making because they did not want to be held responsible for possible bad results of policies in which they had concurred" (Adams 1989, 53). Ähnlich argumentiert Bellace (1993, 9ff).

[212] Eine Minderheitenposition in Bezug auf die USA vertreten Kochan/Osterman 1994. Eine Übersicht über die Entwicklung findet sich bei Stern (1998), einen Überblick über die aktuelle Situation geben Appelbaum/Hunter (2005).

[213] Ein Vergleich europäischer Länder findet sich bei Hyman (1989, 202-223).

[214] Die Studie der Bertelsmann-/Hans-Böckler-Stiftung nennt die „Unterscheidung und gegenseitige Abstimmung von Tarifautonomie und Mitbestimmung ... das charakteristische Herzstück des deutschen Systems der industriellen Beziehungen nach dem Zweiten Weltkrieg..." (1998, 7; im Original z. T. kursiv).

Seit etlichen Jahren änderte sich diese Sichtweise u. a. durch die wachsende Bedeutung technologischer Faktoren sowie Globalisierung der Märkte. Generell verzeichnen wir ein zunehmendes Interesse an Partizipationsregelungen.[215] Verbesserungen der Rechtslage wurden u. a. in Schweden, Frankreich und den Niederlanden vorgenommen (IDE 1993, 29-68; Lansbury 1994, 21ff.). Einfache Übertragungen nationaler Regelungen auf andere Länder können nicht aus theoretischer Perspektive sinnvoll bzw. aus praktischer Perspektive erfolgreich sein.[216] International vergleichende Untersuchungen zeigen, „dass der Grad der normativ vorgegebenen Partizipationsintensität zu den besten Prädiktoren tatsächlichen Partizipationsverhaltens gehört. Wer Partizipation fördern will, tut gut daran, die formalen Partizipationsstrukturen weit zu stecken" (Wilpert 1989, 326; ähnlich IDE 1993).

Charakteristika der deutschen Regelungen finden wir zunächst in Bezug auf die Ebenen, wobei nur die mittleren der vier möglichen Ebenen hochgradig reguliert sind: Die Rechte sind auf Betriebs- und Unternehmensebene umfassend und detailliert geregelt; demgegenüber bleiben die individuelle Ebene bzw. der einzelne Arbeitsplatz sowie die gesamtwirtschaftliche Ebene fast vollständig ausgeklammert.

Forderungen nach mehr „Mitbestimmung am Arbeitsplatz" wurden in den späten 1960er und frühen 1970er Jahren innerhalb basisdemokratischer Vorstellungen einer „Arbeiterselbstverwaltung" sowie von Arbeitsgruppenkonzepten (Thelen 1991, 93ff.), später im Rahmen der Konzepte zur „Humanisierung des Arbeitslebens" erhoben; auch der Versuch des Aufbaus gewerkschaftlicher Vertrauensleutekörper (vgl. im Einzelnen Kap. 5) tendierte in diese Richtung. Außerdem fordern die Gewerkschaften seit den 1970er Jahren gelegentlich die Errichtung von Wirtschafts- und Sozialräten auf Bundes-, Landes- und regionaler Ebene. Solche Institutionen auf der Meso- und Makroebene wären als Mitb-Organe mit spezifischen, noch zu definierenden Rechten bei der Gestaltung der ökonomischen und rechtlichen Rahmenbedingungen möglich, wenngleich wenig wahrscheinlich („Wirtschaftsdemokratie" durch korporative Repräsentation).

Zentrale Merkmale bestehen zum einen in Bezug auf die Ebenen der Mitb. Zum anderen existieren Differenzen hinsichtlich der Regelungsinstrumente Gesetz vs. Vertrag: In Deutschland dominiert die gesetzliche Fixierung, während in anderen Ländern (wie Belgien oder Dänemark) die Tarifvertragsparteien entsprechende Regelungen häufig durch gesonderte Kollektivvereinbarungen auf gesamtwirtschaftlicher oder sektoraler Ebene treffen (Blanpain 1993; Poole 2003). Die Richtlinie über die Einsetzung eines Europäischen Betriebsrats von 1994 versucht im Gegensatz zu

---

[215] Für andere aus der „Schule der Neo-Institutionalisten" Turner (1991); Wever (1995).

[216] Natürlich können wir nicht einfach Institutionen vergleichen bzw. übernehmen; stattdessen müssen wir von Funktionen und Aufgaben ausgehen (Schregle 1987).

deutschen Regelungen, *bargaining* und legislative Elemente zu kombinieren (vgl. im Einzelnen Kap. 12). Aus komparativer Perspektive unterscheiden wir drei Grundformen industrieller Demokratie:

„1. Die gesetzliche Mitbestimmung durch gewerkschaftsunabhängige Organe (Betriebsrat) mit gesetzlich spezifizierten Rechten und Pflichten (typisch für Deutschland, Österreich, Niederlande, Spanien);

2. die institutionalisierte gewerkschaftliche Betriebsrepräsentanz, die durch gesetzliche Rahmenregelung mit Informationsrechten und Verhandlungskompetenzen ausgestattet ist (typisch für Schweden und Italien),

3. die autonome gewerkschaftliche Betriebsrepräsentanz, die allein durch die kollektive Macht der Arbeitnehmer und freiwillige Aushandlungsprozesse mit dem Management sich konstituieren kann (typisch für die Shop Stewards in Großbritannien)" (Müller-Jentsch 1997, 47-48).

Im internationalen Vergleich zu den angelsächsischen Varianten besteht ein weiteres Merkmal der deutschen Regelungen darin, dass sie überwiegend indirekt-repräsentative und kaum direkt-individuelle Formen annehmen.[217] „Anglo-Saxon models mostly focused upon direct worker control and immediate action of persons directly concerned. In contrast to this, the German model aims at creating a participative "Work Constitution", an organisation framework with graded participation claims and rights to be executed by elected worker representatives" (Fürstenberg 1993, 53).

Vorteile der deutschen Variante[218] bestehen darin, dass

- gewisse Minimalstandards für alle Betriebe verbindlich vorgegeben sind,
- die „Varianz" kleiner ist als bei rein freiwilligen Vereinbarungen,
- eine höhere Regelungsdichte erreicht wird,
- die Regelungen nicht ohne weiteres durch einseitige Entscheidungen zurückgenommen werden können,
- gewerkschaftliche Ressourcen nicht für die fallweise Aushandlung von Mitb-Rechten in einem Prozess des *do ut des* eingesetzt werden müssen, sondern sich auf andere Gegenstände konzentrieren können.[219]

---

[217] Vgl. zu den Formen individueller Korrekturpartizipation im BetrVG Breisig (1993, 172ff.).

[218] Ähnlich argumentiert mit anderer Zielsetzung Turner (1991, 17ff.).

[219] Vgl. zu verschiedenen Aspekten von Humankapital und dynamischer Effizienz Smith (1991).

Im internationalen Vergleich (Gladstone 1989, 81-145; Kassalow 1989), der in der traditionellen deutschen Forschung lange Zeit kaum eine Rolle spielte, gilt *co-determination* sowohl als typisches Merkmal der positiv beurteilten deutschen Arbeitsbeziehungen als auch als wesentliche Voraussetzung für seine relative Stabilität. Dieser Trend ist in Zeiten zunehmender Interessendifferenzierung und Marginalisierung durchaus überraschend. Die ursprünglich plausible Erklärung der Stabilität durch ökonomische Prosperität erwies sich offensichtlich als wenig realistisch; der langen Phase eines nahezu permanenten wirtschaftlichen Wachstums folgte nicht die große Krise, sondern verschiedene Prozesse dynamischer Anpassung.

6.3 Aktuelle Forderungen zur Mitbestimmung

1. Die gesellschaftspolitischen Voraussetzungen ändern sich derzeit auf Grund der vehement vorgetragenen Forderungen nach grundlegenden Änderungen nicht nur der betrieblichen sondern vor allem auch der Unternehmens-Mitb (BDA/BDI 2004; v.Werder 2003, 2004, Donges et al. 2007). Zu dem umfangreichen Forderungskatalog gehören u. a.: deutliche Verkleinerung des AR, Reduzierung der Zahl der Arbeitnehmervertreter auf ein Drittel, Ersatz der geltenden Regelungen durch ein reines Konsultationsverfahren bzw. -organ, Rücknahme der Novellierung des BetrVG 2001. Die Fronten haben sich umgedreht: Während früher stets die Arbeitgeber den *status quo* beibehalten wollten, und die Gewerkschaften Veränderungen forderten, gilt nunmehr der umgekehrte Zusammenhang. Verfechter und Kritiker des *status quo* haben ihre Positionen publizistisch aufbereitet und ihre verbandsinternen, politischen und wissenschaftlichen Propagandisten in Stellung gebracht (für andere Rieble 2004); Korruptionsaffären heizen die kontroverse Diskussion an.

Wir werden im Folgenden einen anderen Zugang wählen, indem wir den aktuellen Forderungen die Ergebnisse empirischer Studien über die tatsächlichen Auswirkungen gegenüber stellen. Dadurch können wir feststellen, inwieweit die Fundamentalkritiken nicht auf Einzelmeinungen sondern auf einigermaßen gesicherten Erkenntnissen basieren. Falls letzteres nicht der Fall sein sollte, stehen die Forderungen auf tönernen Füßen. In diesem Falle wäre freilich noch keine Aussage getroffen über die grundsätzliche Notwendigkeit einer anders gearteten Modernisierung der Mitb auf Grund veränderter ökonomischer Rahmenbedingungen.

2. Seit den späten 1970er/frühen 1980er Jahren wird in den USA eine sowohl theoretisch als auch empirisch orientierte, kontroverse Auseinandersetzung über die ökonomischen Folgen des Handelns von (vor allem Betriebs-)Gewerkschaften geführt. Institutionalistisch orientierte Ökonomen (zusammenfassend Freeman/Medoff 1984) betonen in Abgrenzung zur dominierenden neoklassischen Sichtweise die „beiden Gesichter“ der Gewerkschaften sowohl als Monopolmacht, die allokative Kosten verursacht, als auch als effizienzsteigernde Institutionen eines „collective voice and institutional response face“ im Sinne kollektiver Informationsagenturen anstelle eines „exit“ der Arbeitnehmer (im Sinne des Theorems von Hirschman 1974). Eine Metastudie der zahlreichen vorliegenden Arbeiten kommt zu folgendem Ergebnis: „It is shown that most of the variation in published results is due to specification differences between studies. After controlling for differences between studies, a negative association between unions and productivity is established for the United Kingdom, whereas a positive association is established for the United States in general an for U.S. manufacturing” (Doucouliagos/Laroche 2003, 650).

Seit den mittleren/späten 1980er Jahren findet in der Bundesrepublik eine ähnliche Diskussion statt. Sie konzentriert sich auf Grund des im Vergleich zu den angelsächsischen Ländern andersartigen Aufbaus der Institutionen , d. h. „dualen“ Struktur der Arbeitsbeziehungen mit ihrer charakteristischen arbeitsteiligen Kooperation zwischen betrieblicher und überbetrieblicher Ebene bzw. BR und Gewerkschaften, nicht nur auf die Folgen der Interessenvertretung durch Gewerkschaften sondern seit einiger Zeit vor allem auf die Konsequenzen der Aktivitäten von BR. Arbeits- und Personalökonomen haben in zahlreichen Studien (zusammenfassend Dilger 2002; Addison et al. 2004a, Müller 2005) alle möglichen ökonomischen Folgen bzw. Effekte von BR-Handeln auf die Performanz von Unternehmen untersucht (u. a. Einfluss auf Investitionen, Profitabilität, Arbeitsproduktivität, Löhne, freiwillige und unfreiwillige Fluktuation sowie Produkt- und Prozessinnovation).

In der „ersten“ Generation wurden vor allem negative Effekte auf die totale Faktorproduktivität diagnostiziert.[220] Aus ihren Resultaten leiteten die Verfasser unmittelbar politische Forderungen nach wesentlichen Einschränkungen der BR-Kompetenzen ab (FitzRoy/Kraft 1985; 1987). Man kann sich im Nachhinein kaum des Eindrucks erwehren, dass starke normative Voreinstellungen diese Analysen prägten – obwohl aus wissenschaftstheoretischer Perspektive kein direkter Weg vom Sein zum Sollen führt (oder führen sollte).

220 Für andere: „The empirical material reported here consistently fails to provide statistically significant evidence of any positive works council impact on firm performance. Although the basic tenor of the earlier empirical literature is clearly favorable to the notion that consultation and participation are productive of efficiency, such benefits are viewed as occurring outside of the formal machinery of workplace governance embedded in works councils“ (Addison et al. 1993, 332-333).

In den aktuellen Studien der „dritten" Generation hingegen werden größere, repräsentative Datensätze (vor allem das erwähnte IAB-Panel) analysiert und andere Performanzindikatoren (wie Kapitalmarktperformanz und Bruttowertschöpfung) berücksichtigt.[221] In diesen Studien (zusammenfassend Dilger 2003; Frick 2002; 2003; Sadowski 2002) überwiegen – weitgehend unabhängig von Unterschieden in den Modellspezifikationen – die positiven Effekte (wie Reduktion sowohl der freiwilligen als auch der unfreiwilligen Personalfluktuation, von Kündigungen und Entlassungen weitergehende Flexibilisierung der Arbeitszeiten) oder zumindest neutralen Wirkungen; innovations- oder rentabilitätsmindernde Effekte werden nicht nachgewiesen. Eine Übersicht über die Resultate hält fest, „dass sich [...] eine generelle effizienzsteigernde Wirkung betrieblicher Interessenvertretungen ebenso wenig nachweisen lässt, wie ein produktivitäts- oder investitionsreduzierender Einfluss" (Frick 1997, 192; ähnlich Bertelsmann-Stiftung/Hans-Böckler-Stiftung 1998, 61). Daher fällt es in Anbetracht der aktuelleren Ergebnisse schwerer als früher, BR negative Folgen ihres Handelns für „ihr" Unternehmen nachzuweisen und auf dieser Basis eine Einschränkung ihrer Einflussmöglichkeiten zu fordern.[222]

Allerdings beendet das Fehlen empirischer Belege für vermutete negative Effekte keinesfalls die seit langem andauernde Diskussion und die gelegentlich daraus abgeleiteten politischen Forderungen, wie manche Beobachter reklamieren (Frege 2002). Die Situation führt lediglich zur Hinwendung zu immer spezielleren Fragestellungen (wie der Kritik an niedrigeren, durch die Reform des BetrVG 2001 veränderten Schwellenwerte in Bezug auf Freistellungen (Schnabel/Wagner 2001)[223] oder den einzelwirtschaftlichen Effekten neu gegründeter im Vergleich zu denen bereits bestehender BR) (Addison et al. 2004b). Unter der Hand dreht sich auch die Richtung der Argumentation um: Es geht nicht mehr wie ursprünglich um den Nachweis negativer, sondern um den Beleg fehlender positiver Konsequenzen.[224]

---

[221] Weitere methodische Probleme dieses output- und nicht prozessorientierten Ansatzes sind u. a. die Nicht-Berücksichtigung unterschiedlicher Typen von Betriebsräten, wie sie in der *industrial relations*-Forschung seit langem vorgenommen wird (vgl. Kap. 5), sowie der fehlende Einbezug von Gewerkschaften als institutionellem Faktor.

[222] Die Bewertung mancher empirischer Befunde hängt vom Standpunkt des Betrachters ab. Das Ergebnis, dass BR einen positiven Effekt auf die Lohnhöhe ausüben, kann man aus Sicht der Arbeitnehmer bzw. ihrer Interessenvertretung durchaus anders interpretieren denn als „Umverteilung bzw. Aneignung von Renten" (Addison et al. 1998, 79).

[223] Eine aktuelle Studie kommt zu folgendem Schluss: „Sowohl deskriptive als auch ökonometrische Analysen deuten darauf hin, dass weder die alte noch die neue Freistellungsschwelle einen Einfluss auf das Beschäftigungswachstum von Betrieben hatte. Gleiches gilt für die gesetzliche Änderung des Schwellenwertes" (Koller et al. 2007, 2 et passim).

[224] Der zuletzt genannte Zusammenhang soll vor allem in Klein- und Mittelbetrieben gelten, in denen die formalen Einflussmöglichkeiten des BR allerdings geringer sind als in größeren.

Charakteristisch für diesen im Gegensatz zu den älteren *industrial relations* relativ neuen Forschungszweig ist der Tunnelblick des „ökonomischen Imperialismus", d. h. eine eigentümlich-deutliche Verschiebung der Perspektive.[225] Das Handeln von BR bzw. dessen Folgen werden ausschließlich unter einzelwirtschaftlichen Vorzeichen im Sinne einer *Cost-Benefit*-Analyse behandelt; diese Art der kurzfristig angelegten betriebswirtschaftlichen Analyse entspricht dem „Zeitgeist" einer strikten, einseitigen Orientierung am *shareholder value* bzw. an Aktionärs- und Kapitalmarktinteressen – gegenüber den Belangen aller anderen *stakeholder*, die ebenfalls spezifische, für den Unternehmenserfolg notwendige Ressourcen einbringen. Die aus sozial- bzw. verhaltenswissenschaftlicher Perspektive seit vielen Jahren im Mitb-Kontext relevanten makropolitischen Begründungen wie Förderung „industrieller Demokratie" bzw. demokratischer Teilhabe an wirtschaftlichen Entscheidungsprozessen („Wirtschaftsdemokratie" oder „industrial citizenship") sowie Konsequenzen nicht nur für Entwicklung und Erhalt von Sozialpartnerschaft sondern auch für die Sozialintegration im weiteren Sinne spielen keine Rolle (zusammenfassend Frege 2002; Müller-Jentsch 2004a). Der traditionell multidimensionalen (Fürstenberg 1999) steht nunmehr eine eindimensionale Funktionszuordnung gegenüber.

Diese aktuelle Ökonomisierung bzw. „Vermarktlichung" der Analyse von Arbeitsbeziehungen vernachlässigt zentrale Aspekte und Funktionen. Hierzu gehört u. a. die aus *industrial relations*-Perspektive zentrale und vielfach behandelte Frage, weshalb bei weitem nicht alle Arbeitnehmer, die laut Gesetzeslage einen BR wählen könnten (§ 1 BetrVG, mindestens fünf ständige wahlberechtigte Beschäftigte), auch tatsächlich über eine Interessenvertretung verfügen (vgl. Kap. 5). Die nicht auszuschließende Möglichkeit, dass es gerade in kleinen und mittelgroßen Betrieben an der Behinderung der Wahl durch die Unternehmensleitung liegen könnte, gelangt nicht in den verengten Blick, weil nicht sein kann, was nicht sein darf. Auch die Frage, wie die Interessenvertretung ohne ein solches Gremium erfolgen sollte und zu welchen Ergebnissen in Bezug auf die Ausgestaltung der Arbeitsbeziehungen diese Situation führen würde, bleibt unbeantwortet. Insofern handelt es sich um eine Verengung und nicht, wie vielfach behauptet, um eine Erweiterung der Perspektive.[226]

Weiterhin fällt an dieser Forschungsrichtung auf, dass die (mikroökonomischen) Folgen des Handelns von Managern für die Performanz des Unternehmens keine Berücksichtigung finden. Dabei bieten die Annahmen der von Ökonomen häufig bemühten *Principal Agent*-Theorien, einem Ansatz der institutionenökonomischen

---

[225] Einige Autoren sprechen zu recht von „two strands to the German works council literature" (Addison et al. 1997, 424).

[226] In sozialwissenschaftlicher Perspektive gilt: „While codetermination continues to provide a number of beneficial economic functions, the legitimacy of an institution cannot rest on functionality alone" (Jackson 2005, 249).

Schule (einführend Ebers/Gotsch 2002), hinreichend Anlass zu der Vermutung, dass diese Vernachlässigung problematisch ist. Darüber hinaus stützt auch die kursorische Empirie des aktuellen Alltags die Annahme, dass bei der vorherrschenden Trennung von Eigentum und Verfügungsgewalt der Unternehmung die Agenten unter den Randbedingungen ungleicher Informationsverteilung und herrschender Unsicherheit nicht immer und ausschließlich im Interesse „ihrer" Prinzipale handeln sondern durchaus über diskretionäre Handlungsspielräume verfügen und eigene Interessen verfolgen können. Mit anderen Worten: Die Annahme (potentiell) opportunistischen Verhaltens muss für alle Akteure gelten, wird aber erstaunlicherweise nur für die eine Seite getroffen. Man mag sich kaum vorstellen, wie weit entwickelt unsere Kenntnisse über die strategisch-langfristigen Folgen des Handelns von Managern wären, wenn über derartige Fragen in den letzten Jahrzehnten ebenso intensiv geforscht worden wäre wie über die Auswirkungen des Handelns von BR.

3. Eine Reihe empirischer Untersuchungen, vor allem die Wellen des IAB-Panel, belegen für den Zeitraum seit Mitte der 1990er Jahre, dass auf betrieblicher Ebene erhebliche Lücken in den Deckungsraten, d. h. in der Vertretung von Arbeitnehmerinteressen durch BR, bestehen (Ellguth 2003; 2004). Der Umfang dieser „mitbestimmungs- bzw. interessenvertretungsfreien Zone" hängt ab von der gewählten Bezugsgröße; er ist bei der Zahl der Betriebe deutlich größer als bei der Zahl ihrer Beschäftigten. Überdurchschnittliche Vertretungsdefizite bestehen bei kleinen und mittleren Betrieben, in den privaten Dienstleistungssektoren sowie in den neuen Bundesländern. Mit anderen Worten: Die Interessen von ca. 50% aller Beschäftigten in den Betrieben der Privatwirtschaft, die auf Grund der gesetzlichen Vorgaben „betriebsratsfähig" wären, werden tatsächlich nicht durch einen BR vertreten.

Das wiederholt vorgebrachte Argument „[m]itbestimmungsfreie Zone ist keineswegs gleichbedeutend mit partizipationsfreier Zone" (Addison et al. 2000, 11; ähnlich Schnabel/Wagner 2001, 239) ist formal korrekt, übersieht aber die auf Basis des repräsentativen IAB-Betriebspanel „randständige Bedeutung alternativer Partizipationsformen [...] weitgehend unabhängig von der Betriebsgröße" (Ellguth 2005, 154). Unterschiede in der personalpolitischen Praxis bestehen vor allem zwischen Betrieben mit und ohne Interessenvertretung.

Alle Beobachter stimmen überein, dass im Zuge von Dezentralisierung und Verbetrieblichung die Bedeutung der betrieblichen Akteure, von Management und BR, zunimmt. BR haben quantitativ mehr und qualitativ andere Aufgaben zu bewältigen als in den 1970er oder 1980er Jahren (Jackson 2005). Sie sind nicht nur nach wie vor für die „klassischen" Aufgaben von Kontrolle der Einhaltung tarifvertraglich vereinbarter sowie staatlich gesetzter Normen im betrieblichen Alltag zuständig. Sie konkretisieren, etwa im Rahmen einer zunehmenden Zahl unterschiedlich ausgestalteter tariflicher Öffnungsklauseln, die Umsetzung der in Kollektivverträgen getroffenen Rahmenregelungen (zunächst vor allem zu Arbeitszeiten, inzwischen auch zu Entgelten), was zumeist in Form von Betriebsvereinbarungen geschieht. Schließlich übernehmen BR auch Zuständigkeiten für neue Regelungsbereiche, die teilweise bei der Novellierung des BetrVG 2001 festgeschrieben wurden (vgl. im Einzelnen Kap. 5). Insgesamt ergibt sich eine deutliche Zunahme ihrer Aufgaben und Handlungs- sowie Verantwortungsbereiche.

Anders formuliert: Wenn kein BR als Verhandlungspartner der Unternehmensleitung bzw. des Managements vorhanden ist, können keine betriebsspezifischen Vereinbarungen getroffen werden. Ohne BR kann eine einigermaßen „organisierte" bzw. „kontrollierte Dezentralisierung der Arbeitsbeziehungen" (Traxler 1995a) nicht erfolgen; dieser Zusammenhang gilt selbst für den Fall, dass eine zunehmende Zahl tariflicher Öffnungs- und Härtefallklauseln diese Option prinzipiell eröffnet. Auch der immer wieder geforderte und tatsächlich in den vergangenen Jahren häufig erfolgte Abschluss „betrieblicher Bündnisse für Arbeit und Wettbewerbsfähigkeit" (vgl. im Einzelnen Kap. 9) setzt implizit nicht nur die Existenz, sondern auch die Handlungsfähigkeit von BR voraus.[227]

Diese erheblichen Vertretungslücken auf betrieblicher Ebene stellen also nicht nur ein Problem an sich dar. Sie werden umso bedeutsamer, wenn man die sektorale Ebene der „dualen" Arbeitsbeziehungen in die Analyse einbezieht, d. h. den ursprünglich nicht gegebenen, seit den 1980er Jahren aber enger werdenden Zusammenhang der Regelungssysteme Mitb und Tarifvertragssystem berücksichtigt (Leminsky 1998). Die betrieblichen Deckungsraten weisen die skizzierten beträchtlichen Lücken auf, liegen aber höher als die sektoralen, die zudem einer stärkeren Erosion ausgesetzt sind (Ellguth 2004). Es gibt offensichtlich in der Bundesrepublik inzwischen einen wachsenden „non-union sector", wie er in den USA schon lange besteht (Freeman/Rogers 1993) – und lange Zeit ausschließlich in den angelsächsischen Ländern möglich zu sein schien. – Im Übrigen besteht dieser Zusammenhang von betrieblicher und sektoraler Ebene unabhängig davon, ob es sich um Flächen- bzw. Verbands- oder Haus- bzw. Firmentarifverträge handelt, d. h. er ist invariant in Bezug auf die aktuellen Änderungen in der Häufigkeit der beiden Formen.[228]

---

[227] Eine häufig nicht bedachte Folge konsequenter Dezentralisierung besteht in der Tatsache, dass BR dann über das Streikrecht verfügen müssten – und nicht mehr dem Gebot „vertrauensvoller Zusammenarbeit" bzw. einer absoluten Friedenspflicht (§ 74 BetrVG) unterliegen könnten.

[228] Seit den frühen 1990er Jahren nimmt die zuletzt genannte Form zu. Das Ausmaß der Zunahme hängt wiederum vom gewählten Indikator ab: Es ist in Bezug auf die betroffenen Unternehmen wesentlich größer als in Bezug auf die betroffenen Arbeitnehmer. Der Grund besteht darin, dass vor allem kleinere und mittlere Unternehmen von dieser Option Gebrauch machen.

Wie bereits erwähnt sind die Deckungsraten vor allem in kleinen und mittelständischen Unternehmen sowie in privaten Dienstleistungssektoren überproportional niedrig. An diesem Sachverhalt eines beträchtlichen *representation gap* ändert die Novellierung des BetrVG im Jahre 2001 nur wenig (Wassermann/Rudolf 2005).[229] Insofern besteht durchaus (in einem stark „verrechtlichten System“ auch gesetzgeberischer) Handlungsbedarf, zumal die Dezentralisierung der Arbeitsbeziehungen fortschreiten wird. Wegen dieses unumstrittenen Zusammenhanges müssten auch Arbeitgeber ein manifestes Interesse an der Reduzierung bzw. Beseitigung der „weißen Flecken“ bzw. an der Gründung von BR haben. Die Unterbreitung entsprechender praktikabler Vorschläge wäre hilfreicher als die Fundamentalkritik an der 2001 erfolgten, vorsichtigen Novellierung des BetrVG (BDA/BDI 2004).[230]

4. Andere Probleme, die trotz ihrer Offensichtlichkeit in der aktuellen Diskussion nicht erwähnt werden, bedürfen ebenfalls der Regelung. Dazu gehört vor allem die zugegebenermaßen schwierig zu lösende Frage der Interessenvertretung bestimmter Gruppen von atypisch Beschäftigten (wie befristete und geringfügig Beschäftigte sowie Leiharbeitnehmer), die nicht dem Typus des sog. Normalarbeitsverhältnisses entsprechen (Düll/Ellguth 1999). Die Zahl der atypisch Beschäftigten sowie ihr Anteil an allen sozialversicherungspflichtig Beschäftigten nimmt zwar nicht für jede einzelne Variante, wohl aber im Aggregat seit den frühen/mittleren 1980er Jahren unter den Vorzeichen von Flexibilisierung und Deregulierung von Arbeitsbeziehungen und Arbeitsmärkten deutlich zu und liegt bei mehr als einem Drittel aller Arbeitnehmer (Deutsche Bundesbank 2005). Aktuell ist in Folge der arbeitsmarktpolitischen Änderungen des Gesetzes für „Moderne Dienstleistungen am Arbeitsmarkt“ (u. a. deutlicher Ausbau der Mini- und Midijobs, Einführung der Personalserviceagenturen, Einführung der Ich- und Familien-AG) mit einer weiteren Zunahme zu rechnen (Keller/Seifert 2007). Entsprechende Re-Regulierungen bzw. institutionelle Organisationshilfen des BetrVG mit dem Ziel einer Integration dieser Gruppen in die betriebliche Interessenvertretung sind bisher nicht zustande gekommen;[231] man sucht Vorschläge in der aktuellen Diskussion vergebens.

---

229 Allerdings wäre es in institutionalistischer Sicht naiv, auf deutliche, direkt-unmittelbare Effekte zu setzen – und damit einer „Illusion des Rechts“ zu erliegen. Der Abbau von Informationsdefiziten bzw. -asymmetrien zwischen Management und Arbeitnehmern braucht Zeit, die *bounded rationality* aller Akteure sowie ihre Option auf opportunistisches Verhalten setzen Grenzen, eine externe Hilfestellung durch Gewerkschaften in Form von Beratung und Unterstützung erfolgt nicht immer.

230 Der Vorschlag, diese Novellierung einfach zurückzunehmen, verkennt die zahlreichen inzwischen eingetretenen Änderungen der wirtschaftlichen und gesellschaftlichen Umwelt (Gerum 1997).

231 Die einzige Ausnahme bildet die kleine Gruppe der Leiharbeiter (Wassermann/Rudolph 2005).

Andere relevante Diskussionsstränge blenden die Fundamentalkritiker komplett aus:

- Die seit den frühen 1990er Jahren andauernde Kontroverse um „alte", repräsentative, von den Gewerkschaften geforderte Mitb versus „neue", von den Unternehmensleitungen eingeführte und geförderte direkte, individuelle Partizipation (vor allem in Form teilautonomer Arbeitsgruppen und Qualitätszirkeln) nehmen die aktuellen Kritiker nicht auf. Dabei ist die letztlich ungeklärte Frage, ob beide Varianten in einem komplementären oder einem substitutiven Verhältnis zueinander stehen, von zentraler Bedeutung für die Zukunft nicht nur der betrieblichen Mitb sondern der Arbeitsbeziehungen generell (vgl. Kap. 5).[232] Zumindest verstärken die neuen Varianten von *individual voice*, die andere, vor allem betriebswirtschaftliche Ziele verfolgen als die alten von *collective voice*, die vorhandenen Trends der Verbetrieblichung.

- Andere, zwar nicht in der wirtschafts-, wohl aber in der sozialwissenschaftlichen Diskussion betonte Konsequenzen werden ebenfalls nicht erwähnt. Dazu gehören wesentliche Beiträge von BR zur langfristigen Entwicklung der Sozialpartnerschaft bzw. der Ausgestaltung kooperativer Arbeitsbeziehungen und Unternehmenskulturen im Allgemeinen sowie zur „kooperativen Modernisierung" der Arbeitsorganisation im Besonderen (Bertelsmann-Stiftung/Hans-Böckler-Stiftung 1998); jenseits ihrer gesetzlichen Verpflichtung zur „vertrauensvollen Zusammenarbeit" (§ 2 BetrVG) sind BR längst zu *Co-Managern* geworden (vgl. Kap. 5).

- Der gleiche Zusammenhang von institutionalisierter Kooperation und Unternehmenserfolg gilt für Beiträge der (vor allem Stamm-)Arbeitnehmer im Sinne des Aufbaus und Erhalts (betriebs-)spezifischer Qualifikationen bzw. ihrer Investitionen in spezifisches Humankapital (u. a. über betriebsbezogene Weiterbildung), die ohne institutionalisierte Mitb nicht oder zumindest nicht in demselben Umfang erfolgen würden. Da nachvertragliches opportunistisches Handeln der Arbeitgeber, d. h. Versuche der Aneignung von Quasirenten, nicht *a priori* auszuschließen ist, bedarf die Kooperationsbereitschaft einer institutionalisierten Form der Absicherung, die durch Mitb-Regelungen erfolgen kann.[233]

---

[232] Ein strategischer Ansatzpunkt wäre die Unterbreitung von Vorschlägen zur Konkretisierung des im Rahmen der Novellierung des BetrVG 2001 neu eingeführten § 28a zur sog. Arbeitsgruppenmitbestimmung. Bis dato sind kaum Initiativen bekannt.

[233] Selten behandelt werden in der ökonomischen Literatur Probleme der beruflichen Bildung. „Zusammenfassend kann festgehalten werden, dass allein die Gewährung von Verfügungsrechten an die Betriebsräte im Bereich der beruflichen Bildung deren Nutzung keinesfalls garantiert. Die Betriebsräte überlassen das Feld der beruflichen Erstausbildung den externen Interessenvertretungsorganen der Arbeitnehmer. Im Hinblick auf die Weiterbildung konzentrieren sie sich auf Bereiche, in denen divergente Interessen besonders schwer wiegen oder offensichtlich sind. Sie intervenieren,

- *Last but not least* werden die Konsequenzen neuer Organisationsformen von Unternehmen (u. a. durch Aufspaltungen, *Mergers and Acquisitions*, Unternehmensnetzwerke) für die Gestaltung entsprechender, überbetrieblicher und unternehmensübergreifender Strukturen für die BR-Arbeit nicht thematisiert. Die „klassische" Form des BR kann ihre Aufgaben nicht mehr erfüllen und muss durch alternative Formen (u. a. Regionalbetriebsräte, Betriebsverbünde, Gemeinschaftsbetriebsräte) ergänzt werden (Wassermann/Rudolph 2005).

5. Die Unternehmens-Mitb, vor allem die Variante nach dem MitbG von 1976, wird vor allem im Rahmen der Diskussion um neue Formen der Unternehmensverfassung bzw. *corporate governance* problematisiert. Die Zahl der betroffenen Unternehmen ist mit ca. 720 relativ konstant. Dieser Befund zeigt sich nicht nur im Aggregat sondern auch bei Analyse der wenigen Zu- und Abgänge.[234] Insgesamt wird nur ein kleiner Teil der Beschäftigten von dieser vergleichsweise weitgehenden Form der Mitb erfasst. Insofern stehen Breite und Vehemenz dieser aktuellen Diskussion in keiner Relation zu ihrer quantitativen gesamtwirtschaftlichen Bedeutung (vgl. Kap. 6.1).

Die inzwischen „klassische" Variante einer theoretisch fundierten Kritik rekurriert auf einem Ansatz aus der neuen Institutionenökonomie (Richter/Furobotn 1996, 427ff.). Die Theorie der Verfügungsrechte (einführend Ebers/Gotsch 2002) unterstellt, dass infolge der gesetzlichen und damit verbindlichen Einführung von Mitb-Rechten, also durch eine Änderung im Kontext der institutionellen Regeln bzw. einer gesetzlichen Einschränkung der „management prerogatives", stets und automatisch negative Folgen bzw. Ineffizienzen der Organisationsstruktur eintreten, weil eine Abschwächung bzw. „Verdünnung" der besonderen, exklusiven Verfügungsrechte bzw. ein geringerer Nettonutzen der Kapitalgeber erfolgt (zusammenfassend Gerum 1989; Frick 2002; 2004).[235]

---

um Benachteiligungen bei der Auswahl von Weiterbildungsteilnehmern zu vermeiden oder um Arbeitnehmer vor Arbeitsplatz- oder Einkommensverlust zu schützen. In diesem Sinne ist die Berufsbildungspolitik der Betriebsräte beschränkt auf die klassische defensive Rolle von Arbeitnehmervertretungen" (Sadowski et al. 1995a, 174).

[234] Die wesentliche Zunahme erfolgte nach der deutschen Wiedervereinigung; außerdem sind Veränderungen von Konzernstrukturen sowie Privatisierung öffentlicher Unternehmen von Bedeutung.

[235] Die „klassische" Begründung dieses Arguments lautet: „If codetermination is beneficial to both stockholders and labor, why do we need laws which force firms to engage in it? Surely, they would do so voluntarily. The fact that stockholders must be forced by law to accept codetermination is the best evidence that they are adversely affected by it" (Jensen/Meckling 1979, 474).

Die sog. Partizipationsthese, welche auch die Beiträge anderer *stakeholder* zum Unternehmenserfolg und nicht nur die Renditeinteressen der Kapitaleigner berücksichtigt sowie vertragstheoretische Überlegungen in die Analyse einbezieht, kommt hingegen zu den entgegen gesetzten Vermutungen hinsichtlich der Effizienzwirkungen von Mitb. Hervorgehoben werden u. a. die Notwendigkeit der engen Kooperation aller Gruppen sowie die Bedeutung von Vertrauen, Motivation und *commitment* der Mitarbeiter für die Erzielung positiver Unternehmensergebnisse.

Überblicke über die wenigen aktuelleren empirischen Studien zu ökonomischen Folgen der Mitb im AR gelangen zu dem Schluss, dass generelle Aussagen über die Gültigkeit der beiden skizzierten Prämissen derzeit nicht möglich sind (Junkes/Sadowski 1999; Sadowski et al. 2001). Eine andere, aktuellere Zusammenschau gelangt zu einem ähnlichen Ergebnis: „In summary [...] the studies do not find any or only small effects and in the latter case different studies show different signs. Proponents and opponents of co-determination rights may find this inconclusive and hope for better results [...] Board-level co-determination is not decisive. Particularly, the number of labour representatives is not important as long as the owners keep the majority of votes and can easily by-pass the board“ (Dilger 2003, 127).[236]

Aktuelle Beiträge (Osterloh/Frey 2005) kritisieren die Enge der Annahmen der *Principal Agent*-Theorien und betonen die Bedeutung nicht nur des Finanz-, sondern auch die des Wissenskapitals und damit die von Arbeitnehmervertretern in den Kontrollgremien für den Erfolg des Unternehmens. Mit anderen Worten: Auch andere *stakeholder* und die von ihnen eingebrachten spezifischen Ressourcen (wie Wissen und Kompetenzen) (zu Einzelheiten Jürgens/Lippert 2005) – oder in traditioneller Terminologie die Produktionsfaktoren Kapital <u>und</u> Arbeit – sind unentbehrlich für den Unternehmenserfolg und sollten daher in strategische Entscheidungen eingebunden werden.[237] – Im Prinzip geht es um die Frage, ob der AR ausschließlich die Interessenvertretung der Aktionäre garantieren oder auch die Interessen anderer Gruppen berücksichtigen soll; die Unternehmens-Mitb basiert im Gegensatz zum *Principal Agent*-Ansatz auf der zuletzt genannten Alternative.

Schließlich gelangt eine weitere aktuelle empirische Untersuchung, die *Agency*-Theorien mit einer Soziologie des *Management* verbindet, sogar zum gegenteiligen Ergebnis wie die aktuellen Kritiker: „Gerade eine Entfernung der unternehmens-

---

236 Diese Einschätzung bestätigt eine weitere aktuelle Studie: „The empirical results suggest a significant, though small, positive influence on productivity from the 1976 strengthening of co-determination law. These results reject the critique of co-determination made by some business and academic observers [...]“ (FitzRoy/Kraft 2005, 234).

237 Zur Gegenüberstellung von Ansätzen, Betonung unterschiedlicher Aspekte und gegenläufigen Folgerungen von Institutionentheorie und Theorie der kooperativen Firma Frey/Kirchgässner (1994, 73ff.).

externen Gewerkschaftsfunktionäre aus den Aufsichtsräten, von Mitbestimmungskritikern immer wieder vehement gefordert, könnte Kontrollverluste nach sich ziehen ... und im Endeffekt zu steigenden Agency-Kosten führen" (Höpner 2004a, 278).

Diese Befunde werden durch Ergebnisse einer weiteren aktuellen Studie bestätigt, welche die in der bisherigen *corporate governance*-Literatur kaum berücksichtigten Voraussetzungen und Kriterien der Aufsichtsratsarbeit aus Perspektive der Vertreter der leitenden Angestellten analysiert (Jürgens/Lippert 2005; Lippert/Jürgens 2005).[238] „Mitbestimmten Aufsichtsräten wurden in allen untersuchten Wirkungsbereichen der Mitbestimmung (Umsetzungseffizienz, Humanressourcenentwicklung, Fähigkeit zur Balance von Anteilseigner- und Arbeitnehmerinteressen) überwiegend positive Auswirkungen bescheinigt, Belege dafür, dass die leitenden Angestellten einen radikalen Wandel in den Grundstrukturen des deutschen Mitbestimmungssystems begrüßen oder als notwendig ansehen würden, waren aus den empirischen Befunden demnach nicht abzuleiten" (Lippert/Jürgens 2005, 301). Reform- und Modernisierungsbedarf besteht ihrer Meinung nach allerdings in Bezug auf die Prozesse der (Binnen-)Kommunikation und Kooperation bei der Arbeit des AR bzw. seiner Ausschüsse sowie zwischen AR und Vorstand.

Insgesamt ist die Schlussfolgerung von der gesetzlichen Vorgabe auf eine notwendigerweise gegebene Ineffizienz von Mitb-Regelungen keinesfalls zwingend. Auch der Bericht der Mitte der 1990er Jahre von der Bertelsmann-Stiftung sowie der Hans-Böckler-Stiftung gemeinsam eingerichteten, paritätisch besetzten Kommission Mitbestimmung stellte lapidar fest: „Eine Notwendigkeit zur Neuregelung der Mitbestimmung *um der Funktionsfähigkeit des Aufsichtsrats willen* besteht nicht" (Bertelsmann-Stiftung/Hans-Böckler-Stiftung 1998, 17; Hervorhebung im Original). Polemisch formuliert: Auch die Straßenverkehrsordnung kommt nicht spontan-automatisch zustande; dennoch bestehen nur bei wenigen Verkehrsteilnehmern ernste Zweifel an ihrer grundsätzlichen Notwendigkeit bzw. Vorteilhaftigkeit. In elaborierter Form lautet das Argument: „Mandate participation or codetermination, by providing an institutionalized voice for employees, apparently solves some of the prisoner's dilemma of cooperation that arises in the absence of an institutional structure fostering trusting relations and interactions among the parties." (Pfeffer 1998, 283)

---

[238] Diese Gruppe verfügt bekanntlich nach dem MitbG von 1976 (§ 15 Abs. 2) über eine eigenständige Vertretung auf der Arbeitnehmer-„Bank" im paritätisch besetzten Aufsichtsrat.

6. Die Kritik an der Unternehmens-Mitb wird vor allem mit aktuellen Entwicklungen auf EU-Ebene begründet (BDA/BDI 2004). Das im Herbst 2001 nach jahrzehntelangen Kontroversen verabschiedete Statut der Europäischen Aktiengesellschaft (Societas Europaea – SE) ermöglicht erstmals eine einheitliche europäische anstelle der recht unterschiedlichen nationalen Rechtsformen; eine Richtlinie „hinsichtlich der Beteiligung der Arbeitnehmer“ an den Leitungsgremien ergänzt dieses SE-Statut (zu Einzelheiten Keller 2002). Diese Option auf Gründung einer SE dient den Kritikern als Begründung für die Behauptung eines „Standortnachteils“ deutscher Unternehmen wegen der in der Bundesrepublik bestehenden Mitb-Regelungen und zur Unterstützung ihrer Forderung nach radikaler Veränderung bzw. Abschaffung.

Dieses Argument ist in der jahrzehntelangen Auseinandersetzung um die SE keinesfalls neu, erfährt aber gegenwärtig eine erstaunliche Renaissance.[239] Diese Kritik übersieht allerdings, dass aus empirischer Perspektive die Existenz der Unternehmens-Mitb im Kalkül ausländischer Investoren einen relativ unwichtigen Faktor darstellt. Die wichtigsten Kriterien für Standortentscheidungen sind laut einer Umfrage bei den 400 wichtigsten Investoren in Deutschland Größe des Marktes und Marktdynamik, Nähe zu Kunden, Verkehrsinfrastruktur sowie das Angebot an qualifizierten Arbeitskräften; Fragen der Arbeitsbeziehungen im allgemeinen und der Unternehmens-Mitb im besonderen sind von lediglich nachrangiger Bedeutung (Vitols 2001; 2004). – Dieser Befund steht in Übereinstimmung mit der Tatsache, dass in der Vergangenheit ausländische Konzerne (trotz oder wegen der Mitb) in der Bundesrepublik in erheblichem Umfang investiert haben, ohne dass sie die Ausgestaltung der gesetzlichen Regelungen hätten nachhaltig beeinflussen können.

Außerdem handelt es sich bei der SE stets um „verhandelte“ Partizipation. Die Richtlinie regelt, ähnlich wie vor ihr schon die „Richtlinie ... über die Einsetzung eines Europäischen Betriebsrats oder die Schaffung eines Verfahrens zur Unterrichtung und Anhörung der Arbeitnehmer in gemeinschaftsweit operierenden Unternehmen und Unternehmensgruppen“ (94/95 EG) aus dem Jahr 1994, lediglich die Verfahren der Einführung, nicht hingegen die Inhalte (prozedurale versus substantielle Regulierung). Letztere werden zwischen zentraler Leitung und Arbeitnehmervertretern, die ein „Besonderes Verhandlungsgremium“ zu bilden haben, jeweils unternehmensspezifisch ausgehandelt und nicht wie in der Bundesrepublik gesetzlich-extern und damit einheitlich vorgegeben.[240] Falls die Verhandlungen scheitern, gilt eine durch die Richtlinie vorgegebene sog. Auffangregelung.

[239] In seiner generalisierten Form behauptet es eine grundsätzliche Benachteiligung deutscher Unternehmen bei internationalen *Mergers and Acquisitions.*

[240] Auch die Grundsatzentscheidung über die „Systemwahl“ zwischen monistischer oder dualistischer Form der Unternehmensführung und -kontrolle in der SE wird nicht gesetzlich-zentral gefällt sondern unternehmensspezifisch getroffen.

Die dezentral tatsächlich vereinbarten Beteiligungsrechte sind auf Grund dieser erheblichen Gestaltungsspielräume in aller Regel „flexibel und maßgeschneidert" und nicht mit der deutschen – oder irgendeiner anderen nationalen – Variante identisch; es handelt sich um reine Informations- und Konsultations- und nicht um „echte" Mitb-Rechte, die den jeweiligen nationalen *customs and practices* ähnlich sind (Keller/Werner 2007). Eine in den älteren Regulierungskonzepten der 1970er und frühen 1980er Jahre angestrebte gesellschaftsrechtliche sowie faktische „Harmonisierung" bzw. Vereinheitlichung ist in Anbetracht der enormen Pluralität nationaler Regelungen, wie sie in den EU-Mitgliedsländern vor allem nach der sog. Osterweiterung vorzufinden ist, weder intendiert noch wird sie tatsächlich stattfinden. Entsprechende Behauptungen entbehren jeder Grundlage und verkennen die seit den frühen 1990er Jahren eingetretenen, grundlegenden Änderungen der Regulierungsverfahren, die nur noch prozedurale Vorgaben machen und auf unternehmensspezifische Aushandlungsprozesse setzen.

Schließlich übersieht diese „europäische" Kritik an der deutschen Unternehmens-Mitb, dass die Zahl der zukünftigen SE aufgrund ihres rein optionalen Charakters höchst ungewiss ist. In der Literatur besteht weitgehend Einigkeit darüber, dass ihre Anzahl vermutlich gering bleiben wird, vor allem weil auf Grund eines nach wie vor fehlenden, einheitlichen europäischen Steuerrechts keine wesentlichen Steuervorteile zu realisieren sind.

Ein anderes, wiederholt vorgebrachtes Argument lautet, dass die Mitb in der Bundesrepublik weit reichender sei als in anderen (vor allem EU-Mitglieds-)Ländern, als Sonderfall einen Nachteil deutscher Unternehmen bei der SE-Gründung darstelle und daher wesentlich eingeschränkt bzw. abgeschafft werden müsse. Charakteristisch für diese Argumentation ist ihre isolierte Betrachtung einzelner Elemente der Arbeitsbeziehungen, die nicht nur deren Funktionsweisen sondern vor allem die Interaktionen zwischen ihren Teilbereichen vernachlässigt bzw. ausblendet. „Dass funktional durchaus vergleichbarer Einfluss der Arbeitnehmer auf Unternehmensentscheidungen auch anders – etwa durch ein im Vergleich zu Deutschland viel großzügiger ausgestaltetes Streikrecht und eine ganz andere Streikkultur – geltend gemacht werden kann, gerät dabei völlig aus dem Blick" (Weiss 2005, 585).

Aus *industrial relations*-Perspektive geht es bei den wichtiger werdenden internationalen Vergleichen (Ferner/Hyman 1998; Bamber et al. 2004) stets um funktionale Äquivalente bzw. alternative Formen der Interessenvertretung – und nicht um eine Hypostasierung einzelner Elemente im Sinne einer selektiv vorgehenden Rosinenpickerei. Auch aus (neo-)institutionalistischer Perspektive (Hall/Soskice 2001) wird wiederholt auf die spezifische Interdependenz bzw. Komplementarität wesentlicher Elemente eines komplexen Institutionengefüges verwiesen. „History and contemporary international comparisons recurrently show that decisions on corporate governance are closely related to the bargaining power of shareholders, managers, and permanent workers ... German codetermination is the expression of a compromise between the interests of capital and labor. Only a sufficient bargaining power of labor unions can guarantee that this German specificity will survive in the new context" (Boyer 2006, 154).

7. Einige andere Begründungen, die für eine Einschränkung der Unternehmens-Mitb angeführt werden, sind ebenfalls problematisch:

Die wichtige Frage der – in Abgrenzung zur rechtlichen – tatsächlichen Aufgabenverteilung zwischen dem Leitungsgremium Vorstand und dem Kontroll- und Überwachungsorgan AR wird erstaunlicherweise nicht thematisiert. Entspricht die in den gesetzlichen Vorgaben angenommene Trennung von Unternehmensleitung und -kontrolle der Realität? Empirische Untersuchungen stellen Realtypen fest, „in denen die klassische Funktionsteilung zwischen Geschäftsführung und Kontrolle aufgehoben ist. In fast 2/3 der Fälle [...] steht die Kontrolllogik [...] in großen privaten Aktiengesellschaften auf dem Kopf [...] Die Mitbestimmung der Arbeitnehmer im Aufsichtsrat stellt – abgesehen von ihrer Beratungsfunktion – die einzig verbleibende strukturell gesicherte (interne) Fremdkontrolle dar" (Gerum 1991, 729).

Die aktuellen Kritiker (BDA/BDI 2004) zielen einseitig auf Zusammensetzung und Größe des AR und nicht auf die wichtigeren Bedingungen der internen Machtverteilung (u. a. durch die Einrichtung, Besetzung und Spezialisierung von Ausschüssen, einschl. ihrer Entscheidungsbefugnisse sowie die herausgehobene Position des Vorsitzenden), Binnenorganisation des Gremiums und Formen seiner internen Kommunikation, Inhalte sowie Umfang und Weitergabe von Information und Nutzung spezifischer Wissens- und Erfahrungspotentiale einzelner Gruppen seiner unternehmensinternen sowie -externen Mitglieder. Ein Blick zumindest in die Satzungen der Aufsichtsräte wäre durchaus hilfreich – von deren Umsetzung in praktisches Handeln gar nicht zu reden. Der Vorwurf einer „unnötigen Verzögerung" von Entscheidungen (einschl. einer dadurch bedingten „Ineffizienz") vernachlässigt alle Dimensionen ihrer Qualität und breiten Akzeptanz bei allen *stakeholdern*, u. a. bei den schwierigen Problemen eines Interessenclearings im Rahmen anstehender Restrukturierungsmaßnahmen. Eine derartige differenzierte Konzeptualisierung der praktischen Arbeit von Aufsichtsräten ist in der empirisch orientierten Mitb-Forschung seit langem üblich (für andere Gerum et al. 1988), wird aber nicht nachvollzogen. Für die aktuellen Kritiker existieren die zentralen Probleme der Implementation von Entscheidungen *ex definitione* nicht.

Die wiederholte Kritik an der Größe des AR ist insofern erstaunlich, als ca. zwei Drittel aller mitbestimmten Unternehmen lediglich einen 12köpfigen AR haben (DGB 2004; ähnlich schon Gerum et al. 1988). Zudem entscheiden sich Unternehmen häufig auf freiwilliger Basis in Erwartung von höherer Effizienz für eine Größe, die oberhalb der für sie gesetzlich vorgegebenen Margen liegt (Gerum/Debus 2006, Gerum 2007). Der Versuch einer deutlichen Verkleinerung würde auf beiden Seiten – und nicht nur auf der der Arbeitnehmer – zu Verteilungskonflikten führen sowie der Intention widersprechen, eine Reduzierung von Unsicherheiten der relevanten Umwelten durch personelle Verflechtungen bzw. Kooptation zu erreichen. Schließlich kann die Funktionsfähigkeit des Gremiums garantiert werden durch die Einrichtung von Ausschüssen mit spezifischen Aufgaben der Entscheidungsvorbereitung und -überwachung, wie sie vielfach praktiziert wird. Ein empirisch fundiertes Fazit lautet: „Eine gesetzliche *Verkleinerung des Aufsichtsrats* erscheint weder um seiner strategischen noch um seiner Kontrollfunktion willen zwingend erforderlich" (Bertelsmann-Stiftung/Hans-Böckler-Stiftung 1998, 102; Hervorhebung im Original).

Schließlich gilt der einseitig an die Arbeitnehmer-„Bank" gerichtete Vorwurf personeller Verflechtungen gegen beide Seiten in gleichem Maße. Auf Kapitalseite bestehen sog. Überkreuzmandate, d. h. Manager eines Unternehmens sind Mitglieder des AR in einem anderen *et vice versa*, was zu Interessenkonflikten führen kann, u. a. wenn es sich um Konkurrenten handelt. Auch personelle Wechsel vom Vorstand in den AR, die sogar von Vorsitz zu Vorsitz stattfinden, kommen inzwischen häufiger als in der Vergangenheit vor.[241] Im Übrigen sieht die ähnlich gelagerte US-amerikanische Diskussion um „interlocking directorates" darin kein wichtiges Problem: „We argue that [...] interlocks sometimes trace control relationships, and that [...] some interlocks reflect dyadic relationships between companies. An overwhelming proportion, however, do not trace specific ties among corporations. The common attribute of all director exchanges is that they are part of the discretionary decision-making apparatus of the corporate world and hence are best understood as instruments of discretion within a system defined by structural constraint" (Mintz/Schwartz 1985, 128; ähnlich Useem 1984, 26ff.).

Das traditionelle, aus Arbeitgebersicht wiederholte Argument zu hoher Kosten der Mitb (Niedenhoff 1994, 2005) übersieht leicht die für alle beteiligten Akteure transaktionskostenreduzierenden Wirkungen kollektiver Regelungen im Sinne von Aushandlungs-, Sicherungs- bzw. Kontroll- und Anpassungskosten (Williamson 1985; 1996) im Vergleich zur Festlegung der Arbeitsbedingungen in Einzelarbeitsverträgen, die zudem notwendigerweise unvollständig wären. Insofern fällt diese Sichtweise hinter den aktuellen Stand der inzwischen neoinstitutionalistisch geprägten Diskussion zurück. Die Argumentation wäre nur dann überzeugend, wenn keine derartigen Kosten entstehen würden, was eine unrealistische Prämisse ist, oder wenn die direkten und indirekten Kosten bei individuellen Arrangements niedriger wären als bei kollektiven, was kaum zu belegen sein dürfte. Außerdem relativiert sich das

---

[241] Aus Kreisen der EU-Kommission wird deshalb gelegentlich vorgeschlagen, eine mehrjährige Sperrfrist einzuführen und/oder die Amtszeiten zu begrenzen.

Argument, wenn man statt der absoluten die relativen Beträge (etwa Anteile an der Lohnsumme) nennt. Ausgeblendet bleiben in dieser Betrachtungsweise auch die Aussichten auf politische und soziale Konfliktkosten, die mit grundlegenden Änderungen vermutlich verbunden wären.

8. Manchmal hilft ein Blick in die Geschichte weiter. Schon die sog. Biedenkopf-Kommission (Mitbestimmungskommission 1970) kam zu einem insgesamt positiven Urteil über die Funktionsfähigkeit der weiter gehenden MontanMitb. Sie konnte keine negativen Konsequenzen auf Wirtschaftlichkeit und Rentabilität feststellen; die MontanMitb führe zu einer stärkeren Betonung der sozialen Aspekte unternehmerischen Handelns, ohne jedoch das Rentabilitätsprinzip in Frage zu stellen; von einer Unverträglichkeit zwischen MontanMitb und bestehender Wirtschaftsordnung könne keine Rede sein; sie führe nicht zur Funktionsunfähigkeit der Unternehmen.

Last but not least ist in der Bundesrepublik still geworden um die vor wenigen Jahren kontrovers geführte Diskussion um Vor- und Nachteile monistischer versus dualistischer Formen von *corporate governance*. In der Vergangenheit wurden häufig Vorteile monistischer Systeme im Sinne eines effizienteren institutionellen Arrangements behauptet – und Forderungen nach grundlegenden Veränderungen erhoben. Nach den diversen Skandalen in US-amerikanischen Unternehmen (wie Enron, Worldcom und Tyco) (zu Einzelheiten Windolf 2003), welche den Bundesstaat in seiner Eigenschaft als Gesetzgeber auf den Plan riefen, behauptet kein Beobachter mehr ernsthaft eine generelle Überlegenheit monistischer Governance-Systeme infolge von mehr und besseren Überwachungs- und Kontrollmöglichkeiten der Unternehmensleitung. „The recent corporate scandals in the United States have started a movement away from the radical shareholder-sovereignty model which took hold in the United States in the 1980s and 1990s, a model which also had the perverse effect of creating incentives for managerial malfeasance“ (Jacoby 2005b, 55).

9. Die Mehrzahl der für grundlegende Änderungen der Mitb-Regelungen vorgebrachten Begründungen basieren auf intersubjektiv nicht nachvollziehbaren Prämissen und werden durch die Ergebnisse empirischer Studien sozial- und wirtschaftswissenschaftlicher Provenienz nicht gestützt. Das Ausmaß der Resistenz gegenüber repräsentativem Erfahrungswissen ist für den externen Beobachter frappierend. Die anzutreffende, strikte Deduktion politischer Forderungen aus zumeist juristischen Denkfiguren (für andere Rieble 2004) sowie beliebig konstruierbarer Einzelfälle und

„Beispiele“ kann aus erfahrungswissenschaftlicher Perspektive eine systematische Fundierung durch Resultate empirischer Untersuchungen nicht ersetzen.[242]

Diese Diskrepanz zwischen Sein und Sollen dürfte den Propagandisten radikaler Änderungen bekannt sein, da es sich bei den zitierten Ergebnissen ausnahmslos um solche aus veröffentlichten Studien und damit gerade in Zeiten des Internet um leicht zugängliche Datenquellen handelt. Diese Tatsache widersprechender Empirie hält die Kritiker aber seit Jahren nicht ab von der Wiederholung bzw. Verschärfung ihrer intersubjektiv nicht nachvollziehbaren Forderungen (für andere Donges et al. 2007). Es gibt offensichtlich zwei Arten der Beurteilung von Sachverhalten, nämlich die durch Empirie sowie die durch „Marktakteure“.

Die Erklärung dieses Widerspruchs bereitet Schwierigkeiten – jedenfalls solange man von der Sinnhaftigkeit bzw. Notwendigkeit einer empirischen Begründung politischer Forderungen überzeugt ist und nicht Verschwörungstheorien anhängt. „Sinndeutungen“ gelingen über einfluss- bzw. machttheoretische Überlegungen.

Die eine Erklärung wäre die Interpretation der Fundamentalkritik als Versuch, dadurch eine (weitere) Umverteilung der gemeinsam erwirtschafteten Quasirenten einzuleiten. Die andere Erklärung ist weiter reichend: Über mehr als zwei Jahrzehnte hatte es den Anschein, dass die Arbeitgeber(-verbände) ihren Frieden mit den von ihnen ursprünglich heftig bekämpften Mitb-Regelungen im Rahmen des „Modell Deutschland“ gemacht und sukzessive gelernt hätten, mit diesen nicht nur im betrieblichen Alltag umzugehen sondern sie durchaus zum eigenen Vorteil zu nutzen. Doch offensichtlich trügt der Schein über die Stabilität bzw. Tragfähigkeit des politischen Basiskompromisses, wie die aktuellen Forderungen nach Abschwächung bzw. sogar Abschaffung und Deklarierung als „Standortnachteil“ belegen.

Seit Einführung der Mitb haben sich die Rahmenbedingungen und damit das stets labile Kräfte- bzw. Machtgleichgewicht teils paralleler, teils entgegen gesetzter Interessen („antagonistische Kooperation“) wesentlich verändert. Zu den Gründen gehören u. a. erheblicher Mitglieder- und damit Einflussverlust der Gewerkschaften (vgl. Kap. 3), andauernde Massenarbeitslosigkeit, Zunahme der *exit*-Option von Unternehmen bzw. Glaubwürdigkeit der Drohung mit Abwanderung an Produktionsstandorte im Ausland infolge der fortschreitenden Internationalisierung der Wirtschaft sowohl in Form von Europäisierung als auch Globalisierung sowie Änderungen der Unternehmensstrukturen, die zum Abbau der Mitb-Regelungen führen.

---

[242] Die wissenschaftlichen Mitglieder der Kommission zur Modernisierung der deutschen Unternehmensmitbestimmung kommen zu einer eindeutigen Kernaussage ihrer Empfehlungen. Sie „sehen keinen Grund, der Bundesregierung eine grundlegende Revision der deutschen Unternehmensverfassung vorzuschlagen“ (Kommission 2006, 12). Sie sehen insgesamt positive wirtschaftliche Effekte, erkennen keinen Standortnachteil bei ausländischen Direktinvestitionen und empfehlen eine „behutsame Weiterentwicklung“.

In Folge dieser massiven Veränderungen werden sukzessiv alle innerhalb des *contested terrain* der Arbeitsbeziehungen bestehenden Institutionen (einschließlich sämtlicher Mitb-Gesetze, der Tarifautonomie sowie des Kündigungsschutzes) in Frage gestellt, obwohl es für diese Forderungen keine empirisch stichhaltigen Begründungen gibt. Möglicherweise bildet die Grundlage der vehementen Forderungen die Erwartung parlamentarischer Mehrheiten mit anderen politischen Prioritäten auf der Basis anderer Paradigmen der Regulierung. Offensichtlich geht es bei der Herstellung dieses „Belagerungszustandes" um andere Ziele als die Unterbreitung empirisch wohl begründeter Vorschläge zur sachgerechten Weiterentwicklung der Mitb bzw. zur Behebung vorhandener Probleme der Unternehmensführung.[243]

Last but not least: Nicht nur der Vollständigkeit halber bleibt zu erwähnen, dass es im Unternehmer-/Arbeitgeberlager nicht nur Fundamentalkritiker sondern auch zahlreiche, (nicht nur Einzel-)Stimmen für die Beibehaltung bzw. Weiterentwicklung der geltenden Mitb gibt. Ob die Kritiker überhaupt eine Mehrheitsmeinung innerhalb ihres eigenen „Lagers" vertreten, lässt sich extern kaum beurteilen; aktuelle Studien kommen zu dem Schluss, dass dies nicht der Fall ist (Höpner 2004b). Interessanterweise halten sich die direkt betroffenen Unternehmen – zumindest öffentlich – deutlich zurück. Auch im Bericht der bereits erwähnten Kommission Mitbestimmung klangen auch und gerade die Stimmen der Arbeitgebervertreter (noch) wesentlich moderater: „Das Mitbestimmungsgesetz von 1976 hat in der Praxis, entgegen seinerzeitigen Befürchtungen, die *Eigentumsrechte der Kapitaleigner grundsätzlich nicht eingeschränkt.* Die Strategie der Unternehmen, die der Mitbestimmung unterliegen, wird von ihren Vorständen und Anteilseignern bestimmt und nicht von den Arbeitnehmervertretern. Allerdings bietet die Mitbestimmung allen Beteiligten weit reichende Möglichkeiten der Information und Konsultation, die in vielen Unternehmen extensiv genutzt und in den Dienst der Konsensbildung gestellt werden" (Bertelsmann-Stiftung/Hans-Böckler-Stiftung 1998, 95; Hervorhebung im Original).

Aus den skizzierten, deutlichen Verschiebungen der wirtschaftlichen und politischen Rahmenbedingungen resultieren zweifellos Notwendigkeiten zu Änderungen im Sinne einer Fort- und Weiterentwicklung, die allerdings nicht mit der vorgeschlagenen Demontage zu verwechseln sind. Zum Änderungsbedarf gehören u. a. die Einbeziehung von Vertretern ausländischer Arbeitnehmer in die Aufsichtsräte multinational tätiger Unternehmen nicht nur auf freiwilliger sondern auf rechtlicher Grund-

[243] Ein ausländischer Beobachter beschreibt die Situation folgendermaßen: „If the majority of the business community and the politicians are convinced that the German system is obsolete, even if the empirical evidence contradicts their hypothesis that it has become inefficient, the decision made by strategic actors might trigger a switch from one regime to another. If, by contrast, politicians are still convinced that German corporate governance and codetermination can be reformed instead of totally replaced, then the hybridization process may take place at the level of firms and unions" (Boyer 2006, 154).

lage, Änderung der komplizierten und langwierigen Wahlverfahren der Arbeitnehmervertreter, Begrenzung der Anzahl der AR-Mandate sowie Probleme der Unabhängigkeit des AR in Folge direkter Wechsel von Vorstands- auf den Sitz des AR-Vorsitzenden. In Anbetracht dieses durchaus erheblichen Änderungsbedarfs sieht die aktuelle Fundamentalkritik den Wald vor lauter Bäumen nicht.

Einführende Literatur

Bertelsmann Stiftung/Hans-Böckler-Stiftung (Hg.) (1998), Mitbestimmung und neue Unternehmenskulturen – Bilanz und Perspektiven. Bericht der Kommission Mitbestimmung, Gütersloh.

Gerum,E. (2007), Das deutsche Corporate Governance-System. Eine empirische Untersuchung, Stuttgart.

Kommission zur Modernisierung der deutschen Unternehmensmitbestimmung (2006), Bericht der wissenschaftlichen Mitglieder der Kommission, Berlin.

Leminsky,G. (1998), Bewährungsproben für ein Management des Wandels. Gewerkschaftliche Politik zwischen Globalisierungsfalle und Sozialstaatsabbau, Berlin.

7 Tarifvertragswesen I: Rechtlich-Institutionelle Probleme

Wir verlassen die Betriebs- bzw. Unternehmensebene und befassen uns mit der Sektor- bzw. Branchenebene der Arbeitsbeziehungen, d. h. mit Tarifverhandlungen als Regulierungsinstrumenten der Arbeits- und Wirtschaftsbedingungen sowie zentralen Elementen gewerkschaftlicher Interessenpolitik (zur Einführung Bäcker et al. 2008, 250-272; Hartwich 1998, 93-107 u. 204-210). Aus soziologischer Perspektive bedeutet dieser Schritt: Während wir uns bisher mit der „Beeinflussung und Kontrolle der Anwendungsbedingungen der Arbeitskraft im betrieblichen Arbeitsprozess [befasst haben, B.K.] ..., steht [nun] die Beeinflussung und Kontrolle der Verkaufsbedingungen der Arbeitskraft im Zentrum“ (Müller-Jentsch 1997, 45; ähnl. 2007, 47).

7.1 Die gesetzlichen Grundlagen

Zunächst machen wir uns mit den rechtlich-institutionellen Grundlagen vertraut, wobei wir davon ausgehen, dass die Regelungsinstrumente „Gesetz“ und „Tarifvertrag“ nicht (mehr) klar voneinander zu trennen sind, sondern ineinander greifen. In empirischer Sicht gilt: „Most essentially, the observable decay of collective bargaining is not the inevitable outcome of economic forces (e.g. international markets); rather, it is the result of a special institutional arrangement. The bargaining system works as an institutional filter, the structural properties of which either exacerbate or moderate the problems resulting from economic change“ (Traxler 1998a, 21).

Von zentraler Bedeutung ist das Grundrecht der Koalitionsfreiheit nach Art. 9 Abs. 3 GG: „Das Recht, zur Wahrung und Förderung der Arbeits- und Wirtschaftsbedingungen Vereinigungen zu bilden, ist für jedermann und für alle Berufe gewährleistet.“ Allerdings sind nicht alle Vereinigungen als Koalitionen anzusehen; das BVerfG hat die Voraussetzungen benannt (BVerfG v. 6.5.1964 – 1 BvR 79/62 – BVerfGE 18, 18 (28)): „Die Koalition muss sich als satzungsmäßige Aufgabe die Wahrnehmung der Interessen ihrer Mitglieder gerade in ihrer Eigenschaft als Arbeitgeber oder Arbeitnehmer gesetzt haben und willens sein, Tarifverträge für ihre Mitglieder abzuschließen; sie muss frei gebildet, gegnerfrei, unabhängig und auf überbetrieblicher Grundlage organisiert sein. Sie muss das geltende Tarifrecht als für sich verbindlich anerkennen." Arbeitnehmerkoalitionen mit diesen Eigenschaften (Freiwilligkeit des Zusammenschlusses, körperschaftliche Organisation, Gegnerfreiheit und Unabhängigkeit, Überbetrieblichkeit, Tarifwilligkeit) müssen zusätzlich die Voraussetzungen der Dauerhaftigkeit (keine *ad hoc*-Koalitionen) sowie (rechtlich nicht unumstritten) die der Streikwilligkeit und Streikfähigkeit erfüllen, um die Gewerkschaftseigenschaft zu haben (für andere: Hanau/Adomeit 2005, 55ff.).

Positive Koalitionsfreiheit meint das Recht des Individuums, einer Koalition beizutreten oder sich für sie zu betätigen. Negative Koalitionsfreiheit ist nach herrschender Meinung das komplementäre Recht, nicht zum Eintritt in Koalitionen gezwungen werden zu dürfen, d. h. ihnen fernbleiben zu können; auch ein nur mittelbarer Organisationszwang wäre verfassungswidrig. Die in Art. 9 Abs. III GG gegebene Garantie umfasst neben diesen beiden Formen der individuellen auch die kollektive Koalitionsfreiheit, welche neben der Bestands- auch die Betätigungsgarantie einschließt. Der Tarifvertrag zählt zum Kernbereich der Koalitionsfreiheit.

Das gesellschaftliche Strukturprinzip der Tarifautonomie (Müller-Jentsch 1983b; Lampert et al. 1991, 108-130; Säcker/Oetker 1992) stellt eine Konkretisierung der kollektiven Koalitionsfreiheit dar. Diese Normsetzungsbefugnis bedeutet, dass die Tarifvertragsparteien die Entgelte und sonstigen Arbeitsbedingungen in eigener Verantwortung aushandeln, also ohne Intervention staatlicher Institutionen; die innerhalb dieses autonom-selbstbestimmten Handlungsspielraums mit prinzipiell offenem Ausgang frei formulierten und ausgehandelten Bedingungen werden wie staatlich gesetztes Recht garantiert. Eine inhaltliche Reglementierung des Verhaltens der Tarifpartner seitens des Staates (z. B. durch hoheitlich verordnete Lohnleitlinien) ist rechtlich nicht zulässig – und wäre außerdem auch gar nicht zweckmäßig (Traxler 1986, 46f.). Der Staat ist damit auf die grundsätzlich freiwillige Kooperation der Tarifpartner angewiesen und muss sich auf informelle Einflussnahmen zur Schaffung bzw. Sicherung gesamtwirtschaftlich erwünschter Rahmenbedingungen beschränken (vgl. Kap. 4). Gleichzeitig kann er sich ohne Legitimationsverluste funktional entlasten in einem konfliktträchtigen Bereich, den die Tarifvertragsparteien ohnehin besser überschauen und flexibler bzw. „sachgerechter" ausgestalten können.

Aus juristischer Perspektive ist zwischen individuellem und kollektivem Arbeitsrecht zu unterscheiden, die zwar eng zusammengehören, wobei letzteres im sozialwissenschaftlichen Kontext wichtiger ist. „Collective labour law is ... composed of four main parts: the law on collective bargaining, including the law on trade unions and employers' associations, the law on industrial conflict, the law on workers' representation by works councils, and the law on workers' representation on the supervisory board of large companies" (Weiss/Schmidt 2000, 25). Da wir uns mit den beiden Ebenen der Mitbestimmung schon befasst haben (vgl. Kap. 5 und 6), geht es im Folgenden vor allem um das Tarifvertragsrecht.

Seit Ende des 1. Weltkrieges sind Tarifverhandlungen als Mittel zur kollektiven Regelung der Arbeitsbeziehungen und Gewerkschaften als institutionelle Träger rechtlich anerkannt. Grundlage ist das Tarifvertragsgesetz (TVG) von 1949 (in der Fassung von 1969, zuletzt geändert 2003), welches die rechtlichen Rahmenbedingungen für den Machtkampf der Tarifvertragsparteien definiert und damit deren Handlungsoptionen im Sinne von *constraints and opportunities* beeinflusst. Das institutionalisierte, hochgradig formalisierte Regulierungssystem umfasst die tarifpolitischen Instrumente Tarifverhandlung, Schlichtung und Arbeitskampf; es garantiert eine gleichmäßige Regelung und gewisse Vereinheitlichung der Arbeitsbedingungen.

Das System der Tarifautonomie hat nach Meinung aller Beteiligten über eine Reihe von Jahrzehnten zufrieden stellend funktioniert und gehört zu den zentralen Bausteinen der Arbeitsbeziehungen. „The Federal Government respects the principle of autonomy in collective bargaining according to which both sides of industry, with a thorough knowledge of the overall economic situation, take the relevant decisions on their own responsibility. It is of the opinion that the development so far reflects the successes of autonomy in collective bargaining. This autonomy of unions and employers organisations is an important component of the system of a free social market economy existing in this country. The Government therefore rejects any interference in collective bargaining on principle“ (OECD 1979, 66). Mittel- und langfristig können Probleme sowohl durch Tendenzen einer „Verbetrieblichung“ der Tarifpolitik als auch durch Entwicklungen auf supranationaler Ebene (Europäisierung, Globalisierung) entstehen (Bispinck/Schulten 1999).

Der Tarifvertrag, eine bedeutende Rechtsquelle des gesamten Arbeitsrechts, ist ein marktwirtschaftskonformes und gesellschaftlich akzeptiertes Regelungsinstrument zur befristeten Befriedung und Kanalisierung, nicht hingegen zur endgültigen Lösung des industriellen Konflikts bei der normierenden Festlegung von Entgelten und anderen Arbeitsbedingungen. „Der Tarifvertrag ist ein effektives Instrument sozialer (Selbst-)Regulierung, weil er einerseits durch Staatsfreiheit und Betroffenenbeteiligung Sachnähe und Akzeptanz garantiert, andererseits durch Konfliktrationalisierung, Professionalität und Rechtszwang – sowohl was die Mittel zu seiner Erzielung als auch was seine allgemeine Verwendung angeht – Erwartungssicherheit, gleiche Wettbewerbsbedingungen und industrielle und gesellschaftliche Ordnung stiftet“ (Mückenberger 1995, 23).

Tarifverträge haben vier gesellschaftliche Funktionen:

- die des Schutzes des einzelnen Arbeitnehmers vor Ausübung wirtschaftlicher Macht seitens des Arbeitgebers,
- die des Friedens durch unbedingte Wahrung des Arbeitsfriedens während der Laufzeit,

- die der Ordnung durch die verbindliche Normierung und Typisierung der Arbeitsbedingungen,
- die der Verteilung der Einkommen durch Beteiligung der Arbeitnehmer am Sozialprodukt bzw. dessen Wachstum.

Abb. 7.1:
Grundlegende Regulierungsfunktionen von (Flächen-)Tarifverträgen:

	Aus Sicht des Staates:
Entlastungs- und Legitimationsfunktion:	– Die unmittelbare Verantwortung für die Festlegung von Löhnen und Arbeitsbedingungen wird den Tarifvertragsparteien übertragen. – Der Staat kann sich aus den Tarifauseinandersetzungen weitgehend heraushalten und fungiert gegebenenfalls als „neutraler" Schlichter.
	Aus Arbeitnehmersicht:
Schutzfunktion:	– Eindämmung struktureller Machtungleichgewichte am Arbeitsmarkt
Verteilungsfunktion:	– Teilhabe an der wirtschaftlichen Entwicklung und sozialem Wohlstand
Partizipationsfunktion:	– Teilhabe an einer autonomen Regelung der Arbeitsbedingungen
Solidaritätsfunktion:	– Verallgemeinerung der Schutz-, Verteilungs- und Partizipationsfunktion Einheitliche Arbeitsbedingungen relativ unabhängig von der jeweiligen ökonomischen Leistungsfähigkeit des einzelnen Unternehmens und der jeweiligen betrieblichen Stärke gewerkschaftlicher Interessenvertretung bzw. dem Stand betrieblicher Machtbeziehungen
	Aus Arbeitgebersicht:
Kartellfunktion:	– Der Preis für den Faktor Arbeit wird teilweise dem Wettbewerbsmechanismus entzogen. – Schaffung relativ einheitlicher Wettbewerbsbedingungen
Koordinierungsfunktion:	– Tarifverhandlungen als „kollektives Gut" – Reduzierung der Transaktionskosten zur Regelung der Arbeitsbedingungen
Ordnungs- und Befriedungsfunktion:	– stabile Arbeitsbeziehungen und relativ störungsfreier Arbeitsablauf – Gewerkschaftspräsenz im Betrieb wird „neutralisiert" – Delegierung der Tarifpolitik an die Verbände, Entlastung der betrieblichen Ebene
Produktivitätsfunktion:	– Begrenzung von Niedriglohnstrategien – Fördert primär Innovations- statt Kostenwettbewerb – Sicherung eines kooperativen Arbeitsklimas

Quelle: Bispinck/Schulten 1999.

Wesentliche Grundsätze des Tarifvertragsrechts leiten sich aus § 1 TVG ab: „Der Tarifvertrag regelt die Rechte und Pflichten der Tarifvertragsparteien und enthält Rechtsnormen, die den Inhalt, den Abschluss und die Beendigung von Arbeitsverhältnissen sowie betriebliche und betriebsverfassungsrechtliche Fragen ordnen können." Ein Tarifvertrag ist ein

- schriftlich geschlossener,
- privatrechtlicher Vertrag zwischen tariffähigen Parteien, der deren Rechte und Pflichten regelt (schuldrechtlicher oder obligatorischer Teil)

und Rechtsnormen über Inhalt, Abschluss und Beendigung von Arbeitsverhältnissen sowie über betriebliche und betriebsverfassungsrechtliche Fragen und gemeinsame

Einrichtungen der Tarifvertragsparteien enthält (normativer Teil) (im Einzelnen Weiss/Schmidt 2000, 155ff.).

Ein Tarifvertrag hat mithin zwei Elemente (sog. rechtliche Doppelnatur): Sein schuldrechtlicher Teil, der nur die vertragsschließenden Parteien, also Arbeitgeber (-verband) und Gewerkschaft, nicht hingegen deren einzelne Mitglieder bindet, impliziert zwei Nebenpflichten:

- Friedenspflicht bedeutet, dass während der Laufzeit eines Tarifvertrages keinerlei Arbeitskämpfe mit dem Ziel einer Veränderung seiner Inhalte, wohl aber über andere, vorbereitet, eingeleitet oder durchgeführt werden dürfen. Verbandsmitglieder sind ggf. von Arbeitskampfaktionen abzuhalten; Verletzungen der Friedenspflicht gelten als Tarifbruch und können zu Unterlassungs- und Schadensersatzansprüchen führen. In Bezug auf die Ordnungsfunktion des Tarifvertrages sind absolute und relative Friedenspflicht zu unterscheiden: Bei der absoluten Friedenspflicht, welche die Tarifvertragsparteien explizit verabreden und regeln müssen, dürfen überhaupt keine Arbeitskämpfe geführt werden, bei der relativen keine über die Inhalte des Tarifvertrags. Die Friedenspflicht demonstriert den Kompromisscharakter des Tarifvertrages: Während der Laufzeit sind den Arbeitnehmern bestimmte Mindestarbeitsbedingungen (u. a. bei den Entgelten) garantiert.[244] Die Arbeitgeber verfügen über eine feste Planungs- und Kalkulationsgrundlage, d. h. sie brauchen nicht mit weiteren Forderungen der Gewerkschaften zu rechnen. Insofern haben beide Seiten Interesse an einer fixierten Laufzeit.
- Beide Parteien haben eine Einwirkungs- bzw. Durchführungspflicht, d. h. sie haben auf ihre Mitglieder (durch Beratung und Hinweise, ggf. mit sanktionierenden Mitteln des Verbandsrechts) einzuwirken, die Bestimmungen des ausgehandelten Tarifvertrages ordnungsgemäß durchzuführen bzw. einzuhalten.

Die Rechtsnormen des normativen Teils des Tarifvertrages gelten unmittelbar und zwingend für Dritte, d. h. für individuelle tarifgebundene Arbeitsverhältnisse (sog. Unabdingbarkeit). Die ausgehandelten Tarifnormen stellen Mindestarbeitsbedingungen dar, d. h. sie können zugunsten der Arbeitnehmer durch freiwillige übertarifliche Leistungen überschritten, dürfen jedoch nicht unterschritten werden (sog. Mindestniveaugarantie des Günstigkeitsprinzips nach § 4 TVG).[245] Der Tarifvertrag kann

---

[244] Seit den 1990er Jahren werden in einzelnen Tarifverträgen (u. a. der Chemieindustrie) sog. Einstiegstarife vereinbart, d. h. für einen begrenzten Zeitraum abgesenkte Tarifvergütungen für neu eingestellte Arbeitnehmer. Dadurch sollen die Beschäftigungschancen für (Langzeit-)Arbeitslose verbessert werden (als Überblick Schnabel 2006).

[245] Die juristische Literatur diskutiert kontrovers, welche konkreten Regelungen im Einzelfall für den Arbeitnehmer „günstiger“ sind. Gegenüber gestellt werden u. a. Sicherung von Arbeitsplätzen und Änderung der Arbeitsbedingungen (u. a. Verlängerung der Arbeitszeiten, Abschläge bei Entgelten); gefordert wird eine andere Interpretation des Günstigkeitsprinzips im Sinne einer Erweiterung.

keine Höchstarbeitsbedingungen fixieren. Der einzelne Arbeitnehmer kann auf tarifliche Rechte nicht verzichten (sog. Unverbrüchlichkeit).

Abb. 7.2: Typischer Aufbau eines Tarifvertrages

Tarifvertrag	
schuldrechtlicher Teil	**normativer Teil**
- Rechte und Pflichten der Tarifvertragsparteien bezüglich Abschluß, Durchführung und Beendigung des Tarifvertrags - Friedenspflicht - ev. Schlichtungsabkommen - Einwirkungspflicht	- Rechtsnormen über Inhalt, Abschluß und Beendigung von Arbeitsverhältnissen - Rechtsnormen bezüglich betrieblicher und betriebsverfassungsrechtlicher Fragen

Quelle: *Adamy/Steffen 1985, 221.*

Tarifvertragsparteien bzw. tariffähig sind auf Arbeitnehmerseite nur Gewerkschaften und deren Zusammenschlüsse, nicht einzelne Arbeitnehmer, auf Arbeitgeberseite hingegen einzelne Arbeitgeber oder Arbeitgeberverbände sowie deren Spitzenorganisationen (§ 2 TVG). Die Gesamtzahl der gültigen Tarifverträge ist mit über 60.000 überraschend hoch (Bispinck/WSI-Tarifarchiv 2005, 70) und widerspricht der weit verbreiteten Auffassung von der „Starrheit“ und „Rigidität“ des Tarifvertragssystems bzw. von „Bundeseinheitstarifen“ (Bispinck 1997).

Bei der Tariffähigheit unterscheiden wir zwischen Verbands- bzw. Flächentarifvertrag und Firmen- bzw. Haustarifvertrag oder zentralisierten und dezentralisierten *collective bargaining*-Systemen (*multi-employer bargaining versus single-employer bargaining*). Traditionell dominieren in der Bundesrepublik ähnlich wie in anderen westeuropäischen Ländern – aber im Gegensatz zu Großbritannien oder den USA sowie zu Japan – großflächige Verbands- bzw. Flächentarifverträge, die für eine Region oder sogar bundesweit gelten (OECD 1994, 170ff.; Schulten 2005).[246]

[246] Bei regionalisierten Tarifverhandlungen (wie in der Metallindustrie) dient häufig der erste Abschluss als sog. Pilotabschluss, an dem sich die übrigen Bereiche faktisch orientieren.

Tarifverhandlungen müssen mit dem ernsthaften Willen zur Einigung geführt werden. Zunächst sind nur die Mitglieder der Tarifvertragsparteien sowie derjenige Arbeitgeber, der selbst Partei von Tarifverträgen ist (§ 3 TVG), durch die ausgehandelten Normierungen bis zum Ende der Laufzeit des Tarifvertrages zwingend tarifgebunden.[247] Die Anwendung der Bedingungen des Tarifvertrages auf alle Beschäftigten, d. h. auch auf nicht-organisierte Arbeitnehmer, seitens der verbandsgebundenen Arbeitgeber stellt einen in der Praxis zwar üblichen, prinzipiell jedoch freiwilligen Schritt des Arbeitgebers dar. Durch diesen Schritt können eigene Transaktionskosten sowie Anreize zum Gewerkschaftsbeitritt reduziert werden. – Differenzierungsklauseln (u. a. in Form von Tarifausschluss- oder Spannenklauseln), die eine materielle Besserstellung der gewerkschaftlich organisierten Arbeitnehmer gegenüber nicht-organisierten ermöglichen würden, sind laut BAG-Urteil von 1967 unzulässig, da sie die negative Koalitionsfreiheit beeinträchtigen würden (Weiss/Schmidt 2000, 136).

Nach dem Auslaufen des Tarifvertrages gelten dessen Rechtsnormen solange weiter, bis ein neuer Tarifvertrag abgeschlossen wird (sog. Nachwirkung des normativen Teils als dispositives Recht). Die Regelungen eines Tarifvertrages können durch ausdrückliche Vereinbarung der Parteien auch rückwirkend in Kraft gesetzt werden, wobei in der Praxis vor allem Erhöhungen der Entgelte von Bedeutung sind.

Beim Geltungsbereich unterscheiden wir den

- räumlichen (z. B. bestimmter Tarifbezirk, Bundesland oder Bundesgebiet),
- zeitlichen (innerhalb der vereinbarten Laufzeit),
- fachlichen (z. B. betrieblich oder fachlich)
- und persönlichen (für bestimmte Arbeitnehmergruppen, z. B. Arbeiter, Angestellte oder Auszubildende).

Nach dem Regelungsgegenstand bzw. Inhalt unterscheiden wir

- Lohn- und Gehaltstarifverträge, welche die Höhe der Arbeitsentgelte bzw. deren Veränderungen für die Laufzeit der Verträge regeln,
- Lohn- und Gehaltsrahmentarifverträge, die u. a. Lohnsysteme und Entlohnungsgrundsätze (u. a. Anzahl und Merkmale von Lohn- und Gehaltsgruppen, Regelung der Leistungsentlohnung) festlegen, was in der Vergangenheit zumeist getrennt für Arbeiter und Angestellte geschah,
- Manteltarifverträge, welche die sonstigen allgemeinen Arbeitsbedingungen regeln (u. a. Dauer und Verteilung der Arbeitszeit, Nacht- und Schichtarbeit, Urlaub, Überstunden, Kündigungsfristen, Probezeit).[248]

---

[247] Bei betrieblichen und betriebsverfassungsrechtlichen Normen genügt die Tarifgebundenheit des Arbeitgebers.

[248] Die Laufzeiten der Lohn- und Gehaltstarifverträge sind im Allgemeinen kürzer als die der übrigen

Diese Tarifvertragsarten können auch als Mischformen auftreten.

Bei sich überschneidenden Tarifverträgen mit unterschiedlichem Inhalt für dasselbe Arbeitsverhältnis (sog. Tarifkonkurrenz) gilt das Spezialitätsprinzip, d. h. die Bedingungen des (persönlich, räumlich und sachlich) betriebsnäheren Tarifvertrags haben Vorrang. Das Problem tritt allerdings wegen des dominierenden Industrieverbandsprinzips (vgl. Kap. 3) selten auf.

Tarifverträge sind Vereinbarungen zwischen Koalitionen mit dem Ziel der kollektiven Regelung der arbeitsrechtlichen Beziehungen. Tarifverträge normieren kollektive Regelungs-, d. h. Interessenstreitigkeiten hinsichtlich der Ausgestaltung einer zukünftigen Regelung; für individuelle und kollektive Rechts-, d. h. Auslegungsstreitigkeiten bereits bestehender Abmachungen sind die in der Bundesrepublik eigenständig-unabhängigen Arbeitsgerichte (Arbeitsgerichte, Landesarbeitsgerichte, Bundesarbeitsgericht) zuständig, die bindende Entscheidungen fällen. Diese grundsätzliche Trennung von Rechts- und Regelungskonflikten (vgl. Kap. 4) bewirkt einen wesentlichen Unterschied etwa zum britischen System der *industrial relations*.

Der „Preiskampf am Arbeitsmarkt“ ist zugleich Verteilungskampf um das Bruttosozialprodukt. Unter Tariflohn verstehen wir den ausgehandelten Mindestlohn, Effektivlohn meint das tatsächlich gezahlte Entgelt (unter Einschluss übertariflicher Einkommensbestandteile). – Die Lohnquote ist ein Verteilungsmaß, welches den Anteil der Arbeits- am Volkseinkommen angibt; die sog. bereinigte Lohnquote berücksichtigt den wachsenden Anteil der Arbeitnehmer an der Gesamtzahl der Erwerbstätigen.

Vor allem in den konjunkturell günstigen Phasen der späten 1960er und frühen 1970er Jahre, in denen Arbeitskräfte knapp und Produktionskapazitäten ausgelastet waren, setzten Betriebsräte häufig in einer sog. zweiten Lohnrunde auf Betriebsebene bessere als die zuvor tarifvertraglich vereinbarten (Mindest-)Bedingungen durch, indem sie ihre innerbetriebliche Verhandlungsmacht ausnutzten und unternehmensspezifische Konzessionsspielräume ausschöpften.[249] Gerade die branchenbezogene, relativ zentralisierte Form der Tarifpolitik als institutioneller Faktor führte zu einer Differenz zwischen Tarif- und Effektivverdiensten; die sog. *wage drift* gibt die Entwicklung im Zeitverlauf im Sinne von Veränderungsraten an (Schnabel 1994).

Diese Strategie gelang den Betriebsräten später unter veränderten Rahmenbedingungen der Arbeitsmärkte mit hoher Arbeitslosigkeit und abnehmender Marktmacht

---

Tarifverträge. Seit den späten 1980er Jahren kam es im Gegensatz zu den 1970er und frühen 1980er Jahren vorübergehend zu mehrjährigen Laufzeiten auch bei der zuerst genannten Form. Die Bedeutung von Rahmen- und Manteltarifverträgen hat zugenommen.

249 Die vor allem in den späten 1960er und frühen 1970er Jahren kontrovers diskutierte Strategie einer ergänzenden „betriebsnahen Tarifpolitik“ setzte hier an (Thelen 1991, 89-93).

kaum noch.[250] Seit den 1990er Jahren werden „mangelnde Differenzierungsmöglichkeiten“ der Tarifpolitik nach Betrieben, Teilbranchen und Regionen sowie in funktionaler Hinsicht beklagt. Übertarifliche Entlohnungskomponenten wurden deutlich abgebaut (Kohaut/Schnabel 2003a). Diese Entwicklung führt seit den frühen 1990er Jahren im Gegensatz zu früheren Phasen einer Hochkonjunktur sogar zu einer andauernden sog. negativen Lohndrift. Erhebliche Unterschiede bestehen zwischen Branchen sowie zwischen West- und Ostdeutschland, jedoch nicht durchgängig nach Betriebsgrößenklassen (Bellmann et al. 1998).[251]

Nach einem BAG-Urteil von 1968 bleibt der Bereich der übertariflichen Löhne dem Tarifvertrag entzogen (sog. tarifrechtliche Unwirksamkeit von Effektivklauseln), d. h. die Spanne zwischen Tarif- und Effektivverdienst kann nicht rechtlich abgesichert werden. Insoweit bestehen rechtliche Grenzen der Tarifautonomie; weiterhin müssen wir trotz formaler Parität ein faktisches Machtungleichgewicht innerhalb einer stets labilen Balance berücksichtigen.

7.2 Schlichtung als autonomes Regelungsverfahren

Ein Scheitern von Tarifverhandlungen führt nicht automatisch zum Arbeitskampf, da differenzierte institutionelle Vorkehrungen getroffen werden, um eine Einigung auch ohne oder sogar während der Durchführung von Kampfmaßnahmen zu ermöglichen. Internationale Vergleiche (ILO 1983; Owen-Smith et al. 1989) zeigen, dass in nationalen Systemen der Arbeitsbeziehungen bei identischen Zielvorstellungen unterschiedliche Methoden des Konfliktmanagements Verwendung finden; das Ziel der Konfliktvermeidung bzw. -beilegung kann durch funktional weitgehend äquivalente Problemlösungsstrategien realisiert werden. In der Bundesrepublik werden kollektive Regelungsstreitigkeiten durch Schlichtungsverfahren, individuelle und kollektive Rechtsstreitigkeiten stets durch Schieds-, d. h. Rechtsverfahren gelöst.

Unter Schlichtung soll im Folgenden das Verfahren zur Beilegung von kollektiven Regelungsstreitigkeiten zumeist durch Intervention eines am Konflikt unbeteiligten Dritten verstanden werden (Keller 1985; 1988a; Behning 1994). Formal können wir nach dem Grad der Verbindlichkeit ihres Ergebnisses für die Beteiligten zwei Ver-

250 „Insgesamt fällt auf, dass die Lohnhöhe wohl eher von innerbetrieblichen Strukturen, wie beispielsweise dem Frauenanteil oder dem Anteil qualifizierter Beschäftigter beeinflusst wird. Die übertarifliche Entlohnung hingegen ist möglicherweise stärker von externen Faktoren, insbesondere von Reaktionen des Arbeitsmarktes, abhängig“ (Bellmann/Kohaut 1995, 70).

251 Schließlich erfolgt häufig eine sog. Variabilisierung von Entgeltbestandteilen in Richtung auf eine stärkere ertrags- bzw. ergebnisabhängige Gestaltung (Schnabel 2004).

fahren zur Lösung von arbeitsrechtlichen Interessenkonflikten bzw. Gesamtstreitigkeiten unterscheiden: Die Ergebnisse von Schlichtungsverfahren sind in der Regel nicht automatisch bindend für die Parteien, sondern bedürfen der ausdrücklichen Zustimmung. Die Resultate von Schiedsverfahren hingegen binden häufig die Parteien endgültig (externalisierte Konfliktlösung); das bilaterale Informationsniveau ist bei der zweiten Gruppe höher als bei der ersten.[252]

Das Tarifverhandlungssystem lässt sich als System der Kompromissfindung charakterisieren, in welchem die Schlichtung bei Verhandlungsengpässen wesentliche Funktionen für die Zielrealisierung wahrnimmt, indem sie stabile konfliktsteuernde Kooperation ermöglicht und Kompromissförderung durch Risikoeskalation gewährleistet. Im Ablaufschema für Tarifverhandlungen ist die Schlichtungsphase einem relativ späten Stadium zuzuordnen.

Vom konfliktsoziologischen Standpunkt aus ist auf Tendenzen zur Institutionalisierung des Klassengegensatzes und damit des Verteilungskonflikts hinzuweisen (Dahrendorf 1977, 178ff.). Die Vereinbarung von Schlichtungsordnungen als langfristig geltenden Rahmenregelungen stellt ein Element einer weitergehenden Institutionalisierung des Klassengegensatzes bzw. des Machtausgleichs durch Institutionalisierung von Konfliktzonen dar. Diese Tendenz fördert eine Kanalisierung und Reglementierung der vorhandenen industriellen Konflikte. Aus konflikttheoretischer Perspektive ist die Einbeziehung unabhängiger Instanzen oder Personen in interpersonelle Konflikte eine in unterschiedlichen Bereichen (z. B. Rechtsstreitigkeiten zwischen Individuen, internationale Konflikte) praktizierte Form der Konfliktlösung.

Nach dieser allgemeinen Verortung greifen wir zurück auf Theorien der Arbeitsbeziehungen (Müller-Jentsch 2004a), für die Regeln den zentralen Gegenstands- und Erklärungsbereich darstellen. Schlichtungsvereinbarungen sind in diesem Zusammenhang Teil des Regelsystems und zwar einer, der Verfahrensregeln festsetzt und damit formaler Art ist. Falls Verfahrensregeln dominieren, soll vor allem der Arbeitsfrieden bewahrt bzw. wiederhergestellt werden, wobei die konkreten Bedingungen weniger wichtig sind. Falls inhaltliche Regelungen höher eingestuft werden, wird die genaue Regelung der Beschäftigungsbedingungen als vorrangig betrachtet; Konfliktrisiken werden einkalkuliert. Der Unterschied zwischen beiden Formen besteht darin, dass die einen Beschäftigungsbedingungen (z. B. Lohnhöhe, Arbeitszeit) direkt regulieren, während die anderen dies indirekt tun, indem sie das Verhalten der Repräsentanten der formalen und informellen Organisationen beeinflussen (z. B. Abkommen über Verhandlungs- und Konfliktbeilegungsmechanismen).

---

[252] Die Einigungsstellen gemäß BetrVG (vgl. Kap. 5) sind als innerbetriebliche Organe zur Befriedung derjenigen Konflikte im organisatorischen, sozialen, personellen und wirtschaftlichen Bereich anzusehen, die sich aus Interpretationsproblemen bestehender gesetzlicher Regelungen ergeben; demgegenüber ist Ziel der Schlichtung der Abschluss eines neuen Tarifvertrages.

Historisch gesehen sind Schlichtungsvereinbarungen eine Folge der Aufhebung des Koalitionsverbots und der Gründung von Interessenorganisationen. Grundsätzlich ist aus historischer Perspektive zu unterscheiden zwischen staatlicher und verbandsautonomer, auf tarifvertraglichen Regelungen beruhender Schlichtung. Die wiederholten Veränderungen der gesellschaftlichen und politischen Verhältnisse beeinflussten auch das Schlichtungswesen als Teil der koalitionsmäßigen Betätigung.

Der Gesetzgeber garantiert in GG und TVG den Sozialpartnern einen spezifischen Freiraum zur eigenverantwortlichen Regelung aller Arbeitsbedingungen, wofür nicht zuletzt die Erfahrungen mit der perfekten Zwangsschlichtung der Weimarer Zeit Anlass waren. Die Diskussion um Sinn und Notwendigkeit freiwillig von den Arbeitsmarktparteien vereinbarter Schlichtungsverfahren als Gegensatz zur behördlich-staatlichen Form der Weimarer Zeit begann in den frühen 1950er Jahren. In großen Bereichen der Privatwirtschaft (u. a. Metall-, Bau-, chemische Industrie, Druck und Papier) sind seit langem Konfliktbeteiligungsmechanismen für kollektive Regelungsstreitigkeiten durch Vereinbarungen der Tarifvertragsparteien institutionalisiert. Besonders die verschiedenen Abkommen der Metallindustrie wurden zu Vorreitern für die übrigen Wirtschaftsbereiche.

Weder für die Regierung noch für andere Institution besteht die Option, Kampfmaßnahmen zu verhindern oder etwa wie im *Taft-Hartley-Act* in den USA für eine bestimmte Zeit auszusetzen (Abkühlungsphase) oder eine für die Parteien bindende Entscheidung zu fällen. Weiterhin wurden nie andere als Schlichtungsverfahren ernsthaft in Erwägung gezogen, kollektive Regelungsstreitigkeiten werden nie durch Schiedsverfahren beigelegt. Das im TVG verankerte, als konstitutives Element der Arbeitsbeziehungen anzusehende Institut der Tarifautonomie ließe sich ebenso wenig mit deren Anwendung vereinbaren wie die in Art. 9 Abs. III GG garantierte Tarifautonomie (verfassungsrechtliches Verbot genereller Zwangsschlichtung).

Prozedurale Selbstbindungen durch Schlichtungsvereinbarungen, welche eine Erhöhung der Streikschwelle durch Ausschöpfen aller Verhandlungsmöglichkeiten erreichen sollen, orientieren sich an folgenden Prinzipien:

- automatische Vereinbarung des Verfahrens zwischen den Tarifvertragsparteien unter Ausschluss staatlicher Agenturen (Freiwilligkeit der Schlichtung),
- strikte Ablehnung einer gesetzlich geregelten Zwangsschlichtung,
- Parteienschlichtung, d. h. Wissenschaftler bzw. Sachverständige können lediglich als Gutachter ohne Stimmrecht fungieren,
- paritätische Besetzung der Kommission zumeist unter dem Vorsitz eines oder zweier Unparteiischer,

- mehrheitliche Einigungsvorschläge haben lediglich empfehlenden Charakter für die Tarifvertragsparteien, welche über Ablehnung bzw. Annahme in eigener Verantwortung entscheiden,
- Verfahren muss innerhalb genau definierter und dadurch beidseitig kalkulierbarer Fristen beendet sein,
- Ende der Friedenspflicht und Zeitpunkt der Einleitung von Kampfmaßnahmen werden zweifelsfrei festgelegt,
- Abkommen ist mit angemessenen Fristen (z. B. ein Jahr) ohne irgendwelche Nachwirkungen kündbar, d. h. es hat die Form eines kündbaren Tarifvertrags.

Die Existenz von Schlichtungsvereinbarungen verändert das Verhandlungsverhalten, d. h. das Verfahren wirkt sich auf den Verlauf von Tarifverhandlungen aus. Weiterhin begünstigt eine Institutionalisierung die Anwendung: Beide Seiten versuchen, durch Ausnutzen dieser Einrichtung ein in ihrem Sinne günstigeres Ergebnis zu erzielen, ohne einen Streik zu riskieren und ohne für die eingegangenen Kompromisse selbst verantwortlich gemacht zu werden. Bestimmte Verfahrenselemente (z. B. automatische Ingangsetzung) können diesen Trend verstärken, so dass die Schlichtung häufig nicht als *ultima ratio*, als letztes Mittel zur Überwindung von echten Verhandlungsengpässen, sondern als integraler Bestandteil der Verhandlungsstrategie benutzt wird. Die überwiegende Mehrzahl der durchgeführten Schlichtungen ist erfolgreich und effizient im Sinne einer Konfliktvermeidung, so dass es letztendlich nicht zu Arbeitskampfmaßnahmen kommt.

Institutionelle Probleme sind für konkrete Verfahren relativ bedeutungslos, da sie bereits in den Schlichtungsvereinbarungen als Verfahrensgrundsätze verbindlich geregelt sind. Dadurch wird das einzelne Verfahren abgekürzt und funktional entlastet, da ausschließlich inhaltliche Kontroversen und nicht mehr Verfahrenselemente verhandelt werden müssen. Zu diesem Kanon gehören u. a.

- Art des Zustandekommens (Anrufung einer Partei mit dadurch begründeter Einlassungspflicht, Anrufung beider Parteien und Automatik, d. h. Einsetzen der Schlichtung ohne notwendige besondere Willenserklärung einer oder beider Parteien), wobei die einseitige Anrufung am häufigsten vorkommt;
- die Fristenfragen (Zeit zwischen Scheitern der Tarifverhandlung und Zusammentreten der Schlichtungskommission bzw. Zeit zwischen Abfassen des Schlichtungsspruchs und Erklärung der Parteien über Annahme oder Ablehnung); normalerweise werden relativ kurze Fristen vereinbart, um den Parteien die Möglichkeit zu nehmen, die Verhandlungen zu verschleppen. Dem Schlichter wird dadurch die Wahrnehmung seiner Aufgaben erleichtert, die Wahrscheinlichkeit eines Kompromisses wird erhöht.

Schlichtungskommissionen sind problemlösende und beschlussfassende Kleingruppen, die in der Mehrzahl der Fälle aus maximal sieben Mitgliedern bestehen. Nach Scheitern der Tarifverhandlungen wird zwecks Steigerung der Kompromissfähigkeit das Verhandlungsgremium verkleinert, so dass lediglich die erfahrenen Vertreter beider Parteien übrig bleiben. Es besteht die Tendenz, nur hauptberufliche Mitarbeiter zu entsenden sowie dieselben Vertreter an verschiedenen Verhandlungen teilnehmen zu lassen. Für den Schlichtungserfolg sind routinierte Kommissionsmitglieder wichtig und nicht-routinierten vorzuziehen, was auf das höhere Informationsniveau im ersten Fall zurückzuführen ist. Von Bedeutung ist ebenfalls eine gleich große Verhandlungserfahrung auf beiden Seiten, wodurch die Kompromissfähigkeit steigt. Außerdem halten die Beteiligten eine kongruente Zusammensetzung von Tarif- und Schlichtungskommission für wichtig, weil dann das Informationsniveau (u. a. Kenntnis der Argumentation, der Zusammenhänge, der Standpunkte) höher ist und Aggressionen bereits während der Tarifverhandlung abgebaut werden konnten. Die Konzessionsbereitschaft, eine unabdingbare Voraussetzung für einen Schlichtungserfolg, steigt bei personeller Identität von Tarif- und Schlichtungskommission.

Die entscheidende Variable zur Erklärung des Schlichtungsprozesses und -erfolgs ist der unparteiische Dritte, der als neues Element gegenüber der Tarifverhandlung anzusehen ist. Falls keine hochgradige Professionalisierung der Schlichtertätigkeit stattgefunden hat, wie sie besonders für die USA typisch ist, wird in Form von Kosten-/Nutzenkalkülen entschieden, ob die Aufgabe im Einzelfall übernommen werden soll. Hierbei werden in der Regel auch nicht-ökonomische Faktoren wie Prestigegewinne, die aus der Übernahme der Funktion bzw. aus einem erfolgreichen Abschluss des Verfahrens resultieren, in die Überlegungen einbezogen.

Bestimmte, den Neutralen betreffende institutionelle Faktoren wie Bestellungsmodus (durch die Parteien) und Stimmrecht werden wie die übrigen Verfahrenselemente bereits in der Schlichtungsvereinbarung verbindlich geregelt. Seine Einflussmöglichkeiten steigen, wenn die Parteien ihm über bloße Vermittlungsaufgaben hinaus volles und ausschlaggebendes Stimmrecht zugestehen (geschehen z. B. in der Metallindustrie und im öffentlichen Dienst). Die prinzipiell mögliche und in einzelnen Branchen (z. B. der chemischen Industrie) realisierte Alternative einer Schlichtung ohne Neutralen impliziert den Nachteil, dass das Verfahren lediglich den Charakter fortgesetzter Tarifverhandlungen bei verringerter Teilnehmerzahl hat; erhalten bleibt nur die höhere Kompromissfähigkeit des verkleinerten Gremiums.

Die Hinzuziehung eines Schlichters beeinflusst das Verhandlungsverhalten der Parteienvertreter: Zum einen führt die Erwartung seines Eingreifens zu verändertem Verhalten vor der Intervention; dies kann dazu führen, dass beabsichtigte Konzessionen aufgeschoben und nicht in der Tarifverhandlung, sondern erst nach Einschaltung des Schlichters gemacht werden. Zum anderen strukturieren seine Informationen und Handlungsalternativen die Situation nach seinem Eintritt neu.

Das vorrangige Ziel des Schlichters besteht im Abschluss eines neuen Tarifvertrags sowie in der Verhinderung eines Arbeitskampfes (Erhaltung oder Wiederherstellung des Arbeitsfriedens); konkrete inhaltliche Regelungen sind weniger bedeutungsvoll. Soweit Inhalte betroffen sind, findet eine Orientierung an quasirationalen Kriterien wie Sachverständigenratsgutachten oder „Lohnleitlinien“ statt, die überparteiliche Legitimität beanspruchen können. Ein im normativen Sinne als *fair* empfundenes Ergebnis bietet sich als eine für beide Seiten annehmbare Lösung an bzw. Normen sozialer Gerechtigkeit und Gleichheit lassen bei vergleichbarem Einsatz gleiche oder zumindest ähnliche Vorteile erwarten. Der Schlichter kann bei der Einhaltung bzw. beim Erreichen dieser Norm behilflich sein, indem er die Aufgabe der konkreten Interpretation übernimmt. Die Erwartungen der Organisationsmitglieder können so mit denen der Verhandlungsführer vermittelt werden.[253]

Wichtiger als Persönlichkeitsmerkmale dürfte die Rolle des Neutralen im Verhandlungsprozess bzw. instrumentell gewendet die Frage nach seinen Handlungsalternativen sein. Die wichtigsten Funktionen des Neutralen sind:

- Kontrolle und Kanalisierung des Kommunikations- und Informationsflusses (Beeinflussung der Qualität der Informationen, zusätzliche Informationen für eine oder beide Parteien, Erhöhung der Verlässlichkeit der Kommunikation),
- Übernahme von Verantwortung für das Ergebnis und Verminderung der Verantwortlichkeit der Parteienvertreter bzw. Abfangen von Prestigeverlusten.

Diese aus der psychologischen Einschätzung des Verhandlungsprozesses resultierende Funktion der Verhinderung von „Gesichtsverlust“ nimmt der Schlichter wahr

- gegenüber den Mitgliedern der Organisation, denen der Schlichtungsspruch einsichtig gemacht werden muss, weil sie ihn legitimieren müssen,
- in Ausnahmefällen auch gegenüber der Öffentlichkeit, wobei deren Einfluss real oder auch nur vorgestellt sein kann,
- nicht nur gegenüber Bezugsgruppen oder -personen, sondern auch gegenüber den Funktionären selbst in Form einer Reduktion von individual-psychologischen Prestige- und Rollenkonflikten.

Diese Notwendigkeit der Verhinderung von „Gesichtsverlust“, die der Neutrale übernimmt, wird auch in mikrosoziologischen und psychologischen Theorien betont, wo mehrfach hervorgehoben wird, dass die Notwendigkeit, „das Gesicht zu wahren“, zu den weit verbreiteten, nahezu universellen psychologischen Normen zählt.

[253] Damit handelt es sich um die Beeinflussung des *intraorganizational bargaining* im Sinne von Walton/McKersie (1991).

Im Schlichtungsverfahren können beide Parteien Prestigeverluste dadurch gering halten, dass sie die formale Verantwortung für den eingegangenen Kompromiss dem Schlichter übertragen. Die Verantwortlichkeit der Parteienvertreter, die vormals eingenommene und argumentativ untermauerte Positionen aufgeben müssen, wird dadurch vermindert, dass die für den Kompromiss notwendigen Forderungsabstriche als vom Schlichter erzwungene und weniger als freiwillig gemachte dargestellt werden können (Abfangen von Prestigeverlusten). In Übereinstimmung hiermit stellt die angewandte Spieltheorie mehrfach fest, dass durch einen Schlichter vermittelte Zugeständnisse weniger den Eindruck einer Schwächung der eigenen Verhandlungsposition entstehen lassen als solche, die direkt vom Verhandlungsgegner kommen.

Das Ergebnis muss von den Verhandlungsführern gegenüber den Mitgliedern ihrer Organisationen vertreten, d. h. von diesen ratifiziert werden. In der sozialwissenschaftlichen Literatur zur Verhandlungsforschung wird experimentell nachgewiesen, dass Verhandlungsführer als Repräsentanten im dualen *bargaining* gleichzeitig dem Verhandlungsgegner und der eigenen Organisation (externer versus interner Konflikt) ausgesetzt sind, wobei widersprüchliche Rollenerwartungen auftreten.

Durch Einschaltung der Schlichtungsinstanz, deren Sitzungen von beachtlicher Länge sind, verstärkt sich bei den Mitgliedern der Organisationen und in der Öffentlichkeit der Eindruck eines zähen Ringens um das Ergebnis. Die Verhandlungsführer können die gemachten Zugeständnisse dadurch legitimieren, dass sie nicht wegen der Überlegenheit des Verhandlungsgegners nachgegeben haben, sondern aufgrund des Drucks der öffentlichen Meinung, die durch den Neutralen repräsentiert wurde. Der Neutrale wird bemüht sein, eine Kompromissformel zu finden, welche die Parteienvertreter sowohl gegenüber den Mitgliedern ihrer Organisation als auch gegenüber der Öffentlichkeit als Ergebnis in ihrem Sinne interpretieren können.

Ein wichtiges und effizientes, taktisches Mittel sind die häufig durchgeführten getrennten Sitzungen, d. h. die Zusammenkünfte des Neutralen mit nur einer Partei. Der Schlichter kann ihm unterbreitete Vorschläge als seine eigenen ausgeben, was die Verhandlungsposition der offerierenden Seite nicht beeinträchtigt, falls der Vorschlag vom Verhandlungsgegner abgelehnt wird. Gerade in diesem Prozess ist die Funktion der Kontrolle des Kommunikations- und Informationsflusses deutlich.

Walton/McKersie (1991) unterscheiden in ihrem interdisziplinären verhaltenstheoretischen Ansatz analytisch vier interdependente Subprozesse: *distributive bargaining, integrative bargaining, attitudinal structuring* und *intraorganizational bargaining.* Im Rahmen des *integrative bargaining* können bei gleichzeitiger Behandlung verschiedener Konfliktgegenstände *trade-offs* entwickelt werden, d. h. Konzessionen bei verschiedenen Konfliktgegenständen ausgetauscht werden. Diese Segmentierung des *collective bargaining* lässt sich auf die Schlichtung anwenden: Häufig werden sog. kombinierte Forderungen aufgestellt. Solche Pakete sind eher und leichter zu schlichten als Forderungen aus nur einem Element. Der Neutrale kann aufgrund der Tatsache, dass er den Kommunikations- und Informationsfluss weitgehend kanalisiert und kontrolliert bzw. sich in diesen Prozess massiv einschalten kann, derartige Alternativen in getrennten Sitzungen herausfinden und zur Basis eines eigenen Kompromissvorschlages machen (Auflösung des Forderungspakets und Einführung von Alternativen). Würde eine der Parteien diese Aufgabe übernehmen, könnte dies von der Gegenseite und von der Öffentlichkeit als Schwäche ausgelegt werden.

Gegenstand der Schlichtung sind in der Mehrzahl der Fälle Lohn- und Gehaltsprobleme, seltener sonstige Arbeitsbedingungen. Bei Schlichtungsverfahren von Rahmen- und Manteltarifverhandlungen treten erhebliche Schwierigkeiten auf (u. a. im Metall-, Druck- und Verlagsbereich). Hier deutet sich eine partielle Überforderung des „normalen" Schlichtungsverfahrens bei Fragen von grundsätzlicher Bedeutung an (z. B. Besitzstandssicherung bei arbeitsorganisatorisch oder produktionstechnisch bedingter Rationalisierung oder Arbeitszeitverkürzung). Obwohl bei derartigen komplizierten Problemen einer qualitativen Tarifpolitik häufig Fristen verlängert oder ausgesetzt werden, sind Kompromisse kaum zu schließen.[254]

7.3 Arbeitskampfprobleme: Juristische Aspekte

Mit Tarifverhandlungen unter den Rahmenbedingungen von Tarifautonomie unauflöslich verknüpft ist der Arbeitskampf, der ein „Preiskampf am Arbeitsmarkt, ... ein Stück Verteilungskampf um das Bruttosozialprodukt" (Brox 1988, 412) ist. In Bezug auf Arbeitskämpfe unterscheiden wir

- Streiks, d. h. periodisch eingesetzte, planmäßige kollektive Arbeitsniederlegungen von häufig gewerkschaftlich organisierten Arbeitnehmern mit dem Ziel der Verbesserung der Arbeitsbedingungen bzw. der Durchsetzung von Forderungen,
- Aussperrungen, d. h. zeitlich befristete, bewusst geplante Nichtbeschäftigung einer zumeist größeren Zahl von Arbeitnehmern seitens eines oder mehrerer Arbeitgeber als zumeist kollektive Antwort auf gewerkschaftlich organisierte Streiks unter gleichzeitiger Verweigerung der Lohnfortzahlung.

[254] Häufiger als sonst kommt es hierbei zu sog. politischen Schlichtungen, bei denen ein Landes- oder Bundespolitiker als Neutraler fungiert. Die Gewerkschaften, die durch autonom-eigenverantwortliche Verfahren die Tarifautonomie stärken wollen, sind eher gegen politische Schlichtungen. Regierungsamtliche Schlichtungsbemühungen sind häufig, wenn kein Schlichtungsabkommen vorliegt oder wenn gesamtwirtschaftliche oder politische Folgen zu erwarten sind.

Arbeitskämpfe folgen „in organisierten Tarifverhandlungssystemen einer Logik des wechselseitigen Ressourcenentzugs. Die Strategie jedes dieser Kampfverbände zielt darauf, der gegnerischen Organisation, ihrem sozialen, ökonomischen und politischen Umfeld finanzielle, motivationale und legitimatorische Ressourcen zu entziehen" (Weber 1986, 265).

Wir behandeln die höchstrichterlichen Vorgaben und die sozialwissenschaftlichen Bezüge von Arbeitskämpfen; letztere stießen seit den 1970er Jahren auf breiteres Interesse. Die Streiks der vergangenen Jahrzehnte sind durch empirische Arbeiten dokumentiert (für andere Bahnmüller 1985, Schmidt 2003), während wir über Aussperrungen, die vor allem aus juristischer Perspektive behandelt wurden, kaum empirisch fundierte Informationen haben (eine Ausnahme bildet Kalbitz 1979).

Industrielle Konflikte können vielfältige Erscheinungsformen annehmen (u. a. individuell/kollektiv, offen/verdeckt, legal/illegal) (Müller-Jentsch 1997, 38-42). Wir konzentrieren uns auf die in der Bundesrepublik tatsächlich auftretenden Varianten. Im übrigen gehen wir davon aus, dass Arbeitskämpfe notwendiges Korrelat bzw. „Hilfsinstrument der Tarifautonomie" (sog. Dienstfunktion des Arbeitskampfes) und in der Auseinandersetzung um die Ausgestaltung kollektiver Arbeitsbedingungen grundsätzlich unverzichtbar sind. Prinzipiell sind Arbeitnehmer stärker als Arbeitgeber auf Arbeitskampfmittel zur Ausübung wirtschaftlichen Drucks angewiesen.

Im Gegensatz zu allen anderen Feldern der Arbeitspolitik (u. a. Betriebsverfassung, Unternehmensmitbestimmung) besteht keine einheitliche, gesetzliche Regelung von Arbeitskampffragen. Ein politisch mehrheitsfähiges Konzept ist in Zukunft auch nicht zu erwarten – unabhängig davon, wie die Regierungen zusammengesetzt sein werden; gleichwohl wird eine Kodifizierung durch den Gesetzgeber gelegentlich gefordert (Birk et al. 1988, Brox 1988). Das kollektive Arbeitskampfrecht ist in seinen wesentlichen Zügen sog. Richterrecht, d. h. in Ermangelung gesetzlicher Vorgaben von den höchsten Instanzen der „Ersatzgesetzgebung", besonders Bundesarbeitsgericht (BAG) und Bundesverfassungsgericht (BVerfG), nach und nach formuliert bzw. verändert worden (Brox et al. 2007; Däubler 2004). Deshalb ist häufig von der Verrechtlichung industrieller Konflikte die Rede (Erd 1978; 1979).[255]

Relevant wegen der Strukturierung und Eingrenzung von Arbeitskämpfen sind als Rechtsquellen vor allem die höchstrichterlichen Entscheidungen, welche die Voraussetzungen der Rechtmäßigkeit durch externe Normierungen in Form von Katalogen von Leitsätzen vorgeben (Weiss/Schmidt 2000, 167ff.):

---

[255] „Mit der Arbeitskampfrechtsprechung privilegierte der Staat die Gewerkschaften in spezifischer Weise, anerkannte er wesentliche Bereiche ihrer Streikpraxis und zwängte sie zugleich in ein enges Korsett normativer Regeln" (Erd 1979, 154).

1955: Der allgemeine Grundsatz der Verhältnismäßigkeit (Generalklausel des Übermaßverbots) schließt u. a. eine Sozialadäquanz von Arbeitskämpfen ein, d. h. diese dürfen keine übermäßigen Schäden anrichten und müssen *fair* geführt werden:

- Das *ultima ratio*-Prinzip besagt, dass sie grundsätzlich nur das letzte Mittel der Konfliktlösung sein dürfen, nachdem wirklich alle Verständigungsmöglichkeiten einschl. der tarifvertraglich vereinbarten Schlichtungsverfahren ausgeschöpft worden sind (sog. Einlassungszwang).
- Sie dürfen nur von tariffähigen Parteien (Gewerkschaft, Arbeitgeber oder Arbeitgeberverband) organisiert werden. Die Gewerkschaft hat ein Streikmonopol, d. h. nur sie und nicht etwa der Betriebsrat darf einen Streik ausrufen bzw. führen; diese bestimmte Arbeitskampfformen privilegierende Regelung impliziert ein Verbot nicht gewerkschaftlich organisierter, sog. wilder oder spontaner Streiks, welche die Gewerkschaft nicht unterstützen darf.
- Sie dürfen nur um ein tariflich regelbares Ziel (Lohn- und Arbeitsbedingungen) geführt werden. Grenzen der Tarifautonomie sind zugleich Grenzen der Arbeitskämpfe. Diese Regelung impliziert ein Verbot sog. politischer Streiks, d. h. Streiks müssen sich gegen den Tarifpartner richten und dürfen nicht z. B. Hoheitsträger wie Parlament oder Regierung unter Druck setzen.
- Sie dürfen nicht gegen die Friedenspflicht verstoßen, d. h. sie dürfen nicht während der Laufzeit eines Tarifvertrages über dessen Inhalte geführt werden.
- Das BAG bestätigt die grundsätzliche Zulässigkeit der lösenden Aussperrung, die das Beschäftigungsverhältnis durch kollektive Abwehraussperrung fristlos beendet, und verwirft die sog. Suspensierungstheorie, wonach der Arbeitsvertrag durch den Eintritt in den Arbeitskampf nur suspendiert wird.

1971: Arbeitskämpfe stehen generell unter dem Grundsatz der Verhältnismäßigkeit. Demnach haben sie dem *ultima ratio*-Prinzip zu folgen, d. h. alle Verständigungsmöglichkeiten müssen ausgeschöpft sein. Weiterhin müssen die Maßnahmen der Durchsetzung der verfolgten Ziele angemessen sein. Schließlich müssen nach Beendigung des Arbeitskampfes beide Parteien den Arbeitsfrieden wieder herstellen.

In Fortentwicklung des Arbeitsrechts vollzieht das BAG die Abkehr vom Prinzip der lösenden und die Hinwendung zum Prinzip der suspendierenden Aussperrung: Aussperrungen beenden im allgemeinen nicht mehr automatisch Rechte und Pflichten aus dem Arbeitsverhältnis, sondern Arbeitnehmer haben i. d. R. nach Ende des Arbeitskampfes „nach billigem Ermessen“ einen Anspruch auf Wiedereinstellung. Grundlage für die weiterhin bestehende prinzipielle Zulässigkeit der Aussperrung ist das Paritätsprinzip, wonach beide Seiten annähernd gleiche Chancen haben sollen (Übergang von der formellen zur materiellen Parität). Neben der Abwehraussperrung wird aus Gründen der Gleichheit der Verhandlungschancen auch die Angriffsaussperrung für grundsätzlich zulässig erklärt.

1976: Kurze, zeitlich befristete Arbeitsniederlegungen, die der Unterstützung von Tarifverhandlungen dienen und die nach Ablauf der Friedenspflicht, aber noch vor Beendigung der Tarif- und Schlichtungsverhandlungen stattfinden, werden legalisiert, wenn die Gewerkschaft diese Warnstreiks organisatorisch trägt.[256] Die dem Grundsatz der Verhältnismäßigkeit entsprechende Ausübung „milden Drucks“ in Form eines „kurzen Warnstreiks“ kann demnach dem beschleunigten Abschluss eines Tarifvertrages dienen und entspricht insofern dem Prinzip der Verhältnismäßigkeit. Damit bezieht sich das *ultima ratio*-Prinzip nicht auf Warnstreiks.

1980: Die zwischen den Tarifparteien umstrittene Zulässigkeit einzelner Warnstreiks auch im Rahmen der in den 1970er Jahren entwickelten Taktik der „neuen Beweglichkeit“ wird bestätigt. Abwehraussperrungen sind insoweit grundsätzlich gerechtfertigt und zulässig, als die Gewerkschaft durch Einsatz besonderer Kampftaktiken (insb. eng begrenzter Teilstreiks) ein Verhandlungsübergewicht erzielen kann. Der zulässige Umfang der Aussperrung unterliegt – wie der von Streiks – dem Grundsatz der Verhältnismäßigkeit (Übermaßverbot) und bemisst sich am Umfang des Streiks.

Die Vorgabe von genau definierten, notwendigerweise pauschalierenden und von spezifischen Bedingungen abstrahierenden Quoten quantifiziert das zulässige Verhältnis von Streikenden zu Ausgesperrten: Wenn der Streik weniger als ein Viertel (mehr als ein Viertel) der Arbeitnehmer eines Tarifgebiets umfasst, dürfen die Arbeitgeber bis zu einem weiteren Viertel aussperren (dürfen durch die Aussperrung nicht mehr als 50% insgesamt erfasst werden). Erfasst der Streik bereits mindestens 50% aller Arbeitnehmer, ist keine Notwendigkeit der Aussperrung gegeben, da die Verhandlungs- und Kampfparität nicht mehr gefährdet ist.[257] Die angemessene Grenze des Kampfgebiets ist i. d. R. das betreffende Tarifgebiet. Selektive Aussperrungen von Gewerkschaftsmitgliedern sind unzulässig (positive Koalitionsfreiheit).

Die Aussperrung wird nicht mehr als dem Streik unbedingt gleichberechtigtes und gleichwertiges Kampfmittel bezeichnet; sie darf nur noch zur Abwehr drohender gewerkschaftlicher Übermacht durch besondere Kampftaktiken wie eng begrenzten Teilstreiks bzw. zur Wiederherstellung der Parität eingesetzt werden (Abkehr vom symmetrischen und Hinwendung zum asymmetrischen Arbeitskampfmodell). Allerdings setze ein funktionierendes Tarifverhandlungssystem gleiche Verhandlungs-

---

[256] Die zeitliche Ausdehnung der Friedenspflicht war lange umstritten. Das BAG erkannte schließlich sog. spontane Streiks, die lediglich „milden Druck“ auf den Opponenten ausüben sollen, während der laufenden Tarifverhandlungen als rechtmäßig an.

[257] „The court's intention was to ensure the readiness of the trade unions to offer compromises through the employers' lock-out rights, but also, by limiting these rights, to limit the risk of the unions being more than "appropriately" weakened by excessive financial costs arising from their high payments to striking or locked-out members“ (Jacobi/Müller-Jentsch 1990, 140).

chancen beider Seiten voraus; ein generelles Aussperrungsverbot würde die Verhandlungsparität stören.

1984: Zeitlich befristete, kurze Warnstreiks nach Ablauf der Friedenspflicht, aber bei noch laufenden, nicht gescheiterten Tarifverhandlungen und vor einem Schlichtungsversuch sind zulässig; damit erfolgt eine weitgehende Legalisierung der Taktik der „neuen Beweglichkeit". Kurzfristig sind solche Streiks vor Ausschöpfung aller Mittel oft die einzige Methode, um die Verhandlungen zu beschleunigen.

1985: Die Zulässigkeit von Sympathiekampfmaßnahmen, d. h. solchen Streiks, die kein eigenständiges unmittelbares Ziel verfolgen, sondern lediglich die Erfolgschancen der Streikenden in einem anderen Arbeitskampf verbessern sollen, wird für den Regelfall verneint (Verbot streikunterstützender Solidaraktionen); Demonstrationsstreiks, die nicht auf Durchsetzung eines Tarifvertrags zielen, sind unzulässig.

1986 verabschiedete der Bundestag eine Neuregelung der Lohnersatzleistungen bei Arbeitskämpfen durch Änderung des § 116 Arbeitsförderungsgesetz (inzwischen § 146 SGB III) (Mückenberger 1992). Dabei sind drei Gruppen zu unterscheiden:

- Unmittelbar von einem Arbeitskampf, d. h. Streik oder Aussperrung, betroffene Arbeitnehmer erhalten – wie vor der Novellierung – grundsätzlich keinerlei Zahlungen der Bundesanstalt für Arbeit (inzwischen Bundesagentur für Arbeit). Sie bekommen Unterstützungsleistungen aus der Streikkasse der Gewerkschaft, sofern sie Mitglieder sind. Nicht-Organisierte gehen leer aus.
- Mittelbar betroffene Arbeitnehmer, die zu derselben Branche bzw. demselben fachlichen Geltungsbereich, aber zu einem anderen als dem umkämpften Tarifbezirk gehören, erhalten im Falle eines arbeitskampfbedingten Arbeitsausfalls (sog. kalte Aussperrung) im Gegensatz zur früheren Regelung keine Unterstützungsleistungen der BA, wenn in ihrem Tarifbezirk eine Forderung erhoben wird, „die einer Hauptforderung des Arbeitskampfes nach Art und Umfang gleich ist, ohne mit ihr übereinstimmen zu müssen", und „das Arbeitskampfergebnis aller Voraussicht nach in den räumlichen Geltungsbereich des nicht umkämpften Tarifvertrages im wesentlichen übernommen wird". Vorher wurden bei mittelbarer Betroffenheit i. d. R. Lohnersatzleistungen gezahlt. In dieser Umkehrung des Regel-Ausnahme-Verhältnisses liegt die Änderung.
- Indirekt, d. h. von den sog. Fernwirkungen eines Arbeitskampfes betroffene Arbeitnehmer anderer Branchen, d. h. in einem anderen fachlichen Tarifbereich, erhalten wie auch schon vor der Novellierung Zahlungen der BA.

Alle höchstrichterlichen Entscheidungen über Rahmenbedingungen bzw. Rechtmässigkeit von Arbeitskämpfen verändern die Strategien der Tarifparteien. Jede sukzessive Reorganisation des Arbeitskampfrechts beeinflusst die Stabilitätsbedingungen des Tarifsystems. Langfristig ist eine Einfriedung und Begrenzung gewerkschaftlicher Kampffreiheit festzustellen (Verstärkung der Interventionsintensität).

7.4 Sozialwissenschaftliche Aspekte von Streiks und Aussperrungen

Die in der komparativ angelegten Literatur üblichen Messgrößen sind neben der reinen Zahl der Arbeitskämpfe (Häufigkeit) vor allem die verlorenen Arbeitstage (Volumen), normiert auf je 1.000 Beschäftigte, sowie die Zahl der betroffenen Arbeitnehmer (Umfang). Die amtliche Statistik der Bundesrepublik verwendet als Indikatoren für Arbeitskampffolgen vor allem „ausgefallene Arbeitstage" oder „beteiligte bzw. betroffene Arbeitnehmer"; zudem müssen mindestens zehn Beschäftigte beteiligt sein und der Arbeitskampf mindestens einen Tag dauern oder ein Verlust von mehr als 100 Arbeitstagen eingetreten sein. Dadurch werden bestimmte Konflikte statistisch nicht erfasst; spontane Streiks werden nicht registriert.[258]

Die Bundesrepublik ist absolut und relativ ein „streikarmes" Land – nicht nur im Vergleich etwa zu Großbritannien oder Italien, sondern durchaus auch in Relation zu den übrigen OECD- oder EU-Mitgliedsländern (Boll 2003; Lesch 2005). Dieser Befund der „Wirtschaftsfriedlichkeit" gilt sowohl aus historischer Perspektive als auch aktuell. Die Produktionsausfälle infolge von Arbeitskämpfen sind folglich sehr gering; die deutschen Gewerkschaften sind keinesfalls als „streikfreudig" zu bezeichnen. Seit den 1990er Jahren kam es zu einem restriktiveren Einsatz, wenngleich nicht zu einem *withering away of the strike*.[259] Der wichtigste Bestimmungsgrund für das niedrige Arbeitskampfniveau sind nicht makroökonomische Variablen (wie Arbeitslosigkeit, Inflation oder Export) sondern der rechtlich-institutionelle Rahmen mit Flächen- bzw. Branchentarifverträge, die sowohl effektive Koordination als auch hochgradige Zentralisierung erlauben (Ludsteck 2005; ähnlich Schnabel 1995a; 1998b). Streiks sind – im Gegensatz zu ihrem offensiv-fordernden Charakter in früheren Jahrzehnten – inzwischen vor allem defensive Maßnahmen zur Verhinderung einer Reduzierung der Entgelte und/oder Verschlechterung der übrigen Arbeits-

[258] Internationale Vergleiche sind wegen unterschiedlicher Erhebungsverfahren schwierig. In der aktuellen Literatur besteht Einigkeit, dass das Arbeitskampfvolumen in der überwiegenden Mehrzahl der Industrieländer deutlich abgenommen hat, und insofern Konvergenz der dominierende Trend ist (Scheuer 2006). Für die Bundesrepublik gilt: „Der Strukturwandel zugunsten des weniger arbeitskampfanfälligen Dienstleistungssektors, eine zunehmende Distanz der Arbeitnehmer gegenüber den traditionellen Instrumenten der kollektiven Interessenvertretung und möglicherweise auch die steigende Arbeitslosigkeit haben für diesen Rückgang gesorgt" (Schnabel 1998b, 5).

[259] Daher erscheint eine im Gegensatz zu anderen Einführungen knappe Behandlung gerechtfertigt. Vgl. zur langen Geschichte des Arbeitskampfes Kittner (2005), zusammenfassend zur aktuellen Situation Dribbusch (2006), zu sozialwissenschaftlichen Erklärungsansätzen Edwards/Hyman (1994).

bedingungen (u. a. Arbeitszeiten, Abbau von Arbeitsplätzen). Sie bleiben notwendige Instrumente der Interessenvertretung und wichtige demokratische Rechte.[260]

Wir können Phasen recht unterschiedlicher Konfliktintensität unterscheiden, die ungefähr mit den Dekaden zusammenfallen (zur Streikgeschichte zusammenfassend Müller-Jentsch 1979, 21-71; 1997, 217-224):[261]

- Auf die relativ konflikthaften 1950er Jahre, die Phase der Durchsetzung periodischer Lohnrunden bzw. der Institutionalisierung des Lohnrundenmechanismus
- folgten die wesentlich arbeitskampfärmeren frühen und mittleren 1960er Jahre der lohnpolitischen Kooperation mit zentralisierter Tarifpolitik und der Anerkennung lohnpolitischer Kompromissformeln;
- in den späten 1960er und frühen 1970er Jahren stieg das Konfliktniveau durch den Einfluss aktivierter Lohninteressen sowie infolge von Arbeitsbedingungen als neuartigen Konfliktgegenständen wieder deutlich an;
- die 1980er Jahre waren eher konfliktarm. Eine erhöhte Militanz war nicht festzustellen, eher galt das Gegenteil;
- seit den 1990er Jahren waren bei einem insgesamt rückläufigen Konfliktniveau die Tarifauseinandersetzungen von Warnstreiks begleitet, die einen Bedeutungszuwachs erfuhren; außerdem erfolgte eine gewisse Tertiarisierung, d. h. es gab mehr Arbeitskämpfe vor allem im privaten Dienstleistungssektor.

Streiks sind zumeist auf wenige Branchen, vor allem die Metallindustrie, genauer auf wenige hochgradig organisierte und dadurch für Pilotabkommen geeignete Tarifbezirke bzw. deren Schlüsselbetriebe konzentriert. Falls Arbeitskämpfe stattfinden, verursachen sie allein aufgrund der Struktur des Tarifverhandlungssystems eine erhebliche Zahl von Ausfalltagen. Die Konfliktgegenstände liegen vor allem im Bereich der qualitativen Tarifpolitik, während früher eher Fragen der quantitativen Tarifpolitik im Mittelpunkt standen.

---

260 „If the strike may still be seen as a countervailing power resource for employees faced with the superior power resources of employers, the waning of industrial conflict is indeed lamentable. But if it is a function of employees finding other ways and means to express their demands, a decrease in industrial conflict may be less regrettable. Nevertheless, the strike is still a significant civic right, but mote as an emergency resource than as an 'everyday right'" (Scheuer 2006, 161).

261 Eine Chronologie der Arbeitskämpfe seit Mitte der 1950er Jahre findet sich bei WSI (2007, 122-130).

Abb. 7.3: Streiks und Aussperrungen 1970-2006

Jahr	Streiks		Aussperrungen		Streiks und Aussperrungen	
	Beteiligte Arbeitnehmer	Ausgefallene Arbeitstage	Betroffene Arbeitnehmer	Ausgefallene Arbeitstage	Ausgefallene Arbeitstage insgesamt	Ausgefallene Arbeitstage je 1000 Beschäftigte
	1 000					
1970	184	93			93	4,7
1971	334	2599	202	1884	4483	220,5
1972	23	66			66	3,2
1973	179	545			545	25,8
1974	250	1051			1051	50,3
1975	36	69			69	3,4
1976	117	412	52	122	534	26,7
1977	34	24			24	1,2
1978	299	2548	188	1733	4281	209,7
1979	63	405	15	78	483	23,2
1980	45	128			128	5,9
1981	253	58			58	2,7
1982	40	15			15	0,7
1983	94	41			41	2,0
1984	399	2921	34	869	3790	268,5
1985	78	35			35	1,7
1986	116	28			28	1,3
1987	155	33			33	1,5
1988	34	42			42	1,9
1989	44	100	4		100	4,5
1990	257	364			364	15,4
1991	208	154			154	6,4
1992	598	1545			1545	65,3
1993	133	593			593	19,6
1994	401	229			229	7,7
1995	183	247			247	8,3
1996	166	98			98	3,3
1997	14	53			53	1,8
1998	4	16		2	18	0,6
1999	199	79			79	2,6
2000	7	11			11	0,4
2001	61	27			27	0,9
2002	428	310			310	10,2
2003	57	163			163	5,5
2004	101	51			51	1,7
2005	17	19			19	0,6
2006	169	429			429	

Bis 1992 früheres Bundesgebiet; ab 1993 Deutschland. Stand der Daten: Mai 2007.

Quelle: Bundesministerium für Arbeit und Soziales 2007.

Bei Streiks unterscheiden wir jenseits der juristischen Perspektive der Rechtmäßigkeit bzw. rechtlichen Voraussetzungen nach dem Träger zwischen gewerkschaftlich organisierten und nicht-gewerkschaftlich organisierten bzw. autorisierten.[262] In juristischer Sicht sind erstere *ex definitione* legale, letztere hingegen illegale Kampfformen (Streikmonopol der Gewerkschaft). Spontane Arbeitsniederlegungen (sog. wilde Streiks) können jedoch von der Gewerkschaft im nach hinein übernommen und so rückwirkend legalisiert werden. Vom Erscheinungsbild her sind sie kürzer, umfassen weniger Arbeitnehmer und verursachen daher geringere Arbeitsausfälle als gewerkschaftlich organisierte. Sogenannte wilde Streiks, die ebenso wie andere organisatorischer Voraussetzungen bedürfen (Hyman 1989, 111ff.) sind häufiger als gemeinhin angenommen; sie sind nicht erst seit der großen Welle der sog. Septemberstreiks 1969 festzustellen, die ihre Existenz der Öffentlichkeit bewusst machte.

Eine Gruppe spontaner Streiks kann sich gegen die Gewerkschaftsführung und ihr Vertretungsmonopol richten und insofern eine Interessendivergenz zwischen „Basis" und „Apparat" anzeigen, die dazu führt, dass Gruppen von Arbeitnehmern versuchen, ihre Interessen selbständig durchzusetzen. Eine andere Gruppe kann von der Gewerkschaft instrumentell verwertet werden, vor allem in ihrer Funktion als Druckmittel während einer Tarifverhandlungsrunde und evtl. zur Verhinderung eines Arbeitskampfes. Nach innen dienen sie der Mobilisierung der Mitglieder, nach außen demonstrieren sie dem Tarifpartner und der Öffentlichkeit die Entschlossenheit der Organisation zur Durchsetzung der Forderungen. Auf keinen Fall dürfen wir mit Streiks nur gewerkschaftlich organisierte Kampfmaßnahmen gleichsetzen.

Die Kosten von Arbeitskämpfen werden in Öffentlichkeit[263] und Wissenschaft (Soltwedel et al. 1990, 132ff.), aber auch in der Arbeitsrechtssprechung häufig deutlich überschätzt, wozu die Tarifpartner durch ihre taktisch begründeten Angaben beitragen; insbesondere die „volkswirtschaftlichen Schäden" durch Produktionsausfälle sind häufig geringer als angenommen. Empirische Analysen zeigen, „dass Arbeitskämpfe keinen statistisch signifikanten Einfluss auf die Produktion ausüben und damit keine messbaren allgemeinen Wohlfahrtsverluste – die jedoch wegen Substitutionsmöglichkeiten nicht gleichbedeutend mit den Arbeitskampfkosten der unmittelbar Beteiligten sein müssen – bewirken. Sie können als grundsätzliche Bestätigung der in den ... internationalen Studien gewonnenen Erkenntnisse auch für die Bundesrepublik Deutschland interpretiert werden" (Schnabel 1989, 179).

---

[262] Andere Typologien, die nicht nach dem Träger differenzieren, kommen u. a. zu der Unterscheidung von General-, Voll- und Teil- bzw. Schwerpunktstreik.

[263] „Wahre Kolossalgemälde über den Zusammenbruch des sozialen Konsens' und den Niedergang der internationalen Wettbewerbsfähigkeit werden in Deutschland mitunter dann entworfen, wenn tatsächlich einmal gestreikt wird" (Franz 1995, 47).

Abb. 7.4: Arbeitskampfvolumen im internationalen Vergleich 1995-2006

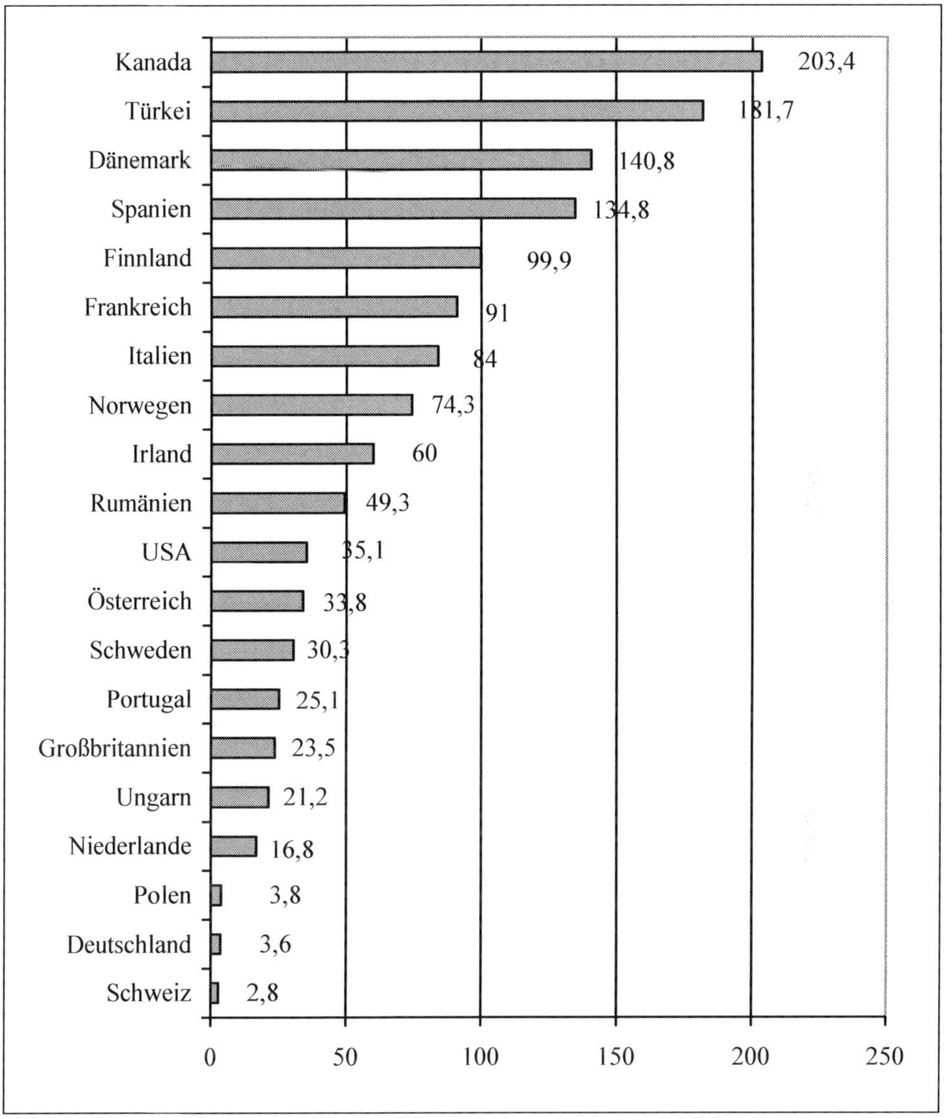

Im Jahresdurchschnitt durch Arbeitskämpfe ausgefallene Arbeitstage je 1.000 Beschäftigte.

<u>Quelle:</u> *WSI 2008, 70.*

Die weitgehend arbeitskampffeindliche Haltung der Medien und weiter Teile der Öffentlichkeit hat insofern keine solide empirische Fundierung; eine pure Addition der Ausfalltage ergibt jedenfalls kein realistisches Bild vom Einfluss von Arbeitskämpfen auf makroökonomische Kennziffern wie die Höhe des Sozialprodukts.[264]

Auch die einzelwirtschaftlichen Kosten werden bei einer undifferenzierten Betrachtung häufig überschätzt, da z. B. bei längerfristigen Konsumgütern (etwa in der Automobilindustrie) die Produktion durch Sonderschichten bzw. Überstunden vor- und/ oder nachgelagert werden kann, was für kurzfristige Konsumgüter (z. B. Tageszeitungen) natürlich nicht gilt. Auch über den Mechanismus der Verbandssolidarität können die Arbeitgeberverbände Schäden für Unternehmen, die vom Arbeitskampf betroffen sind, erheblich reduzieren (u. a. Verbot der Kundenabwerbung, keine Schadensersatzforderungen bei arbeitskampfbedingten Fristenüberschreitungen).

Im Übrigen verfügen in der Bundesrepublik im Gegensatz zu einer Reihe anderer Länder beide Tarifvertragsparteien über ausgebaute Systeme von Unterstützungsleistungen (Streikkassen bzw. Unterstützungsfonds) für ihre von Arbeitskampfmaßnahmen unmittelbar betroffenen Mitglieder. Für die Arbeitnehmer bedeuten jedoch Arbeitskämpfe immer einen Verlust von Einkommen, der nur z. T. durch die in der Satzung festgelegte Streikunterstützung seitens der Gewerkschaft kompensiert werden kann; für die Gewerkschaft als Organisation stellen Arbeitskämpfe erhebliche finanzielle Belastungen dar.

Eine auch infolge der Rechtsprechung variierte Streiktaktik ist die vor allem seit den frühen 1980er Jahren praktizierte „neue Beweglichkeit“. Sie zielt durch eine kurzfristige, innerhalb des Tarifbezirks räumlich und zeitlich versetzte und daher nicht vorhersehbare „Taktik der Nadelstiche“ auf die Lahmlegung wichtiger Zulieferbetriebe insb. der Automobilindustrie, d. h. etwa der Hersteller von Kolben und Kühlern. Ihr Ziel besteht in einer Erhöhung der Verhandlungsmacht sowie in einer Beschleunigung der Verhandlungen. Aufgrund der aus Kostengründen veränderten Lagerhaltungsstrategien sowie wegen zunehmender Verflechtungen (*just in time*-Produktion) besteht eine erhebliche Anfälligkeit des Produktionsprozesses, die schnell zu weitflächigen Produktionseinschränkungen führt, welche weit über die Grenzen des einzelnen Tarifbezirks hinausgehen können. Anders formuliert: Im Rahmen der „Minimax-Strategie“ (Weber 1987, 136ff.) bestreikt die Gewerkschaft nicht mehr alle Unternehmen eines Tarifgebiets, sondern wenige ausgewählte Zulieferbetriebe mit Schlüsselfunktionen, um bei einem minimalen Anfangseinsatz eigener Ressourcen eine größtmögliche Wirkung beim Tarifgegner zu erzielen.

---

[264] Überspitzt formuliert: In jedem beliebigen Jahr seit Gründung der Bundesrepublik sind die Produktionsausfälle, die durch einen einzigen nationalen Feiertag verursacht werden, größer gewesen als die gesamtwirtschaftlichen Verluste durch Arbeitskämpfe. Im langjährigen Durchschnitt beträgt der Anteil der Ausfälle am Jahresarbeitszeitvolumen 0,0134% (Schnabel 1989, 167).

Die allgemeine Legitimation verbandlicher Entscheidungen wird ergänzt durch die Sonderlegitimation der Tarifwillensbildung, die direkt durch unmittelbare Stimmabgabe (z. B. Urabstimmung vor und nach einem Streik) oder indirekt durch legitimierte Organe (z. B. Delegation von Kompetenzen an die Tarifkommission) erfolgen kann. Die Tarifkommission soll eine Beteiligung der Mitglieder an der normalen innerverbandlichen Willensbildung garantieren, indem sie eine Rückkoppelung der Interessen der Verhandlungskommission an die der Mitglieder ermöglicht. Dieser Mechanismus dient der Legitimität des kollektiven Verhandlungssystems, ist dessen Effektivität jedoch abträglich.

Falls ein Arbeitskampf bevorsteht, wird ein besonderes Instrument eingesetzt: Die Urabstimmung ist in der Bundesrepublik (im Gegensatz etwa zu Großbritannien) nicht durch Gesetze geregelt, sondern allein durch Satzungen und Richtlinien der Gewerkschaften. Urabstimmungen als Mechanismen der Willensbildung, die im Übrigen für die Rechtmäßigkeit eines anschließenden Arbeitskampfes bedeutungslos sind, sichern nach innen die Folgebereitschaft der Mitglieder und demonstrieren nach außen Geschlossenheit und Zusammenhalt der Organisation. Die unterschiedlich hohen Quoren (75% Zustimmung bei dem ersten Votum, d. h. vor dem Streik, bzw. 25% bei dem zweiten, d. h. bei der Abstimmung über Annahme oder Ablehnung eines ausgehandelten Kompromisses), tragen diesem Sachverhalt Rechnung.[265]

Die Bundesrepublik nimmt im internationalen Vergleich der Arbeitsrechts- bzw. Arbeitskampfsysteme insofern eine Sonderstellung ein, als Arbeitgeberverbände über vergleichsweise weit reichende Aussperrungsmöglichkeiten verfügen (Lange 1987). In anderen Industrienationen sind Aussperrungen häufig entweder von der Rechtsordnung her unzulässig oder faktisch unbedeutend (Blanpain 1992, 114). Letzteres ist vor allem der Fall bei betriebsnahen Verhandlungssystemen (*single employer bargaining*), bei denen *ex definitione* andere Unternehmen nicht betroffen sein können, oder wenn die Entgelte auf jeden Fall weiter gezahlt werden müssen (Lohnfortzahlungspflicht) bzw. wenn die Arbeitnehmer Anspruch auf Arbeitslosenunterstützung haben.

Der DGB und die ihm angeschlossenen Einzelgewerkschaften vertreten seit langem die Auffassung, dass Aussperrungen gegen die Verfassung (insb. Art. 9, Abs. 3 GG) verstoßen und deswegen vom Gesetzgeber oder durch Änderung der Rechtsprechung des BAG generell verboten werden müssten (Kittner 1974). Politische Mehrheiten für eine Durchsetzung dieser Forderung gibt es allerdings nicht. Nach Ansicht der Unternehmer(-verbände) ist die Erhaltung der Aussperrungsmöglichkeiten aus Gründen der Kampfparität bzw. Waffengleichheit unbedingt notwendig.

---

265 Hierbei stimmen nur die organisierten Arbeitnehmer ab; die Quoren beziehen sich entweder auf die tatsächlich abgegebenen Stimmen oder auf alle abstimmungsberechtigten Mitglieder.

Die häufig verwandte juristische Terminologie von Angriffsstreik und Abwehraussperrung abstrahiert von gesellschaftlichen Kräfteverhältnissen; sie verkennt insofern die tatsächlichen Gegebenheiten, als die Gewerkschaft aus Gründen, die der Wirtschaftsordnung in marktwirtschaftlich verfassten Systemen immanent sind (Direktions- und Verfügungsrecht des Unternehmers), Forderungen durchsetzen muss. Die juristische Unterscheidung nach der Initiative der Arbeitgeber in Angriffs- und Abwehraussperrung hilft eher weiter. Aus sozialwissenschaftlicher Perspektive ergiebiger ist eine Betrachtungsweise, die nach der Reichweite der Kampfmaßnahmen differenziert und die strategischen Ausweitungsmöglichkeiten einbezieht:

- Einzelaussperrungen bleiben auf ein Unternehmen beschränkt.
- Bei Flächen- oder Verbandsaussperrungen sperren mehrere Unternehmen innerhalb eines Tarifgebietes aus.

Infolge der BAG-Rechtsprechung bzw. der folgenden expansiven Aussperrungspraxis ist in den 1980er Jahren eine weitere Unterscheidung wichtiger geworden, die gewerkschaftlicher Terminologie entlehnt ist: Im Falle einer sog. „heißen" Aussperrung werden nur unmittelbar betroffene Arbeitnehmer innerhalb des umkämpften Tarifgebiets ausgesperrt. Bei einer „kalten" Aussperrung hingegen sind auch Arbeitnehmer außerhalb des fachlichen und/oder räumlichen Geltungsbereichs des Tarifvertrags indirekt betroffen; infolge der sog. Fernwirkungen des Arbeitskampfes, die wegen der zunehmenden Verflechtung der Wirtschaft bei arbeitsteiliger Produktion entstehen können, kommt es zu notwendigen oder taktisch begründeten Produktionseinstellungen (sog. kampfgebietsausweitende Aussperrung).

Die Geschichte der Aussperrung ist in Deutschland mindestens so lang wie die Tradition geregelter Tarifvertragsbeziehungen. Deutlich gewandelt haben sich die Zielsetzungen und Funktionen. Zu den recht unterschiedlichen Funktionen gehörten vor allem Rationalisierungsmaßnahmen, Verhinderung von Tarifverträgen, organisatorisch politische und parteipolitische Aspekte, Veränderung der Lohnhöhe, organisatorische Anpassung von Gewerkschaften. Bei empirischer Überprüfung der Arbeitskampfpraxis ergeben sich folgende, den gängigen Lehrmeinungen zum großen Teil widersprechende Aussagen über das Verhältnis von Streik und Aussperrung:

- Von Aussperrungen werden durchschnittlich wesentlich mehr Arbeitnehmer betroffen als von Streiks.
- Die Intensität durchschnittlicher Aussperrungen, d. h. die Zahl der Ausfalltage, übertrifft deutlich die von Streiks.
- Auch die Dauer von Aussperrungen, eine weitere relevante Meßgröße, übertrifft die von Streiks.
- Aussperrungen sind nicht, wie vielfach behauptet, bloße Reaktionen auf Streiks (Kalbitz 1972, 232, 239; 1978, 354-364).

Die bei kleiner werdenden Konzessionsspielräumen stattfindenden Auseinandersetzungen um neuartige Probleme qualitativer Tarifpolitik (Besitzstandssicherung, Kontrolle der Arbeitsbedingungen, Arbeitszeit) seit Mitte der 1970er Jahre zeigten, dass die Konflikte härter wurden, d. h. Aussperrungen häufiger stattfanden und auch länger dauerten.[266] Die Unternehmer machten von ihrem Instrument im Arbeitskampf vor allem in der Metall- aber auch in der Druckindustrie zunehmend und planmäßig Gebrauch, indem sie im Gegensatz zur früher häufig praktizierten Einzelaussperrung zum kollektiven Mittel der sog. Verbands- oder sogar Flächenaussperrung griffen, an der sich mehrere bzw. alle Unternehmen eines Tarifbezirks beteiligten. Den großen Verbandsaussperrungen in der Metallindustrie Nordwürttemberg/ Nordbadens in den Jahren 1963 und 1971 folgten Aussperrungen

- 1976 und 1978 im Bereich der Druckindustrie,
- 1978 im Bereich der Metallindustrie,
- 1978/79 in der Eisen- und Stahlindustrie,
- 1984 wiederum im Bereich der Metallindustrie (Segbers 1986, 21).

Durch die Wahl derartiger Strategien werden die Gewerkschaftskassen stark belastet, da nicht nur bei Streiks, sondern auch bei „heißen“, d. h. innerhalb des umkämpften Tarifgebiets stattfindenden, nicht hingegen bei „kalten“ Aussperrungen die Mitglieder finanziell in erheblichem Maße unterstützt werden müssen (Adamy/Steffen 1985, 282). Auch auf Arbeitgeberseite bestehen Unterstützungsfonds bzw. sog. Gefahrengemeinschaften (vgl. Kap. 2), welche die tatsächlichen Kosten eines Arbeitskampfes durch Produktionsausfälle und betriebliche Fixkosten für die betroffenen Verbandsmitglieder erheblich senken und solidarisches Handeln von Betroffenen und Nicht-Betroffenen ermöglichen bzw. erleichtern sollen. Diese Fonds konterkarieren die vor allem seit den 1970er Jahren entwickelte gewerkschaftliche Strategie, die eigene Streikkasse zu schonen und kostspielige Flächenstreiks immer mehr durch sog. Schwerpunktstreiks abzulösen (sog. Minimax-Strategie), die innerhalb eines bestimmten Tarifbezirks nur einzelne ausgewählte Betriebe oder deren Schaltstellen treffen und so einen maximalen Effekt erzielen.

Verbandsaussperrungen als inzwischen gerichtlich legitimierte Reaktion auf derartige eng geführte Schwerpunktstreiks stellen den Arbeitgeberverband vor interne Probleme, da ein hohes Maß an innerorganisatorischer Solidarität notwendig, aber nur schwer herstellbar ist, um intern und extern gegenüber der Gewerkschaft aktionsfähig sein zu können. Gleichzeitig treten als Resultat dieser Taktik einer räumlichen und personellen Erweiterung des Arbeitskampfes aber auch Entsolidarisierungsprobleme auf Arbeitnehmerseite auf. Seit den 1990er Jahren haben keine Verbandsaussperrungen mehr stattgefunden (Silvia/Schroeder 2007, 1449f.).

---

[266] Weiterhin war eine Zentralisierung der Strategien durch die BDA festzustellen.

Einführende Literatur

Tarifvertragsrecht:

Däubler,W. (2006), Arbeitsrecht. Ratgeber für Beruf, Praxis und Studium, 6., überarb.Aufl., Frankfurt/Main.

Däubler,W./Bepler,K. (2003), Kommentar zum Tarifvertragsgesetz mit Kommentierung des Arbeitnehmer-Entsendegesetzes, Baden-Baden.

Hanau,P./Adomeit,K. (2005), Arbeitsrecht, 13.neu bearb. Aufl., München.

Schaub,G./Koch,U./Linck,R. (2005), Arbeitsrechts-Handbuch. Systematische Darstellung und Nachschlagewerk für die Praxis, 11.neu bearb.Aufl., München.

Weiss,M./Schmidt, M. (2000), Labour law and industrial relations in Germany, 3rd rev. ed., The Hague.

Söllner,A./Waltermann,R. (2003), Grundriß des Arbeitsrechts, 13. neu bearb. Aufl., München.

Arbeitskampf:

Brox,H./Rüthers,B./Henssler,M. (2007), Arbeitsrecht, 17., neu bearb. Aufl., Stuttgart.

Däubler,W. (2006), Arbeitsrecht. Ratgeber für Beruf, Praxis und Studium, 6., überarb. Aufl., Frankfurt/Main.

Erd,R. (1978), Verrechtlichung industrieller Konflikte. Normative Rahmenbedingungen des dualen Systems der Interessenvertretung, Frankfurt/Main-New York.

Hyman,R. (1991), Strikes, 4th ed., Basingstoke.

Kalbitz,R. (1979), Aussperrungen. Die vergessenen Konflikte, Köln-Frankfurt/Main.

8 Tarifvertragswesen II: Tarifpolitik der 1980er und 1990er Jahre

8.1 Von der quantitativen zur qualitativen Lohnpolitik

1. Nach den formal-juristischen Vorgaben, welche den rechtlichen Rahmen vorgeben, behandeln wir die ökonomischen und sozialen Bedingungen der Tarifvertragsbeziehungen, die neben den Arbeitsbeziehungen auf Betriebs- und Unternehmensebene als Kernbereich der Arbeitsbeziehungen anzusehen sind. „Es handelt sich dabei um weitgehend formalisierte und rechtlich sanktionierte Beziehungen zwischen den Arbeitsmarktparteien ..., die auf dem Wege kontrollierter Konfliktregelungen und tarifvertraglicher Vereinbarungen die widerstreitenden Interessen von Kapital und Arbeit kompromissfähig machen und soziale Machtauseinandersetzungen in Form von Arbeitskämpfen einschließen" (Müller-Jentsch 1983a, 383).

Wir gehen vor allem auf folgende Schwerpunkte der wirtschafts- und sozialpolitisch relevanten Tarifvertragspolitik[267] ein:

- Lohn und Gehalt als „klassischer" und nach wie vor unverzichtbarer Gegenstandsbereich „quantitativer" Tarifpolitik,
- Rationalisierungsschutzabkommen besonders der 1970er Jahre
- sowie vor allem die Arbeitszeitpolitik seit den 1980er Jahren als Problem „qualitativer" Tarifpolitik.

In der Bundesrepublik werden, wie in der Mehrzahl der alten EU-Mitgliedsländer, aber anders als in Großbritannien oder den USA, Tarifverhandlungen nicht primär auf Betriebs- oder Unternehmens-, sondern zumeist auf regionaler (z. B. Metall)

[267] Vgl. zu hier nicht näher behandelten Aspekten Nienhüser (1993).

oder sogar Bundesebene (z. B. Druck, private Banken, Versicherungen, früher öffentlicher Dienst) geführt. Die Organisationsstrukturen der Tarifparteien entsprechen diesen Verhandlungsstrukturen mit einem mittleren Zentralisierungsgrad.[268] Eine Konsequenz dieses in den späten 1950er und 1960er Jahren ausgebildeten, nach wie vor wichtigen institutionellen Arrangements besteht darin, dass mit zunehmender Zentralisierung der Verteilungskonflikt nicht mehr ausschließlich zwischen Arbeitgebern und Gewerkschaften, sondern auch innerhalb der Tarifvertragsparteien ausgetragen wird. Eine von den Akteuren beabsichtigte Folge ist eine weitgehende Standardisierung der Löhne und Arbeitsbedingungen bzw. eine deutliche Vereinheitlichung der Arbeitsbedingungen (Bispinck/WSI-Tarifarchiv 1995).

Diese Kollektivverträge müssen notwendigerweise von besonderen Umständen und Bedingungen einzelner Unternehmen abstrahieren und sich an den finanziellen Möglichkeiten marginaler Firmen orientieren. Die von den regionalen Verbänden geführten Verhandlungen werden auf beiden Seiten zentral von den Dach- und Spitzenverbänden koordiniert bzw. sogar kontrolliert; dadurch sind die regionalen Lohnstrukturen relativ ähnlich. Sogenannte Pilotabkommen, die in bestimmten, hochgradig organisierten Bezirken der Metallindustrie (v. a. Baden-Württemberg) abgeschlossen werden, beeinflussen faktisch die übrigen Abschlüsse dieser und anderer Branchen; dadurch entsteht eine deutsche Variante des „pattern bargaining" (Bosch 2004).[269]

Ein unzureichend berücksichtigtes Problem besteht darin, dass die Organisationsstrukturen und -grenzen seit langem relativ stabil sind, während sich Wirtschafts-, Branchen- und Unternehmensstrukturen aufgrund von Tertiarisierungsprozessen, Dezentralisierung, Privatisierung und Deregulierung sowie das Entstehen neuer Branchen deutlich verändern. Damit stellen sich Fragen der formalen Zuständigkeit und der inhaltlichen Reichweite von Tarifverträgen; das Tarifsystem wird unübersichtlicher (Ellguth et al. 1995). Seit Mitte der 1990er Jahre nimmt die Anzahl der Firmentarifverträge zu, die vor allem kleine und mittlere Unternehmen schließen (Schnabel 2003b) (vgl. zur Tarifbindung Kap. 9).

---

[268] „...employers in Western Europe other than Britain continue to prefer multi-employer bargaining to single-employer bargaining not just because, as many previous studies have argued, it makes for economies of scale in terms of time, effort and staff to negotiate an agreement covering the entire industry or because (in some industries) it helps to regulate the market. The system of multi-employer bargaining, being based on substantive and compulsory rules, is primarily valued by employers because it helps to neutralize the workplace from trade union activity... the detailed coverage of the substantive rules tends to limit the scope of further negotiations in the workplace or to ensure that any workplace bargaining that does take place is largely administrative or supplementary" (Sisson 1987, 188).

[269] „Co-ordination is assured by the associational strength of sectoral employer organisations and trade unions which control and co-ordinate the bargaining rounds undertaken at regional level. In addition, pilot agreements in key branches and regions of the metalworking sector usually serve as the model for bargaining in the rest of that sector, as well as in other branches" (OECD 1994, 175).

Abb. 8.1: Wirtschaftszweige nach dem Typ der Lohn- und Gehaltsfestsetzung

Wirtschaftszweige	**Typ I** überregional		**Typ II** regional		**Typ III** Unternehmen	
	West	Ost	West	Ost	West	Ost
Bankgewerbe	E	E				
Bauhauptgewerbe*	L**, G***	L, G				
Chemische Industrie		E	E			
Deutsche Bahn AG					E	E
Deutsche Telekom AG					E	E
Druckindustrie	L	L	G	G		
Einzelhandel			L, G	L, G		
Eisen- u. Stahlindustrie		L,G	L, G			
Energiewirtschaft		E****	E****			
Metallindustrie			L, G	L, G		
Öffentl. Dienst: Länder Bund, Gemeinden	L, G E	L, G E				
Pr. Transp.-/Verkehrsgew.			L, G	L, G, E		
Textilindustrie		E	L, G			
Versicherungsgewerbe	E	E				

L = Lohn, G = Gehalt, E = Entgelt
* Berlin-West und -Ost: regionale Lohn- und Gehaltsverträge
** Der bundesweite Lohnabschluss wird teilweise in *regionale* Tarifverträge umgesetzt und dort bestehen z. T. noch weitere Untergliederungen der Lohngruppen.
*** Bayern: regionaler VTV.
**** In einigen Regionen bestehen (teils zusätzlich, teils ausschließlich) Firmen-Tarifverträge.

Quelle: Bispinck 2007.

Löhne und Gehälter sind durch ihren Doppelcharakter gekennzeichnet: Sie sind zugleich die wichtigste Einkommensquelle der abhängig Beschäftigten und Kostenfaktor für die Arbeitgeber. Ein Indikator für die Ergebnisse der Lohnpolitik ist die Entwicklung der Lohnquote; diese ist definiert als der Anteil der Einkommen aus abhängiger Beschäftigung am Volkseinkommen. Ihre Aussagekraft ist begrenzt. Bei der tatsächlichen Lohnquote wird der zunehmende Anteil der abhängig Beschäftigten an allen Erwerbstätigen berücksichtigt, bei der bereinigten Lohnquote wird der Anteil der Arbeitnehmer konstant gehalten.

Unter den veränderten Rahmenbedingungen einer weltweiten Krise mit hoher Arbeitslosigkeit sowie mit kleiner werdenden materiellen Konzessionsspielräumen wurde es seit Mitte der 1970er Jahre für die Gewerkschaften zunehmend schwieriger, (Real-)Lohnerhöhungen durchzusetzen. Verteilungspolitische Erfolge der späten 1960er und frühen 1970er Jahre, wie sie sich im Anstieg der bereinigten Lohnquote durch Kompression der Gewinnquote zeigten, wurden rückgängig gemacht.

Abb. 8.2: Entwicklung der bereinigten Lohnquote und der Preise 1965-2006

	Lohnquote	Veränderung des Preisindex für die Lebenshaltung aller privaten Haushalte
1965	71,6	3,2
1970	72,1	3,4
1972	72,8	5,5
1974	75,2	7,0
1976	73,6	4,3
1978	73,0	2,7
1980	74,5	5,4
1982	74,3	5,3
1984	71,3	2,4
1986	70,0	-0,1
1988	69,3	1,3
1989	68,5	2,8
1990	67,7	2,7
1991	68,5	3,6
1992	69,6	4,0
1993	69,9	3,6
1994	68,7	2,7
1995	68,4	1,8
1996	67,9	1,4
1997	67,1	1,9
1998	66,5	0,9
1999	66,8	0,6
2000	67,6	2,0
2001	67,6	2,5
2002	67,0	1,4
2003	67,6	1,1
2004	67,2	1,6
2005	66,4	2,0
2006	65,4	1,7

2006: Schätzung

bis 1990 früheres Bundesgebiet; ab 1991 Deutschland

Quelle: *Eigene Darstellung mit Daten von http://www.sachverständigenrat-wirtschaft.de, Stand: Jan. 2008.*

Die Verteilungsrelationen haben sich wieder zu Lasten der Arbeitnehmer verschoben; die Lohnquote ist auf das Niveau der frühen 1960er Jahre gefallen; insofern findet eine Umverteilung statt. – Schon die sog. „Sicherung des Besitzstandes" geriet zum Problem, so dass selbst dieses Minimalziel nicht mehr erreicht werden konnte: Seit Beginn der 1980er Jahre waren wiederholt Reallohnverluste zu verzeichnen. Daher wird die traditionell dominierende Lohnpolitik sicherlich eine zentrale Bedeutung innerhalb der Tarifpolitik behalten - und sich weiterhin in einer schwierigen Situation befinden. Aus empirischer Perspektive beobachten wir eine bestimmte Lohnstruktur, d. h. die Verdienste unterscheiden sich nach Merkmalen wie Qualifikationsniveau, Wirtschaftszweig, Region, Unternehmensgröße.

Relevante lohnpolitische Leitideen der letzten Jahrzehnte sind vor allem folgende:

- Die solidarische Lohnpolitik vor allem der frühen 1970er Jahre strebte eine intra- und intersektorale Nivellierung der Lohn- bzw. Einkommensstruktur an, d. h. eine Politik zugunsten der unteren Einkommensgruppen. Diese Strategie, die durch Fest- und/oder Mindestbetragsforderungen realisiert werden sollte, war sowohl aus intra- als auch aus interorganisatorischen Gründen nicht sonderlich erfolgreich. Sie war innerhalb der Gewerkschaften mittel- und langfristig nicht konsensfähig, da lohnstrukturnivellierende Effekte nicht im Interesse der Bezieher höherer Einkommen lagen; zudem traf sie auf den Widerstand der Arbeitgeber, die aus Gründen der Leistungsmotivation eher an einer Lohndifferenzierung interessiert waren. Schließlich war auch die notwendige institutionelle Voraussetzung in Form einer tarifpolitischen Zentralisierung nicht gegeben.
- Das Konzept der aktiven (expansiven) Lohnpolitik, welches bis in die frühen 1970er Jahre einflussreich war, sollte zum einen eine Beteiligung der Arbeitnehmer am Produktivitätsfortschritt bzw. am Wachstum des Volkseinkommens erreichen, zum anderen die erwarteten Preissteigerungen kompensieren (sog. Doppelanpassung). Tariflohnerhöhungen sollten die Summe aus Preissteigerungsrate plus Produktivitätszuwachs sein. Indikator für einen relativen Erfolg dieser Strategie zur Veränderung der Verteilungsrelationen war bis Mitte der 1970er Jahre eine steigende Lohnquote. Probleme bereiteten die Gefährdung der Preisniveaustabilität und/oder des Beschäftigungsgrades.
- Demgegenüber verzichtet das vor allem vom Sachverständigenrat entwickelte Konzept der produktivitätsorientierten (kostenniveau- und verteilungsneutralen) Lohnpolitik auf eine Umverteilung des Volkseinkommens, u. a. um eine Beeinträchtigung der Investitionstätigkeit der Unternehmen infolge einer Gewinnkompression zu verhindern und Preisniveaustabilität zu garantieren. Der Verteilungsspielraum wird festgelegt durch die Zuwachsraten der gesamtwirtschaftlichen Arbeitsproduktivität, an denen sich die Nominallohnentwicklung orientieren soll. Aufschläge bei den Abschlüssen können als Kompromisslösung akzeptiert werden, um Preissteigerungen auszugleichen.

- Das aktuellere, u. a. vom Sachverständigenrat in verschiedenen Ausprägungen propagierte Konzept der vollbeschäftigungskonformen Lohnpolitik empfiehlt für Zeiten mit hoher, struktureller Arbeitslosigkeit einen Abschlag vom mittelfristigen Produktivitätsfortschritt und der zu erwartenden Preissteigerungsrate, um infolge dieser über einen längeren Zeitraum anzulegenden Politik der Lohnzurückhaltung leichter und eher zusätzliche Arbeitsplätze schaffen zu können.

2. Zumindest von Beginn der 1960er bis Mitte der 1970er Jahre war „Beschäftigung“ unter den Rahmenbedingungen von nahezu permanentem Wirtschaftswachstum und Vollbeschäftigung ein Kollektivgut; dessen Bereitstellung verursachte den Gewerkschaften außer eher passivem Zutun durch mäßige Lohnabschlüsse kaum Probleme, da es für Mitglieder und Nichtmitglieder gleichermaßen von den Arbeitgebern angeboten wurde.[270] Die Verbandspolitik konnte sich auf andere Forderungen, besonders Lohnerhöhungen und allgemeine Arbeitszeitverkürzungen, konzentrieren, bei deren Realisierung sie aufgrund der ökonomischen Gesamtsituation mit hohen Konzessionsspielräumen der Unternehmen auch relativ erfolgreich war.[271]

Seit Mitte der 1970er Jahre haben sich infolge des Endes des säkularen Wirtschaftswachstums sowie durch den Strukturwandel, der durch das Aufkommen der neuen Technologien initiiert wurde, die Voraussetzungen der Tarifpolitik grundlegend verändert. Als generelle Entwicklungstendenz hinsichtlich des Verallgemeinerungsgrades der Mitgliederinteressen zeigt sich eine Transformation universalistischer, d. h. umfassend solidarischer Formen gewerkschaftlicher Politik in partikularistisch-berufsständische Formen der Interessenvertretung zugunsten eines begrenzten Mitgliederstammes (Brandt et al. 1982).

Die Gewerkschaften haben Anpassungsprozesse an die Strukturveränderungen (u. a. verstärkte Arbeitsmarktsegmentation, gruppenspezifische Formen der Verarbeitung von Krisenfolgen) vollzogen und dadurch nicht nur das Tarifverhandlungssystem, sondern das gesamte System der Arbeitsbeziehungen besonders im Sinne seiner internen und externen Effektivität in einer Phase anhaltender Krisen stabilisiert. Typisch für diese Situation ist eine ungleiche Entwicklung der Branchen, die zu je spezifischen Problemen führt und generalisierende Aussagen schwieriger macht.

---

[270] Wir haben es hier mit der von Olson (1968) nicht näher analysierten Situation zu tun, dass das Kollektivgut außerhalb der Gruppe erstellt wird.

[271] Die wohl wichtigste Studie über diesen Zeitraum ist Bergmann et al. (1976); vgl. zur späteren Rezeption und Relativierung verschiedene Beiträge in Schumm (1989).

3. Gleichzeitig haben sich durch technische und arbeitsorganisatorische Maßnahmen der Arbeitgeber die Rahmenbedingungen für korporatives Handeln der Gewerkschaften auch in weiteren Politikbereichen wesentlich verändert. Seit Mitte der 1970er Jahre besteht die Notwendigkeit, auch eine Tarifpolitik zur Regelung von Arbeitsbedingungen und Beschäftigungsproblemen betreiben zu müssen. Derartige Forderungen sind nur schwer durchzusetzen, da die Arbeitgeber bzw. deren Verbände eine Ausweitung der Verhandlungsgegenstände mit allen ihnen zur Verfügung stehenden Möglichkeiten zu verhindern suchen.

Zur Beschreibung dieses Sachverhalts setzte sich die Sprachregelung durch von „alter“ quantitativer, d. h. vor allem an Lohnpolitik orientierter Tarifpolitik und „neuer“ qualitativer, d. h. an Problemen u. a. von Rationalisierungsschutz und Arbeitszeit ausgerichteter Tarifpolitik; zwischen den monetär-quantitativen und den qualitativen Elementen bestehen Wechselwirkungen.[272] Die „neue“ Tarifpolitik wirkt in stärkerem Maße selektiv als die „alte“, indem sie bestimmten Gruppen relative Vorteile verschafft (z. B. betriebliche bzw. tarifliche Besitzstandssicherung oder Schutz gegen Abgruppierung). „Beschäftigung“ wird zum knappen und damit gruppenspezifischen Kollektivgut, dessen Bereitstellung bzw. Erhaltung vor allem für bestimmte Gruppen angestrebt wird.

Diese Interessenpolitik ist Ausdruck unterschiedlicher gruppenspezifischer Organisationsgrade; die von Arbeitsmarktrisiken am ehesten Betroffenen sind in den Gewerkschaften weitgehend marginalisiert; „nicht nur liegt ihr Organisationsgrad erheblich unter dem der männlichen Facharbeiter, sondern auch ihre Repräsentanz in den Entscheidungsgremien ist wesentlich niedriger als ihr Mitgliederanteil. Damit verfügen sie nicht ... über einen organisatorischen Hebel zur Verteidigung ihrer Interessen (Müller-Jentsch 1979, 193f.). Die gewerkschaftliche Organisations- und Repräsentationsstruktur ist die entscheidende Determinante korporativen Handelns.

Dieser Logik der kollektiven Interessenvertretung folgend verschärft Verbandspolitik unfreiwillig die Krisenbetroffenheit der am Arbeitsmarkt benachteiligten Gruppen (u. a. Frauen, Jugendliche, Ausländer, Unqualifizierte und schlecht Qualifizierte).[273] Die Mitgliederorientierung ist notwendig, verschärft aber die sozio-ökonomischen Unterschiede zwischen organisierten und nicht-organisierten Gruppen im Sinne unbeabsichtigter Handlungsfolgen. Rhetorik und anders lautende Grundsatz-

---

[272] „The new qualitative approach is focusing on five major problem areas: (a) protection against the consequences of rationalisation; (b) job security; (c) reduction of working time; (d) improvement of working conditions; (e) skill-based pay systems“ (Fürstenberg 1987, 217).

[273] Gewerkschaftliche Politik verstärkt diese Krisenbetroffenheit zugunsten anderer Gruppen, u. a. zugunsten von männlichen Facharbeitern im Druckgewerbe und Maschinenbau, zugunsten von Produktionsarbeitern mit betriebsspezifischer Qualifikation in der Chemieindustrie, oder auch zugunsten von Arbeitsplatzbesitzern im öffentlichen Dienst.

erklärungen, welche die Fiktion von Interessenhomogenität und Verteilungsgerechtigkeit aufrechtzuerhalten suchen, ändern wenig an diesem Sachverhalt. Bei der Erklärung der praktischen Verbandspolitik und ihrer Probleme ist die offizielle Philosophie nicht aufschlussreich: Zumindest unter den gegebenen Rahmenbedingungen sind Gewerkschaften nicht Interessenvertreter aller abhängig Beschäftigten oder Solidargemeinschaft aller Arbeitnehmer, sondern vertreten im wesentlichen die spezifischen Belange ihrer Mitglieder (besonders Arbeitsplatzinteressen).

4. Rationalisierungen der Arbeitsorganisation und des Produktionsprozesses warfen in den 1960er und frühen 1970er Jahren kaum gravierende Probleme auf. Die freigesetzten Arbeitnehmer fanden aufgrund der günstigen Arbeitsmarktbedingungen leicht andere Beschäftigungsmöglichkeiten. Die Verbandspolitik brauchte sich abgesehen von wenigen schrumpfenden Branchen und einigen Betriebsstilllegungen kaum um Rationalisierungsfolgen zu kümmern; häufig wurden solche Maßnahmen ausdrücklich begrüßt, da zumeist Arbeitsplätze mit hohen Belastungen wegfielen.

Diese Situation hat sich grundlegend verändert. Die Rationalisierungsschutzabkommen konnten nur möglichst vielen Arbeitsplatzbesitzern die knappen Arbeitsplätze erhalten oder zumindest die individuellen Folgen des Arbeitsplatzverlustes mildern, ohne Arbeitslosen zu Stellen verhelfen zu können. Gleichzeitig verteilten solche Abkommen das Risiko des Arbeitsplatzverlustes ungleich auf Gruppen, z. B. nach Dauer der Betriebszugehörigkeit oder Lebensalter. Hier zeigt sich wie in der übrigen Beschäftigungspolitik, dass nicht alle Gruppen gleichermaßen betroffen sind: Arbeitsplatzbesitzer werden gegenüber Arbeitslosen, Kern- gegenüber Randbelegschaften begünstigt. Gewerkschaftlich organisierte Kampfmaßnahmen traten kaum in solchen Bereichen auf, in denen der Organisationsgrad und damit der innergewerkschaftliche Repräsentationsgrad gering ist; sie wurden häufig erst ergriffen, wenn die hochgradig organisierten Gruppen der sog. Stammbelegschaften von Rationalisierungsfolgen betroffen waren.

Die Betroffenheit ist nicht nur innerhalb, sondern auch zwischen Industriegewerkschaften unterschiedlich (Billerbeck et al. 1982). Insofern ergibt sich Organisationspolitik wesentlich als Reaktion auf spezifisch veränderte Rahmenbedingungen. Die Bestimmung allgemeiner Trends etwa in Form intersektoral vergleichender Gesamteinschätzungen lässt sich nur als Verallgemeinerungen und Abstraktionen von unterschiedlichen Branchenentwicklungen hinsichtlich Interessengrundlage und Organisationsstruktur begreifen:

- Im Organisationsbereich der IG Metall musste es wegen der Veränderungen der Produktionsstruktur vor allem Rationalisierungsschutzpolitik geben; zentrale Ergebnisse waren der Lohnrahmentarifvertrag II in Nordwürttemberg-Nordbaden 1973 mit der Regelung von Mindesttaktzeiten und Pausen für Akkordarbeiter, der Absicherungstarifvertrag 1978 sowie die Arbeitskämpfe um Arbeitszeitprobleme 1978/79 und 1984.

- Besonders in der Druckindustrie fanden Mitte der 1970er Jahre infolge des Einsatzes neuer Technologien (Umstellung von Blei- auf Fotosatz) sowohl Verdrängungen von Facharbeitern als auch Dequalifizierungsprozesse statt. Die IG Druck und Papier musste aufgrund der Betroffenheit von Kernen ihrer Mitgliedschaft, vor allem der Schriftsetzer, eine qualitativ neue Politik der individuellen Besitzstandssicherung und der Kontrolle der Arbeitsbedingungen betreiben (Tarifvertrag über Einführung und Anwendung rechnergesteuerter Textsysteme – RTS-Tarifvertrag 1978). Diese Verbandspolitiken stießen auf den aktiven Widerstand der Unternehmer und ihrer Verbände und waren deshalb *summa summarum* nicht sonderlich erfolgreich: Lediglich monetäre Abfindungen wurden durchgesetzt.
- Andere Organisationen – besonders die ÖTV – konnten wegen der in ihrem Zuständigkeitsbereich andersartigen Rahmenbedingungen (lange Zeit kaum umfassende Rationalisierungsstrategien der öffentlichen Arbeitgeber, gesetzlich garantierte bzw. tarifvertraglich vereinbarte Arbeitsplatzsicherheit) die traditionelle Lohnpolitik weitgehend ungebrochen fortsetzen, ohne qualitativ neue Elemente einbeziehen zu müssen. Bei den großen Organisationen in der Privatwirtschaft war vor allem bei der IG Chemie-Papier-Keramik von einem Primat der Lohnpolitik auszugehen.

Wir sehen an diesen Beispielen großer Industriegewerkschaften, dass erhebliche Unterschiede hinsichtlich Interessengrundlage und Organisationsstruktur zwischen den Branchen bestanden, so dass allgemein gültige Trendaussagen kaum getroffen werden können. Diese zunehmende Differenzierung und Strukturalisierung war ein wesentliches Merkmal der Situation.

8.2 Arbeitszeitpolitik: Wochenarbeitszeitverkürzung

1. Die Forderung nach Verkürzung der tariflichen Arbeitszeit bildet seit jeher einen wesentlichen Teil gewerkschaftlicher Politik (Fiedler/Schelter 1994, 31ff.). Ihre Bedeutung ergibt sich aus der Tatsache, dass Arbeitszeitpolitik die einzige Strategie ist, „mit der die Gewerkschaften im Rahmen der eigenen Handlungsmöglichkeiten unmittelbar auf die Nachfrage nach Arbeitskräften Einfluss nehmen können" (Seifert 1993a, 11). Arbeitszeitpolitik, die das zentrale Instrument qualitativer Tarifpolitik der 1980er und 1990er Jahre darstellt, kann als Wochen-, Jahres- oder Lebensarbeitszeitverkürzung vorkommen. Sie wird vor allem von den Tarifpartnern per Kollektivvertrag betrieben, der Staat trifft durch Gesetze lediglich Rahmenregelungen.

Wir behandeln im Folgenden nach Bemerkungen zur Geschichte ausschließlich Probleme der Wochenarbeitszeitverkürzung. Dabei erfolgt eine Konzentration auf die Metallindustrie, die aufgrund ihrer großen Bedeutung für die Gesamtwirtschaft und wegen der organisatorischen Stärke der IG Metall auch in der Arbeitszeitpolitik traditionell eine Vorreiterrolle übernimmt sowie Ergebnisse in anderen Branchen erheblich beeinflusst (Thelen 1991, 161-179). Wir werden auf Arbeitsmarkt- und Beschäftigungseffekte, nicht hingegen auf neue Arbeitszeitmodelle auf einzelbetrieblicher Ebene eingehen (Marr 1993a; Wagner 1995); auf die Folgen der Arbeitszeitpolitik für die Arbeitsbeziehungen kommen wir ausführlich zurück.

Ein Meilenstein der Entwicklung war nach einer langen Phase der Stagnation die seit Mitte der 1950er Jahre geforderte und in Kollektivverträgen vereinbarte Reduzierung der tariflichen und parallel der tatsächlichen Wochenarbeitszeit; die schrittweise Verringerung von 48 über 45 und 42 auf 40 Stunden erfolgte durch die stufenweise Abschaffung der Samstagsarbeit im Übergang von der 6 zur 5-Tage-Woche.[274] Eine politisch-institutionelle Interessenparallelität auf Basis günstiger wirtschaftlicher Rahmenbedingungen, nämlich der lange andauernden Prosperitätsphase des „Wirtschaftswunders", erleichterte diesen Prozess, der ohne Arbeitskonflikte verlief (Kevelaer/Hinrichs 1985, 52-75). Mitte der 1970er Jahre war die 40-Stunden-Woche in nahezu allen Tarifbereichen vereinbart.

Zwischen Mitte der 1970er und Mitte der 1980er Jahre verlangsamte sich infolge verschlechterter Rahmenbedingungen, zunehmender Arbeitslosigkeit und resultierenden zentralen Interessendivergenzen das Tempo der Arbeitszeitverkürzung deutlich. Deren Beschäftigungseffekte reichten nicht, um das Beschäftigungsniveau zu erhöhen; die Gewerkschaften konnten eher ihre reproduktions- denn ihre beschäftigungsorientierten Ziele durchsetzen (Brandt et al. 1982, 122).

---

[274] Vgl. zur Geschichte Deutschmann (1985); Schmiede/Schudlich (1985); Deutschmann et al. (1987); für die Zeit nach dem zweiten Weltkrieg im Einzelnen Schudlich (1984; 1987).

In den frühen 1980er Jahren lehnten die Arbeitgeberverbände jede Form der Arbeitszeitverkürzung kategorisch ab. Die Gewerkschaften waren gespalten: Während die Mehrheit für die Verkürzung der Wochenarbeitszeit bei vollem (Nominal-) Lohnausgleich eintrat, votierte eine Minderheit für die Verkürzung der Lebensarbeitszeit (Offe 1982). Diese Divergenzen erschwerten die Interessendurchsetzung.[275]

2. Arbeitszeitpolitik als kollektive Strategie einer Umverteilung der Arbeit auf mehr Arbeitnehmer stellt seit Mitte der 1980er Jahre ein wichtiges Instrument zur Bekämpfung der Massenarbeitslosigkeit dar; „... the most pressing issue the union faced in the 1980s was a redistribution of employment, not wages“ (Thelen 1991, 158). Demgegenüber standen früher zunächst sozial-, dann freizeit-, dann humanisierungs- und gesellschaftspolitische Begründungen im Vordergrund. Insofern fand eine deutliche Verlagerung der Begründungen gewerkschaftlicher Forderungen statt.

1984 unternahm die IG Metall erneut den Versuch einer Verkürzung der Arbeitszeit; die Forderung „provoked the largest and most intense industrial conflict in the history of the Federal Republic“ (Thelen 1992, 228). Die zentralen Elemente der ab dem 1.4.1985 geltenden Regelung sind folgende:

- Die tarifliche wöchentliche Arbeitszeit beträgt 38,5 Stunden.
- Für Betriebsteile, Gruppen von Arbeitnehmern und einzelne Arbeitnehmer können variable wöchentliche Arbeitszeiten zwischen 37 und 40 Stunden vereinbart werden, wobei lediglich im Betriebsdurchschnitt 38,5 Stunden erreicht werden müssen. Diese Möglichkeit zur Differenzierung der tarifvertraglich vereinbarten Arbeitszeiten in individueller und zeitlicher Hinsicht stellt das qualitativ neue Element des sog. Leber-Kompromisses dar.
- Die individuelle regelmäßige Wochenarbeitszeit kann schwanken, d. h. sie kann gleichmäßig oder ungleichmäßig innerhalb eines Ausgleichszeitraumes von zwei Monaten verteilt werden.[276] Gleichfalls neu ist die Vereinbarung eines längerfristig definierten Ausgleichszeitraums (sog. Variabilisierung der Arbeitszeit).

---

[275] Die Bundesregierung unterstützte den Kurs der Minderheit, indem sie 1984 eine auf fünf Jahre befristete Regelung zur Lebensarbeitszeitverkürzung (Vorruhestandsgesetz) verabschiedete. „The employers' side, supported by the Federal Government, which abandoned its neutral position ... to a considerable extent, refused a general reduction of weekly working time, particularly with no loss of pay. They argued that in-creasing production costs would further endanger the international competitiveness of the West German economy as well as economic growth, that this would add to the employment crisis and would at best create jobs in Japan or in newly industrialising countries“ (Endruweit/Berger 1989, 96f.).

[276] Dieser Abschluss ist ein erster, typischer Kompromiss unterschiedlicher Interessen der Tarifvertragsparteien, bei dem kürzere gegen flexiblere, differenzierte Arbeitszeiten getauscht werden.

In diesem Tarifvertrag über die 38,5 Stunden-Woche als betrieblicher durchschnittlicher Arbeitszeit wird deren Flexibilisierung zunächst grundsätzlich ermöglicht; sie wird in einer „zweiten" Verhandlungsrunde zwischen Betriebsrat und Unternehmensleitung in Betriebsvereinbarungen umgesetzt und konkretisiert. Flexibilisierung kann verschiedene Formen annehmen (Ellguth et al. 1990, 171):

- wöchentliche Formen der Verkürzung,
- Freie-Tage-Regelungen,
- tägliche Verkürzung im Rahmen von Gleitzeitregelungen im Rahmen entsprechender betrieblicher Arbeitszeitsysteme,
- Kombimodelle, d. h. individuell zugeschnittene Kombinationen der genannten Modelle.

Das Ausmaß der tatsächlich durchgesetzten Flexibilisierung in Form differenzierter und variabilisierter Arbeitszeiten blieb deutlich geringer als die meisten Beobachter ursprünglich je nach Position erhofft oder befürchtet hatten. Breit angelegte Studien (Bosch et al. 1988; Ellguth et al. 1990, 171ff.; Schudlich 1987) ergaben Tendenzen

- zu einheitlichen Arbeitszeiten der Vollzeitbeschäftigten und nicht zu durchaus möglichen individuellen Differenzierungen, etwa nach Qualifikationsniveau, Alter oder gesundheitlichen Beeinträchtigungen einzelner Arbeitnehmer (Trend zur betriebseinheitlichen Umsetzung),
- zu Formen der wochennahen Arbeitszeitverkürzung, vor allem mit Frühschluss am Freitag und kaum zu Freie-Tage-Regelungen nach Ansammlung entsprechender Zeiteinheiten,
- zur Einhaltung enger Grenzen bei der zeitlichen Variation, d. h. bei der laut Tarifvertrag möglichen Differenzierung innerhalb der Bandbreite zwischen 37 und 40 Stunden.[277]

Der Tarifvertrag der Metallindustrie vom Frühjahr 1987 beendet die zweite Etappe der tarifpolitischen Auseinandersetzung; er regelt den stufenweisen Abbau der Wochenarbeitszeit auf 37 Stunden bis 1990 bei vollem Lohnausgleich (Pumberger 1989). Die Arbeitszeiten können für Beschäftigtengruppen unterschiedlich lang sein (sog. Differenzierung der regelmäßigen wöchentlichen Arbeitszeit). Der Ausgleichszeitraum zur Erreichung der durchschnittlichen Regelarbeitszeit wird von zwei auf höchstens sechs Monate ausgedehnt; dadurch wird eine weitergehende Flexibilisierung ermöglicht. Diese kommt den Interessen von Gesamtmetall entgegen, während die weitere schrittweise Verkürzung den Forderungen der IG Metall entspricht.

---

[277] Unterschiede in der Vielgestaltigkeit der Arbeitszeitstrukturen ergeben sich vor allem zwischen Branchen aufgrund unterschiedlicher Rahmenbedingungen (z. B. Druckindustrie, Einzelhandel).

Die Umsetzung dieses Kompromisses erfolgte wiederum durch geänderte oder neue Betriebsvereinbarungen. Dabei traten weniger Probleme auf als bei der ersten Etappe 1984, da die betrieblichen Akteure auf bereits etablierten und durch Alltagshandeln eingespielten Arbeitszeitmustern aufbauen konnten, ohne diese einfach fortzuschreiben. Die IG Metall setzte stärker auf wochennahe Modelle bzw. auf tägliche Verkürzung. Diese Entwicklung sowie eine (nunmehr vor allem in Mittel- und Großbetrieben häufiger auftretende und an Bedeutung zunehmende) Kombination verschiedener Formen (u. a. Einführung bzw. Erweiterung von Gleitzeitregelungen und versetzten Arbeitszeiten, Einführung bzw. Ausbau weiterer Schichten) ging zu Lasten von Vereinbarungen, die ausschließlich einen Zeitausgleich durch freie Tage vorsahen. Die wiederum zugelassene Möglichkeit einer Differenzierung der Arbeitszeiten, genauer der individuellen regelmäßigen wöchentlichen Arbeitszeiten, verlor im Vergleich zur „ersten" Umsetzungsrunde etwas an Bedeutung.

Das mögliche Ausmaß an Flexibilisierung wird bei der betrieblichen Umsetzung wiederum bei weitem nicht ausgeschöpft. Dafür sind zwei Gründe verantwortlich:

- Zum einen sind Arbeitnehmer und Betriebsräte an einer starken Flexibilisierung nicht sonderlich interessiert;
- zum anderen hatten „die Unternehmen selbst nur ein sehr eingeschränktes Interesse an der betrieblichen Nutzung der neuen Tarifbestimmungen ..." (Promberger/Trinczek 1993, 108).[278]

Der für die Metallindustrie 1990 geschlossene Tarifvertrag verkürzt die Arbeitszeit stufenweise weiter, so dass die 35-Stunden-Woche Mitte der 1990er Jahre erreicht wird. Ein arbeitszeitpolitisches Novum besteht darin, dass ein Teil der Beschäftigten das Recht hat, freiwillig zwischen der 35- und der 40-Stunden-Woche zu wählen. Ein nach Tarifgebiet zwischen 13% und 18% liegender, bislang zumeist von Arbeitszeitverkürzungen ausgenommener Teil der Beschäftigten kann die Arbeitszeit auf einzelvertraglicher Basis bzw. ohne kollektive Regelung verlängern.

Zum einen liegt diese neue, individualisierende Differenzierungsmöglichkeit definitiv im Interesse der Arbeitgeber, welche vor allem die hoch qualifizierten und aufgrund ihres Humankapitals für die Unternehmen besonders wichtigen Arbeitnehmer länger arbeiten lassen wollen (Husmann/Neifer-Dichmann 1993, 66f.). Zum anderen werden die Autonomiespielräume bestimmter Arbeitnehmer erhöht, die nicht mehr auf kollektivvertraglicher Basis, sondern individuell-freiwillig zwischen Verkürzung der Arbeitszeit und höherem Einkommen wählen können.

---

[278] Das freie Wochenende bleibt in den allermeisten Fällen erhalten; Samstagsarbeit als Regelarbeitszeit ist wesentlich seltener als Mehrarbeit. Der Umfang der Mehrarbeit nimmt bei unterschiedlichen Ausgleichsmaßnahmen deutlich zu.

Aus Sicht der Gewerkschaft (Kuda 1993, 54ff.) kann in dieser Option einer Neugewichtung der relativen Wertschätzung bzw. in dieser Abkehr von der traditionellen kollektiven Arbeitszeitpolitik mit ihren tariflichen Schutzfunktionen eine organisationspolitische Gefahr liegen, die in der Spaltung der Arbeitnehmerschaft sowie in einer geschlechtsspezifischen Selektion besteht. Zudem bleiben die Betriebsräte als kollektive Organe der Interessenvertretung und Mitbestimmungsgremien aus dem betrieblichen Umsetzungsprozess weitgehend ausgeklammert; sie haben lediglich Informations-, aber keinerlei echte Mitbestimmungsrechte.[279]

Abb. 8.3: Wochenarbeitszeitregelungen in der Metallindustrie

Gültig ab:	1.4.85	1.4.88	1.4.89	1.4.90
durchschnittliche Wochenarbeitszeit	38,5 Std.	37,5 Std.	37,0 Std.	ab 1.04.93: 36,0 Std. ab 1.10.95: 35,0 Std.
Schwankungsbereich der indiv. Arbeitszeiten	37 - 40 Std.	37 - 39,5 Std.	36,5 - 39 Std.	bis 40 Std. für 18 vH bzw.13 vH der Beschäftigten (mit bzw. ohne AT-Angestellte)
Ausgleichszeitraum	2 Monate		6 Monate	2 Jahre bzw. Bezahlung
Regelungsinstrument	Betriebsvereinbarung			individueller Vertrag
Bündelung zu Freischichten	unbegrenzt		max. 5 freie Tage	ein od. mehrere große Freizeitblöcke

Quelle: Eigene Darstellung mit Daten des Wissenschaftszentrum Berlin für Sozialforschung sowie Daten aufgrund eigener Recherche.

Die in den ersten Runden eröffneten Flexibilisierungsmöglichkeiten stießen, wie erwähnt, nur auf geringes Interesse seitens der Betriebe. Ähnliches gilt für die mögliche Variabilisierung der individuellen Arbeitszeiten. Studien (Promberger 1993; Promberger/Trinczek 1993, 111ff.) zeigen, dass auch die sog. 13/18%-Regelung zur individuellen Arbeitszeitdifferenzierung nur in geringem Umfang auf betrieblicher

[279] „If this were to become a trend, it would amount to a new phase in the flexibility debate in Germany, one with serious political implications for the union" (Thelen 1991, 175).

Ebene tatsächlich genutzt wird: Weniger als 20% der Betriebe und kaum mehr als 2% der Beschäftigten machen von dieser flexibilisierenden und damit von gängigen Arbeitszeitarrangements abweichenden Regelung Gebrauch. Die Verbreitung hängt von der Betriebsgröße ab und entspricht ziemlich genau der Inanspruchnahme der 1984er Differenzierungsregelung.

Damit ergibt sich eine Diskrepanz zwischen den wiederholten Forderungen nach mehr individueller Flexibilisierung und dem geringen Ausmaß ihrer tatsächlichen Nutzung. Vermutlich geht „es den Unternehmen ... mit der immer wieder vorgetragenen Flexibilisierungsforderung gar nicht um mehr Variabilisierung ... – denn dafür reichen die bestehenden Regelungen aus –, als um eine Ausdehnung der Betriebsnutzungszeit mittels differenzierter, aber fester Arbeitszeiten" (Promberger 1993, 64). Weiterhin können derartige Forderungen als Ausdruck einer deutlichen Heterogenität von Interessen innerhalb des Verbandes interpretiert werden.

3. Damit ergibt sich folgendes Fazit: Die generelle Tauschrelation in der Arbeitszeitpolitik lautet Verkürzung gegen Flexibilisierung. Der entscheidende Interessenkonflikt liegt im Gegensatz zur ersten Etappe des Jahres 1984 später weniger in der grundsätzlichen Frage einer Verkürzung als vielmehr bei Problemen der Flexibilisierung (Lage der Arbeitszeit): Es geht um eine weitergehende Entkoppelung von Arbeits- und Betriebszeiten. Nach der Abkehr vom Normalarbeitszeitstandard, die als Teil einer gewissen Auflösung des Normalarbeitsverhältnisses verstanden werden kann, ist ein neues Standardmuster des Arbeitszeitgefüges nicht in Sicht.

Im Austausch gegen Konzessionen der Arbeitgeberverbände bei Fragen einer pauschalen Verkürzung müssen die Gewerkschaften qualitativ erhebliche Zugeständnisse bei der relativ neuartigen Flexibilisierung der Arbeitszeit machen. Die Arbeitgeber fordern diese seit den frühen 1980er Jahren vehement als Teil einer umfassenden Flexibilisierung der Arbeits- und Beschäftigungsbedingungen und setzen sie allmählich durch. „Flexible Fertigungssysteme, neue Systeme der Produktionslogistik (*just-in-time*-Konzepte) und auf kürzere Durchlaufzeiten gerichtete Produktionsablaufsteuerungen, die eine kurzfristige Anpassung des Produktionsprogramms an größere Variantenvielfalt und Kleinserien erlauben, verlangen als Pendant eine flexiblere Verteilung der Arbeitszeit" (Hinrichs 1993, 87).

Diese Flexibilisierung geht über das traditionelle Ausmaß (u. a. in Form von Überstunden, Kurzarbeit, Teilzeitbeschäftigung in verschiedenen Varianten, Gleitzeit) deutlich hinaus; sie umfasst nicht nur die Dauer (chronometrische Dimension), sondern vor allem auch die Lage der Arbeitszeit (chronologische Dimension) (Bosch 1987). Das Modell einer gleichförmigen Verteilung der Regelarbeitszeit auf der Zeitachse wird durch variable und dispositionsorientierte Arbeitszeitformen abgelöst (Seifert 1993b). Neben technischen, sozialen und ökonomischen Gründen trägt die

Politik der Arbeitszeitverkürzung zur deutlich zunehmenden und betriebsstrategisch verfeinerten Entkoppelung von betrieblichen Anlagennutzungszeiten und individuellen Arbeitszeiten bei. „Die Entkoppelung von Arbeits- und Betriebszeiten ermöglicht eine Standardisierung der Arbeitszeit bei gleichzeitiger Differenzierung der Betriebszeiten" (Bosch/Lehndorff 1994, 110).

Die Amortisationslasten der teurer werdenden Produktionsanlagen erfordern eine Ausdehnung der Maschinenlauf- bzw. Betriebsnutzungszeiten. Entsprechende Forderungen sind die Folge des Einsatzes kapitalintensiver neuer Produktions- und entsprechender Managementkonzepte und zielen auf eine günstigere Kapazitätsauslastung infolge sinkender Kapitalstückkosten; die Lohnkostenerhöhung kann gegen eine Kapitalkostensenkung infolge einer besseren Anpassung des Einsatzes der Arbeitskräfte an den variierenden Bedarf aufgerechnet werden.

Trends der Arbeitszeitflexibilisierung beobachten wir in verschiedenen Ländern (Bosch 1995). Da in Deutschland seit Mitte der 1980er Jahre für mehr Arbeitnehmer in nahezu allen Tarifbereichen stufenweise Verkürzungen der Wochenarbeitszeit vereinbart werden, gehen die tariflichen Wochenarbeitszeiten allmählich zurück. Sie liegen in der ersten Hälfte der 1990er Jahre unterhalb von 38 Stunden, die durchschnittlichen Betriebsnutzungszeiten des verarbeitenden Gewerbes hingegen bei ca. 60 Stunden, wobei erhebliche Unterschiede zwischen Branchen bestehen. „Besonders lang laufen die Maschinen in kapitalintensiven Branchen. In der kapitalintensiven Metallerzeugung und -verarbeitung lagen die wöchentlichen Betriebszeiten bei 78,8 Stunden, während sie in der weniger kapitalintensiven Holzverarbeitung sowie im Bekleidungs- und Ledergewerbe weit geringer waren" (Bosch 1989, 36).

Die effektiven Arbeitszeiten (unter Einschluss von Fehlzeiten, Überstunden, Teilzeitquoten etc.) sind entgegen landläufiger Meinung und im Gegensatz zu den tariflich vereinbarten individuellen Arbeitszeiten nicht kürzer als in vergleichbaren Ländern, wie den anderen EU-Mitgliedstaaten; die Ausweitung der Betriebszeiten, die nicht automatisch zu Kostensenkungen führt, erfolgt lediglich in kapitalintensiven Produktionsbereichen. Im Übrigen ist aus längerfristiger Perspektive, d. h. seit 1970 und nicht erst seit Mitte der 1980er Jahre, auch das Ausmaß der Arbeitszeitverkürzung in Deutschland nicht größer als in anderen, vor allem europäischen Ländern.

Der zunehmende Unterschied entsteht weniger durch deutliche Differenzierungen der Arbeitszeiten als vielmehr durch beträchtliche Verlängerung der Maschinenlaufzeiten infolge veränderter Schichtmodelle, vermehrten Einsatzes versetzter Arbeitszeiten etc.: „Für Deutschland kann man feststellen, dass die Verkürzung der tariflichen Arbeitszeiten mit einer Verlängerung der Maschinenlaufzeiten verbunden war" (Bosch et al. 2005, 25). Im Rahmen der betrieblichen Entscheidungsprozesse wird das Arbeitszeitmanagement wichtiger im Sinne „von aktiver und situationsangemessener Gestaltung der Arbeitszeit nach Maßgabe der von den Entscheidungsträgern verfolgten Kriterien" (Marr 1993b, 16). Den Erfordernissen ökonomischer Effizienz der Betriebe steht das Bedürfnis der Arbeitnehmer nach Zeitsouveränität bzw. sozialverträglicher Arbeitszeitgestaltung gegenüber (Büssing/ Seifert 1995).

Bei veränderten Formen der Arbeitsorganisation werden die zeit- und kostenaufwendigen betrieblichen Arbeitszeitarrangements differenzierter und komplexer, wobei deutliche Unterschiede zwischen Groß- bzw. Klein- und Mittelbetrieben bestehen: Vor allem Groß- und Konzernbetriebe verlängern die Betriebszeiten durch innovative und flexible Arbeitszeitmodelle mit differenzierenden und variabilisierenden Elementen. Demgegenüber haben kleinere und mittlere Unternehmen eher Probleme mit neuen Arrangements und bauen ihr Zeitmanagement nicht gezielt weiter aus; es kommt vor allem zu einer Ausweitung der Mehrarbeit. Durch diese freiwillige Selbstbeschränkung der Unternehmen entstehen in der Produktion wie im Dienstleistungsbereich neue Ungleichgewichte bei den Wettbewerbspositionen. „Betriebszeiten sind ... ein bedeutsamer Wettbewerbsfaktor, wenn a) die Kapitalintensität sehr hoch ist, b) große Neuinvestitionen anstehen, c) der technologische Fortschritt sehr rasch verläuft und d) die Produkte vergleichbar (homogen) sind" (Bosch 1989, 77).

4. Eine Konsequenz dieser konfliktären Austauschpolitik besteht in der expliziten „Delegation von Tarifkompetenz an die Betriebe" (Schmidt/Trinczek 1986a, 641). Ein Kennzeichen dieser Tarifpolitik „ist die Verschiebung substantieller Regelungen von der überbetrieblich-tarifvertraglichen auf die betriebliche Ebene, wie dies z. B. in der Vergangenheit bei leistungspolitischen praktiziert wurde und nun bei arbeitszeitpolitischen Vereinbarungen der Fall ist" (Deutschmann et al. 1987, 38; ähnlich Thelen 1992, 234). Die Bedeutung der betrieblichen Akteure für die Ausgestaltung von Arbeitszeitregelungen nimmt zu infolge der Verlagerung von Normsetzungsbefugnissen (sog. Verbetrieblichung). Im Rahmen der Tarifpolitik werden nur noch Rahmenregelungen formuliert, deren Konkretisierung und Anpassung an betriebsspezifischen Bedingungen Management und Betriebsrat vornehmen. Diese Akteure müssen die tarifvertraglichen Rahmenvorgaben konkretisieren, wobei die Betriebsräte unterschiedliche Präferenzen der Arbeitnehmer berücksichtigen müssen.[280]

---

[280] „A further problem with the regulation of working time lies in the diversity of employee preferences: male workers are more likely to prefer a block cut in hours on one day of the week (usually Fridays) or a nine-day fortnight, whereas female workers have shown greater preference for earlier finishing times, allowing them to combine domestic work and paid employment ... Early retirement tends to be seen more favourably by young than by older workers, who may have to leave employment with lower-level pension contributions. This diversity impinges on unions' ability to launch a strategic and unified campaign" (O'Reilly et al. 1996, 877).

Das Regelungsinstrument des zentralen Tarifvertrages wird durch das der dezentralen Betriebsvereinbarung ergänzt. Betriebliche Arbeitszeitarrangements sind Ergebnisse interessenpolitischer Auseinandersetzungen bzw. der Austauschlogik auf Mikroebene. Diese Umsetzung erfolgt innerhalb dualer Arbeitsbeziehungen, die im Gegensatz zu anderen Ländern durch institutionell abgesicherte Einflussmöglichkeiten der Betriebsräte gekennzeichnet ist. Bei der Festlegung der Arbeitszeiten verfügt der Betriebsrat über weitgehende Mitbestimmungsrechte (§ 87 BetrVG). Im dualen System gelingt einerseits die Beibehaltung flächendeckend-verallgemeinerbarer Regelungen, andererseits die Eröffnung betrieblicher Flexibilitätsspielräume.[281]

Einerseits hat die weitere Verkürzung der Wochenarbeitszeit mit dem Ziel der generellen Einführung der 35-Stunden-Woche für die Gewerkschaften gewisse Priorität. Andererseits gerät die Arbeitszeitpolitik unter den Rahmenbedingungen der Beschäftigungskrise in ein schwieriges organisationspolitisches Dilemma, da ihre Strategien nicht nur anfangs wegen einer kaum überschaubaren Verteilung von Kosten und Nutzen auf die Akteure schwer vermittelbar sind (Wiesenthal 1988):

- Die Gewerkschaften wollen eine pauschale Verkürzung, die Arbeitgeber hingegen eine Flexibilisierung durchsetzen, wobei letztere einer deutlichen Beschäftigungswirkung zuwider läuft.
- Gewerkschaftliche Forderungen nach kollektiver Arbeitszeitverkürzung können in mehr oder weniger manifesten Widerspruch zu anderen individuellen Präferenzen, vor allem Einkommensinteressen, geraten und zu Loyalitätsverlusten bei Mitgliedern führen. Der Hinweis auf Beschäftigungswirkungen bzw. auf das solidarische Ziel eines Abbaus der Arbeitslosigkeit bedeutet die schwierig zu realisierende Einforderung eines individuellen Beitrags zur Erstellung eines Kollektivguts. Die parallele Forderung nach vollem (Nominal-) Lohnausgleich zielt auf einen Kompromiss bei diesem zentralen Problem.
- Insgesamt beobachten wir eine zunehmende Heterogenisierung der individuellen Arbeitszeitinteressen und -präferenzen (Hinrichs 1992, 323f.); dadurch werden kollektiv-vereinheitlichende Arbeitszeitstrategien erschwert.
- Von Wochenarbeitszeitverkürzungen profitieren zunächst alle Beschäftigten, wobei einzelne Gruppen bei der grundsätzlich bestehenden Alternative wöchentliche Arbeitszeitverkürzung versus Freie-Tage-Regelungen unterschiedliche Umsetzungsformen präferieren[282]; diese Interessen müssen innerbetrieblich sorgsam

---

[281] Diese institutionellen Voraussetzungen sind günstiger als in anderen Ländern: „The weakness of employee representation at plant level in many countries is a decided Achilles heel in the flexibilisation of working time. It implies that decentralised forms of work scheduling tend to be associated with an increase in employer dominance in the determination of working time“ (Bosch 1995, 28).

[282] „Die gewachsene soziale Differenzierung der Arbeitnehmerschaft (z. B. durch die Erwerbstätigkeit verheirateter Frauen) und Heterogenisierung der Arbeitszeitsituation (z. B. durch mehr Teilzeitbeschäftigung und Schichtarbeit) führte dazu, dass die Bedürfnisse derjenigen, die überhaupt Arbeits-

austariert werden (Schmidt/Trinczek 1986a, 649ff.; 1986b, 95f.). Soweit die Effekte der Verkürzung weniger in der Schaffung zusätzlicher als vielmehr in der Sicherung bestehender Arbeitsplätze bestehen, liegen die Vorteile zudem einseitig bei den aktuell beschäftigten Arbeitnehmern.[283]

- Weiterhin stehen BR häufig unter dem Druck, betriebsegoistisch-syndikalistischen Lösungen wie langen Ausgleichszeiträumen oder Überstundenregelungen zustimmen zu sollen anstatt für Neueinstellungen zu votieren. Die Distanz zwischen Betriebsräte und Gewerkschaft kann größer werden.

Die Akteure haben in mehreren Umsetzungsrunden umfangreiche Erfahrungen gesammelt. Dabei gilt: „Arbeitszeitaushandlungen finden nicht mehr entlang der Konfliktlinie „starrer verkürzter Normalarbeitstag“ versus „flexible Arbeitszeiten“ statt, sondern zwischen gruppenspezifisch stark unterschiedlichen Arbeitszeitbedürfnissen der Beschäftigten auf der einen und den – mittlerweile eher gemäßigten – Flexibilisierungsinteressen der Unternehmen auf der anderen Seite“ (Promberger 1993, 90). Tarifverträge über weitere Verkürzungen beinhalten weitergehende Flexibilisierungskomponenten. Unterschiede bestehen nicht unbedingt im Ausmaß, wohl aber im Regulierungsgrad der Flexibilisierung. – Im Gegensatz zur Arbeitszeit wird die Regelung der Entgelte nicht flexibilisiert; sie erfolgt – trotz gegenteiliger Forderungen bestimmter Fraktionen der Arbeitgeberverbände vor allem seit den frühen 1990er Jahren – zunächst weiterhin nach den Prinzipien der Flächentarifverträge.

Tarif- bzw. Arbeitszeitpolitik ist auch Arbeitsmarkt- bzw. Beschäftigungspolitik. Die Ergebnisse über die Zusammenhänge von Arbeitszeitveränderungen und Beschäftigungshöhe sind nicht eindeutig. Eine Gruppe von Studien ist skeptisch und sieht kurzfristig eher positive, langfristig dagegen neutrale oder sogar negative Beschäftigungseffekte einer Arbeitszeitverkürzung; gegenläufige Effekte halten sich allerdings in engen Grenzen (zusammenfassend Allmendinger et al. 2005, 156ff; Franz 2006, 181ff.). Andere Untersuchungen (Seifert 1989; 1991; Brosius/Oppolzer 1989), die sich vor allem auf die ersten Phasen der Arbeitszeitverkürzung beziehen, belegen übereinstimmend positive Beschäftigungswirkungen; sie sind sich jedoch keineswegs einig in der Einschätzung der Größenordnung bzw. -höhe, u. a. wegen der Interessengebundenheit der von den Tarifparteien angestellten Studien, wegen methodischer Differenzen sowie aufgrund unterschiedlicher Untersuchungsbereiche (Zwiener 1993, 95ff.).

---

zeitverkürzungen präferieren, sich heute keineswegs einheitlich auf die Wochenarbeitszeit richten, sondern je nach Lebensumständen und Arbeits(zeit)bedingungen auf ganz verschiedene Varianten ihrer Arbeitszeit, zunehmend auch auf mehr Selbstbestimmungsmöglichkeiten über Länge und Lage der Arbeitszeit...“ (Kevelaer/Hinrichs 1985, 68).

283 Demgegenüber liegen die Vorteile von Lebensarbeitszeitverkürzungen (sog. Vorruhestandsregelungen) von vornherein eher bei spezifischen Gruppen, nämlich bei den älteren Arbeitnehmern.

Diese Untersuchungen zeigen, dass die tatsächlichen Beschäftigungseffekte der Arbeitszeitverkürzung mit über der Hälfte bis zu zwei Dritteln des rechnerisch möglichen Maximaleffekts nicht nur positiv, sondern beachtlich sind; zudem sind sie größer als die einer Verkürzung der Lebensarbeitszeit. Zum direkten Effekt einer Schaffung zusätzlicher Arbeitsplätze kommt der indirekte, allerdings nur schwer messbare in Form der Sicherung vorhandener Stellen. Die Beschäftigungseffekte können in einzelnen Branchen unterschiedlich groß sein.[284]

Die Kostenbelastungen der Unternehmen durch die Arbeitszeitverkürzung mit vollem Lohnausgleich hielten sich infolge der erweiterten und produktivitätssteigernden Flexibilisierungsspielräume und den resultierenden Kostenvorteilen sowie wahrscheinlichen zusätzlichen Produktivitätseffekten in engen Grenzen (Kromphardt 1993, 115ff.). Auch negative gesamtwirtschaftliche Auswirkungen – wie Gefährdung der internationalen Wettbewerbsfähigkeit oder Wachstumseinbußen – sind kaum zu verzeichnen. In einer „Phase deutlicher Verkürzungen der Arbeitszeit gelang der Aufbau hoher Leistungsbilanzüberschüsse; die Gewinne der Unternehmen stiegen weit stärker als die Löhne, und von einem etwaigen Standortnachteil war keine Rede. Erst als die erheblichen Nachfrageeffekte der deutschen Wiedervereinigung ausliefen, Steuern und Abgaben die Binnennachfrage zusätzlich drosselten und eine restriktive deutsche Geldpolitik in ganz Europa die Konjunktur lähmte, wurden die Probleme wiederum den angeblich zu hohen deutschen Löhnen und zu kurzen deutschen Arbeitszeiten zugeschoben“ (Meinhardt et al. 1993, 642f.).

6. Die Regulierung der Arbeitszeit ist nicht ausschließlich Gegenstand der Tarifpolitik bzw. Aktionsfeld der betrieblichen Akteure, sondern auch der Staat ist aktiv beteiligt: Das Arbeitszeitgesetz gibt Höchstgrenzen für die tägliche und wöchentliche Arbeitszeit vor (Fiedler/Schelter 1994; Roggendorff 1994; Zmarzlik 1994; Linnenkohl 1996); über die Festlegung von Ausbildungszeiten und/oder Altersgrenzen, d. h. des Eintritts in den Ruhestand, wird die Lebensarbeitszeit variiert.

Die als Alternative zur Wochenarbeitszeitverkürzung propagierte Politik einer Verkürzung der Lebensarbeitszeit (Gesetz zur Erleichterung des Übergangs vom Arbeitsleben in den Ruhestand von 1984 sowie die nachfolgende Regelung zur Förderung eines gleitenden Übergangs älterer Arbeitnehmer in den Ruhestand von 1988) bestand aus der Kombination gesetzlicher Vorgaben und tarifvertraglicher Abmachungen.[285] Dieses lange Jahre eingesetzte Instrument der Arbeitsmarkt- und Be-

---

[284] Diese Betrachtung sagt natürlich noch nichts aus über die wichtiger werdende Frage, inwiefern die momentane Organisation der Erwerbsarbeit den Bedürfnissen und Wünschen der Individuen entspricht (z. B. anhaltende Arbeitslosigkeit, Benachteiligung von Frauen am Arbeitsmarkt).

[285] Vgl. zur zuletzt genannten Variante zusammenfassend Haas (1987); Schmähl (1988); Stitzel

schäftigungspolitik, das eine Umverteilung der Arbeit von älteren auf jüngere Arbeitnehmer beabsichtigte (DIW-Wochenbericht 4/88), wurde u. a. aus demographischen Gründen aufgegeben. Inzwischen erfolgt eine schrittweise Heraufsetzung der Regelaltersgrenze für alle Beschäftigten, d. h. für Männer und Frauen, sowie sukzessiv steigende Abschläge bei vorzeitiger Inanspruchnahme der Altersrente.

Andere Varianten der Arbeitszeitpolitik, d. h. einer Beeinflussung des Angebots an Arbeitskräften bzw. des Erwerbspersonenpotentials, haben in der Vergangenheit eine gewisse Rolle gespielt. Sie werden in Zukunft nicht mehr erfolgreich sein:

- Die Verkürzung der Jahresarbeitszeit durch die in den 1980er Jahren allmählich in allen Branchen durchgesetzte Verlängerung des Urlaubs auf sechs Wochen für alle Beschäftigtengruppen hat keine Beschäftigungseffekte, da mögliche Auswirkungen auf den Arbeitsmarkt weitestgehend versickern; von zentraler Bedeutung sind hier gesundheits- und humanisierungspolitische Aspekte, d. h. andere als beschäftigungspolitische Begründungen.
- Eine faktische Verkürzung der Lebensarbeitszeit durch Verlängerung der Ausbildungszeiten, z. B. durch allgemeine Einführung des 10. Pflichtschuljahres oder eines Berufsbildungsjahres, führte kurzfristig zu einer gewissen Entlastung des angespannten Lehrstellenmarktes, hat aber mittel- und langfristig ebenfalls keine signifikanten Folgen für den Arbeitsmarkt, da das Problem lediglich verschoben, nicht aber beseitigt wird. Zudem ist dieses Instrument infolge seiner intensiven Nutzung in der Vergangenheit ausgereizt. In der Diskussion sind entgegen gesetzte Strategien, die auf Verkürzung der Ausbildungszeiten und früheren Eintritt ins Berufsleben hinauslaufen.
- Die Einführung differentiell-gruppenspezifischer Freischichtenregelungen anstelle genereller Arbeitszeitverkürzungen, wie sie z. B. 1978/79 in der Stahlindustrie für besonders belastete Schicht- und Nachtarbeiter vereinbart wurden, betonte zwar wichtige Humanisierungs- und Arbeitsschutzaspekte, blieb aber arbeitsmarktpolitisch weitgehend wirkungslos.
- Die Einführung von Langzeiturlauben (sog. *sabbaticals*) ist auf enge Arbeitsmarktsegmente vor allem innerhalb des öffentlichen Dienstes (besonders auf Hochschullehrer) begrenzt und hat keine besonderen Arbeitsmarkteffekte. Auch die Einführung eines *Baby*-Jahres durch Verlängerung des Mutterschaftsurlaubs dürfte keine erheblichen Beschäftigungseffekte haben.
- Seit Mitte der 1970er Jahre wurde mehrfach versucht, das ausländische Erwerbspersonenpotential zu verringern, um das Arbeitsangebot zu verknappen. Diese Strategien eines „Exports“ von Arbeitslosigkeit sind u. a. wegen der Freizügigkeit in der EU bzw. infolge der Vollendung des Binnenmarktes nicht wirksam.

(1987); Naschold (1994); zu soziologischen Aspekten des Problems Kohli (1987; 1988; 1993); Kohli/Wolf (1987); zur Realisierung Nägele (1987); internat. vergl. Naschold/de Vroom (1994).

8.3 Beschäftigungssichernde Arbeitszeitpolitik

1. Anfang der 1990er Jahre war es still geworden um die Arbeitszeitverkürzung.[286] Die Probleme der deutschen Einigung dominierten auch dieses Politikfeld. Wenig später geriet wieder Bewegung in die Diskussion. In Reaktion auf den konjunkturellen Einbruch 1992/1993 sowie die strukturelle Krise der Automobilbranche versuchten die Akteure bei der Volkswagen AG eine neue, bis dato unbekannte Variante Beschäftigung sichernder Arbeitszeitverkürzung. Ein Firmentarifvertrag „zur Sicherung der Standorte und der Beschäftigung“ sieht eine 20prozentige Arbeitszeitverkürzung ohne Ausgleich der Nominalentgelte vor. Im Gegenzug gibt das Unternehmen eine befristete Beschäftigungsgarantie und verzichtet auf betriebsbedingte Kündigungen. Die wöchentliche, von 36 auf 28,8 Stunden deutlich verkürzte Arbeitszeit soll sich auf vier Tage von Montag bis Freitag verteilen („4-Tage-Woche“).

Außerdem wird eine nach dem Lebensalter abgestufte Arbeitszeit vereinbart:

- Das sog. Stafettenmodell soll die Übernahme bzw. stufenweise Integration aller betrieblich Ausgebildeten von Teilzeit- in Vollzeitarbeitsverhältnisse sowie spiegelbildlich dazu den gleitend-stufenweisen Übergang der älteren Mitarbeiter in den Ruhestand regeln (sog. degressive Belastung der Lebensphasen).[287]
- Schließlich sieht das sog. Blockzeitmodell vor, vor allem für jüngere Arbeitnehmer neben der Vollzeitarbeit in einem rollierenden System einen (drei- bis sechsmonatigen) arbeitsfreien Zeitraum zu schaffen und diesen für Qualifizierungsmaßnahmen in der unternehmenseigenen Coaching-GmbH zu nutzen.

Der Tarifvertrag war auf zwei Jahre befristet, wurde jedoch 1995 verlängert (Blyton/Trinczek 1997). „In essence, the new deal provides increases in pay in return for more working time flexibility. The main sticking-points were management's proposals to make Saturday a regular working day which does not attract premia, and union insistence on continuing the job security measures which formed the basis of the previous deal“ (N.N. 1995, 12). Die Arbeitszeit (des „atmenden Unternehmens“) wird weiter flexibilisiert (auf zuschlagfreie max. 38,8 bei jahresdurchschnittlich 28,8 Stunden pro Woche); Samstagsarbeit wird in begrenztem Umfang möglich, ohne dass der Samstag zum zuschlagfreien Regelarbeitstag wird. Die Beschäftigungsgarantie wird um die Laufzeit des Tarifvertrages verlängert (Promberger et al. 1999).

---

[286] Langjährige Beobachter vermuteten sogar, „dass eine arbeitszeitpolitisch aktive Phase dem Ende zugeht“, bzw. „dass das Thema „Arbeitszeitverkürzung“ in absehbarer Zeit aus der arbeitspolitischen Auseinandersetzung weitestgehend verschwunden sein wird“ (Hinrichs 1992, 313f.).

[287] Vgl. zu den rechtlichen und faktischen Schwierigkeiten bei der Umsetzung dieses Vertragsteils und dem sog. Generationenvertrag als „nachsteuernder Maßnahme“ Promberger et al. (1996, 480f.).

2. Die Konsequenzen dieses neuen Typus von Arbeitszeitregelung konnten die Akteure infolge der Spontaneität ihrer Reaktion nicht in allen Details durchdenken:[288] Der tarif- und beschäftigungspolitische Gehalt des Vertrags ist beachtlich:[289]

- Die Akteure betreten insofern Neuland, als die betriebliche Beschäftigungspolitik bis dato kein Thema der Tarifpolitik darstellte, die sich vielmehr auf die Entgelte und übrigen Arbeitsbedingungen konzentrierte. Außerdem versuchen die Vertragspartner, Lösungen für die in Zukunft wichtiger werdenden Probleme der Qualifizierung in die Regelung zu integrieren, indem sie Verkürzung der Arbeitszeit und Weiterbildung kombinieren. Weiterbildung soll als Ersatz für fehlende Aufgaben in der Produktion dienen. Ein Problem besteht darin, dass Bildungsmaßnahmen für eine prinzipiell ungewisse Zukunft erfolgen müssen.
- Ein innovatives und sozialverträgliches Element besteht im Verzicht auf betriebsbedingte Kündigungen bzw. Massenentlassungen („Kosten statt Köpfe"). „In personalpolitischer Hinsicht bedeutet dies einen Kurswechsel von eher extern-numerischer zu stärker intern-zeitlicher Anpassungsflexibilität" (Promberger et al. 1996, 159). Diese Beschäftigungsgarantie ist befristet und damit grundsätzlich reversibel. Verbindliche Zusagen wurden nur für die Laufzeit des Vertrages gemacht, so dass keine neuen, langfristig geltenden tariflichen Standards der Beschäftigungssicherung, sondern temporäre Zwischenlösungen formuliert werden.
- Der Vertrag geht wesentlich auf Initiativen des Managements zurück, das nicht nur temporär auf sein Direktionsrecht verzichtet, sondern im Gegensatz zur Strategie der Arbeitgeberverbände in den 1980er Jahren von sich aus das Angebot einer massiven Arbeitszeitverkürzung unterbreitet. Die Gewerkschaft springt über ihren Schatten und gibt das bis dato geltende Junktim von Arbeitszeitverkürzung und gleichzeitiger vollständiger Sicherung der Nominalentgelte auf (sog. einkommensneutrale Arbeitszeitverkürzung), da der verteilungsneutrale Spielraum überschritten wird. Insofern handelt es sich um ein Aufbrechen starrer arbeitszeitpolitischer Positionen bzw. einen bemerkenswerten Rollenwechsel, der durch den starken Einfluss der öffentlichen Eigentümer beim größten privaten Arbeitgeber in Niedersachsen flankiert wurde.
- Die Regelung ist insofern rein defensiv angelegt, als sie nicht wie die Arbeitszeitpolitik der 1980er Jahre die Schaffung zusätzlicher Arbeitsplätze durch Umverteilung des Arbeitsvolumens, sondern lediglich den Erhalt bestehender Arbeitsplätze erreichen soll. Nicht Abbau von Arbeitslosigkeit ist das Ziel, sondern Sicherung von Beschäftigung; Lohnverzicht ersetzt Besitzstandswahrung. Daher sind diese Verträge kein Substitut für eine Politik der allgemeinen schrittweisen

---

[288] Vgl. als Selbstdarstellung der Unternehmensleitung Hartz (1994); aus Sicht der Arbeitnehmervertreter Peters (1994); Volkert (1994).

[289] Vgl. die Resultate der wissenschaftlichen Begleitung bei Rosdücher/Seifert (1994a).

Verkürzung der Arbeitszeit, die in Anbetracht der prekären Arbeitsmarkt- und Beschäftigungssituation weiterhin notwendig bleibt.

- Einerseits handelt es sich aus der Makro-Perspektive um eine Begünstigung der *Insider* zu Lasten der *Outsider*. Andererseits lässt sich aus der Mikroperspektive argumentieren, dass an die Stelle eines massiven Beschäftigungsabbaus und einer damit verbundenen Individualisierung von Anpassungslasten deren Umverteilung im Rahmen eines „Konzepts zur solidarischen Beschäftigungssicherung" tritt. Dieses Konzept (temporale versus numerische Anpassung) soll alle Arbeitnehmer einschl. der Führungskräfte und der außertariflich Beschäftigten einbeziehen, wodurch Grenzen der Solidarität erreicht werden können, da bestimmte Mitarbeitergruppen für den Unternehmenserfolg besonders wichtig sind.
- Der Tarifvertrag ist für die Arbeitnehmer mit unmittelbaren finanziellen Verlusten verbunden, da er den verteilungsneutralen Spielraum deutlich überschreitet: Im Gegensatz zu entsprechenden Regelungen der 1980er Jahre erfolgt lediglich ein Teillohnausgleich und damit keine vollständige Sicherung der (Nominal-) Einkommen. Die Bruttoeinkommen auf Jahresbasis sinken deutlich; die Einkommen auf Nettobasis sinken zwar, allerdings unterproportional zur Arbeitszeitverkürzung, da Kompensationsmaßnahmen eingeführt werden (u. a. Vorziehen der bereits tarifvertraglich vereinbarten 35-Stunden-Woche sowie der Tariferhöhungen, Umverteilung von Einmalzahlungen auf Monatsbasis, Ausgleichszahlungen). Durch Umlegung von einmaligen Zahlungen bleiben die (Brutto-) Monatseinkommen erhalten, während die Jahreseinkommen sinken. Demgegenüber waren Arbeitszeitverkürzungen mit proportionalen Einkommensverlusten in den 1980er Jahren nicht mobilisierungs- bzw. konsensfähig und markierten damit die Grenzen dieser Strategie.
- Das Ausmaß der Arbeitszeitverkürzung ist (mit über 20% bzw. bis zu acht Stunden) massiv im Vergleich zu den in den 1980er Jahren stufenweise eingeführten Verkürzungen (mit ca. 2,5 – 4% bzw. 1 – 1,5 Stunden pro Woche); er dürfte bei bestimmten Arbeitnehmergruppen die Präferenzen für mehr Freizeit überschreiten. Die „variablen Beschäftigungsverhältnisse mit neuen Bindungsdefinitionen" sind nicht individuell im Sinn von mehr Zeitsouveränität zu steuern; die kollektiven Vereinbarungen sind weiterhin recht starr.
- Das Unternehmen wird durch eine sofort wirksame, massive Reduzierung der Personalkosten entlastet und in die Lage versetzt, seine nationale und vor allem internationale Wettbewerbsfähigkeit zu verbessern. Es reduziert seine Kosten direkt wie indirekt (u. a. durch arbeitszeitinduzierte Produktivitätssteigerungen, geringeren Krankenstand) und kann seine Produktionsprozesse (u. a. durch Anpassung des Personalbedarfs an spezifische Auslastungsgrade) optimieren. Die beiden Alternativen zur Arbeitszeitverkürzung im Rahmen einer Personalanpassung, nämlich Massenentlassungen mit Sozialplanregelungen und/oder zeitlich

befristete Kurzarbeit[290], wären für das Unternehmen erheblich teurer gewesen; außerdem bleibt im Gegensatz zu früheren Strategien (etwa zu den Entlassungen Mitte der 1970er Jahre) das betriebsspezifische Humankapital ebenso erhalten wie Arbeits- und Teamstrukturen. Schließlich kann das Unternehmen seine Personalpolitik für alle Mitarbeiter sowie für bestimme Gruppen (im Blockzeit- bzw. Stafettenmodell) weiterentwickeln; betriebliche Modernisierungsstrategien werden zumindest nicht beeinträchtigt. – Auch gesamtfiskalisch ist die Arbeitszeitverkürzung billiger als Massenentlassungen in proportionalem Umfang; ein gewisser Dissens besteht hinsichtlich des Umfangs.

- Die in Tarifverträgen der 1980er Jahre im kollektiven Tausch gegen Arbeitszeitverkürzungen eingeführten Flexibilisierungsspielräume werden erheblich erweitert (u. a. durch die Einführung grundlegend neuer Arbeitszeit- und Schichtsysteme, durch die Möglichkeit, Arbeitszeiten bei entsprechender Auftragslage wieder zu verlängern sowie durch Verlängerung des Ausgleichszeitraums). Bestehende Arbeitszeitmuster werden weitgehend aufgelöst; das in der ersten Stufe nicht durchsetzbare Fernziel des Unternehmens besteht generell in mehr „Flexibilität“, konkret in der Vereinbarung einer Jahresarbeitszeit, um die Arbeitszeiten an die Schwankungen der Nachfrage anzupassen. Trotz kürzerer Arbeitszeiten bleiben die Maschinenlaufzeiten erhalten, d. h. individuelle Arbeits- und betriebliche Nutzungszeiten werden stärker entkoppelt. Insgesamt werden die bereits vorhandenen betrieblichen Flexibilisierungsspielräume vergrößert und schon bestehende Trends der Dezentralisierung bei den Arbeitszeitregelungen verstärkt.

3. Die Frage einer Übertragbarkeit auf andere Unternehmen und/oder Branchen wird sowohl in den Gewerkschaften als auch in der Öffentlichkeit kontrovers diskutiert. Schwierigkeiten hinsichtlich der Generalisierbarkeit dieser Regelungen, die als „neuer Typ temporärer Arbeitszeitverkürzungen“ (Promberger et al. 1996, 160f.) bezeichnet werden, ergeben sich u. a. aus folgenden Gründen:

- Die deutlichen, in der Geschichte der Tarifpolitik bis dato einmaligen Einkommensverluste sind für die VW-Arbeitnehmer nur akzeptabel, weil vor der erheblichen Arbeitszeitverkürzung ihre Einkommen im Vergleich zu denen in anderen Branchen in den Standortregionen auf hohem Niveau lagen. Bei niedrigeren Einkommen würden sich größere Akzeptanzprobleme ergeben, da die individuellen Präferenzen in Bezug auf die Alternative „Geld versus Zeit“ anders verteilt wären. Insofern sind einer Fortsetzung der eingeschlagenen Strategie durch eine weitere Verkürzung der Wochenarbeitszeit mit entsprechenden Lohnminderun-

---

[290] Vgl. zu Vor- und Nachteilen der Alternativen allgemein Promberger et al. (1995, 473ff.).

gen Grenzen gesetzt; andererseits ist auszuschließen, dass die betrieblichen Akteure den *status quo ante* einfach wieder herstellen.[291]

- Umsetzungs- und Implementationsprobleme sind bei Firmentarifverträgen, wie sie bei VW traditionell abgeschlossen werden, leichter und tendenziell eher zu bewältigen als bei den üblichen Flächentarifverträgen. Die schon bei VW keinesfalls konfliktfreie Aushandlung von Betriebsvereinbarungen zur „flexiblen Umsetzung" spezifischer Regelungen des Vertragswerks[292] wäre im Normalfall eines Verbandstarifvertrags infolge der notwendigerweise größeren Heterogenität (in Bezug auf Betriebsgrößen, Branchenzugehörigkeit etc.) wesentlich komplizierter wenn nicht unmöglich. Die Einführung betrieblicher Öffnungsklauseln kann nur in begrenztem Maße ein funktionales Äquivalent darstellen (Rosdücher 1997).
- Im Rahmen von Verbandstarifverträgen können Beschäftigungsgarantien im Tausch gegen Arbeitszeitverkürzungen gar nicht wirksam vereinbart werden, da weder eine rechtliche (Art. 12 GG; § 626 BGB) noch eine faktische Verpflichtung zur betrieblichen Umsetzung besteht und keinerlei Sanktionsmöglichkeiten vorhanden sind. Die Mitgliedsunternehmen sind in ihren Beschäftigungsentscheidungen zum einen autonom, zum anderen faktisch auch von Randbedingungen und Organisationsproblemen abhängig. Die Abwälzung der Probleme auf die betrieblichen Akteure durch zusätzliche Betriebsvereinbarungen kann diese Schwierigkeiten kaum lösen.
- Insofern ist es nicht verwunderlich, dass Verträge zur Beschäftigungssicherung, die im Anschluss an die bei VW getroffenen Regelungen in verschiedenen Tarifgebieten (wie im öffentlichen Dienst der neuen Bundesländer, in der Metall- und Elektroindustrie, in der Stahlindustrie, im rheinisch-westfälischen Steinkohlebergbau)[293] geschlossen werden, nur zu bescheidenen arbeitsmarktpolitischen Erfolgen im Sinne gesicherter Arbeitsplätze führen (Bispinck/WSI-Tarifarchiv 1995, 154). Zudem sind die beschäftigungspolitischen Effekte gering im Vergleich zu denen anderer Formen der Arbeitszeitverkürzung. Außerdem können die korporativen Akteure auf verbandlicher bzw. betrieblicher Ebene unterschiedlichen Handlungslogiken folgen. So können Konflikte zwischen den eher konzessionsbereiten Betriebsräten und den eher nicht-kompromissbereiten Gewerkschaften bestehen.

---

[291] Eine Lösung könnte in der Schaffung von Anreize seitens des Staates bestehen, etwa über eine Senkung der Beitragssätze zur Arbeitslosenversicherung. Ansonsten wäre mit arbeitsmarktpolitisch unerwünschten Ausweichstrategien, etwa in Form zunehmender Schwarzarbeit, zu rechnen.

[292] Die Umsetzung des Blockmodells stößt sowohl auf Finanzierungs- als auch auf Mitbestimmungsprobleme. Die BA sollte sich an der Finanzierung beteiligen und Kurzarbeitergeld nach dem AFG zahlen. Dies war aus rechtlichen Gründen nicht möglich, da betriebsspezifische Qualifikationen nicht von der BA zu finanzieren sind. Die Mitbestimmungsrechte des Betriebsrats sind ungeklärt.

[293] Vgl. im Einzelnen Rosdücher/Seifert (1994b, 744ff.); vgl. auch die Fallstudie bei Tondorf (1995).

- Aus Sicht der Unternehmen ergeben sich weitere Gründe, die gegen die Annahme der Breitenwirkung eines VW-ähnlichen Modells sprechen: Betriebe scheuen Beschäftigungsgarantien wegen der prinzipiellen Ungewissheit über die Beschäftigungssituation nach der Krise. Sie können von alternativen, ihnen vertrauten Formen des Personalabbaus Gebrauch machen (z. B. Frühverrentung). Falls sie langfristig Personalreduzierungen vornehmen wollen, wären Beschäftigungsgarantien nahezu kontraproduktiv.
- Aus der Perspektive der Arbeitnehmer bzw. ihrer Interessenvertretung ergeben sich Gründe, die ebenfalls gegen eine Verallgemeinbarkeit des VW-Modells sprechen: Das niedrige Niveau der Einkommen nach einem entsprechenden Tausch verhindert die Einführung dieser Lösung. Für die Beschäftigten können Alternativen günstiger sein. Dies gilt sowohl wegen eines höheren Satzes des Lohnausgleichs (z. B. strukturelle Kurzarbeit) als auch u. U. für Abfindungszahlungen. Von Entlassungen sind vor allem Minderheiten betroffen, eine Beschäftigungsgarantie bietet insofern nur geringe Vorteile für die Mehrheit.

4. Fazit: Realistisch ist die Annahme, dass unabhängig von einer günstigen konjunkturellen Entwicklung der Automobilindustrie aus mehreren strukturellen Gründen in Zukunft mit einem weiteren deutlichen Personalabbau zu rechnen ist:

- Die Maßnahmen zur Produktivitätssteigerung im Rahmen von *lean production*-Konzepten (u. a. Einführung von Gruppenarbeit, Verbesserung der gesamten Wertschöpfungskette), die zu deutlichen Produktivitätssprüngen und beträchtlichen Kostensenkungen geführt haben, werden aus Gründen des Erhalts der internationalen Wettbewerbsfähigkeit forciert fortgesetzt. Insofern wird die Lösung des strukturellen Problems, das auch vom Management begangene Fehler einschließt, nicht erreicht, sondern lediglich in die Zukunft verschoben.
- Innerhalb des Konzerns sind, wie in der Fahrzeug- und der Zuliefererindustrie insgesamt, erhebliche Überkapazitäten vorhanden, die nicht konjunkturell bedingt sind. Eine deutliche Mehrproduktion wird sich auf enger werdenden, durch Verdrängungswettbewerb bei Kostenkonkurrenz gekennzeichneten Märkten kaum absetzen lassen. Eine konzernweite Rückkehr zur alten Arbeitszeit in Form der 35-Stunden-Woche ist eher unwahrscheinlich.
- Eine deutliche Reduzierung des Personalbestandes durch vorzeitige Verrentungen (sog. Vorruhestandsregelungen) ist nicht zu erreichen, da die Altersstruktur der Beschäftigten diese nicht erlaubt. Auch andere sozialverträgliche Strategien scheiden weitgehend aus: In Anbetracht der allgemeinen und regionalen Arbeitsmarktsituation hat die sog. natürliche Fluktuation ebenso wie freiwillige Aufhebungsverträge nur einen geringen Umfang, Kurzarbeit kann das notwendige Volumen nicht erreichen.

Das spezifische VW-Modell taugt als Instrument zur Bewältigung kurzfristig-konjunktureller, nicht aber für strukturelle Krisen. Ein Scheitern des Experiments hätte nicht das Scheitern von VW, wohl aber Massenentlassungen auf lokalen bzw. regionalen Arbeitsmärkten bedeutet.[294]

Alle Versuche einer Übertragung des VW-Modells auf andere Unternehmen und/oder Branchen würden auf enge Grenzen stoßen. Es könnte sich als Instrument zur temporären Beschäftigungssicherung für Betriebe in Krisenbranchen eignen; weiterhin ist es nur für Großbetriebe geeignet, die über einen starken und kooperationsfähigen Betriebsrat verfügen. Auch ähnliche Regelungen, die anschließend in anderen Tarifbereichen getroffen wurden, haben sich nicht zum Normalfall einer Arbeitszeitpolitik entwickelt, zumal sie lediglich optionaler Natur sind, d. h. nicht verbindliche Angebote an die betrieblichen Akteure darstellen. Ihre Reichweite bzw. Breitenwirkung ist, ähnlich wie die des *concession bargaining*[295] vor allem der 1980er Jahre in den USA, begrenzt.

Die Arbeitszeitpolitiken der 1980er und 1990er Jahre unterscheiden sich in zentralen Dimensionen (Rosdücher 1997):

- Die für die 1980er Jahre typische Tauschformel eines Kompromisses zwischen den Tarifvertragsparteien lautete „Verkürzung versus Flexibilisierung der Arbeitszeit", die der 1990er hingegen „Verkürzung der Arbeitszeit versus temporäre Beschäftigungssicherung" im Sinne eines Verzichts auf betriebsbedingte Kündigungen während der Laufzeit des Vertrages.
- In den 1980er Jahren sollten nicht nur bestehende Beschäftigungsmöglichkeiten gesichert, sondern vor allem auch zusätzliche Arbeitsplätze geschaffen werden; in den 1990er Jahren geht es ausschließlich um die Sicherung der vorhandenen Jobs in krisenbetroffenen Unternehmen (offensive versus defensive Strategien).
- Die Arbeitszeitverkürzungen in den 1980er Jahren erfolgten immer unter der Randbedingung eines vollen Lohnausgleichs im Sinne einer Sicherung bzw. eines Erhalts der Nominallöhne; demgegenüber sind Arbeitszeitverkürzungen der

[294] Das vielfach und kontrovers diskutierte VW-Folgeprojekt angesichts globalisierter Arbeitsteilung war Anfang der 2000er Jahre die „AUTO 5000 GmbH" mit erheblichem Lohnverzicht gegenüber dem Haustarifvertrag und verlängerten, flexiblen Regelarbeitszeiten, aber einer Rekrutierung der Beschäftigten aus dem Kreis der Arbeitslosen in unbefristete Arbeitsverhältnisse sowie einer antitayloristischen Fabrik- bzw. Arbeitsgestaltung im Sinne post-fordistischer, innovativer Arbeitspolitik. Vgl. zu Ergebnissen der umfangreichen Begleitforschung, die das Projekt sowohl aus betriebsals auch aus sozialwissenschaftlicher Sicht positiv einschätzt sowie seine Verallgemeinerbarkeit eingrenzt, Schumann et al. (2005; 2006a; 2006b), Sperling (2008).

[295] Verschiedene Unternehmensleitungen verlangten Konzessionen im Sinne sog. *give-backs* und machten im Gegenzug einige Zugeständnisse bei Objektbereichen, die bis *dato* strikt unter der Kontrolle des Managements gestanden hatten. Vgl. zusammenfassend Linsenmayer (1986); Mitchell (1994); aus komparativer Perspektive Rosdücher/Stehle (1996); Massa-Wirth (2007).

1990er Jahre mit Lohneinbußen im Sinne von Reallohnverlusten verbunden, da entweder gar kein oder nur ein Teillohnausgleich erfolgt.

- Die Dosierung der Verkürzung ist in den 1990er Jahren wesentlich höher als in den 1980ern, als mehrere kleine Schritte durchgeführt wurden.
- Die Verkürzungen der 1980er Jahre galten kollektiv, d. h. sie waren für alle Arbeitnehmer verbindlich; die der 1990er haben optionalen Charakter, d. h. sie binden die betrieblichen Akteure nicht unbedingt und haben insofern nur selektive Wirkungen. Daher waren die Beschäftigungswirkungen in den 1980er Jahren größer gewesen sein als in den 1990ern.
- Die Arbeitszeitpolitik der 1980er Jahre hatte dauernden, die der 1990er lediglich temporären Charakter.
- Die Arbeitszeitverkürzungen der 1980er Jahre wurden sukzessive in fast allen Tarifbereichen vereinbart, die der 1990er lediglich in einigen.
- Die Arbeitszeitpolitik der 1980er Jahre hat Tendenzen der Verbetrieblichung bzw. Dezentralisierung zwar nicht allein verursacht, aber wesentlich eingeleitet; die Politik der 1990er Jahre verstärkt diese Tendenzen erheblich. Betriebliche Implementation und damit Umsetzungsstrategien sind also in beiden Varianten notwendig.

Einführende Literatur

Gladstone,A.(Hg.) (1989), Current issues in labour relations. An international perspective, Berlin-New York, Chapter III: New trends in working time arrangements.

Hampe,P.(Hg.) (1993), Zwischenbilanz der Arbeitszeitverkürzung, München.

OECD (Hg.) (1995), Flexible working time. Collective bargaining and government intervention, Paris.

Schroeder,W. (2000), Das Modell Deutschland auf dem Prüfstand. Zur Entwicklung der industriellen Beziehungen in Ostdeutschland, Wiesbaden.

Seifert,H.(Hg.) (1993), Jenseits der Normalarbeitszeit. Perspektiven für eine bedürfnisgerechtere Arbeitszeitgestaltung, Köln.

Wiesenthal,H. (1987), Strategie und Illusion. Rationalitätsgrenzen kollektiver Akteure am Beispiel der Arbeitszeitpolitik 1980-1985, Frankfurt/Main-New York.

9 Tarifvertragswesen III: Aktuelle Tarifpolitik

9.1 Einleitung

Die Tarifpolitik der 2000er Jahre steht unter den Vorzeichen andauernd hoher Arbeitslosigkeit, abnehmende Mitgliederzahlen und Organisationsgrade der Gewerkschaften und Arbeitgeberverbände sowie wechselhafter ökonomischer Rahmenbedingungen. Die Lohn- und Gehaltstarifverträge sind in der Mehrzahl der Branchen und Jahre durch moderate Tariferhöhungen gekennzeichnet, die aus gewerkschaftlicher Perspektive den kostenneutralen Verteilungsspielraum aus Preissteigerungsrate und Produktivitätszuwachs nicht ausschöpfen, aus Sicht des Sachverständigenrates jedoch zu einer beschäftigungskonformen bzw. –freundlichen Politik beitragen (SVR 2005, Ziffer 293ff.). Die Entwicklung der Tarif- und Effektiveinkommen verläuft nicht parallel; die *wage-drift* (vgl. Kap. 7) ist seit den frühen 1990er Jahren durchweg negativ (Bispinck 2007). Die Lohnstückkosten entwickeln sich aufgrund der moderaten Tarifpolitik günstiger als in der Mehrzahl der wichtigen Konkurrenzländer nicht nur in der EU (Bosch et al. 2005; Flassbeck/Spieker 2005). Die Außenhandelsüberschüsse sind beträchtlich, während die schwache Entwicklung der Binnenkonjunktur kaum für Beschäftigungsimpulse sorgt.

Neben der Entwicklung der Höhe der Entgelte ist deren Struktur und Differenzierung relevant. Im Gegensatz zu häufig geäußerten Behauptungen einer „Lohnkompression" gilt, dass „seit etwa Mitte der 1990er Jahre eine deutliche Zunahme der Lohnspreizung zu verzeichnen ist, die vor allem im Niedriglohnbereich besonders deutlich wird. Die Annahme einer starren, relativ engen Lohnstruktur in Deutschland ist nach 1995 nicht mehr gerechtfertigt" (Schettkat 2007, 337). Das inzwischen gegebene Ausmaß der lange stabilen Lohnspreizung wird nur von einigen EU-Beitrittsländern übertroffen (Schettkat 2006). – Die Tarifkonflikte, die im Gegensatz zu früheren Phasen zunehmend defensiven Charakter haben (vgl. Kap. 7), nehmen in einzelnen Jahren zu. Seit langem ist ein Trend zu längeren als den früher üblichen ca. einjährigen Laufzeiten der Lohn- und Gehaltstarifverträge zu konstatieren.

Vor der Flexibilisierung der Entgelte erfolgte bereits die der Arbeitzeiten (Seifert 2000). Der bis in die 1990er Jahre andauernde, säkulare Trend zur kollektiven Verkürzung der Wochenarbeitszeit (vgl. Kap. 8) ging definitiv zu Ende: Stattdessen kommt es auf Initiative von Arbeitgeberverbänden sowie einigen Ökonomen zu einer öffentlichen Kontroverse über die Notwendigkeit einer Verlängerung der regelmäßigen Arbeitszeiten aus Gründen der Kostenreduktion bzw. der Wettbewerbsfähigkeit des „Wirtschaftsstandorts Deutschland“. In einzelnen Unternehmen bzw. Tarifbereichen erfolgen tatsächlich Verlängerungen; Arbeitszeit bleibt ein *contested terrain*, wenngleich unter den gänzlich veränderten Vorzeichen einer „Zeitenwende“. Die tariflich vereinbarten Arbeitszeiten, deren Länge seit Jahren stagniert, sind nicht mehr identisch mit den tatsächlich geleisteten, die sogar gestiegen sind und zusätzliche Probleme ihrer betrieblichen Gestaltung schaffen. Die Gründe für diese zunehmende Entkoppelung sind entsprechende Öffnungsklauseln, die in einer zunehmenden Zahl von Branchen nicht nur vereinbart, sondern tatsächlich in Anspruch genommen werden, sowie abnehmende Tarifbindungsraten.[296] Die Länge der Arbeitszeit steigt mit dem Qualifikationsniveau der Arbeitnehmer.[297]

Bei internationalen Vergleichen von Arbeitszeiten, die aus methodischen Gründen schwierig sind, liegt Deutschland bei den tatsächlichen Wochen- und Jahresarbeitszeiten der Vollzeitbeschäftigten im Mittelfeld der EU – und weist u. a. wegen der hohen Arbeitszeitflexibilität eine hohe Stundenproduktivität auf (Bosch et al. 2005). Sowohl Vereinbarung als auch Gebrauch unterschiedlicher Varianten von Arbeitszeitkonten nehmen – vor allem in großen Unternehmen – deutlich zu; sie verändern nachhaltig die Verteilung („Erosion der Normalarbeitszeit“) und führen zu einer verschärften Ökonomisierung der Arbeitszeit (Klenner/Seifert 1998; Seifert 2005).

Insgesamt erodieren schrittweise die zentralen, verbindlichen Tarifstandards; die seit Mitte der 1980er Jahre zu beobachtenden Trends einer Verbetrieblichung bzw. (einigermaßen kontrollierten) Dezentralisierung nehmen weiter zu; der Grad der Heterogenität der Arbeits- und darüber vermittelt der Lebensbedingungen steigt.[298] – Betriebliche Vereinbarungen zur Standort- und Beschäftigungssicherung, die häufig geltende Tarifstandards unterschreiten, gewinnen in Anbetracht von Stellenabbau

---

[296] Diese Entwicklung kann „als ein Prozess der kontinuierlichen Verbetrieblichung der eigentlichen Arbeitszeitgestaltung beschrieben werden“ (Bispinck 1996, 421).

[297] Gleichzeitig steigt der Anteil der Teilzeit- sowie der geringfügig Beschäftigten (Mini- und Midi-Jobs) deutlich an; die Folge ist eine Polarisierung bzw. Heterogenisierung des alten Musters. Neben der Dauer ändert sich auch die Lage der Arbeitszeit („Trend zur Rund-um-die-Uhr-Gesellschaft“ mit Nacht- und Wochenendarbeit) (zusammenfassend Seifert 2006).

[298] Seit Einführung der Währungsunion Ende der 1990er Jahre können Erhöhungen der Arbeitskosten nicht mehr durch Abwertung der nationalen Währung aufgefangen werden. Die Bedeutung der Lohnpolitik hat dadurch zugenommen; der Anstieg der Lohnstückkosten ist in der Bundesrepublik geringer als in der Mehrzahl der EU-Mitgliedsländer.

und Senkung der Personalkosten im Vergleich zu den 1990er Jahren erheblich an Bedeutung. – Wir beschäftigten uns im zunächst mit den Veränderungen der prozeduralen Rahmenregelungen, danach mit substantiellen Veränderungen in der Tarifpolitik, den betrieblichen Bündnissen für Beschäftigung und Wettbewerbsfähigkeit.

Neuartig in der politischen Diskussion der Bundesrepublik sind die Forderungen nach Einführung eines (gesetzlich fixierten) Mindestlohns mit dem Ziel einer Eingrenzung des im internationalen Vergleich seit Jahren überdurchschnittlich expandierenden Niedriglohnsektors bzw. der Erreichung eines Existenz sichernden Mindesteinkommens. Die in (Flächen-)Tarifverträgen vereinbarten Löhne und Gehälter stellen Mindeststandards dar, die nach geltendem Recht über- aber nicht unterschritten werden dürfen (vgl. Kap. 7). Sie können durch Allgemeinverbindlichkeitserklärungen auf alle Beschäftigten der Branche ausgeweitet werden, was aber, wie bereits erwähnt (vgl. Kap.4), tatsächlich nur sehr selten geschieht. Eine zwingend notwendige Voraussetzung für dieses Vorgehen ist ein funktionierendes Tarifverhandlungssystem, welches nicht in allen Branchen als gegeben vorausgesetzt werden kann.

Hiervon explizit zu unterscheiden ist das Instrument des gesetzlichen Mindestlohns, welches vor allem in Branchen ohne gültige Tarifverträge oder mit sehr niedrigen tariflichen Grundvergütungen greifen könnte. Seine Einführung wird in Anbetracht der anhaltenden Durchsetzungsschwäche der Gewerkschaften und abnehmender tariflicher Deckungsraten in einer Reihe vor allem privater Dienstleistungssektoren (vgl. Kap. 7) gefordert.[299] Angesichts eines zunehmenden Segments von Niedrigeinkommen (*working poor*), die nicht nur bei atypisch Beschäftigungsverhältnissen (vgl. Kap. 11) auftreten, sondern sogar bei einem in den vergangenen Jahren wachsenden Teil der Vollzeittätigkeiten (Allmendinger 2005, 109ff.) besonders in privaten Dienstleistungssektoren, geht es um ein Existenz sicherndes Mindesteinkommen. Ansonsten müssten Einkommen aus Vollzeittätigkeiten durch staatliche Transfers, d. h. durch Subventionen aus Steuergeldern, aufgestockt werden (Lohnzuschüsse im Rahmen sog. Kombilohnmodelle), wodurch Unternehmen entlastet würden.

Die Festsetzung eines Mindestlohnes kann auf mehreren Wegen erfolgen:

- Bei der einheitlich-branchenübergreifenden Option, die zur generellen Lösung des Problems in sämtlichen Wirtschaftszweigen und unabhängig von der Tarifbindung einzelner Betriebe oder Branchen führt, ist der Staat in Abstimmung mit

[299] Eine Sonderregelung besteht aufgrund des Arbeitnehmerentsendegesetzes in der Baubranche, die über Mindestentgelte zur Verhinderung von Dumpinglöhnen auch für vorübergehend aus dem Ausland entsandte Arbeitnehmer verfügt. Diese in Deutschland umgesetzte Rahmenregelung der EU kann durch Rechtsverordnung sukzessiv auf andere Branchen ausgeweitet werden (u. a. Gebäudereinigung, Postdienste, Zeitarbeit). Voraussetzung ist stets ein funktionierendes System von Flächentarifverträgen.

den Tarifparteien der wesentliche Akteur, das Regulierungsinstrument ein Gesetz („politischer Mindestlohn“).[300]

- Bei der differenziert-branchenspezifischen Option, die höhere Transaktionskosten zur Folge hat, agieren die Tarifvertragsparteien; das Instrument ist ein Kollektivvertrag in Verbindung mit einer Allgemeinverbindlichkeitserklärung (AVE) seitens des Staates; die Auswirkungen der Regelung auf einzelne Branchen können unterschiedlich sein.
- Zu klären bleibt die Frage nach geeigneten Verfahren für zwei Bedingungen, nämlich für Branchen mit niedrigen Tarifdeckungsraten, da diese die Voraussetzungen der AVE nicht erfüllen (evtl. Revision des Mindestarbeitsbedingungsgesetzes) sowie für Branchen mit konkurrierenden Tarifverträgen, die verschiedene Gewerkschaften schließen (wie bei der Leiharbeit).

Im Prinzip wäre eine differenzierende Lösung, welche die regionalen Unterschiede etwa zwischen alten und neuen Bundesländern berücksichtigt, ebenso möglich wie eine Kombination von gesetzlichen und tariflich ausgehandelten Mindestlöhnen.

Die Mehrzahl der deutschen Ökonomen argumentiert auf Basis des allgemeinen Marktmodells, dass durch eine verbindliche Festlegung von Lohnuntergrenzen eine erhebliche Zahl von Arbeitsplätzen im Niedriglohnsektor weg fallen oder verlagert würde. Verschiedene empirische Studien, die seit Mitte der 1990er Jahre vor allem für die angelsächsischen Länder (Card/Krueger 1995; Dube et al. 2007; Metcalf 2007), aktuell auch für die Bundesrepublik (König/Möller 2007) vorliegen, bestreiten allerdings einen solchen strengen Zusammenhang zwischen Mindestlöhnen und Beschäftigungshöhe, der auf bestimmten Annahmen über den Marktkontext basiert, d. h. auf dem idealisierten Modell eines perfekten Marktes (Schettkat 2006). Sie votieren für die Einführung von moderaten Mindestlöhnen, die nicht nur positive Lohneffekte im Niedriglohnbereich haben, sondern auch die Produktivität steigern, die Arbeitsmotivation verbessern und positive Beschäftigungseffekte haben können.

Zumindest erlauben diese Studien kein eindeutiges Verdikt der Vorschläge. Von entscheidender Bedeutung für die Beschäftigungswirkungen ist die Höhe eines allgemein-flächendeckenden Mindestlohns. In der Diskussion sind verschiedene Orientierungsgrößen (Bispinck/Schulten 2008). Die Ziffer müsste über den existierenden Niedrigverdiensten liegen und sollte in etwa den in anderen westeuropäischen Ländern üblichen Standards entsprechen.[301] Im Übrigen verfügt eine deutliche Mehrheit der EU-Mitgliedsländer über entsprechende Regelungen (Schulten et al. 2006), ohne dass deren Volkswirtschaften erhebliche Schäden erlitten hätten.

---

300 Alternativ könnte eine Kommission diese Aufgabe übernehmen.

301 Die Schwelle soll in Übereinstimmung mit OECD- und EU-Konventionen bei zwei Dritteln des Medianlohnes eines Vollzeitbeschäftigten liegen.

Die Positionen sind nicht einheitlich: Einen ordnungspolitisch problematischen, bewussten Eingriff in die grundgesetzlich geschützte Tarifautonomie sowie eine Lohnangleichung bzw. einen Sogeffekt des Tarifgefüges „nach unten“ befürchten einzelne Gewerkschaften, die aufgrund ihrer branchenspezifischen Situation von der Problematik kaum betroffen sind (IG Metall, IG BCE). Ähnlich argumentiert die Mehrzahl der Arbeitgeberverbände; eine Minderheit vertritt allerdings aus Gründen des Schutzes vor Außenseiterkonkurrenz, d. h. vor Billigkonkurrenz aus dem Ausland sowie „Schmutzkonkurrenz“ aus dem Inland, eine gegenteilige Meinung. Bei den Parteien bleiben die Positionen ebenfalls kontrovers – und sind keinesfalls gegen kurzfristig-wahltaktischen Opportunismus und/oder Populismus gefeit.

9.2 Öffnungsklauseln, Tarifbindung und Deckungsraten

Zum Verständnis der aktuellen Entwicklung des Tarifvertragssystems sind sog. Öffnungsklauseln unerlässlich; sie verändern dessen Funktionsweise wesentlich, ohne dass Änderungen des formalrechtlichen Rahmens vorgenommen werden. Tarifliche Öffnungsklauseln, die seit Mitte der 1980er Jahre erheblich an Bedeutung gewinnen[302], dienen der infolge eingetretener Veränderungen (u. a. Internationalisierung der Kapital- und Produktmärkte, andauernde Massenarbeitslosigkeit, technologische Entwicklung, wirtschaftlicher und sozialer Strukturwandel) notwendigen „Flexibilisierung“ des Flächen- bzw. Verbandstarifvertrags. Sie erlauben den ergänzenden Abschluss von Betriebsvereinbarungen oder abweichenden Regelungen durch Arbeitsvertrag und schränken insofern den geltenden Tarifvorrang ein (vgl. Kap. 5).[303] Sie können der Konkretisierung bzw. Umsetzung tariflicher Rahmenregelungen dienen (etwa zur betrieblichen Gestaltung der Arbeitszeiten); weiterhin können sie die Unterschreitung vereinbarter Mindeststandards (vor allem der Arbeitszeiten sowie der Entgelte) bei Vorliegen spezifischer Voraussetzungen zulassen (etwa bei bestimmten Betriebsgrößen oder in bestimmten wirtschaftlichen Situationen).

---

[302] Einen Überblick über die Etappen der Entwicklung gibt Bispinck 2004; zusammenfassend aus juristischer Sicht Boecken (2005); aus sozialwissenschaftlicher Perspektive Rosdücher (1997); aus ökonomischer Sicht Schnabel (2003b).

[303] § 77 Abs. 3 BetrVG bestimmt: „Arbeitsentgelte und sonstige Arbeitsbedingungen, die durch Tarifvertrag geregelt sind oder üblicherweise geregelt werden, können nicht Gegenstand einer Betriebsvereinbarung sein. Dies gilt nicht, wenn ein Tarifvertrag den Abschluss ergänzender Betriebsvereinbarungen ausdrücklich zulässt.“ Die hier ausschließlich behandelten, tarifvertraglich vereinbarten Öffnungsklauseln sind zu unterscheiden von sog. gesetzlichen Öffnungsklauseln, die Politiker und Vertreter von Arbeitgeberverbänden gelegentlich fordern. Letztere würden eine Änderung des TVG voraussetzen und einen Eingriff in die Tarifautonomie bedeuten.

Abb. 9.1: Auf Entgeltfragen bezogene tarifvertragliche Öffnungsklauseln

Art der Klausel	**Rolle der Tarifvertragsparteien**	**Beispiele (Branchen)**
Härteklausel	Zustimmung zum Antrag des Betriebs notwendig, danach betriebsspezifische Ausgestaltung der Sonderregelung durch Tarifparteien	Metall-, Elektro- und Stahlindustrie Ostdeutschland; Papier, Pappe und Kunststoffe verarbeitende Industrie West- und Ostdeutschland
Öffnungsklausel mit Zustimmungsvorbehalt	Zustimmung bzw. Widerspruch zu einer vom Tarifvertrag abweichenden Betriebsvereinbarung erforderlich bzw. möglich	Chemie- und Kautschukindustrie Westdeutschland; Papierindustrie und Reisebürogewerbe West- und Ostdeutschland; Baugewerbe Ostdeutschland
Öffnungsklausel ohne Zustimmungsvorbehalt	keine Zustimmung erforderlich, kein Widerspruch möglich	Textil- und Bekleidungsindustrie Westdeutschland; Zeitungen Ostdeutschland; Druckindustrie West- und Ostdeutschland
Kleinbetriebsklausel	Keine Zustimmung erforderlich, kein Widerspruch möglich	Einzel-, Groß- und Außenhandel Ostdeutschland; Druckindustrie West- und Ostdeutschland

Quelle: Schnabel 1998a, 162.

Die Zahl der vereinbarten Öffnungsklauseln hat ebenso deutlich zugenommen wie die Häufigkeit ihrer Nutzung.[304] Im Jahr 2005 „gaben 13 Prozent der Betriebe mit Tarifbindung an, dass für sie Öffnungsklauseln im Tarifvertrag bestehen (viele weitere wussten darüber nicht Bescheid). Rund die Hälfte dieser Betriebe hatte davon Gebrauch gemacht. Unter den genutzten Öffnungsklauseln dominierten solche zur

[304] Repräsentative Informationen für die Gesamtwirtschaft sind selten (vgl. die Übersichten bei Bahnmüller 2002, 404ff. und Schnabel 2003b, 88ff.). Laut WSI-Betriebsrätebefragung nutzen rund drei Viertel aller tarifgebundenen Betriebe (mit Betriebsräten und mindestens 20 Beschäftigten) Öffnungsklauseln, vor allem bei Arbeitszeitfragen (u. a. variable Gestaltung, Verlängerung, befristete Verkürzung), seltener hingegen bei Lohn und Gehalt (u. a. Einstiegstarife, Kürzung/Aussetzung von Jahressonderzahlungen, Aussetzen von Tariferhöhungen) (Bispinck 2005). Laut IAB-Betriebspanel nutzen 7% der tarifgebundenen Betriebe nach eigenen Angaben Öffnungsklauseln. „Bisher spielen sie jedoch noch eine eher untergeordnete Rolle im Tarifsystem." (Kohaut 2007, 97).

Arbeitszeitanpassung, während Öffnungsklauseln zur Absenkung der (nominalen oder realen) Entlohnung deutlich seltener in Anspruch genommen wurden. Betriebe mit einer guten oder sehr guten Ertragslage machten seltener Gebrauch von Öffnungsklauseln beider Art“ (Kohaut/Schnabel 2007, 33).

Dieser Wandel des Regulierungsmodus in Richtung auf Differenzierung und Dezentralisierung des Tarifvertragssystems ist mit einem Aufgabenzuwachs der betrieblichen Interessenvertretung verbunden.[305] In diesem Kontext ist relevant, dass vier von fünf Betriebsräten dem anhaltenden Trend der Dezentralisierung und Verbetrieblichung zwiespältig bis ablehnend gegenüber stehen (Bispinck 2005). – Die Inanspruchnahme der Klauseln wird häufig geknüpft an bestimme Gegenleistungen des Arbeitgebers (wie Verzicht auf betriebsbedingte Kündigungen, etwa im Rahmen „betrieblicher Bündnisse für Arbeit“, vgl. Abschnitt 3 dieses Kapitels).

Aus analytischer Perspektive sind mehrere Varianten zu unterscheiden, deren Folgen für die Tarifvertragsparteien unterschiedlich sind. Bei Härte- bzw. Härtefallklauseln und Öffnungsklauseln mit Zustimmungsvorbehalt[306] bleiben die Verbände die zentralen Akteure, da ihre Zustimmung zur Anwendung im Einzelfall unabdingbar ist. Bei Öffnungsklauseln ohne Zustimmungsvorbehalt sowie bei Kleinbetriebsklauseln ist diese explizite Zustimmung nicht erforderlich, so dass eine weitergehende Dezentralisierung bzw. Verbetrieblichung der Tarifpolitik erfolgen kann.

In Kap. 5 haben wir bereits die betrieblichen Deckungsraten kennen gelernt – und festgestellt, dass vor allem in kleinen und mittleren Betrieben sowie in Ostdeutschland erhebliche Vertretungslücken bestehen. Ähnlich wie für die betriebliche können wir bei „dualen“ Arbeitsbeziehungen auch für die überbetrieblich-sektorale Ebene Deckungsraten angeben, deren Höhe den Umfang von Partizipations- und Schutzrechten der Arbeitnehmer bzw. die Bedeutung von Kollektivverhandlungen für die Regelung der Arbeits- und Einkommensbedingungen anzeigt. Die Parameter bestimmen lediglich den formal-rechtlichen Grad der Bindung, d. h. sie geben keine Auskunft über informell-freiwillige Orientierungen nicht-tarifgebundener Unternehmen an einzelnen Regelungen von Tarifverträgen (vor allem Grundlöhnen und -gehältern). Deckungsraten lassen sich auf zwei Arten bestimmen, wobei die Form der Bindung, d. h. über Flächen- bzw. Verbands- oder Haus- bzw. Firmentarifverträge, zunächst nicht wichtig ist:

---

305 „In Germany and Japan… the formal structure of bargaining has not been decentralized, as these countries already had relatively decentralized structures for workplace change … Yet, even in Germany there has been massive decentralization *inside* existing institutional structures, as works councils have played an increasingly important role in determining basic employment conditions“ (Katz 2005, 274).

306 „... flexibility remains restricted, since the trade union has to agree to the conduct of such supplementary bargaining in every particular case“ (OECD 1994, 176).

- Zum einen kann die Anzahl der tarifgebundenen Unternehmen in Relation gesetzt werden zu der Zahl aller Unternehmen (etwa einer Branche). Bei der Bestimmung dieses Quotienten wird allerdings die unterschiedliche Größe von Unternehmen bzw. die Zahl der beschäftigten Arbeitnehmer nicht berücksichtigt, so dass dieser Indikator nur bedingt als valide zu bezeichnen ist.
- Zum anderen kann die Zahl der Arbeitnehmer der tarifgebundenen Unternehmen in Relation gesetzt werden zu der Zahl aller Arbeitnehmer (etwa einer Branche). Bei dieser Variante wird die Unternehmensgröße berücksichtigt. Im Folgenden verwenden wir diesen aussagekräftigeren Indikator. Da Haus- bzw. Firmentarifverträge vor allem für kleine und mittlere Unternehmen gelten, liegt die Deckungsgrade der Unternehmen niedriger als die der Beschäftigten.
- Die vorgestellten Daten, welche das Institut für Arbeitsmarkt- und Berufsforschung (IAB) der Bundesagentur für Arbeit seit Mitte der 1990er Jahre regelmäßig einmal pro Jahr erhebt, basieren auf einer Zufallsstichprobe und sind repräsentativ für die Bundesrepublik (Bellmann 2002). Da sie aus einer Panelstudie stammen, erlauben sie sowohl Querschnitts- als auch Längsschnittanalysen. Die in einer Reihe von Publikationen vorgestellten Daten beziehen sich ausschließlich auf die Privatwirtschaft (Kohaut/Bellmann 1997; Bellmann et al. 1999; Ellguth 2004; Ellguth/Kohaut 2005; Kohaut 2007; Kohaut/Schnabel 2007).

Die zentralen Befunde der Analysen sind:

- Die Tarifbindung der Beschäftigten nimmt deutlich ab und ist in Ostdeutschland traditionell erheblich niedriger als in Westdeutschland.[307] Die Gründe liegen vor allem in der Unzufriedenheit vor allem kleiner und mittlerer Betriebe mit der Tarifpolitik ihrer Verbände (vgl. Kap. 2). Anders formuliert: Die sog. „weißen Flecken der Tariflandkarte", d. h. die ohne legitimierte Interessenvertretung, nehmen innerhalb der kurzen Beobachtungszeiträume zu; in jüngster Vergangenheit scheint eine Stabilisierung auf niedrigerem Niveau eingetreten zu sein. – Insofern hat die in der aktuellen Literatur mehrfach geäußerte Vermutung einer „Erosion des Flächentarifvertrags" (für andere Hassel 1999; Artus 2001) einen realen Hintergrund. Wir können keinesfalls – oder jedenfalls nicht mehr – von der zumeist impliziten Annahme ausgehen, dass alle Arbeitnehmer quasi-automatisch von kollektivvertraglichen Regelungen erfasst bzw. abgedeckt werden.

---

[307] „Insgesamt hat sich seit Mitte der 90er Jahre die Schere in der Reichweite der institutionalisierten Interessenvertretung zwischen den alten und den neuen Bundesländern deutlich weiter geöffnet und zwar allein auf überbetrieblicher Ebene" (Ellguth 2004, 167).

Abb. 9.2: Flächentarifbindung der Beschäftigten

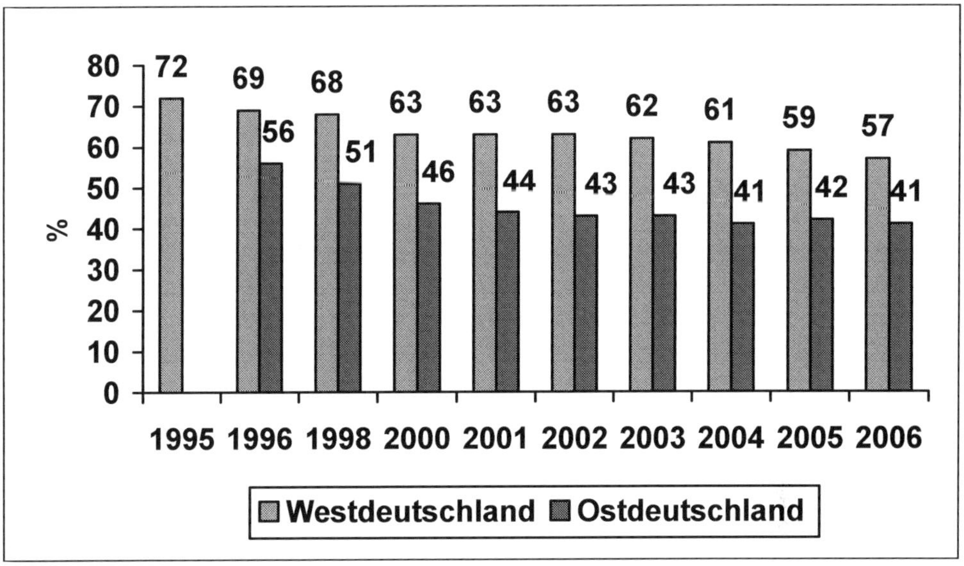

Quelle: Eigene Darstellung nach Kohaut 2007; Ellguth/Kohaut 2007.

- Der wichtigste Bestimmungsfaktor ist die Unternehmensgröße. Die Wahrscheinlichkeit einer Tarifbindung nimmt mit der Zahl der Beschäftigten tendenziell zu.[308] Dieser Zusammenhang ist stabil und gilt für West- und Ostdeutschland, wenngleich auf unterschiedlichem Niveau. Eine wesentliche Rolle spielt die transaktionskostensenkende Wirkung von Tarifverträgen.
- Weiterhin variiert die Tarifbindung beträchtlich nach Vertragsart. Flächentarifverträge sind (mit weniger als 60% der Beschäftigten) nach wie vor wesentlich wichtiger als Haustarifverträge. Letztere gelten für insgesamt weniger als 10% aller Beschäftigten; die Anteile liegen im Osten höher als im Westen.[309]
- Die Tarifbindung schwankt deutlich zwischen einzelnen Branchen bzw. Wirtschaftszweigen. Überdurchschnittlich häufig gelten Tarifverträge im Kredit- und Versicherungsgewerbe, im Baugewerbe sowie bei Bergbau und Energie, beson-

---

[308] Weiterhin gelten für Filialbetriebe bzw. Niederlassungen größerer Unternehmen sowie bei einem hohen Anteil qualifizierter Beschäftigter Flächentarifverträge häufiger als für vergleichbare unabhängige Betriebe. Für jüngere, nach 1992 gegründete Betriebe, Einzelunternehmen und Personengesellschaften gilt das Gegenteil (Kohaut/Schnabel 1999; 2003b; 2003c).

[309] Im internationalen Vergleich gilt: „Empirical evidence ... suggests a trend towards *polarization* in that there is a clear tendency towards single-employer bargaining in almost all Anglo-Saxon countries, whereas multi-employer bargaining is still dominant in continental Europe" (Traxler 1998a, 211).

ders selten bei Dienstleistungen für Unternehmen. Die Deckungsraten korrelieren mit der Stärke, d. h. dem Organisationsgrad der Verbände.

- Längsschnittanalysen zeigen, dass Wechsel der Tarifebene in beide Richtungen vorkommen, d. h. dass Entscheidungen durchaus revidiert werden. Insgesamt verschiebt sich durch diese Wechsel das Gewicht etwas von der überbetrieblichen auf die betriebliche Regelung.
- Für einen erheblichen Teil der Arbeitnehmer gelten im formalen Sinne keine Tarifverträge. Allerdings erfolgt in diesen Fällen häufig, d. h. für ca. die Hälfte der entsprechenden Arbeitnehmer, in Einzelarbeitsverträgen eine informelle Orientierung an bestimmten Regelungen in Flächentarifverträgen (vor allem bei den Grundlöhnen und -gehältern sowie beim Jahresurlaub, selten hingegen bei Zusatzleistungen wie Weihnachts- oder Urlaubsgeld). Diese freiwillige Orientierung der nicht-tarifgebundenen Betriebe kann allerdings im Gegensatz zur formal-juristischen einseitig aufgegeben werden; insofern ist diese Form der Bindewirkung in ihrer Wirksamkeit begrenzt. – Im Übrigen beziehen die formalen Deckungsraten im Sinne der gegebenen Definitionen dieses wichtige Phänomen nicht ein, was ihre zentrale Schwäche darstellt.

Bei zentralisierten *collective bargaining*-Systemen sind die Deckungsraten in verschiedenen Beobachtungsperioden deutlich höher als bei dezentralisierten.[310] Firmen- bzw. Haustarifverträge werden seit den 1990er Jahren zwar häufiger als früher abgeschlossen; sie sind aber, da sie vor allem für kleine und mittlere Betriebe gelten, aus gesamtwirtschaftlicher Perspektive relativ unbedeutend in dem Sinne, dass sie nur einen geringen Teil der Arbeitnehmer betreffen. Insofern ist das tatsächliche Ausmaß der Dezentralisierung bzw. „Verbetrieblichung" nach wie vor (überraschend) gering, zumindest wenn man als Indikator den Anteil der betroffenen Arbeitnehmer und nicht die Anzahl der (Firmen-)Verträge nimmt.[311] – Bekannte Ausnahmen der Regel, dass Firmentarifverträge vor allem in kleineren Unternehmen geschlossen werden, sind die Volkswagen AG, die Lufthansa und die Telekom.

---

310 „Hence, the empirical analysis provides clear evidence that single employer bargaining tends to unleash a self-destructive, disorganizing process in parallel with intensifying competition in product markets, since it involves collective bargaining itself in competition with individual contracting, as the bargaining mode preferred by employers" (Traxler 2003a, 150).

311 „Diverse forces are causing the decentralization of collective bargaining in Germany. The most important of these forces are (1) the high unemployment caused by German unification, (2) the globalization of product and labor markets, (3) industrial restructuring, (4) the introduction of flexible working time and new production systems, and (5) stagnation in thee reform of the collective bargaining process. Unification and its consequences are a specifically German problem, while the challenges arising out of (2) to (4) are also being face in other industrialize countries" (Bosch 2004, 93f.).

Abb. 9.3: Von Firmentarifverträgen betroffene Beschäftigte

Branche	2000 West	2000 Ost	2001 West	2001 Ost	2003 West	2003 Ost	2004 West	2004 Ost	2005 West	2005 Ost	2006 West	2006 Ost
Landwirschaft u. a.	7	5	3	8	8	6	*	5	3	4	*	*
Bergbau/Energie	16	13	13	18	13	23	14	21	12	25	14	40
Grundstoffverarbeitung	6	10	9	14	7	12	8	11	9	14	12	11
Investitionsgüter	7	10	9	14	9	16	7	14	9	16	10	17
Verbrauchsgüter	5	14	8	14	8	13	5	10	8	14	9	12
Baugewerbe	3	7	3	9	2	8	3	8	3	6	3	7
Handel/Reparatur	5	6	5	8	5	8	5	12	5	6	6	6
Verkehr/Nachrichten	17	33	18	39	21	34	19	27	18	27	15	32
Kredit/Versicherung	5	2	5	*	6	5	4	*	3	*	2	*
Dienste f. Unternehmen	7	7	6	6	6	8	8	7	6	7	8	7
Sonstige Dienste	7	12	7	11	7	11	6	13	8	13	8	15
Org. ohne Erwerbszweck	10	15	11	18	7	12	10	24	8	20	7	28
Gebietskörperschaften/ Sozialversicherung	12	6	11	9	9	7	11	10	10	8	10	14
Insgesamt	**7**	**10**	**8**	**12**	**8**	**11**	**7**	**12**	**8**	**11**	**8**	**13**

* nicht ausgewiesen wegen zu geringer Fallzahl

Quelle: *Eigene Darstellung nach Kohaut/Schnabel 2001; Schnabel 2003; Ellguth/Kohaut 2004; 2005; 2007; Kohaut 2007.*

Im Vergleich der OECD-Länder gehört die Bundesrepublik zu der Gruppe, die lediglich einen mittleren Deckungsgrad (40 – 70%) aufweist. In der Mehrzahl liegen die Deckungsraten hingegen über 70%. Das beherrschende Muster für die Zeit seit 1990 ist aus komparativer Perspektive ein hoher Grad der „Stabilität“. Die Bundesrepublik und Großbritannien sind die Länder, in denen die Deckungsraten rückläufig sind; diese Entwicklung ist auf abnehmende Organisationsgrade der Gewerkschaften (vgl. Kap. 3) sowie den abnehmenden Gebrauch von Allgemeinverbindlichkeitserklärungen (vgl. Kap. 4) zurückzuführen.[312] Die Verhandlungsebene ist von erheblicher Bedeutung: Falls Verbands- bzw. Flächentarifverträge (*multi-employer bargaining*) dominieren, liegen die Deckungsraten deutlich höher als bei Vorherrschen von Firmen- bzw. Haustarifverträgen (*single-employer bargaining*).[313] Außerdem können die in der überwiegenden Mehrzahl der Länder bestehenden Verfahren zur Allgemeinverbindlichkeitserklärung, wenn sie tatsächlich Verwendung finden, die Deckungsraten verbessern (Traxler et al. 2001; Behrens/Traxler 2002).

Ein „duales“ System der Arbeitsbeziehungen wie das der Bundesrepublik hat als implizite Funktionsvoraussetzung, dass sowohl die betrieblichen als auch die überbetrieblich-sektoralen Deckungsraten hoch sind. Tarifvertragliche (Rahmen-)Regelungen bedürfen der Umsetzung und Implementation bzw. der Kontrolle ihrer Einhaltung auf betrieblicher Ebene; für dieses *administering the contract* sind die betrieblichen Interessenvertretungen bzw. gewählten Betriebsräte unverzichtbar. Tatsächlich befindet sich in dieser „Kernzone“, die durch arbeitsteilige Kooperation der betrieblichen und sektoralen Akteure gekennzeichnet ist, entgegen weit verbreiteten Ansichten nur eine Minderheit sowohl der Betriebe als auch aller Beschäftigten (ca. 40% im Westen und 30% im Osten), d. h. sie stellt den Ausnahme- und keinesfalls den Regelfall dar. Diese Deckungsraten steigen mit der Zahl der Beschäftigten.

Bemerkenswert und folgenreich ist die nicht parallele Entwicklung auf insgesamt niedrigem Niveau: Während die quantitative Reichweite bzw. Abdeckung auf betrieblicher Ebene konstant bleibt, nimmt sie auf der überbetrieblich-sektoralen ab; die „Kernzone“ der Arbeitsbeziehungen wird insgesamt kleiner, die institutionelle Stabilität wird gefährdet. Eine erhebliche Zahl vor allem kleinerer und mittelständischer Unternehmen unterliegt der Tarifbindung, verfügt aber über keinen Betriebsrat, wodurch Probleme der Anwendung und Kontrolle ungelöst bleiben. – Ein weiteres, selten analysiertes Problem stellen die sog. tariflosen Zustände dar, die in den

---

[312] „There are only two means of preventing employers from defecting from multi-employer bargaining: statutory provisions for extending collective agreements to unaffiliated employers and strong unions. Empirical analysis has shown that the incidence of extension practices is among the most powerful predictors of cross-national differences in collective bargaining coverage“ (Traxler 2003a, 152).

[313] Die Nivellierung der Lohnstruktur nimmt mit dem Zentralisierungsgrad zu (Traxler 2003b).

vergangenen Jahren in verschiedenen Branchen zugenommen haben; sie reduzieren die normierende Wirkung von Flächentarifverträgen.

Insgesamt kann in Anbetracht dieser erheblichen Vertretungslücken auf beiden Ebenen von einer „Dualität" der Arbeitsbeziehungen nicht – oder zumindest nicht mehr – die Rede sein – oder nur in Bezug auf größere Unternehmen. Für diese wären bei anderen, vor allem individuellen anstatt kollektiven Regelungsformen die Transaktionskosten, d. h. die Verhandlungs- und Implementationskosten sowie ggf. das Konflikt-, vor allem Streikpotential, zu hoch.

Weiterhin bleibt im Lichte der Daten ungeklärt, ob die „neue Unübersichtlichkeit" primär durch die Prozesse der Differenzierung und Dezentralisierung verursacht wird, wie die aktuelle Diskussion annimmt, oder nicht doch durch die zunehmenden „weißen Flecken der Tariflandkarte". In der Terminologie der Arbeitspolitik handelt es sich sowohl um eine äußere Erosion, d. h. um einen Rückgang der Tarifbindung bzw. um eine Verkleinerung des Geltungsbereichs von Flächentarifverträgen, als auch um eine innere Erosion, d. h. um eine zunehmende Verbetrieblichung im Sinne von Dezentralisierung und Differenzierung bzw. um abnehmende Normierungskraft von Flächentarifverträgen (als Überblick Streeck/Rehder 2005).[314]

Aus analytischer Perspektive ist zu differenzieren zwischen kontrollierter und nichtkontrollierter („wilder") Dezentralisierung (zuerst Traxler 1995a; 1997; vgl. auch Bispinck/Schulten 1999). Die zuerst genannte Variante steuern die korporative Akteure der Sektorebene, vor allem durch die Vereinbarung von Öffnungsklauseln, die Abweichungen von tarifvertraglichen Regelungen erlauben; das systemimmanente Ziel besteht in einer Stabilisierung bzw. Weiterentwicklung des Tarifvertragssystems.[315] Bei der zuletzt genannten Form werden bestehende Regelungen (u. a. zur Länge der Arbeitszeiten und/oder Höhe der Entgelte) faktisch nicht eingehalten bzw. unterlaufen, was vor allem, aber nicht nur in Ostdeutschland der Fall ist; als langfristige Folge wäre eine Systemänderung oder -wechsel zu erwarten. Die Mehrzahl der Analysen ordnet die Bundesrepublik dem Typus der kontrollierten Dezentralisierung zu (für andere Bosch 2004).

---

[314] In einem weiter gehenden Analyseschritt lassen sich horizontale und vertikale Differenzierung unterscheiden. Erstere ist u. a. charakterisiert durch Auflösung einheitlicher Tarifstrukturen und Spezialtarife, letztere durch Absenkung von Tarifstandards.

[315] Ein aktuelles Fazit lautet: „Die abnehmende Tarifbindung, die zunehmenden weißen Flecken auf der tarifpolitischen Landkarte und die offenkundige Durchsetzungsschwäche der an Mitgliederschwund leidenden Gewerkschaften trugen dazu bei, dass heute zu dem tarifpolitischen Konzept der kontrollierten Dezentralisierung ... keine Erfolg versprechende Alternative in Sicht ist" (Bispinck 2004, 239).

Insgesamt ist in Bezug auf die Entwicklung der vergangenen Jahre bemerkenswert, dass die Institutionen der Arbeitsbeziehungen formal intakt geblieben sind und gleichwohl erhebliche, nicht nur graduelle Veränderungen in Folge des deutlichen, zunehmenden Anpassungsdrucks stattgefunden haben.[316] (Flächen-)Tarifverträge legen nicht mehr wie traditionell Mindest-, sondern häufig Höchstarbeitsbedingungen fest. Eine Restabilisierung des Tarifsystems, falls sie denn überhaupt wahrscheinlich ist, wäre vermutlich nur durch eine engere Verknüpfung von Tarif- und Betriebspolitik, u. a. durch eine stärkere Mobilisierung der Belegschaften, zu erreichen (vgl. Kap. 9).[317]

Juristen, Ökonomen, Sozialwissenschaftlern sowie Vertreter der Tarifvertragsparteien diskutieren seit den frühen 1990er Jahren kontrovers die zukünftige Gestaltung der Tarifautonomie und der Tarifpolitik, wobei sie sowohl Mikro- als auch Makroanalysen anstellen (Überblicke gibt Schnabel 2003b; 2006). Marktradikale Kritiker plädieren für eine völlige Dezentralisierung bzw. vollständige Verbetrieblichung des dominierenden Systems der Flächen- bzw. Branchentarifverträge (für andere Berthold/Stettes 2001), Reformer hingegen für dessen Erhalt durch weitere Anpassungen an veränderte weltwirtschaftliche Rahmenbedingungen. Ob die faktisch eingetretenen, erheblichen Änderungen des Tarifvertragssystems lediglich quantitativer oder bereits qualitativer Natur sind, wird unterschiedlich beurteilt; ihr tatsächliches Ausmaß wird in der öffentlichen Diskussion häufig unterschätzt.

Die inzwischen umfangreiche, recht unübersichtliche Auseinandersetzung lässt sich aus ökonomischer Perspektive in folgenden Vorschlägen zusammenfassend (Schnabel 2001; 2003; 2004):

- moderate Lohnpolitik,
- Stärkung der übertariflichen Entlohnung bei moderatem Tariflohnanstieg,
- differenzierte Tarifabschlüsse,
- Spreizung der Lohnstruktur,
- Ausbau leistungsabhängiger Vergütungskomponenten,

[316] „Von besonderer Bedeutung sind dabei die Aufnahme sozialpolitischer Themen in den Gegenstandsbereich der Tarifverhandlungen, insbesondere der Alterssicherung und der Altersteilzeit; die Ausweitung und Festigung der betrieblichen Bündnisse zur Sicherung von Beschäftigung und Wettbewerbsfähigkeit sowie die Ausbreitung betrieblich regulierter leistungs- und ertragsabhängiger Entlohnungsformen" (Streeck/Rehder 2003, 341; ähnlich Bäcker et al. 2008, 268ff.).

[317] Eine weitgehende tarifliche Öffnungsklausel besteht seit 2004 in der Metallindustrie aufgrund des sog. Pforzheimer-Abkommens. Von tariflichen Mindeststandards kann befristet abgewichen werden, „wenn Unternehmen/Betriebe in wirtschaftlichen Schwierigkeiten sind oder Investitionen zur Standort- und Beschäftigungssicherung und -entwicklung zusagen" (Huber et al. 2005). Von dieser Option macht ein erheblicher Teil der tarifgebundenen Betriebe Gebrauch. Manche Beobachter sehen in diesem Abkommen „eine qualitativ neue Grundlage für die Verbetrieblichung der Tarifpolitik" (Müller-Jentsch 2007, 117).

- mehr erfolgsabhängige Entlohnung,
- Öffnungsklauseln in jeden Tarifvertrag,
- Neuinterpretation des Günstigkeitsprinzip,
- Einschränkung des Tarifvorrangs,
- restriktive Handhabung von Allgemeinverbindlicherklärungen und Verzicht auf Tariftreuevorschriften.

Diese heterogenen Einzelvorschläge lassen sich zu drei „Reformstrategien" bündeln: beschäftigungsorientiertes Handeln der Tarifparteien, kontrollierte Öffnung und Flexibilisierung, staatliche Ausweitung des betrieblichen Gestaltungsspielraums.

In institutionenökonomischer Sicht lässt sich mit Transaktionskosten argumentieren).[318] Bei Dezentralisierung erfolgt eine Zunahme sowohl bei den *ex ante-* (im Sinne von Informations-, Verhandlungs- und Vertragskosten) als vor allem auch bei den *ex post*-Varianten (im Sinne von Absicherungs-, Überwachungs- und ggf. Anpassungskosten) (grundlegend Williamson 1985; 1996).[319] Letztere steigen, weil das *Controlling* heterogener, dezentral geschlossener Kollektivverträge (u. a. der Umgang mit Öffnungsklauseln in Einzelfällen sowie der Einhaltung von Vereinbarungen) komplizierter ist als das zentral geführter Vereinbarungen.

Die Vor- und Nachteile einer Verbetrieblichung sind unterschiedlich verteilt.[320] Aus gewerkschaftlicher Sicht steigen die notwendigen transaktionskostenspezifischen Investitionen (etwa in das spezifische Humankapital der hauptamtlichen Verhandlungsführer in Form zusätzlicher Schulungen und Weiterqualifikation), ohne dass positive Entwicklungen der Produktionskosten, d. h. Verbesserungen der Arbeitsbedingungen, zu erwarten sind. Da unter der Randbedingung stets nur begrenzter Rationalität aller Akteure (*intendedly rational, but only limitedly so*) die Unsicherheiten bei der Aushandlung der notwendigerweise unvollständigen Kollektivverträge (*incomplete contracting*) zunehmen, müssen mehr Optionen der Verhandlungspartner, einschl. der Möglichkeit opportunistischen Verhaltens (*self-seeking interest with guile*), in den komplexeren, langfristig angelegten Vertragsbeziehungen berücksichtigt werden. Ungewiss ist das tatsächliche Auftreten der erwarteten „Synergieeffekte" zwischen verschiedenen, nunmehr notwendigen Verhandlungen.

---

[318] Eine Transaktionskostenanalyse der *industrial relations* empfiehlt auch Kaufman (2004a).

[319] „The ex ante costs of drafting, negotiating, and *safeguarding* an agreement, and, more especially, the ex post costs of maladaptation and adjustment that arise when contract execution is misaligned as a result of gaps, errors, omissions, and unanticipated disturbances; the costs of running the economic system" (Williamson 1996, 379).

[320] Aus Sicht der Unternehmen gilt: „In dem Maße, in dem die Unterschiede zwischen den Branchen oder Betrieben zunahmen, hat der Transaktionskosten- und Befriedungsvorteil zentraler Vereinbarungen zugunsten der Informations- und Reaktionsvorteile dezentraler Regelungen an Bedeutung verloren" (Schnabel 2006, 30).

Mit anderen Worten: Eine weitere Dezentralisierung der relevanten Verhandlungsebene bzw. ein resultierender tarifpolitischer „Häuserkampf“ macht den Einsatz erheblicher, zusätzlicher Verbandsressourcen notwendig. Infolge der Überlastung der Hauptamtlichen kann eine Mobilisierung weiterer Ressourcen vermutlich nur im Bereich der Ehrenamtlichen erfolgen; außerdem wird eine neue Prioritätensetzung notwendig.

Abb. 9.4: Charakteristika überbetrieblicher und betrieblicher Regelungen

Überbetriebliche Regelungen	betriebliche Regelungen
• senken Transaktionskosten (z. B. Verhandlungsaufwand, Standardisierung)	• erhöhen Transaktionskosten (insb. durch jährliche Lohnverhandlungen
• halten Arbeitskonflikte weitgehend von den Betrieben fern	• belasten Betriebsklima durch Verhandlungen, erhöhen das Arbeitskampfrisiko
• nehmen Löhne aus dem Wettbewerb, bewirken geringe Lohnspreizung	• erlauben differenzierte Abschlüsse, erhöhen die Lohnspreizung
• können die gesamtwirtschaftliche Lohnentwicklung besser im Griff halten	• erlauben eine genaue Orientierung an der wirtschaftlichen Lage und Leistungsfähigkeit eines Betriebs (falls Mitarbeiter sich nicht anderweitig orientieren)
• begünstigen profitable Betriebe durch Orientierung am Branchendurchschnitt	• können den Mitarbeitern die Aneignung betriebsspezifischer Renten ermöglichen
• können Betriebsspezifika nicht berücksichtigen, beschränken betrieblichen Gestaltungsspielraum	• eröffnen großen Gestaltungsspielraum, erlauben flexible und differenzierte Reaktionen auf neue Herausforderungen
• können den Strukturwandel beschleunigen („Produktivitätspeitsche“)	• erleichtern Anpassung an den technischen und strukturellen Wandel
• können die Widerstandskraft der Arbeitgeber und der Arbeitnehmer erhöhen (falls diese solidarisch)	• spiegeln u. U. ungleichgewichtige Kräfteverhältnisse (Arbeitgeber vs. Belegschaft, Branchengewerkschaft vs. einzelnes Unternehmen) wider
• gehen mit einer hohen tarifvertraglichen Abdeckungsrate einher	• gehen mit einer geringen tarifvertraglichen Abdeckungsrate einher

Quelle: Schnabel 2006, 29.

9.3 Betriebliche Bündnisse

Betriebliche Bündnisse für Beschäftigung und Wettbewerbsfähigkeit bzw. für Arbeit sind seit Mitte der 1990er Jahre ein qualitativ neuartiges, inzwischen bereits überraschend weit verbreitetes, kollektivrechtliches Instrument der Betriebs- bzw. Tarifpolitik, mit dessen Hilfe die korporativen Akteure der Betriebsebene auf Veränderungen ihrer ökonomischen, strukturellen und institutionellen Umwelten reagieren (u. a. Internationalisierung, insb. Europäisierung, Erhöhung der Wettbewerbsintensität bzw. sich verschärfende Kostenkonkurrenz).[321] Im Rahmen derartiger „konzessionärer Beschäftigungsvereinbarungen" machen beide Seiten auf kollektiver Basis gewisse Abstriche bei tariflich oder betrieblich vereinbarten Standards mit dem Ziel der Sicherung des Standorts und/oder der Beschäftigung.[322] Ihr Ziel besteht in einer Steigerung der Arbeitsproduktivität bzw. Senkung der Arbeitskosten.

In instrumenteller Sicht werden häufig die erheblichen Spielräume genutzt, welche tarifvertraglich vereinbarte Öffnungsklauseln für verschiedene Verhandlungsgegenstände (vor allem Arbeitszeiten und Entgelte) in zunehmender Zahl eröffnen (zu Einzelheiten Bispinck 2002), Management und Betriebsrat schließen formale Betriebsvereinbarungen neuen Typs. Insofern erfolgt eine weitere Verlagerung bzw. Dezentralisierung der Regelungskompetenz von der überbetrieblichen auf die betriebliche Ebene (Fortsetzung der sog. Verbetrieblichung).

Im Rahmen einer empirischen Bestandsaufnahme zur quantitativen Verbreitung, qualitativen Ausgestaltung und Funktionslogik sind folgende Muster zu erkennen:[323]

- Vereinbarungen bestehen derzeit in ca. einem Viertel aller Betriebe, wobei die Häufigkeit mit der Beschäftigtenzahl zunimmt, d. h. der Deckungsgrad der Beschäftigten ist höher als der der Betriebe. Eine gewisse „Sättigung" in der Verbreitung scheint eingetreten zu sein. Der Verbreitungsgrad ist deutlich höher als in der öffentlichen Diskussion, die unabhängig von der tatsächlichen Verbreitung zumeist vehement den Abschluss weiterer Bündnisse fordert, angenommen wird.

---

321 Vgl. zur Problematisierung der populären These, wonach derartige Vereinbarungen in der Bundesrepublik das mehr oder weniger funktionale Äquivalent zum *concession bargaining* in den USA darstelle, im Einzelnen Massa-Wirth (2007). Vgl. zusammenfassend zum Wissensstand zu Bündnissen Seifert (2002), zu Bündnissen in einzelnen europäischen Ländern Sisson et al. (1999).

322 Die genaue Abgrenzung bereitet Schwierigkeiten. Nicht berücksichtigt werden im Folgenden u. a. rein individualrechtliche Vereinbarungen.

323 Die folgenden Angaben stützen sich weder auf qualitative Einzelfallstudien noch auf branchenspezifische Untersuchungen (Berthold et al. 2003a; 2003b) noch auf die Praxis in den 100 größten Unternehmen (Rehder 2002; 2003a; 2003b; 2003c) sondern auf breit angelegte Befragungen von Betriebsräten in Betrieben mit mehr als 20 Beschäftigten (Massa-Wirth 2007; Massa-Wirth/Seifert 2004a; 2004b; 2006; Maurer/Seifert 2001; Seifert 2002; Seifert/Massa-Wirth 2005).

- Ein linear positiver Zusammenhang besteht zwischen Betriebsgröße bzw. Beschäftigtenzahl und Abschluss betrieblicher Bündnisse. In Großbetrieben scheinen die Voraussetzungen (professionalisierte Personalabteilung, Existenz eines Betriebsrats) günstiger zu sein. In kleineren Betrieben können informelle Absprachen zwischen Unternehmensleitung und Gruppen von Beschäftigten funktionale Äquivalente zu betrieblichen Bündnissen sein.
- In tarifgebundenen Betrieben werden solche Vereinbarungen häufiger getroffen als in nicht-tarifgebundenen.
- Ost-West-Differenzen ergeben sich infolge einer geringfügig weiteren Verbreitung im Ostdeutschland.
- Die Verbreitung schwankt unabhängig von Faktoren wie Tarifbindung und Betriebsgröße deutlich zwischen Branchen. Den höchsten Anteil weisen Unternehmensdienstleistungen auf, den niedrigsten hat der Handel; Determinanten dürften die Betriebsgrößenstruktur, die Existenz von Öffnungsklauseln sowie das Lohnniveau sein.
- Die Arbeitnehmerleistungen umfassen in abnehmender Reihenfolge ihrer Bedeutung intern-numerische (Anpassung von Lage und Länge der Arbeitszeiten im Sinne ihrer Variabilisierung und Flexibilisierung), intern-funktionale (Veränderungen der Arbeitsorganisation, Qualifizierung der Beschäftigten) sowie monetäre Konzessionen (Absenkung oder Verzicht auf Zulagen, Sonderzahlungen und/oder Tariferhöhungen). Im Zeitverlauf ist eine Zunahme der entgeltbezogenen Konzessionen zulasten numerischer und insofern eine qualitative Änderung der Inhalte festzustellen. Die Fähigkeit von Tarifverträgen, *to take wages out of competition*, wird eingeschränkt.
- Die Arbeitgeberleistungen, welche in der überwiegenden Mehrzahl betrieblicher Bündnisse erfolgen, bestehen zumeist aus verbindlichen, im Prinzip quantifizierbaren Beschäftigungs- (wie Ausschluss betriebsbedingter Kündigungen während der Laufzeit, Erhalt der Belegschaftsstärke, Übernahme von Auszubildenden, zusätzliche Einstellungen) und/oder Standortzusagen (Erhalt des Standorts, Investitionen am Standort, Verzicht auf Outsourcing). Erstere wirken direkt, letztere indirekt. „Beschäftigung", konkret das Beschäftigungsniveau, wird zum expliziten Verhandlungsgegenstand auf betrieblicher Ebene. Insofern handelt es sich um eine wesentliche Erweiterung des Kanons der *bargaining*-Objekte bzw. der faktischen Mitbestimmungsgegenstände über die im BetrVG explizit genannten hinaus.
- Vertragsbrüche kommen vor, sind aber selten. Eine günstige Ertragssituation, gute Sozialbeziehungen auf betrieblicher Ebene sowie die Existenz eines Flächentarifvertrags erhöhen die Wahrscheinlichkeit, dass eingegangene Verpflichtungen auch tatsächlich eingehalten werden.

Abb. 9.5:
Arbeitnehmerzugeständnisse nach der wirtschaftlichen Lage des Betriebs

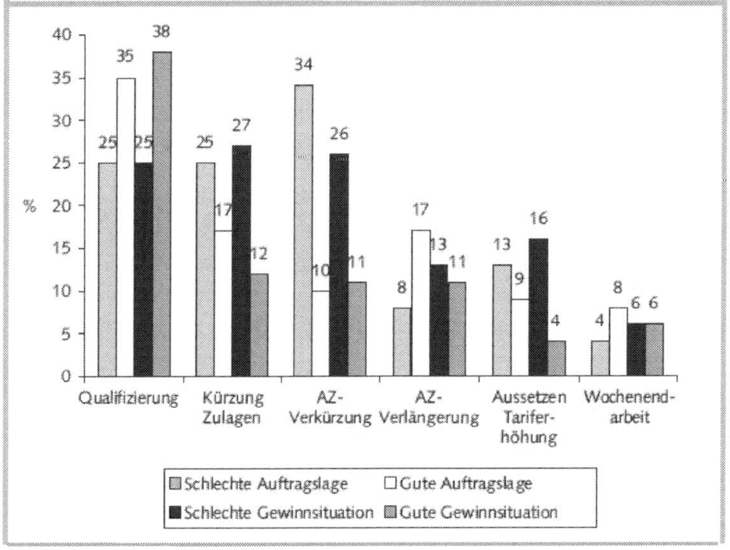

Quelle: Massa-Wirth/Seifert 2004a, 252.

Abb. 9.6:
Vereinbarte Arbeitgeber-Zusagen in betrieblichen Bündnissen

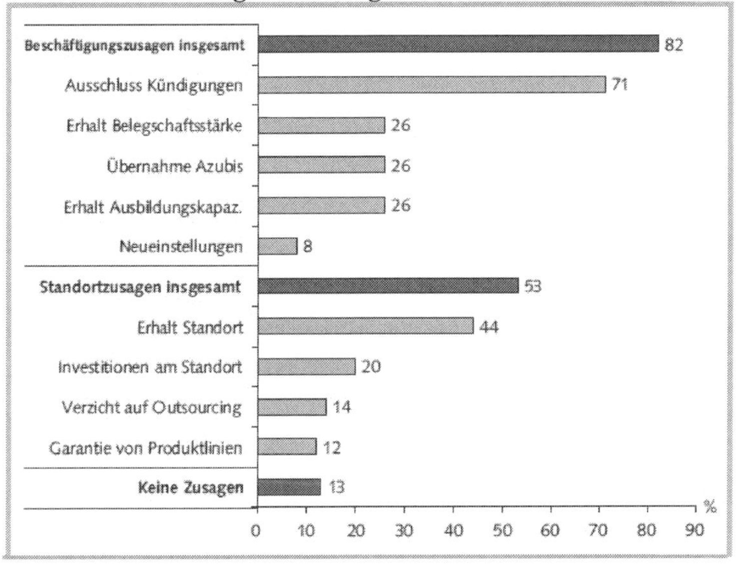

Quelle: Massa-Wirth/Seifert 2004b, 251.

Konzessionäre Beschäftigungsvereinbarungen sind komplexe Paketlösungen, die aus funktional komplementären Anpassungsinstrumenten bestehen; sie stellen voraussetzungsvolle Tauscharrangements dar, welche einen hohen Grad an Vertrauen und Kooperationsbereitschaft bei Geschäftsleitung und Betriebsrat voraussetzen. Es erfolgt eine Ausweitung interner Varianten der Flexibilität (numerisch, monetär, funktional) bei gleichzeitiger Einschränkung externer Varianten (Verzicht auf betriebsbedingte Kündigungen); insofern handelt es sich um eine Änderung der Muster personalpolitischer Anpassungsstrategien, wobei die konkrete ökonomische Situation des Betriebes die Wahl der qualitativ unterschiedlichen Formen bestimmt (z. B. Änderung der Länge von Arbeitszeiten und Auftragslage bzw. Gewinnsituation) (zu Einzelheiten Seifert/Massa-Wirth 2005; Massa-Wirth/Seifert 2006). Betriebliche Bündnisse sind im Prinzip als Tausch betrieblicher Flexibilität gegen Beschäftigungsstabilität anzusehen.

Aus Sicht der Beschäftigten erfolgt eine Besserstellung im Vergleich zum (möglichen) Verlust des Arbeitsplatzes bzw. eine Erhöhung der Arbeitsplatzsicherheit. Eine einigermaßen solidarische Verteilung der Lasten stellt den Regelfall dar. Die Verteilung der Risiken kann zwischen Beschäftigtengruppen schwanken, was zu internen Solidaritätskonflikten (vor allem zwischen Stamm- und Randbelegschaft) führen kann. Aus segmentationstheoretischer Perspektive wird der betriebliche gegenüber dem externen Arbeitsmarkt abgeschottet bzw. geschlossen. Im Übrigen brauchen die einzelnen Arbeitnehmer einer Vereinbarung, die auf betrieblicher Ebene zwischen Geschäftsleitung und Betriebsrat geschlossen wird, nicht explizit zuzustimmen.[324]

Aus Sicht der Betriebe ergeben sich nicht nur Vorteile (wie Senkung der Lohnstückkosten oder Erhöhung der Arbeitsproduktivität) sondern auch gewisse Risiken, u. a. Abwanderung (*exit*) qualifizierter Arbeitnehmer mit externen Beschäftigungsoptionen infolge verschlechterter Arbeitsbedingungen (vor allem in Bezug auf Arbeitszeiten und Entgelte), Verlust notwendigen, betriebsspezifischen Humankapitals und/ oder von Teamproduktivität, Beeinträchtigung der Leistungsbereitschaft oder Leistungszurückhaltung seitens der Arbeitnehmer (*shirking*), Erhöhung der *Monitoring*kosten. Das unilaterale *right to manage* bzw. die *management prerogatives* werden bei wichtigen Fragen temporär zugunsten Verfahren bilateraler Entscheidungsfindung eingeschränkt bzw. die Regulierung durch die Tarifvertrags- wird partiell durch die der Betriebsparteien abgelöst.

---

[324] Gelegentlich fordern vor allem konservative Politiker, die Zustimmung zu einem Bündnis an ein bestimmtes Quorum von Beschäftigtenstimmen und nicht an das Votum des Betriebsrats zu knüpfen. Dadurch sollen Bündnisse auch in betriebsratslosen Unternehmen gefördert werden. Außerdem würde der Einfluss der Arbeitnehmervertretungen erheblich reduziert.

Die konzessionären Leistungen beider Seiten dienen nicht nur, wie häufig in der öffentlichen und wissenschaftlichen Diskussion angenommen wird, der Existenzsicherung des Unternehmens in Krisensituationen, sondern auch der Stärkung seiner Wettbewerbs- und Innovationsfähigkeit (kurzfristige „Krisen-“ versus mittel- und langfristige „Wettbewerbsbündnisse“).[325] Die Laufzeiten der recht heterogenen Vereinbarungen sind im ersten Fall deutlich kürzer als im zweiten.[326] Auch profitable Unternehmen setzen mit Verweis auf die Existenz entsprechender Verträge in konkurrierenden Unternehmen und die dadurch veränderte eigene Wettbewerbsposition derartige Vereinbarungen durch. Diese sind nicht nur Ausdruck strikter ökonomischer Notwendigkeiten, sondern wesentlich Ergebnis veränderter, machtpolitischer Optionen der Akteure. Mit anderen Worten: Die ökonomische Lage (Auftrags- oder Ertragslage) ist kein valider Prädiktor für den Abschluss derartiger Vereinbarungen.

Als wichtigste Bestimmungsgründe sind nicht nur, was *prima facie* plausibel erscheinen mag, ökonomische Faktoren zu nennen, sondern vor allem rechtlich-institutionelle Rahmenbedingungen bzw. deren unterschiedliche Ausprägung in und Konsequenzen für die Arbeitsbeziehungen. Im Übrigen variieren die Macht-Abhängigkeitsbeziehungen zwischen den korporativen Akteuren im Zeitverlauf, so dass deren Handlungsoptionen sich verändern; neue Möglichkeiten (wie die Option auf Produktions- bzw. Standortverlagerung) können für die Durchsetzung der eigenen strategischen Ziele instrumentalisiert werden. Das relative Verhandlungs- und Machtgleichgewicht verschiebt sich zuungunsten der Arbeitnehmer bzw. ihrer Interessenvertretungen und drückt sich in den Tauschrelationen der „konzessionären Vereinbarungen“ aus. Es führt zu Strategiewechseln beider Parteien; die zunehmenden *Exit*-Optionen, die der Arbeitgeberseite zur Verfügung stehen, dienen zur Erhöhung personalpolitischer Flexibilität sowie zur Senkung der Arbeitskosten. Die vorhandenen Informationsasymmetrien machen die *Exit*-Drohung zum taktischen Mittel des Managements und erhöhen dessen Verhandlungsmacht.

Eine für die mittel- und langfristige Entwicklung der Institutionen der Arbeitsbeziehungen relevante Frage lautet, ob konzessionäre Beschäftigungsvereinbarungen neuartige Instrumente zur grundlegend-dauerhaften Transformation oder lediglich kurzfristig wirksame Instrumente zyklischer Anpassungen an veränderte konjunkturelle Rahmendaten sind. Die bisherige Entwicklung macht die Vermutung plausibel, dass derartige Vereinbarungen unabhängig von der konjunkturellen Lage weiter bestehen, möglicherweise sogar zunehmen; sie können zu einem Pfad- bzw. Systemwechsel

---

[325] Eine andere Typologie unterscheidet vier Formen (Rehder 2003a): lohnsenkende Investitionsvereinbarungen, lohnsenkende Beschäftigungsvereinbarungen, produktivitätsfördernde Investitionsvereinbarungen, arbeitsumverteilende Beschäftigungsvereinbarungen.

[326] Die Medianwerte betragen 19 bzw. 36 Monate und liegen damit über denen von Tarifverträgen (Massa-Wirth/Seifert 2004b; 2006).

im Sinne weiterer Dezentralisierung und Heterogenisierung der Arbeitsbeziehungen führen; sie verändern u. a. das früher bestehende Machtgleichgewicht zwischen überbetrieblicher und betrieblicher Interessenvertretungen zugunsten letzterer. *Last but not least* fördern sie die unabhängig von ihnen begonnene „Verbetrieblichung der Tarifpolitik" und machen eine Neubestimmung des Verhältnisses von Tarif- und Betriebspolitik bzw. der Beziehungen zwischen ihren Trägern notwendig.

Eine weitere, für eine strategisch- normative Einschätzung dieser neuartigen Arrangements wichtige, gleichwohl schwierig zu beantwortende Frage ist die nach der *Fairness* solcher Vereinbarungen bzw. ihrer Tauschsymmetrie; ihre formale Existenz besagt noch nichts über Ein- oder Zweiseitigkeit der ausgehandelten Konzessionen. Erstere würden Ähnlichkeiten mit dem *concession bargaining* in den USA aufweisen, letztere ein *quid pro quo bargaining* bzw. einen Äquivalententausch darstellen. Folgende Vermutung erscheint plausibel: Die Tauschgüter bzw. Zugeständnisse der Arbeitnehmer (wie Änderungen der Arbeitszeit- und Organisationsstrukturen) sind zumeist nicht beliebig reversibel. Demgegenüber sind die der Arbeitgeberseite (vor allem Ausschluss betriebsbedingter Kündigungen) in der Regel befristet auf die Laufzeit der Vereinbarung; eine Rückkehr zum *status quo ante* ist durchaus möglich; außerdem können sie in einer möglichen nächsten Verhandlungsrunde erneut als für die Gegenseite attraktive Tauschobjekte eingebracht werden.

Konzessionäre Beschäftigungsvereinbarungen haben erhebliche Bedeutung in Hinsicht auf Prozesse vor allem prozeduraler Regulierung; sie können dauerhafte *lock in*-Effekte aufgrund der nachhaltigen Änderungen der betrieblichen Arbeitsorganisation auslösen sowie die Normsetzungsmacht der Tarifparteien, die auch unabhängig von betrieblichen Bündnissen abnimmt, unterminieren. Die tariflich vereinbarten Standards der Beschäftigung (zunächst vor allem Arbeitszeit, später auch Entgelte) wandeln sich von fixen und verbindlichen Mindest- zu verhandel- und damit veränderbaren Maximalstandards; das vormals geltende Prinzip der einheitlichen Arbeits- und damit Lebensbedingungen durch den Abschluss von Flächentarifverträgen wird zunehmend aufgegeben; außerdem wird die Kartell- und Verteilungsfunktion des Tarifvertrags mindestens eingeschränkt, wenn nicht außer Kraft gesetzt, wodurch dessen „innere Erosion" beschleunigt wird.

Zusammenfassend gilt: Betriebliche Bündnisse stellen prozedural wie substantiell weitgehend Neuland für die Entwicklung der Arbeitsbeziehungen dar. Beim Vergleich der Tauschrelationen ergibt sich eine gewisse, möglicherweise zunehmende Asymmetrie von Leistung und Gegenleistung beider Seiten. Diese Vereinbarungen sind nicht nur kurzfristige Anpassungsinstrumente der Krisenbewältigung, sondern können als qualitativ neue Regulierungsinstrumente zu einer grundlegend-langfristigen Transformation der Arbeitsbeziehungen im Sinne ihrer „kontrollierten Dezentralisierung", stärkeren Differenzierung und vermehrten Marktorientierung führen; ihr Beitrag zum Wandel der Institutionen der Arbeitsbeziehungen ist beachtlich.

9.4 Betriebe ohne Betriebsrat im Tarifsystem

1. Die Arbeitsbeziehungen der Bundesrepublik werden in aller Regel als duales System beschrieben und gegenüber monistischen abgegrenzt, wie sie traditionell vor allem in den angelsächsischen Ländern dominieren (Ferner/Hyman 1998; Bamber et al. 2004). Mit der strikten formal-rechtlichen Trennung von gesetzlich verankerter betrieblicher und freiwillig-überbetrieblicher Interessenvertretung korrespondieren in der Realität häufig enge, arbeitsteilig-kooperative Beziehungen zwischen den Institutionen Betriebsrat und Gewerkschaft (Schmidt/Trinczek 1999). Dieser Sachverhalt einer „widersprüchlichen Einheit“ erkläre die über lange Zeit hohe Stabilität bzw. die hohe Anpassungsfähigkeit der Arbeitsbeziehungen, vor allem ihren beachtlichen Beitrag zur konsensualen Interessenregulierung im Rahmen des „Modell Deutschland“.

In den vergangenen Jahren mehren sich die empirisch fundierten Zweifel, ob diese Skizzierung, die sich nicht nur in den gängigen Einführungs- bzw. Überblicksbänden findet, sondern weitgehend akzeptiert ist, die veränderte Realität tatsächlich (noch) adäquat beschreibt. Die Arbeitsbeziehungen sind schon seit längerer Zeit weniger dual als bis *dato* zumeist angenommen: Der Bericht der Kommission Mitbestimmung dokumentierte die offensichtliche Abnahme der betrieblichen Deckungsraten zwischen Mitte der 1980er und Mitte der 1990er Jahre und quantifizierte die zunehmende Bedeutung der „mitbestimmungsfreien Zonen“ (Bertelsmann Stiftung/Hans-Böckler-Stiftung 1998). Aktuelle empirische Arbeiten auf Basis des IAB-Betriebspanels belegen nicht nur im Quer- sondern auch im Längsschnitt, dass seit Mitte der 1990er Jahre die Deckungsraten, d. h. konkret weniger die betrieblichen, stärker die sektoralen, rückläufig sind; im Rahmen dieser Entwicklung sind erhebliche Differenzen festzustellen zwischen Branchen, vor allem zwischen sekundärem und tertiärem Sektor, innerhalb von Branchen, besonders nach Betriebsgrößenklassen, sowie zwischen Ost- und Westdeutschland. Nur eine Minderheit vor allem von Betrieben aber auch von Beschäftigten befindet sich nach wie vor in der „Kernzone“ der dualen institutionalisierten Interessenvertretung, in der sowohl Betriebsräte als auch (Flächen-)Tarifverträge vorhanden sind.[327]

Das Phänomen einer „Krise“ des dualen Systems ist nicht unbedingt neu, gewinnt aber in quantitativer wie qualitativer Hinsicht an Bedeutung. Die deutlichen Rückgänge vor allem der Bindung an Branchentarifverträge erfolgen innerhalb eines relativ kurzen Zeitraums und geben insofern Anlass zur Sorge; die Frage, ob in jüngster Zeit eine gewisse Konsolidierung – wenngleich auf vergleichsweise niedrigem

[327] Es handelt sich um ein Problem der Privatwirtschaft. Im öffentlichen Dienst betragen beide Deckungsraten nach wie vor über 90%; vgl. zur Empirie von Personalräten Keller/Schnell (2003; 2005).

Niveau – erfolgt, lässt sich derzeit nicht genau beantworten. Eines ist sicher: Es gibt offensichtlich in der Bundesrepublik einen wachsenden „non-union sector", wie er in den USA schon lange besteht (Freeman/Rogers 1993; Katz 2004) – und lange Zeit ausschließlich in den angelsächsischen Ländern möglich zu sein schien. Er trägt bei zu der in der international-vergleichenden Forschung festgestellten „growing variation in employment relations within countries" (Katz 2005, 279).

Dieser für die zukünftige Entwicklung der *industrial relations* bedeutende Sachverhalt findet in der Forschung bisher erstaunlicherweise kaum Beachtung. So fokussiert sich die aktuelle wirtschaftswissenschaftliche Forschung auf diverse ökonomischen Folgen von Betriebsratshandeln (wie Gewinne, Fluktuation, Innovation, Löhne, Produktivität) (vgl. Kap. 6). Neben dem Rückgang der Deckungsraten durch Kollektivverträge, die vor allem durch fortschreitende Tertiarisierung der Wirtschaft aber auch durch einen seit den frühen 1990er Jahren sinkenden gewerkschaftlichen Organisationsgrad verursacht werden, sind die Folgen für die betriebliche Ebene zu problematisieren. Die zentralen Fragestellungen lauten: Wie erfolgt die Interessenvertretung in betriebsratsfähigen Betrieben ohne Betriebsrat? Spielen innerhalb der „mitbestimmungsfreien Zonen" neue, alternative Institutionen der Interessenvertretung bzw. andere Formen von weniger strikt institutionalisiertem *collective voice* eine größere Rolle und übernehmen die Aufgaben von Betriebsräten? Und darüber hinaus: Welches sind in weitergehenden, mittel- und langfristigen Perspektiven die Folgen dieser Entwicklung für das System der dualen Arbeitsbeziehungen? Die häufig zitierten Formen „kontrollierter Dezentralisierung" setzen nicht nur die Existenz sondern auch die Handlungsfähigkeit von Institutionen auf beiden Ebenen voraus.[328]

2. Bedenken gegen die hier vertretene Sichtweise eines schleichenden Abschieds vom dualen System lassen sich in mehrfacher Hinsicht formulieren.

Ein Gegenargument lautet, dass die Interessenvertretung auf betrieblicher Ebene nicht unbedingt durch Betriebsräte erfolgen müsse, sondern auch durch – in der Terminologie der Systemtheorie – funktionale Äquivalente bzw. alternative Formen der Interessenartikulation (wie runde Tische oder Mitarbeiterbeiräte) wahrgenommen werden könne. Das Insistieren auf gesetzlich-verbindlichen Betriebsräten verkenne gewissermaßen die zunehmende Bedeutung aktueller, vertraglich-freiwillig vereinbarter Varianten bzw. verenge Prozesse einer Institutionalisierung von Interessenvertretung vorschnell und unzulässig auf einen spezifischen Typus, der aus der Phase tayloristisch-fordistischer Produktionsweise stamme.

---

[328] Artus (2005, 393) identifiziert „vier typische Formen der Bezugnahme auf das Tarifsystem …: stabile oder fragile Integration in das Tarifsystem, „Trittbrettfahrer des Tarifsystems", lockere Orientierung am Tarif („Beobachter aus der Ferne"), Betriebe jenseits des Tarifsystems".

Aktuelle repräsentative Studien zeigen allerdings, dass der Anteil der zuletzt genannten Formen (bisher überraschend) gering geblieben sowie auf Kleinbetriebe begrenzt ist. Dieser Sachverhalt einer zumindest im Aggregat randständigen Bedeutung gilt unabhängig davon, ob als Indikator der Entwicklung die Zahl der Betriebe oder die tatsächlich aussagekräftigere Zahl der von diesen beschäftigten Arbeitnehmer gewählt wird (zu Einzelheiten Ellguth 2006). Die Anteile „hausgemachter", betriebsratsähnlicher Formen liegen nach wie vor im niedrigen einstelligen Prozentbereich, so dass wir diese Alternative eines reinen *private ordering* aufgrund ihrer geringen quantitativen Bedeutung in der weiteren Betrachtung getrost vernachlässigen können, zumal wir rein branchenspezifische Entwicklungen nicht behandeln.[329]

Ein weiteres Gegenargument gegen unsere Sichtweise könnte folgendermaßen lauten. Aktuelle Studien belegen Ausstrahlungseffekte von Kollektivverträgen, d. h. aus organisationstheoretischer Perspektive entfalten bestehende Institutionen praktische Normierungswirkungen, die über ihren rechtlichen Geltungsbereich mehr oder weniger deutlich hinaus reichen. Konkret: Ca. 40% der nicht-tarifgebundenen Betriebe orientieren sich bei Jahresurlaub sowie Grundlöhnen und Gehältern (seltener jedoch bei finanziellen Zusatzleistungen) an Regelungen von Flächentarifverträgen (Schnabel/Kohaut 2004). Die Grade bzw. die Intensität dieser Fernwirkungen im Sinne einer faktischen Anbindung an das Tarifvertragssystem können unterschiedlich sein, wobei die Branchenzugehörigkeit von zentraler Bedeutung ist (Artus 2006).

Erklärungen dieses Sachverhalts argumentieren zumeist mit Gerechtigkeits- bzw. Fairnessvorstellungen und/oder Legitimitätskalkülen. Im Gegensatz oder zumindest in Ergänzung zu diesen sozialwissenschaftlichen Ansätzen lassen sich derartige Verhaltensweisen relativ einfach erklären aus der Perspektive von Theorien des (ökonomischen Neo-)Institutionalismus: Die Transaktionskosten (Williamson 1985, 1996) eines solchen Kopierens vorgefundener Normen sind niedriger als die ihrer Alternativen, etwa die einer Aushandlung der Entgelte und übrigen Arbeitsbedingungen in Einzelarbeitsverträgen. Dieser Zusammenhang gilt aufgrund einer größeren Kostenersparnis vor allem für mittlere und große Betriebe, bei denen diese Praxis des Kopierens tatsächlich häufiger als bei kleinen anzutreffen ist. Im Übrigen lässt sich sogar die schwächere Variante einer stärkeren Orientierung „am Markt" als „am Tarif" als transaktionskostenreduzierende Vorgehensweise klassifizieren, zumindest wenn die Alternative ein individueller Aushandlungsprozess ist.

---

[329] Mit diesen quantitativen Befunden relativiert sich auch erheblich die Beantwortung der kontrovers diskutierten Frage nach Substitution *versus* Komplementarität der genannten Vertretungsformen.

Auf Basis dieser quantitativen wie qualitativen Daten ließe sich schlussfolgern, dass die konstatierte Abnahme der Deckungsraten faktisch weniger dramatisch sei für die Zukunft dualer Arbeitsbeziehungen als die bisherigen Ausführungen unterstellen. Gegen diese häufig vorgebrachte Vermutung sprechen mehrere Argumente:

- Zum einen handelt es sich um eine rein freiwillige Orientierung seitens des Managements, die je nach aktueller Interessenlage durch unilaterale Aktion aufgekündigt, d. h. ohne weitreichende Folgen und hohe Konfliktkosten mehr oder weniger deutlich verändert oder sogar vollständig rückgängig gemacht werden kann; in dieser stets verfügbaren *exit*-Option besteht ihre Attraktivität für das Management. Außerdem liegt die Wirksamkeitsschwelle dieser gleichermaßen paternalistischen wie „flexiblen" Variante der Partizipation deutlich unterhalb der einer rechtlich normierten und daher dauerhaften Institution zur Interessenvertretung. Ein Betriebsrat, wenn er denn überhaupt besteht, wovon nicht unbedingt auszugehen ist, kann bei dieser Konstellation von Instrumenten der arbeitspolitischen Interessendurchsetzung nicht auf langfristig verlässlichen, bilateralen Absprachen insistieren, wie sie ihm zumeist, u. a. im Rahmen betrieblicher „Bündnisse für Arbeit und Wettbewerb" (vgl. Abschnitt 3 dieses Kapitels), zur Verfügung stehen.
- Zum anderen setzt diese rein voluntaristische Einschränkung der *management prerogatives* seitens der Unternehmensleitung implizit die Existenz oder zumindest die kritische Größe eines funktionierenden Systems sektoraler Flächentarifverträge voraus. Wenn dieses nicht oder nicht mehr vorhanden ist, kann eine entsprechende informelle Anbindung *ex definitione* nicht erfolgen. Insofern sind die vorhandenen Ausstrahlungseffekte an die Existenz impliziter, im Prinzip labiler institutioneller Voraussetzungen gebunden und daher in ihrer räumlichen wie zeitlichen Reichweite begrenzt. Anders formuliert in der Sprache des *rational choice*-Paradigmas (Olson 1968): Diese spezifische Form informeller „Trittbrettfahrer des Tarifsystems" (Artus 2005, 394) kann nur solange erfolgen, wie das Kollektivgut „Tarifvertrag" tatsächlich und ausschließlich durch die Beiträge anderer, vermutlich größerer Unternehmen bzw. korporativer Akteure erstellt wird.[330]

Möglicherweise trifft sogar die gegenteilige Vermutung zu und die skizzierten Befürchtungen über die Auswirkungen der „weißen Flecken" sind untertrieben. Die Studien unterstellen nämlich zumindest implizit, indem sie mit Deckungsraten argumentieren, dass die formale Existenz eines Betriebsrats mit seiner wirksamen Einflussnahme gleichzusetzen sei. Damit werden notwendige und hinreichende

[330] Auf Seiten der Arbeitgeber kann die Motivation zur Leistung individueller Beiträge darin bestehen, den Anreiz zum Gewerkschaftsbeitritt auf Seiten der Arbeitnehmer zu reduzieren.

Bedingungen seiner Handlungsfähigkeit in eins gesetzt, was aus methodologischer Perspektive natürlich unzulässig ist. Wir müssen davon ausgehen, dass etliche der bestehenden Betriebsräte nicht in der Lage sind, Entscheidungen auch tatsächlich wirksam zu beeinflussen – von der Durchsetzung von Vetopositionen ganz zu schweigen. Die Unternehmensgröße spielt nicht nur für die Existenz sondern auch für die reale Bedeutung von Betriebsräten die wesentliche Rolle: Ihre Einflussmöglichkeiten nehmen lincar zu mit der Zahl der Beschäftigten (vgl. Kap. 5).

Gegen eine reine Addition der formalen und informellen Geltungsbereiche, die im Ergebnis quasi-automatisch zu hohen Deckungsraten führen muss, spricht auch die Tatsache, dass es offensichtlich – vor allem, aber nicht nur in den neuen Bundesländern – „stille Tarifflucht“ gibt (Artus 2001). Dieser schwierig zu quantifizierende Sachverhalt einer „inneren Erosion“ des Tarifvertragssystems, der die „äußere“ begleitet, bedeutet, dass nicht alle Verbandsmitglieder die vertraglich vereinbarten Normen auch tatsächlich als Mindestarbeitsbedingungen einhalten. Daher ist die Schlussfolgerung gerechtfertigt, dass die angegebenen Deckungsraten die realen Verhältnisse überzeichnen. Die Operationalisierung kann das Validitätsproblem nicht lösen, da sie lediglich formal-institutionelle Stabilität misst, und führt zu unrealistischen Überschätzungen der tatsächlichen materiellen Folgen.

Insgesamt bietet sich – im Gegensatz zu vorliegenden Versuchen, bei denen etwa „Globalisierung“ und/oder Internationalisierung eine wichtige Rolle spielen – eine macht- bzw. einflusstheoretische Erklärung der Entwicklung an. Demnach spiegeln Kompromisse bei der Interessenregulierung die Kräfteverhältnisse zwischen Arbeitnehmern und Arbeitgebern bzw. ihrer Organisationen zum Zeitpunkt ihres Zustandekommens. Die eingetretene Verschiebung des stets labilen Kräfte- bzw. Machtgleichgewichts teils paralleler, teils entgegen gesetzter Interessen wird durch die anhaltende Arbeitsmarktsituation mit persistenter Massenarbeitslosigkeit sowie durch deutlich abnehmende gewerkschaftliche Organisationsgrade (vgl. Kap. 3) begünstigt bzw. überhaupt erst ermöglicht. Sie lässt die sukzessive Aufkündigung nahezu aller, unter den gänzlich anderen Rahmenbedingungen eines im Prinzip konfliktträchtigen *contested terrain* eingegangener und lange Zeit scheinbar stabiler Kompromissformeln (u. a. branchenbezogenes Tarifvertragssystem, betriebliche und unternehmerische Mitbestimmung) für etliche Arbeitgeber und ihre Verbände opportun erscheinen. Nachteilige Reaktionen der Arbeitnehmer bzw. ihrer Organisationen im Sinne der Verursachung hoher Aushandlungs- und Konfliktkosten sind in Anbetracht der veränderten Rahmenbedingungen kaum zu befürchten.[331]

---

[331] Ein anderer Beleg dieser Vermutung ist die aktuelle, *prima facie* durchaus unerwartete Kritik der Unternehmer- und Arbeitgeberverbände an der Mitbestimmung auf Unternehmensebene, d. h. an der Beteiligung von Arbeitnehmervertretern im Aufsichtsrat (vgl. Kap. 6).

3. Die skizzierten Szenarien widersprechen sich nicht oder zumindest dann nicht, wenn man eine weitere Heterogenisierung von Interessenlagen auf beiden Seiten und/oder eine Differenzierung der bekannten Vertretungsformen unterstellt. Das gewissermaßen klassische Modell dualer Arbeitsbeziehungen wird weiterhin bestehen, vor allem in den Kernbereichen des verarbeitenden Gewerbes bzw. in den Großbetrieben des sekundären Sektors (wie Automobil, Maschinenbau oder Chemie), aber einen geringeren Teil der Betriebe bzw. der abhängig Beschäftigten umfassen, d. h. allmählich zum minoritären Modell werden. Anders formuliert: Sein Zukunftsproblem besteht in der Gefahr einer sukzessiven Marginalisierung dieses *Co-Managements*, da es in Großunternehmen säkular schrumpfenden Branchen dominiert und seine Übertragung auf andere Bereiche den interessierten Akteuren offensichtlich kaum gelingt.

In anderen Bereichen hingegen, besonders in Branchen des privaten Dienstleistungssektors (wie neue Medien oder IT) – und nicht nur in den Resten der *New Economy* – werden andere Typen von Arbeitsbeziehungen an Bedeutung zunehmen. Der Grad der Abweichung wird u. a. von der Einbindung des Unternehmens bzw. der Branche in das „Parallelogramm der Kräfte" von Arbeitgebern und Arbeitnehmern und ihrer Verbände abhängen. In der Regel werden diese Branchen durch „moderne", heterogenere Vertretungsformen vor allem auf betrieblicher Ebene charakterisiert sein, die in ihrer Summe in der Interessendurchsetzung schwächer sein können als die des dualen Typs – von der realistischen Möglichkeit gänzlich fehlender Institutionen der Interessenvertretung im Sinne einer mehr oder weniger kompletten Desintegration ganz zu schweigen. Anders formuliert: Die Varianten organisierter und desorganisierter Dezentralisierung der Arbeitsbeziehungen (vgl. die vorgehenden Abschnitte dieses Kapitels) können nicht nur nach Ländern sondern auch zwischen Branchen – wenn nicht sogar innerhalb von Branchen – deutlich differieren.

Ein realistisches Szenario könnte sein, dass die Interessenvertretung auf überbetrieblich-sektoraler Ebene in Form von Gewerkschaften sowie der von ihnen geschlossenen Flächentarifverträge mittel- und langfristig weiter erodiert bzw. in Branchen des privaten Dienstleistungssektors gar nicht erst zustande kommt und dadurch ein spezifischer „monistischer" Typus von Arbeitsbeziehungen an Bedeutung gewinnt. Für ein solches Szenario von *deunionization* spricht vor allem der empirische Befund, dass in den vergangenen Jahren die sektoralen und nicht die betrieblichen Deckungsraten rückläufig waren (vgl. die vorherigen Abschnitte dieses Kapitels). Anders formuliert: Wenn Formen der Interessenvertretung mit dem Ziel einer Füllung des *representation gap* überhaupt ansatzweise institutionalisiert werden, erfolgt dieser Schritt eher auf betrieblicher als auf überbetrieblich-sektoraler Ebene.

Für diese Annahme sprechen wiederum transaktionskostentheoretische Überlegungen (Williamson 1985; 1996), welche die Existenz eines (zumindest semi-) offiziellen Ansprech- bzw. Verhandlungspartners auch aus Sicht des betrieblichen Managements zwecks bilateral akzeptabler und daher gegenüber den betroffenen Mitarbeitern eher durchsetzbarer Strategien der Problembewältigung bzw. Konfliktlösung erwarten lassen; dieser Zusammenhang gilt vor allem für mittlere und große Betriebe, da in diesen die Aushandlungs-, Sicherungs- und Anpassungskosten höher sind als in kleinen.[332] Eine andere Frage ist, ob diese Gremien der Interessenvertretung den rechtlich-institutionellen Vorgaben des BetrVG in Bezug auf Intensität (Information und Konsultation, Widerspruchsrechte, Vetopositionen) und Gegenstandsbereichen (in sozialen, personellen und wirtschaftlichen Angelegenheiten) der betrieblichen „Mitbestimmung" in allen Einzelheiten entsprechen oder bei dieser nur mehr oder weniger lockere Anleihen machen, d. h. sich lediglich auf bestimmte Segmente des Interessenspektrums beziehen.

Die inzwischen vorliegenden Studien, die mehrere (wie neue Medien) aber nicht alle Bereiche des privaten Dienstleistungssektors (wie *Call Centers*) abdecken, lassen ein breites Spektrum unterschiedlicher Formen mit heterogenen Ausprägungen sowohl innerhalb als auch zwischen Branchen erwarten und nicht das eine neue Modell; für diese Vermutung spricht auch die eingetretene Heterogenisierung von Interessen. Ob für sämtliche Beschäftigtengruppen – und nicht nur für hochqualifizierte und durchsetzungsstarke Arbeitnehmer in kleineren und mittelgroßen Unternehmen – einklagbare Mitbestimmungsrechte auf gesetzlicher Basis durch Partizipation im Rahmen wechselseitiger Beziehungen reinen „Vertrauens" zu ersetzen sind, lässt sich nicht abschließend beurteilen; Zweifel sind zumindest in einer macht- und einflusstheoretischer Betrachtungsweise der Arbeitsbeziehungen angebracht.

Zudem gibt es in bestimmten Bereichen (wie IT-Industrie) Anzeichen für eine zunehmende Institutionalisierung einer betrieblichen Interessenvertretung angesichts erheblich veränderter branchenspezifischer Rahmenbedingungen, insbesondere eines Verlusts von Primärmacht auf dem Arbeitsmarkt (Boes 2006).[333] Anders formuliert in *rational choice*-Terminologie: Wenn aus Sicht der Arbeitnehmer die vormals verfügbaren *exit*-Optionen abnehmen bzw. gänzlich entfallen, nimmt die Bedeutung von *voice*-Optionen zu, vor allem die ihrer kollektiven Formen (Hirschman 1974).

---

[332] Der Vollständigkeit halber sei erinnert an aktuelle zusammenfassende Studien über die wirtschaftlichen Folgen von Betriebsratshandeln, die im Gegensatz zu älteren Arbeiten eindeutig positive Beiträge zur Effizienz ergeben (vgl. Kap. 6).

[333] Diese Ereignisse stehen in Übereinstimmung mit Befragungen von Arbeitnehmern in den USA, die zeigen, dass diese entgegen verbreiteten Annahmen mehrheitlich mehr *collective voice*-Mechanismen bzw. Verfahren bilateraler Entscheidungsfindung favorisieren (Freeman/Rogers 1999). Im Übrigen liegen ähnliche Befunde auch für andere Länder (Australien, Kanada, Neuseeland) vor.

Die Folgen schrumpfender Deckungsraten treten zeitlich parallel auf mit einer abnehmenden gewerkschaftlichen Bindungsrate der Betriebsräte, die sich bei den letzten Betriebsratswahlen in sinkenden Organisationsgraden vor allem in Klein- und Mittelbetrieben dokumentiert (vgl. Kap. 5). Außerdem haben diese Rückgänge Konsequenzen, die weit über die sektorale Ebene hinaus reichen. Gewerkschaften haben sich im Rahmen der „widersprüchlichen Einheit" in Bezug auf die Mitgliederrekrutierung bisher – zwar nicht *de iure* wohl aber *de facto* – auf „ihre" Betriebsräte verlassen (und verlassen können), die ihrerseits von Dienstleistungen der Gewerkschaften profitierten (Aus- und Weiterbildung, Informationsvermittlung und Beratung).

Wenn aber Betriebsräte in Zukunft als wichtigste Instanz der Mitgliederwerbung weitgehend ausfallen, müssen die Gewerkschaften neue Strategien entwickeln, um ihre materielle Ressourcenausstattung zu verbessern bzw. die Organisationsgrade (wieder) zu erhöhen. Auf diese überlebensnotwendigen Aufgaben in veränderten Umwelten sind sie derzeit nicht oder zumindest nicht hinreichend vorbereitet. Ein besonders problematischer Bereich sind dabei kleine und mittlere sowie neu gegründete Unternehmen, da bei diesen die Deckungsraten besonders niedrig sind.[334]

4. Die in diesem Kap. behandelten Fragen sind nicht nur von akademischem sondern von durchaus praktischem Interesse, da sich die Beziehungen zwischen überbetrieblicher und betrieblicher Interessenvertretung ändern. Im Rahmen von Tendenzen der Dezentralisierung, die seit den frühen/mittleren 1980er Jahren in verschiedenen Ländern, u. a. in der Bundesrepublik, zu verzeichnen sind (vgl. die vorherigen Abschnitte dieses Kap.), gewinnen die korporativen Akteure der betrieblichen Ebene an Bedeutung bzw. Einfluss. Betriebsräte sind im betrieblichen Alltag nicht nur nach wie vor für die „klassischen" Aufgaben von Kontrolle der Einhaltung tarifvertraglich vereinbarter sowie staatlich gesetzter Normen zuständig, sondern konkretisieren, etwa im Rahmen einer zunehmenden Zahl unterschiedlich ausgestalteter tariflicher Öffnungsklauseln, die Umsetzung der in Kollektivverträgen getroffenen Rahmenregelungen (zunächst vor allem zu Arbeitszeiten, inzwischen auch zu Entgelten) und übernehmen sogar Zuständigkeiten für neue Regelungsbereiche (vgl. Kap. 5).

Insgesamt ergibt sich eine deutliche, quantitative wie qualitative Zunahme ihrer Aufgaben und Handlungsspielräume sowie Verantwortungsbereiche; Betriebsräte beurteilen diese Entwicklungen in Befragungen wiederholt und explizit äußerst skeptisch bis ablehnend und verweisen auf die Gefahr der Überforderung (Bispinck/Schulten 2003). Dieses Folgeproblem einer weitgehenden Dezentralisierung tariflich-sektoraler Regelungskompetenzen findet bis *dato* kaum Beachtung.

---

[334] Bei der Problembearbeitung könnte ein Blick auf die inzwischen recht umfangreiche Diskussion über *union revitalization* in den angelsächsischen Ländern hilfreich sein (Frege/Kelly 2004).

Die Existenz der Institution des Betriebsrats stellt nicht nur eine hinreichende sondern eine notwendige Voraussetzung für das Funktionieren dezentralisierter Systeme dualer Provenienz dar. Oder: Wenn diese notwendigen Bedingungen nicht gegeben sind, ändert sich der Typus der Arbeitsbeziehungen grundlegend in Richtung auf eine monistische Prägung. Die Vertretung betrieblich-syndikalistischer Partikularinteressen würde dominieren, weil sie nicht mehr durch die Berücksichtigung branchenspezifisch-sektoraler Interessen austariert werden kann. Betriebsräte würden Parallelen zu US-amerikanischen *company unions* aufweisen.

Die Propagandisten einer möglichst weitgehenden Dezentralisierung (im Sinne einer konsequent betriebenen „Verbetrieblichung") müssten eigentlich für die konsequente Stärkung der Rechte bzw. mindestens für eine lückenlose, flächendeckende Einführung von Betriebsräten optieren.[335] Da dieser Schritt offensichtlich nicht auf rein freiwilliger Basis erfolgt, ist vor allem bei hochgradig verrechtlichten Arbeitsbeziehungen wie denen der Bundesrepublik (vgl. Kap. 4) der Gesetzgeber gefordert, um eine entsprechende Neudefinition der *governance structure* vorzunehmen. Er sollte im Gegensatz zu Vermutungen und Forderungen neoliberaler Provenienz nach wie vor wichtige Aufgaben als korporativer Akteur im *political exchange* zwischen Staat und Verbänden wahrnehmen (Kochan 2005).

Die Bereitstellung externer Organisationshilfen (wie dem Instrument der Allgemeinverbindlichkeitserklärung) wäre keinesfalls neu in der Geschichte der Arbeitsbeziehungen, würde aber im Vergleich zu den derzeit dominierenden Strategien der unternehmerischen Flexibilisierung und staatlichen Deregulierung einen vorsichtigen Richtungswechsel im Sinne einer gewissen Re-Regulierung bedeuten. Eine solche Umverteilung von Verfügungsrechten bzw. Eingrenzung der *management prerogatives* würde einen wichtigen Beitrag zur Funktionssicherung der Arbeitsbeziehungen leisten können, aber natürlich nicht die Zustimmung aller betroffenen Akteure finden, wie die mit überzogenen Argumenten geführte politische Auseinandersetzung um die letzte Änderung des BetrVG im Jahre 2001gezeigt hat (vgl. Kap. 5).

Die Novellierung des BetrVG, welche vor allem durch Vereinfachung der komplizierten Wahlverfahren die Gründung von Betriebsräten in Klein- und Mittelbetrieben erleichtern soll, hat bei den nachfolgenden Wahlen nicht zu grundlegenden Veränderungen im Sinne eines „Gründungsbooms" geführt, d. h. die Deckungsrate in dieser Betriebsgrößenklasse nicht wesentlich erhöht (Rudolph/Wassermann 2006).

---

[335] Streng genommen müssten Betriebsräte im Gegensatz zu Regelungen im dualen Fall, in dem sie einer strikten Friedenspflicht unterliegen und die sektorale Interessenvertretung das Arbeitskampfmonopol hat, sogar über das Streikrecht verfügen, um im Konfliktfall kollektive Interessen wirksam durchsetzen zu können. Ihre Integration in das *distributive bargaining* (im Sinne von Walton/McKersie 1991) könnte jedenfalls nicht folgenlos für die Ausgestaltung des *institutional environment* bleiben.

Allerdings wäre es zweifellos naiv, auf einen deutlichen direkt-unmittelbaren Effekt zu setzen – und damit der bekannten „Illusion des Rechts“ zu erliegen. So braucht der Abbau von Informationsdefiziten bzw. -asymmetrien zwischen Management und Arbeitnehmern Zeit, die *bounded rationality* aller Akteure sowie ihre Option auf opportunistisches Verhalten setzen Grenzen, eine externe Hilfestellung durch Gewerkschaften in Form von Beratung und Unterstützung erfolgt nicht immer. Die langfristig möglichen Folgen der insgesamt als moderat zu bezeichnenden Umregulierung sind kaum abzuschätzen – wahrscheinlich aber nicht massiv in ihrer quantitativen Ausprägung. Da der Grad der zeitlichen Instabilität von Interessenvertretungen in kleinen Betrieben ausgeprägter ist als in großen erhöht sich die Gesamtzahl der Betriebsräte nur unwesentlich.

5. *Last but not least* kann ein kursorischer Blick über die Grenzen rein nationale Perspektiven relativieren. In unserem Kontext gibt die EU einen sinnvollen Bezugsrahmen ab, da sie im Gegensatz zu anderen wirtschaftlich integrierten Regionen über die politische Option auf eine Regulierung der national recht heterogenen *industrial relations* verfügt, die zu Zeiten Delors' „soziale Dimension des Binnenmarktes“ hieß und heute zumeist als Teil des „europäischen Sozialmodells“ dargestellt wird (vgl. Kap. 12).

Nicht nur auf nationaler sondern auch auf supranationaler Ebene bestehen nach wie vor deutliche Vertretungslücken. Die Kriterien der Richtlinie „über die Einsetzung eines Europäischen Betriebsrats oder die Schaffung eines Verfahrens zur Unterrichtung und Anhörung der Arbeitnehmer in gemeinschaftsweit operierenden Unternehmen bzw. Unternehmensgruppen“ (vgl. Kap. 12) erfüllen im rechtlichen Sinne in der EU nach der Osterweiterung 2100 multinational tätige Unternehmen. Die tatsächliche Deckungsrate (*strike rate*) liegt ein Jahrzehnt nach Verabschiedung der Richtlinie erst bei ca. einem Drittel der Unternehmen bzw. ca. zwei Drittel der Beschäftigten – und nimmt nur langsam zu (Kerckhofs/Triangle 2003). Dieser ursprünglich unerwartete, inzwischen wiederholt bestätigte Befund ist *prima facie* überraschend, weil es sich ausnahmslos um große, multinational tätige Unternehmen handelt, bei denen die Deckungsraten auf nationaler Ebene wesentlich höher sind.[336] Außerdem ist mit diesen quantitativen Angaben noch keinerlei qualitative Aussage getroffen über die Intensität der Partizipation, die in der überwiegenden Mehrzahl der Unternehmen das Niveau der von der Richtlinie vorgegeben, reinen „Informa-

[336] Über die Ausprägungen der vorgeschriebenen Arbeitnehmerbeteiligung in der neuen Rechtsform der Europäischen Aktiengesellschaft (Keller 2002) lassen sich erste empirisch fundierten Angaben machen (Keller/Werner 2007; 2008). – Die Richtlinie zur Information und Konsultation auf nationaler Ebene gilt zwar für alle Mitgliedsländer, wird aber faktische Auswirkungen nur für Großbritannien und Irland haben (zu Einzelheiten Sisson 2002).

tion und Konsultation“ nicht überschreitet und damit deutlich unterhalb des Niveaus etlicher nationaler Regelungen mit echten Mitbestimmungs- bzw. Vetorechten bleibt.

Die Gründe für die unvollständige Implementation liegen sowohl auf Seiten der Arbeitgeber als auch der Arbeitnehmer: fehlendes Interesse der betrieblichen Arbeitnehmervertreter, unzureichende Kapazitäten der Gewerkschaften, geringe Bereitschaft der Arbeitgeberseite, defizitäre interessenvertretungspolitische Voraussetzungen, verfahrensbedingte Ursachen (Lecher et al. 2000). Die Bundesrepublik befindet sich mit ihren „mitbestimmungsfreien Zonen“ also in allerbester bzw. -schlechtester Gesellschaft.

Einführende Literatur

Schnabel,C. (2003), Tarifpolitik unter Reformdruck. Benchmarking Deutschland Aktuell, Gütersloh.

Seifert, H.(Hg.) (2002), Betriebliche Bündnisse für Arbeit. Rahmenbedingungen – Praxiserfahrungen – Zukunftsperspektiven, Berlin.

WSI (Hg.), laufende Jahrgänge, Tarifhandbuch, Frankfurt/Main.

10 Arbeitsmarktprobleme I: Theorien

10.1 Zur Einführung: Neoklassische und institutionalistische Ansätze

Arbeitsmärkte, die nicht nur wirtschaftliche, sondern auch gesellschaftliche Institutionen sind, erfüllen zwei zentrale Aufgaben: Sie vermitteln Angebot und Nachfrage von Arbeitskräften in quantitativer wie qualitativer Hinsicht (Ausgleichsfunktion) und verteilen individuelle und gesellschaftliche Chancen materieller und immaterieller Art nicht nur auf die Arbeitskräfte, sondern auch auf die übrigen Individuen (Verteilungsfunktion). In der Realität fallen beide Funktionen häufig auseinander.

Ausgangspunkt der theoretischen und politischen Überlegungen sind unterschiedliche Annahmen über die Funktionsweise. Seit langem wird die Frage diskutiert, ob Arbeitsmärkte Märkte wie andere sind, also wie die für Teppiche, Gebrauchtwagen oder Bananen, oder ob grundsätzliche Unterschiede bestehen. Anders formuliert: Funktionieren Arbeitsmärkte nach den Prinzipien von Angebot und Nachfrage, also nach der reinen „Marktlogik“, wovon die Mehrzahl der neoklassisch orientierten Ökonomen überzeugt ist, oder üben andere Allokationsmechanismen und Institutionen Einfluss aus, wie dies Sozialwissenschaftler (Sengenberger 1987; Bäcker et al. 2008) und institutionalistisch orientierte Ökonomen (Zerche et al. 2000) annehmen?

Wir vertreten die zuletzt genannte Position, wonach Arbeitsmärkte wesentliche Besonderheiten aufweisen:[337] Die Arbeitskraft als Ware ist mit spezifischen Eigenschaften (*property rights*) ausgestattet; gekauft werden nicht Arbeiter, sondern deren

---

[337] Gegen eine Gleichsetzung von Arbeits- und Gütermärkten sprechen folgende Bedingungen: „Menschen werden nicht für den Markt produziert ..., auf dem Arbeitsmarkt werden weder Ströme noch Bestände fertiger Arbeitsleistungen gehandelt, sondern nur Potentiale solcher Leistungen ..., auf dem Arbeitsmarkt sind die Produzenten gleichzeitig auch Konsumenten ..., und schließlich hat die Qualität der Ware „Arbeitskraft“ auf dem Arbeitsmarkt einen viel entscheidenderen Einfluss als die Qualität der Güter auf dem Gütermarkt“ (Schmid 1987, 36).

Arbeitskraft bzw. Leistungen, die mit diesen untrennbar verbunden sind und die aufgrund der Einkommens- und Vermögenssituation nicht dauerhaft zurückgehalten werden können. Insofern besteht ein Verkaufszwang der Ware Arbeit bzw. ein strukturelles Machtungleichgewicht. Der Arbeitsvertrag ist aufgrund von Transaktionskosten (u. a. Einstellungs-, Einarbeitungs- und Entlassungskosten) sowie Informationsasymmetrien nur unvollständig zu spezifizieren: Während Arbeitszeiten und Entgelte im Vorhinein recht genau festgelegt werden können, gilt dies für die tatsächliche Arbeitsleistung nur begrenzt. Die Bereitschaft zur Kooperation ist nicht voraussetzungslos; Leistungszurückhaltung (*shirking*) können zum Problem werden.

Diese Besonderheiten bedingen, dass Institutionen und Regeln das Geschehen maßgeblich beeinflussen (Solow 1990). Im Gegensatz zu Güter- und Geldmärkten existieren auf Arbeitsmärkten Institutionen, insbesondere Gewerkschaften und Arbeitgeberverbände, welche den Lohnbildungsprozess bzw. das Marktergebnis ebenso beeinflussen wie gesetzliche und tarifvertragliche Vorgaben sowie andere Normen (Buttler et al. 1987; Bewley 1999). Institutionen schaffen *opportunities and constraints*, können sowohl effizienzsteigernd als auch effizienzmindernd wirken. Während ihre Einrichtung zunächst Transaktionskosten verursacht, senken ihre vermittelnden Funktionen später Transaktionskosten (Ulman 1992; Sesselmeier 1993).

Weiterhin müssen institutionelle Besonderheiten einzelner Länder bei der Analyse des Arbeitsmarktes als „soziale Institution“ (Solow 1990; Piore 1993) Eingang finden, weil sie zu unterschiedlichen (makro-)ökonomischen Ergebnissen führen (u. a. Arbeitslosenquote, Wirtschaftswachstum, Preisstabilität) (Traxler et al. 2001, Blau/Kahn 2002). Zu diesen Determinanten gehören die Arbeitsbeziehungen einschl. der Koordinierungs- und Zentralisierungsgrade der Kollektivverhandlungen (vgl. Kap. 7) sowie die berufliche Bildung. – Darüber hinaus setzt der Staat durch Gesetzgebung und Rechtsprechung Rahmenbedingungen für die Aktivitäten der privaten Akteure (vgl. Kap. 4). Neben dieser in der Bundesrepublik ausgeprägten „Verrechtlichung“ durch prozedurale Vorgaben greift der Staat auch mit Hilfe anderer Instrumente regulierend ein. Er kann sich im Rahmen korporatistischer Arrangements um Kooperation mit den Tarifparteien bemühen und betreibt Arbeitsmarktpolitik mit dem Ziel der Realisierung eines hohen Beschäftigungsstandes bzw. der Verhinderung von Arbeitslosigkeit.

Arbeitsmarkttheorien lassen sich unterteilen in neoklassisch und institutionalistisch orientierte (Ehrenberg/Smith 2006; Kaufman/Hotchkiss 2005). Die Mehrzahl basiert aus ihrer mikroökonomischen Perspektive auf individuellem Entscheidungsverhalten und dem Markt-Preis-Mechanismus und vernachlässigt Institutionen. Diese Ausklammerung der institutionellen Verfassung führt zur Überbewertung des Lohnes als Steuerungsmechanismus. Ausnahmen sind u. a. die Segmentationstheorien, die erweiterten Versionen der *Insider-Outsider*-Ansätze sowie sozialwissenschaftliche Analysen.

Institutionalistische Theorien beziehen Verbände und staatliche Akteure sowie kollektive Regeln, wie tarifvertragliche Abmachungen und gesetzliche Vorgaben, als Koordinationsmechanismen ein. Ihre Betrachtungsweise abstrahiert nicht mehr wie neoklassisch inspirierte Ansätze von Raum und Zeit und erhebt keinen Anspruch auf Allgemeingültigkeit der Aussagen; ihre Argumentation verläuft stärker empirisch-induktiv und weniger axiomatisch-deduktiv.

Wir wählen eine doppelte Perspektive: Zum einen werden wichtige Beiträge zur theoretischen Betrachtungsweise vorgestellt (Berthold 1987; Sesselmeier/Blauermel 1997), zum anderen die Möglichkeiten aktiver Beeinflussung des Arbeitsmarktgeschehens diskutiert. Notwendig zum Verständnis sind Ausführungen zu beiden „Schulen“ ökonomischer Analyse, d. h. zur neoklassischen sowie zur keynesianischen, sowie eine Darstellung der Weiterentwicklungen des neoklassischen Grundmodells (Schmid/v.Dosky 1990; Sesselmeier/Blauermel 1997) innerhalb der „neuen Mikroökonomie des Arbeitsmarktes“ und der neo-institutionalistischen Varianten.

Sozialwissenschaftler haben ein lange bestehendes Monopol der Ökonomen gebrochen und wesentliche Beiträge geleistet sowohl zum theoretischen Verständnis des komplexen Geschehens auf Arbeitsmärkten als auch zu den Strategien grundsätzlich möglicher Interventionen auf Mikro- und Makroebene. Deshalb werden wir sowohl ökonomische als auch soziologische[338] und politikwissenschaftliche Ansätze aufgreifen. Bei den politikwissenschaftlichen Erklärungen werden neben demographischen und ökonomischen Ursachen die historisch singulären, politischen und institutionellen Determinanten des Arbeitsmarktes bzw. der Arbeitslosigkeit einbezogen. Hierzu gehören u. a. Grad und Art der Institutionalisierung und Organisierung von Verbänden, gesellschaftliche Entscheidungsstrukturen, etwa korporatistischer Art, Organisation der sozialen Sicherung, Struktur der Arbeitsbeziehungen, Institutionen und Instrumente der Arbeitsmarktpolitik (Schmidt 1982; Scharpf 1987; Schmid 2002).

Institutionelle Rahmenbedingungen korporativen Handelns rücken ins Zentrum. Diese Ansätze betonen die Besonderheiten im Vergleich zu Geld- und/oder Gütermärkten. Die Eigenschaften des Arbeitsmarktes als soziales System können in ihrer Komplexität nicht wie in der Neoklassik in einem einfachen, universalistisch gültigen Modell erfasst werden. Im Rahmen der Methode quantitativ-vergleichender Politikforschung sind national differenzierende Erklärungen notwendig.

338 „Die besonderen Stärken des ökonomischen Marktmodells liegen darin, genaue und empirisch testbare Hypothesen zu Arbeitsmarktprozessen zu generieren. Die modernen ökonomischen Ansätze sind dabei keineswegs blind gegenüber soziologischen Phänomenen wie Macht oder Institutionen. Die soziologische Betrachtungsweise bringt eine breiter definierte Motivation zur Arbeitsmarktteilnahme ein, betont die Bedeutung von Institutionen sowie die Sozialstruktur des Marktes, also die strukturelle und temporale Einbettung der Arbeitsmarktakteure und deren Beziehungen“ (Hinz/Abraham 2005, 56).

10.2 Neoklassisches Basismodell und erste Weiterentwicklungen[339]

1. Das zentrale Theorieelement des neoklassischen Paradigmas stellt die Theorie des allgemeinen Gleichgewichts mit der klassischen Auffassung einer prästabilisierten Harmonie marktwirtschaftlicher Systeme dar. Sie wurde als umfassender Ansatz zur Verhaltensbeschreibung des gesamten ökonomischen Systems konzipiert. Die entscheidende strategische Variable, die jeden Markt in eine Gleichgewichtslage bringt, ist der jeweilige markträumende Gleichgewichtspreis. In diesem Denkgebäude wird der Arbeitsmarkt als ein Markt wie jeder andere betrachtet; man spricht deshalb auch vom Auktionsmarkt- oder Lohnwettbewerbsmodell. Die Arbeitsmarkttheorie stellt lediglich einen Unterfall der allgemeinen Gleichgewichtstheorie dar; für den Faktor Arbeit gelten damit dieselben Gesetzmäßigkeiten wie für alle anderen Güter. Der gleichgewichtige Lohnsatz als Preis des Produktionsfaktors Arbeit wird wie alle anderen Preise allein durch Angebot und Nachfrage bestimmt; dem Lohn kommt eine allgemeine Indikations- und Lenkungsfunktion zu.

Die zugrunde liegenden Annahmen sind:

- vollständige Konkurrenz ohne Beschränkung des Wettbewerbs sowie des Marktzutritts und -austritts (Ausschluss von Marktmacht und Preisrigiditäten),
- Homogenität und vollständige Substituierbarkeit aller Anbieter des Faktors Arbeit (Ausschluss von Diskriminierung),
- vollkommene Information aller Wirtschaftssubjekte über die vergangene, gegenwärtige und zukünftige Arbeitsmarktsituation (Markttransparenz),
- vollständige Mobilitätsfähigkeit und -bereitschaft aller Anbieter von Arbeitskraft,
- Fehlen von Transaktionskosten und Institutionen,
- Beschränkung der Rolle des Staates auf reine Ordnungs- ohne Prozesspolitik,
- unendliche Geschwindigkeit der Anpassung individuellen Verhaltens an sich ändernde Knappheitsrelationen.

Drei zentrale Theoreme kennzeichnen die Struktur der neoklassischen, mikroökonomisch fundierten Arbeitsmarkttheorie:

- Das Saysche Theorem beschreibt die Einbindung des Arbeitsmarktes in die Gesamtwirtschaft: Bei Funktionsfähigkeit des Preismechanismus auf allen Märkten schafft sich jedes Angebot an Waren und Dienstleistungen über die mit ihm verbundene Einkommensentstehung, seine eigene kaufkräftige Nachfrage im notwendigen Umfang; ein Gleichgewichtszustand wird immer und überall erreicht.

---

[339] Vgl. zu den folgenden Passagen Henneberger/Keller (2004b).

- Der rational handelnde *homo oeconomicus* als Anbieter von Arbeitskraft teilt sein knappes Zeitbudget zwischen den substitutiven Gütern Arbeit und Freizeit so auf, dass das Postulat des Ausgleichs der Grenznutzen erfüllt ist (Marginalprinzip). Durch die Annahme der Konstanz des Präferenzsystems kann das Arbeitsangebot als monoton steigende Funktion des Reallohns aufgefasst werden. Mit steigendem Reallohn steigt das Arbeitsangebot, da Freizeit relativ entwertet wird, d. h. die Opportunitätskosten für den Konsum von Freizeit steigen.
- Der rational handelnde *homo oeconomicus* als Nachfrager von Arbeitskraft ist bestrebt, seinen Gewinn zu maximieren (Grenzproduktivitätstheorem). Aufgrund der Annahme vollständiger Konkurrenz sind Preise und Löhne ein Datum für jeden einzelnen Unternehmer, der sich als Mengenanpasser verhält. Jeder Unternehmer kann seine gewinnmaximierende Produktion zum gegebenen Marktpreis vollständig absetzen. Produktionshöhe und Arbeitskräftenachfrage sind abhängig von der Höhe des Lohnsatzes und dem Verlauf einer substitutionalen Produktionsfunktion, für welche die Gültigkeit des Ertragsgesetzes zugrunde gelegt wird. Unter der Annahme einer kurzfristig gegebenen und damit konstanten Kapital- und Bodenausstattung sowie der Vernachlässigung von technischem Fortschritt erhöht jede zusätzlich eingesetzte Arbeitseinheit die Gesamtproduktion, allerdings mit abnehmenden Zuwachsraten. Diese so abgeleitete, sinkende Grenzertragskurve bildet die Nachfragekurve des Unternehmers nach Arbeit. Der gewinnmaximierende Unternehmer wird so viele Einheiten Arbeit einsetzen, bis das Wertgrenzprodukt der Arbeitseinheit dem Nominallohnsatz bzw. das Grenzprodukt der Arbeitseinheit dem Reallohnsatz entspricht. Die Arbeitsnachfrage ist eine monoton fallende Funktion des Reallohns.

Das Zusammenwirken von Arbeitsangebot und -nachfrage erfolgt durch den flexiblen Reallohn.[340] Falls ein Ungleichgewicht am Arbeitsmarkt in Form von Arbeitslosigkeit oder Arbeitskräftemangel entsteht, wird folgender Anpassungsmechanismus ausgelöst: Zuerst verändert sich der Reallohn in Richtung Gleichgewichtslohnsatz. In einem zweiten gedanklichen Anpassungsschritt revidieren die Wirtschaftssubjekte sofort ihre Mengenentscheidungen. Der Lohnsatz, dem in diesem Kontext ausschließlich eine Allokationsfunktion zukommt, sichert ein stabiles, vollbeschäftigungskonformes Gleichgewicht (Prämisse der Selbstregulierung der Märkte).

Im Gleichgewicht von Arbeitsangebot und Arbeitsnachfrage gilt:

- Zum einen gibt es keine Arbeitskräfte, die zu diesem herrschenden Gleichgewichtslohnsatz Arbeitsplätze suchen, aber keine finden.

---

[340] Gegebenenfalls sind zu hohe Reallöhne (als Quotient aus Nominallöhnen und Güterpreisen) bzw. deren mangelnde „Flexibilität" nach unten infolge institutioneller Regelungen verantwortlich für auftretende Arbeitslosigkeit.

- Zum anderen gibt es keine Unternehmer, die zu diesem herrschenden Gleichgewichtslohnsatz Arbeitskräfte suchen, aber keine finden.

Unterbeschäftigung, die etwa aufgrund von Produktionsumstellungen oder exogen verursachten Störungen auftritt, kann nur vorübergehender Natur sein. Falls Arbeitslosigkeit für längere Zeit bestehen bleibt, kann es sich definitionsgemäß nur um freiwillige Arbeitslosigkeit handeln.

Wirtschaftspolitische Implikationen dieses Ansatzes sind u. a. folgende:

- Der Staat soll ausschließlich ordnungspolitische Aufgaben wahrnehmen, indem er Rahmenbedingungen setzt und deren Einhaltung überwacht;[341] er soll nicht in die Marktprozesse durch geld- oder fiskalpolitische Maßnahmen aktiv eingreifen.
- Arbeitsmarktpolitik soll lediglich der Erhöhung der Markttransparenz durch Informationsvermittlung dienen; aktiv-vorausschauende Arbeitsmarktpolitik (vgl. Kap. 11) ist *ex definitione* nicht notwendig.
- Kollektive Lohnfindungsprozesse durch Arbeitgeberverbände und Gewerkschaften stören die uneingeschränkte Wirksamkeit des Markt-Preis-Mechanismus und sind deswegen abzulehnen.

Kritik an der neoklassischen Arbeitsmarkttheorie wird vor allem aufgrund der mangelnden Realitätsnähe ihrer Prämissen geübt:

- Hypostasierung des Lohnsatzes als einzigem Steuerungsmechanismus der Beschäftigung,
- Vorliegen unvollständiger, asymmetrischer Information und begrenzter, vor allem räumlicher, sektoraler und beruflicher Mobilität,
- Heterogenität der Arbeitskräfte, u. a. in Bezug auf Qualifikation, Geschlecht und Produktivität,
- Existenz von Markt- und Organisationsmacht, Institutionen und Regeln (wie gesetzlich fixierte Mindestlöhne, Kollektivverhandlungen),
- empirisch beobachtbare Inflexibilitäten von Preisen und Löhnen.

Insgesamt ist die Mehrzahl der Prämissen innerhalb der rein statischen Betrachtungsweise der ökonomischen Orthodoxie recht realitätsfern und unrealistisch („modellplatonistisch"). Die neoklassisch inspirierte Politikformel „höhere Unternehmensgewinne = höhere Investitionen = Schaffung von mehr Arbeitsplätzen bzw. Abbau von Arbeitslosigkeit" geht nach den Erfahrungen seit den 1980er Jahre nicht mehr auf; vorgenommene Investitionen sind häufig Rationalisierungs- und nicht Erweiterungsinvestitionen; aber nur letztere würden Arbeitsplätze schaffen. Loh-

[341] Die „Entfaltung der freien Kräfte des Marktes" wird am besten durch staatliche Enthaltsamkeit und Verbesserung der Rahmenbedingungen (z. B. Beseitigung gesetzlicher und administrativer Investitionshemmnisse) erreicht.

nender sind offensichtlich häufig risikolose Anlagen auf internationalen Kapitalmärkten. Schließlich werden aus neoklassischen Kalkülen wiederholt Forderungen nach Deregulierung abgeleitet, die empirisch jedoch kaum aufgehen (vgl. Kap. 11).

Im Sinne einer realistischen Analyse müssen institutionelle Arrangements und die sozialstaatliche Regulierung der Arbeitsmärkte stärker Berücksichtigung finden als im neoklassischen Grundmodell. Aus politisch-institutioneller Sicht lässt sich entgegen den Maximen der Neoklassik argumentieren, dass „in der Evaluation der unterschiedlichen Arbeitsmarktinstitutionen und ihrer Wirkung auf die Arbeitskräfteallokation ... der Ansatzpunkt für weitere Arbeitsmarktforschung" (Sesselmeier/Blauermel 1997, 266) liegt. Die Kritik führt zur Modifikation einzelner grundlegender Annahmen, wobei die gleichgewichtstheoretische Analyselogik innerhalb der Ansätze der neueren Mikroökonomie des Arbeitsmarktes strikt beibehalten wird. In neueren Beiträgen werden außerdem im Gegensatz zur neoklassischen Sicht Besonderheiten des Arbeitsmarktes und des Arbeitsvertrages im Verhältnis zu anderen Verträgen und zu den Gütermärkten betont (Brandes et al. 1989).

2. Die Humankapitaltheorien[342] als älteste Weiterentwicklung des neoklassischen Grundmodells geben vor allem dessen Prämisse der Homogenität und vollständigen Substituierbarkeit der Arbeitskräfte auf. Sie versuchen, eine Erklärung für die personelle Verteilung der Arbeitseinkommen zu liefern. Mit den Humankapitaltheorien erfährt die Grenzproduktivitätstheorie eine Ergänzung zur Lohnstrukturtheorie. Der Produktionsfaktor Arbeit ist ebenso wie Kapital spezifisches Objekt von Investitionen und als solcher Gegenstand der allgemeinen Entscheidungstheorie.

Der Grundgedanke lässt sich wie folgt skizzieren: Individuen haben unterschiedliche Begabungen und Fähigkeiten. Sie tätigen im Verlauf ihres Lebens unterschiedlich hohe Investitionen in ihr Arbeitsvermögen *(human capital)* in der Erwartung, bei länger dauernder Ausbildung zukünftige Erträge in Form höherer Einkommen zu erzielen. Diese Bildungsinvestitionen bedingen unterschiedlich hohe Arbeitsproduktivitäten, die sich in differierenden Einkommens- und Karrierechancen widerspiegeln und zu Unterschieden in Arbeitsmarktverhalten und Arbeitsmarktrisiken führen. Aus der Heterogenisierung der Arbeitskräfte bzw. aus den individuellen Produktivitätsunterschieden, die aufgrund unterschiedlicher Qualifikationen als Folge differierender Ausstattung mit Humankapital auftreten, resultiert eine Beschränkung des Wettbewerbs zwischen den Arbeitnehmern.

[342] Das Konzept geht zurück auf Becker (1975); vgl. Mincer (1974); Thurow (1976). Einen aktuellen Überblick über theoretische Überlegungen und empirische Evidenz bietet Franz (2006, 75-100).

Die Entscheidungsregel für den *homo oeconomicus* lautet: Investitionen in Humankapital werden solange getätigt, wie der Gegenwartswert der in Zukunft zu erwartenden zusätzlichen Erträge gerade noch größer ist als der Gegenwartswert der jetzt aufzuwendenden Kosten der Ausbildung.[343] Diese Kosten setzen sich zusammen aus den direkten Kosten der Ausbildung und dem entgangenen Einkommen während der Ausbildungszeit (Opportunitätskosten). Das individuelle Ziel ist die Maximierung der Lebenseinkommensströme, nicht des kurzfristigen Einkommens; damit wird eine positive Korrelation zwischen Investitions- und Lohnhöhe angenommen.

Der Lohnsatz muss nicht mehr wie im neoklassischen Grundmodell gleich dem gegenwärtigen Grenzprodukt der Arbeit sein: Während der Ausbildung liegt der Lohnsatz unter, nach Abschluss der Ausbildung über der Grenzproduktivität. Im Verlauf des Erwerbslebens nehmen die Humankapitalinvestitionen ab, da mit dem Näherrücken der Verrentung deren Amortisationsdauer sinkt und gleichzeitig die Opportunitätskosten in Form entgangener Einkommen steigen. Die Entwertung der Humankapitalinvestitionen im Zeitverlauf impliziert ein umgekehrt U-förmiges Alters-Einkommens-Profil.

Die übliche Basisversion der Einkommensfunktion spezifiziert einen semilogarithmischen Zusammenhang zwischen dem Einkommen und der Anzahl der Bildungsjahre derart, dass das (logarithmierte) Einkommen linear mit den Bildungsjahren und parabolisch mit dem Ausmaß der Berufserfahrung in Beziehung gesetzt wird:

ln (Y) = a0 + a1 * s + a2 * t + a3 * t2 mit

ln (Y) = natürlicher Logarithmus des (Lebens-)Einkommens

s = Anzahl der Jahre der schulischen Ausbildung (schooling)

t = Anzahl der Jahre der Berufserfahrung. t und t2 bezeichnen den parabolischen Einfluss der Berufserfahrung

a0 = absolutes Glied

a1 = (hypothetische) Ertragsrate der Investition in Vollzeitausbildung (Regeldauer der Schul- und Hochschulausbildung), d. h. der prozentuale, einkommenserhöhende Effekt eines Bildungsjahres (*overtaking year*)

a2, a3 mit a2 > 0 und a3 < 0 stehen für den Verlauf des konkaven Einkommensprofils. Das Maximum des Einkommensprofils wird nach - a2/2 * a3 Berufsjahren erreicht.

---

[343] Zukünftige Einkommen sind auf ihren gegenwärtigen Wert zu diskontieren, da zukünftiger Konsum unsicher ist und bei alternativer Verwendung der Mittel anfallende Zinsen nicht realisiert werden können.

Die Humankapitaltheorien unterscheiden zwischen allgemeinem und spezifischem Humankapital: Bildungsinvestitionen erfolgen zum einen vor dem Eintritt in den Arbeitsmarkt in Form allgemein-schulischer (*general training*), zum anderen im Unternehmen in Form betriebsspezifischer Ausbildung (*specific training*). Diese analytisch vereinfachende Unterscheidung wird relevant für die Frage der Finanzierung der Investitionen:

- Die überbetriebliche Ausbildung (*schooling* und allgemeine, unternehmensunabhängige Ausbildungsgänge) vermittelt Qualifikationen für Tätigkeiten in verschiedenen Unternehmen. Soweit die Ausbildungskosten nicht vom Staat bzw. aus dem allgemeinen Steueraufkommen finanziert werden, hat sie der Arbeitnehmer selbst zu tragen, vor allem in Form geringerer Einkommen während der Ausbildung; ihm fließen dafür die späteren Erträge aus der verbesserten Ausbildung zu. Der Unternehmer beteiligt sich nicht an der Finanzierung dieser Investition, da sie ihm keinen Nutzen in Form eines höheren Gewinns liefert.
- Die spezifische Ausbildung (*training on the job* bzw. *learning by doing*) hingegen vermittelt Qualifikationen, die *ex definitione* nur in dem jeweiligen Betrieb Verwendung finden können. Der Arbeitgeber trägt sämtliche Ausbildungskosten, da dem Arbeitnehmer infolge der Nicht-Transferierbarkeit der verbesserten Qualifikation zu anderen Unternehmen kein zusätzlicher Nutzen in Form eines höheren Einkommens entsteht.

Der Spezifitätsgrad der Humankapitalinvestitionen *on the job* determiniert somit in der Theorie die Aufteilung der Finanzierung zwischen Arbeitgeber und Arbeitnehmer. Zwar erhöht allgemeine Ausbildung die Qualifikation als Summe produktionsrelevanter menschlicher Grundeigenschaften physischer, kognitiver und sozialer Art auf allen Arbeitsmärkten in gleichem Maße, spezifische nur die auf speziellen Arbeitsmärkten. Da sich in der Realität die Vermittlung und Verwertung allgemeiner und spezifischer Qualifikationen nicht trennscharf bestimmen lassen, ist auch die Aufteilung der Finanzierung nicht eindeutig festzulegen.

Einerseits ist der Unternehmer aus Gründen der Amortisation seines eingesetzten Kapitals an der Erhaltung und Verwertung des betriebsspezifischen Humankapitals interessiert. Er muss versuchen, Arbeitnehmer mit betriebsspezifischen Qualifikationen durch Zahlung von Löhnen, die über dem Marktlohn für allgemeine Qualifikationen liegen, stärker an sich zu binden, um Kündigungen und den dadurch drohenden Verlust von Ausbildungsinvestitionen zu verhindern. Damit wird Arbeit für den Unternehmer zu einem quasi fixen, begrenzt substituierbaren Produktionsfaktor. Andererseits erhalten Arbeitnehmer mit hohem betriebsspezifischem Humankapital zwar höhere Löhne; sie können aber kaum freiwillig kündigen, da ihre betriebsspezifischen Qualifikationen außerhalb des eigenen Unternehmens in aller Regel nicht verwertbar sind.

Daraus lässt sich die Selektivität des Einstellungs- und Entlassungsverhaltens der Unternehmer sowie das Kündigungsverhalten der Arbeitnehmer ableiten. Je spezifischer die Investitionen sind, desto größer wird der Verlust beim Verlassen des betreffenden Teilarbeitsmarktes; entsprechend wächst das Interesse an der Errichtung und Erhaltung von Teilmärkten, die gegeneinander abgeschirmt werden (reduzierte zwischenbetriebliche Mobilität). Hier setzen die Segmentationstheorien an.

Humankapitaltheoretisch fundierte Überlegungen wirkten vor allem in den 1960er und 1970er Jahren auf die Bildungs- und Arbeitsmarktpolitik. In verschiedenen Ländern wurden bildungsexpansive Programme mit dem Ziel der Erhöhung des allgemeinen Qualifikationsniveaus sowie der Herstellung von Chancengleichheit im Bildungssystem initiiert. Gleichzeitig wurden in der Arbeitsmarktpolitik selektiv wirkende Instrumente der Qualifikationsförderung generiert, welche die Beschäftigungs- und Einkommenschancen der benachteiligten Gruppen verbessern sollten.

Humankapitaltheoretische Kalküle legen u. a. folgende Implikationen nahe, die zum Teil durch empirische Analysen gestützt werden: Eine Reduktion der Ausbildungskosten erhöht die Nachfrage. Vor allem Jüngere investieren in Ausbildung, da die Amortisations- bzw. Ertragszeiträume länger und die Opportunitätskosten geringer sind. Bei Erwartung kontinuierlicher Erwerbstätigkeit erfolgen höhere Investitionen, da die Amortisationszeiten länger sind. Besser ausgebildete Personen verdienen in den mittleren Berufsjahren mehr, da dann die Ausbildungskosten kompensiert werden, weil die Anzahl der Berufsjahre begrenzt ist und weil die im späteren Erwerbsleben erzielten Einkommen auf ihren Gegenwartswert diskontiert werden müssen.

Aus empirischer Perspektive[344] kann ein Teil der Varianz der Arbeitseinkommen mit Hilfe von Ausbildungsvariablen erklärt werden. Allerdings ermitteln die zahlreichen Untersuchungen eine Streuung der erklärten Varianz zwischen 20 und 60%; neuere Studien weisen nach, dass der Anteil der erklärten Varianz aufgrund des gestiegenen allgemeinen Qualifikationsniveaus zurückgeht (*diminishing rates of return*).[345] Darüber hinaus beeinflusst eine Reihe weiterer Faktoren (wie sozialer Hintergrund, Schulqualität, Geschlecht, Rasse, Religion, Glück und soziale Kontakte) die Einkommensverteilung maßgeblich.

---

[344] Zusammenfassend u. a. Kaufman/Hotchkiss (2005); Marshall/Briggs (1989, 177-238); Ehrenberg/Smith (2006); Reynolds et al. (1997).

[345] Eine Untersuchung über die Renditen von Bildungsinvestitionen ermittelte für Mitte der 1980er Jahre im Durchschnitt aller Bildungsgänge eine Durchschnittsrendite von 6% pro Jahr, wobei allerdings die Streuung sehr hoch ausfiel (Helberger 1988, 151ff.; vgl. auch Wagner/Lorenz 1992). Aktuelle Schätzungen finden „insgesamt eine Tendenz zu sinkenden Ertragsraten bei höheren Abschlüssen ... So erbringt die Alternative „Realschulabschluss" an Stelle von „Hauptschulabschluss" eine Rendite von 7,0 v. H. pro zusätzliches Bildungsjahr, während sie auf 3,0 v. H. sinkt, wenn das Abitur dem Hauptschulabschluss gegenübergestellt wird" (Franz 2006, 97).

Diese Determinanten schwächen den behaupteten linearen Zusammenhang zwischen Ausbildung, Produktivität und Einkommen erheblich; ein mehr oder weniger großer Teil der Einkommensunterschiede bleibt unerklärt, da andere Faktoren die Höhe bzw. Verteilung der Verdienste beeinflussen. Mit anderen Worten: Einkommensunterschiede sind im Modell nur durch rein individuelle Qualifikations- bzw. Produktivitätsunterschiede infolge von unterschiedlich hohen Investitionen in das individuelle Humankapital verursacht und nicht durch andere Faktoren. Auch Konzeptions- und Messprobleme bereiten Schwierigkeiten.

Weitere Kritikpunkte an der ökonomistischen Sicht der Humankapitaltheorie, welche die Grundlage für andere Erweiterungen der neoklassischen Arbeitsmarktanalyse darstellt, sind u. a. folgende:

- Der Ansatz ist recht einseitig angebotsorientiert, indem er im Wesentlichen bei den Anbietern von Arbeitskraft ansetzt und nachfragebedingte Determinanten von Lohnunterschieden nicht einbezieht. Den Unternehmen wird unterstellt, dass sie längere Ausbildungen honorieren, weil besser ausgebildete Arbeitnehmer auch tatsächlich produktiver sind, und nicht, weil der Schulbesuch nur als Selektionsmechanismus bzw. als verlässliches Signal anzusehen ist, wie Kritiker der Humankapitaltheorien, u. a. Anhänger der Segmentationstheorien, behaupten.
- Die Bildungs- bzw. Arbeitsmarktpolitik, die aus politischen Forderungen nach Einrichtung umfangreicher Ausbildungs- und Qualifizierungsprogramme resultiert, orientiert sich an der Angebotsseite und betreibt vor allem Mobilitäts- und Qualifikationsförderung (vgl. Kap. 11). Die diesem Ansatz verpflichteten Politikempfehlungen versuchen, die Einkommen der wenig verdienenden Gruppen durch Verbesserung ihrer Humankapitalausstattung zu erhöhen. Die privaten und die gesellschaftlichen *rates of return* können durchaus unterschiedlich hoch sein.
- Der Ansatz erklärt nur freiwillige Arbeitslosigkeit und trägt wenig zum Verständnis gegenwärtiger Arbeitsmarktprobleme mit unfreiwilliger Massenarbeitslosigkeit bei. Bildung wird aus rein ökonomischer Perspektive analysiert und nicht z. B. als Beitrag oder Mittel zur Persönlichkeitsentfaltung betrachtet.

3. Die <u>Filter- oder Screeningtheorie</u> relativiert ebenfalls die unterstellte Bildungs-Einkommens-Beziehung. Sie geht wie die Diskriminierungstheorien davon aus, dass Arbeitgeber unvollkommene Information über das Produktivitätspotential der Arbeitskräfte haben. Sie stellt aber die Bildungs-Einkommens-Beziehung der Humankapitaltheorien stärker infrage. Das Bildungswesen hat ausschließlich die Aufgabe, die Arbeitskräfte entsprechend ihrer potentiellen Produktivität zu filtern und zu sortieren, ohne diese jedoch zu erhöhen. Bildungszertifikate haben für die Arbeitgeber die Funktion eines Informationsmediums und indizieren die erwartete zukünftige

Produktivität der Stellenbewerber. Dadurch wird der Zusammenhang von Bildung und Einkommen stärker auf das Anfangseinkommen projiziert.

Deutliche geschlechtsspezifische Einkommensunterschiede, die nicht auf individuelle Produktivitätsunterschiede zurückzuführen sind, können die Humankapitaltheorien nicht schlüssig erklären. Daher ist eine Reihe neoklassischer Diskriminierungstheorien entstanden (*economics of discrimination*):

- Das Präferenzmodell als prominentestes Beispiel der neoklassischen Diskriminierungstheorien geht davon aus, dass sich Lohndifferentiale zwischen Arbeitnehmergruppen aus der Vorliebe von Unternehmern für bestimmte Gruppen und aus dem Vorurteil von Unternehmern gegen bestimmte Gruppen erklären lassen (*taste for discrimination*).
- Im Konzept der statistischen Diskriminierung verfügen Unternehmer nur über unvollkommene Informationen über die Produktivität einzelner Arbeitnehmer. Sie verwenden deshalb repräsentative, sozialstatistische Merkmale von Gruppen (z. B. Nationalität, Alter, Geschlecht, Qualifikationsniveau) zur wahrscheinlichkeitstheoretischen Einschätzung der Eigenschaften. Gruppenmerkmale wirken unabhängig von ihren tatsächlichen individuellen Ausprägungen als kostensparendes *screening device* für die zu erwartende Produktivität des Arbeitnehmers.

10.3 Aktuelle Erweiterungen des neoklassischen Basismodells

Aktuellere Weiterentwicklungen sind Ansätze innerhalb der „neuen Mikroökonomie des Arbeitsmarktes". Sie versuchen, die restriktiven Modellannahmen realitätsnäher zu gestalten, indem sie das Modell des Marktgleichgewichts modifizieren.

1. Im Rahmen der *job search and labor turnover*-Theorien[346] werden zwei wesentliche, aber unrealistische Prämissen des neoklassischen Grundmodells aufgegeben:

- das Postulat der vollständigen Information bzw. Markttransparenz,
- die Annahme homogener Arbeitsplätze und -kräfte.

Ausgangspunkt ist die Beobachtung, dass zu jedem Zeitpunkt ein Teil der Arbeitnehmer nach Arbeitsplätzen und ein Teil der Unternehmer nach Arbeitskräften sucht. Die resultierende Arbeitsmarktdynamik stellt einen Kreislauf dar zwischen freiwilligen Kündigungen und Entlassungen auf der einen, Bewerbungen und Neu-

[346] Zusammenfassend zu Theorien des Suchprozesses sowie zur empirischen Analyse von *matching*-Prozessen Franz (2006, 197-238).

einstellungen auf der anderen Seite. Information auf unvollkommenen Märkten wird als Gut wie jedes andere angesehen; ihre Gewinnung wird als Produktionsprozess konzipiert, der Aufwendungen erfordert und zu Erträgen führt. Diese Theorievariante, die vor allem das Suchverhalten der Arbeitskräfte nach Arbeitsplätzen analysiert, versucht eine entscheidungstheoretische Fundierung, indem sie die Informations- bzw. Suchkosten auf Seiten der über die Marktsituation *ex definitione* nur unvollständig informierten Anbieter bei der Realisierung ihres jeweils optimalen Lohnanspruchs in das Kalkül einbezieht.

Das Ziel des rational agierenden Arbeitnehmers besteht in der Erhöhung seines Lebenseinkommes, das Instrument ist der Arbeitsplatzwechsel. Das Optimierungsproblem folgt aus der inversen Beziehung zwischen Aufwendungen und Erträgen:

- Zum einen steigt mit zunehmender Dauer und Intensität der Suche die Wahrscheinlichkeit, aufgrund einer exogen vorgegebenen Wahrscheinlichkeitsverteilung der erreichbaren Lohnangebote ein höheres Lohnangebot zu erhalten.
- Zum anderen nehmen aber auch die Suchkosten zu, die sich zusammensetzen aus den direkten Kosten der Informationsbeschaffung und den Opportunitätskosten in Form von entgangenen Einkommen aus alternativen Betätigungen.

Der nutzenmaximierende *homo oeconomicus* setzt entsprechend der entscheidungslogischen Grundstruktur seinen Suchprozess solange fort, wie der Gegenwartswert der erwarteten zukünftigen Erträge gerade noch größer ist als die Summe aus direkten Informationskosten und entgangenem Einkommen. Die meisten Modelle gehen davon aus, dass sich mit zunehmender Suchdauer die Erwartungen des freiwillig Arbeitslosen an einen neuen Arbeitsplatz, insbesondere der Lohnanspruch (*minimal reservation or acceptance wage*), u. a. aufgrund von Risikoscheu und Lernprozessen reduzieren; damit wird der Arbeitslose auch niedrigere Lohnangebote akzeptieren.

Entgegengesetzt zum Suchverhalten der Arbeitnehmer verläuft das Suchverhalten der Arbeitgeber: Sie versuchen, offene Stellen so zu besetzen, dass sie einen möglichst niedrigen Lohn zahlen müssen. Entsprechend ihrem Streben nach Gewinnmaximierung werden sie freie Stellen solange nicht besetzen, wie die abdiskontierten Zukunftserträge in Form niedrigerer Löhne im Falle ihrer zukünftigen Besetzung noch größer sind als die gegenwärtigen Nichtbesetzungskosten. Letztere nehmen im Zeitverlauf ständig zu, die Erträge der Nichtbesetzung hingegen kontinuierlich ab (*maximal reservation or acceptance wage*).

Der Allokationsprozess lässt sich daher durch eine permanente stochastische Annäherung der Lohnvorstellungen von Suchern und Anbietern beschreiben. Arbeitssuchende reduzieren mit der Zeit ihre individuellen Lohnerwartungen und Arbeitsplatzanbieter erhöhen mit der Zeit ihre Lohnangebote solange, bis sich die Erwartungen beider Seiten bei einem bestimmten Lohnsatz treffen und es zum Abschluss eines Arbeitsvertrages kommt.

Das Grundmodell geht von folgenden Prämissen aus:

- Der Suchende ist prinzipiell freiwillig arbeitslos, erhält keine Unterstützungsleistungen, ist risikoneutral und hat keine Zeitpräferenz.
- Die Arbeitsplätze unterscheiden sich ausschließlich durch die Lohnsätze. Bei konstanten Suchkosten sind die Lohnverteilungen dem Suchenden bekannt.
- Ein Arbeitsplatzangebot wird akzeptiert, wenn es ein bestimmtes, vorgegebenes Anspruchsniveau, den Anspruchslohn, nicht unterschreitet.

Erweiterungen des Grundmodells variieren dessen Prämissen (u. a. Aufnahme der Suche, ohne arbeitslos zu sein in *on-the-job* Suchmodellen, Berücksichtigung von anderen als reinen Lohnüberlegungen, wie *fringe benefits* und Arbeitsbedingungen, Nutzung von Freizeit und Investitionen in spezifisches Humankapital, Berücksichtigung externer Effekte).

Arbeitslosigkeit ist vor allem freiwillige Sucharbeitslosigkeit. Die Aufgabe der Stelle wird als rational im Sinne der Investition des Arbeitnehmers in den Aufbau einer besseren Informationsbasis angesehen. Die Leistungen der Arbeitslosenversicherung können in ein erweitertes Modell einbezogen werden: Die Suchdauer, und damit Länge und Häufigkeit von Arbeitslosigkeit, hängen ab von den Opportunitätskosten der Einkommenserzielung. Je höher die Arbeitslosenunterstützung bzw. je geringer die Differenz zwischen gegenwärtigem Verdienst und zu erzielender Arbeitslosenunterstützung, desto länger dauert *ceteris paribus* der Prozess der Arbeitsplatzsuche. Je höher die Unterstützungsleistungen sind, desto größer wird der Anreiz zum *moral hazard*-Verhalten und desto höher ist das Niveau der Arbeitslosigkeit.

Die Kritiker weisen u. a. auf folgende Probleme hin:

- Der Einfluss der Lohnersatzrate auf Höhe und Dauer der Arbeitslosigkeit ist empirisch keinesfalls eindeutig (Stobernack 1991). In den meisten Ländern mit Arbeitslosenversicherung werden die Unterstützungsleistungen nach einer gewissen Zeit reduziert, um die Suchanstrengungen der Individuen zu erhöhen.
- Ein zentrales Problem besteht darin, dass friktionelle bzw. Sucharbeitslosigkeit, die aus Informationsmängeln und Anpassungsproblemen resultiert und insofern freiwillig verursacht bzw. selbst verschuldet ist, als Arbeitslosigkeit schlechthin interpretiert wird; die Existenz unfreiwilliger und vor allem Massenarbeitslosigkeit (etwa infolge von Nachfragemangel wie bei Keynes) kann nicht hinreichend erklärt werden; ihr Umfang hat seit den 1980er Jahren spürbar zugenommen.
- Die resultierenden Empfehlungen für Arbeitsmarkt- und Beschäftigungspolitik zielen relativ einseitig auf Verbesserung der Informationsbeschaffung und -vermittlung bzw. Reduzierung der Suchdauer. Suchmodelle sind zumeist partielle Gleichgewichtsansätze, die nur die Angebotsseite analysieren und empirische Defizite aufweisen.

- Schließlich würde selbst bei einer Lösung sämtlicher *mismatch*-Probleme immer noch Unterbeschäftigung in beträchtlichem Umfang bestehen bleiben; die hohe und steigende Diskrepanz zwischen der Zahl der offenen Stellen und der der Arbeitslosen (Beveridge-Kurve) kann dieser Ansatz nicht erklären.

Die Beveridge-Kurve ist der geometrische Ort aller quantitativen Beziehungen zwischen Arbeitslosigkeit und vakanten Stellen. Dieses Instrument zur Darstellung des *mismatch* am Arbeitsmarkt wird auf der Basis von Arbeitslosenquote und Vakanzquote ausgewiesen, um demographische Einflüsse auf das Erwerbspersonenpotential auszuschalten. Die üblicherweise inverse Relation zwischen beiden Variablen bedingt einen annähernd hyperbolischen Verlauf der Kurve. Insbesondere seit Ende der 1980er Jahre führen Störungen im Reallokationsprozess am Arbeitsmarkt zu einer Rechtsverschiebung, d. h. die *Matching*-Probleme werden gravierender: Einem gleich bleibenden Niveau der Arbeitslosigkeit steht entweder *ceteris paribus* ein gestiegenes Niveau der offenen Stellen gegenüber oder eine gleich bleibende Zahl offener Stellen korrespondiert *ceteris paribus* mit einer höheren Zahl Arbeitsloser.

2. In der Familie der <u>Kontrakttheorien</u> (Diekmann 1982; Rosen 1985) wird die neoklassische Annahme der vollständigen Flexibilität der Löhne und Preise aufgegeben und unvollständige Information unterstellt. Ausgangspunkt ist die Frage der mikroökonomischen Erklärung von Preis- und Lohnrigiditäten, aufgrund derer Mengenreaktionen anstelle von Preis- und Lohnanpassungen stattfinden. Das Grundmodell stellt die Theorie impliziter Kontrakte dar, wonach Arbeitsverträge aus zwei Teilvereinbarungen bestehen: Neben die expliziten, zwischen Arbeitnehmer und Arbeitgeber abgeschlossenen Arbeitsverträge treten Quasi-Verträge, die stillschweigende, habituelle und juristisch nicht-einklagbare Vereinbarungen über einzelne oder alle Aspekte der Arbeitsverhältnisse (z. B. über nach unten rigide Löhne, Sicherheit des Arbeitsplatzes oder Arbeitszeit) beinhalten.

Das Versicherungsmodell geht von folgenden <u>Annahmen</u> aus:

- Die Arbeitnehmer sind aufgrund ihrer Lohnabhängigkeit und ihres Strebens nach Arbeitsplatzsicherheit risikoscheu.
- Die risikoneutralen Unternehmer erwarten gute und schlechte Marktergebnisse mit gleicher Wahrscheinlichkeit.
- Arbeitgeber und Arbeitnehmer halten implizit getroffene Vereinbarungen strikt ein, da die Kosten eines Vertragsbruchs prohibitiv sind.

Die Grundidee des Ansatzes ist folgende:

- Arbeitnehmer streben nach größerer Arbeitsplatzsicherheit und nehmen niedrigere, dafür in ihrer Entwicklung stetigere Löhne in Kauf. Indem sie einen Lohnsatz akzeptieren, der geringer ist als ihre erwartete Grenzproduktivität, entrichten sie eine Quasi-Versicherungsprämie, mit der sie impliziten Versicherungsschutz gegen Entlassungsrisiken erwerben. Im Gegensatz zum neoklassischen Grundmodell kann die aktuelle Entlohnung der Arbeitskräfte von ihrer Grenzproduktivität abweichen. Häufig wird ihnen gleichzeitig noch eine längere Laufzeit der Verträge zugesichert.
- Die Zahlung niedrigerer Löhne ist auch für den Unternehmer von Vorteil (*risk-sharing*). Er gibt im Gegenzug die implizite Zusage, bei Nachfrageschwankungen auf Gütermärkten nicht sofort, sondern erst verzögert mit Mengenanpassungen, d. h. einer Variation der Zahl der Beschäftigten, zu reagieren.

In diesem Zusammenhang steht die These einer Entkoppelung von Arbeits- und Gütermärkten. Falls die Güternachfrage sinkt, wird der Unternehmer als Übergangsstrategien Kurzarbeit und Arbeitskräftehortung wählen; falls die Güternachfrage steigt, wird er zunächst die Zahl der Überstunden und/oder zusätzlichen Schichten erhöhen, wodurch der Abbau von Arbeitslosigkeit verzögert wird. Im Anpassungsprozeß treten grundsätzlich an die Stelle von Lohnsatzvariationen verzögerte Mengenreaktionen bei der Beschäftigung, vor allem in Form von Arbeitszeitvariationen. Infolge der unterstellten Rigidität der Löhne nach unten reagieren Unternehmen vor allem in Rezessionsphasen schneller mit Mengenreaktionen in Form von Entlassungen (*job rationing* mit der Folge keynesianischer Arbeitslosigkeit); in Boomphasen sind sie bereit, knapper werdende Arbeitskräfte auch mit höheren Löhnen anzuwerben (asymmetrische Reaktion im konjunkturellen Auf und Abschwung).

Das Entlassungsrisiko verteilt sich selektiv und nicht stochastisch gleich auf alle Arbeitnehmer. Das Interesse des Unternehmers besteht zum einen in der Vermeidung von Such- und Einarbeitungskosten neu einzustellender Arbeitnehmer, zum anderen im Erhalt betriebsspezifischer Qualifikationen sowie in der internen Rekrutierung von qualifizierten und erfahrenen Arbeitskräften (Vermeidung von Transaktionskosten). Er wird den Arbeitskräften mit hohem betriebsspezifischem Humankapital größere Arbeitsplatzsicherheit gewähren und ihnen Arbeitsplatzumsetzungen anbieten, um ihre Kündigung zu vermeiden bzw. hinauszuzögern. Entlassungen treffen vor allem Arbeitnehmer mit geringem betriebsspezifischem Humankapital, die über geringere bzw. schlechter konditionierte implizite Kontrakte verfügen. Arbeitslos werden die Arbeitnehmer ohne hinreichenden „Versicherungsschutz".

Dadurch entsteht eine Differenzierung in Stamm- und Randbelegschaften, wobei letztere als Puffer bei Absatzschwankungen fungieren. Die Kontrakttheorien treffen implizit eine Dualitätsannahme: Die Rigidität der Löhne im stabilen, implizit versicherten Arbeitsmarktsegment muss kompensiert werden durch stärkere Lohn- und Beschäftigungsschwankungen im instabilen, sekundären Arbeitsmarktsegment.

Mit Hilfe der kontrakttheoretischen Ansätze lässt sich die Senioritätsregel ableiten, die u. a. besagt, dass die am längsten beschäftigten Arbeitnehmer auch als letzte entlassen werden (*last in, first out*-Prinzip). Mit dieser Regel finden Phänomene der Differenzierung in sozialstatistische Teilarbeitsmärkte, wie sie die Humankapitaltheorien beschreiben, und Phänomene der Spaltung in institutionalistische Teilarbeitsmärkte, wie sie die Segmentationstheorien analysieren, in den Kontrakttheorien eine mikroökonomisch rationale Begründung (Hardes 1989).

Das Grundproblem dieser Theorien besteht in der empirischen Überprüfbarkeit ihrer Annahmen über die Existenz und Wirkungsweisen impliziter Kontrakte. Ihre Kalküle dürften vor allem für Teilarbeitsmärkte mit hohem betriebsspezifischem Humankapital von Bedeutung sein. Weiterhin bestehen in allen Industrieländern unternehmensexterne Alternativen der Versicherung gegen das Risiko der Arbeitslosigkeit in Form kollektiver Sicherungssysteme. Als Theorie der Arbeitslosigkeit sind die Kontrakttheorien nur begrenzt brauchbar, obwohl sie unfreiwillige, keynesianische Arbeitslosigkeit zulassen. Die Annahmen über die Risikostrukturen werden *ad hoc* getroffen; sie sind zumindest nicht gründlich empirisch fundiert.

3. Ausgangspunkt der Effizienzlohntheorien (Akerlof/Yellen 1986; Scheuer 1987; Gerlach/Hübler 1989) sind im Gegensatz zum neoklassischen Grundmodell die Besonderheiten des Arbeits- bzw. Beschäftigungsvertrages: Die zu erbringende Arbeitsleistung kann zum einen nicht exakt bestimmt werden; zum anderen soll sie aus Gründen unternehmerischer Flexibilitätserfordernisse gar nicht genau festgelegt werden. Aufgrund dieser unvollständigen Spezifikation kann zwar die Entlohnung fixiert werden, nicht aber ein Tausch zwischen einer spezifizierten Arbeitsleistung und einem bestimmten Lohn erfolgen. Die Arbeitnehmer können Qualität und Niveau ihrer Arbeitsleistungen innerhalb bestimmter Bandbreiten variieren, ohne dass die Unternehmen derartige Verhaltensweisen genau kontrollieren können. Damit besteht in Bezug auf die Arbeitsintensität ein Verhältnis asymmetrischer Information zwischen Arbeitgebern und Arbeitnehmern (*principal agent*-Problem).

Kontrollen sind, vor allem bei komplexen Produktionsprozessen, entweder aus technischen oder organisatorischen Gründen nicht möglich oder schwierig und damit nur zu prohibitiv hohen Überwachungskosten (*monitoring costs*) durchzuführen. Daher versuchen die Arbeitgeber, die Leistungsmotivation ihrer Arbeitnehmer durch die freiwillige Zahlung höherer Löhne zu steigern. An die Stelle der Allokationsfunktion des Lohnes im neoklassischen Grundmodell tritt die Anreiz- und Motivationsfunktion des Lohnaufschlags, der für das Unternehmen attraktive Arbeitskräfte anziehen bzw. eine Auslesefunktion erfüllen, Fluktuation bzw. deren Kosten reduzieren und die Grundlage für gute Arbeitsmoral, loyales Verhalten und optimale Leistungserbringung seitens der Arbeitnehmer bilden soll. Der lohnsetzende Unternehmer erreicht durch einen über dem markträumenden Lohn liegenden, freiwillig gezahlten Effizienzlohn eine Erhöhung der Arbeitsproduktivität, des Outputs und des Gewinns. Diese Lohnerhöhungen, welche die Arbeitnehmer zur optimalen Erfüllung von Leistungsnormen veranlassen sollen, finden solange statt, wie der Mehrerlös die zusätzlichen Lohnkosten gerade noch übersteigt.

Die Unternehmen versuchen, die Arbeitskosten pro Effizienz-, nicht pro Arbeitseinheit zu minimieren. Die gegenwärtige Leistungsintensität bzw. Effizienz des Arbeitnehmers ist eine positive und konkave Funktion des aktuellen Lohnsatzes. Entsprechend den neoklassischen Optimalitätsbedingungen muss zum einen das Wertgrenzprodukt eines Arbeitnehmers den Lohnkosten je Effizienzeinheit entsprechen und zum anderen mit den Grenzkosten einer Erhöhung der Effizienz um eine Einheit identisch sein. Aus beiden Bedingungen folgt, dass der vom Unternehmer zu setzende optimale Lohnsatz und damit simultan auch die optimale Beschäftigungsmenge erreicht sind, wenn die Lohnelastizität der Arbeitsintensität (die Elastizität der Arbeitseffizienz in Bezug auf den Lohnsatz) den Wert 1 annimmt.

Die Effizienzlohntheorien basieren auf dem unterstellten Kausalzusammenhang einer positiven Korrelation zwischen Arbeitsproduktivität und Reallohn. Aus dieser Annahme folgt, dass eine Lohnkürzung zur Verminderung der Arbeitsproduktivität und letztendlich zur Steigerung der Arbeitskosten führt. Damit liefern die Effizienzlohntheorien eine spezifische, mikroökonomisch fundierte Erklärung für die Existenz von Lohninflexibilität nach unten (Lohnrigidität). Arbeitslosigkeit kann als Folge des Rationalverhaltens der Unternehmen entstehen. Lohnsenkungsspielräume werden nicht ausgeschöpft, weil die potentielle lohninduzierte Reduktion der Arbeitsleistung (Effizienzeinbußen), die durch Motivationsverluste hervorgerufen werden, gegenüber Einsparungen bei den Lohnkosten dominieren.

In der Literatur finden sich vier Varianten der Effizienzlohntheorien, deren Gemeinsamkeit in der Annahme besteht, dass es für Unternehmen rational ist, über dem markträumenden Niveau liegende Löhne zu zahlen:

- Im *shirking*-Ansatz steht ein typisches *moral hazard*-Phänomen im Mittelpunkt: Der Arbeitnehmer kann durch Drückebergerei anstelle von Leistungserbringung sein Arbeitsleid reduzieren. Der Arbeitgeber versucht, durch Zahlung eines Effizienzlohnes den Arbeitnehmer zu unternehmenskonformem Leistungsverhalten zu disziplinieren. Die Gewährung von Lohnanreizen bildet eine effiziente Alternative zur kostspieligen oder nicht möglichen Überwachung bzw. Kontrolle der Arbeitsleistung. Der Effizienzlohn stellt einen Anreiz zu weniger Bummelei dar, da der Arbeitnehmer damit rechnen muss, dass bei Aufdecken seines *shirking* der Verlust des Arbeitsplatzes als Sanktion droht (*cheat-threat hypothesis*). Je höher der Effizienzlohn ist, desto geringer wird die Neigung des Arbeitnehmers zum Bummeln, da er bei Entlassung mit höheren Opportunitätskosten rechnen muss. Diese bestimmen sich durch das entgangene Einkommen aufgrund des geringeren Markträumungslohnes bei Eintritt in ein anderes Unternehmen. Die Disziplinierungsfunktion des Effizienzlohnes erhöht sich, wenn Arbeitslosigkeit besteht.

- Im *adverse selection*-Ansatz steht das Problem der Selektion von Arbeitsplatzbewerbern bzw. deren Rekrutierung bei Vorliegen unvollständiger Information der Unternehmer im Vordergrund. Den Ausgangspunkt bildet die Annahme, dass die Akzeptanzlöhne (*reservation wages*) der formal gleich qualifizierten, aber unterschiedlich leistungsfähigen Arbeitnehmer eine steigende Funktion ihrer Produktivität darstellen; die Selbsteinschätzung spiegelt die tatsächlichen Fähigkeiten wider. Das Ziel des Arbeitgebers besteht in der Verminderung der Wahrscheinlichkeit adverser Selektion bzw. der Attrahierung möglichst produktiver Arbeitsplatzbewerber. Ein höheres (Effizienz-)Lohnniveau führt nicht nur zu einer größeren Anzahl, sondern auch zu einer höheren Qualifikation der Arbeitsplatzbewerber (positive Auslese). Bewerber, die einen niedrigeren Anspruchslohn fordern, werden nicht eingestellt, da der Unternehmer dies als Indikator für ein geringeres Produktivitätspotential ansieht.
- Im *labor turnover*-Ansatz besteht das Ziel des Unternehmers in der Vermeidung freiwilliger, kosteninduzierenden Kündigungen seitens der Arbeitnehmer. Die Zahlung von Effizienzlöhnen dient der Reduzierung von Fluktuationskosten mittels einer Stabilisierung des unternehmensspezifisch qualifizierten Personals. Je höher der Effizienzlohn liegt, desto geringer ist aufgrund höherer Opportunitätskosten sowohl bei Arbeitsplatzwechsel als auch bei Arbeitslosigkeit der Anreiz für den Arbeitnehmer, seinen Arbeitsplatz aufzugeben. Eine niedrigere Fluktuationsrate impliziert für den Unternehmer niedrigere Fluktuationskosten in Form von Such-, Einstellungs- und Einarbeitungskosten und führt zu einer höheren Durchschnittsproduktivität der Belegschaft, da der Anteil relativ unerfahrener Arbeitnehmer abnimmt.
- Der *partial gift exchange*-Ansatz geht nicht mehr nur von der neoklassischen Grundannahme individueller Maximierungskalküle aus. Er betont stärker traditionelle soziologische Elemente, indem er Gruppeneinflüsse einbezieht. Im Mittelpunkt stehen die Wirkungen sozialer Konventionen und Gruppennormen auf die Arbeitsbedingungen bzw. das Prinzip des gegenseitigen Tauschens von Geschenken (*gift exchange*) im Gegensatz zum reinen Markttausch: Die Unternehmen können die Gruppennormen und den durchschnittlichen Arbeitseinsatz erhöhen, indem sie ihren Arbeitnehmern ein Lohngeschenk (*gift of wages*) anbieten, welches das Minimum dessen übersteigt, was im Tausch für das Leistungsgeschenk (*gift of effort*) zu erwarten ist. Im Gegenzug sind die Arbeitnehmer bereit, ihre Arbeitsanstrengungen über das Minimum des Lohngeschenkes.

Die Arbeitnehmer entwickeln in der Arbeitsgruppe starke loyale Beziehungen. Die Entlassung weniger produktiver Arbeitnehmer lohnt sich für den Arbeitgeber nicht, da dieser Schritt einen Produktivitätsrückgang der Gruppe zur Folge hätte. Die Löhne müssen sowohl innerhalb als auch zwischen Gruppen den Vorstellungen von Gerechtigkeit und Fairness entsprechen (*fair wage*-Hypothese). Der individuelle und kollektive Arbeitseinsatz hängt stark von den Arbeitsnormen der Bezugsgruppe ab. Das Unternehmen kann eine von der Belegschaft als gerecht empfundene Lohnstruktur kaum ändern, da die Kosteneinsparungen durch Senkung der Arbeitsproduktivität der Belegschaft überkompensiert würden.
Die Zahlung von über dem vollbeschäftigungskonformen Gleichgewichtslohn liegenden Effizienzlöhnen kann zu Arbeitslosigkeit führen, da Mengenrationierungen die Folge sind. Bei steigender Arbeitslosigkeit im Konjunkturverlauf nimmt die Kündigungsneigung der Arbeitskräfte ab, weshalb der Lohnaufschlag reduziert werden kann.

Das grundsätzliche Problem aller Effizienzlohnansätze besteht in der Operationalisierung bzw. empirischen Überprüfung der zentralen Variablen (wie Arbeitsmotivation, individuelle Leistungsintensität oder auch Höhe der Effizienzlöhne selbst). Die Effizienzlöhne sind theoretische Konstrukte, die Leistungsintensität ist in aller Regel nicht zu messen. Über den Tariflöhnen liegende Effektivlöhne sind keinesfalls ausschließlich Effizienzlöhne. Weiterhin ist es in bestimmten Bereichen gar nicht notwendig, Effizienzlöhne zu zahlen, da andere Mittel zur Leistungskontrolle und -steigerung zur Verfügung stehen (z. B. Prämien- oder Akkordlohnsysteme).

Auch aus theoretischer Perspektive besteht ein Einwand gegenüber den Effizienzlohntheorien darin, dass die Sicherstellung der Leistungsabgabe durch die Arbeitskräfte auch über andere Formen der Ausgestaltung der Arbeitsverträge erreicht werden kann. Ein prominentes Beispiel stellt die Senioritätsentlohnung dar. Der Arbeitnehmer erhält zu Beginn seiner Betriebszugehörigkeit einen Lohnsatz unterhalb seines Wertgrenzproduktes; mit zunehmender Dauer nimmt der Lohnsatz stärker zu als das Wertgrenzprodukt und übersteigt dieses schließlich für den Zeitraum bis zum Ende des Erwerbsprozesses. Auf das gesamte Erwerbsleben bezogen gleichen sich im Idealfall Einkommen und Produktivität aus, die auf den Einstellungszeitpunkt abdiskontierten und über die Dauer des Beschäftigungsverhältnisses aufsummierten Lohnsätze und Produktivitäten entsprechen sich.

Der Gegenwartswert aller Lohnzahlungen kann durchaus dem markträumenden Niveau entsprechen, weshalb diese Lösung für den Unternehmer billiger ist als die Zahlung von Effizienzlöhnen. Aufgrund dieser speziellen Konstruktion der Entlohnung im Zeitverlauf (ansteigendes Lebens-Einkommens-Profil) ergibt sich für den Arbeitnehmer ein Anreiz, seine Leistungsintensität mit zunehmender Dauer der Betriebszugehörigkeit nicht absinken zu lassen bzw. seine Fluktuationsneigung einzuschränken. Er würde im Fall seines Ausscheidens vor Erreichen der Altersgrenze zu jedem Zeitpunkt dem Unternehmer einen Teil des bislang erworbenen, aber noch nicht ausgezahlten Einkommensanspruchs schenken.

Eine weitere Variante der Anreizentlohnung stellt die Tournamententlohnung dar, die sowohl der Selektion von Bewerbern als auch der Anreizgenerierung dient. Sie fasst das Erwerbsleben als Abfolge von Turnieren (im Sinne eines Wettkampfs oder Betriebsturniers) um jeweils höhere Positionen in der Hierarchie auf. Die weiteren Aufstiegschancen hängen auf jeder Hierarchieebene von den bisher erzielten Turniererfolgen ab (Pfadabhängigkeitsthese). Die Beschäftigten konkurrieren und der Gewinner erhält den ersten Preis in Form einer Beförderung bzw. eines Aufstiegs, die mit einer höheren Entlohnung korrelieren. Dabei wird nicht die absolute, sondern die relative Leistung im Vergleich zu den Mitbewerbern bewertet (*rank-order tournaments*).

Das Unternehmen löst mit Hilfe dieses Verfahrens das Problem, dass die individuelle Leistung oft gar nicht oder nur zu prohibitiv hohen Kosten gemessen werden kann, was vor allem bei Beförderungspositionen der Fall ist. Das bei Arbeitsgruppen mögliche *moral hazard*-Problem (etwa in Form von *shirking*) entfällt durch Selbstdisziplinierung innerhalb des Teams. Andererseits entsteht durch innerbetriebliche Rivalitäten der Nachteil, dass Verlierer bzw. weniger Leistungsfähige oder -willige demotiviert werden und über Intrigen und Sabotage der Arbeitsleistung auch der Mitbewerber die Effizienz der *tournament contracts* wieder einschränken können. Ein Ausweg besteht in einer Kombination von Tournament- und Senioritätsentlohnung: Diejenigen, die im Turniermodell nicht zum Zuge kommen, können zumindest an der Karriere zweiter Ordnung teilhaben. Damit fungiert die Senioritätsentlohnung als Auffangnetz der im Turnier Unterlegenen.

Eine weitere Alternative zur Zahlung von Effizienzlöhnen stellt die Entrichtung von Eintrittsgebühren (*entrance fees*) beim Abschluss von Arbeitsverträgen dar. Dieses Eintrittsgeld verfällt, falls der Arbeitnehmer (etwa wegen aufgedecktem *shirking*) vorzeitig entlassen wird oder von sich aus kündigt. Das Unternehmen erreicht niedrigere Fluktuationsraten, eine Verbesserung der Arbeitsleistung sowie den Erhalt betriebsspezifischen Humankapitals. Andererseits entsteht ein *moral hazard*-Problem seitens des Unternehmens: Es kann dem Arbeitnehmer ungerechtfertigt mangelnde Leistung vorwerfen und ihn entlassen, um sich dessen Eintrittsgebühr anzueignen. Allerdings kann zum einen der damit verbundene Reputationsverlust regulierend wirken; zum anderen können die Eintrittsgebühren in einen Pensionsfonds einbezahlt werden, auf den der Unternehmer keinen Zugriff hat. Bei einer Verwirkung des Anspruchs würde die getätigte Einlage den übrigen Arbeitnehmern zugute kommen.

10.4 Segmentationstheorien

Im Mittelpunkt der in den 1960er Jahren in den USA entstandenen und später in der Bundesrepublik weiterentwickelten Segmentationstheorien (Lutz 1987a; Sengenberger 1987) steht die Frage nach Determinanten der Arbeitsmarktstrukturierung. Diese ist definiert „als relativ dauerhafte, gegen kurzfristig wirksame Marktkräfte nahezu resistente, regelhafte Gestaltung des Arbeitsmarktprozesses“ (Sengenberger 1987, 50). Segmentierung bezeichnet eine auf Dauer angelegte Strukturierung und Differenzierung des Gesamtmarktes in Teilmärkte als Ergebnis der im Arbeitsmarktprozess wirksamen ökonomischen und politischen Kräfte. Die Begründungen der Entstehung sind unterschiedlich. Gemeinsam ist den Ansätzen, dass die Eigenschaften der Arbeitsplätze und nicht, wie in der Neoklassik unterstellt, die der Arbeitskräfte die tatsächliche Produktivität determinieren; die Produktivität der Arbeitskraft ist eine Folge des Innehabens eines bestimmten Arbeitsplatzes (Arbeitsplatzkonzept).

Diese in der Tradition der institutionalistischen Schule (Brandes/Weise 1999) stehenden Theorien begreifen sich zumindest implizit als Antwort auf die Defizite neoklassischer bzw. keynesianischer, angebots- bzw. nachfrageorientierter Arbeitsmarkt- bzw. Beschäftigungstheorien. Die Ansätze betonen institutionalisierte Regeln, interne Vergleiche und politische Einflüsse stärker als Profitmaximierungshypothesen oder Gleichgewichtsannahmen. Die Dominanz des Lohnmechanismus als Steuerungsinstrument des Arbeitsmarktes wird abgelehnt.

Ausgangspunkt ist die These der Notwendigkeit einer Aufspaltung des in der neoklassischen Theorie als homogen angenommenen, tatsächlich aber heterogenen Arbeitsmarktes in intern einigermaßen homogene, gegeneinander abgeschirmte Teilarbeitsmärkte mit unterschiedlichen Funktionsweisen und Anpassungsformen. Neben systematisch eingeschränkten Mobilitätsmöglichkeiten zwischen den Segmenten bestehen ungleiche, restringierte Zugangschancen. Der Arbeitsmarkt entspricht nicht dem neoklassischen Modell eines Wettbewerbsmarktes; Marktbeschränkungen können u. a. durch die Strategien der Arbeitsmarktparteien verstärkt werden.

1. Die für US-amerikanische Bedingungen entwickelte Theorie dualer Arbeitsmärkte (zusammenfassend Sengenberger 1987, 221ff.; Dickens/Lang 1988) behauptet eine dichotome Aufspaltung in ein primäres und ein sekundäres Segment. Die Arbeitsplätze in ersterem sind u. a. gekennzeichnet durch höhere Löhne, relativ bessere Arbeitsbedingungen, relativ hohe Arbeitsplatzsicherheit, Beförderungs- und Karriereaussichten, Isolierung von Marktmächten und Teilhabe an Entscheidungsprozessen. Demgegenüber sind die Arbeitsplätze des sekundären Segments u. a. charakterisiert durch relativ niedrige Löhne, schlechte Arbeitsbedingungen, hohe Fluktuationsraten, Fehlen eines Systems von Beförderungsmechanismen.

Diese Form der dichotomen Segmentation wird im Rahmen induktiver, empirisch orientierter Theoriebildung u. a. erklärt als Folge der zunehmend dualen Struktur der Wirtschaft, insbesondere der Gütermärkte, mit einem stabilen monopolistisch-oligopolistischen Kernbereich und einem instabilen peripheren Wettbewerbssektor (Konzept der dualen Ökonomie). Damit wird eine Strukturparallelität von Produkt- und Arbeitsmärkten unterstellt, die in diesem Ausmaß nicht tatsächlich vorhanden ist.

Mit dieser Theorie dualer Arbeitsmärkte weitgehend deckungsgleich ist die einflussreiche Unterscheidung interner und externer Märkte (Doeringer/Piore 1971; zusammenfassend Osterman/Burton 2005):

- Der interne Markt wird verstanden als administrative Beschäftigungseinheit. Die ansonsten vom Markt übernommenen Funktionen der Lohnbestimmung, der Allokation der Arbeitskräfte und ihrer Ausbildung im Unternehmen werden nach institutionellen Regeln und Verfahren festgelegt. Einstellungen, Beförderungen und Entlassungen erfolgen gemäß administrativen Regeln, welche die auf dem internen Markt beschäftigten Arbeitskräfte weitgehend gegen direkte Konkurrenz vom externen, außerbetrieblichen Markt abschirmen und zu relativ stabilen und dauerhaften Beschäftigungsverhältnissen führen.
- Auf dem externen Markt finden Preisbildung und Allokation wie in der neoklassischen Theorie durch Lohnwettbewerb statt; nur auf diesem Teilmarkt behält der Preis seine zentrale Bedeutung als Steuerungsmechanismus.

Der Austausch von Arbeitskräften zwischen den Teilmärkten beschränkt sich typischerweise auf bestimmte Stellen des Ein- und Austritts für die einzelnen Qualifikationsstufen (*ports of entry and exit* als Übergangsstellen); die übrigen Positionen werden über Aufstiegsleitern (*mobility chains*) besetzt und sind dem Wettbewerb auf dem externen Markt entzogen. Veränderungen auf dem externen Markt bleiben daher weitgehend folgenlos für den internen Markt.

2. Der Versuch, die US-amerikanische Diskussion für die Verhältnisse in der Bundesrepublik fruchtbar zu machen, muss anders geartete wirtschaftliche und gesellschaftliche Rahmenbedingungen berücksichtigen. Hierzu gehören u. a.

- eine wesentlich geringere Dualisierung der Wirtschaft,
- die Existenz des vor allem in den deutschsprachigen Ländern spezifischen Typus des Facharbeiters, der im dualen System der beruflichen Bildung gleichzeitig sowohl betrieblich-praktisch als auch überbetrieblich-theoretisch in Betrieb und (Berufs-)Schule ausgebildet wird,
- Unterschiede im System der Arbeitsbeziehungen mit Arbeitgeberverbänden und Gewerkschaften als überbetrieblich-sektoralen sowie Management und Betriebsrat als betrieblichen Interessenvertretungen (monistische versus duale Systeme).

Idealtypisch lassen sich drei Typen von Teilarbeitsmärkten mit unterschiedlichen Funktionsprinzipien unterscheiden:

- Der (berufs-)fachliche Teilarbeitsmarkt mit formalen Zugangsbeschränkungen erfordert hohe Investitionen in standardisierte, relativ breit angelegte fachliche Qualifikationen. Diese werden in mehrjährigen Ausbildungsgängen erworben, wobei die Regelung und Kontrolle durch überbetriebliche, halbstaatliche Instanzen erfolgt und der erfolgreiche Abschluss durch Zertifikate bestätigt wird. Dadurch wird ein individuelles Berufseintrittspotential geschaffen. Diese Qualifikationen können ohne Verlust zwischen Betrieben transferiert werden (z. B. bei Berufen des Handwerks). Diese Voraussetzungen ermöglichen den Arbeitnehmern hohe zwischenbetrieblich-horizontale Mobilität und sparen den Arbeitgebern Informations- sowie Anlern- bzw. Einarbeitungskosten. Das Funktionieren dieses Typs mit hoher Mobilität bzw. Substituierbarkeit der Arbeitskräfte setzt eine relative Stabilität des Volumens von Gesamtnachfrage bzw. -angebot voraus.
  Fachliche Arbeitsmärkte haben in Deutschland im Vergleich zu anderen Ländern eine große Bedeutung wegen des dualen Systems der beruflichen Bildung mit der typischen Kombination von theoretischen und praktischen Fertigkeiten. Merkmale dieser Teilmärkte sind u. a. Zutrittsbeschränkungen, Mindestmaß an kollektiver Organisation, Abschließung von Marktkräften vor allem auf der Angebotsseite sowie generelle Austauschfähigkeit von Arbeitskräften mit relativ standardisierten Qualifikationen zwischen Betrieben und Sektoren. Dieser „Berufszentrierung" steht die „Betriebszentrierung" als gegenläufiges Prinzip gegenüber.
- Der betriebsinterne Teilarbeitsmarkt ist mehr oder weniger stark nach außen abgeschlossen und bietet bestimmten, meist größeren Teilen der Belegschaft, der Stammbelegschaft, als Gegenleistung gegen hohe Betriebsloyalität und -bindung Qualifizierungs- und Aufstiegschancen sowie Senioritätsrechte und sichere, langfristige Beschäftigungsperspektiven. Auf diesem Teilmarkt befinden sich betriebsspezifisch qualifizierte Arbeitskräfte ohne oder mit geringen überbetrieblichen Qualifikationsanteilen und einer nur geringen Transferierbarkeit zwischen Betrieben. Infolge der hierarchisch organisierten betriebsinternen Arbeitsmärkte bestehen geringe zwischenbetrieblich-horizontale, jedoch hohe innerbetrieblich-vertikale Mobilitätschancen. Diese vertikale Dimension interner Märkte korrespondiert mit dem sog. Laufbahnprinzip. Ein Vorteil dieses Arrangements liegt in seiner hohen internen Flexibilität und Austauschfähigkeit zu Lasten der externen (horizontale Dimension interner Märkte). Beide Seiten haben ein originäres Interesse an der Amortisation der betriebsspezifischen Ausbildungsinvestitionen sowie am Abschluss langfristiger Arbeitsverhältnisse.
  Anpassungsvorgänge von Angebot und Nachfrage erfolgen unternehmens- bzw. betriebsintern, also ohne Rückgriff auf den externen Markt und unter Beschränkung der Konkurrenz; die Beschäftigten werden den Arbeitskräften des externen Marktes vorgezogen. Es besteht ein auf Dauer angelegtes Abhängigkeitsverhält-

nis mit bilateralen Vorteilen. Zu diesen gehören u. a.: auf Arbeitnehmerseite eine relative Beschäftigungssicherheit und stabile Verdienstaussichten, auf Arbeitgeberseite die Erschließung von Produktivitätspotentialen, die Eröffnung von Reaktions- und Anpassungsspielräumen mit Effizienzvorteilen durch hohe Umsetzungspotentiale, loyales Verhalten der Arbeitnehmer gegenüber dem Betrieb.

- Der unspezifische, unstrukturierte (Jedermanns-)Teilarbeitsmarkt besteht aus Arbeitskräften mit nur generellen Mindestbefähigungen und Allgemeinkenntnissen und ohne (jegliche) fachliche und betriebsspezifische Qualifikationen. Der Lohn wirkt gemäß dem Wettbewerbsmodell als Steuerungs- und Allokationsmechanismus. Typische Merkmale dieses Arbeitsmarkttypus sind u. a. fehlende vertikale Mobilitätschancen sowie hohe Fluktuationsraten infolge der uneingeschränkten horizontalen Mobilität (Markt des Heuerns und Feuerns).
  Dieser Arbeitsmarkttypus verliert quantitativ immer mehr an Bedeutung; er findet sich bei arbeitsintensiver Produktionsweise mit geringem und unspezifischem Sachkapitaleinsatz in der Produktion, einem instabilen und personell diskontinuierlichen Arbeitskräfteangebot sowie bei Existenz einer verfügbaren Arbeitsmarktreserve und in Abhängigkeit von instabiler, schwankender Güternachfrage.

Teilarbeitsmärkte bilden „eine durch bestimmte Merkmale von Arbeitskräften und Arbeitsplätzen abgegrenzte Struktureinheiten des Gesamtarbeitsmarktes, innerhalb derer die Allokation, Gratifizierung und Qualifizierung der Arbeitskräfte einer besonderen und mehr oder weniger stark institutionalisierten Regelung unterliegt" (Sengenberger 1975, 29). Ursachen der Segmentation sind Kosten-Nutzen-Kalküle der Betriebe in Bezug auf die Rentabilität von Humankapitalinvestitionen bzw. über die arbeitnehmerspezifischen Qualifikationen, welche auf den Teilmärkten gehandelt werden. Segmentation besteht auch unter den Bedingungen von ökonomischer Prosperität und Vollbeschäftigung, tritt aber in rezessiven Phasen deutlicher hervor.

Die frühen Segmentationstheorien machten Anleihen bei der Neoklassik durch den deutlichen Einbezug von Humankapitalvariablen. In der Weiterentwicklung wurden zwei andere Faktoren entscheidend für die Strukturierung bzw. Segmentierung der Arbeitsmärkte im Sinne einer stabilen Ungleichheit:

- die verschiedenen Systeme der beruflichen Bildung und Qualifizierung,
- die national unterschiedlich ausgestalteten Systeme der Arbeitsbeziehungen.

Im Mittelpunkt steht der Einfluss korporativer Akteure bzw. Institutionen und der von ihnen geschaffenen Regeln und Normen auf Prozesse der Etablierung stabiler vertikaler Segmentation. Eine eher isolierte Betrachtung von Struktur und Funktionsweisen von Teilarbeitsmärkten wird abgelöst durch den stärkeren Einbezug wirtschaftlicher und vor allem sozialer Regulierungs- und Steuerungsprozesse, der inner- und zwischenbetrieblichen Organisation der Produktion sowie der Produktmärkte. Der Ansatz wird stärker soziologisiert, die ökonomischen Erklärungsanteile treten deutlich in den Hintergrund.[347] Er soll einen Beitrag zur integrierten anstatt der isolierten Analyse von Arbeitsmärkten und Arbeitsbeziehungen leisten.

Im Rahmen des Ausbaus der Strukturtheorien des Arbeitsmarktes wird nicht mehr wie vor allem in der neoklassisch inspirierten Humankapitaltheorie die Generalität bzw. Spezifität der Qualifikation der Arbeitskräfte, sondern der Grad und die Art der einseitigen oder wechselseitigen Bindung von Arbeitgebern und Arbeitnehmern zum zentralen Kriterium zur internen und externen Abgrenzung der Teilmärkte:

- im (berufs-)fachlichen Segment erfolgt eine Bindung an eine bestimmte Kategorie von Arbeitskräften bzw. Nachfragern nach Arbeitskräften, nicht jedoch an einzelne Arbeitnehmer oder Arbeitgeber,
- im betriebsinternen Segment besteht eine Bindung nicht zwischen Gruppen, sondern zwischen bestimmten Arbeitnehmern und Arbeitgebern,
- im unstrukturierten Segment findet im Gegensatz zu den anderen Teilmärkten keine besondere Bindung im Arbeitsverhältnis statt (Sengenberger 1987, 117ff.).

3. Diese These von der Dreiteilung des Arbeitsmarktes ist nicht nur theoretisch begründet, sondern für die institutionellen Bedingungen in der Bundesrepublik auch empirisch relativ gut abgesichert (Biehler/Brandes 1981; Wenger 1984; Szydlik 1990). Dabei ist allerdings zu berücksichtigen, dass die Untersuchungen sich zunächst vor allem auf die hochgradig strukturierten betriebsinternen Arbeitsmärkte von Großbetrieben, später auch auf öffentliche Verwaltungen beziehen (Keller 1993; Henneberger 1997). Die aus quantitativer Perspektive wichtigen, sehr heterogenen Arbeitsmärkte der Klein- und Mittelbetriebe mit zwischenbetrieblich-berufsfachlicher Ausrichtung sind empirisch wie theoretisch unterrepräsentiert. Weiterhin bestehen Probleme bei der Operationalisierung zentraler Hypothesen (z. B. Art und Grad der Bindung zwischen Arbeitnehmern und Arbeitgebern).

Schließlich ist die aktuell relevante Frage zu beantworten, wie die in den vergangenen Jahren zweifellos eingetretenen Veränderungen der Teilarbeitsmärkte die bestehende Segmentation verändert haben. „Ergebnis der materialen Analyse ist, dass der deutsche Arbeitsmarkt sich von einer Hegemonie interner Arbeitsmärkte zu einer spannungsgeladenen und instabilen Koexistenz von internen und externen Arbeitsmärkten entwickelt, wobei Ostdeutschland eine Vorreiterrolle übernommen hat. Es zeigt sich also weder eine Generalisierung von Beschäftigungsrisiken oder gar von Prekarität noch eine stabile Arbeitsmarktspaltung“ (Köhler et al 2007, 387).

---

[347] In einer eher politischen Perspektive räumt er zudem auf mit einer Reihe weit verbreiteter Vorurteilen, etwa über die mangelnde „Flexibilität“ deutscher Arbeitsmärkte vor allem im Vergleich zu US-amerikanischen oder über die Folgen von Deregulierung und Flexibilisierung.

Die Segmentationsansätze leisten einen wesentlichen Beitrag zur Aufdeckung von Arbeitsmarktstrukturierung und deren Verfestigung. Mit ihrer in der Regel isolierten Analyse der Arbeitsmärkte erklären sie nicht die Entstehung von Arbeitslosigkeit und liefern nur wenige Konzepte zu ihrer Bekämpfung. Ihre Vertreter befürworten im Gegensatz zu Repräsentanten neoklassischer Theorien grundsätzlich quantitative und qualitative Arbeitsmarkt- und Beschäftigungspolitik, die Strukturen und Prozesse der Segmentation berücksichtigen muss. Eine globale, keynesianisch orientierte Konjunkturpolitik bedarf der Unterstützung durch selektive Arbeitsmarktstrukturpolitik, die auf die Verbesserung der Chancen von Problemgruppen ausgerichtet ist (u. a. Langzeitarbeitslose, schlecht und Unqualifizierte, ausländische Arbeitnehmer).

Verschiedene Autoren konstatieren eine Entkoppelung der Arbeits- von den Gütermärkten, die auf die Abschottung von Teilarbeitsmärkten zurückzuführen ist und eine Weitergabe von Gütermarktimpulsen auf die Arbeitsmärkte verhindert. Seit den 1980er Jahren beobachten wir eine Verstärkung und Verfestigung betriebsinterner Arbeitsmärkte. Die Unterscheidung in Stamm- und Randbelegschaften ist auch in Phasen ökonomischer Prosperität vorhanden, aber weniger ausgeprägt; sie gewinnt in Zeiten rationierter Arbeitsplätze an Bedeutung. Die internen Arbeitsmärkte erfahren eine weitgehende soziale Schließung, Arbeitslose und Randgruppen werden ausgegrenzt. Mit der Internalisierung der Vorteile stabiler Arbeitsverträge korrespondiert die Externalisierung der Nachteile instabiler Beschäftigungsverhältnisse.

Die Herausbildung betriebsinterner Märkte ist kein Phänomen unserer Zeit (Pierenkemper 1996). Die frühere Segmentierung nach Berufen wurde in der Nachkriegszeit im Zuge von Mechanisierung und Automation durch die betriebszentrierte abgelöst. Sie meint „die Entstehung innerbetrieblicher Teilarbeitsmärkte, die mehr oder minder stark nach außen abgeschlossen sind und bestimmten, meist größeren Teilen der Belegschaften („Stammbelegschaften") als Gegenleistung gegen hohe Betriebsloyalität und -bindung Qualifizierungs- und Aufstiegschancen und eine sichere langfristige Beschäftigungsperspektive anbieten" (Lutz/Sengenberger 1980, 294).

Die Segmentationstheorien haben sich erst relativ spät mit dem Einfluss von Arbeitnehmervertretungen, Gewerkschaften bzw. BR als Institutionen des Arbeitsmarktes, auf Segmentationsprozesse befasst (vgl. Kap. 5). Bringt man die beiden Betrachtungsweisen von Arbeitsmärkten und Arbeitsbeziehungen zusammen, zeigt sich, dass Interessenpolitik sowohl die Segmentation als Handlungsgrundlage benutzen als auch die auf Teilmärkten erzeugten Benachteiligungen verschärfen kann. Wohlgemerkt: Arbeitsmarktsegmentation besteht auch unter den Bedingungen ökonomischer Prosperität und Vollbeschäftigung, wird aber nicht zum Problem. Eine ungleiche Verteilung von Arbeitsmarktrisiken besteht auch ohne und unabhängig vom Einfluss der Interessenorganisationen. Insofern sind Gewerkschaften, die zu institutionalisierten Wettbewerbsbeschränkungen beitragen, für diese nicht-intendierten Folgen ihres Handelns nur begrenzt verantwortlich.

10.5 Insider-Outsider-Theorien

1. Während die Effizienzlohntheorien unterstellen, dass die Unternehmen Marktmacht besitzen, nehmen die seit den 1990er Jahren populären *Insider-Outsider*-Theorien (Lindbeck/Snower 1988; 2001) an, dass ein Teil der Arbeitnehmerschaft über die Macht zur Lohnsetzung verfügt. Die grundlegenden Annahmen sind folgende:

Es gibt drei Gruppen von Arbeitnehmern, die sich in Bezug auf ihre Verhandlungsposition wesentlich unterscheiden:

- Personen in einem Beschäftigungsverhältnis (*Insider*),
- Personen in der Einarbeitungsphase (*Entrants*),
- derzeit nicht-beschäftigte Personen (*Outsider*).

Es gibt drei Arten von Kosten:

- Einstellungs-, Einarbeitungs- und Entlassungskosten (z. B. *screening*-, Such-, Kündigungskosten, Abfindungszahlungen, Verlust betriebsspezifischen Humankapitals),
- Kosten, welche die *Insider* verursachen können, indem sie den *Entrants* durch *tacit coordination* die Kooperation entziehen oder das Arbeitsklima verschlechtern,
- Kosten, die im Falle der Entlassung von *Insidern* durch Demotivation der im Unternehmen verbleibenden *Insider* entstehen und sich auf deren Teamgeist und damit Produktivität negativ auswirken.

Die drei Arbeitnehmergruppen können dem Unternehmen in unterschiedlichem Ausmaß Kosten verursachen: In der einfachen Version des Ansatzes sind die *Insider* dadurch gekennzeichnet, dass sie betriebsspezifisch qualifiziert und damit bei ihnen alle Einstellungs- und Einarbeitungskosten bereits getätigt sind. Im Falle ihrer Entlassung würden die noch nicht amortisierten Teile der Investitionen als verlorene Kosten (*sunk costs*) anfallen. Die *Entrants* befinden sich gerade in der Einarbeitungsphase, so dass bei ihrem Ausscheiden aus dem Betrieb nur ein geringer Teil der Kosten der *Insider* anfallen würde. Die *Outsider* haben der Unternehmung noch keine Kosten verursacht und können deshalb auch keinen Druck *via* Verhandlungsposition ausüben.

Wenn die *Insider* verhindern wollen, dass einer von ihnen entlassen wird, darf ihr Lohnsatz nicht höher sein als die Summe aus dem von den *Outsidern* geforderten Lohnsatz (*reservation wage*) und den Grenzkosten der Fluktuation (*labor turnover costs*). Letztere setzen sich zusammen aus den Grenzkosten der Entlassung eines *Insiders* (*firing costs*) und den Grenzkosten der Einstellung und Einarbeitung eines *Entrants* (*hiring and training costs*):

$wI \leq wO + K'I + K'E$

Der Lohnsatz der *Entrants* darf um nicht mehr als die marginalen Einstellungs- und Einarbeitungskosten über den Lohnvorstellungen der *Outsider* liegen:

$wE \leq wO + K'E$ mit

wI = Lohnsatz der *Insider*

wE = Lohnsatz der *Entrants*

wO = Lohnsatz der *Outsider* (Akzeptanzlohn)

$K'I$ = Grenzkosten der Entlassung von *Insidern* (Fluktuationskosten)

$K'E$ = Grenzkosten der Einstellung und Einarbeitung von *Entrants*

In einer erweiterten Variante des Ansatzes können die *Insider* sowohl die Produktivität von *Entrants* durch Verweigerung von Kooperation senken als auch deren Arbeitsleid durch Schikanieren (*harassment*) erhöhen. Durch diese optionalen Verhaltensweisen entstehen Renten, welche die *Insider* im Rahmen von *bargaining* mit der Unternehmensleitung oder unilateral abschöpfen können. Die *Insider* versuchen zweierlei: Zum einen die Differenz zwischen ihren höheren Löhnen und den niedrigeren *reservation wages* der *Entrants* so groß wie möglich werden zu lassen; zum anderen sich diese Differenz so weit wie möglich anzueignen. Gleichzeitig sind die *Insider* daran interessiert, die Anzahl der Mitarbeiter im Betrieb möglichst gering zu halten, um ihr Grenzprodukt und damit ihren Lohn anzuheben. Die strategisch miteinander kooperierenden *Insider* sind in der Lage, die Zusammenarbeit mit den *Entrants* zu verweigern; deshalb haben letztere eine schwächere Verhandlungsposition und ein niedrigeres Einkommen.

Über entsprechende Verhaltensoptionen verfügen die *Entrants* gegenüber den *Outsidern*. *Harassment* verfolgt einen ähnlichen Zweck wie kooperatives Verhalten: Die *Insider* halten die *Outsider* vom Unterbieten ab, indem sie die Erwartung schaffen, dass Unterbieter schikaniert werden; die *Outsider* sind nicht in der Lage, *Harassment* zu vermeiden. Damit wird Außenseiterkonkurrenz ausgeschlossen.

Für die Unternehmen besteht aus Kostengründen kein Anreiz, *Insider* gegen *Outsider* auszutauschen, da erstere zur Zusammenarbeit bereit sind, was letztere *ex definitione* nicht sein können. Die *Insider* gestalten ein Unterbieten ihrer Löhne durch die *Outsider* zu teuer für die Unternehmen und durch Kooperationsentzug und *Harassment* zu unangenehm für die *Outsider*. Die *Insider* können sich die (Quasi-)Renten, die mit einem Austausch verbunden wären, über Verhandlungen aneignen und dadurch ihr Lohnniveau über den markträumenden Gleichgewichtslohn anheben. Die *Insider* verfügen über hinreichende Marktmacht, um auf die betriebliche Lohngestaltung Einfluss zu nehmen; die Unternehmer werden zu Mengenanpassern.

Wesentliche Interessenkonflikte bestehen zwischen *Insidern* und *Outsidern* und nicht, wie üblicherweise angenommen wird, zwischen Unternehmen und ihren Arbeitnehmern. Die *Insider* verhalten sich nutzenmaximierend und berücksichtigen die Interessen von *Entrants* und *Outsidern* nicht. Aufgrund der Existenz von Transaktionskosten können die *Insider* diese Konflikte zur Durchsetzung von Lohnaufschlägen nutzen. Sie können einen nicht-markträumenden Lohnsatz erreichen und so in aggregierter, makroökonomischer Sicht unfreiwillige Arbeitslosigkeit verursachen.

Die Kritik an der Grundversion konzentriert sich auf folgende Aspekte:

- Die Verhaltensprämissen vereinfachen zu stark. Es gibt nur drei Gruppen von Arbeitnehmern, die zudem in sich homogen sind. Die Verhaltensannahme des *Harassment* ist willkürlich und schließt solidarisches Handeln zwischen den verschiedenen Arbeitnehmergruppen aus.
- Die Verträge über die Lohnhöhe gelten zunächst nur für einen begrenzten, festgelegten Zeitraum (*initiation period*).
- Das Modell erklärt nicht, weshalb *Entrants* gelegentlich akzeptiert werden, u. a. zum Ausgleich der natürlichen Fluktuation, vor allem durch Verrentung, sowie in Phasen konjunkturellen Aufschwungs und gestiegener Arbeitskräftenachfrage.
- Zentrale Variablen (wie Insidermacht) sind empirisch kaum nachzuweisen und deshalb nur schwer zu operationalisieren, geschweige denn zu quantifizieren.
- Institutionen im Allgemeinen und Arbeitnehmervertretungen im Besonderen sind nicht unbedingt notwendig für die Argumentation (informell-individuelle versus institutionell-kollektive Einflussnahmen). Die Annahme eines *bargaining* über die individuelle Lohnhöhe ist in hohem Maße unrealistisch.

2. Im Grundmodell sind die *Insider* nicht organisiert, sondern verhandeln individuell mit dem Arbeitgeber. Eine erweiterte Variante bezieht die Existenz von Arbeitnehmervertretungen, Gewerkschaften und Betriebsräten, in die Analyse ein. Diese verhalten sich aufgrund des Wiederwahlinteresses ihrer Funktionäre als Stimmenmaximierer und orientieren sich an den Präferenzen des Medianwählers. Sie richten ihre Politik hauptsächlich an den Interessen ihrer beschäftigten Mitglieder und nicht an denen der Nicht-Beschäftigten aus. Die Arbeitnehmervertretung verfügt über Möglichkeiten, die Löhne ihres (Stamm-)Klientels zu erhöhen, ohne dessen Aussichten auf kontinuierliche und langfristige Beschäftigung zu reduzieren:

- Sie kann die Einstellungs- und Entlassungskosten erhöhen (z. B. durch Vereinbarung von Kündigungsfristen oder Abfindungszahlungen).
- Sie kann die Effektivität und Vielfalt von Kooperation und *Harassment* erhöhen.
- Sie kann aufgrund ihrer Organisationsmacht die Verhandlungsmacht der *Insider* erhöhen und diese in die Lage versetzen, einen größeren Teil der (Kartell-) Renten zu absorbieren.

- Sie kann die Insider mit neuen Instrumenten des *rent seeking* ausstatten und ihr Drohpotential erhöhen, u. a. durch Streik sowie Dienst nach Vorschrift.

Die Kritik an der erweiterten Variante verweist darauf, dass die impliziten Annahmen monopolistischen Verhaltens von Arbeitnehmervertretungen problematisch bzw. widersprüchlich sind:

- Arbeitnehmervertretungen versuchen stets, einen möglichst hohen Lohnsatz unter der Nebenbedingung ungefährdeter Beschäftigung ihrer derzeitigen Mitglieder zu erreichen. Die empirische Evidenz für diese Prämisse ist ambivalent.
- Wenn die *Insider* sich nicht individuell nutzenmaximierend, sondern in irgendeiner, exogen verursachten Weise solidarisch mit den *Outsidern* verhalten, können Arbeitnehmervertretungen sogar die Fixkosten pro Mitglied verringern, indem sie die Beschäftigung erhöhen.
- Annahmegemäß verfügen Arbeitnehmervertretungen über die ausschließliche Macht zur Festsetzung der Arbeitsbedingungen. Der originäre Ansatz kann aktuelle Phänomene wie *concession bargaining* nicht erklären, bei denen die Arbeitgeber in die Offensive gehen und Zugeständnisse von den Arbeitnehmern, vor allem bei den Entgelten, fordern (vgl. Kap. 9).
- Gewerkschaften in verschiedenen europäischen Ländern haben in den 1980er Jahren die Strategie einer Arbeitszeitverkürzung verfolgt. Diese Variante der Tarifpolitik zielte u. a. auf den Abbau von Arbeitslosigkeit und damit gerade die Eingliederung von *Outsidern* (vgl. im Einzelnen Kap. 8).
- Die Theorie bezieht ansatzweise Institutionen des Arbeitsmarktes ein. Unterschiedliche Organisationsprinzipien auf Arbeitnehmerseite (wie Betriebs-, Berufs- oder Industrieverbände) finden ebenso wenig Berücksichtigung wie die Existenz von Arbeitgeberverbänden (vgl. Kap. 2), die in einer Reihe von Ländern aus dem angenommenen Monopol zumindest ein bilaterales Monopol machen.
- Aktivitäten des Staates bleiben ausgeklammert. Vor allem in den 1960er und 1970er Jahren nahmen Gewerkschaften in verschiedenen westeuropäischen Ländern an neo-korporatistischen Arrangements teil. Diese konzertierten Aktionen implizierten immer auch einen Verzicht auf Lohnerhöhungen (*wage restraint*) mit dem Ziel der Sicherung von Preisniveaustabilität (vgl. Kap. 4).

Die *Insider-Outsider*-Theorien erklären nicht primär die Höhe der unfreiwilligen Arbeitslosigkeit, sondern allenfalls die Verteilung einer gegebenen Arbeitsmenge auf *Insider* und *Outsider*. Außerdem sind die Implikationen für die Wirtschaftspolitik keinesfalls eindeutig. Sie werden in der ordnungspolitischen Auseinandersetzung, u. a. vom Sachverständigenrat, häufig herangezogen, um Forderungen nach Flexibilisierung und Deregulierung zu begründen (z. B. erleichterte Zulassung befristeter Arbeitsverträge, Abbau von Kündigungsschutzregelungen, Einführung untertariflicher Entlohnung für Einsteiger) (vgl. Kap. 11). Die empirische Evidenz für die Vorteile solcher Maßnahmen ist keineswegs eindeutig.

10.6 Keynesianische Beschäftigungstheorie

1. Wir wollen uns nun mit der keynesianischen Beschäftigungstheorie auseinandersetzen, die im Gegensatz zur mikroökonomischen Ausrichtung der neoklassischen Arbeitsmarkttheorie vor allem makroökonomisch orientiert ist. Im Unterschied zur recht einseitigen Angebotsorientierung der Neoklassik geht der Keynesianismus primär von der Nachfrageseite aus. Keynesianer betonen den Kaufkraft- bzw. Nachfrageeffekt der Löhne, während die Neoklassiker deren Kosteneffekt in den Mittelpunkt stellen. – Die Nachfrage auf dem Arbeitsmarkt ist eine von der Nachfrage auf dem Gütermarkt abgeleitete Nachfrage. Innerhalb einer Hierarchie der Märkte ist der Arbeitsmarkt somit dem Gütermarkt und auch dem Geldmarkt nachgeordnet (vgl. zur Einführung u. a. Graf 1977); damit besteht ein gewisser Gegensatz zur neoklassischen Arbeitsmarkttheorie, die eine Gleichrangigkeit aller drei Märkte unterstellt.

Das Beschäftigungsvolumen wird bei Keynes vom Niveau der effektiven Gesamtnachfrage nach Investitions- und Konsumgütern determiniert. Die Nachfrage nach Konsumgütern wird vom verfügbaren Einkommen bestimmt; die Komplementärgröße zum Konsum ist die Ersparnis. Die Nachfrage nach Investitionsgütern ist abhängig von der Relation zwischen der Grenzleistungsfähigkeit des Kapitals, dem internen Zinssatz, und dem Kapitalmarktzinssatz. Der erwartete interne Zinssatz muss über dem Marktzinssatz liegen, damit Investitionen durchgeführt werden und nicht die Geldanlage auf dem Kapitalmarkt erfolgt. Damit entscheidet bei gegebenem internen Zinssatz der Marktzins über die Höhe der Investition. Nur bei einer keinesfalls wie in der Neoklassik notwendigerweise erzielbaren Gleichheit von Investition und Ersparnis herrscht ein Gleichgewicht auf dem Gütermarkt. Ist hingegen die Gesamtnachfrage geringer als das Gesamtangebot an Waren und Dienstleistungen, werden die Unternehmen ihre Produktion einschränken und ihre Nachfrage nach Arbeitskräften reduzieren; es entsteht Arbeitslosigkeit. Ein <u>Nachfrageausfall auf dem Gütermarkt</u> kann verschiedene Ursachen haben:

- Nachfrage kann versickern, weil bei unsicheren Erwartungen über die zukünftigen Kursentwicklungen gebildete Ersparnisse nicht auf dem Kapitalmarkt (bei den Banken) angelegt, sondern „im Sparstrumpf" gehortet werden. Sieht man von dieser heute eher unrealistischen Verhaltensweise der Wirtschaftssubjekte ab, unterscheidet Keynes zwei Gründe für eine Versickerung der Nachfrage:
- Entweder ist die Nachfrage nach Geld extrem groß, so dass der Zinssatz trotz Zunahme der Ersparnis bei gleichzeitiger Abnahme der Konsumgüternachfrage nicht sinkt (These von der Liquiditätsfalle). Dieses Phänomen tritt auf, wenn Wirtschaftssubjekte eine Senkung der Wertpapierkurse und damit eine Zinssteigerung erwarten. In einem solchen Fall ist es rationaler, vorhandene Gelder nicht in Wertpapieren anzulegen, sondern in Spekulationskasse zu halten, da die dadurch entstehenden Zinsverluste kleiner sind als die möglichen Kursverluste.

- Oder der Zinssatz fällt zwar wegen des Anstiegs der Ersparnisse, aber die Investitionsnachfrage nimmt wegen pessimistischer Absatzerwartungen der Unternehmen trotzdem nicht ausreichend zu (These von der Investitionsfalle).

Wegen dieser Mängel des Kapitalmarktes kann Güternachfrage versickern. Die ausgefallene Konsumgüternachfrage wird nicht durch eine entsprechend höhere Investitionsgüternachfrage kompensiert. Angebotsüberhänge auf Gütermärkten durch eine gesunkene Gesamtnachfrage bedeuten aber für die Unternehmen eine Einschränkung der Produktion und damit eine sinkende Nachfrage nach Arbeitskräften mit der Konsequenz unfreiwilliger Arbeitslosigkeit. Folglich ist ein allgemeines Gleichgewicht auf Güter- und Geldmärkten vereinbar mit einem dauerhaften Ungleichgewicht auf dem Arbeitsmarkt (stabiles Gleichgewicht bei Unterbeschäftigung).[348]

Entgegen den Annahmen der Neoklassik besteht somit keine automatisch-systemimmanente Tendenz zum totalen Gleichgewicht. Das von der Neoklassik unterstellte Saysche Theorem, wonach sich jedes Angebot seine Nachfrage automatisch und genau im Umfange des Angebots schafft, verliert bei Keynes seine uneingeschränkte Gültigkeit. Geld ist nicht mehr nur Tausch-, sondern auch Wertaufbewahrungsmittel. Die Zinsmechanismen wirken nicht mehr unbedingt ausgleichend zwischen Ersparnis und Investition, wie die Neoklassik unterstellt hatte.

Eine Selbststeuerung des Arbeitsmarktes über den Lohnmechanismus findet ebenfalls nicht statt. Während die Arbeitsnachfrage ebenso wie in der Neoklassik aus dem Gewinnmaximierungskalkül der Unternehmen abgeleitet und deshalb reallohnabhängig ist, orientieren sich die Arbeitnehmer im Gegensatz zur Neoklassik am Nominallohn und unterliegen somit der Geldillusion. Darüber hinaus ist der Nominallohnsatz anders als in der Neoklassik bei Keynes (u. a. aus Gründen der Existenzsicherung, des Gewerkschaftseinflusses über Tarifverhandlungen, einer staatlichen Mindestlohngesetzgebung) nach unten hin starr.[349]

Kommt es zu einem Nachfrageausfall auf den Gütermärkten und damit zu unfreiwilliger Arbeitslosigkeit, könnte bei funktionierendem Markt-/Preismechanismus die Güternachfrage durch eine Preissenkung wieder entsprechend ausgeweitet werden. Eine Senkung der Güterpreise wäre aber im keynesschen System der Nominallohnfixierung gleichbedeutend mit einem Anstieg der Reallöhne, weshalb die Unternehmen nicht bereit wären, ihre Arbeitsnachfrage zu erhöhen. Selbst wenn die Nominal-

---

[348] Ein Gleichgewicht des Arbeitsmarktes bleibt nur erhalten, wenn das mit der entsprechenden Beschäftigungsmenge entstandene Produktionsvolumen von den Unternehmen auch tatsächlich abgesetzt werden kann; bei Angebotsüberschüssen hingegen verringert sich die Arbeitsnachfrage.

[349] (Nominal- oder Real-)Lohnsenkungen sind keine probaten Mittel der Beschäftigungspolitik, u. a. weil sie zwar die Kostensituation der Unternehmen, nicht aber die allgemeine Absatzsituation verbessern.

löhne auch nach unten flexibel wären, würde wegen des Wettbewerbs der Unternehmen auf den Gütermärkten eine nominelle Lohnsenkung bewirken, dass diese Kostensenkung in den Güterpreisen weitergegeben wird; damit bliebe aber der Reallohn konstant und die Unternehmen hätten keinen Anlass, mehr Arbeitskräfte einzustellen. Die aufgrund des Nachfrageausfalls auf den vorgelagerten Gütermärkten entstandene unfreiwillige Arbeitslosigkeit kann nur dadurch wieder beseitigt werden, dass der Staat die ausgefallene private Nachfrage ersetzt.

2. Im Rahmen der wirtschaftspolitischen Konsequenzen dieser allgemeinen Beschäftigungstheorie wird der Staat nicht mehr nur als reiner „Störfaktor" gesehen, der wie in der Neoklassik lediglich die normativen Rahmenbedingungen zu setzen und somit primär Ordnungspolitik zu betreiben hat; stattdessen wird staatliche Ausgabenpolitik als Prozesspolitik für das Erreichen des Vollbeschäftigungszieles mitverantwortlich bzw. sogar unentbehrlich (Rothschild 1987). Ausfallende private Nachfrage ist durch zusätzliche staatliche Nachfrage mit Hilfe von *deficit spending* zu ersetzen, um die für Vollbeschäftigung notwendige Höhe der effektiven Gesamtnachfrage zu gewährleisten.[350] Aufgrund der These von der Liquiditätsfalle wird der Fiskalpolitik eine größere Wirksamkeit bei der Bekämpfung von Arbeitslosigkeit zugesprochen als der Geldpolitik (z. B. Variation des Zinsniveaus). In der Bundesrepublik war bis zur Einführung der Wirtschafts- und Währungsunion für die Geldpolitik die unabhängige Bundesbank zuständig, die durchaus Ziele (vor allem das der Geldwertstabilität) verfolgen konnte, die mit den aktuellen Prioritäten der jeweiligen Regierungskoalition nicht identisch waren; die europäische Zentralbank kann auf die spezifische Situation in einzelnen Mitgliedsländern keine Rücksicht nehmen.

Eine kompensatorische Fiskalpolitik muss als antizyklische Finanzpolitik konzipiert werden, um eine Verstetigung der Güternachfrage und dadurch der Beschäftigung zu erreichen. Die Regierung der Großen Koalition hat auf der Basis des Stabilitäts- und Wachstumsgesetzes in der zweiten Hälfte der 1960er Jahre eine nachfrageorientierte Globalsteuerung der Wirtschaft betrieben und damit die damals anstehenden Probleme relativ gut gelöst. In späteren Jahren wurden jedoch sowohl der Zeitpunkt als auch die Dosierung der staatlichen Intervention immer mehr zu kritischen Aktionsparametern. In der Realität führten u. a. das *Lobbying* verschiedener Interessengruppen sowie die Stimmenmaximierungskalküle der Politiker zu steigenden öffentlichen Ausgaben; damit in enger Verbindung stand die Schwierigkeit, im Aufschwung staatliche Budgetüberschüsse zum Ausgleich der vorherigen Defizite auch tatsächlich zu erzielen. Dadurch entstand allmählich eine Höhe der Staatsverschul-

[350] Unfreiwillige Arbeitslosigkeit als Angebotsüberhang am Arbeitsmarkt ist zugunsten einer Verstetigung der Güternachfrage und damit der Beschäftigung zu bekämpfen.

dung, welche die von Keynes geforderte antizyklisch angelegte Finanzpolitik zunehmend unmöglich machte („asymmetrie wirtschaftspolitischer Präferenzen“, Franz 1992, 26) und zur weitgehenden fiskalischen Manövrierunfähigkeit führte.

Heutzutage ist Arbeitslosigkeit nicht mehr nur ein Niveau-, sondern auch ein Strukturproblem; deshalb muss staatliche Globalsteuerung ersetzt werden durch eine nach Regionen und Branchen selektiv ausgerichtete Stabilisierungspolitik.[351] Aufgrund der zunehmenden Verflechtungen der Volkswirtschaften wären rein nationale Programme weitgehend wirkungslos. Für international koordinierte Beschäftigungsinitiativen fehlen die notwendigen politischen und institutionellen Voraussetzungen (vgl. Kap. 12).

Einführende Literatur

Bewley,T. (1999), Why wages don't fall during a recession, Cambridge.

Franz,W. (2006), Arbeitsmarktökonomik, 6. vollst. überarb. Aufl., Berlin-Heidelberg.

Schmid,G. (2002), Wege in eine neue Vollbeschäftigungspolitik. Übergangsarbeitsmärkte und aktivierende Arbeitsmarktpolitik, Frankfurt/Main-New York.

Sengenberger,W. (1987), Struktur und Funktionsweise von Arbeitsmärkten. Die Bundesrepublik Deutschland im internationalen Vergleich, Frankfurt/Main-New York.

Sesselmeier,W./Blauermel,G. (1997), Arbeitsmarkttheorien. Ein Überblick, 2.überarb. u.erw. Aufl., Heidelberg.

Solow,R.M. (1990), The labor market as a social institution, Cambridge-Oxford.

Wagner,T./Jahn,E.J. (2004), Neue Arbeitsmarkttheorien, 2., vollst. überarb. Aufl., Stuttgart.

[351] Vgl. zur hier nicht weiterverfolgten Makroökonomik des Arbeitsmarkts Schmid/Dosky (1990, 117ff.).

11 Arbeitsmarktprobleme II: Arbeitsmarktpolitik

Unsere Analyse behandelt nicht mehr die unterschiedlichen Arbeitsmarkttheorien, sondern die Arbeitsmarktpolitiken. Wir konzentrieren uns nicht auf historische (Seifert 1984; Lampert et al. 1991; Schmid et al. 1992), sondern auf aktuelle Fragen der Beeinflussung des Arbeitsmarktgeschehens. Zunächst behandeln wir die Grundlagen (u. a. begriffliche Abgrenzungen, Prinzipien und Instrumente, institutionell-rechtliche Grundlagen). Anschließend skizzieren wir die Auseinandersetzung um Flexibilisierung und Deregulierung (u. a. Formen, Maßnahmen, Folgen). Danach gehen wir ausführlich auf aktuelle Veränderungen in Folge der sog. Hartz-Gesetze ein.

11.1 Grundlagen

1. Im ersten Analyseschritt unterscheiden wir Beschäftigungs- und Arbeitsmarktpolitik. Beschäftigungspolitik als primär makroökonomisch ausgerichtete, umfassendere Strategie schließt alle Maßnahmen der allgemeinen Wirtschafts-, Geld-, Finanz- und Lohnpolitik ein, welche auf Prozesse und Ergebnisse von Arbeitsmärkten einwirken. In diesem breiten Kontext eines notwendigen *Policy-Mix* hat die eher mikroökonomisch orientierte Arbeitsmarktpolitik als konkretere Strategie die Aufgabe, das Angebot an und die Nachfrage nach Arbeitskräften sowohl quantitativ als auch qualitativ zu beeinflussen (Niveau- und Strukturdimension); ohne gesamtwirtschaftliche Einbettung bleibt sie weitgehend wirkungslos.

In quantitativer Hinsicht steht die Steigerung des Verhältnisses zwischen Zahl der Erwerbstätigen und potentiellen Arbeitsangebot aller Erwerbsfähigen im Vordergrund. In qualitativer Hinsicht wird die Beschäftigungsstruktur beeinflusst, d. h. ein regional, qualifikatorisch sowie in Bezug auf Arbeitszeitvorstellungen verbessertes *Matching* zwischen Angebot und Nachfrage angestrebt. Arbeitsmarktpolitik soll den Unvollkommenheiten von Arbeitsmärkten (u. a. mangelnde Transparenz, eingeschränkte Mobilität der Arbeitnehmer, Existenz von Institutionen und Transaktionskosten) entgegnen sowie die Folgen von Strukturwandel mildern. Sie ist allein nicht in der Lage, die Probleme der Unterbeschäftigung zu lösen, sondern kann nur flankierend wirken und bedarf der aktiven Unterstützung anderer Politiken.

In einem weiteren Schritt unterscheiden wir Ordnungspolitik, welche über die Gestaltung bzw. Veränderung der Arbeitsmarktverfassung die rechtlich-institutionellen Rahmenbedingungen für einen Ausgleich von Angebot und Nachfrage vorgibt, und Prozesspolitik, welche durch die Setzung von Anreizen das Handeln der Akteure zu beeinflussen versucht. Im Folgenden geht es vor allem um letztere.

Weiterhin differenzieren wir zwischen passiv-verwaltender und aktiv-gestaltender Arbeitsmarktpolitik. Erstere umfasst die materielle Existenzsicherung bei Unterbeschäftigung durch die Zahlung von Lohnersatzleistungen (wie Arbeitslosengeld, Teilarbeitslosengeld, Wintergeld und Winterausfallgeld, Kurzarbeitergeld, Insolvenzgeld). Im Sinne der Suchtheorie erhöht die Arbeitslosenunterstützung den Reservationslohn und kann die Suchdauer verlängern. Im Sinne der Effizienzlohntheorien steigert sie zwar die Fluktuation, trägt aber auch zur Förderung des Strukturwandels sowie zur Verbesserung der Ressourcenallokation bei; damit kann die Nachhaltigkeit von *Matching*-Prozessen erhöht werden.

Die aktiv-gestaltende Arbeitsmarktpolitik zielt auf die Beeinflussung von Ausmaß und Struktur von Angebot und Nachfrage, indem die Reintegration in den Erwerbsprozess, konkret den sog. ersten Arbeitsmarkt, durch aktive Maßnahmen als vorrangig angesehen wird (vor allem Beratung und Vermittlung, Leistungen an Arbeitnehmer, Arbeitgeber sowie verschiedene Träger, berufliche Eingliederung benachteiligter Gruppen). Im Sinne einer Hierarchisierung der Ziele kodifizieren die gesetzlichen Regelungen den Vorrang der Arbeitsvermittlung und Beratung vor sonstigen Leistungen der aktiven Arbeitsförderung sowie vor allem vor Entgeltersatzleistungen. Wir werden uns auf die aktiv-gestaltende Variante konzentrieren.

Schließlich wird die Unterscheidung in aktive und aktivierende Arbeitsmarktpolitik wichtiger. Letztere betont im Rahmen eines grundlegend veränderten Verständnisses von Sozialstaat im Allgemeinen bzw. Arbeits- und Sozialpolitik im Besonderen das Prinzip „Fördern und Fordern“ oder „Eigeninitiativen auslösen und Sicherheiten einlösen“ mit dem Ziel sozialer Inklusion. Das neue Leitmotiv bzw. das neue Leistungsrecht bestehen in der engeren Verbindung von staatlichen Leistungen und erwarteten individuellen Gegenleistungen im Sinne größerer Eigenverantwortung und mehr Eigeninitiative der Arbeitnehmer. Das Sanktionspotential bzw. der Druck auf Arbeitslose zur Annahme jeder angebotenen Stelle wird im Rahmen der Formel der „neuen Zumutbarkeit“ gemäß regionalen, finanziellen, funktionalen und sozialen Kriterien verstärkt (u. a. neue Sperrzeitenregelung mit häufigerer Verhängung von Sperrzeiten wegen Ablehnung eines Stellenangebots, Umkehr der Beweislast).

Abb. 11.1: Aktive Arbeitsmarktpolitik

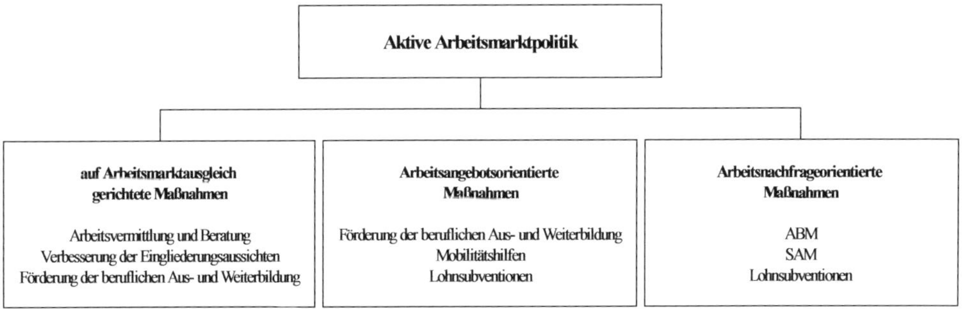

Quelle: Henneberger/Keller 2004a, 171.

2. Beschaffenheit und Entwicklung von Arbeitsmärkten bzw. Erfolge und Misserfolge der Arbeitsmarktpolitik werden mithilfe quantitativer Indikatoren beschrieben:

- Die Arbeitslosenquote ist entweder der Anteil der offiziell registrierten Arbeitslosen entweder an den abhängig Beschäftigten plus den Arbeitslosen oder an der Gesamtzahl der abhängigen Erwerbspersonen, also unter Einbeziehung der Selbständigen und mithelfenden Familienangehörigen; die Berechnung nach der zuletzt genannten Methode führt zu niedrigeren Quoten. Zumeist werden diese Quoten als Monats- oder Jahresdurchschnitt ausgewiesen.[352] Diese Kennziffer ist aufgrund ihrer Standardisierung besser zur Zustandsbeschreibung geeignet als die absolute Zahl der Arbeitslosen, die lediglich den Bestand erfasst.

- Zu dieser „offenen", registrierten Arbeitslosigkeit muss die „versteckte" addiert werden, um das tatsächliche Ausmaß der Unterbeschäftigung zu ermitteln. Die „stille Reserve" im engeren Sinne besteht aus im Prinzip Arbeitsuchenden, die nicht offiziell bei den Arbeitsagenturen gemeldet sind; zu dieser Gruppe addiert werden muss die stille Reserve in arbeitsmarkt- und sozialpolitischen Maßnahmen. Aktuelle Schätzungen führen aufgrund unterschiedlicher Messverfahren zu differierenden Ergebnissen.[353] Ihre Größe hängt vor allem von der konjunkturellen Entwicklung sowie vom Einsatz der Instrumente aktiver Arbeitsmarktpolitik ab; durch die Hartz IV-Reform wird verdeckte zu offener Arbeitslosigkeit (Allmendinger et al. 2005, 47).

---

[352] Laut offizieller Definition (§ 119 Abs. 1 SGB III) sind Arbeitslose diejenigen Arbeitnehmer, die nicht in einem Beschäftigungsverhältnis stehen, sich bemühen, ihre Beschäftigungslosigkeit zu beenden, und den Vermittlungsbemühungen der Agentur für Arbeit zur Verfügung stehen.

[353] Bäcker et al. (2008, 487f.) geben ihren Umfang mit ca. 1,5 Mio. an, Bartelheimer/Wieck (2005) beziffern sie auf 1,8 Millionen.

- Neben der Arbeitslosen- gewinnt, vor allem in Publikationen der EU sowie der OECD, die Erwerbs- oder Beschäftigungsquote an Bedeutung. Sie misst den Auslastungsgrad in Form der Zahl der im Inland abhängig oder selbständig Beschäftigten bzw. aktuell Erwerbstätigen als Anteil am Erwerbspersonenpotenzial, d. h. der erwerbsfähigen Bevölkerung im Alter zwischen 15 und 65 Jahren (aktuell Beschäftigte, registrierte Arbeitslose, Teilnehmer an arbeitsmarktpolitischen Maßnahmen, stille Reserve). Im Gegensatz zu dieser Messung der Intensität der Beteiligung am Erwerbsleben, die für alle oder für bestimmte Gruppen von Arbeitnehmern erfolgen kann, zeigt die Arbeitslosenquote den Grad der Unterbeschäftigung an.

Die Erwerbsquote der Bundesrepublik liegt (mit knapp 72%) leicht unterhalb des Durchschnitts der OECD-Mitgliedsländer. Besonders große Unterschiede bestehen bei bestimmten Personengruppen (Frauen, formal gering Qualifizierte oder ältere Arbeitnehmern, d. h. Arbeitskräfte im Alter von 55 bis 64 Jahren) (Allmendinger et al. 2005, 17ff.); diese gruppenspezifischen Unterschiede erklären weitgehend die Differenzen im internationalen Vergleich. – Mittel- und langfristig wird eine Erhöhung der niedrigen Beschäftigungsquote sowohl aus arbeitsmarkt- als auch aus sozialpolitischen Gründen angestrebt.

Der Arbeitsmarkt wird auf der Angebotsseite (ausführlich Franz 2006, 19-73) durch die demografische Entwicklung entlastet, d. h. durch eine alternde sowie eine abnehmende Bevölkerung mit kleineren in den Arbeitsmarkt eintretenden Kohorten. Andererseits erhöht sich das Arbeitsangebot vor allem durch die steigende Erwerbsbeteiligung von (vor allem verheirateter) Frauen, (Netto-)Zuwanderung[354] in einem kaum zu beziffernden Umfang sowie durch die politisch gewollte, höhere Erwerbsbeteiligung älterer Arbeitnehmer in Folge der Erhöhung des Renteneintrittsalters („Rente mit 67"). Insgesamt nimmt das Arbeitsangebot mittel- und langfristig ab.

Die Beschäftigungsdynamik ist im internationalen Vergleich gering, d. h. ein Aufbau sozialversicherungspflichtiger Beschäftigungsverhältnisse gelingt kaum, während die atypischen Beschäftigungsverhältnisse, vor allem Teilzeitjobs im weiteren Sinne, deutlich zunehmen, diese Entwicklung hat Folgen für die Finanzierung der Sozialversicherungssysteme. Außerdem bleibt die Arbeitslosenquote trotz einer gewissen Abnahme auf hohem Niveau.

---

[354] Hierbei ist ein Unterschied des rechtlichen Rahmens zu beachten: Zwischen den EU-Mitgliedstaaten gilt das Grundrecht der Freizügigkeit, wenn man von einigen temporären Beschränkungen für Arbeitnehmer aus den neuen Mitgliedstaaten (sog. Übergangsfristen) absieht. In Bezug auf Drittstaaten gilt diese Regelung nicht, sondern das Aufenthaltsgesetz, welches besondere Regeln für hoch qualifizierte Arbeitnehmer formuliert. Insgesamt ist der Anteil der Ausländer an allen Beschäftigten recht gering.

Von besonderer Bedeutung ist die Arbeitslosigkeit.[355] „Weitgehende Übereinstimmung besteht … darin, dass Arbeitslosigkeit neben Inflation zu den gravierendsten Problemen gehört. Arbeitslosigkeit bedeutet einen Verzicht auf Produktion und Einkommen, lässt hohe fiskalische Kosten entstehen, bewirkt einen verstärkten Abbau von Humankapital, vergrößert die Ungleichheit, weil Arbeitslose Wohlfahrtseinbußen hinnehmen müssen, und verursacht zum Teil erhebliche psychische Belastungen, weil sie das Gefühl haben, nicht mehr gebraucht zu werden, oder denen als Jugendliche Zukunftsperspektiven genommen werden" (Franz 2006, 347).

In Lehrbüchern wird häufig unterschieden zwischen

- friktioneller (Fluktuations-)Arbeitslosigkeit als einzelwirtschaftlichem Fall der Arbeitslosigkeit infolge von freiwilligem oder erzwungenem Arbeitsplatzwechsel; sie hängt ab von der Menge und Qualität der vorhandenen Informationen, von der Transparenz der Arbeitsmärkte usw.;
- saisonaler Arbeitslosigkeit, die in Form jahreszeitlich bedingter Nachfrageschwankungen bestimmte Branchen trifft (z. B. Winterarbeitslosigkeit in Baugewerbe und Forstwirtschaft, Hotels, Fremdenverkehr);
- konjunktureller Arbeitslosigkeit als makroökonomischer Variante infolge gesamtwirtschaftlicher Nachfragerückgänge bzw. der mit dem Rückgang der Wirtschaftstätigkeit verbundenen Verringerung des Arbeitskräftebedarfs;
- struktureller Arbeitslosigkeit, die als Folge des Wandels der Wirtschaftsstruktur (u. a. regionale, sektorale, demographische, technologische Verschiebungen) Gruppen mit bestimmten Qualifikationen und Strukturmerkmalen trifft.

Derartige Differenzierungen nach Idealtypen sind ein erster Schritt zum besseren Verständnis der Arbeitslosigkeit. Wichtiger als diese kausale Klassifikation ist die distributive. In unserem Zusammenhang geht es vor allem um

- Fragen der fortschreitenden Strukturalisierung (unterschiedliche Betroffenheit sog. Problemgruppen wie Frauen, Behinderte, Ausländer, Jugendliche, Unqualifizierte, ältere Arbeitnehmer),
- regionale Disparitäten vor allem auf Ebene von Bundesländern oder desaggregiert auf Ebene von Landesteilen bzw. Kreisen (sog. Süd-Nord-Gefälle), zu denen seit der Wiedervereinigung ein persistentes West-Ost-Gefälle zu rechnen ist,

---

[355] In der Öffentlichkeit werden häufig Befürchtungen geäußert, dass in Folge von Direktinvestitionen Arbeitsplätze ins Ausland verlagert werden (können). Zum einen erfolgen Auslandsinvestitionen aus Kostengründen, u. a. wegen geringerer Lohnstückkosten, zum anderen aber aus Gründen der Markterschließung, so dass Arbeitsplätze im Inland gesichert werden. Bisher dominiert das zuletzt genannte Motiv (Henneberger et al. 2000).

- materielle und soziale Folgen für die Arbeitslosen und für die Gesellschaft,
- beschäftigungs- und arbeitsmarktpolitische Handlungsmöglichkeiten und -bedarf bei der Bekämpfung der Arbeitslosigkeit.

Empirische Befunde (Allmendinger et al. 2005, 15ff.; Bartelheimer/Wieck 2005; Ludwig-Mayerhofer 2005; Bäcker et al. 2008, 481ff.; zu Problemen von Messkonzepten Franz 2006, 351ff.) belegen, dass sich bei relativ stabilen Bestandsstrukturen vielfältige Bewegungen und Umschlagprozesse auf der Mikroebene vollziehen. Die hohen Bestandsgrößen dürfen nicht den Blick auf die deutlichen Ströme der Ab- und Zugänge verstellen, d. h: bei der Analyse ist deutlich zwischen Bestands- und Stromgrößen zu unterscheiden:

- Von Arbeitslosigkeit war jeder dritte Arbeitnehmer schon einmal betroffen; das Arbeitslosigkeitsrisiko ist kein Randgruppenproblem. Die Betroffenheitsquote, der Anteil der arbeitslosen Personen an der Gesamtzahl der Erwerbspersonen innerhalb eines Zeitraums, liegt erheblich über der Arbeitslosenquote.
- Arbeitslosigkeit konzentriert sich häufig auf dieselben Personen (Mehrfacharbeitslosigkeit im Erwerbsverlauf), was aber nicht bedeutet, dass diese dauerhaft arbeitslos sind.
- Zahl und Anteil der Dauerarbeitslosen[356] nehmen im Zeitverlauf zu; der Anstieg der Arbeitslosenquote vollzieht sich eher über eine Zunahme der Dauer als über eine Ausweitung des betroffenen Arbeitnehmerkreises (sog. Langzeitarbeitslosigkeit). Bei fortdauernder Arbeitslosigkeit verlieren individuelle Qualifikationen bzw. das Humankapital an Wert (vgl. Kap. 10); sie können den veränderten Arbeits- und Produktionsbedingungen kaum mehr angepasst werden. Auch gesundheitliche, vor allem psychosoziale Beeinträchtigungen treten häufiger auf.
- Dauerarbeitslose werden häufig aus den Systemen sozialer Sicherung ausgegrenzt (vor allem der Rentenversicherung); in institutioneller Sicht verschiebt sich das Problem der Finanzierung der Sicherungssysteme.
- Die sog. Problemgruppen des Arbeitsmarktes (u. a. Frauen, Jugendliche ohne Berufserfahrung, Personen mit keiner oder schlechter Qualifikation, Ausländer, Ältere (über 50 Jahre), Personen mit gesundheitlichen Einschränkungen) sind überdurchschnittlich häufig von instabilen Beschäftigungsverhältnissen bzw. Arbeitslosigkeit betroffen; bei einer Kumulation der genannten Merkmale nimmt das Risiko der Arbeitslosigkeit stark zu.

[356] Dauerarbeitslose sind diejenigen, die länger als ein Jahr ohne Beschäftigung sind. Ihr Anteil am Gesamtbestand der Arbeitslosen liegt relativ konstant bei über einem Drittel, d. h. es handelt sich nicht um Übergangs- sondern um verfestigte Arbeitslosigkeit (sog. Hysterese).

- Für Jugendliche, d. h. für Erwerbspersonen im Alter von 15 bis unter 25 Jahren, bestehen zwei Übergangsprobleme, nämlich bei der Lehrstellensuche (Übergang vom Bildungs- ins Beschäftigungssystem) und nach Abschluss der Ausbildung beim Versuch des Übergangs in ein Dauerarbeitsverhältnis. Charakteristisch für dieses Spezialproblem Jugendarbeitslosigkeit sind vor allem starke saisonale Schwankungen, mehrfache, aber kurzfristige Nichtbeschäftigung sowie strukturelle Ungleichgewichte zu Lasten von Frauen.

- Bei der regionalen Strukturierung zeigt sich, dass neben dem Niveau auch die Zuwachsraten der Arbeitslosenquote, d. h. die Diskrepanz infolge ungleichgewichtiger Entwicklungen, weiter auseinanderklaffen. Regionen mit industrieller Monostruktur (z. B. Saarland, Ruhrgebiet), anhaltenden Strukturproblemen (z. B. Werften, Stahl) sowie strukturschwache ländliche Gebiete (z. B. Ostfriesland, Bayerischer Wald, Mecklenburg-Vorpommern) sind häufiger betroffen.

3. Die Träger der Arbeitsmarktpolitik sind auf drei funktionalen Ebenen angesiedelt: die Bundesagentur für Arbeit – BA (früher Bundesanstalt für Arbeit), die Kompetenzzentren (früher Landesarbeitsämter) sowie die Agenturen für Arbeit (früher Arbeitsämter). Die Selbstverwaltung findet im Rahmen tripartistischer Gremien statt (Arbeitgeberverbände, Gewerkschaften, Gebietskörperschaften). In den vergangenen Jahren erfolgten, vor allem durch die Hartz-Gesetze, wesentliche Änderungen:[357]

- Seit 2002 verfügt die BA über einen dreiköpfigen Vorstand als Leitungs- sowie einen tripartistisch besetzten Verwaltungsrat als Kontrollorgan.

- Seit 2003 wurden die Landesarbeitsämter schrittweise umgestaltet zu „Kompetenzzentren für neue Arbeitsplätze und Beschäftigungsentwicklung“ und damit die regionale Dimension der Arbeitsmarktpolitik aufgewertet.

- Die ehemaligen ca. 180 Arbeitsämter wurden reformiert und zu *Job-Centern* für „alle arbeitsmarktbezogenen Dienstleistungen“ umgestaltet. Diese Einrichtungen, die eine neue Organisationsstruktur mit veränderten Formen der internen Arbeitsteilung haben, dienen als erste Anlauf- und Weiterleitungsstelle für Arbeitssuchende und Unternehmen und bieten umfassende Leistungen ganzheitlich an.

---

[357] Es handelt sich nicht nur um die Umwandlung einer drei- in eine zweistufige Struktur funktionaler Verantwortlichkeiten sondern auch um die Umstrukturierung der BA von einer öffentlichen Einrichtung mit Selbstverwaltungscharakter im Sinne tripartistisch zusammengesetzter Gremien in eine „Dienstleistungsorganisation“ mit privatwirtschaftlichen Führungsstrukturen. – Die realen Konsequenzen dieses institutionellen Umbaus nach den Maximen von *New Public Management* sind nur schwer und erst langfristig abzuschätzen. Die Implementation einer völlig neuen Organisationsstruktur hat zahlreiche unvorhergesehene Schwierigkeiten und unbeabsichtigte Folgen.

Abb. 11.2: Bevölkerung und Erwerbstätigkeit seit 1991

Jahr	Erwerbs-personen Tausend	Erwerbsquote *	Arbeitslose gesamt Tausend	Arbeitslosen-quote** gesamt
1991	40.742	50,9	2.602	7,3
1992	40.476	50,2	2.979	8,5
1993	40.444	49,8	3.419	9,8
1994	40.620	49,9	3.698	10,6
1995	40.564	49,7	3.612	10,4
1996	40.674	49,7	3.965	11,5
1997	40.891	49,8	4.384	12,7
1998	41.253	50,3	4.281	12,3
1999	41.458	50,5	4.100	11,7
2000	41.925	51,0	3.890	10,7
2001	42.132	51,2	3.853	10,3
2002	42.218	51,2	4.061	10,8
2003	42.322	51,3	4.377	11,6
2004	42.708	51,8	4.381	11,7
2005	42.565	51,6	4.860	13,0
2006	42.448	51,5	4.487	10,8

* Anteil der Erwerbspersonen (Erwerbstätige plus Arbeitslose) an der Wohnbevölkerung in Prozent

** Anteil der Arbeitslosen an den abhängigen Erwerbspersonen (beschäftigte Arbeitnehmer plus Arbeitslose) in Prozent

Quelle: Statistisches Bundesamt (Statistische Jahrbücher, div. Jahrgänge); Bundesagentur für Arbeit.

- Sie koordinieren nicht nur Angebot und Nachfrage auf lokalen und regionalen Arbeitsmärkten, sondern übernehmen auch weitere Aufgaben, u. a. Zuständigkeiten der Sozialämter. Dadurch erfolgt eine Verlagerung von Kompetenzen auf die Job Center (*one-stop-shop*). Mit der Einrichtung von Kundenzentren werden die Aufgabenbereiche Beratung und Vermittlung sowie Leistung getrennt. Die Dezentralisierung auf kommunaler Ebene verfolgt das Ziel größerer Nähe zu Arbeitssuchenden und Betrieben.

Einige Maßnahmen sind im Rahmen der öffentlichen und wissenschaftlichen Diskussion über Reformen der Arbeitsmarktpolitik weder neu noch kontrovers:

- Seit Jahren ist eine weitergehende Regionalisierung und Dezentralisierung von Zuständigkeiten und Verantwortlichkeiten von der Bundes- auf die Lokalebene eine Forderung von Reformern.
- Konsens besteht über Verbesserungen der Vermittlungsaktivitäten unter Einschluss frühzeitiger Intervention bereits bei drohender Arbeitslosigkeit, bessere und mehr Informationen für alle Beteiligten, größere Transparenz der Vermittlungsprozesse sowie größere Geschwindigkeit und Effizienz (durch Reduzierung der Dauer der Arbeitslosigkeit sowie kürzere Laufzeiten offener Stellen).

Allerdings sollte man den Beitrag, den diese Änderungen zu leisten imstande sind, nicht überschätzen, da sie keine zusätzlichen Stellen schaffen. Das Problem andauernder Massenarbeitslosigkeit besteht nicht aufgrund von Ineffizienzen der Arbeitsvermittlung, sondern aufgrund des erheblichen Mangels an Arbeitsplätzen, der nach offiziellen Schätzungen in der Größenordnung von sechs bis sieben Millionen liegt. Diese Tatsache wird häufig nicht berücksichtigt. Erhebliche Teile der Arbeitslosigkeit haben keine friktional-kurzfristigen Ursachen oder stellen reine *Mismatch*-Probleme dar (u. a. regionale Verteilung, unvollständige Information, ungenügende Qualifikation von Bewerbern). Es handelt sich um strukturelle und langfristige Ursachen, die den Einsatz anderer Instrumente erfordern. Schließlich kann erfolgreiche Vermittlung zu nicht-intendierten Effekten führen, indem sie Mitglieder der „stillen Reserve“ veranlasst, sich als arbeitslos registrieren zu lassen und dadurch die Gesamtzahl der offiziell registrierten Arbeitslosen erhöht. Eine Zunahme der Beschäftigung ist also nicht identisch mit einem Abbau der (registrierten) Arbeitslosigkeit.

4. Die <u>Finanzierung</u> der passiven wie aktiven Arbeitsmarktpolitik erfolgt überwiegend und zu gleichen Anteilen aus Pflichtbeiträgen der Beschäftigten und Arbeitgeber; einzelne Instrumente werden zusätzlich durch Umlagen der Arbeitgeber finanziert (Winterbau und Insolvenzgeld). Außerdem hat der Bund die Verpflichtung zur Übernahme bzw. zum Ausgleich von Defiziten, die aus allgemeinen Steuermitteln bestritten werden müssen (§ 365 SGB III). Rücklagen der BA in nennenswerter

Höhe, die mittelfristig zum Ausgleich genutzt werden könnten, existieren in der Mehrzahl der Jahre nicht (zur Entwicklung Deutsche Bundesbank 2006). Die konjunkturelle Entwicklung hat erhebliche Folgen für den Haushalt der BA.

Die passive Arbeitsmarktpolitik folgt unterschiedlichen Organisationsprinzipien und hat mehrere Finanzierungsquellen. Die Zahlung von Arbeitslosengeld I, dem größten Bestandteil der Entgeltersatzleistungen, richtet sich nach dem Versicherungsprinzip.[358] Sie ist in Höhe und Dauer abhängig von individuellen Beiträgen, die während der Erwerbstätigkeit geleistet wurden sowie von der Erfüllung bestimmter Anwartschaftszeiten.[359] Demgegenüber richtet sich das mit dem SGB II durch Zusammenlegung der früheren Arbeitslosen- und Sozialhilfe eingeführte Arbeitslosengeld II[360] nach dem Bedürftigkeitsprinzip und richtet sich auf die Abdeckung eines Grundbedarfs;[361] die Finanzierung erfolgt durch den Bund und somit aus dem allgemeinen Steueraufkommen (vgl. im Einzelnen Deutsche Bundesbank 2006).

Bei bestimmten Gruppen kommt es in Folge der Umstellung auf diese einheitliche Grundsicherung für erwerbsfähige Personen („Hartz IV") zu Einkommenseinbußen, da eine Absenkung der Leistungen auf Sozialhilfeniveau erfolgt mit der Begründung, den Druck auf Arbeitslose zur Stellensuche erhöhen zu müssen (Koch/Walwei 2005). Die Schaffung eines zweistufigen Systems (Rechtskreise des SGB III und SGB II) bzw. die Zusammenlegung zur Grundsicherung für Arbeitsuchende („Leistungen aus einer Hand") bedeuten eine deutliche Zäsur und führen zu unterschiedlichen Entwicklungen in beiden Teilen (Penz 2006). Beim Grundsatz „Fördern und Fordern" dominiert zumindest bisher das Fordern.

---

358 Die Quote der Lohnersatzleistungen ist langfristig gesunken und weist Unterschied nach Geschlecht sowie Familienstand auf.

359 Die maximale Bezugsdauer, die stets Gegenstand politischer Opportunitätsentscheidungen ist, wurde im Laufe der Jahre mehrfach verlängert, 2006 deutlich (auf in der Regel 12 Monate) verkürzt, 2008 für einige Gruppen (ältere Arbeitslose) wieder verlängert. Die Verkürzung hat zur Folge, dass bei länger andauernder Arbeitslosigkeit schneller deutliche finanzielle Verluste eintreten. – Der Unterstützungssatz beträgt (§ 129 SGB III) für Arbeitslose mit mindestens einem Kind 67 v. H., für die übrigen Arbeitslosen 60 v. H. des um die gesetzlichen Abgaben verminderten Arbeitsentgeltes bis zu einer gewissen monatlichen Höchstgrenze.

360 Der politische Kompromiss über die Zuständigkeiten war schwierig. Die Träger sind Arbeitsgemeinschaften (ARGEn), zu denen sich Kommunen und örtliche Agenturen für Arbeit zusammenschließen. Ausnahmen sind in einer mehrjährigen Experimentierphase die sog. Optionskommunen, die als alleinige Träger für die Grundsicherung der Arbeitssuchenden verantwortlich sind. Neben diesen gesetzlich vorgegebenen Modellen besteht ein drittes, die getrennte Aufgabenwahrnehmung. Die Ergebnisse dieses „experimentellen Wettbewerbs" sind nicht abzusehen. – Das Bundesverfassungsgericht hat Ende 2007 entschieden, dass die ARGEn nicht mit der Verfassung vereinbar sind und eine gesetzliche Neuregelung bis 2010 vorgeschrieben (http://www.bundesverfassungsgericht.de/pressemitteilungen/bvg07-118).

361 Die Leistungen betragen 349 Euro für die Regelleistung ALG II, 94 Euro für Sozialgeld von Nichterwerbsfähigen, 317 Euro für Unterkunft und Heizung.

Die Beitragssätze nahmen seit Mitte der 1970er Jahre von rund 2% im Trend auf über 6% zu, weil die Ausgaben infolge der zunehmenden Arbeitslosigkeit erheblich anstiegen. Hinzu kam die Finanzierung versicherungsfremder Leistungen, die seit den 1980er Jahren vor allem durch umfangreiche Maßnahmen der Frühverrentung ausgelöst wurden. In den 1990er Jahren wurde die Ausgabenentwicklung durch den Sondereinfluss der Wiedervereinigung erheblich verstärkt. Der Beschäftigungseinbruch in den neuen Bundesländern führte zum Ausbau und massiven Einsatz sämtlicher Instrumente der Arbeitsmarktpolitik mit dem Ziel einer Stabilisierung.

Die Höhe der Beitragssätze nimmt in Folge der Hartz-Gesetze deutlich ab, was politisch als Maßnahme zur „Senkung der Lohnnebenkosten" gewollt ist;[362] die BA erzielt sogar Überschüsse, nachdem über lange Jahre stets Defizite zu verzeichnen waren. Allerdings resultieren aus diesen Absenkungen Konsequenzen für die Instrumente aktiver Arbeitsmarktpolitik (wie Fort- und Weiterbildung), deren Ausgaben bzw. Teilnehmerzahlen trotz des vorhandenen Bedarfs erheblich reduziert werden, was zu öffentlicher Kritik führt. Anders formuliert: Im Reformprozess dominieren betriebswirtschaftliche, auf Kostenreduzierung orientierte Steuerungslogiken.

Die sog. Aktivitätsrate, d. h. der Anteil der Ausgaben für aktive Maßnahmen an allen Ausgaben, sank langfristig und lag über die gesamten 1990er Jahren nur zwischen 30 und 40%. Bei im Trend steigender Arbeitslosigkeit nahmen *ceteris paribus* die Ausgaben für Entgeltersatzleistungen zu (Muss-Leistungen), während die Einnahmen zurückgingen. Weil auch die aktive Arbeitsmarktpolitik (Kann-Leistungen) primär aus den Beiträgen finanziert wurde, sank aus strukturellen Gründen der Spielraum für aktive Maßnahmen, der bei hoher Arbeitslosigkeit notwendig wären.

Bei der Verteilung der Ausgaben ergaben sich deutliche Schwerpunkte. Insgesamt dominierten die Ausgaben für passive Arbeitsmarktpolitik, wobei für Arbeitslosengeld fast die Hälfte der Gesamtausgaben aufgewandt wurde. Bei den Ausgaben für aktive Arbeitsmarktpolitik, deren Verteilung auf die Maßnahmen breit streute, lautete die Rangfolge: Unterhaltsgeld im Falle der Teilnahme an einer Vollzeitmaßnahme zur beruflichen Weiterbildung, Maßnahmekosten zur Verbesserung der Eingliederungsaussichten, ABM, berufliche Rehabilitation, Eingliederungszuschüsse.[363]

---

[362] Zu Beginn des Jahres 2007 erfolgte eine Senkung von 6,5 auf 4,2 Prozent, zu Beginn des Jahres 2008 auf 3,3 Prozent.

[363] Die gesamtfiskalischen Kosten der Arbeitslosigkeit, d. h. die direkten Kosten der registrierten Arbeitslosigkeit sowie die Mindereinnahmen bei Steuern und Sozialabgaben, summierten sich im Jahr 2002 auf 3,6% des Bruttoinlandsprodukts und überstiegen damit den Anteil der direkten Leistungen für Arbeitslosigkeit fast um das Doppelte (Bartelheimer/Wieck 2005, 282; vgl. auch Deutsche Bundesbank 2006).

In Zeiten krisenhafter Beschäftigungsentwicklung gehen die Einnahmen zurück, da die Zahl der Beitragszahler sinkt; zugleich werden höhere Ausgaben für passive, von der BA nicht beeinflussbare Mussleistungen besonders in Form von Lohnersatzleistungen notwendig, da die Zahl der Leistungsempfänger steigt. In diesen Situationen erfolgen als politische Reaktion Einschnitte vor allem in das aktive Instrumentarium, da dessen materielle Leistungen aufgrund seines Kann-Charakters am ehesten disponibel sind. Infolge der hohen Konjunkturreagibilität, die durch die prozyklische *Stop-and-Go*-Politik von prozyklischer Finanzierung und antizyklischem Bedarf noch verstärkt wird, werden grundlegende Alternativen der Finanzierung diskutiert:

- Eine Ausweitung auf weitere, bisher beitragsfreie Gruppen (vor allem Beamte und Selbständige) würde die Einnahmebasis verbreitern, allerdings neue Ansprüche begründen. Der Nettoeffekt eines allgemeinen Arbeitsmarktbeitrags aller Erwerbstätigen für die Finanzierung wäre *a priori* nicht eindeutig.
- Die Einführung einer antizyklischen Arbeitsmarktpolitik würde auf Stabilisierung der Beschäftigung im Konjunkturverlauf zielen: im Abschwung würden die Beitragssätze sinken und gleichzeitig die Ausgaben für aktive Arbeitsmarktpolitik steigen; im Aufschwung würde eine Erhöhung der Beitragssätze bei Rückführung der Ausgaben für aktive Arbeitsmarktpolitik erfolgen.
- Ein regelgebundener, d. h. an vorher festgelegte Parameter (z. B. die Arbeitslosenzahl) gekoppelter Zuschuss des Bundes würde die starke konjunkturelle Abhängigkeit der Finanzierung von aktiver Arbeitsmarktpolitik reduzieren, würde aber die Probleme nur von der Arbeitsmarkt- auf die Finanzpolitik verlagern.

5. Die institutionell-rechtliche Grundlage war lange Jahre das 1969 verabschiedete Arbeitsförderungsgesetz (AFG), das als „the landmark legislation of the era" (Janoski 1990, 169) bezeichnet wurde. Das AFG bedeutete eine Schwerpunktverlagerung von der reaktiv-kompensatorischen zur aktiv-gestaltenden und vorausschauenden Arbeitsmarktpolitik;[364] das Instrumentarium und damit der dem Staat zugestandene Einfluss wurden erheblich ausgebaut. Das übergeordnete Ziel bestand im Gegensatz zu späteren Regelungen darin, die Maßnahmen „im Rahmen der Sozial- und Wirtschaftspolitik der Bundesrepublik darauf auszurichten, dass ein hoher Beschäftigungsstand erzielt und aufrechterhalten, die Beschäftigungsstruktur ständig verbessert und damit das Wachstum der Wirtschaft gefördert wird" (§ 1 AFG). Das AFG verfolgt wirtschaftspolitische und sozialpolitische, allokative und integrative Ziele.

---

[364] Das Gesetz zur Förderung der Stabilität und des Wachstums der Wirtschaft (StWG) von 1967 ordnete die Beschäftigungspolitik in die Erfordernisse des gesamtwirtschaftlichen Gleichgewichts („magisches Viereck") ein. AFG und StWG standen in einem komplementären Verhältnis.

Abb. 11.3: Finanzielle Dimensionen der Arbeitsmarktpolitik 1999-2005

	1999		2002		2005	
	Mio. €	in %	Mio. €	in %	Mio. €	in %
Ausgaben der BA	51.693,5	74,7	56.507,9	79,0	53.088,5	64,0
Ausgaben des Bundes	17.476,8	25,3	15.014,0	21,0	29.807,7	36,0
Ausgaben insgesamt	69.170,3	100	71.521,9	100	82.896,3	100
Leistungen der aktiven A-förderung	23.159,6	33,5	22.400,6	31,3	16.852,9	20,3
darunter						
Zuschüsse zur Unterstützung der Beratung u. Vermittlung	30,7	0,0	71,8	0,1	93,2	0,1
Eignungsfeststellung/Trainingsmaßnahmen	284,0	0,4	477,8	0,7	179,3	0,2
Mobiltitätshilfen	45,6	0,0	131,4	0,2	118,1	0,1
Unterhaltsgeld	4.044,9	5,8	3.996,6	5,6	371,6	0,5
Kosten der berufl. Weiterbildung	2.703,7	3,9	2.704,7	3,8	653,5	0,8
Eingliederungszuschüsse	942,8	1,4	1.225,1	1,7	308,4	0,4
Förderung der Berufsausbidlung benachteiligter Auszubildender	761,8	1,1	1.075,6	1,5	1.005,5	1,2
Personal-Service-Agenturen	-	-	-	-	156,8	0,2
Arbeitsbeschaffungsmaßnahmen	3.991	5,8	2.333,0	3,3	261,0	0,3
Strukturanpassungsmaßnahmen	1.661,3	2,4	810,0	1,1	166,7	0,2
Freie Förderung	560,0	0,8	504,1	0,7	81,1	0,1
Berufsausbildungsbeihilfe	647,9	0,9	1.036,9	1,4	541,3	0,7
Berufl. Reha. behinderter Menschen	2.300,9	3,3	2.786,2	3,9	2.640,9	3,2
Überbrückungsgeld	759,8	1,1	1.005,9	1,4	1.847,5	2,2
Existenzgründungszuschüsse	-		-	-	1.352,8	1,6
Sofortprogramm zum Abbau der Jugendarbeitslosigkeit	975,5	1,4	1.101,5	1,5	39,3	0,0
ALG bei beruflicher Weiterbildung	-		-	-	763,1	0,9
Kurzarbeitergeld	314,4	0,5	603,5	0,8	416,1	0,5
Leistungen n. Altersteilzeitgesetz	109,7	0,2	673,6	0,9	1.111,2	1,3
Aussteuerungsbetrag an den Bund	-	-	-		4.555,5	5,5
Insolvenzgeld	1.066,7	1,5	1.926,5	2,7	1.209,7	1,5
Arbeitslosengeld	24.862,7	35,9	27.006,5	37,8	27.018,6	32,6
Sozialversicherungsbeiträge	12.360,6	17,9	13.035,0	18,2	11.678,9	14,1
Arbeitslosenhilfe	15.580,7	22,5	14.756,2	20,6	1.533,5	1,8
ALG II und Sozialgeld	-	-	-	-	22.352,8	27,0

Quelle: Bäcker et al. 2008, 569.

Die Reihenfolge der Maßnahmen und Instrumente zeigte eine Hierarchie der Ziele aktiver Politik an: Vorbeugende Maßnahmen, die Arbeitslosigkeit antizipieren und den Strukturwandel der Wirtschaft durch Verbesserung der beruflichen und regionalen Mobilität der Arbeitnehmer sowie durch Qualifizierungsmaßnahmen (Umschulung und Weiterbildung) fördern sollten, rangierten vor kompensatorischen Leistungen (vor allem Arbeitslosengeld als dominierende Entgeltersatzleistung).

Aus arbeitsmarkttheoretischer Perspektive (vgl. Kap. 10) ist die Mehrzahl der Instrumente und Maßnahmen der aktiven Arbeitsmarktpolitik infolge ihrer Ausrichtung auf das Arbeitsangebot der neoklassischen Schule zuzurechnen. Sie lassen sich grob zu drei Gruppen zusammenfassen:

- Information und Beratung (u. a. Arbeitsvermittlung, Förderung der Arbeitsaufnahme) sollten die Markttransparenz erhöhen bzw. vorhandene Informationsdefizite abbauen und die Suchdauer verkürzen bzw. die Allokationseffizienz verbessern; diese Instrumente hatten ihre Grundlage vor allem in Suchtheorien.
- Förderung der beruflichen Aus- und Weiterbildung (Ausbildung, Fortbildung, Umschulung) stellte das „Herzstück“ der aktiven Arbeitsmarktpolitik dar; sie sollte strukturelle Arbeitslosigkeit verhindern bzw. die berufliche Mobilität verbessern; Grundlagen waren u. a. Humankapital- sowie Suchtheorien.
- Erhaltung und Schaffung von Arbeitsplätzen (u. a. Kurzarbeitergeld, Arbeitsbeschaffungsmaßnahmen – ABM) hatten prophylaktischen Charakter und sollten die Arbeitskräftenachfrage steuern; hier ergaben sich infolge der stärkeren Nachfrageorientierung Bezüge zur Beschäftigungstheorie von Keynes.

Zu Beginn der 1990er Jahre kamen Sonderregelungen für die neuen Bundesländer hinzu (u. a. verschiedene Vorruhestandsregelungen, spezielle Regelungen im Rahmen von ABM wie Strukturanpassungsmaßnahmen, bis dato unbekannte Kombinationen, u. a. von Weiterbildung und ABM), um die katastrophale Beschäftigungsentwicklung in der Transformation von der Plan- zur Marktwirtschaft sozialverträglich abzufedern (Wiedemann et al. 1999). Es kam durch den Einsatz erheblicher finanzieller Mittel zur Stabilisierung auf niedrigem Niveau. Die standardisierte Arbeitslosenquote lag in der zweiten Hälfte der 1990er Jahre bei ca. 9% mit einem erheblichen, in Folge der Transformationskrise andauernden Gefälle zwischen neuen und alten Bundesländern.

Das grundlegende Problem des AFG bestand darin, dass es nicht nur in einer Zeit deutlicher Arbeitskräfteknappheit, sondern auch für eine Zeit der „Vollbeschäftigung“ sowie für die Bewältigung des Strukturwandels geschaffen war. Daraus resultierten nahezu zwangsläufig massive Probleme in Phasen drastisch veränderter Arbeitsmarktbedingungen, die nicht nur durch kurzfristig-konjunkturelle sondern durch dauerhaft-strukturelle Massenarbeitslosigkeit gekennzeichnet waren. Im Laufe der

Jahre erfolgte eine beträchtliche Zahl von Novellierungen und weiteren Änderungen (wie mehrfache Erhöhungen der Beitragssätze, wiederholte Leistungseinschränkungen bzw. Ausgabenkürzungen, Veränderungen bei Instrumenten und Maßnahmen); kein anderes der zahlreichen sozialpolitischen Gesetze erfuhr so viele Änderungen.

In ihrer Summe führten die seit Mitte der 1970er Jahre vorgenommenen, zahlreichen Änderungen zu einer Rückverlagerung von der präventiven zur reaktiven Arbeitsmarktpolitik. Nicht nur in der öffentlichen Diskussion wurden die grundsätzlich begrenzten Einflussmöglichkeiten der aktiven Arbeitsmarktpolitik überschätzt. Außerdem geriet das AFG zunehmend in den Sog der Forderungen nach einer grundlegenden „Flexibilisierung" des Arbeitsmarktes, für die es nicht konzipiert war.

Wiederkehrende Finanzierungsprobleme resultierten aus dem dominierenden Finanzierungsmodus. In konjunkturell ungünstigen Zeiten stiegen die notwendigen Ausgaben für passive Lohnersatzleistungen („Muss-Leistungen"), während die Einnahmen und der Handlungsspielraum für die in diesen Phasen besonders wichtigen aktiven Maßnahmen („Kann-Leistungen") zurückgingen (Schmid et al. 1992; Arbeitskreis AFG-Reform 1994; Seifert 1995). Dieser spezifische Zusammenhang von Einnahmen und Ausgaben führt zu einer typischen, prozyklischen *Stop and Go*-Politik.

6. Aufgrund der andauernden, systemimmanent kaum zu lösenden Probleme wurde das AFG nach zahlreichen Novellierungen sowie der Anpassung zum Arbeitsförderungsreformgesetz (AFRG) (Genosko 1998) schließlich 1998 durch das Dritte Buch des Sozialgesetzbuches zur Arbeitsförderung (SGB III) abgelöst. Dabei kam es wiederum zu deutlichen Schwerpunktverschiebungen, die in stärkerem Maße als das AFG auf neoklassischem Gedankengut basieren. Aspekte des Arbeitsmarktausgleichs traten zu Lasten präventiver Maßnahmen in den Vordergrund; Eigeninitiative, vor allem der Arbeitnehmer, sollten durch aktivierende Maßnahmen gestärkt werden.[365] Die Arbeitsverwaltung soll modernisiert und dezentralisiert werden.

Die „Halbwertzeit" der gesetzlichen Rahmenregelungen blieb weiter gering. Bereits 2002 traten zwei Novellierungen des SGB III in Kraft, nämlich das „Gesetz zur Reform der arbeitsmarktpolitischen Instrumente" (Job-Aqtiv-Gesetz),[366] sowie das

[365] Die Anleihen bei der neoliberalen Angebotspolitik zeigen sich ebenso bei der Diskussion um das Lohnabstandsgebot, d. h. der notwendigen Differenz zwischen Tariflohn und Entgeltersatzleistung.

[366] Das Kürzel steht für „Aktivieren, Qualifizieren, Trainieren, Investieren, Vermitteln". Dieses Gesetz führt im Interesse einer Effektivierung der Vermittlungsprozesse spätestens bei der Arbeitslosmeldung eine Chancenprognose aufgrund des Bewerberprofils des Arbeitslosen ein (*Profiling*). Die Schritte der Reintegration werden in einer Eingliederungsvereinbarung zwischen Arbeitsamt und Arbeitslosem festgehalten. Betriebe, deren Beschäftigte eine berufliche Weiterbildung absolvieren, können Arbeitslose als Stellvertreter einstellen und einen Zuschuss zum Arbeitsentgelt erhalten. Die Arbeitnehmerüberlassung („Zeitarbeit") wird erleichtert, indem die Überlassungsdauer von

„Gesetz zur Reform der Arbeitsverwaltung und Arbeitsvermittlung".[367] Ausländische Erfahrungen (u. a. in beschäftigungspolitisch erfolgreichen Ländern wie Dänemark und Niederlanden) gingen stärker als früher in die Reformüberlegungen ein.

Nach Unregelmäßigkeiten bei der Vermittlungsstatistik der BA wurde 2002 die sogenannte „Hartz-Kommission" eingesetzt. Sie unterbreitete „Vorschläge zum Abbau der Arbeitslosigkeit und zur Umstrukturierung der Bundesanstalt für Arbeit" (Bericht 2002). Erhebliche Neuerungen bei Aufbau der Institutionen, Ausgestaltung des Leistungsrechts und Voraussetzungen des Einsatzes zahlreicher Instrumente leiteten 2003-2005 die „Gesetze für moderne Dienstleistungen am Arbeitsmarkt" ein (Hartz I-IV), die einen Paradigmenwechsel bedeuteten (Jacobi/Kluve 2007).[368] Einige Instrumente aktiver Arbeitsmarktpolitik wurden modifiziert (u. a. Lohnkostenzuschüsse), andere neu eingeführt (u. a. Eingliederungsverträge, frühzeitige Meldepflicht bei drohender Arbeitslosigkeit, Anspruch auf Vermittlungsgutschein, Existenzgründungszuschuss, Personalserviceagentur) (als Überblick Allmendinger et al. 2005). Insgesamt gilt: Während die Ausrichtung der Instrumente erheblich verändert wurde, blieb der häufig kritisierte Finanzierungsmodus unverändert.

Im programmatischen Art. 1 des SGB III hieß es:

„Die Leistungen der Arbeitsförderung sollen insbesondere

1. den Ausgleich von Angebot und Nachfrage auf dem Ausbildungs- und Arbeitsmarkt unterstützen,
2. die zügige Besetzung offener Stellen ermöglichen,
3. die individuelle Beschäftigungsfähigkeit durch Erhalt und Ausbau von Kenntnissen, Fertigkeiten sowie Fähigkeiten fördern,
4. unterwertiger Beschäftigung entgegenwirken und
5. zu einer Weiterentwicklung der regionalen Beschäftigungs- und Infrastruktur beitragen."

---

zwölf auf 24 Monate verlängert wird. Eine ABM-Förderung ist ohne Wartezeit möglich, wenn diese notwendig und andere Formen der Förderung nicht Erfolg versprechend sind.

[367] Das Gesetz führt einen dreiköpfigen Vorstand als Leitungsorgan der BA ein. Der Beamtenstatus der Mitglieder der Führungsorgane wird abgeschafft. – Personen, die seit mindestens drei Monaten als Arbeitslose registriert sind, können vom Arbeitsamt Vermittlungsgutscheine für die Einschaltung privater Arbeitsvermittler erhalten. Die Erlaubnispflicht für die Zulassung privater Vermittlung entfällt. Die praktische Relevanz der Gutscheine bleibt in der Folgezeit sehr begrenzt, die Ausgestaltung wurde seit der Einführung 2002 mehrfach verändert.

[368] Einigen Kritikern gehen die Veränderungen nicht weit genug (Eichhorst et al. 2006).

Abb. 11.4: Bestände und Zugänge in ausgewählte Maßnahmen aktiver AMP 2000-2006

	Durchschnittlicher Bestand insgesamt in Tsd.							Eintritte insgesamt in Tsd.						
	2000	2001	2002	2003	2004	2005	2006	2000	2001	2002	2003	2004	2005	2006
Quasi-marktlich organisierte Vermittlungsleistungen														
Beauftragung Dritter mit Teilaufgaben der Vermittlung	-	-	-	-	39	38	22	-	-	-	-	396	202	150
Beauftragung Dritter mit der gesamten Vermittlung	-	-	-	-	55	66	77	-	-	-	-	239	223	151
Beauftragung von Trägern mit Eingliederungsmaßnahmen	-	-	-	4	11	13	12	-	-	-	17	19	36	34
Eingelöste Vermittlungsgutscheine (1. Rate ausgezahlt)	-	-	-	-	-	-	-	-	-	13	35	54	50	63
Personal-Service-Agenturen	-	-	-	10	25	13	6	-	-	-	45	56	27	16
Förderung der beruflichen Weiterbildung														
Berufliche Weiterbildung mit Abschluss	138	152	154	146	116	72	45	96	91	95	69	42	16	17
Sonstige berufliche Weiterbildung	205	201	186	114	69	42	73	427	351	360	186	143	115	229
Eignungsfeststellungs- und Trainingsmaßnahmen	52													
Nicht-betriebliche Trainingsmaßnahmen	-	49	59	70	69	49	49	384	425	660	742	784	549	558
Betriebliche Trainingsmaßnahmen	-	11	16	23	26	20	21	102	127	205	323	405	345	419
Beschäftigungsbegleitende Maßnahmen														
Eingliederungszuschüsse	105	118	136	153	110	60	82	152	127	188	183	157	134	217
Einstiegsgeld														
Bei abhängiger sozialversicherungspflichtige Erwerbstätigkeit	-	-	-	-	-	1	5	-	-	-	-	-	3	15
Bei selbständiger Erwerbstätigkeit	-	-	-	-	-	6	18	-	-	-	-	-	17	33
Überbrückungsgeld für Selbständige	43	46	56	73	84	83	63	93	96	125	159	183	157	108
Existenzgründerzuschuss (Ich-AG)	-	-	-	40	151	234	210	-	-	-	95	168	91	43
Gründungszuschuss	-	-	-	-	-	-	8	-	-	-	-	-	-	34
Beschäftigung schaffende Maßnahmen														
Arbeitsbeschaffungsmaßnahmen	207	179	134	97	86	48	44	264	192	162	141	149	78	79
Strukturanpassungsmaßnahmen traditionell	59	58	59	47	31	13	6	55	54	52	38	12	2	1
Arbeitsgelegenheiten														
Entgeltvariante	-	-	-	-	-	8	17	-	-	-	-	-	26	37
Mehraufwandsvariante	-	-	-	-	-	193	276	-	-	-	-	-	604	705

Quelle: Bernhard et al. 2008, 10.

Die Instrumente des SGB III lassen sich entsprechend der Gesetzessystematik nach den Akteuren differenzieren:[369]

- Leistungen an Arbeitnehmer umfassen u. a. die Verbesserung der Eingliederungsaussichten, die Förderung der Aufnahme einer Beschäftigung, einer selbstständigen Tätigkeit, der Berufsausbildung und beruflichen Weiterbildung sowie die Förderung der Teilhabe behinderter Menschen am Arbeitsleben. Die Verbesserung der Eingliederungsaussichten über Maßnahmen der Eignungsfeststellung und Trainingsmaßnahmen wie auch die Förderung der Aufnahme einer Beschäftigung über Mobilitätshilfen lässt sich mit Hilfe der Suchtheorien begründen; letztere dienen vor allem der Beseitigung des regionalen *Mismatch*. Die Maßnahmen der beruflichen Aus- und Weiterbildung zielen auf den Auf- und Ausbau des Humankapitals bzw. die Verhinderung seiner Entwertung infolge von Arbeitslosigkeit, sie zielen vor allem auf die Struktur nicht auf das Niveau der Beschäftigung. Die Förderungen für Existenzgründer sollen *Outsider* stärken, indem sie ihnen einen Zutritt zum ersten Arbeitsmarkt ermöglichen, so dass Kalküle der *Insider-Outsider*-Theorien zur Anwendung kommen. Außerdem kann die Unterstützung der Aufnahme einer selbständigen Tätigkeit sowohl im Sinne einer Verbesserung des Humankapitals als auch der Beseitigung eines qualifikatorischen *Mismatch* im Sinne der Suchtheorie wirken.

- Leistungen an Arbeitgeber umfassen Eingliederung von Arbeitnehmern, Förderung der beruflichen Ausbildung sowie Leistungen zur Teilhabe am Arbeitsleben. Die Eingliederungszuschüsse bzw. Lohnsubventionen sollen Produktivitätsnachteile bestimmter Arbeitnehmergruppen kompensieren (vor allem Ältere, Langzeitarbeitslose, Behinderte); Grundgedanken des neoklassischen Basismodells sowie der *Insider-Outsider*-Theorien kommen zum Tragen. Die Förderung von Maßnahmen der beruflichen Aus- und Weiterbildung findet ihre Begründung in der Humankapitaltheorie.

- Leistungen an institutionelle Träger umfassen Förderung von Einrichtungen der beruflichen Aus- und Weiterbildung oder der beruflichen Rehabilitation, Zuschüsse zu Sozialplanmaßnahmen, Förderung von ABM, Strukturanpassungs- (SAM) und Infrastrukturmaßnahmen. Die institutionelle Förderung der Aus- und Weiterbildung hat eine humankapitaltheoretische Basis. Die Zuschüsse zu Sozialplanmaßnahmen bei Arbeitnehmern, die aufgrund geplanter Betriebsänderungen von Arbeitslosigkeit bedroht sind, setzen an *Insider-Outsider*-Theorien an; dadurch werden die bereits Beschäftigten (*Insider*) geschützt. Demgegenüber hat

[369] Eine andere Unterscheidung teilt die Vielzahl der aktuellen Instrumente in drei Gruppen (Franz 2006, 430ff.): Maßnahmen zur Förderung der beruflichen Weiterbildung, Maßnahmen zur Subventionierung von Beschäftigung, Subventionen an Arbeitnehmer zur Förderung der Mobilität zwecks Aufnahme einer (neuen) regulären Beschäftigung.

die Förderung von ABM und SAM Bezüge zur Beschäftigungstheorie von Keynes. Im Gegensatz zur stärkeren Angebotsorientierung der bisher genannten Instrumente steht hier die Nachfrageorientierung im Sinne der Schaffung zusätzlicher, wenngleich nur temporärer Beschäftigungsmöglichkeiten im Vordergrund.

7. Die „traditionelle" Wirkungs- bzw. Begleitforschung (zur Entwicklung Brinkmann et al. 2006a) bezog sich auf die Beurteilung der direkten Effekte einzelner Maßnahmen aktiver Arbeitsmarktpolitik nach dem jeweiligen Erfolgskriterium ausschließlich bei den Teilnehmern. Ausgewiesen wurden u. a.:

- Entlastungswirkungen auf den Arbeitsmarkt im Sinne vermiedener registrierter Arbeitslosigkeit, gemessen als Zahl der Teilnehmer an aktiven Maßnahmen.
- Vermittlungsquoten als Anteil der Vermittlungen seitens der Arbeitsämter an allen Vermittlungen oder an allen Neubesetzungen von Stellen.
- Verbleibsquoten als Anteil der Teilnehmer an allen Teilnehmern, die zu einem bestimmten Zeitpunkt (z. B. sechs Monate) nach Abschluss der Maßnahme nicht mehr arbeitslos gemeldet sind; hierbei ist ihr neuer Status irrelevant.
- Eingliederungsquoten als Anteil der Teilnehmer, die eine bestimmte Zeit nach Maßnahmeende wieder (sozialversicherungspflichtig) beschäftigt sind.[370]

Sämtliche Indikatoren lassen keine Aussagen zu über die kausale Wirksamkeit der jeweiligen Maßnahme, da Erfolg auch bei Nicht-Teilnahme zustande kommen kann. Neuere mikroökonometrische Evaluationsstudien versuchen dieses Problem der Selektionsverzerrung durch die Einführung einer Kontrollgruppe zu lösen.[371] Die Personen in der Kontrollgruppe sind im Idealfall, der kaum zu realisieren ist, in allen beobachtbaren und nicht beobachtbaren Charakteristika mit den Personen in der Gruppe der Teilnehmenden identisch. Das einzige Unterscheidungsmerkmal zwischen Experimental- und Kontrollgruppe ist die Teilnahme an Maßnahmen.

Die Evaluation der Programme bzw. Instrumente passiver sowie vor allem aktiver Arbeitsmarktpolitik ist u. a. notwendig, um den wirkungsvollen und effizienten Einsatz erheblicher, aber knapper öffentlicher Ressourcen zu gewährleisten und um eine (im günstigsten Fall nachhaltige) Politikberatung durch Handlungsempfehlungen zu

---

[370] Das SGB III führt in § 11 als Novum die Erstellung von Eingliederungsbilanzen der einzelnen Arbeitsämter ein. Die Weiterentwicklung zu einem *Benchmarking*-Instrument soll die Vergleichbarkeit des Leistungskatalogs der Arbeitsämter durch die Berechnung u. a. von Verbleibs- und Eingliederungsquoten verbessern.

[371] In der älteren Forschung dominierten dagegen einfache „Vorher-Nachher-Vergleiche", von denen nicht unbedingt auf Erfolg oder Misserfolg geschlossen werden kann.

ermöglichen.[372] – Eine quantitativ und qualitativ neue Stufe leitete die gesetzlich vorgeschriebene, auf breiterer Datenbasis durchgeführte, methodisch innovative sowie vom Umfang her einmalige Evaluationsforschung zu den Hartz-Gesetzen ein (Brinkmann 2006b; BMAS 2006; Bernhard et al. 2008).

Zu unterscheiden sind zwei Dimensionen: Effizienz zielt auf eine Verbesserung des Verhältnisses zwischen Mitteleinsatz und Grad der Zielerreichung im Sinne einer Kosten-Nutzen-Analyse (z. B. bei Vermittlungsleistungen der Agenturen für Arbeit, Mosley et al. 2003). Effektivität misst die Wirksamkeit, deren Erfolgskriterien sein können:[373] (Wieder-)Beschäftigung, Stabilität bzw. Dauer von Beschäftigungsverhältnissen, Einkommen nach Teilnahme an einer Maßnahme. Zu unterscheiden sind die direkten Effekte auf Teilnehmer von den indirekten Effekten auf Nicht-Teilnehmer sowie die gesamte Volkswirtschaft (u. a. Höhe der Arbeitslosigkeit bzw. der Beschäftigung).

Wie die sozialwissenschaftliche Begleit-, später die Implementations- und Evaluationsforschung (Schmid et al. 1996) belegen, hat der Einsatz arbeitsmarktpolitischer Maßnahmen und Instrumente häufig neben direkten auch indirekte, von der Arbeitsverwaltung nicht-intendierte Folgen, welche die Erreichung der erhofften (Beschäftigungs-)Ziele beeinträchtigten oder verhinderten. Hierzu gehörten vor allem:

- Verdrängungseffekte, d. h. Teilnehmer an Maßnahmen (wie ABM) besetzen (reguläre) Arbeitsplätze, die Nichtteilnehmer eingenommen hätten. Die erhofften Nettoeffekte für die Beschäftigungshöhe treten nicht auf bzw. können längerfristig sogar negativ sein, wenn private Investitionen verhindert werden.
- Substitutionseffekte, d. h. durch die Veränderung der Lohnrelationen (z. B. durch Eingliederungszuschüsse, Weiterbildungsmaßnahmen) geht die Arbeitsnachfrage nach anderen, nicht geförderten Arbeitskräften zurück. Im Nettoeffekt bleibt die Beschäftigungshöhe konstant. Es findet lediglich eine Umverteilung des Arbeitslosigkeitsrisikos bzw. der Arbeitsmarktchancen statt.
- Mitnahmeeffekte, d. h. das erwartete Arbeitsmarktergebnis wäre auch ohne Durchführung der Maßnahme (z. B. Lohnsubventionen, Einstellungs- und Eingliederungszuschüsse) eingetreten. Die private Arbeitsnachfrage wird finanziell unterstützt jedoch nicht erhöht.

---

[372] Einen breit angelegten, international-vergleichenden Überblick über methodische und inhaltliche Probleme bieten Schmid et al. (1996).

[373] Evaluationsstudien zeigen vor allem seit Mitte der 1990er Jahre Defizite sowohl bei der Effizienz als auch bei der Effektivität der eingesetzten Maßnahmen und Instrumente (Hagen/Steiner 2000).

- Steuereffekte, d. h. die Maßnahmen wirken durch Beeinflussung der Abgabenbelastung auf die Nicht-Teilnehmer. Wenn der expansive Impuls auf die reguläre Beschäftigung geringer (stärker) ausfällt als die damit implizierte Arbeitskostensteigerung, verringert (verbreitert) sich die Steuerbasis.

Die Ergebnisse der inzwischen in beachtlicher Zahl vorliegenden Evaluationsstudien sind keinesfalls einheitlich hinsichtlich der Wirkungen der vorhandenen Vielzahl von Instrumenten und Maßnahmen aktiver Arbeitsmarktpolitik. Deutliche Unterschiede bestehen u. a. (als Übersichten BMAS 2006; Jacobi/Kluve 2007)

- zwischen West- und Ostdeutschland,
- hinsichtlich der Untersuchungs- bzw. Beobachtungszeiträume (kurz- versus mittel- und langfristige Effekte),
- hinsichtlich der Zielvariablen bzw. des Erfolgsmaßstabes (u. a. dauerhafte Integration von Arbeitslosen in den Arbeitsmarkt, Reduktion der Dauer von Arbeitslosigkeit),
- hinsichtlich der Folgen auf Mikro- und Makroebene, wobei letztere auch Kreislauf- und Beschäftigungseffekte einschließt, sowie
- hinsichtlich der einzelnen Maßnahmen und Instrumente.

Insgesamt zeigt sich, dass die Niveaueffekte i. S. eines Abbaus von Arbeitslosigkeit bzw. der Schaffung zusätzlicher Arbeitsplätze wohl gering sind (Walwei 2006). Aktuelle Studien geben Anlass zu einer eher skeptischen Beurteilung der Wirkungen bestimmter Instrumente aktiver Arbeitsmarktpolitik (zusammenfassend Konle-Seidl 2006; Bernhard et al. 2008). Vor allem für ABM, SAM und PSA sowie die neuen Arbeitsgelegenheiten können keine verbesserten Chancen der Wiedereingliederung ermittelt werden.[374] Dieses Ergebnis mag dadurch zustande kommen, dass eine höhere "Passgenauigkeit" i. S. einer besseren Zielgruppenorientierung sowie größerer Betriebsnähe einzelner Maßnahmen notwendig wäre.

---

[374] Praktische Konsequenzen dieser „negativen Integrationswirkung" bestehen u. a. darin, dass die lange Jahre hohe Zahl der ABM-Förderungen erheblich reduziert und Strukturanpassungsmaßnahmen 2004 abgeschafft wurden. Allerdings werden auch neue Instrumente wie die inzwischen häufig eingesetzten Arbeitsgelegenheiten mit geringen Aufwandsentschädigungen nach SGB II eingeführt. Diese „Ein-Euro-Jobs" sollen für erwerbsfähige Hilfebedürftige, die keine Beschäftigung finden, Arbeitsgelegenheiten schaffen, die im öffentlichen Interesse liegen sowie zusätzlich sein müssen. Sie sind in ihren Wirkungen ebenfalls umstritten, da die genannten Kriterien nicht immer erfüllt sind (Bernhard et al. 2008, 42f.).

Abb. 11.5: Integrationswirkungen arbeitsmarkt- und beschäftigungspolitischer Instrumente und Maßnahmen

Instrument / Maßnahme	Wk.[a]	Bemerkungen
Geförderte berufliche Weiterbildung	+	Beschleunigung der Integration in Erwerbstätigkeit und Erhöhung der Erwerbschancen durch geförderte berufliche Weiterbildung
Eingliederungszu-schüsse[b]	+	mit einem Eingliederungszuschuss geförderte Beschäftigungen erhöhen die Chance auf eine ungeförderte sozialversicherungspflichtige Beschäftigung deutlich (nach der Förderung und der Nachbeschäftigungszeit)
Überbrückungsgeld und Ich-AG	+	mit Überbrückungsgeld und Ich-AG geförderte Existenzgründungen erhöhen die Wahrscheinlichkeit der Ausübung einer Erwerbstätigkeit deutlich (im Zeitverlauf nachlassend)
Sperrzeiten	+	verstärkte Verhängung von Sperrzeiten bewirkt aufgrund der Steigerung der Erwartung, dass mögliche Sanktionen auch erfolgen, eine Zunahme der Abgänge aus Arbeitslosigkeit und der Integrationen in Erwerbstätigkeit bzw. in nachhaltige sozialversicherungspflichtige Beschäftigung
Mini-Jobs	+	Zuwachs von 1,56 Mio. Mini-Jobberinnen und Mini-Jobbern (davon 1,17 Mio. im Nebenerwerb) bis Juni 2006[c] dürfte auf die Reform zum 1. April 2003 zurückzuführen sein
Midi-Jobs	+	bis Ende 2004 knapp 30.000 Beschäftigungsverhältnisse der jetzigen Midi-Jobber/innen aufgrund der Reform gesichert bzw. geschaffen (Untersuchungsmethode unterschätzt Effekt vermutlich deutlich)
ABM	-	Verzögerung der Integration in Erwerbstätigkeit durch ABM Verzögerung der *nachhaltigen* Integration in Erwerbstätigkeit durch ABM
Beitragsbonus	o	kein Effekt auf Beschäftigungschancen der Anspruchsberechtigten nachweisbar
Entgeltsicherung	o	kein Effekt auf Beschäftigungschancen der Anspruchsberechtigten nachweisbar
Erleichterte Befristung Älterer	o	kein Effekt auf die Einstellungen älterer Arbeitnehmer/innen nachweisbar
Zeitarbeitsreform	+	bis Ende 2004 etwa 29.000 zusätzliche Beschäftigte in der Zeitarbeitsbranche aufgrund der Reform
PSA	-	PSA verzögern die Integration in Erwerbstätigkeit
Vermittlungsgutschein	+	positiver Effekt auf die Beschleunigung der Integration in Erwerbstätigkeit bei im Jahr 2005 ausgegebenen Vermittlungsgutscheinen
Beautragung Dritter (§ 37 SGB III)	o	kein Effekt der Beauftragung Dritter mit der gesamten Vermittlung auf die Integration in Erwerbstätigkeit nachweisbar

Instrument / Maßnahme	Wk.[a]	Bemerkungen
Beauftragung von Trägern mit Eingliederungsmaßnahmen (§ 421i SGB III)	o	kein Effekt auf die Integration in die Erwerbstätigkeit nachweisbar
Transfermaßnahmen und Transferkurzarbeitergeld	o	kein Effekt auf die Integration in Erwerbstätigkeit nachweisbar Ergebnis vorläufig und noch nicht belastbar

[a] Arbeitsmarktwirkungen: + positiv, o keine, - negativ.
[b] Angaben beziehen sich auf die Eingliederungszuschüsse bei Einarbeitung, bei erschwerter Vermittlung und für Ältere.
[c] Vorläufig Ergebnisse von Ende September 2006.

Wk. = Wirkung

Quelle: *BMAS 2006, 83f.*

Bei der Förderung der beruflichen Weiterbildung sind die Effekte nicht eindeutig zu ermitteln, die langfristigen (Wiedereingliederungs-)Wirkungen sind vermutlich günstiger als die kurzfristigen. – Positive Resultate i. S. der Integration in den Arbeitsmarkt erzielen betriebsnahe Instrumente aktiver Arbeitsmarktpolitik (wie zeitlich befristete Eingliederungszuschüsse trotz möglicher Mitnahme- und Substitutionseffekte, Gründungsförderung oder betriebliche Trainingsmaßnahmen). Kurz- und mittelfristige Förderdauern von Maßnahmen aktiver Arbeitsmarktpolitik scheinen wirksamer zu sein als langfristige.

In methodischer Hinsicht ist anzumerken, dass bisher mit Hilfe mikroökonometrischer Verfahren vor allem bestimmte Instrumente, recht kurze Zeiträume sowie reine Arbeitsmarkteffekte untersucht wurden. Die aktuelle Entwicklung zeigt zudem, dass in Zukunft internationale Vergleiche der EU- bzw. OECD-Länder in Bezug auf die Effizienz und Effektivität der Instrumente aktiver Arbeitsmarktpolitik eine wichtigere Rolle spielen werden (vgl. zur Europäischen Beschäftigungsstrategie Kap. 12).[375] – Über die Wirkungen auf individueller Ebene, d. h. auf die Arbeitsmarkchancen der Geförderten liegen mehr Ergebnisse bzw. Erkenntnisse vor als über die auf gesamtwirtschaftlicher Ebene, d. h. auf andere Akteure bzw. Nicht-Teilnehmer.

---

375 Ein aktueller, internationaler Vergleich kommt zu folgender Schlussfolgerung. „Insgesamt zeigen die internationalen Evaluierungsstudien keine befriedigenden Ergebnisse hinsichtlich der Effektivität und – soweit fiskalische Kosten einbezogen wurden – auch der Effizienz von klassischen arbeitsmarktpolitischen Maßnahmen. Dies gilt sowohl auf der mikroökonomischen Ebene für individuelle Beschäftigungswirkungen von Maßnahmen und Programmen als auch auf der makroökonomischen Ebene. Negative indirekte Effekte von AAMP (aktiver Arbeitsmarktpolitik, B.K.) sind hoch und Nettobeschäftigungseffekte gering“ (Konle-Seidl 2006, 363).

8. Die Mehrzahl der Analysen bezieht sich auf Maßnahmen und Instrumente, die explizit beschlossen und implementiert werden. Der entgegen gesetzte, kontraintuitive Ansatz ist jedoch ebenso wichtig für eine einigermaßen vollständige Analyse: Bestimmte, durchaus zentrale Probleme fehlen sowohl im Bericht der Hartz-Kommission als auch in den folgenden Gesetzen.

Der Bericht verfügt über keine gründlichen, arbeitsmarkttheoretischen Grundlagen (zur Kritik Knuth/Brussig 2006), obwohl u. a. die neue Mikroökonomie des Arbeitsmarktes eine Reihe von Ergebnissen vorzuweisen hat (Sesselmeier/Blauermel 1997; Franz 2006).[376] Die einzige theoretisch-analytische, allerdings recht kurze und unvollständig ausgearbeitete Bezugnahme erfolgt auf das Konzept der „Übergangsarbeitsmärkte“, welches die Bildung verschiedener Übergänge oder Brücken zwischen den Teilen des Beschäftigungssystems im umfassenden Sinn empfiehlt (Schmid 2002; Schmid/Gazier 2002).

Außerdem fehlen Vorschläge zur Integration von zwei getrennten, tatsächlich aber aufeinander zu beziehenden Politikfeldern, nämlich Arbeitsmarkt und soziale Sicherung, obwohl Vorschläge u. a. aus der Diskussion um *Flexicurity* vorliegen, welche als integriertes Konzept nicht einseitig auf Flexibilisierung sondern auf die Gleichrangigkeit bzw. Gleichgewichtigkeit von Flexibilität und sozialer Sicherheit ausgerichtet ist (Kronauer/Linne 2007; Keller/Seifert 2007).[377] Schließlich ist aus analytischer Perspektive wichtig, dass der Bericht der Kommission grundlegende Unterscheidungen verschiedener Formen von Flexibilität nicht aufnimmt. Insgesamt fehlt ihm das notwendige Ausmaß an Komplexität.

Diese Vernachlässigung ist um so überraschender, als die Beziehungen sowie die notwendige Integration der alten, „aktiven“ und neuen, „aktivierenden“ Arbeitsmarktpolitik, ihre spezifischen Instrumente sowie die Verteilung der Ressourcen nicht spezifiziert werden. Sollten neue Instrumente (wie die wieder abgeschafften PSAs) alte (wie Kurzarbeit) ersetzen oder zumindest verdrängen? Sollen alte und neue Instrumente zur Förderung von Selbständigkeit (Überbrückungsgeld und Ich-AG) sich ausschließen? Sollen alte Instrumente (wie ABM) abgeschafft und durch andere ersetzt werden? Sind mögliche Verdrängungs- und *Crowding out*-Effekte zwischen Instrumenten (vor allem Ich-AGs und PSAs) und ihren finanziellen

---

[376] Die theoretische Analyse atypischer Beschäftigungsverhältnisse ist weniger weit fortgeschritten als die empirische. Zu den wenigen Ausnahmen gehören Nienhüser (2007) und Sesselmeier (2007).

[377] Aus einer ganz anderen Perspektive argumentiert eine Minderheitenposition des Sachverständigenrates (2005, Ziffer 332). „Der seit Jahren zu beobachtende … Rückgang der sozialversicherungspflichtig Beschäftigten ergibt sich aus einem gefährlichen Zusammenwirken zweier Faktoren: Zum einen werden die Versicherten in den Sozialen Sicherungssystemen zu einer verdeckten Besteuerung herangezogen. Gleichzeitig eröffnet der Staat mir hoch subventionierten Formen flexibler Beschäftigung ein stark nachgefragtes Substitut für reguläre Arbeitsplätze.“

Ressourcen beabsichtigt oder soll Konkurrenz toleriert werden? Wie soll die Zukunft selten genutzter Instrumente (wie die *Job Rotation*) aussehen? Oder nimmt man implizit aber nicht realistisch an, dass beide Strategien von Arbeitsmarktpolitik und ihre Instrumente ohne Probleme zusammen passen, auftreten bzw. beide rein ergänzender Art sind.

Nicht-intendierte Folgen (wie Verdrängungs-, Rotations- und *Crowding out*-Effekte) von Maßnahmen und Instrumenten werden nicht berücksichtigt, obwohl ihre empirischen Wirkungen und Nettoeffekten für die Entwicklung des Arbeitsmarktes kontraproduktiv sind. Diese Vernachlässigung ist umso bemerkenswerter, als die Ergebnisse der arbeitsmarktpolitischen Implementations- und Evaluationsforschung zeigen, dass derartige Effekte häufig auftreten und für die Gesamtergebnisse relevant sind (Schmid/Gazier 2002; MittAB 2000; IAB 2002a).

Ihre grundsätzliche Berücksichtigung ist auch wichtig wegen ihrer Folgen für die Finanzierung der Arbeitsmarktpolitik. Offensichtliche und drängende Finanzierungsprobleme werden kaum erwähnt, obwohl weder die Gesamthöhe des Budgets noch seine Verteilung als gegeben vorauszusetzen sind. Die prekäre Balance zwischen möglichen Einsparungen und zusätzlichen Ausgaben (plus Steuerausfällen aufgrund geringerer Besteuerung) ist nicht so einfach zu kalkulieren wie angenommen wird.

Diese Bedenken gelten kurz- und langfristig. Es kann keinesfalls unterstellt werden, dass zusätzliche Einnahmen aus Steuern und Sozialversicherungsbeiträgen aufgrund der Schaffung neuer Beschäftigungsmöglichkeiten die Steuerverluste ausgleichen, die aufgrund gesetzlicher Erleichterungen und Ausnahmen von neuen Regeln entstehen. Auf jeden Fall ist aufgrund der Rahmenbedingungen aller öffentlichen Haushalte die Mobilisierung zusätzlicher Ressourcen unmöglich. Insgesamt sind die Annahmen über ein erhebliches Sparpotential reichlich optimistisch und nicht detailliert begründet.

Die Änderungen beschränken sich eng auf Arbeitsmarktpolitik mit einigen neuen Instrumenten, ohne sich mit Problemen der Beschäftigungspolitik im umfassenderen, eingangs definierten Sinne auseinanderzusetzen. Kurzfristige Überlegungen und Maßnahmen zum Abbau der Arbeitslosigkeit dominieren langfristige Strategien zum notwendigen qualitativen Wandel des Beschäftigungssystems in Richtung auf generelle Beschäftigungsfähigkeit (*employability*). Maßnahmen zur beruflichen Bildung, zur Aus- und Weiterbildung sowie zur Umschulung werden zwar gelegentlich erwähnt, aber nicht intensiv behandelt. Diese Vernachlässigung langfristiger Aspekte überrascht, weil Einigkeit besteht, dass in der „Wissensgesellschaft" zusätzliche Investitionen ins Humankapital von zunehmender Bedeutung sind für das Überleben von Volkswirtschaften bei zunehmender internationaler Konkurrenz.

Weiterhin wird sich, wie bereits erwähnt, aus Gründen der demographischen Entwicklung das Arbeitsangebot verändern: Die Alterskohorten werden kleiner, die Arbeitskräfte älter sein. Derzeit existiert im Gegensatz zum etablierten System der beruflichen Bildung kein System der Fort- und Weiterbildung, dessen notwendiger Aufbau auf einer Reihe institutioneller Voraussetzungen basiert und daher schwierig zu bewerkstelligen ist. Zukünftige Probleme der funktionalen Flexibilität werden ausgeblendet.

Außerdem dominiert eine isolierte Analyse von Arbeitsmärkten; andere (u. a. Güter- und Dienstleistungs- sowie Finanzmärkte) scheinen nicht zu existieren. Aus einer breiteren Perspektive wird das notwendige Zusammenwirken von Arbeitsmarktpolitik mit Geld-, Finanz- und allgemeiner Wirtschaftspolitik im Rahmen eines *Policy-Mix* von Maßnahmen der Angebots- und Nachfragepolitik gelegentlich erwähnt, jedoch in der Detailanalyse und den unterbreiteten Vorschlägen vernachlässigt. Selbst wenn die Vorschläge der Kommission zur Arbeitsmarktreform erfolgreich umgesetzt werden könnten, würden sie lediglich notwendige, aber keine hinreichenden Voraussetzungen für eine nachhaltige Verbesserung der gegenwärtigen Situation darstellen.

Vorschläge für die Schaffung bzw. Stimulierung neuer Arbeitsplätze fehlen fast vollständig. Relativ hohe und stabile Wachstumsraten (von mindestens jährlich zwei Prozent) sind ebenso wie nachhaltige Geld- und Finanzpolitiken notwendige Bedingungen für den Erfolg einer Beschäftigungspolitik im weiteren Sinne (zu Einzelheiten IAB 2002b). Weiterhin können Entscheidungen zur Geldpolitik, die seit Einführung der Währungsunion die Europäische Zentralbank und nicht mehr die Deutsche Bundesbank trifft, von größerer Bedeutung für die zukünftige Höhe der Beschäftigung sein als die unterbreiteten Vorschläge.

Schließlich ist ungewöhnlich, dass die Einflüsse und Folgen der *Industrial Relations* im Allgemeinen sowie der Tarifpolitik im Besonderen auf die Arbeitsmarkt- und Beschäftigungspolitik keine adäquate Berücksichtigung finden. Die Tarifpolitik unter Einschluss nicht nur der Lohn- sondern auch der Arbeitszeitpolitik muss wichtige Beiträge leisten. Zwischen den Tarifparteien besteht Konsens, dass Lohnsteigerungen die Produktivitätszuwächse nicht übersteigen sollten. Semi-offizielle Autoritäten wie der Sachverständigenrat zur Begutachtung der gesamtwirtschaftlichen Entwicklung argumentieren, dass mittelfristig die Entgelte langsamer steigen sollen als die Produktivität, um zusätzliche Investitionen und Beschäftigungswachstum zu stimulieren („beschäftigungsfördernde Lohnpolitik") (vgl. Kap. 8). Mögliche externe Empfehlungen unterscheiden sich nicht nur nach neoklassischer oder institutionalistischer Perspektive. Wie immer die Vorschläge im Einzelnen aussehen, die Tarifpolitik kann nicht vollständig aus der Analyse ausgeklammert bleiben.

9. Die zweite Runde der „zügigen Strukturreformen“ dauert länger. Der politische Kompromiss war schwierig, zumal die Beteiligung des Bundesrates bei verschiedenen zustimmungspflichtigen Maßnahmen notwendig war, so dass die ursprünglich beabsichtigte „eins zu eins-Umsetzung“ in diesen Fällen nicht erfolgte (als Zwischenbilanz Jann/Schmid 2004).

Eine abschließende Beurteilung der Hartz-Gesetze ist nach wie vor schwierig. Die Maßnahmen müssen nicht nur vollständig entwickelt, sondern anschließend implementiert werden; valide Indikatoren zur Messung von „Erfolg“ sind schwierig zu definieren. Der „Erfolg“ beim Einsatz relativ neuer Instrumente fällt unterschiedlich aus, zumal seine Kriterien nicht explizit vorgegeben sind; nicht-intendierte Folgen im Sinne der bereits skizzierten Verdrängungs-, Mitnahme- und Substitutionseffekte treten wie bei anderen Instrumenten auf. Ein Übersichtsartikel kommt zu folgendem Ergebnis: „The results ... indicate that the re-organisation of public employment services was mainly successful, with the exception of the outsourcing of services. Re-designing training programmes seems to have improved their effectiveness, while job creation schemes continue to be detrimental to the probability of re-employment. Policy measures such as the redesigned wage subsidies and start-up subsidies show significant positive effects“ (Jacobi/Kluve 2007, 62).

Insgesamt ist das Konzept gekennzeichnet durch die Fortsetzung unkoordinierter Strategien der Flexibilisierung und Deregulierung von Arbeitsmärkten, wie sie seit Mitte der 1980er Jahre verfolgt wurden. Bisher sind die hohen Erwartungen der Befürworter nicht eingetreten, und positive Nettoeffekte auf die Arbeitslosenquote blieben gering. Offensichtlich gingen diese Deregulierungsforderungen trotz ihrer geringen Erfolge nicht zu Ende.

11.2 Flexibilisierung und Deregulierung des Arbeitsmarktes

1. Die Arbeitsmarkt- und die bereits behandelte Tarifpolitik (vgl. Kap. 7-9) stehen in einem engen Zusammenhang. Eine weitgehende „Flexibilisierung" des Arbeitsmarktes fordern seit den frühen 1980er Jahren vehement nicht nur Wissenschaftler (Soltwedel et al. 1991) sondern vor allem Arbeitgeber und ihre Verbände, um auf Veränderungen der technologischen Voraussetzungen und ökonomischen Rahmenbedingungen zu reagieren. Sie setzen diese Forderungen allmählich durch. Das generelle Ziel besteht in einer möglichst raschen Amortisation des eingesetzten Kapitals bzw. der Erzielung möglichst hoher Renditen vor allem durch weitgehende Flexibilisierung des Faktors Arbeit. Gleichzeitig besteht die Erwartung, dass durch „Flexibilisierung" des Arbeitsmarktes zusätzliche Beschäftigungsmöglichkeiten geschaffen werden können.

Im Rahmen der kontrovers geführten Diskussion sollte man von Pauschalierungen („wir brauchen mehr Flexibilität am Arbeitsmarkt") Abstand nehmen und explizit einzelne Formen mit ihren spezifischen Konsequenzen unterscheiden.[378] Wir verwenden im Folgenden die von der OECD entwickelte Typologie (OECD 1986; 1989), die in der wissenschaftlichen und öffentlichen Diskussion weitgehend anerkannt ist.[379] Im Mittelpunkt steht zunächst die grundlegende Differenzierung in (betriebs-)interne versus externe Varianten. Interne Flexibilität meint sämtliche Strategien, die eine Anpassung des Arbeitskräfteeinsatzes an veränderte Nachfragebedingungen ohne Rückgriff auf den externen Arbeitsmarkt ermöglichen. Demgegenüber basiert externe Flexibilität vor allem auf einer Anpassung der Beschäftigtenzahl durch Entlassungen und Einstellungen; zu ihren Instrumenten gehören neben arbeitsrechtlichen Regelungen wie Kündigungsschutz auch Lohnkostensubventionen.

Die Varianten können für die Funktionsfähigkeit nationaler Arbeitsmärkte je nach institutioneller Ausgestaltung unterschiedlich bedeutsam sein: Für die deutschen Arbeitsmärkte sind vor allem interne Formen (wie umfangreiche Qualifizierung, Variation der Arbeitszeiten) charakteristisch (Bellmann et al. 1996; Hohendanner/Bellmann 2007); dies ist nach wie vor der Fall, obwohl in den vergangenen Jahren der Spielraum für externe Flexibilität ausgeweitet wurde. Im Gegensatz dazu sind etwa für US-amerikanische Arbeitsmärkte externe Formen wie Anpassung der Beschäftigtenzahl durch Entlassung und (ggf. Wieder-)Einstellung typisch (Märkte des „Heuerns und Feuerns").

---

[378] Einen breiten, vergleichend angelegten Überblick bietet Rubery (2005).

[379] Eine andere Unterscheidung differenziert in einer Vierfelder-Matrix zwischen interner und externer sowie quantitativer und qualitativer Flexibilität (European Foundation 2007).

In einem notwendigen zweiten Schritt der Analyse geht es um eine weitergehende Unterscheidung, u. a. in zeitlicher, finanzieller und funktionaler Hinsicht:

- Flexibilisierung der Arbeitszeiten ist seit dem Abschied von der 40-Stunden-Woche („Einstieg in die 35-Stunden-Woche") Mitte der 1980er Jahre eine Hauptforderung von Unternehmen und ihren Verbänden, um eine stärkere Entkoppelung individueller Arbeits- und betrieblicher Anlagennutzungszeiten mit dem Ziel einer längeren Nutzungsdauer zu erreichen. Demgegenüber verfolgten die Gewerkschaften eine Politik der Verkürzung der (Wochen-)Arbeitszeit mit dem Ziel der Schaffung zusätzlicher Arbeitsplätze durch Umverteilung des vorhandenen Arbeitsvolumens auf mehr Arbeitnehmer (vgl. Kap. 8). Die langfristige Entwicklung lässt sich durch die Tauschrelation „sukzessive Verkürzung gegen stärkere Flexibilisierung" beschreiben; eine notwendige Voraussetzung war die tarifvertragliche Vereinbarung weit reichender Öffnungsklauseln (vgl. Kap. 9). Diese Form der Flexibilisierung ist weit fortgeschritten und reicht bis zur Einführung individueller Arbeitszeitkonten (für ca. 70% der Unternehmen in nahezu allen Branchen) (Seifert 2003). Eine derart weitgehende Individualisierung von Arbeitszeiten schien lange Zeit unwahrscheinlich; die kollektive Verkürzung der „Normalarbeitszeit" war die einzig akzeptable Variante.[380]

- Funktionale Flexibilisierung stellt in der Bundesrepublik im Gegensatz zu anderen Ländern keine zentrale Forderung dar, vor allem weil das System der dualen beruflichen Bildung, ein wesentliches Merkmal der Arbeitsbeziehungen der deutschsprachigen Länder, bisher zu allgemeinen wie auch speziellen, vielfältig verwertbaren Qualifikationen der Arbeitnehmer führt und günstige Voraussetzungen für die Gestaltung bzw. notwendige Änderungen der betrieblichen Arbeitsorganisation schafft. Aufgrund der abnehmenden „Halbwertzeit" des einmal erworbenen Wissens werden Maßnahmen der Fort- und Weiterbildung in Zukunft wichtiger; ein dem der beruflichen Erstausbildung bestehendes System der Weiterbildung besteht bisher nicht.

- Flexibilisierung der Entgelte wurde erst in den 1990er Jahren zu einer wesentlichen Forderung. Auf tarifvertraglicher Basis eingeführt wurden in verschiedenen Branchen (u. a. Chemie) sog. Einsteigertarife unterhalb des geltenden Tarif-

---

380 Die Flexibilisierung der Arbeitszeiten mit dem Ziel der Schaffung zusätzlicher Beschäftigungsmöglichkeiten kann nicht nur über die Wochen- sondern auch über die Lebensarbeitszeit erfolgen. Vor allem in den 1980er und 1990er Jahren waren Frühverrentungs- bzw. Vorruhestandsregelungen häufig eingesetzte Instrumente der Umverteilung von älteren auf jüngere Arbeitnehmer. Die sog. Wiederbesetzungsquoten blieben allerdings gering (vgl. Kap. 8). Inzwischen wird diese Strategie abgelehnt, da sie außer den geringen Arbeitsmarkteffekten erhebliche finanzielle Probleme für die Rentenversicherung verursacht; schließlich kann sich die Verknappung des Arbeitskräfteangebots in Zukunft bei kleineren Alterskohorten als problematisch erweisen.

niveaus, besonders für Langzeitarbeitslose mit dem Ziel der Verbesserung ihrer Arbeitsmarktchancen bzw. ihres Humankapitals. Weiterhin können u. a. erfolgs- bzw. ertragsabhängige Entgeltbestandteile mit dem Ziel einer größeren Entgeltspreizung zwischen hoch und niedrig Qualifizierten vereinbart werden; auch hier sind die faktischen Konsequenzen für die Beschäftigungshöhe gering.

Im Rahmen der „beschäftigungssichernden Arbeitszeit- bzw. Tarifpolitik" kam es zur Kombination mehrerer Formen der Flexibilisierung. Ausgehend vom sog. „VW-Modell" wurden seit Mitte der 1990er Jahre deutliche Reduzierungen der Arbeitszeiten bei gleichzeitigen, in etwa proportionalen Lohnsenkungen in Verbindung mit temporären Beschäftigungsgarantien (*concession bargaining*) vereinbart (vgl. Kap. 9). Im Gegensatz zur früheren Arbeitszeitpolitik stand die Sicherung vorhandener, nicht die Schaffung neuer Arbeitsplätze im Vordergrund; insofern handelte es sich um eine defensive Strategie. Beide Tarifvertragsparteien sprangen über ihre Schatten: Die Gewerkschaften akzeptierten (Real-) Lohnkürzungen, während sie vorher stets (Nominal-)Lohnausgleich durchgesetzt hatten; die Arbeitgeber verzichteten für die Laufzeit der Tarifverträge auf die Option betriebsbedingter Kündigungen.

Die Varianten können sowohl in einem komplementären als auch in einem substitutiven Verhältnis zueinander stehen. Sie können sich ergänzen, z. B. intern-temporale und intern-monetäre Anpassungen im Rahmen betrieblicher Bündnisse für Arbeit, die sowohl das Arbeitsvolumen als auch die Arbeitskosten reduzieren (Massa-Wirth 2007). Sie können sich aber auch ersetzen, etwa extern-numerische durch intern-numerische beispielsweise im Rahmen Beschäftigung sichernder Vereinbarungen über befristete Arbeitszeitverkürzungen oder Kurzarbeit anstelle von Entlassungen. Welche Varianten in welcher Kombination zum Einsatz kommen, hängt von der Problemkonstellation, der Beschäftigtenstruktur, dem spezifischen Arbeitsmarktsegment sowie den betrieblichen Macht- und Aushandlungskonstellationen ab. Jede Form der Flexibilität beeinflusst nicht nur die Kosten der Betriebe sondern auch soziale Sicherheit und Einkommen der Beschäftigten unterschiedlich.

Diese Typologie von Flexibilitätsformen wurde für Anpassungsstrategien der Betriebe sowie für sog. Normalarbeitsverhältnisse entwickelt. Als Ergänzung lässt sich die für atypische Beschäftigungsverhältnisse wichtige temporale Variante als quantitativ-zeitpunktbezogene Anpassung der Verteilung der Arbeitszeit bzw. des Arbeitseinsatzes einführen. Mini-Jobs dienen etwa der zeitpunktgenauen Anpassung eines eng begrenzten Arbeitseinsatzes (z. B. Zeitung austragen, Lager auffüllen).

Schließlich schreitet die Flexibilisierung der Beschäftigungsverhältnisse fort. Diese Entwicklung ist aus soziologischer Perspektive (Struck/Köhler 2004; Abraham/Hinz 2005) relevant, weil sie das Risiko fortschreitender Segmentation bzw. sogar Polarisierung nicht nur der Arbeitsmärkte, sondern durch diese vermittelt auch der Lebensverhältnisse in sich birgt.

Abb. 11.6: Formen der Flexibilität

	intern	extern
numerisch	- Zeitkonten - Beschäftigung sichernde Arbeitszeitänderungen	- Entlassungen und Einstellungen (Kündigungsschutz) - Leiharbeit - befristete Beschäftigung
funktional	- Weiterbildung - Arbeitsorganisation	- Transfergesellschaft
monetär	- tarifliche Öffnungsklauseln - betriebliche Bündnisse - geringfügige Beschäftigung/ Mini-/Midi-Jobs - leistungsbezogene Entgelte	- Lohnkostenzuschüsse bzw. -subventionen
temporal	- geringfügige Beschäftigung/ Mini-Jobs - Teilzeitarbeit	

Quelle: Keller/Seifert 2007, 16.

Ob die seit den 1980er Jahren häufig vertretene These einer „Erosion des Normalarbeitsverhältnisses" tatsächlich zutrifft, hängt von der Perspektive des Beobachters ab: Die Zahl der entsprechenden Arbeitsverhältnisse ist annähernd gleich geblieben, während ihr Anteil deutlich abgenommen hat. Insofern haben wir es eher mit einer Differenzierung bzw. Pluralisierung der Beschäftigungsformen als mit „Erosion" zu tun.[381] Die Folgen sind erheblich: „Aufgrund der vorliegenden Befunde kann vermutet werden, dass die Zunahme der vom Normalarbeitsverhältnis abweichenden Beschäftigungsverhältnisse zu einer Stabilisierung der internen Arbeitsmärkte und gerade zu Beschäftigungssicherung und geringer Fluktuation der Beschäftigten in Normalarbeitsverhältnissen führt ... Eher bestätigt wird die These, dass die Arbeitnehmer in vom Normalarbeitsverhältnis abweichenden Beschäftigungsformen doppelt benachteiligt sind: schlechtere und unsichere Arbeitsverhältnisse sowie weitgehender Ausschluss von Qualifizierung" (Alda 2005, 266).

Die Frage, wie sich die Beschäftigungsstabilität entwickelt, wird in der Literatur differenziert beantwortet. Übereinstimmend zeigen die Analysen eine im Zeitablauf etwas abnehmende Beschäftigungsstabilität. Erlinghagen (2006) diagnostiziert allerdings ein polarisiertes Entwicklungsmuster. Bei langjährig Beschäftigten hat sich die zuvor abnehmende Beschäftigungsstabilität in der zweiten Hälfte der 1990er Jahre stabilisiert. Wachsende Arbeitslosigkeitsrisiken zeigen sich hingegen bei Ungelern-

[381] Eine aktuelle empirische Studie kommt zu der Schlussfolgerung, dass „eher von dynamischer Segmentation als von einer Erosion Interner Arbeitsmärkte und einer Generalisierung von Beschäftigungsrisiken" (Struck et al. 2006, 167) die Rede sein kann.

ten.[382] Neben einem gewichtigen Segment langfristig stabiler Beschäftigungsverhältnisse wächst ein Bereich mit befristeter Beschäftigung. Externe Flexibilität nimmt insgesamt zu. Die Koexistenz eines Kerns stabiler Beschäftigung mit wachsenden instabilen Rändern wird auf einen Bedeutungsverlust betriebsspezifischer Qualifikationskomponenten, abnehmenden Legitimationsdrucks über Gewerkschaften und Betriebsräte sowie Deregulierungsschritte zurückgeführt.

2. Deregulierung bezeichnet alle Versuche, die gesetzlichen Rahmenbedingungen des Arbeitsmarktes zu verändern; das implizite oder explizite Ziel aller derartiger Maßnahmen, die u. a. beim Kündigungsschutzrecht[383] sowie beim Tarifvertragsrecht ansetzen, besteht im dauerhaften Abbau von „Starrheiten und Rigiditäten", „institutioneller Sklerose" und „Beschäftigungshindernissen" bzw. in der dadurch ermöglichten Schaffung neuer Beschäftigungsgelegenheiten. Maßnahmen der unternehmerischen Flexibilisierung und staatlichen Deregulierung sind nicht notwendigerweise korreliert; sie werden aber zeitlich parallel realisiert und wirken unterstützend und verstärkend („mehr Markt am Arbeitsmarkt"); insofern stellen Deregulierungsmaßnahmen die ordnungspolitische Flankierung von Flexibilisierungsbemühungen dar.

Zu den seit Mitte der 1980er Jahre durchgeführten Maßnahmen gehören vor allem:

- das Beschäftigungsförderungsgesetz (zuerst 1985, einschl. mehrerer Verlängerungen) erweiterte vor allem die Möglichkeiten des Abschlusses befristeter Arbeitsverträge ohne sachliche Begründung (auf einen Zeitraum von zunächst sechs, später bis zu 24 Monaten);[384]

---

[382] Ein ähnliches Entwicklungsmuster finden auch Struck et al. (2006). Anzumerken bleibt, dass diese Längsschnittanalyse auf sozialversicherungspflichtig Beschäftigte beschränkt bleibt, und das wachsende Segment vor allem geringfügig Beschäftigter ausklammert. Gerade bei dieser Gruppe ist jedoch von größerer Instabilität auszugehen.

[383] Forderungen nach (weiteren) Deregulierungsschritten beim Kündigungsschutzrecht (u. a. bei Kleinbetriebsklauseln und Schwellenwerten) gehören zu den langfristigen „Dauerbrennern" der nationalen wie internationalen Diskussion. Die Begründung lautet, dass derartige Schutzrechte prohibitiv auf das Einstellungsverhalten der Unternehmen wirken würden. Die zahlreichen empirischen Untersuchungen (international vergleichend u. a. OECD 1999) zeigen recht übereinstimmend, dass durch eine Lockerung kaum positive Effekte für Beschäftigungshöhe bzw. -niveau eintreten, es kommt allenfalls zu einem Austausch zwischen Beschäftigten und Nicht-Beschäftigten. Andere Determinanten (wie Auftragslage, Kapazitätsauslastung, Geschäftserwartungen) sind von größerer Bedeutung. Insgesamt verhindern Kündigungsschutzregelungen Entlassungen und behindern Einstellungen, d. h. sie führen zur Nutzung interner zu Lasten externer Formen der Flexibilisierung. Vgl. zu einer personalökonomischen Betrachtungsweise Sadowski (2002, 210-229).

[384] Das 2001 in Kraft getretene „Gesetz über Teilzeitarbeit und befristete Arbeitsverträge", welches das mehrfach verlängerte BeschFG ablöst, stellt die Umsetzung einer EU-Richtlinie zur Förderung der Teilzeitarbeit dar. Sein Ziel ist, Teilzeitarbeit zu fördern, die Voraussetzungen für die Zulässig-

- Neuregelung der Lohnersatzleistungen bei Arbeitskämpfen (1986) (Mückenberger 1992);
- Novellierung des Betriebsverfassungsgesetzes sowie Einführung eigenständiger Sprecherausschüsse für leitende Angestellte (1988) (Keller 1998);
- das Arbeitszeitrechtsgesetz (1994) belässt erhebliche Freiräume für die Lage und Länge der täglichen und wöchentlichen Arbeitszeiten (maximal 10 bzw. 60 Stunden) und erleichtert die industrielle Nacht- und Sonntagsarbeit, indem es wirtschaftliche Gründe in den Kanon der Ausnahmetatbestände aufnimmt (Klenner et al. 1998);
- die Aufhebung des Vermittlungsmonopols der BA (1994) bedeutet die Zulassung der privat-gewerbsmäßigen Arbeitsvermittlung und damit den Übergang vom Monopol- zum Koexistenzsystem. Diese Leistungen können öffentlich-rechtlich oder privatwirtschaftlich erbracht werden (Walwei 1996);
- weitere Deregulierungsmaßnahmen erfolgten durch die Hartz-Gesetze (u. a. Ausweitung geringfügiger Beschäftigung zu Mini- und Midi-Jobs, Ausweitung der Zeitarbeit, Formen „neuer" Selbständigkeit) (Deutsche Bundesbank 2004).

Hinter diesen isolierten Einzelmaßnahmen steht kein geschlossenes Gesamtkonzept oder politischer Masterplan zum systematischen oder radikalen Abbau der Arbeitsmarktregulierungen. Insgesamt handelt es sich um eine Palette relativ isolierter Einzelmaßnahmen, die sich nicht zu einem neuen Regulierungstyp zusammenfügen. Ihre tatsächlichen Ergebnisse und Folgen stimmen weder mit den hohen Erwartungen ihrer Befürworter noch mit den pessimistischen Befürchtungen ihrer Gegner überein. Sie leisten weder wesentliche Beiträge zur Lösung des Problems der Arbeitslosigkeit, d. h. sie haben nur geringe Beschäftigungseffekte, noch verändern sie das bestehende Institutionengefüge dramatisch.

Aus empirischer Perspektive sind die Folgen der Deregulierungsmaßnahmen weitaus weniger eindeutig als in den gängigen Konzepten unterstellt und von ihren Propagandisten, u. a. der Deregulierungskommission (1991), prognostiziert (zusammenfassend Keller/Seifert 1998). Die empirischen Ergebnisse, die eher Zweifel an erheblichen Beschäftigungseffekten aufkommen lassen, bleiben für die öffentliche Diskussion weitgehend folgenlos, in der mehrheitlich für eine mehr oder weniger ungebrochene Fortsetzung dieses Kurses optiert wird (Eichhorst et al. 2001; Deut-

keit befristeter Arbeitsverträge festzulegen und die Diskriminierung von teilzeitbeschäftigten und befristet beschäftigten Arbeitnehmern zu verhindern (§ 1). Arbeitsverträge ohne sachlichen Grund können bis zu einer Höchstdauer von zwei Jahren und bei höchstens dreimaliger Verlängerungsmöglichkeit in diesem Zeitraum befristet werden.

sche Bundesbank 2004; Dietz 2006). Ähnliche Resultate ergeben sich auch für andere EU- und OECD-Länder (OECD 1999).

Insgesamt handelt es sich eher um Umregulierung des rechtlich-institutionellen Regelwerks als um strikte Deregulierung, wie sie vor allem in den angelsächsischen Ländern zu beobachten war.[385] Schließlich meint in der ordnungspolitischen Grundsatzdiskussion Re-Regulierung im Gegensatz zu Deregulierung alle Versuche, die bestehenden rechtlich-institutionellen Vorgaben nicht schlichtweg abzubauen, sondern sie den grundlegend veränderten Rahmenbedingungen von Arbeitsmärkten anzupassen (z. B. Re-Regulierung atypischer Beschäftigungsverhältnisse).

Befürworter werfen der bisherigen Deregulierungspolitik vor, sich vorrangig auf die Ränder des Arbeitsmarktes zu konzentrieren, atypische Beschäftigungsverhältnisse zu fördern (z. B. Ausweitung der Leiharbeit), das Normalarbeitsverhältnis jedoch weitgehend unangetastet zu lassen und so einer „Zwei-Klassen-Gesellschaft auf dem Arbeitsmarkt" (Sachverständigenrat 2005, Ziffer 181) Vorschub zu leisten. Die These der Deregulierungsasymmetrie ist zu relativieren und kann als Argument nicht überzeugen. Die institutionellen Änderungen, vor allem im Bereich der Tarifpolitik (u. a. Einführung bzw. Nutzung tariflicher Öffnungsklauseln, Vereinbarung betrieblicher Bündnisse für Arbeit) betreffen weite Teile der Kern- und Randbelegschaften. Beide Beschäftigtengruppen mussten teilweise erhebliche Konzessionen sowohl bei intern-numerischer als auch monetärer sowie temporaler Flexibilität eingehen, die sie gegen Investitionszusagen oder befristete Beschäftigungsgarantien eintauschten. Indirekt dürften auch die Änderungen bei Lohnersatzleistungen („Hartz IV") sowie im Bereich der atypischen Beschäftigungsverhältnisse (vor allem Leiharbeit) in den Kernbereich des Arbeitsmarktes ausstrahlen und dort den Druck erhöhen, Konzessionen gegenüber wichtigen Kostenparametern wie Lohn und Arbeitszeit zu machen.

[385] Nach dem Regierungswechsel 1998 machte die Koalition von SPD und Bündnis 90/Die Grünen einige Maßnahmen der Koalition von CDU, CSU und FDP rückgängig (z. B. Entgeltfortzahlung im Krankheitsfall, Kündigungsschutz in Kleinbetrieben) und regulierte einige Bereiche neu (z. B. geringfügige Beschäftigung); in der zweiten Legislaturperiode kam es zum erneuten Kurswechsel. Die eigentümliche Mischung von De- und vorsichtiger Re-Regulierung, welche für die erste Amtsperiode charakteristisch war, wurde durch eine Fortsetzung der Deregulierung abgelöst.

11.3 Atypische Beschäftigungsverhältnisse

1. Analytischer, nicht historischer oder normativer Bezugspunkt der folgenden Analyse ist das sog. Normalarbeitsverhältnis (NAV), dessen konstitutive Kriterien sind (Mückenberger 1985):

- Vollzeittätigkeit mit entsprechenden Einkommen,
- Integration in die sozialen Sicherungssysteme, vor allem die Arbeitslosen- und Rentenversicherung,
- unbefristet-dauerhaftes Beschäftigungsverhältnis,
- Identität von Arbeits- und Beschäftigungsverhältnis,
- Weisungsgebundenheit des Arbeitnehmers vom Arbeitgeber.[386]

Die sog. atypischen Beschäftigungsverhältnisse (Teilzeitarbeit, geringfügige Beschäftigung, befristete Beschäftigung, Leih- und Zeitarbeit sowie „neue" bzw. Scheinselbständigkeit)[387] unterscheiden sich in mindestens einem Definitionsmerkmal vom NAV.

Die Module der Hartz-Kommission dienten, wie bereits diskutiert, als Grundlage für grundlegende Reformen, welche die Arbeitsmarkt- und Beschäftigungspolitik stärker veränderten als alle vorhergehenden Änderungen. Bereits zu Beginn des Jahres 2003 traten das erste und zweite „Gesetz für moderne Dienstleistungen am Arbeitsmarkt" in Kraft. Sie haben die Rahmenbedingungen für atypische Beschäftigungsformen mit dem Ziel ihrer Ausweitung verändert (Keller 2003b):

- Das „Herzstück" der neuen, aktivierenden Arbeitsmarktpolitik sind die Personalserviceagenturen (PSAs), welche in jedem Agenturbezirk eingerichtet werden. Sie sollen Eintrittsbarrieren abbauen und Arbeitslose in den ersten Arbeitsmarkt re-integrieren. Arbeitslose werden von den PSAs zeitweise an private Unternehmen verliehen mit dem Ziel, von diesen in reguläre Beschäftigungsverhältnisse übernommen zu werden („Klebeeffekt" in der Sprache der Hartz-Kommission). Die Phasen zwischen einzelnen Verleihungen sollen Aus- und Weiterbildungsmaßnahmen überbrücken. Mit Einführung der PSAs wurden sämtliche, bis dato geltende Beschränkungen der Arbeitnehmerüberlassung abgeschafft (besonderes

---

[386] Diese enge Abgrenzung schließt bestimmte Varianten aus: flexible Arbeitszeitmuster (u. a. Arbeitszeitkonten), Telearbeit, Werkverträge oder Fremdarbeitsfirmen. Gleichwohl macht die Heterogenität der Formen eine eindeutige Zuordnung (z. B. ihrer Funktionen) schwierig.

[387] Der Akzent liegt auf abhängiger Beschäftigung, obwohl Formen neuer Selbständigkeit einbezogen werden können.

Befristungsverbot, Wiedereinstellungsverbot, Synchronisationsverbot, Beschränkung der Überlassungsdauer auf 24 Monate).[388]

- Eine neue Form der Selbständigkeit sind die Ich-AGs bzw. Familien-AGs (mit Jahreseinkommen bis 25.000 bzw. 50.000 Euro), welche Arbeitslose gründen können. Der Existenzgründungszuschuss wird bis zu maximal drei Jahren gezahlt und ist degressiv gestaffelt (600, 360, 240 Euro). Ziele sind die Legalisierung von Schwarzarbeit durch Überführung in reguläre Beschäftigung sowie die Förderung von Selbständigkeit.

- Die Bruttoentgeltgrenzen der geringfügigen Beschäftigung werden (von monatlich 325 auf 400 Euro) ausgeweitet sowie die Arbeitszeitbegrenzung auf 15 Stunden pro Woche aufgehoben (Minijobs). Diese Einkommen sind für die Arbeitnehmer weder steuer- noch sozialversicherungspflichtig; die Arbeitgeber zahlen pauschale Sozialversicherungsbeiträge.[389]

- Zwischen diesem Segment und regulärer Teilzeitbeschäftigung wird eine neue „Gleitzone“ eingeführt (für monatliche Einkommen zwischen 401 und 800 Euro). Die Beschäftigten zahlen vergleichsweise niedrige, allmählich steigende Sozialversicherungsbeiträge; die Arbeitgeber entrichten die normalen Beiträge (Midijobs). Das Ziel dieser Form der Lohnsubvention besteht in der Vermeidung der sog. „Niedriglohnfalle“, die sich ergibt, wenn eine zusätzliche Erwerbstätigkeit in Folge hoher Grenzsteuersätze „bestraft“ wird.

- Im Bereich „haushaltsnaher Dienstleistungen“ werden Minijobs geschaffen, für die Private lediglich 12% Beiträge entrichten und jährlich bis zu 510 Euro von ihrem steuerpflichtigen Einkommen absetzen können. Das Ziel ist wiederum die Reduzierung der Schwarzarbeit, die in diesem Bereich besonders hoch ist.

2. Das NAV verliert allmählich seine Dominanz. Das Erwerbssystem wandelt sich: In langfristiger Perspektive gewinnen die atypischen Formen der Beschäftigung zwar nicht alle gleichmäßig, aber in ihrer Summe an Bedeutung (Bäcker et al. 2008). Die Tatsache, dass sie inzwischen ca. ein Drittel des Gesamtarbeitsmarktes ausmachen (Keller/Seifert 2007), wird häufig nur unzureichend berücksichtigt. Aus gleichstellungspolitischer Perspektive ist relevant, dass Frauen bei allen Formen atypischer Beschäftigung (mit der einzigen Ausnahme der Leiharbeit) überrepräsentiert sind (Bothfeld 2005). Die (Netto-)Beschäftigungseffekte dieser wichtiger werdenden Varianten sind unklar, wahrscheinlich aber in ihrer Summe gering.

---

[388] Die Überlassungsdauer war sukzessiv von ursprünglich drei zunächst auf sechs, später auf 12 und schließlich auf 24 Monate ausgeweitet worden.

[389] Diese betrugen ursprünglich 12% Krankenversicherung, 11% Rentenversicherung, 2% Steuern und wurden später erhöht.

Abb. 11.7: Entwicklung von Formen atypischer Beschäftigung

Jahr	Beschäftigte Insgesamt	Teilzeitarbeit[1]		Geringfügig Beschäftigte[2]		Leiharbeit[2]		Beschäftigte (ohne Auszubildende) Insgesamt[4]	Befristet Beschäftigte (ohne Auszubildende)	
		Teilzeit-arbeit in 1.000	Anteil an Beschäf-tigten	geringfügig Beschäftigte in 1.000[3]	Anteil an Beschäftigten	Leih-arbeit in 1.000	Anteil an Beschäftigten		befristet Beschäftigte in 1.000	Anteil an befristet Beschäftigten
1991	33.887	4.736	14,0			134	0,4	32.323	2.431	7,5
1992	33.320	4.763	14,3			136	0,4	31.891	2.495	7,8
1993	32.722	4.901	15,0			121	0,4	31.151	2.221	7,1
1994	32.300	5.122	15,9			139	0,4	30.958	2.322	7,5
1995	32.230	5.261	16,3			176	0,5	30.797	2.388	7,8
1996	32.188	5.340	16,6			178	0,6	30.732	2.356	7,7
1997	31.917	5.659	17,7			213	0,7	30.436	2.453	8,1
1998	31.878	5.884	18,5			253	0,8	30.357	2.536	8,4
1999	32.497	6.323	19,5			286	0,9	30.907	2.842	9,2
2000	32.638	6.478	19,8			339	1,0	31.014	2.744	8,8
2001	32.743	6.798	20,8			357	1,1	31.176	2.740	8,8
2002	32.469	6.934	21,4	4.100	12,6	336	1,0	30.904	2.543	8,2
2003	32.043	7.168	22,4	5.533	17,3	327	1,0	30.513	2.603	8,5
2004	31.405	7.168	22,8	6.466	20,6	400	1,3	29.822	2.478	8,3
2005	32.066	7.851	24,5	6.492	20,2	453	1,4	30.470	3.075	10,1
2006	32.830	8.594	26,2	6.751	20,6	598	1,8	31.371	3.389	10,8

1) jeweils April
2) jeweils Ende Juni
3) Mini-Jobs auf 400 € Basis
4) Ausbildungsverhältnisse sind generell befristet und werden um Verzerrungen zu vermeiden nicht berücksichtigt.

Quelle: *Statistisches Bundesamt, F 1, Reihe 4. 1. 1., verschiedene Jahrgänge und https://www-ec.destatis.de/csp/shop/sfg/bpm.html.cms.cBroker.cls?cmspath=struktur,sfgsuchergebnis.csp; Bundesagentur für Arbeit (http://www.pub. arbeitsamt.de/services/statistik/detail/b.html).*

Die Varianten atypischer Beschäftigung unterscheiden sich deutlich in ihrer Dynamik und Bedeutung gemessen an der Gesamtbeschäftigung:

- Teilzeit ist die mit Abstand wichtigste Form und hat über die Konjunkturzyklen hinweg kontinuierlich auf gut 26% der Gesamtbeschäftigung zugenommen.[390]
- Geringfügige Beschäftigung, eine Variante von Teilzeitarbeit, hat vor allem in Folge ihrer durch die Hartz-Gesetze erfolgten Ausweitung in Form von Mini-Jobs erheblich an Bedeutung gewonnen. Insgesamt üben gut 20% der abhängig Beschäftigten eine geringfügig entlohnte Tätigkeit aus; über 15% arbeiten ausschließlich geringfügig.[391] Der zunächst nach der Deregulierung starke Zuwachs hat sich nach Reduzierung der Subventionierung[392] Mitte 2006 abgeflacht.
- Der Anteil der befristet Beschäftigten[393] ist trotz mehrfacher Lockerungen der rechtlichen Rahmenbedingungen seit Mitte der 1980er Jahre nur moderat gestiegen, wobei die Zunahme seit 2005 von gut 8% auf über 10% auf besondere Einflüsse zurückzuführen ist.[394]
- Leiharbeit entwickelt sich dynamischer als die übrigen Formen, wenngleich der Anteil an allen Beschäftigten nach wie vor auf niedrigem Niveau bei 1,8% liegt.

3. Die PSAs als Geschäftseinheiten der neuen *Job Center* können bereits bestehenden privaten Verleihunternehmen gegenüberstehen, die ebenfalls Zeitarbeit anbieten. Die Beziehungen zwischen beiden Formen der Organisation von Leiharbeit sind nicht definitiv geklärt. Varianten formeller wie informeller Kooperation und Koexistenz (wie Modelle von *public private partnership*) sind ebenso möglich wie intensiver Wettbewerb aufgrund des Interessenkonflikts. Die genauen Unterschiede zwischen privaten Unternehmen, die vor allem an Gewinnmaximierung orientiert sind, und öffentlichen PSAs mit dominierenden Vermittlungsabsichten sind im Einzelfall kaum zu bestimmen.

---

[390] Die Abgrenzung von Teilzeitarbeit und geringfügiger Beschäftigung ist nicht eindeutig. Die hier ausgewiesenen Daten über Teilzeitarbeit basieren auf dem Mikrozensus. Die Zahl der geringfügig Beschäftigten schließt erwerbstätige Schüler, Studenten und Rentner ein, die im strengen Sinne nicht als abhängig Beschäftigte zu zählen sind, sondern einen anderen Status haben.

[391] Dieser Wert enthält eine nicht genau zu beziffernde Zahl an Schülern, Studierenden und Rentnern, die auf etwa ein gutes Drittel zu veranschlagen ist.

[392] Die Pauschalabgaben der Arbeitgeber für Sozialversicherungsbeiträge und Steuern wurden Mitte 2006 von 25% auf 30% heraufgesetzt.

[393] Im Unterschied zu den übrigen Werten sind Ausbildungsverhältnisse nicht berücksichtigt.

[394] Der Anstieg zwischen 2004 und 2005 geht wesentlich auf die Einführung der 1-€-Jobs (Arbeitsgelegenheiten mit Mehraufwandsentschädigung nach § 16 Abs. 3 SGB II) zurück.

Möglicherweise dominieren sog. Selektions- oder *Creaming*-Effekte: Private Unternehmen konzentrieren sich auf enge Nischen des Arbeitsmarktes oder auf leicht zu vermittelnde Arbeitslose (sog. Bestenauswahl), während die schwer Vermittelbaren bei den PSAs verbleiben. Weiterhin sind *Crowding out*-Effekte privater Firmen durch PSAs nicht oder zumindest nicht für bestimmte Gruppen auszuschließen. Schließlich können Beschäftigte von sog. Drehtüreffekten betroffen sein: Nicht generell, wohl aber in bestimmten Segmenten des Arbeitsmarktes (u. a. Reinigungsdienste, Gaststätten und Hotels) werden bestehende reguläre Beschäftigungsverhältnisse gegen subventionierte befristete ausgetauscht. In solchen Fällen würden die erhofften zusätzlichen Arbeitsplätze nicht entstehen.

Das Segment der Zeitarbeit war immer sehr klein und umfasst gegenwärtig ca. 0,7% der Gesamtbeschäftigung oder ca. 1,5% der sozialversicherungspflichtig Beschäftigten; es ist definitionsgemäß relativ instabil hinsichtlich der Dauer der Beschäftigung. Allerdings waren, von wenigen Ausnahmen abgesehen, die jährlichen Zuwachsraten sehr hoch, was die Attraktivität dieser Form für die politischen Entscheidungsträger erklären mag. Die Befürworter einer Ausweitung und Förderung dieses Segments argumentieren, dass die Bundesrepublik aufzuholen habe, weil die Anteile in anderen EU-Mitgliedsländern (wie Frankreich und den Niederlanden) größer sind. Die entscheidende Frage lautet, ob ausländische Erfahrungen ohne weiteres auf andere institutionelle Rahmenbedingungen übertragen werden können. Bisher jedenfalls wurde Zeitarbeit vor allem für besondere Zwecke von begrenzter Reichweite eingesetzt, d. h. um unerwartete Auftragsspitzen abzudecken oder um plötzliche Engpässe, etwa infolge von Krankheit oder Urlaubsvertretung, zu überbrücken.

Bei näherer Betrachtung ist verwunderlich, dass sich eine heftige politische Kontroverse um einen solch winzigen Teil des Gesamtarbeitsmarktes und seine Ausdehnung mit Hilfe spezifischer Formen von „Flexibilisierung" dreht. Man kann argumentieren, dass es drängendere Arbeitsmarktprobleme gibt als eine massive Ausweitung der Zeitarbeit, deren Erfolgsaussichten bzw. Nettoeffekte auf die Beschäftigungshöhe infolge ihres weitgehend substitutiven Charakters ungewiss bleiben.

In dieser Hinsicht sind die erwähnten Varianten von Flexibilität (u. a. interne versus externe, numerische versus funktionale) zu unterscheiden. Formen atypischer Beschäftigung sind als alternative institutionelle Arrangements zu begreifen. Einige können zumindest in bestimmten Segmenten heterogener Arbeitsmärkte andere ersetzen und zu ähnlichen Effekten und Ergebnissen führen (u. a. Zeitarbeit versus Überstunden und Arbeitszeitkonten). Empirisch hinreichend bestätigt ist die bereits erwähnte Annahme, dass auf deutschen Arbeitsmärkten Varianten interner Flexibilität dominieren, während in anderen Ländern externe vorherrschen.

Eine heftige Kontroverse zwischen Arbeitgeberverbänden und Gewerkschaften bezieht sich auf die Arbeitsbedingungen, und dabei vor allem auf die Lohnhöhe. Soll nach einer Anfangsperiode das Prinzip „gleicher Lohn für gleiche Arbeit" für dauerhaft Beschäftigte wie für Zeitarbeitnehmer gelten? Dadurch würde der ansonsten mögliche Austausch zwischen beiden Gruppen unattraktiv. Oder sollten Löhne unterhalb der marktgängigen Entgelte legalisiert werden, was Zeitarbeit aus der Sicht der (oder zumindest einiger) privater Arbeitgeber attraktiver machen würde? Nach Auseinandersetzungen über diese Verteilung der Vorteile weiterer „externer" Flexibilisierung besagt der politische Kompromiss, dass die Entgelte nicht durch Gesetzgebung sondern durch Kollektivverhandlungen festgelegt werden sollen. Die Dachverbände sollen die Aktivitäten der sektoralen Verhandlungspartner koordinieren.

Zur Verhinderung von „Lohndumping" bzw. erheblicher Entlohnungsunterschiede wurde ein einheitlicher Verbandstarifvertrag anstatt verschiedener Firmen- oder Haustarifverträge geschlossen. Dieser Verbandstarifvertrag, der erste für diese Branche, erlaubt für bestimmte Gruppen, vor allem Langzeitarbeitslose und/oder andere schwer Vermittelbare, einen „Einstiegslohn" unterhalb der üblichen Lohnhöhe für eine begrenzte „Einarbeitungszeit". Diese Regelung kann mit Hilfe der Humankapitaltheorie begründet werden, da die Produktivität der „Einsteiger" zunächst niedriger ist und die Bildung betriebsspezifischen Humankapitals Zeit braucht.

Ein weiteres immanentes Problem ist die Schaffung eines zusätzlichen großen, mehr oder weniger künstlichen Segments innerhalb des regulären Arbeitsmarktes. Das neue Segment ist aufgrund seiner Zusammensetzung charakterisiert durch unsichere Jobs mit geringer zeitlicher Stabilität und weiterhin hohen Eintrittsbarrieren gegenüber regulärer Beschäftigung im „ersten" Arbeitsmarkt. Damit stellt sich die Frage, ob diese Variante der Regulierung neue Brücken oder zusätzliche Fallen zwischen *Outsidern* und *Insidern* schafft. Weiterhin zeigen Studien, dass Zeitarbeit in den niedrig bzw. weniger qualifizierten Segmenten des Arbeitsmarktes konzentriert ist. Daher hängt der Erfolg dieses Hauptteils des Reformpakets von der Fähigkeit ab, diese „schiefe" Verteilung von Tätigkeiten und Qualifikationen zu verändern.

Schließlich können PSAs *ex definitione* nur funktionieren, wenn eine große Zahl offener Stellen vorhanden ist. Diese notwendige Voraussetzung ist keinesfalls immer gegeben, u. a. nicht in den neuen Bundesländern, wo die Arbeitslosenquoten deutlich über dem nationalen Durchschnitt liegen, offene Stellen kaum vorhanden sind und die Aussichten für die Entwicklung schlecht sind. Insgesamt ist die Hoffnung auf eine Erhöhung des Beschäftigungsniveaus nicht sonderlich realistisch.

Die tatsächliche Entwicklung des Instruments blieb weit hinter den offiziellen, hoch gesteckten Erwartungen zurück und bestätigte insofern die vorgebrachten Bedenken. Nach einer erheblichen Zunahme zu Beginn, d. h. im Jahr 2003, ging der Personalbestand der PSA deutlich zurück, die Übernahmequoten in reguläre Beschäftigungsverhältnisse blieben gering, d. h. die PSA waren kein echtes „Sprungbrett“ in reguläre Beschäftigung (Promberger 2007a; Bernhard et al. 2008). „Quantitative Wirkungsanalysen ergaben, dass PSA-Beschäftigte *aufgrund* dieser Tätigkeit *später* als vergleichbare Erwerbslose ihre Arbeitslosigkeit bzw. PSA-Beschäftigung durch eine Integration in Erwerbstätigkeit beenden. Nach dem heutigen Stand verschlechtern PSA also zunächst durch den Lock-in-Effekt (Verminderung der Vermittlungs- und Eigensuchaktivität) die Eingliederungschancen der Teilnehmer/innen. Vor diesem Hintergrund ist der hohe Anteil Jugendlicher unter den Zugängen besonders kritisch zu bewerten“ (BMAS 2006, XX, Hervorhebungen im Original). Daher wurde dieses Instrument wieder abgeschafft. Nachhaltige Arbeitsmarktpolitik sieht anders aus.

4. Die Zunahme von Minijobs als spezifischer Variante atypischer Beschäftigung ist gleichermaßen kontrovers. Einerseits argumentieren vor allem Ökonomen, dass die Bundesrepublik im Vergleich zu anderen EU- oder OECD-Mitgliedsländern einen kleineren Anteil von Jobs in privaten Dienstleistungssektoren habe; zusätzliche Beschäftigungsmöglichkeiten, vor allem für Un- und Schlechtqualifizierte, ließen sich in erheblichem Umfang schaffen, wenn steuerliche und rechtliche Hindernisse beseitigt würden. Die empirische Evidenz für diese Annahmen ist sowohl international als auch national schwach; in der Bundesrepublik gab es bisher nur weniger, fast ausnahmslos lokal oder regional begrenzte Experimente mit keinesfalls überzeugenden Ergebnissen.

Die „Logik“ hinter diesem Argument ist die deduktive Ableitung von Politikempfehlungen aus bestimmten, neoklassisch inspirierten Annahmen über individuelles Handeln (u. a. vollständige Information der Marktteilnehmer, Fehlen von Transaktionskosten, Gültigkeit des Marginalprinzips). Die Einführung der erwähnten „Gleitzone“ basiert auf impliziten Annahmen, deren empirische Relevanz bezweifelt und deren Bedeutung für die Handlungsorientierung nicht ohne Weiteres als gegeben vorausgesetzt werden kann. So können die bereits erwähnten Informationsasymmetrien bestehen und/oder der individuelle Erwartungshorizont durch den absolut notwendigen Bedarf und nicht durch Kalküle über relative Steuervorteile bei Vorliegen bestimmter Bedingungen definiert werden (alleinstehend ohne/mit ein, zwei Kindern, Familie ohne/mit ein, zwei Kindern, ein oder zwei Beschäftigte pro Familie).

Die andere Seite argumentiert, dass bei Gewährung erheblicher öffentlicher Unterstützungsleistungen der Niedriglohnsektor, der faktisch bereits besteht, lediglich erheblich ausgeweitet würde. Diese Strategie führt zu dem aus den USA bekannten Phänomen der *working poor*, die nicht in der Lage sind, sich selbst und ihre Familien zu ernähren, obwohl sie sogar mehr als einen (schlecht bezahlten) Job haben (Ehrenreich 2001; Blau/Kahn 2002). Diese Kritiker insistieren darauf, dass die Erhaltung des rechtlichen Schutzes des Normalarbeitsverhältnisses unter Einschluss regulärer Teilzeitarbeit die geeignetere Strategie darstellt im Vergleich zur bewussten Ausweitung atypischer Beschäftigung. Bereits bestehende Probleme der Aus- und Weiterbildung werden in Zukunft drängender sein als die deutliche Ausweitung des Niedriglohnsektors, wie dies seit den Hartz-Reform festzustellen ist.

Außerdem kann wiederum das Problem nicht-intendierter Folgen in Form von Mitnahme- oder Verdrängungseffekten auftreten. Stellen würden auf jeden Fall geschaffen, d. h. auch ohne weitere Anreize in Form öffentlicher Unterstützung, oder bestehende reguläre Jobs werden sogar in Minijobs aufgeteilt anstatt zusätzliche Arbeitsplätze zu schaffen. Die Ausweitung von Minijobs hat nur begrenzte Beschäftigungswirkungen und ist verhältnismäßig teuer aufgrund der weiterhin notwendigen öffentlichen Unterstützungsleistungen. Weiterhin können Arbeitnehmer, die reguläre Tätigkeiten im ersten Arbeitsmarkt ausüben, zweite (Mini-)Jobs annehmen, ohne damit der Versicherungspflicht zu unterliegen.

Die geringfügige Beschäftigung hat seit ihrer Ausweitung zu Mini-Jobs deutlich zugenommen. Die begleitende Evaluationsforschung zeigt, dass „sich die Mini-Jobs ... für Arbeitslose nicht als Brücke in eine sozialversicherungspflichtige Beschäftigung" (BMAS 2006, V) erweisen, was den ursprünglichen offiziellen Erwartungen widerspricht (vgl. auch Bäcker 2007). Der Effekt auf die Beschäftigungshöhe bleibt marginal, u. a. weil ein gewisser Teil der Mini-Jobs als Nebenbeschäftigung ausgeübt wird. – Die neu eingeführten Midi-Jobs sind in quantitativer Hinsicht weniger wichtig als die Minijobs.

5. Befristete Beschäftigungsverhältnisse wurden seit Einführung des BeschFG Mitte der 1980er Jahre schrittweise dereguliert, indem die zulässige Höchstdauer für Befristungen sukzessive erhöht wurde (von ursprünglich sechs auf bis zu 24 Monaten). Die Ausweitung dieser Form blieb dennoch moderat, wenn man sie mit anderen Varianten atypischer Beschäftigung vergleicht. Eine erhebliche Zahl von Unternehmen nutzt diese Option nicht, eine kleine Zahl macht intensiv von ihr Gebrauch.

Das Lohnniveau liegt bei ansonsten gleichen Voraussetzungen unterhalb dessen von NAV, die Lohnspreizung ist größer (Giesecke/Groß 2002; 2007). Sie bedeutet länger andauernde Risiken für Arbeitnehmer, vor allem, wenn der Übergang in ein NAV nicht unmittelbar gelingt. Die „Brückenfunktion" ist stärker ausgeprägt als z. B. bei Leiharbeit; nach drei Jahren sind 62% in ein unbefristetes Beschäftigungsverhältnis gewechselt (Giesecke/Groß 2007). Gleichwohl besteht für einen nicht unerheblichen Teil ein Risiko von Befristungsketten; dieses Risiko sinkt mit zunehmendem Alter der Beschäftigten. Befristungen sind mit einem erhöhten Arbeitslosigkeitsrisiko verbunden.

6. Seit einiger Zeit bilden Formen „neuer Selbständigkeit", vor allem ihre Integration oder Nichtintegration in die sozialen Sicherungssysteme, einen Gegenstand kontroverser Diskussion. Die rechtlichen Voraussetzungen haben sich mehrfach verändert. Indikatoren zur Unterscheidung zwischen abhängiger Beschäftigung und neuer Selbständigkeit (oder „Scheinselbständigkeit") sind schwierig zu formulieren.[395]

Die Errichtung von Ich-AGs kann vor allem bei kleinen und mittelständigen Unternehmen zu Verdrängungseffekten führen. Dieser Zusammenhang bedeutet, dass Individuen diesen neuen Status mit der Absicht der Erzielung von Steuervorteilen wählen, ohne dass zusätzliche Jobs für Arbeitslose im regulären Arbeitsmarkt geschaffen werden. Der Nettoeffekt in Bezug auf eine Erhöhung der Beschäftigung wäre gering. In einer unbekannten Anzahl von Fällen arbeiten Arbeitnehmer oder Selbständige schwarz und vermeiden dadurch die Besteuerung. Dieses Verhalten muss sich durch die Einführung von Ich-AGs keinesfalls ändern.

Das Problem ist, wie viele ehemalige Arbeitslose wirklich einen Fuß in den regulären Arbeitsmarkt setzen können („Klebeeffekt"). Die Frage, wie viele Ich-AGs tatsächlich langfristig überleben, ist ebenfalls schwierig zu beantworten. Hohe Anteile von Fehlschlägen aufgrund fehlender individueller Voraussetzungen für erfolgreiche und dauerhafte Selbständigkeit sind nicht auszuschließen. Formen „neuer Selbständigkeit" können auch Fallen darstellen und Anreize in die falsche Richtung setzen.

Auch dieses neue Instrument der Hartz-Reformen erwies sich, ähnlich wie die PSA, als wenig erfolgreich; die Voraussetzungen der Antragsbewilligung wurden innerhalb kurzer Zeit mehrfach geändert; so wurde u. a. die Vorlage einer Tragfähigkeitsbescheinigung erst Ende 2004 vorgeschrieben, um systemimmanente Fehlanreize im Sinne von Mitnahmeeffekten auszuschalten (Noll/Wießner 2007). „Abbrüche der Selbständigkeit waren neben unzureichendem Einkommen und Auftrags-/Kundenmangel insbesondere auch darauf zurückzuführen, dass die soziale Absicherung nicht erwirtschaftet werden konnte" (BMAS 2006, XV). Mitte 2006 wurde schließlich dieser Existenzgründungszuschuss mit dem bereits seit Mitte der 1980er Jahre bestehenden Überbrückungsgeld, zu dem es in keinem unmittelbaren Konkurrenzverhältnis stand, zu einem neuen, einheitlichen Förderinstrument „Gründungszuschuss" (§ 57 SGB III) zusammengelegt.[396]

---

[395] Vorschläge beinhalten u. a.: keine Beschäftigung sozialversicherungspflichtiger Arbeitnehmer außer Familienangehörigen, die Tätigkeit erfolgt regelmäßig und im Wesentlichen nur für einen Arbeitgeber, keine unternehmerische Tätigkeit am Markt.

[396] Die Förderung erfolgt für neun Monate in Höhe des Arbeitslosengeldes I; sie kann ggf. um sechs Monate verlängert werden.

7. Welche Folgen haben die skizzierten Entwicklungen, vor allem in langfristiger Perspektive, d. h. wenn nicht nur die Erwerbs-, sondern auch die Nacherwerbsphase einbezogen wird?[397] Die Flexibilisierung des Arbeitsmarktes, konkret die Zunahme atypischer Beschäftigungsverhältnisse, führt zu sozialen Problemen für wachsende Teile der Beschäftigten sowie für die Systeme der sozialen Sicherung, insbesondere deren Finanzierungsbedingungen (Klammer/Leiber 2007).

Die Flexibilisierung von Einkommen und Arbeitszeiten lässt den Niedriglohnbereich anwachsen; Armut trotz Vollzeitarbeit nimmt zu (Bispinck/Schulten 2008). Verstärkt wird diese Entwicklung durch die Förderung atypischer Beschäftigungsformen, speziell der Mini-/Midi-Jobs. Die Niedriglohn- und Armutsentwicklung hat außerdem zur Folge, dass in wachsendem Umfang öffentliche Mittel zu ihrer Finanzierung konsumtiv eingesetzt werden müssen, die alternativ für Wachstum fördernde investive Verwendungen nicht zur Verfügung stehen. Hinzu kommt, dass Einkommensarmut keine günstige Voraussetzung für (Weiter-)Bildung ist. Gehen Bildungs- und Weiterbildungsengagement verloren oder werden Bildungszugänge eingeschränkt, leidet langfristig nicht nur die Anpassungsfähigkeit des Arbeitsmarktes; die Entwicklung der Arbeitsproduktivität und die wirtschaftliche Dynamik werden gebremst, Wachstumspotenziale vergeben.

Für die soziale Sicherheit in der Nacherwerbsphase sind zwei Faktoren bedeutsam. Zum einen hängt sie von Form und Dauer der atypischen Beschäftigung ab. Je länger derartige Tätigkeiten im Laufe der Erwerbsbiographie ausgeübt werden, desto höher ist das Prekaritätsrisiko, da die Ansprüche an die Träger der Rentenversicherung von der vorherigen Erwerbstätigkeit abhängen. Zum anderen variiert der Grad der sozialen Sicherheit, wenn man zwischen abgeleiteten und eigenen Ansprüchen unterscheidet. Bezieht man abgeleitete Ansprüche (primär in der Rentenversicherung) ein, sinken die Risiken. Die gleichstellungspolitische Perspektive stellt auf eigenständige Ansprüche ab. Folgt man diesem Prinzip, haben atypische Beschäftigungsverhältnisse unterschiedliche Auswirkungen auf die soziale Sicherheit von Frauen und Männern. Für Frauen verstärken sich die prekären Elemente im Alter.

Langfristig ist aufgrund veränderter Erwerbs- und Versicherungsbiographien (Zeiten der Arbeitslosigkeit, Niedrigeinkommen, zunehmende Selbstständigkeit) mit steigender Altersarmut zu rechnen (Nürnberger 2007). Sozialpolitik hat diese Risiken nicht nur nicht gemildert, sondern durch verschiedene Änderungen (abgesenktes Rentenniveau, Erhöhung des gesetzlichen Renteneintrittsalters) verschärft. Höhere Transferleistungen sind die Folge.[398]

---

[397] Vgl. zum Folgenden Keller/Seifert (2007; 2008).

[398] Eine wachsende Zahl von Personen ist auf öffentliche Transfereinkommen angewiesen. Anfang 2007 erhielten rd. 1,3 Mio. Beschäftigte zu ihrem Arbeitslohn ergänzendes Arbeitslosengeld II

In Bezug auf die Beschäftigungsfähigkeit verfügen sämtliche Formen atypischer Beschäftigung über vergleichsweise ungünstige Chancen, durch betrieblich-berufliche Weiterbildung die Qualifikation an veränderte Anforderungen anzupassen (Expertenkommission 2004). Wollen atypisch Beschäftigte Anschluss an die sich im Strukturwandel verändernden Qualifikationsanforderungen halten, sind sie in höherem Maße auf Weiterbildung in Eigenregie angewiesen, die sie aber aufgrund der ungünstigeren Einkommenssituation kaum finanzieren können. Zudem ist ihnen der Zugang zu dem für den Qualifikationserwerb wichtigen Lernort Betrieb stärker versperrt als bei NAV. Die Förderung atypischer Beschäftigungsverhältnisse droht die Unterinvestitionen in Humankapital zu verschärfen und den Strukturwandel in Richtung wissensbasierter Tätigkeiten eher zu behindern als zu fördern.

In Bezug auf Beschäftigungsstabilität liegen die größten Risiken *ex definitione* bei Befristungen, sofern der zeitnahe Übergang in weitere befristete oder dauerhafte Beschäftigung nicht gelingt. Leiharbeit und geringfügige Beschäftigung weisen eine niedrigere Beschäftigungsstabilität auf als NAV (Promberger 2007b).

Angesichts der im Vergleich zum NAV geringeren Einkommen, schlechteren Zugangsmöglichkeiten zu betrieblicher Weiterbildung und eingeschränkter Beschäftigungsstabilität (mit Ausnahme der Teilzeitarbeit) kumulieren die sozialen Risiken bei atypisch Beschäftigten. Die negativen Wirkungen verstärken sich, wenn es nicht gelingt, in NAV zu wechseln; die Prekaritätsrisiken wachsen. Dieser Mechanismus lässt sich am Beispiel der Leiharbeit verdeutlichen. Aufgrund des vergleichsweise niedrigen Einkommens ist es unwahrscheinlich, dass die Beschäftigten in Eigenregie die Benachteiligung bei der betrieblichen Weiterbildung kompensieren und damit den Zirkel instabiler und prekärer Beschäftigung durchbrechen. Langfristig hat das gravierende soziale Folgen. Die hohe Beschäftigungsinstabilität verhindert, dass Leiharbeiter in Systeme betrieblicher Altersversorgung einbezogen werden. Niedrige Einkommen und häufige Phasen der Erwerbslosigkeit erschweren eine eigenverantwortliche Altersversorgung. Das Risiko der Altersarmut ist hoch.

Die Ausweitung atypischer Beschäftigungsverhältnisse hat neben Konsequenzen für den Einzelnen auch Folgen für die Institutionen der sozialen Sicherung. Das Hauptproblem erwächst aus der Substitution sozialversicherungspflichtiger durch sozialversicherungsfreie oder in den Beitragszahlungen reduzierter Beschäftigung (speziell Mini-Jobs, besonders bei Nebentätigkeiten). Auch wenn bislang keine belastbaren empirischen Befunde vorliegen, sprechen starke Indizien für eine partielle Verdrängung von Normalarbeitsverhältnissen in bestimmten Branchen, wie vor allem im Einzelhandel, durch Mini- und Midi-Jobs, wie sie im Rahmen der Hartz-Gesetze

(Bruckmeier et al. 2007). Das tatsächliche Ausmaß der bedürftigen Erwerbstätigen ist jedoch erheblich größer und wird auf weitere 1,9 Mio. beziffert, davon 1,5 Mio. Vollzeitbeschäftigte, deren Einkommen nicht vor Bedürftigkeit schützen.

gefördert werden (Sachverständigenrat 2004; 2005; BMAS 2006; Bäcker 2007). Dadurch entstehen Ausfälle auf der Einnahmeseite, ohne dass die Ausgaben entsprechend entlastet werden. Da sich der Trend zur Ausweitung atypischer Beschäftigungsverhältnisse fortsetzen wird, verschärfen sich diese Probleme der Finanzierung. Infolge dieser Entwicklungen droht eine Erosion der Finanzierungsbasis.

Last but not least: Sowohl in der öffentlichen als auch in der wissenschaftlichen Diskussion wird nicht immer explizit zwischen atypischen und prekären Beschäftigungsverhältnissen unterschieden, obwohl dies zur Beurteilung der Konsequenzen notwendig wäre. Erstere sind solange relativ unproblematisch, wie die zentralen Merkmale sozialer Sicherung, vor allem die Integration in die Rentenversicherung, erhalten bleiben.[399] Dabei sollte die Betrachtungsweise nicht nur, wie üblich, die Erwerbs- sondern auch die Nacherwerbs- bzw. Rentenphase einschließen (sog. Lebenslaufperspektive), da die Folgeprobleme dieser Beschäftigungsformen mit erheblicher Verzögerung auftreten können.

Einführende Literatur

Allmendinger,J./Eichhorst,W./Walwei,U.(Hg.) (2005), IAB Handbuch Arbeitsmarkt. Analysen, Daten, Fakten, Nürnberg.

Bundesministerium für Arbeit und Soziales (BMAS) (2006), Bericht 2006 des Bundesministeriums für Arbeit und Soziales zur Wirkung der Umsetzung der Vorschläge der Kommission Moderne Dienstleistungen am Arbeitsmarkt (ohne Grundsicherung für Arbeitsuchende). Langfassung, Berlin.

Keller,B./Seifert,H.(Hg.) (2007), Atypische Beschäftigung – Flexibilisierung und soziale Risiken, Berlin.

Schmid,G. (2002), Wege in eine neue Vollbeschäftigung. Übergangsarbeitsmärkte und aktivierende Arbeitsmarktpolitik, Frankfurt/Main-New York.

Zerche,J./Schönig,W./Klingenberger,D. (2000), Arbeitsmarkttheorie und -politik, München-Wien.

---

[399] Dieser Zusammenhang ist aufgrund des dominierenden Äquivalenzprinzips schon bei regulärer Teilzeitarbeit problematisch. Die Inklusion in den Arbeitsmarkt beseitigt nicht automatisch die Risiken der sozialen Sicherung.

12 Politische Ökonomie der Arbeitspolitik in der Europäischen Union

12.1 Einleitung

Das folgende Kapitel konzeptualisiert ausgewählte Aspekte der Internationalisierung als Prozesse und Probleme regionaler, nicht globaler Integration. Im Gegensatz zu anderen Wirtschaftsblöcken, wie NAFTA, ASEAN oder Mercosur, soll die Europäische Union (EU) nicht nur ein gemeinsamer Markt für Güter, Dienstleistungen, Kapital und Arbeit sein, sondern auch eine „soziale Dimension" ihres gemeinsamem Marktes, oder in der aktuellen politischen Terminologie, ein spezifisches „europäisches Sozialmodell" entwerfen und umsetzen. Dieses Kapitel behandelt sowohl jüngere Entwicklungen als auch nach wie vor bestehende Probleme der Arbeitsbeziehungen, die einen zentralen Bestandteil eines solchen Modells auf den einzelnen Ebenen (Betrieb oder Mikro-, Branche oder Meso- und interprofessionelle oder Makroebene) und Arenen der Interessenvertretung darstellen.

Es geht um das Wechselspiel zwischen nationaler und europäischer Ebene („Mehr-Ebenen-Problem") und nicht um mehr oder weniger detaillierte Vergleiche einzelner Mitgliedsländer. Insofern leistet dieses Kapitel keinen Beitrag zu vergleichenden Arbeitsbeziehungen (*comparative industrial relations*) im traditionellen Sinn (Ferner/Hyman 1998, Van Ruysseveldt/Visser 1996, Bean 2004), sondern bezieht sich ausschließlich auf die supranationale Ebene. Der Schwerpunkt liegt nicht auf der historischen Entwicklung, sondern auf dem aktuellen Status sowie den zukünftigen Perspektiven der Arbeitsbeziehungen.[400]

---

[400] Eine wichtige Quelle für detaillierte und aktuelle Informationen ist das *European Industrial Relations Observatory* – EIRO, http://www.eiro.eurofound.eu.int. Ein „European industrial relations dictionary" findet sich unter http://ww.eurofound.eu.int/areas/industrialrelations/dictionary.

Die wichtigsten Veränderungen des rechtlich-institutionellen Rahmens im Allgemeinen sowie die spezifischen Modi der sozialen Regulierung im Besonderen sind vorrangig. In dieser Hinsicht sind mehrere, sich teilweise überlappende Regulierungsregime und Entwicklungsstadien zu unterscheiden:

- regulatorischer Minimalismus und weitgehende Bedeutungslosigkeit der Sozialpolitik und Arbeitsbeziehungen dominierten in den 1950er und 1960er Jahren;
- politisch motivierte Strategien einer strikten, einheitlichen und umfassenden „Harmonisierung“ am oberen Ende von Standards, die auf nationaler Ebene bereits erreicht waren, prägten die 1970er und frühen 1980er Jahre;
- heterogenere Konzepte der gegenseitigen Anerkennung von Standards, die schon auf nationaler Ebene bestanden, sowie die Vorgabe nur rein minimaler europäischer Standards, die auf den nach geordneten Ebenen auf freiwilliger Basis überschritten werden sollten, aber nicht unterschritten werden durften, waren die wichtigsten Prinzipien zwischen den späten 1980er und Mitte der 1990er Jahre;
- die offene Methode der Koordinierung, die nur breite und allgemeine Ziele vorgibt und von transnationaler Koordination abhängt, entwickelt sich seit den späten 1990er Jahren in verschiedenen Politikfeldern (u. a. Beschäftigungspolitik, soziale Sicherung, Migration) zum führenden Paradigma der Regulierung.

Das komplexe Wechselspiel zwischen Prozessen der Deregulierung und Liberalisierung auf nationaler sowie dem *institution building* auf europäischer Ebene bildet den Schlüssel zum Verständnis der allmählichen Ausbildung eines spezifischen Systems von häufig zitierter „Mehr-Ebenen-Regierung“. Das Subsidiaritätsprinzip, welches aus politischen Gründen wieder belebt und in den frühen 1990er Jahren in den Unionsvertrag (Art. 5) aufgenommen wurde, entwickelte sich zum Kern des neuen Konzepts. Es gibt freiwillig geschlossenen Rahmenabkommen oder kollektiven Abmachungen strikten Vorrang vor gesetzlichen Vorgaben, betont die primäre Verantwortung der Sozialpartner anstelle der korporativen Akteure der EU für das Aufstellen von Regeln der Regulierung und begünstigt die strikte Dezentralisierung von Kompetenzen auf den nachgeordneten (nationalen, sektoralen oder betrieblichen) Ebenen gegenüber einer Zentralisierung von Entscheidungen auf supranationaler Ebene.[401]

[401] Die Formulierung lautet: „Die Gemeinschaft wird innerhalb der Grenzen der ihr in diesem Vertrag zugewiesenen Befugnisse und gesetzten Ziele tätig. In den Bereichen, die nicht in ihre ausschließliche Zuständigkeit fallen, wird die Gemeinschaft nach dem Subsidiaritätsprinzip nur tätig, sofern und soweit die Ziele der in Betracht gezogenen Maßnahmen auf Ebene der Mitgliedstaaten nicht ausreichend erreicht werden können und daher wegen ihres Umfangs oder ihrer Wirkungen besser auf Gemeinschaftsebene erreicht werden können. Die Maßnahmen der Gemeinschaft gehen nicht über das für die Erreichung der Ziele dieses Vertrags erforderliche Maß hinaus.“

Es gibt mehrere Arten europäischer Maßnahmen und Instrumente, die sich hinsichtlich des Grades ihrer Bindungswirkung grundlegend unterscheiden (u. a. Verordnungen, Richtlinien, Empfehlungen). Im Rahmen der Arbeitsbeziehungen ist das Rechtsinstrument der Richtlinie von besonderer Bedeutung. In der Realität sind nicht nur die auf nationaler Ebene üblichen, sondern zusätzliche „europäische“ Probleme zu lösen. Wir unterscheiden grundlegend zwischen kurzfristiger Umsetzung von der europäischen auf die nationale Ebene und langfristiger Implementation auf den nachgeordneten (Branchen- und Betriebs-)Ebenen. Im Gegensatz zu konventionellen Analysen gehen wir davon aus, dass diese späten Phasen des Politikprozesses von gleich hoher Bedeutung für Ergebnis und Erfolg wie die frühen sind (Anderson 2003). „Implementation may be seen not as a stage separated from policy-making, but rather as the continuation of policy formulation by other means ... what is technically implementation, constitutes the continuation of decision-making, in the narrow sense, down to the lowest level because even the very basic standards of the Directive ... may be reversed by enterprise-level agreement“ (Falkner 1998, 111). In den späten Stadien sind Verfahren und Ergebnisse der Implementation, der Evaluation und des Monitoring ebenso wie die Regeln des follow-up von erheblicher Bedeutung für das Gesamtergebnis und müssen daher Berücksichtigung finden.

Bei Richtlinien, die Teil des *acquis communautaire* werden, muss im Gegensatz zur „weicheren“ Form der Regulierung (u. a. Empfehlungen, Stellungnahmen) die Umsetzung von der europäischen auf die nationale Ebene erfolgen; dieses Verfahren muss innerhalb vorgegebener Fristen, d. h. in zwei bis drei Jahren abgeschlossen sein. Erst nach Abschluss dieses notwendigen Verfahrensschrittes kann die Implementation auf nationaler Ebene stattfinden und Regeln für die nachgeordneten (Sektor- und Betriebs-) Ebenen festgelegt werden.[402] Im Vergleich zu „rigiden“ Verordnungen, die unmittelbar gelten, sind Richtlinien „flexibler“, weil sie die rechtlich-institutionellen Unterschiede zwischen den Mitgliedsstaaten ebenso wie deren spezifische *customs and practices* berücksichtigen können.

Weiterhin müssen sämtliche Formen europäischer Regulierung recht allgemeiner Art sein und können nur den kleinsten gemeinsamen Nenner definieren, weil sie auf den nach geordneten Ebenen mit unterschiedlichen, weiterhin bestehenden Systemen nationaler Arbeitsbeziehungen kompatibel sein müssen. Im Ergebnis bedeutet diese

[402] Art. 249 des Unionsvertrages lautet: „Zur Erfüllung ihrer Aufgaben und nach Maßgabe dieses Vertrags erlassen das Europäische Parlament und der Rat gemeinsam, der Rat und die Kommission Verordnungen, Richtlinien und Entscheidungen, sprechen Empfehlungen aus oder geben Stellungnahmen ab. Die Verordnung hat allgemeine Geltung. Sie ist in allen ihren Teilen verbindlich und gilt unmittelbar in jedem Mitgliedstaat. Die Richtlinie ist für jeden Mitgliedstaat, an den sie gerichtet wird, hinsichtlich des zu erreichenden Ziels verbindlich, überläßt jedoch den innerstaatlichen Stellen die Wahl der Form und der Mittel. Die Entscheidung ist in allen ihren Teilen für diejenigen verbindlich, die sie bezeichnet. Die Empfehlungen und Stellungnahmen sind nicht verbindlich.“

notwendige Voraussetzung, dass die Interessenverbände während der Entscheidungsprozesse auf nationaler Ebene über umfangreiche Gelegenheiten zu strategischer Intervention sowie Lobbying verfügen. Diese korporativen Akteure sind in der Lage, die Inhalte europäischer Regulierung in beachtlichem Masse zu verändern und sie nicht nur den nationalen Besonderheiten einschl. informeller Praktiken, sondern auch ihren spezifischen Interessen anzupassen. Das wahrscheinliche Resultat dieser komplexen Verfahren ist eine hochgradige Heterogenität der Arbeitsbeziehungen.

12.2 Die Mikroebene: Europäische Betriebsräte

Das wichtigste Problem auf der Betriebsebene ist die Beteiligung der Arbeitnehmer an unternehmerischen Entscheidungen. In der überwiegenden Mehrzahl der EU-Mitgliedsländer bestehen unterschiedliche Regulierungen auf gesetzlicher oder vertraglicher Basis. Diese Regeln der *corporate governance* gelten ausschließlich für die Unternehmen innerhalb der Grenzen von Nationalstaaten; die schnell wachsende Anzahl multinational tätiger Unternehmen (MNU) und ihrer transnationalen Aktivitäten werden *ex definitione* nicht erfasst. Daher forderten private und öffentliche Akteure, dass ergänzende Institutionen eines *collective voice* auf supranationaler Ebene geschaffen werden müssten.

Bereits in den frühen 1970er Jahren versuchten erste Regulierungsansätze, eines der vergleichbar weit entwickelten Systeme der Arbeitnehmerbeteiligung auf nationaler Ebene zu generalisieren und ein – und nur ein – kohärentes und homogenes System auf EU-Ebene einzuführen. Das bekannte deutsche System der Mitbestimmung sollte die Folie bilden. Diese Pläne einer strikten „Harmonisierung" am oberen Ende bestehender nationaler Standards waren ehrgeizig in ihrer politischen Motivation und weit reichend in ihren potentiellen Folgen. Allerdings schlugen diese Versuche mehrfach fehl, weil im Ministerrat, der letztendlich die politische Entscheidung zu treffen hatte, Einstimmigkeit notwendig war; die Mitgliedstaaten waren nicht bereit, ihre nationalen, rechtlich-institutionellen Rahmen sowie Teile ihrer Souveränität aufzugeben. Bei diesem spezifischen Verfahren der Entscheidungsfindung war die Vetomacht einzelner Mitgliedsländer groß und verhinderte jede Art europäischer Regulierung, obwohl in den 1970er und frühen 1980er Jahren mehrfach Anstrengungen unternommen wurden (u. a. Vredeling-Richtlinienvorschläge). Das Ergebnis war ein vollständiger und anhaltender politischer Stillstand; das wichtige Projekt blieb auf der politischen Agenda, konnte aber viele Jahre nicht gelöst werden.

Seit Mitte der 1980er Jahre erfolgte die Einrichtung Europäischer Betriebsräte (EBR) auf rein freiwilliger Basis. Ihre Anerkennung als Institutionen gemeinsamer anstelle einseitiger Entscheidungsfindung erfolgte nur in einer relativen kleinen Zahl von MNU, und zwar zuerst in Staatsbetrieben in Frankreich, später auch in einigen anderen Mitgliedsländern wie Deutschland. Die Gesamtzahl der EBR nahm nur langsam zu und überschritt 30 kaum.[403] Diese zögerliche Entwicklung führt zu der handlungsrelevanten Erkenntnis, dass nicht-rechtliche, rein „neo-voluntaristische" Strategien der Regulierung von Arbeitsbeziehungen in langfristiger Perspektive nicht erfolgreich sein können. Es bedurfte dringend einer verpflichtenden, d. h. rechtlichen Intervention.

Der anhaltende politische Stillstand wurde erst durch den Ende 1991 geschlossenen Maastrichter Unionsvertrag und sein Protokoll über die Sozialpolitik aufgelöst.[404] Die Richtlinie „über die Einsetzung eines Europäischen Betriebsrats oder die Schaffung eines Verfahrens zur Unterrichtung und Anhörung der Arbeitnehmer in gemeinschaftsweit operierenden Unternehmen und Unternehmensgruppen" (94/95/EC) wurde schließlich im September 1994 angenommen. Ihr Ziel „ist die Stärkung des Rechts auf Unterrichtung und Anhörung der Arbeitnehmer" (Art. 1). Die Richtlinie gilt für alle gemeinschaftsweit operierenden Unternehmen unabhängig davon, ob ihr Ursprungsland Mitglied der EU ist oder nicht, mit mindestens 1000 Beschäftigten in den Mitgliedstaaten und mit jeweils mindestens 150 Beschäftigten in mindestens zwei Mitgliedstaaten" (Art. 2).

Ein zentrales Merkmal ist der Wandel in Verfahren und Instrumenten der Regulierung. Im Gegensatz zu früheren, gescheiterten Entwürfen reguliert diese Richtlinie nur prozedurale und nicht substantielle Angelegenheiten. Im Rahmen dieser grundlegenden Veränderung von der *Materialisierung zur Prozeduralisierung* werden alle substantiellen Fragen auf Ebene des einzelnen MNU zwischen Konzernleitung und Vertretern der Arbeitnehmer verhandelt. Falls diese freiwilligen Verhandlungen scheitern, gelten bestimmte Minimalstandards, die in einem Anhang der Richtlinie, den sog. subsidiären Vorschriften, formuliert sind. Aus diesem Primat von Verhandlungen resultiert auf Ebene des einzelnen MNU eine enorme Heterogenität recht unterschiedlicher, sehr „flexibler", unternehmensbezogener Regelungen anstelle einheitlicher Rechtsvorschriften, wie sie in den Mitgliedsländern bestehen.[405]

---

[403] Hall et al. (1995) bieten die breiteste Zusammenfassung dieses frühen Entwicklungsstadiums.

[404] „Das dem Vertrag beigefügte Protokoll über die Sozialpolitik dehnt die Zuständigkeit der Gemeinschaft auf die Sozialpolitik aus. ... Das Protokoll bezweckt die Schaffung von Arbeitsplätzen; die Verbesserung der Lebens- und Arbeitsbedingungen; einen angemessenen sozialen Schutz; die Förderung des sozialen Dialogs; die Entwicklung der Humanressourcen zwecks dauerhafter Sicherung eines hohen Beschäftigungsniveaus; die Eingliederung von Personen, die bislang vom Arbeitsmarkt ausgegrenzt waren" (http://europa.eu.int/scadplus/treaties/maastricht_de.htm).

[405] In empirischer Perspektive ist darauf hinzuweisen, dass es zwei grundlegende Formen der Zusammensetzung von EBR gibt, die einen hohen Grad an Pfadabhängigkeit, aber nicht strikte Konvergenz aufweisen. Die EBR, die nur aus Arbeitnehmervertretern bestehen, folgen dem deutsch-österreichischen Muster, diejenigen, die sich aus Vertretern beider Seiten zusammensetzen, dem belgisch-französischen.

Außerdem führt dieser neue Regulierungsmodus im Gegensatz zu seinen Vorgängern nicht zu einer „Aufwärtsharmonisierung", weil er lediglich gemeinsame Minimalstandards vorgibt und erhebliche Spielräume für ein „Management der Vielfalt" auf Unternehmensebene lässt. Daher wird dieser neue Modus als „regulierte Selbstregulierung" bezeichnet (Müller/Platzer 2003). Er konstituiert im Gegensatz zu seinen Vorläufern nicht den integrationspolitisch ehrgeizigsten, aber einen realistischen, wenn nicht den einzig möglichen Ansatz sozialer Regulierung.

Die Mitgliedsstaaten mussten die Richtlinie innerhalb von zwei Jahren umsetzen. Im Rahmen der Implementation können ihre Minimalstandards – müssen aber nicht – auf rein freiwilliger Basis überschritten werden. Die Kommission empfiehlt offiziell freiwillige Vereinbarungen zu höheren Standards von Beteiligung als der vorgegebenen reinen Information und Konsultation; sie kann aber die Einführung im Einzelfall nicht erzwingen. – Nationale und supranationale Gewerkschaften werden in der Richtlinie – erstaunlicherweise oder nicht – nicht explizit erwähnt. Dennoch spielen sie eine wichtige, wenn nicht sogar entscheidende Rolle in diesen Verhandlungsprozessen und unterstützen aktiv die Gründung zahlreicher EBRs.

„Euro-Optimisten" und Propagandisten dieses neuen Regulierungsmodus argumentieren, dass er innovativ und viel versprechend ist, weil es ihm gelingt, eigenständige Vertretungsorgane auf europäischer Ebene mit hohem Entwicklungspotential einzurichten. Demgegenüber weisen „Euro-Pessimisten" und Kritiker darauf hin, dass diese grundlegende Veränderung des Regulierungsmodus nicht nur zu „rechtlichem Minimalismus" sondern auch zu freiwilligen Vereinbarungen am unteren Ende bereits bestehender nationaler Vorgaben führt. Sie monieren, dass weiter reichende Rechte als die vorgegebenen Gelegenheiten der Information und Konsultation nur in einer kleinen Zahl MNU vereinbart werden.

Wie erwähnt sind Richtlinien rechtlich verbindliche Regulierungen, welche die Mitgliedsstaaten von der europäischen auf die nationale Ebene umsetzen müssen. Sie müssen sich an vorgegebene Fristen halten, sind aber frei in der Auswahl geeigneter Mittel und Instrumente. Die vollständige Abdeckung aller Arbeitnehmer muss sichergestellt sein. Eine für Außenstehende schwer nachzuvollziehende Eigentümlichkeit der EBR-Richtlinie ist die Tatsache, dass die vorher auf freiwilliger Basis abgeschlossenen Vereinbarungen weiterhin gelten, wenn beide Seiten sich darauf verständigen, obwohl eine rechtlich-verbindliche Grundlage besteht. Dieses „Günstigkeitsprinzip" bezieht sich sogar auf alle Vereinbarungen, die bis September 1996, dem Ende der Umsetzungsphase, abgeschlossen wurden (Art. 13-Vereinbarungen). Innerhalb des vergleichsweise kurzen Zeitraums von zwei Jahren erfolgte ein plötzlicher, enormer Anstieg der Gesamtzahl getroffener Vereinbarungen auf ca. 400.[406]

[406] Marginson et al (1998) bieten die umfassendste empirische Studie über diese Phase.

Im Gegensatz zur unerwartet schnellen Entwicklung während der Umsetzungsphase kam es später nur zu geringen numerischen Zuwächsen (Art. 6-Vereinbarungen). Diese erhebliche Differenz ist vor allem durch die Tatsache zu erklären, dass die Prozeduren in der Phase vor Inkrafttreten der Richtlinie weniger formalisiert und kompliziert waren. Artikel 5 und 6 spezifizieren detailliert die Verfahrensweisen und schreiben u. a. die Einrichtung eines repräsentativ zusammen gesetzten Besonderen Verhandlungsgremiums (BVG) auf Arbeitnehmerseite vor. Die zentrale Unternehmensleitung muss mit diesem BVG verhandeln und ein Abkommen schließen über alle substantiellen Einzelheiten der Information und Konsultation.

Abb. 12.1: Quantitativer Verlauf der Einrichtung Europäischer Betriebsräte

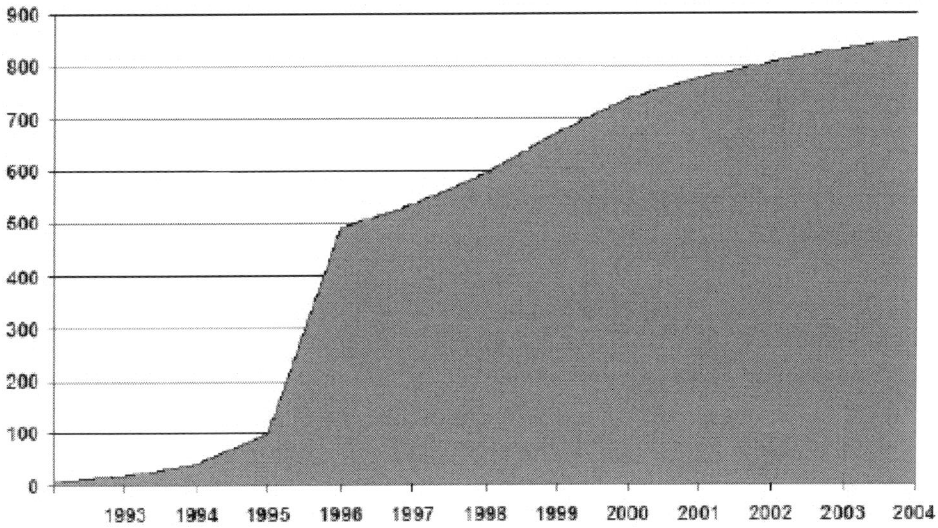

Quelle: Kerckhofs 2006, 25.

Es ist aus verschiedenen Gründen schwierig, die genaue Anzahl der von der Richtlinie betroffenen MNU zu nennen. Unter anderem ändert sich diese Zahl, weil weiterhin Zusammenschlüsse (*Mergers and Acquisitions*) stattfinden. Ein weiterer Grund liegt in einem Informationsdefizit: Es gibt keine offizielle Referenzquelle zur genauen Anzahl der Arbeitnehmer der einzelnen MNU, welche die Grenzwerte der Richtlinie erfüllen.[407] Infolge der sog. Osterweiterung der EU im Jahr 2004 hat sich die Zahl auf ungefähr 2200 erhöht (Kerckhofs 2006).

[407] Die valideste, ständig aktualisierte Datenbasis wird vom Europäischen Gewerkschaftsinstitut (EGI), dem Forschungsinstitut des Europäischen Gewerkschaftsbundes (EGB) zur Verfügung gestellt: http://www.etui-rehs.org/workers_participation/projects/european_works_councils_database _1.

Ein überraschendes Ergebnis nach dem ersten Jahrzehnt der Richtlinie ist die Tatsache, dass die Erfolgs- bzw. Deckungsrate der Abkommen, d. h. die Anzahl der MNU, die einen EBR eingerichtet haben, (bzw. ihrer Arbeitnehmer) als Anteil aller MNU, welche die Kriterien der Richtlinie erfüllen, (bzw. aller ihrer Arbeitnehmer) bei weitem nicht vollständig ist. Die Deckungsrate liegt nur bei einem Drittel aller MNU oder bei ungefähr zwei Drittel ihrer Beschäftigten. Die zuletzt genannte Zahl zeigt an, dass die größeren MNU zu einem höheren Grad abgedeckt sind als die kleineren. Weiterhin bestehen erhebliche Differenzen in den sektoralen Deckungsraten, die durch Unterschiede im Ausmaß der Internationalisierung der Produktion sowie des gewerkschaftlichen Organisationsgrades zu erklären sind (Marginson/ Sisson 2006).

Insgesamt lässt sich der Schluss ziehen, dass in der Mehrzahl der MNU nach wie vor unerwartete, ernsthafte Probleme bei der Gründung und Implementation der EBR bestehen. Diese Schwierigkeiten haben verschiedene Ursachen, die sich sich wie in der nachfolgenden Tabelle dargestellt zusammenfassen lassen. Die Gründe liegen auf beiden Seiten und nicht ausschließlich auf der des Managements. Knappe Ressourcen und fehlendes Interesse sind die beiden Hauptfaktoren.

Gegen diese rein quantitative Analyse lässt sich einwenden, dass sie weder ausreichend noch sonderlich erhellend ist für ein gründlicheres Verständnis, weil sie die Qualität der Arbeitnehmerbeteiligung an unternehmerischen Entscheidungen nicht berücksichtigt. Ein anderer aktueller, stärker qualitativ orientierter Zweig vergleichender Sozialforschung konzentriert sich auf die Alltagsaktivitäten und Verhaltensweisen bestehender EBR und entwickelt vorläufige Typologien (die bekanntesten sind Lecher et al. 1998, 1999 und 2000). Die wichtigsten Interaktionsfelder sind:

- EBR (Arbeitnehmervertreter) und zentrales Management,
- zwischen EBR-Mitgliedern,
- zwischen EBR und nationalen Arbeitnehmervertretungen sowie den Arbeitnehmern, sowie
- (arbeitnehmerseitig) zwischen EBR und Gewerkschaften.

Innerhalb dieses analytischen Bezugsrahmens werden vier Typen identifiziert: der symbolische EBR, der dienstleistende EBR, der projektorientierte EBR und der beteiligungsorientierte EBR. Diese Typologie, welche die große Vielfalt bestehender Gremien belegt, zeigt keine lineare Sequenz notwendiger Entwicklung, sondern lediglich mögliche Stadien auf dem Weg zu aktiveren und einflussreicheren Gremien der Interessenvertretung (als Zusammenfassung empirischer Studien Müller/ Platzer 2003; Marginson/Sisson 2006).

Abb. 12.2: Einer EBR-Initiierung entgegenwirkende Faktoren

(A) fehlendes Interesse der betrieblichen Arbeitnehmervertreter
- fehlende Kenntnis
- fehlender Europäisierungsimpuls
- befürchtete Negativauswirkungen
- Gefühl persönlicher Überforderung

(B) unzureichende Kapazitäten der Gewerkschaften
- Betreuungsnotwendigkeit bestehender EBR bindet Kapazitäten
- Fälle werden schwieriger und weniger attraktiv

(C) geringere Bereitschaft der Arbeitgeberseite
- abnehmende Zahl arbeitgeberseitiger Initiativen
- abschreckende Wirkung auf betriebliche Arbeitnehmervertreter

(D) defizitäre interessenvertretungspolitische Voraussetzungen
- dezentrale Interessenvertretungsstrukturen auf nationaler Ebene
- fehlende Interessenvertretungswirksamkeit der Arbeitnehmervertretung auf nationaler Ebene
- defizitäre rechtliche Absicherungen

(E) verfahrensbedingte Ursachen
- Komplexität des Verfahrens wirkt abschreckend
- Antragstellung ist erschwert
- unklare Regelungen verhindern Initiativen oder bringen sie zum Stocken

Quelle: Lecher et al. 2000, 193.

In dieser Hinsicht muss man berücksichtigen, dass die Qualität des Einflusses von Arbeitnehmervertretungen auf Entscheidungen des Managements in der überwiegenden Mehrzahl von MNU gering bleibt und nur in einer kleinen Zahl das minimale Niveau reiner Information und Konsultation überschreitet. Einflussreichere und mächtigere EBR, die sich weiter entwickeln und zu gleichberechtigten Verhandlungspartnern werden, stellen die Ausnahme dar. Bisher ist es nur wenigen gelungen, über „harte" Gegenstände (wie transnationale Restrukturierung des Unternehmens oder *outsourcing*) zu verhandeln anstatt nur über „weiche" (wie Verhaltenskodizes) informiert zu werden. Europäische Kollektivverhandlungen über „harte" substantielle Fragen (wie Entgelte) stellen nach wie vor ein unrealistisches Szenario dar.

Im Vergleich zu aktuellen Entwicklungen auf der Meso- und Makroebene, vor allem zu Sozialdialogen und zur europäischen Beschäftigungsstrategie, ist das Argument gerechtfertigt, dass auf der Mikro- oder Unternehmensebene größere Fortschritte in Richtung einer „Europäisierung" eintreten als auf jeder anderen des „Multi-Ebenen"-Systems. Bisher stellt die EBR-Richtlinie die wichtigste Innovation sowie die erste eigenständige Institution des kollektiven Arbeitsrechts auf europäischer Ebene dar. Deshalb konzentrierten sich Forschungsaktivitäten in den 1990er Jahren auf Entwicklungen und Handlungskapazitäten supranationaler Formen der Interessenvertretung (Müller/Hoffmann 2001). EBR sind ein wichtiges soziales Laboratorium für transnationale Arbeitsbeziehungen auf Unternehmensebene.

Die EBR-Richtlinie darf nicht verwechselt werden mit der später verabschiedeten „Richtlinie zur Festlegung eines allgemeinen Rahmens für die Unterrichtung und Anhörung der Arbeitnehmer in der Europäischen Gemeinschaft" (2002/14/EC), die ausschließlich rein nationale Unternehmen ab einer bestimmten Beschäftigtenzahl betrifft.[408] Ihre Implementation hat weit reichende Konsequenzen nur in einer begrenzten Zahl von (alten) Mitgliedstaaten (Großbritannien und Irland), die keine rechtlichen oder vertraglichen Regelungen eingeführt hatten (Hall et al. 2002, Sisson 2002). Dieses Beispiel belegt, dass aufgrund unterschiedlicher institutioneller Voraussetzungen nicht für alle Mitgliedstaaten dieselben Konsequenzen europäischer Rahmenregulierungen entstehen (Falkner et al. 2005 zu anderen Fallstudien). Außerdem erklärt es den politischen Widerstand einiger Mitgliedsländer (in diesem Beispiel Großbritanniens und Irlands) gegen jede europäischer Regulierung, die zu Anpassungsbedarf innerhalb (oder sogar wesentlichen Änderungen) führt.

Schließlich beinhaltet das 2001 verabschiedete Statut der Europäischen Aktiengesellschaft die Option, aber nicht die Verpflichtung zur Gründung einer Europäischen Gesellschaft, einer Societas Europaea (SE), die vom Gemeinschaftsrecht und nicht von einem der unterschiedlichen nationalen Rechtssysteme geprägt wird. Dadurch sollen Anreize zur Gründung einer SE geschaffen und trotz des Fehlens einer gemeinsamen Steuerpolitik erhebliche Einsparungen an Transaktionskosten erzielt werden. Dieses Statut wird begleitet durch die „Richtlinie des Rates zur Ergänzung des Statuts der Europäischen Gesellschaft hinsichtlich der Beteiligung der Arbeitnehmer" (2001/86/EG), die verschiedene Formen einer verbindlichen Beteiligung festlegt (Keller 2002 zu Einzelheiten).

Die Gesamtzahl der offiziell registrierten SE bleibt gering und liegt im niedrigen zweistelligen Bereich (Keller/Werner 2007; 2008). Aus diesen Gründen ihrer quantitativen Entwicklung beschäftigen wir uns mit diesem Beispiel nicht im Einzelnen. Zumindest bisher sind EBR und deren *opportunities and constraints* wichtiger für die Entwicklung der Arbeitsbeziehungen.

[408] Der Anwendungsbereich dieser Richtlinie ist dabei gemäß ihrem Art. 3 je nach Wahl der Mitgliedstaaten auf Unternehmen mit mindestens 50 Beschäftigten oder auf Betriebe mit mindestens 20 Beschäftigten zu beschränken. Die Mitgliedstaaten bestimmen ferner, nach welcher Methode die Schwellenwerte für die Beschäftigtenzahl errechnet werden.

12.3 Die Makroebene: Interprofessionelle Sozialdialoge

In nationalen Kontexten sind Sozialdialoge häufig verwandte Instrumente, welche versuchen, korporative Akteure in politische Gestaltungsprozesse einzubeziehen (ILO 2006). In der EU ist dieses Instrument, welches nach offizieller Interpretation einen „einzigartigen und unverzichtbaren Bestandteil" des europäischen Sozialmodells konstituieren soll, von besonderer Bedeutung für die Sozialpolitik im Allgemeinen und die Arbeitsbeziehungen im Besonderen. In Bezug auf private Akteure bezieht es sich ausschließlich auf die europäischen Dachverbände von Kapital und Arbeit, die in diesem Kontext Sozialpartner genannt werden, und nicht auf andere Akteure der Zivilgesellschaft wie Nicht-Regierungsorganisationen. Wir unterscheiden zwei Varianten: Trilaterale Formen integrieren europäische Institutionen, vor allem die Kommission, während bilaterale sich nur auf die Sozialpartner beziehen. Dieselben Verfahrensregelungen können sowohl auf der Makro- (oder interprofessionellen) als auch auf der Meso- (oder Sektor-) Ebene Verwendung finden.

Im Gegensatz zu gelegentlichen öffentlichen Äußerungen und politisch motivierten Hoffnungen einiger Akteure dürfen Sozialdialoge auf keinen Fall mit Kollektiv- bzw. Tarifverhandlungen verwechselt werden, die nach wie vor ausschließlich auf nationaler Ebene stattfinden. Streiks und Aussperrungen als Mittel des Arbeitskampfes sind ausdrücklich ausgeschlossen; Entgelte können auf keinen Fall Gegenstand von Verhandlungen innerhalb dieses spezifischen Rechtsrahmens von EU-Kompetenzen sein (Art. 137).

Aktuelle Versuche einer rein freiwilligen transnationalen Koordination nationaler Kollektivverhandlungen sind kurz zu erwähnen. Diese Aktivitäten finden seit Mitte der 1990er Jahre ausschließlich auf Arbeitnehmer- bzw. Gewerkschaftsseite statt und sind auf einige Branchen konzentriert, vor allem in Grenzregionen (Schulten/ Bispinck 2001 als Überblick). Gemäß informell vereinbarten Normen sollen nominelle Entgelterhöhungen die Summe aus Preissteigerung und Produktivitätswachstum ausmachen.

Diese Aktivitäten sind bis dato nicht sonderlich erfolgreich. Sie sind auf eine kleine Anzahl von Ländern (Belgien, Deutschland, Luxemburg, Niederlande) sowie einige ausgewählte Branchen (vor allem Metall) begrenzt. Einige nationale Gewerkschaften haben Tarifverträge mit niedrigen Lohnerhöhungen abgeschlossen, als das Schlüsselkriterium einer produktivitätsorientierten Lohnpolitik erlauben würde. Dadurch haben sie die Handlungsoptionen anderer Gewerkschaften verschlechtert.

Vor allem aus Sicht der Gewerkschaften verändert die Einführung der Wirtschafts- und Währungsunion (WWU) in den späten 1990er Jahren die makröoökonomisch-institutionellen Rahmenbedingungen und erhöht die Notwendigkeit einer engeren Koordination zur Verhinderung eines abwärts gerichteten Drucks auf die Arbeitsbedingungen im Allgemeinen sowie die Entgelte im Besonderen. Vor allem besteht nach der Abschaffung der nationalen Währungen die früher vorhandene Option einer Abwertung zwecks Erhöhung der Wettbewerbsfähigkeit und des Ausgleichs asymmetrischer Schocks nicht mehr. Außerdem ist die Arbeitsmarktmobilität, die ungleiche Entwicklungen ausgleichen könnte, innerhalb der EU traditionell deutlich geringer als in anderen Regionen, wie den USA. Schließlich sind finanzielle Transfers zwischen Mitgliedsländern rechtlich ausgeschlossen. Daher erhöht sich deutlich der Wettbewerbsdruck auf die nationalen Tarifverhandlungen, vor allem auf Entgelte und Arbeitszeiten.[409]

Drei Stadien der Entwicklung lassen sich unterscheiden.

1. Sozialdialoge fanden seit Mitte der 1980er Jahre häufiger statt, als Jacques Delors nach seiner Wahl zum EU-Kommissions-Präsidenten sie initiierte. Er führte sie als neue Instrumente der Politikgestaltung ein, um die „soziale Dimension des Binnenmarktes" zu stärken (Sozialdialoge „á la Val Duchesse"). Der Output stieg in quantitativer Sicht langsam (auf ungefähr 40 „gemeinsame Stellungnahmen") und umfasste ein heterogenes Spektrum von Objektbereichen, die weit über die Arbeitsbeziehungen hinaus reichten. Alle Ergebnisse dieser trilateralen Sozialdialoge, die im Gegensatz zu einigen Formen in späteren Entwicklungsstadien immer die Kommission als entscheidenden dritten Akteur einschlossen, waren rein freiwillig und hatten keine bindenden Konsequenzen für die vertragsschließenden Parteien. Mit anderen Worten: Die bereits erwähnten Probleme der Umsetzung und Implementation bestanden nicht.

Die Beurteilungen seitens der Sozialpartner waren recht unterschiedlich. Die Arbeitgeberverbände waren wegen des nicht-verbindlichen Charakters zufrieden mit dieser Dialogform, während die Gewerkschaften versuchten, sie in Richtung auf verbindliche Abmachungen zu verändern. Die Befürworter argumentierten, dass diese Form beiden Seiten half, sich kennen zu lernen und ein besseres Verständnis der anderen Position zu entwickeln. Kritiker hoben hervor, dass sämtliche Ergebnisse nicht verbindlich waren. Dieses institutionelle Arrangement eines reinen Voluntarismus dauerte bis weit in die nächste Entwicklungsphase, welche durch verbindlichere Abmachungen charakterisiert war.

---

[409] Im Gegensatz zur vertikalen Integration, die durch Sozialdialoge erreicht werden soll, stellt dieser Ansatz eine spezifische Variante horizontaler Integration dar. Seine detaillierte Analyse würde den Rahmen dieses Kapitels überschreiten (Traxler 2003d zu Einzelheiten).

Abb. 12.3: Branchenübergreifender Sozialer Dialog – Gemeinsame Texte seit 2000

Titel	Datum
Joint statement of the social partners to the Forum on 15 June 2000	15/06/2000
European Observatory of Change & Contribution of the European social partners	21/11/2000
Introductory statement to the compendium of social partners: initiatives relating to the employment guidelines of the EU employment strategy	21/11/2000
Compendium of Social Partner Initiatives relating to the Employment Guidelines of the European Employment Strategy	21/11/2000
Conference on the social dialogue in the candidate countries, press statement, Bratislava	17/03/2001
Joint contribution by the social partners to the Laeken European Council	13/12/2001
Framework of actions for the lifelong development of competences and qualifications	28/02/2002
Framework agreement on telework	16/07/2002
Work programme of the European social partners 2003-2005	28/11/2002
Joint contribution by the social partners' representatives in the Convention working group on social Europe	14/01/2003
Declaration of the social partners for the European year of people with disabilities - Promoting equal opportunities and access to employment for people with disabilities	20/01/2003
First follow-up report on the implementation of the Framework of actions (LLL)	14/03/2003
Orientations for reference in managing change and its social consequences + Annex: case studies	16/10/2003
2004 Report on Social Partner actions in Member States to implement Employment Guidelines	05/03/2004
Second follow-up report on the implementation of the Framework of actions LLL	05/03/2004
Framework agreement on work-related stress	08/10/2004
Joint declaration on the mid-term review of the Lisbon strategy	15/03/2005
Framework of actions an gender equality + annex	22/03/2005
Joint contribution on the EU Youth Initiative	22/03/2005
Third follow-up report on the framework of actions for the lifelong development of competencies and qualifications	22/03/2005
2005 Report on social partner actions on employment in Member States	22/03/2005
Lessons learned on European Works Councils	07/04/2005
Evaluation report of the framework of actions for the lifelong development of competencies and qualifications	25/01/2006
Work Programme of the European Social Partners 2006-2008	23/03/2006

Titel	Datum
Implementation of the Agreement on Telework – Report by European Social Partners	28/06/2006
Framework agreement on work-related stress – yearly joint table summarizing ongoing social partner activities - 2006	28/06/2006
Framework of actions on gender equality – First follow-up report 2006	07/11/2006
Framework agreement on harassment and violence at work	27/04/2007
Implementation of the Framework agreement on work-related stress – Yearly joint table summarizing ongoing social partners activities - 2007	20/06/2007
Joint analysis of Key Challenges facing European Labour Markets	18/10/2007
Framework of actions on gender equality – Second follow-up report 2007	07/11/2007

Quelle: Europäische Kommission, Datenbank zu den Texten des sozialen Dialogs, Stand: 15.03.2008.

2. In den frühen 1990er Jahren veränderte die Kommission auf Basis eines Vorschlags der Sozialpartner die bestehenden Verfahren grundlegend. Sie garantierte den Sozialpartnern mehr autonome und weiter reichende Rechte und integrierte sie systematisch in alle Prozesse der Politikgestaltung, indem sie die Sozialdialoge qualitativ veränderte. Das Abkommen über die Sozialpolitik des Maastrichter Vertrages führte für alle Regulierungsprojekte ein verbindliches, zweistufiges Anhörungsverfahren ein.[410] Eine erste Anhörung findet statt „zur möglichen Ausrichtung einer Gemeinschaftsaktion", eine zweite „zum Inhalt des vorgesehenen Vorschlags". Außerdem erweiterte die Kommission die Gelegenheiten der Sozialpartner, ihre vertraglichen Beziehungen zu gestalten und Rahmenabkommen mit verbindlichem Charakter zu schließen. Falls beide Seiten in freiwillige Verhandlungen eintreten, verfolgt die Kommission ihren eigenen Richtlinienvorschlag für die Dauer dieser Verhandlungen (von nicht mehr als neun Monaten) nicht weiter. Dadurch erhalten die Sozialpartner einen privilegierten Status, den sie vorher nicht hatten.

Schließlich wurde der Modus der Entscheidungsfindung im Ministerrat in ausgewählten Politikbereichen (gemäß Artikel 137 u. a. bei Arbeitsbedingungen, Unterrichtung und Anhörung der Arbeitnehmer, Chancengleichheit) von Einstimmigkeit zu qualifizierter Mehrheit geändert. Dadurch wurde die vorher gegebene Vetomacht einzelner Mitgliedsländer wesentlich eingeschränkt.[411]

---

[410] 1997 wurde es ohne substantielle Änderungen in den Amsterdamer Vertrag integriert (Art.138f.).

[411] Die konservative Regierung Großbritanniens war nicht bereit, diese grundlegenden Änderungen zu akzeptieren und erhielt eine sog. „Opt out-Klausel" aus der Arbeitsgesetzgebung des Sozialprotokolls. Diese Klausel wurde aufgehoben, nachdem New Labour die Wahlen im Jahr 1997 gewonnen und beschlossen hatte, „to opt back in" (97/94/EC).

Abb. 12.4: Das zweistufige Anhörungsverfahren nach dem Sozialprotokoll von Maastricht

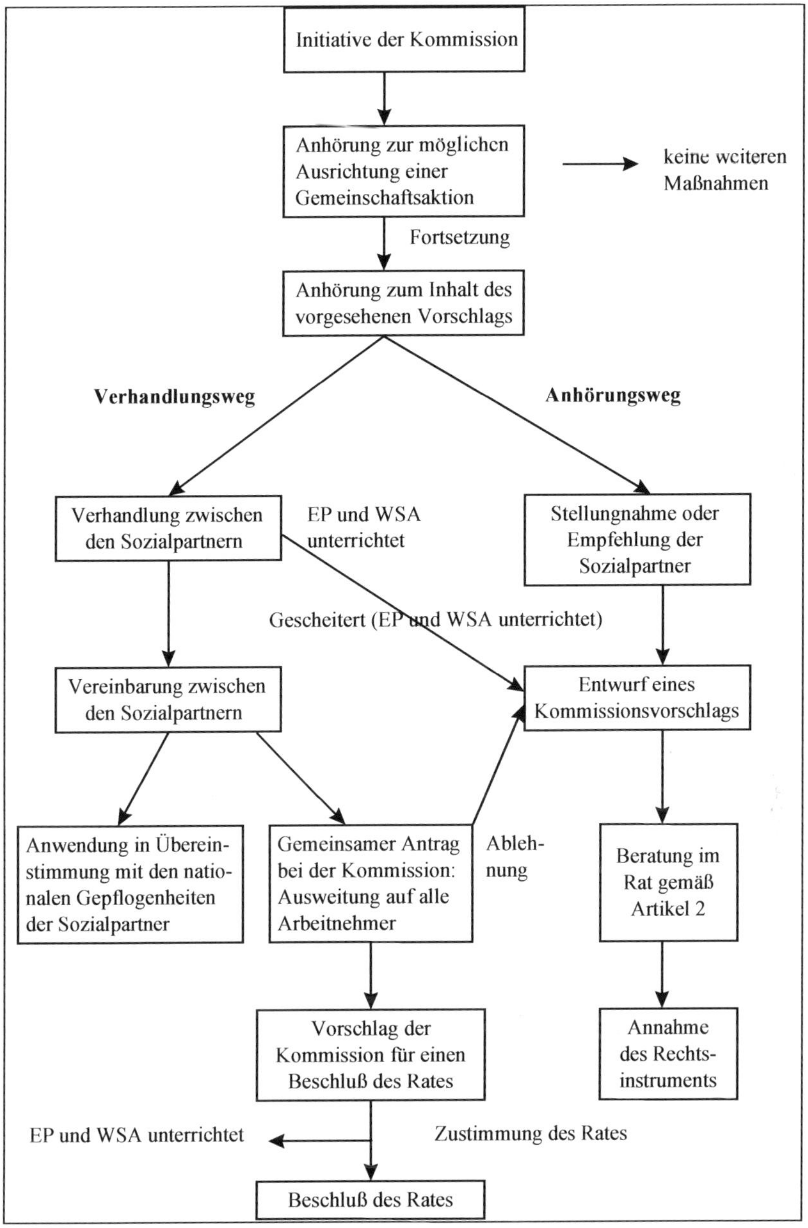

Quelle: Kommission der Europäischen Gemeinschaften 1993.

Die *Confederation of European Business* (*Businesseurope*) (zu Einzelheiten www.businesseurope.eu)[412] und das *European Centre of Enterprises with Public Participation and of Enterprises of General Economic Interest* (CEEP) auf Arbeitgeberseite sowie der Europäische Gewerkschaftsbund (EGB) (zu Einzelheiten www.etuc.org) auf Arbeitnehmerseite sind die wichtigsten europäischen Sozialpartner und korporativen Akteure der Sozialdialoge.

Die grundlegenden Interessen dieser europäischen Dachverbände nationaler Spitzenverbände an europäischen Regulierungen waren stets unterschiedlich. Der EGB bevorzugte verschiedene Arten von (vorzugsweise verbindlichen) Sozialdialogen, weil er die „soziale Dimension des Binnenmarktes" stärken und weiter entwickeln sowie „Sozialdumping" als eine mögliche Folge beschleunigter Prozesse ökonomischer Integration verhindern wollte. *Businesseurope* präferierte nicht-verbindliche Aktivitäten und nahm Verhandlungen nur auf, wenn die Kommission explizit oder implizit rechtliche Maßnahmen androhte. Dadurch wollte *Businesseurope* legislative Lösungen verhindern bzw. den Status quo nicht-vorhandener oder bestenfalls minimaler europäischer Regulierung konservieren. Mindestens seit ihrem Positionsbericht zur Zukunft der europäischen Sozialpolitik argumentiert *Businesseurope* (UNICE 1999, 2) vehement für „a more general approach to social dialogue" anstelle eines „restricted only to negotiation of agreement at European level".

Nach der Einführung der institutionellen Änderungen des Sozialprotokolls waren die politischen Erwartungen, vor allem der Gewerkschaften, weit reichend. Ein wesentlicher Durchbruch in der europäischen Sozialpolitik im Allgemeinen sowie in der Entwicklung europäischer Arbeitsbeziehungen im Besonderen sollte gelingen. Welches sind die Ergebnisse bzw. Nicht-Ergebnisse dieses neuen institutionellen Arrangements nach den Erfahrungen von mehr als einem Jahrzehnt?

Die Gesamtzahl der verbindlichen, von den Sozialpartnern selbst getroffenen Rahmenvereinbarungen (Elternurlaub 1995, Teilzeit 1997, befristete Arbeitsverträge 1999), blieb gering.[413] Die Mehrheit der Regulierungsprojekte schlug fehl, entweder weil die Sozialpartner beschlossen, keine Verhandlungen aufzunehmen, oder weil ihre Verhandlungen zu keinem Ergebnis führten. In allen Fällen von Nicht-Ergebnissen musste die Kommission die Initiative wieder ergreifen, um ihren eigenen Richtlinienentwurf zu Ende zu führen.[414] Die immanente, aber glaubwürdige

[412] Zum 23.01.2007 hat sich die ehemalige *Union of Industrial and Employers' Confederations of the Europen Communities* (UNICE) umbenannt in BUSINESSEUROPE.

[413] Die aktuelleren Rahmenabkommen zu Telearbeit (2002), Stress am Arbeitsplatz (2004) und Belästigung und Gewalt am Arbeitsplatz (2007) sind von anderer Qualität und werden später diskutiert.

[414] Das bekannteste Beispiel ist die bereits behandelte EBR-Richtlinie. Jede Seite schob der anderen die Schuld an der Nicht-Einleitung von Verhandlungen zu; die Kommission griff ihren Richtlinienvorschlag wieder auf und verabschiedete die Richtlinie.

Androhung gesetzlicher Maßnahmen („either you negotiate or we'll legislate") schuf erheblichen Druck für die Sozialpartner, insb. für die Dachverbände der Arbeitgeber, und initiierte bei mehreren Gelegenheiten Verhandlungen. Alle Verhandlungen fanden statt „in the shadow of the law" (Bercusson 1994, 20).

Daher ist die Schlussfolgerung gerechtfertigt, dass die Kommission trotz der Tatsache, dass die Sozialpartner sowohl mehr Verhandlungsrechte als auch einen größeren Grad an Autonomie erhielten, nicht nur ein wichtiger korporativer Akteur, sondern sogar der politische *prime mover* blieb. Die grundlegenden Modifikation im Modus der Entscheidungsfindung, also der Wechsel von Einstimmigkeit zu qualifizierter Mehrheit in ausgewählten Politikfeldern, erwies sich als wichtiger als die Änderung des Status der Sozialpartner sowie die Möglichkeit, dass sie eine höhere und verbindliche Qualität ihrer „verhandelten Gesetzgebung" erzielen könnten.

Man kann wiederum argumentieren, dass die reine Zahl der Ergebnisse keinen validen Indikator für ein ausgewogenes Urteil über Erfolg oder Scheitern darstellt. Unser empirisch fundiertes Wissen über Prozesse der Umsetzung und Implementation ist in hohem Maße unvollständig. Erste Studien zeigen, dass nicht nur Verzögerungen bei der Umsetzung, sondern auch Probleme der Implementation in fast allen Mitgliedsländern bestehen (Falkner et al. 2005). Insofern ist die Annahme berechtigt, dass der europäische „Mehrwert" begrenzt bleibt. Ausnahmen und Öffnungsklauseln schaffen Möglichkeiten der Veränderung auf den nach geordneten Ebenen.

3. Im Jahr 2000 formulierten die Staats- und Regierungschefs auf dem Lissaboner Gipfel neue, ehrgeizige Ziele, nämlich die „Entwicklung der Europäischen Union zur weltweit wettbewerbsfähigsten und dynamischsten wissensbasierten Wirtschaft, die in der Lage ist, nachhaltiges Wachstum mit mehr und besseren Arbeitsplätzen und einem stärkeren sozialen Zusammenhalt zu erzielen" (Zielformulierung des Europäischen Rates von Lissabon). Die sog. Lissabon-Strategie im Allgemeinen und die offene Methode der Koordination (OMK) im Besonderen sollen die wichtigsten Instrumente einer neuen Phase sozialer Regulierung sowie neue Verfahren der europäischen *governance* sein (Zeitlin/Pochet 2005). Die Kommission möchte die Initiative für die Politikgestaltung bzw. die Verantwortung für die Politikformulierung auf die Sozialpartner übertragen und betont deren Unabhängigkeit und autonomen Rechte zum Abschluss (durchaus verbindlicher) Rahmenabkommen innerhalb der Strukturen von Sozialdialogen, die erneuert und gestärkt werden sollen. Mit anderen Worten: Die Verantwortung für die Regulierung sollen die Sozialpartner übernehmen und nicht mehr die Kommission, die nicht länger der *agenda setter* sein soll.

Abb. 12.5: Ergebnisse des interprofessionellen sozialen Dialogs

Thema der Anhörung	Ergebnis der Anhörung	Umsetzung
Europäische Betriebsräte, 1993	Stellungnahme nach einem Verhandlungsversuch	Richtlinie 94/45/EC/
Vereinbarkeit von Beruf und Familie, 1995	Vereinbarung zum Elternurlaub (14.12.1995)	Richtlinie 96/34/EC/
Beweislast in Fällen geschlechts-bedingter Diskriminierung, 1995	getrennte Stellungnahmen	Richtlinie 97/80/EC/
Flexibilisierung der Arbeit und Sicherheit der Arbeitnehmer, 1996/1995	Vereinbarung zur Teilzeitarbeit (06.06.1997)	Richtlinie 97/81/EC/
	Vereinbarung zu befristeten Arbeitsverträgen (18.03.1999)	Richtlinie 99/70/EC
	Scheitern der Verhandlungen über Leiharbeit (Mai 2001)	n/a; Kommissionsvorschlag KOM(2002) 701
Vorbeugung von sexueller Belästigung am Arbeitsplatz, 1997	getrennte Stellungnahmen	Richtlinie 2002/73/EC
Unterrichtung und Anhörung der Arbeitnehmer, 1997	getrennte Stellungnahmen	Richtlinie 2002/14/EC
Schutz der Arbeitnehmer bei Insolvenz des Arbeitgebers, 2000	getrennte Stellungnahmen	Richtlinie 2002/74/EC
Modernisierung der Arbeitsorganisation, 2001/2000	Autonome Vereinbarung zu Telearbeit (2002)	Implementationsbericht der Sozialpartner (2006)
Schutz der Arbeitnehmer gegen Gefähr-dung durch Asbest, 2001/2000	getrennte Stellungnahmen	Richtlinie 2003/18/EC; Kommissionsvorschlag Kodifizierung (KOM(2006) 664)
Gesundheit und Sicherheit von Selbstständigen, 2001/2000	getrennte Stellungnahmen	Empfehlung des Rates (2003/134/EG)
Schutz der persönlichen Daten der Arbeitnehmer, 2002/2001	getrennte Stellungnahmen	n/a; Mitteilung KOM(2007) 87
Antizipierung und Bewältigung des Wandels, 2002/2005*	Orientierungsrahmen u. Fallstudien der Sozialpartner (Oktober 2003)"	
Stress am Arbeitsplatz, 2002	Autonome Vereinbarung (Oktober 2004)	
Übertragbarkeit von Zusatzrenten, 2003/2002	getrennte Stellungnahmen	n/a; Kommissionsvorschlag KOM(2005)507
Revision Arbeitszeitrichtlinie, 2004/2003	Sozialpartner lehnten Verhandlungen ab	n/a; Kommissionsvorschlag KOM (2005)246
Gewalt und Belästigung am Arbeitsplatz, 2005	Autonome Vereinbarung (April 2007)	

Thema der Anhörung	Ergebnis der Anhörung	Umsetzung
Vereinfachung der Richtlinien zum Arbeitsschutz, 2005	getrennte Stellungnahmen	Richtlinie 2007/30/EC (Kodifizierung)
Verbesserung der Arbeitsnormen im Seeverkehr, 2006	n/a	
Schutz der im Gesundheitsbereich Tätigen vor hämatogenen Infektionen nach Nadelstichverletzungen, 2006/2007	getrennte Stellungnahmen	
Muskel-Skelett-Erkrankungen, 2007/2004	getrennte Stellungnahmen; Aktionsrahmen der Sozialpartner (Landwirtschaft)	
Karzinogene, mutagene und reproduktionstoxische Stoffe, 2007/2004	getrennte Stellungnahmen; Multisektorale Vereinbarung zu kristallinem Siliziumdioxid (2005)	
Vereinbarkeit von Berufs-, Privat- und Familienleben, 2007/2006	getrennte Stellungnahmen, gemeinsamer Brief (11.007.2007), gemeinsamer Bericht (27.02.2008)	
Grenzüberschreitende Übergänge von Unternehmen, Betrieben oder Unternehmens- oder Betriebsteilen, 2007	getrennte Stellungnahmen	
Mehr und bessere Arbeitsplätze in der Seefahrt der EU durch Überprüfung des sozialrechtlichen Rahmens (Grünbuch Meerespolitik), 2007	n/a	
Aktive Einbeziehung von arbeitsmarktfernen Personen, 2007/2006	getrennte Stellungnahmen; Verhandlungen über autonome Vereinbarung (Lifelong Learning)	
Grünbuch „Ein moderneres Arbeitsrecht für die Herausforderungen des 21. Jahrhunderts", 2007	getrennte Stellungnahmen; Mitteilung KOM(2007)627	
Flexicurity, 2007	getrennte Stellungnahmen	
Ist Diskriminierung von Bedeutung?, 2007	getrennte Stellungnahmen	
Anhörung zu Europäischen Betriebsräten, 2008/2004	getrennte Stellungnahmen; Fallstudien der Sozialpartner (April 2005); in Arbeit	
Gleichbehandlung Männer und Frauen (selbstständige Erwerbstätigkeit), 2008	in Arbeit	

* 2005 : Diese Anhörung verknüpfte die Themen Umstrukturierungen sowie Europäische Betriebsräte.

<u>Quelle:</u> Kommission der Europäischen Gemeinschaften 2002; European Commission 2004; 2006; eigene Ergänzungen.

In ihrer offiziellen „gemeinsamen Erklärung“ vor dem Gipfel von Laeken Ende 2001 akzeptieren die Sozialpartner die ihnen zugeschriebene zukünftige Rolle. Sie vereinbarten ein Arbeitsprogramm für die Jahre 2003-2005, welches eine Reihe unterschiedlicher Instrumente vorsah (u. a. Rahmenvereinbarungen, Stellungnahmen, Empfehlungen, Erklärungen) sowie einige vorläufige Empfehlungen für Themen enthielt, die beobachtet und ggf. wieder auf die Tagesordnung gesetzt werden sollten. Zudem erklärten sie ihre Bereitschaft, in bilaterale Sozialdialoge einzutreten.

Bisher wurden nur wenige autonome Rahmenabkommen geschlossen. Das erste war der „Handlungsrahmen für die lebenslange Entwicklung von Fähigkeiten und Qualifikationen" (2002), der durch die Mechanismen der OMK implementiert werden soll. Die Abkommen zu Telearbeit (2002), Stress am Arbeitsplatz (2004) und Belästigung und Gewalt am Arbeitsplatz (2007) sind die wichtigsten Ergebnisse und Testfälle für diese „post-Maastricht“-Phase der Politikgestaltung. Sie sind auch besonders relevant, weil sie die ersten Ergebnisse dieser „neuen Generation“ des sozialen Dialoges darstellen und insofern Maßstäbe für dessen zukünftige prozedurale Strukturierung setzen.

Ein aktuelles grundlegendes Problem besteht in den Verfahren der Umsetzung und Implementation. Grundsätzlich gibt es (gemäß Art. 139) zwei Alternativen, den sog. Gesetzgebungsweg „auf gemeinsamen Antrag der Unterzeichnerparteien durch einen Beschluss des Rates auf Vorschlag der Kommission“ sowie den freiwilligen, sog. Verhandlungsweg „nach den jeweiligen Verfahren und Gepflogenheiten der Sozialpartner und der Mitgliedstaaten“. Aus rechtlicher Perspektive sowie in der offiziellen Sicht der Kommission sollen diese Optionen gleich wichtig und anwendbar sein. Tatsächlich unterscheiden sich ihre Ergebnisse jedoch erheblich. So sind u. a. die Deckungsraten sehr unterschiedlich.[415] Der Gesetzgebungsweg führt *ex definitione* zu Deckungsraten von 100 Prozent, während freiwillige Verfahren allenfalls die Mitglieder der Verbände auf nationaler Ebene binden können. Die international-vergleichende Forschung zeigt, dass die Organisationsgrade – und damit die Deckungsraten – sowohl zwischen als auch innerhalb von Mitgliedsländern erhebliche Unterschiede aufweisen (Ebbinghaus/Visser 2000).[416]

[415] Deckungsraten bestimmen die Anzahl der Arbeitnehmer, deren Entgelte und übrigen Arbeitsbedingungen durch Kollektivverträge festgelegt werden, in Relation zu allen Arbeitnehmern. Die Daten beziehen sich auf einzelne Sektoren oder die Wirtschaft insgesamt.

[416] Das Rechtsinstrument einer Ausweitung von Kollektivverträgen über den Kreis der Verbandsmitglieder hinaus, die sog. Allgemeinverbindlichkeitserklärung oder *erga omnes*-Klausel, besteht zwar in der Mehrzahl der (alten) Mitgliedstaaten, wird aber in der Praxis nur selten genutzt. Es kann bei freiwillig geschlossenen Rahmenabkommen auf europäischer Ebene kaum als Instrument der Implementation auf den nachgeordneten Ebenen verwandt werden.

Abb. 12.6: Klassifizierung von Ergebnissen des Sozialdialogs

Ergebnisse von Sozialdialogen – Kategorien		Durchführung und Überwachung
I. Vereinbarungen (Art. 139 EGV): Mindest- anforderungen	a) Beschluss des Rates	Verantwortung für die Durchführung liegt beim Mitgliedstaat (auch bei Umsetzung durch die Sozialpartner); Überwachung durch die Kommission
	b) Autonome Vereinbarungen*	Nach den Verfahren und Gepflogenheiten der nationalen Sozialpartner; Sozialpartner für Durchführung u. Überwachung zuständig
II. Prozess- orientierte Texte*	a) Aktionsrahmen	Politische Prioritäten dienen als Benchmarks; jährliche Berichte der Sozialpartner über Follow-up
	b) Leitlinien**, Verhaltenskodizes	Empfehlungen/Orientierungen: Festlegung europ. Standards/Grundregeln bzw. Förderung u. Durchsetzung internationaler Standards; Follow-up u. Berichterstattung regelmäßig durch Sozialpartner
	c) Politik- orientierungen	Proaktiv: Förderung best. Strategien; Follow-up u. Berichterstattung regelmäßig durch Sozialpartner
III. Gemeinsame Stellungnahmen und Instrumente	a) Gemeinsame Stellungnahmen	Informationsaustausch; an nat./europ. Behörden gerichtet; keine Follow-up-Bestimmungen
	b) Erklärungen	Informationsaustausch; an SP selbst gerichtet; keine Follow-up-Bestimmungen
	c) Leitfäden u.a.	Praktische Ratschläge für Arbeitnehmer u. Unter- nehmen; Austausch von besten Praktiken; keine Follow-up-Bestimmungen
IV. Verfahrenstexte	Geschäfts- ordnungen	Regelungen des zweiseitigen Dialogs

* Texte der Kategorien Ib und II bezeichnet die Kommission als „Texte der neuen Generation".

** Die Kommission verwendet den Begriff „Richtlinien"; hier wird zur besseren Unterscheidbarkeit zu einer rechtlich verbindlichen Richtlinie der Begriff „Leitlinien" verwendet.

Quelle: Weber 2008, 55.

Insofern ist es nicht überraschend, dass die drei erwähnten verbindlichen Rahmenabkommen, die in den mittleren/späten 1990er Jahren geschlossen wurden, in der überwiegenden Mehrzahl der Mitgliedsländer mit Hilfe rechtlicher Mittel, d. h. durch einen Beschluss des Rates sowie eine nachfolgende Richtlinie, umgesetzt werden.[417] Im Rahmen des neuen Regulierungsregimes rein freiwilliger Rahmenabkommen anstelle rechtlich verbindlicher Richtlinien ist weder von den Mitgliedsländern noch von EU-Institutionen zu erwarten, dass sie rechtliche Schritte zur Umsetzung von der europäischen auf die nationale Ebene einleiten. Vielmehr sind die Sozialpartner verantwortlich für Umsetzung, Implementation und späteres Monitoring der Texte der „neuen Generation". Daher findet ein qualitativer Wandel von drei- zu zweiseitigen sowie zu autonomen Sozialdialogen statt; der erwähnte, wichtige Hebel des „bargaining in the shadow of the law“ existiert nicht mehr

Insgesamt kann man argumentieren, dass es eine neue Tendenz – oder eine Wiederbelebung des erwähnten früheren Trends – gibt von „harten“ und verbindlichen zu „weichen“ und nicht-verbindlichen Verfahren der Regulierung. Diese neuen Formen europäischer *governance* scheinen den Interessen der Arbeitgeberverbände mehr entgegen zu kommen als denen der Gewerkschaften und ihrer Mitglieder. Die bereits erwähnten Rahmenabkommen belegen diesen grundlegenden Wandel zu stärker „voluntaristischen“ Abkommen, die von den nationalen Sozialpartnern selbst ohne rechtlich-institutionelle Unterstützung europäischer Institutionen umgesetzt und implementiert werden müssen.

Die entscheidende Frage ist, ob die Verbände der Sozialpartner tatsächlich über die entsprechenden Macht- und Handlungsoptionen verfügen. Zum gegenwärtigen Zeitpunkt muss diese Frage verneint werden, weil die skizzierten grundlegenden Interessendifferenzen auf vertikaler und horizontaler Ebene weiterhin bestehen. Bisher sind kaum Schritte auf der nationalen Ebene eingeleitet worden. Sogar im entgegengesetzten, günstigsten Fall sich nicht-widersprechender Interessen können die nationalen Verbände lediglich die Zustimmung ihrer Mitglieder, nicht aber eine vollständige Deckungsrate erreichen. Außerdem gibt es keine wirksamen Sanktionen für Fälle der Nicht-Kooperation. Schließlich sind Entwicklung und Anwendung neuer Instrumente und Verfahren nicht nur der Implementation sondern auch des *Monitoring* und *Follow-up* schwierig. Es ist wahrscheinlich, dass heterogenere Aktivitäten innerhalb der neuen Sozialdialogstrukturen stattfinden, dass ihre Ergebnisse aber weniger verbindlich für die Sozialpartner sein werden als unter dem Regime des Maastrichter Vertrages.

[417] Dänemark, der wichtigste abweichende Fall unter den alten Mitgliedsländern, wählte mehrfach den „freiwilligen“ Weg. Diese Strategiewahl stand in Übereinstimmung mit nationalen *customs and practices* und war angemessen, weil auf beiden Seiten die Organisationsgrade und damit die Deckungsraten weit überdurchschnittlich hoch sind.

12.4 Die Mesoebene: Sektorale Sozialdialoge

Bis in die jüngere Vergangenheit hielt die Kommission in ihren offiziellen Mitteilungen zu Sozialdialogen (KOM(93) 600 endg.; KOM(96) 448 endg.) die Makroebene für wichtiger als die sektorale, der sie keine besondere Aufmerksamkeit beimaß.[418] Nicht nur das politische, auch das wissenschaftliche Interesse konzentrierte sich während der 1990er Jahre auf diese Ebene. Allerdings kann man argumentieren, dass das Gegenteil der Fall sein sollte, weil Abkommen auf sektoraler Ebene „flexibler“ und eher in der Lage sein können, mit sektorspezifischen Problemen (wie Restrukturierung oder Aus- und Weiterbildung) umzugehen. Weiterhin finden, zumindest in der Mehrheit der alten Mitgliedsländer, die Kollektivverhandlungen auf Sektor- und nicht auf Betriebsebene statt (Traxler et al. 2001; Marginson/Sisson 2006). Vor diesem Hintergrund hat die Kommission ihre Prioritäten geändert und in einer ihrer jüngsten Mitteilungen argumentiert, die sektorale „ist eine angemessene Ebene für die Erörterung zahlreicher Fragen im Zusammenhang mit der Beschäftigung, den Arbeitsbedingungen, der Berufsausbildung, den industriellen Wandlungsprozessen, der Wissensgesellschaft, der demographischen Entwicklung, der Erweiterung und der Globalisierung“ (KOM(2002) 341 endg.).

Sektorale Sozialdialoge lassen sich bis in die 1970er oder sogar die 1960er Jahre zurückverfolgen. Viele Jahre fanden sie unter zwei institutionellen Rahmenbedingungen statt, nämlich in „Paritätischen Ausschüssen“ und „Informellen Arbeitsgruppen“. Erstere waren hochgradig formalisiert und gingen auf offizielle Beschlüsse der Kommission zurück; letztere waren weniger formalisiert und von den Sozialpartnern selbst begründet. Beide Formen erfüllten ähnliche Aufgaben der Information und Konsultation (Sörries 1999 als Zusammenfassung). Zwei Voraussetzungen waren für ihre Einrichtung notwendig (Keller 2003a). Die eine war die Existenz einer langfristigen Gemeinschaftspolitik (wie bei Landwirtschaft oder Verkehr), die andere war seit den 1980er Jahren die Notwendigkeit, mit den Folgen einer Politik von Privatisierung, Liberalisierung und Deregulierung umzugehen (wie bei Telekommunikation oder Postdiensten).

Die Anzahl der Sektoren wuchs allmählich, blieb aber niedrig. Außerdem blieben Sektoren, die eine erhebliche Bedeutung für ihre Volkswirtschaften haben (wie Metall oder Chemie), fast vollständig ausgeschlossen. Die Anzahl der Ergebnisse nahm ebenfalls langsam zu, vor allem während der 1990er Jahre, bis auf eine Gesamtzahl von über 200. Sie bezogen sich jedoch nicht nur auf Arbeitsbeziehungen, sondern auf ein heterogenes Spektrum von Politikbereichen (u. a. Industriepolitik).

[418] Mitteilungen sind offizielle Dokumente, welche die Kommission publiziert, um ihre derzeitigen Ansichten und zukünftigen Strategien über Sozialdialoge darzustellen.

Abb. 12.7: Institutioneller Rahmen sektoraler Sozialdialoge

Paritätische Ausschüsse (PA)	Informelle Arbeitsgruppen (IAG)
- Landwirtschaft (1963)	- Schuhindustrie (1977)
- Straßenverkehr (1965)	- Zuckerindustrie (1984)
- Binnenschiffahrt (1967)	- Gastgewerbe (1984)
- Eisenbahnverkehr (1972)	- Versicherungen (1987)
- Seefischerei (1974)	- Banken (1990)
- Seeverkehr (1987)	- Groß- und Einzelhandel (1990)
- Zivilluftfahrt (1990)	- Baugewerbe (1991)
- Telekommunikation (1990)	- Möbelindustrie (1992)
- Post (1994)	- Textil- und Bekleidungsindustrie (1992)
	- Gebäudereinigung (1992)
	- Holzindustrie (1994)
	- Private Sicherheit (1994)

Quelle: Kommission der Europäischen Gemeinschaften 1996, Anhang II.

Die Meinungen und Urteile über diese lang andauernde Phase waren ambivalent, wenn nicht gar widersprüchlich. Die Befürworter der vorhandenen Formen, vor allem Arbeitgeber und ihre Interessenverbände, argumentierten, dass beide Seiten sich kennen lernten, den Austausch von Informationen intensivierten, und die gegnerische Position besser verstanden als ohne solche Sozialdialoge. Die Kritiker, besonders Gewerkschaften und externe Beobachter, beklagten dagegen die Tatsache, dass es den Sozialpartnern nicht gelang, verbindliche Rahmenvereinbarungen zu treffen. Mit anderen Worten: Es kam aufgrund des rein freiwilligen Charakters zu keinen Konsequenzen für die Parteien hinsichtlich der Implementation. Daher ist die Schlussfolgerung gerechtfertigt, dass die sektoralen Sozialdialoge nie über das „vor-Maastricht"-Stadium der interprofessionellen Dialoge hinaus kamen.

Die Kommission konnte sich einige Zeit nicht zwischen diesen Positionen entscheiden. Letztendlich änderte sie ihre Position und schloss sich der Kritik an. Sie entschloss sich zu einem kühnen und unerwarteten politischen Schritt in Richtung auf eine institutionelle Reform. Sie argumentierte in einer ihrer Mitteilungen (KOM(98) 322 endg.), dass die alten Strukturen „positiven Entwicklungen häufig hinderlich sind"; sie sind „inzwischen überinstitutionalisiert oder pflegen Arbeitsweisen, die sich in puncto Zweckmäßigkeit überlebt haben". Im „Beschluss ... zur Einsetzung von Ausschüssen für den sektoralen Dialog zur Förderung des Dialogs zwischen den Sozialpartnern auf europäischer Ebene" (98/500/EC) löste die Kommission alle bestehenden, heterogenen Strukturen von Gemeinsamen Ausschüssen und Informellen

Arbeitsgruppen auf und formulierte explizit Voraussetzungen für die Einrichtung neuer einheitlicher, stärker harmonisierter „Ausschüsse für den sozialen Dialog", die das Schlüsselforum für Anhörung, gemeinsame Aktion und Verhandlungen darstellen sollen. Die Sozialpartner müssen einen gemeinsamen Antrag auf Einrichtung stellen, ein Arbeitsprogramm vorlegen sowie bestimmte Kriterien der Repräsentativität erfüllen. Die offiziellen Erwartungen der Kommission waren, dass die Sozialpartner Rahmenvereinbarungen mit verbindlichen Konsequenzen schließen und den rein informellen Charakter der alten Strukturen überwinden würden.

Die empirischen Konsequenzen dieser institutionellen Reform sind schwierig zu beurteilen. Die entscheidende Frage lautet, ob der quantitative Output und seine qualitativen Folgen zugenommen haben. Es kommt zu einer langsamen Zunahme der Zahl von Sektoren (auf inzwischen etwas mehr als 30). Wenn man die alten und die neuen Organisationsstrukturen vergleicht, kommt man jedoch zu dem Ergebnis, dass alle alten, heterogenen Arrangements in neue, einheitliche überführt worden sind. Mit anderen Worten: Die Zahl der wirklich neuen Sektoren (wie Darstellende Kunst oder Audiovisueller Sektor) bleibt trotz der numerischen Zunahme der Gesamtzahl relativ klein. Die neuen Strukturen sind kaum etwas anderes als die mehr oder weniger direkte Fortsetzung der alten, die lediglich unter dem neuen Bezugsrahmen wieder errichtet wurden. Den Sozialpartnern gelang es, ihren privilegierten Status *quo ante* zu bewahren und die Hilfestellung der Kommission in logistischer und finanzieller Hinsicht (u. a. Gelegenheiten für Simultanübersetzungen, Übernahme der Reisekosten und Sekretariatsdienste) aufrecht zu erhalten.

Weiterhin muss man in die Analyse einbeziehen, dass die kommissionsoffizielle Zählung der bestehenden Sozialdialoge recht optimistisch ist. Die Kriterien zur Abgrenzung und Definition eines „Sektors" bleiben vage und unbestimmt. Einige Sektoren werden mehr als einmal gezählt.[419] Andere Sektoren sind relativ klein und nicht sehr wichtig für die Volkswirtschaften (z. B. Leder). Die früher bestehende, asymmetrische Verteilung der Sozialdialoge über die Wirtschaftssektoren ist ungleich geblieben. Schließlich fehlen noch vollständig Ergebnisse aus einigen Sektoren, deren Ausschüsse in jüngster Vergangenheit gegründet wurden (wie Chemie).

Die Anzahl der Sektoren stellt nur einen groben Indikator für Erfolg oder Scheitern dar. In Bezug auf den Output ist zu berücksichtigen, dass langfristig zwar die Anzahl der geschlossenen Abkommen allmählich zugenommen, sich dieser Trend aber nach der vollständigen Restrukturierung nicht fortgesetzt hat (OSE 2004). Außerdem decken die erreichten Ergebnisse eine große Bandbreite von Gegenstandsbereichen ab, die über Arbeitsbeziehungen weit hinaus reichen (u. a. Industriepolitik) und die

---

[419] Der heterogene Verkehrssektor als Paradebeispiel wird durch sechs Ausschüsse repräsentiert (Binnenschifffahrt, Seeverkehr, Seefischerei, Zivilluftfahrt, Eisenbahnverkehr, Straßenverkehr) und daher sechsmal gezählt.

umfangreiche politische Lobbyingaktivitäten umfassen. Die Ergebnisse weisen erhebliche Unterschiede zwischen den Sektoren auf. Die Anzahl der Dokumente, ein Indikator für sektorspezifische „Produktivität", ist unterschiedlich: Es gibt Sektoren mit vielen, wie Telekommunikation und Postdienste, und solche mit sehr wenigen Aktivitäten und/oder Ergebnissen (De Boer et al. 2003).

Aus qualitativer Perspektive sind die Ergebnisse unterschiedlicher als früher (u. a. Rahmenvereinbarungen, Stellungnahmen, Empfehlungen, Erklärungen). Der früher offiziell kritisierte Status freiwilliger, „weicher" Abkommen (wie Stellungnahmen oder Erklärungen) hat sich nach der grundlegenden Restrukturierung kaum verändert. Im Gegensatz zu den offiziellen Hoffnungen und dem politischen Druck der Kommission gibt es kaum verbindliche Rahmenabkommen und daher keine Konsequenzen für die sektoralen Sozialpartner in Bezug auf Umsetzung, Implementation und Monitoring. In inhaltlicher Hinsicht hat die institutionelle Restrukturierung ihr offiziell proklamiertes Ziel und die von der Kommission vorgegebene kritische Schwelle verbindlicher Abkommen nicht erreicht geschweige denn überschritten.

Eines der nach wie vor ungelösten, kritischen Probleme ist die Repräsentativität von Interessenverbänden. Dieses Problem besteht in beiden Fällen, ist aber auf sektoraler Ebene schwieriger zu lösen als auf der interprofessionellen. Auf sektoraler Ebene sind die korporativen Akteure nicht EGB und *Businesseurope*, sondern die europäischen Gewerkschaftsföderationen, die Dachverbände nationaler sektoraler Organisationen, sowie ihre Pendants auf Arbeitgeberseite. In einigen Sektoren bestehen konkurrierende Verbände auf einer oder beiden Seiten. Auf Arbeitgeberseite fehlen sektorale Organisationen häufig, und die bestehenden sind in einer Reihe von Fällen entweder nicht bereit oder von ihren Mitgliedern nicht beauftragt, Verhandlungen zu führen. Außerdem sind sie häufig keine spezialisierten Arbeitgeber- sondern allgemeine Wirtschafts- bzw. Unternehmensverbände, deren Aufgaben in der Vertretung von Produktmarkt- und Wirtschafts-, aber nicht von Arbeitsmarkt- und sozialpolitischen Interessen bestehen. Insgesamt ergreifen diese Organisationen selten die Initiative, sondern verharren in einer abwartenden Haltung. – Auf Arbeitnehmerseite sind die Organisationsstrukturen weniger fragmentiert und daher eher geeignet für Aktivitäten im Rahmen von Sozialdialogen. Die Verbände sind in die Organisationsstrukturen des EGB integriert und grundsätzlich bereit, auch über verbindliche Rahmenabkommen zu verhandeln.

Abb. 12.8: Alte und neue Strukturen sektoraler Sozialdialoge

	Gemeinsamer Antrag auf einen Ausschuß für den sektoralen sozialen. Dialog	Neuer Dialog	Paritätische Ausschüsse	Informelle Arbeitsgruppen	Nicht strukturierte Gruppen
Audiovisueller Sektor	1	1			1
Banken	1			1	
Bauindustrie	1			1	
Bergbau	1	1			
Binnenschifffahrt	1		1		
Catering	1	1			
Chemische Industrie	1	1			
Darstellende Kunst	1	1			
Eisenbahnverkehr	1		1		
Eisenhüttenwesen	1	1			
Elektrizitätswirtschaft	1	1			1
Erdgas	1				
Gerberei/Leder	1	1			
Handel	1			1	
Holzindustrie	1			1	
Hotels/Gaststätten	1			1	
Industrielle Reinigung	1			1	
Kommunale Verwaltung	1	1			1
Krankenhäuser	1	1			
Landwirtschaft	1		1		
Möbelindustrie	1			1	
Pers.geb. Dienstleistungen	1	1			
Post	1		1		
Private Sicherheitsdienste	1			1	
Schiffbau	1	1			
Schuhindustrie	1			1	
Seefischerei	1		1		
Seeverkehr	1		1		
Straßenverkehr	1		1		
Telekommunikation	1		1		
Textil/Bekleidung	1			1	
Versicherungen	1			1	
Zeitarbeitsvermittlung	1	1			
Zivilluftfahrt	1		1		
Zuckerindustrie	1			1	
	35	13	9	12	3

Quelle: *Eigene Darstellung nach http://ec.europa.eu/employement_social/social_dialogue, Stand 15.03.2008.*

Das andauernde Problem der Repräsentativität muss gelöst werden, weil die Kommission aus Gründen der Legitimität und Effektivität repräsentative Verbände benötigt, die sie konsultieren kann und die Sozialdialoge führen können. In ihren frühen Mitteilungen hat die Kommission Kriterien festgelegt, die Interessenverbände erfüllen müssen, um offiziell als Sozialpartner anerkannt zu werden und dadurch einen privilegierten Status zu erlangen.[420] Insgesamt sind diese Kriterien weit definiert, recht vage gehalten, sehr „flexibel" in ihrer Interpretation; ihre Anwendung im Einzelfall ist offen für verschiedene Arten von administrativem und politischem Opportunismus (Keller 2006b zu Einzelheiten).

Falls in Zukunft freiwillige, aber verbindliche Rahmenabkommen auf der Sektorebene geschlossen werden, wären sie mit denselben vorhersehbaren Problemen konfrontiert, die wir in Bezug auf ihre Äquivalente der Makroebene kennen gelernt haben.[421] Die Prozeduren der Umsetzung und Implementation würden vollständig von dem bereits erwähnten, freiwilligen Verhandlungsweg und den Sozialpartnern als Akteuren abhängen. Die sektoralen, europäischen Dachverbände verfügen aber weder über die rechtlichen Möglichkeiten noch über eine informelle oder formelle Autorität, um die Kooperation ihrer nationalen Mitglieder bei diesen komplizierten Prozessen „weicher" Implementation zu garantieren.

Die Option von „Positiv-Summenspielen" stellt eine notwendige Bedingung für Abkommen innerhalb der Strukturen von Sozialdialogen dar. Diese Bedingung kann jedoch nicht unbedingt vorausgesetzt werden. Wenn nicht beide Seiten gleichzeitig an Regelungen in bestimmten Bereichen (wie Gesundheitsschutz und Arbeitssicherheit oder Ausbildung und Weiterbildung) interessiert sind, können Sozialdialoge kaum zu positiven Ergebnissen führen. Mit anderen Worten: Alle kontroversen Bereiche eines „distributive bargaining" (im Sinne von Walton/McKersie 1991) oder von „Nullsummenspielen" lassen sich in diesem institutionellen Kontext kaum lösen. Zusammenfassend ist die Schlussfolgerung gerechtfertigt, dass die sektoralen „the weak link" (Marginson 2005) der europäischen Arbeitsbeziehungen darstellen.

[420] Die Organisationen müssen „sektor- oder berufsspezifisch arbeiten und über eine Struktur auf europäischer Ebene verfügen; Sie müssen aus Verbänden bestehen, die in ihrem Land integraler und anerkannter Bestandteil des Systems der Arbeitsbeziehungen sind, Vereinbarungen aushandeln können und in mehreren Mitgliedstaaten repräsentativ sein; Sie müssen über geeignete Strukturen verfügen, um an der Arbeit der Ausschüsse effektiv teilnehmen zu können" (Kommission 1998). In den Jahren 1998 und 2002 hat die Kommission sog. Repräsentativitätsstudien in Auftrag gegeben, welche dieses Problem lösen sollten (als Zusammenfassung UCL/IST 2003).

[421] Die ersten Fällen umfassen eine Vereinbarungen im Eisenbahnverkehr (2004) sowie ein multisektorales Abkommen zum Gesundheitschutz der Arbeitnehmer (2006).

Abb. 12.9: Europäische Gewerkschaftsausschüsse

Europäischer Metallgewerkschaftsbund in der Gemeinschaft (EMB)	Metallindustrie
Europäische Regionalorganisation des Internationalen Bundes der Privatangestellten (EURO-FIET)	Handel, Banken, Versicherungen, Industrieangestellte, Reinigungsdienste, Sozialversicherung, Gesundheitsversorgung, Frisörgewerbe
Europäischer Ausschuß der Kommunikations-Internationale (KI); vormals: (IPTT)	gesamtes Kommunikationswesen
Europäischer Gewerkschaftsausschuß Textil, Bekleidung und Leder (EGA-TBL)	Textil-, Bekleidungs- und Lederindustrie
Europäischer Ausschuß der Lebensmittel-, Genußmittel- und Gastgewerbegewerkschaften (EAL-IUL)	Nahrungs- und Gaststättengewerbe
Europäische Föderation der Bau- und Holzarbeiter (EFBH)	Bau-, Forst- und Holzwirtschaft
Europäische Föderation der Gewerkschaften des Agrarsektors (EFA)	Forstwirtschaft, Weinbau, Gartenbau, Genossenschaften, Ackerbau, Viehzucht
Verband der Verkehrsgewerkschaften in der Europäischen Union (FST)	Schienen- und Straßenverkehr, Seefahrt, zivile Luftfahrt, Binnenschiffahrt, Hafen- und Dockarbeiter, Fischerei
Europäischer Gewerkschaftsverband für den Öffentlichen Dienst (EGÖD)	öffentlicher Sektor (staatliche, kommunale und regionale Verwaltungen, Gesundheits- und Sozialwesen, öffentliche Versorgungsbetriebe)
Europäische Journalistenföderation (EJF)	bei Schrift- und audiovisuellen Medien und Presseagenturen beschäftigte sowie freiberufliche Journalisten
Europäische Graphische Föderation (EGF)	Papier-, Druck- und Medienbranche
Europäischer Gewerkschaftsausschuß für Bildung und Wissenschaft (EGBW)	Bildung und Wissenschaft
Euro - MEI (Media, Entertainment International)	Kunst-, Medien- und Unterhaltungsbereich
Europäische Föderation Bergbau, Chemie und Energie (EMCEF)	Kohle und Stahl, chemische und pharmazeut. Industrie, Gummi-, Glas-, Keramik-, Zement-, Papier- und Zellstoffindustrie, Energie- und Mineralölbranche, Bergwerke und Steinbrüche (alle Metalle und Nicht-Metalle), ein Teil des Energiebereichs

Quelle: *Hoffmann/Gabaglio 1998, 363.*

12.5 Die Europäische Beschäftigungsstrategie

Internationalisierung kann sich als *Europäisierung*, vor allem innerhalb der EU (einschl. der sog. Osterweiterung), oder als *Globalisierung* vollziehen. Erstere ist, da sie sich in einem wirtschaftlich inzwischen hochgradig integrierten sowie politisch vergleichsweise gut organisierten Raum vollzieht, eher zu steuern und zu regulieren als letztere. Aufgrund der seit den 1980er Jahren fortschreitenden Liberalisierung von Finanz- und Kapitalmärkten sowie der wachsenden Verflechtung der Volkswirtschaften nimmt die Bedeutung supranationaler Regulierung und ihrer Akteure (vor allem multinational tätiger Unternehmen) zu, ohne dass dadurch die nationale bedeutungslos würde.

Die sozialpolitische Integration („soziale Dimension des Binnenmarktes") ist trotz einiger Fortschritte auf den einzelnen Meso-, Makro-)Ebenen weniger weit vorangekommen als die wirtschaftliche, da die Mitgliedsländer nur schwer zur Abgabe von Kompetenzen und Rechten zu bewegen sind (Keller/Platzer 2003). Die wirtschaftliche Integration hat wahrscheinlich schon seit der Vollendung des Binnenmarktes in den frühen 1990er Jahren, spätestens jedoch seit der Einführung der Wirtschafts- und Währungsunion in den späten 1990er Jahren ein im "Triaden"-Vergleich regionaler Blöcke (EU, Südostasien, Nordamerika) unerreicht hohes Niveau.

In Bezug auf Arbeitsmärkte sind vor allem zu nennen Richtlinien zu:

- Arbeitsrecht (u. a. Übergang von Unternehmen, Arbeitszeit, Entsendung von Arbeitnehmern, befristete Arbeitsverträgen),
- Gleichbehandlung (u. a. gleiches Entgelt, Zugang zur Beschäftigung, Erziehungsurlaub, soziale Sicherheit),
- Freizügigkeit der Arbeitnehmer (u. a. Aufhebung von Reisebeschränkungen, Bleiberecht, ergänzende Rentenansprüche),
- Gesundheitsschutz und Sicherheit bei der Arbeit (u. a. verschiedene Regelungen zum Umgang mit chemischen, physikalischen und biologischen Arbeitsstoffen).

Mobil ist vor allem der Faktor "Kapital", kaum hingegen der Faktor "Arbeit": Während nicht nur der Handel, sondern vor allem der Umfang der Direktinvestitionen im Ausland (vor allem in anderen EU-Staaten) zugenommen hat, ist trotz des sukzessiven Abbaus aller formalrechtlichen Mobilitätsschranken bzw. der Herstellung der Freizügigkeit innerhalb der EU seit Ende der 60er Jahre die Mobilität von Arbeitnehmern zwischen den Mitgliedstaaten nach wie vor gering. Die sog. Interpenetrationsrate liegt zwischen zwei und drei Prozent. Eine "Europäisierung" der Arbeitsmärkte im engeren Sinne findet nicht statt, wenn man von wenigen Segmenten (vor allem für Hochqualifizierte) sowie spezifischen Branchen (besonders der Bauindustrie) absieht. Wanderungen in die EU sind quantitativ bedeutender als Wanderungen innerhalb der EU.

Bis Mitte der 1990er Jahre lag die Beschäftigungspolitik in nationaler Verantwortung und Kompetenz; die Kommission hatte keinen Einfluss in diesem Politikfeld. Das Weißbuch der Kommission „Wachstum, Wettbewerbsfähigkeit, Beschäftigung – Herausforderungen der Gegenwart und Wege ins 21. Jahrhundert", das 1993 während einer Phase hoher Arbeitslosigkeit vorgelegt wurde, und die sog. Essen-Strategie, die Implementation der Ergebnisse des Gipfels Ende 1994, waren die wichtigsten Vorläufer eines graduellen Wandels bestehender Prinzipien der Regulierung. Nach schwierigem politischen *bargaining* sowie dem Wechsel der politischen Mehrheiten in einigen Mitgliedsländern (u. a. Frankreich und Großbritannien) wurde das sog. Beschäftigungskapitel in den Amsterdamer Vertrag (Art. 125-130) eingefügt. Dieser politische Kompromiss widerstreitender Interessen eröffnete einige neue Gelegenheiten der Intervention für die Akteure der europäischen Ebene, welche nunmehr die nationalen Beschäftigungspolitiken koordinieren sollen, ohne die nationale Autonomie in diesem Politikfeld abzuschaffen oder auch nur einzuschränken. Es veränderte die Arbeitsteilung zwischen den Akteuren auf nationaler und supranationaler Ebene zu einem gewissen Grad.

Der Amsterdamer Vertrag führte neue Instrumente der Politikgestaltung ein, die bekannt geworden sind als Luxemburg-Prozess – in Anlehnung an einen speziellen, den Beschäftigungsproblemen gewidmeten Gipfel – bzw. später in einem breiteren Anwendungsrahmen als offene Methode der Koordinierung (OMK). Mittlerweile versuchte die Kommission auch, die Anwendungsmöglichkeiten der OMK über die Beschäftigungspolitik hinaus auszudehnen in andere, heterogene Politikfelder, in denen weiterhin nationale Vorrechte und Prärogativen dominieren (wie Bildung und Ausbildung, soziale Sicherheit, wirtschaftliche Strukturreformen oder Einwanderungspolitik). Das grundlegende Prinzip besagt, dass die Mitgliedsländer bestimmte, gemeinsame europäische Ziele erreichen sollen aber unabhängig bleiben in der Wahl der geeigneten Mittel und Instrumente.

Die OMK ist das prototypische Beispiel eines Paradigmenwechsels im Modus der Regulierung und europäischen *governance*. Sie besteht im wesentlichen aus „weichen" anstelle „harter" Rechtsinstrumente und -werkzeuge der Politikgestaltung ohne verbindliche Folgen für die Mitgliedsstaaten oder gesetzliche Maßnahmen, die ergriffen werden könnten (u. a. *peer evaluation*, Empfehlungen, Austausch von *best practices*, experimentelles Lernen). Rechte und politische Prioritäten verbleiben auf der nationalen Ebene, auf der weiterhin erhebliche, tief verwurzelte Unterschiede bei Institutionen und *legacies* bestehen. Die europäischen Institutionen haben nur die Möglichkeit, nationale Politiken zu koordinieren.

Abb. 12.10: Der Luxemburg-Prozeß

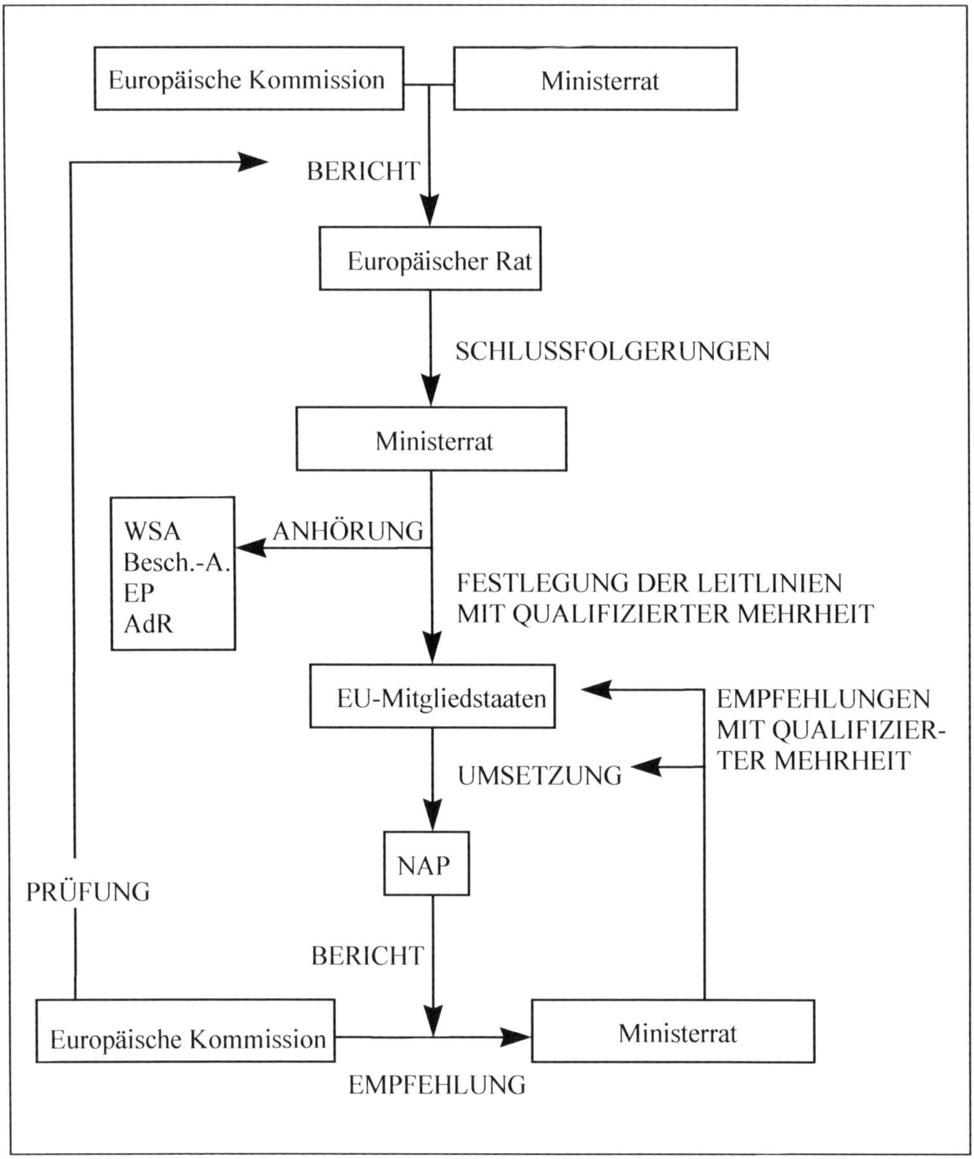

Quelle: Keller 2001a, 305.

In Analogie zu anderen Politikfeldern verfügt die Strategie über folgende Struktur prozeduraler Regulierung:

- Der Ministerrat legt auf Vorschlag der Kommission mit qualifizierter Mehrheit „Leitlinien für beschäftigungspolitische Maßnahmen der Mitgliedsländer“ in Form mittelfristiger Zielvorgaben vor.
- Die Mitgliedstaaten setzen diese Rahmenvorgaben in mehrjährigen „nationalen beschäftigungspolitischen Aktionsplänen“ (NAPs) um, wobei ihnen die Wahl der Mittel und Instrumente frei steht; sie berichten jährlich über ihre Maßnahmen.
- Die nationale Implementation im Sinne der Einhaltung der vereinbarten Zielvorgaben nicht hingegen die Wahl der Instrumente, unterziehen Ministerrat und Kommission „nach einem gemeinsamen Verfahren der Bewertung der Ergebnisse“ einer jährlichen Prüfung. Außerdem kann der Ministerrat mit qualifizierter Mehrheit Empfehlungen an die Mitgliedstaaten richten sowie Anreizmaßnahmen „zur Förderung der Zusammenarbeit zwischen den Mitgliedstaaten und zur Unterstützung ihrer Beschäftigungspolitik durch Initiativen beschließen“.

Die Maßnahmen sollen zugleich Effektivität (durch Mehrheitsentscheidungen) und Legitimität (durch Fokussierung auf die national zentralen Fragen von Beschäftigung) erhöhen.

Für den Zeitraum 1997 bis 2002 stellte die Kommission ca. 20 weit gefasste Leitlinien auf, die sie zu vier sog. Säulen zusammenfasste (Verbesserung der Beschäftigungsfähigkeit, Entwicklung des Unternehmergeistes, Förderung der Anpassungsfähigkeit der Unternehmen und ihrer Arbeitnehmer, Stärkung und Ausbau der Maßnahmen für Chancengleichheit). Weiterhin bestehende Probleme waren u. a. divergierende Interessen der Mitgliedsländer sowie der Sozialpartner zumindest bei einigen Leitlinien sowie bei bestimmten Säulen.[422]

Die Integration der nationalen und sektoralen Sozialpartner, welche durch die veränderten Vorgaben der Sozialdialoge erreicht werden soll, unterscheidet sich erheblich zwischen Mitgliedsländern und ist vor allem auf die Phase der Aufstellung von NAPs begrenzt, schließt aber kaum deren Implementation, Monitoring und Evaluation ein. Weiterhin bleiben die Interventionsmöglichkeiten der europäischen Akteure eng begrenzt; „harte“, quantitative Ziele werden kaum vorgegeben. Unzureichend bleibt schließlich das Ausmaß der Koordinierung mit anderen Politikfeldern von erheblicher Bedeutung (wie Wirtschafts-, Geld-, Budget- und Lohnpolitik). Diese soll im Rahmen des sog. makroökonomischen Dialogs erfolgen, der in den späten

[422] So sind Gewerkschaften vor allem an Beschäftigungsfähigkeit interessiert, während die Priorität der Arbeitgeberverbände bei der Entwicklung des Unternehmergeistes liegt.

1990er Jahren eingeleitet wurde und der alle wichtigen Akteure einschließen soll (Goetschy 2003 als Zusammenfassung dieser Phase).

Während der ersten, mehr oder weniger experimentellen Phase erfolgten nur geringe Anpassungen auf jährlicher Basis. Größere Veränderungen (gemäß KOM(2002) 416) erfolgten nach einer umfassenden Evaluation dieser Phase. Die Anzahl der Leitlinien wurde auf 10 reduziert, die vier Säulen durch drei übergreifende Ziele ersetzt (Vollbeschäftigung, Steigerung der Arbeitsplatzqualität und der Arbeitsproduktivität, Stärkung des sozialen Zusammenhalts und der sozialen Eingliederung). – Die Arbeitslosigkeit ist in der Mehrzahl der Mitgliedsländer nach wie vor hoch. Der Beitrag der Beschäftigungsstrategie zu einer Verbesserung der andauernden Probleme bleibt begrenzt. Einige neue, offizielle Ziele, wie die Zunahme der Beschäftigungsquote in der EU auf 70 Prozent bis zum Jahr 2010, mussten aufgegeben werden, weil sie sich als unrealistisch und zu ehrgeizig erwiesen (Kok et al. 2003).

Nach mehr als einem Jahrzehnt praktischer Erfahrung ist offensichtlich, dass die OMK über spezifische Stärken verfügt (wie ihre Organisation als iterativer Prozess, die Möglichkeit, Lerngelegenheiten für alle Akteure zu schaffen, mehr und verbesserter Informationsaustausch). Gleichzeitig weist sie aber auch einige wesentliche Schwächen auf (wie das Fehlen verbindlicher, „harter" Sanktionen im Fall der Nicht-Erreichung europäischer Ziele bzw. rein freiwillige Kooperation der Mitgliedsländer, Fehlen zusätzlicher finanzieller und/oder anderer Anreize für die Mitgliedstaaten, begrenzte Anzahl quantitativer Indikatoren, ungleicher Einbezug der supranationalen und nationalen Sozialpartner in Prozesse der Politikgestaltung). Außerdem weisen die OMK und die bereits behandelten Sozialdialoge auf Makro- und Mesoebene gewisse Ähnlichkeiten auf, ohne systematisch integriert zu sein.

Aus methodologischer Perspektive sind Kausalbeziehungen der Interaktion zwischen der nationalen und europäischen Ebene und ihren Akteuren schwierig zu ermitteln. Messbare, durch die OMK verursachte Verbesserungen sind schwierig zu belegen. Zumindest in einigen Mitgliedsländern sind prozedurale Wechsel in *governance* und Politikgestaltung tiefer gehender als substantielle Veränderungen (Zeitlin 2005 zu Einzelheiten). Schließlich bleibt die Anwendung der OMK als Verfahren der Selbstregulierung begrenzt auf konsensuale Bereiche mit gemeinsamen, parallel gelagerten Interessen und geteilten Zielvorstellungen (wie Gesundheit und Sicherheit am Arbeitsplatz). Diese grundlegende Beschränkung bedeuten, dass die OMK nicht besonders geeignet ist für die Regulierung von Kernbereichen der Arbeitsbeziehungen und Arbeitsmärkte. Ob sie wirklich „an extremely promising way forward" (Commission 2002) darstellt, muss bezweifelt werden.

Abb. 12.11: Europäische Beschäftigungsstrategie –
Ein Vergleich der alten Säulen und der neuen Richtlinien seit 2003

EBS 1998-2003	EBS seit 2003
4 Säulen: • **Verbesserung der Beschäftigungsfähigkeit** durch Bekämpfung der Jugendarbeitslosigkeit und Verhütung von Langzeitarbeitslosigkeit; Übergang von passiven zu aktiven Maßnahmen; Förderung eines Partnerschaftskonzeptes und Erleichterung des Übergangs von der Schule zum Beruf • **Entwicklung des Unternehmergeistes** durch Erleichterung der Gründung und Führung von Unternehmen; Ausschöpfung neuer Möglichkeiten für die Schaffung von Arbeitsplätzen und der beschäftigungsfreundlicheren Gestaltung der Steuersysteme • **Föderung der Anpassungsfähigkeit der Unternehmen und ihrer Beschäftigten** durch Modernisierung der Arbeitsorganisation und Weiterqualifizierung der Beschäftigten in den Unternehmen • **Verstärkung der Maßnahmen zur Förderung der Chancengleichheit für Frauen und Männer** durch *gender mainstreaming*; Abbau geschlechtsspezifischer Unterschiede am Arbeitsmarkt; Erleichterung der Vereinbarkeit von Familie und Beruf und Erleichterung der Rückkehr ins Erwerbsleben	**3 übergreifende Querschnittsthemen:** • **Vollbeschäftigung** mit einer Gesamtbeschäftigungsquote von 70%, einer Frauenbeschäftigungsquote von 60% und einer Beschäftigungsquote von 50% bei den älteren Arbeitskräften (55-64) bis 2010 • **Steigerung der Arbeitsplatzqualität und der Arbeitsproduktivität** durch Instrumente wie lebenslanges Lernen, Karriereentwicklung, Chancengleichheit, Flexibilität, die auch in sozialen Dialogen vereinbart werden sollen • **Stärkung des sozialen Zusammenhalts und der sozialen Eingliederung** durch Bekämpfung von Diskriminierungen und Ausgrenzungen im Zusammenhang mit dem Arbeitsmarkt; durch Unterstützung wirtschaftlicher und sozialer Umstrukturierungsmaßnahmen **Diese übergreifenden Ziele sind in 10 detaillierten Leitlinien spezifiziert; diese wurden im Juli 2005 überarbeitet in „Integrierte Leitlinien für Wachstum und Beschäftigung".**

Quelle: Eigene Darstellung.

12.6 Schlussfolgerungen und Perspektiven

Eigenständige „europäische“ Arbeitsbeziehungen im Sinne eines kohärenten, horizontal und vertikal verbundenen sowie hochgradig integrierten Systems sind nicht vorhanden. Die Arbeitsbeziehungen gehören zu den Politikfeldern, in denen „conflict of interests between governments representing countries with advanced and less advanced economies and with divergent policy traditions and institutional structures are likely to make agreement on common European rules difficult or impossible" (Scharpf 1999, 193). Diese Probleme werden durch die der Sozialpartner auf nationaler und supranationaler Ebene verstärkt.

Falls „europäische“ Arbeitsbeziehungen überhaupt entstehen sollten, wären sie eine komplexe Mischung aus nationalen und supranationalen Bestandteilen und Entwicklungen (Keller/Platzer 2003; Marginson/Sisson 2006). Mit anderen Worten: Eine allmähliche und ungleichmäßige „Europäisierung“ nationaler Systeme ist wahrscheinlicher, wobei die dominierenden nationalen nicht ersetzt, sondern lediglich partiell ergänzt werden. Weit reichende Trends in Richtung auf strikte Konvergenz sind unwahrscheinlich; Kontinuität und Pfadabhängigkeit nationaler Arbeitsbeziehungen dominieren. Prozesse des *institution building* sind kompliziert und langwierig. Wahrscheinlich werden Maßnahmen und Instrumenten horizontaler Koordinierung, wie die europäische Beschäftigungsstrategie, Ansätze vertikaler Integration dominieren. Zentrale Bereiche von Regulierung, wie Entgelte, Vereinigungsfreiheit und Arbeitskampf, bleiben in allen Versionen des EU-Vertrages aus dem Kompetenzbereich der Gemeinschaft explizit ausgeschlossen.

Vom Beginn der Integration an gab es Phasen der Aktivität und der Stagnation in der Entwicklung der „sozialen Dimension“. Die Phase der Delors-Kommissionen, die nicht nur durch quantitativ zahlreichere, sondern durch qualitativ weiter reichende Aktivitäten in den aufeinander bezogenen Feldern der Sozialpolitik und der Arbeitsbeziehungen geprägt war, ist Vergangenheit. Im Gegensatz zu dieser Phase der Wiederbelebung der sozialen Integration während der späten 1980er und frühen 1990er Jahre sind die aktuellen Ansätze zur Schaffung eines „europäischen Sozialmodells“ quantitativ gering und qualitativ bescheiden. Wir sind eingetreten in „an era of legislative abstinence“ und „new modesty“ (Kowalsky 2001, 51).

Die ökonomische Integration oder das *market making* ist weiter fortgeschritten als die soziale Integration oder das *market correcting* – trotz aller politischen Pläne letztere zu beschleunigen. Das offizielle Ziel der Kommission in ihrem Weißbuch zur Sozialpolitik, dass innerhalb des europäischen Sozialmodells „economic progress and social progress are inseparable“ (COM (94) 333), ist nicht erreicht. Trotz einiger Entwicklungen seit den frühen 1990er Jahren, wie der oben erwähnten Zunahme der Zahl von EBR, hat sich die immer schon bestehende Kluft zwischen ökonomischer und sozialer Integration wegen der fortschreitenden ökonomischen Integration erweitert und vertieft. Die Vollendung des Gemeinsamen Binnenmarktes in den frühen 1990er Jahren und der Beginn der Wirtschafts- und Währungsunion (WWU) in den späten 1990er Jahren, welche die Abschaffung nationaler Währungen und die Einführung einer gemeinsamen Währung und Zinspolitik bedeutet, sind die offensichtlichsten Indikatoren für die Fortsetzung dieses strukturellen Ungleichgewichts. Mit anderen Worten: Die Entwicklungen bei der Währungs- und Wirtschaftspolitik haben kein funktionales Äquivalent in der sozialen Entwicklung.[423]

Die jüngste, sog. Osterweiterung in den Jahren 2004 und 2007, die die Zahl der Mitgliedsländer von 15 auf 27 erhöhte, stellt aus historischer Perspektive nicht nur die umfassendste sondern auch die schwierigste aller Erweiterungen dar.[424] Diese politisch motivierte Entscheidung hat langfristige Konsequenzen für die divergierende EU *polity* im Allgemeinen und die Entwicklung europäischer Arbeitsbeziehungen im Besonderen. Aktuelle Analysen kommen zu dem Schluss, dass die institutionelle Infrastruktur der neuen Mitgliedsländern, die für die Umsetzung und Implementation von EU-Regulierung notwendig ist, schwach ausgeprägt und weniger entwickelt ist als die der alten (Ghellab/Vaughan-Whitehead 2003, Kohl/Platzer 2004).

Die bestehen Interessenverbände sind vor allem auf sektoraler Ebene entweder recht schwach in Bezug auf die ihnen zur Verfügung stehenden Ressourcen (vor allem Humanressourcen, Finanzen und Mandatierung), und/oder sie konkurrieren miteinander. Daher sind sie kaum in der Lage, effektiv an bilateralen Sozialdialogen teilzunehmen. Außerdem unterscheiden sich die Organisationsgrade auf beiden Seiten beträchtlich und sind wesentlich niedriger als in den alten Mitgliedsstaaten. Im Gegensatz zur Mehrheit der alten Mitgliedsländer finden die Kollektivverhandlungen kaum auf sektoraler Ebene statt („multi-employer bargaining" in koordinierten Marktökonomien) sondern auf Betriebsebene („single employer bargaining" in liberalen Marktökonomien). Daher sind die tariflichen Deckungsraten deutlich geringer.

Insgesamt ist die Schlussfolgerung realistisch, dass die Prozesse der Integration zu einem europäischen Sozialmodell nicht nur weiter verzögert werden, sondern dass die bestehenden Grade der Unterschiedlichkeit, Heterogenität und sogar Fragmentierung innerhalb der Arbeitsbeziehungen wegen dieses erheblichen Anwachsens institutioneller Differenzen zunehmen werden.

---

423 Einzelheiten der politischen Konstruktion sowie der ökonomischen Konsequenzen der WWU und des begleitenden „Stabilitäts- und Wachstumspakts", besonders die drei Prozent-Grenze für die Neuverschuldung, gehen über den Gegenstand dieses Kapitels hinaus. Änderungen in Richtung auf „weichere" Interpretation seiner strikten Regeln werden vorgenommen, nachdem mehrere größere Mitgliedsländer (u. a. Deutschland) diese Grenzen in aufeinander folgenden Jahren verletzt haben.

424 Die neuen Mitgliederländer sind seit 2004 Tschechien, Zypern, Estland, Ungarn, Lettland, Litauen, Malta, Polen, Slowakei und Slowenien sowie seit 2007 Bulgarien und Rumänien.

Einführende Literatur

Hoffmann,J./Hoffmann,R./Kirton-Darling,J./Rampeltshammer,L. (2002), Literature review on the Europeanisation of industrial relations in a global perspective, Brussels.

Jacobi,O./Jepsen,M./Keller,B./Weiss,M.(Hg.) (2005), Social embedding and the integration of markets. An opportunity for transnational trade union action or an impossible task?, Düsseldorf.

Keller,B. (2001), Europäische Arbeits- und Sozialpolitik, 2.Aufl., München-Wien.

Keller,B./Platzer,H.-W.(Hg.) (2003), Industrial relations and European integration. Trans- and supranational developments and prospects, Aldershot.

Marginson,P./Sisson,K. (2006), European integration and industrial relations. Multi-level governance in the making, 2nd ed., Houndmills.

Weiterführende Literatur

Abraham,M./Hinz,T.(Hg.) (2005), Arbeitsmarktsoziologie. Probleme, Theorien, empirische Befunde, Wiesbaden.

Abromeit,H. (1987), Interessenverbände der Unternehmer, Journal für Sozialforschung 27, 417-423.

Abromeit,H./Blanke,B.(Hg.) (1987), Arbeitsmarkt, Arbeitsbeziehungen und Politik in den achtziger Jahren, Opladen.

Adam,H. (1979), Der Einfluß der Industrie- und Handelskammern auf politische Entscheidungsprozesse, Frankfurt/Main-New York.

Adams,R. (1985), Industrial relations and the economic crisis: Canada moves towards Europe. In: Juris,H.(Hg.), Industrial relations in a decade of economic change, Madison, 115-149.

Adams,R. (1989), North American industrial relations: Divergent trends in Canada and the United States, International Labour Review 128, 47-64.

Adams,R. (1992), The Role of the State in Industrial Relations. In: Lewin,D./Mitchell,O./ Sherer,P.(Hg.), Research frontiers in industrial relations and human resources, Madison, 489-523.

Adams,R. (1995), Industrial relations under liberal democracy. North America in comparative perspective, Columbia.

Adams,R./Rummel,C.H. (1977), Workers' participation in management in West Germany: Impact on the worker, the enterprise and the trade union, Industrial Relations Journal 8, 4-22.

Adamy,W./Steffen,J. (1985), Handbuch der Arbeitsbeziehungen, Bonn.

Addison,J.T. (1985), What do unions really do? A review article, Journal of Labor Research 6, 127-146.

Addison,J.T./Kraft,K./Wagner,J. (1993), German works councils and firm performance. In: Kaufman,B.E./Kleiner,M.M.(Hg.), Employee representation: Alternatives and future directions, Madison, 305-338.

Addison,J.T./Schnabel,C./Wagner,J. (1997), On the determinants of mandatory works councils in Germany, Industrial Relations 36, 419-445.

Addison,J.T./Schnabel,C./Wagner,J. (1998), Betriebsräte in der deutschen Industrie – Verbreitung, Bestimmungsgründe und Effekte. In: Gerlach,K./Hübler,O./Meyer,W.(Hg.), Ökonomische Analysen betrieblicher Strukturen und Entwicklungen. Das Hannoveraner Firmenpanel, Frankfurt/Main-New York, 59-87.

Addison,J.T./Schnabel,C./Wagner,J. (2000), Die mitbestimmungsfreie Zone aus ökonomischer Sicht, Diskussionspapier No.1, Friedrich-Alexander-Universität Erlangen-Nürnberg, Lehrstuhl für Arbeitsmarkt- und Regionalpolitik.

Addison,J.T./Schnabel,C./Wagner,J. (2004a), The course of research into the economic consequences of German works councils, British Journal of Industrial Relations 42, 255-281.

Addison,J.T./Bellmann,L./Schnabel,C./Wagner,J. (2004b), The reform of the German Works Constitution Act: A critical assessment, Industrial Relations 43, 392-420.

Addison,J.T./Schnabel,C./Wagner,J. (2007), The (parlous) state of German unions, Journal of Labor Research 28, 3-18.

Aidt,T./Tzannatos,Z. (2002), Unions and collective bargaining. Economic effects in a global environment, Washington.

Akerlof,G./Yellen,J.L. (1986), Efficience wage models of the labor market, Cambridge-London.

Alda,H. (2005), Beschäftigungsverhältnisse. In: SOFI/IAB/ISF/INIFES (Hg.), Berichterstattung zur sozioökonomischen Entwicklung in Deutschland. Arbeit und Lebensweisen. Erster Bericht, Wiesbaden, 245-269.

Allmendinger,J./Eichhorst,W./Walwei,U.(Hg.) (2005), IAB Handbuch Arbeitsmarkt. Analysen, Daten, Fakten, Nürnberg.

Altvater,L./Bacher,E./Hörter,G./Sabottig,G./Schneider,W./Vohs,G. (2004), Bundespersonalvertretungsgesetz mit Wahlordnung und ergänzenden Vorschriften. Kommentar für die Praxis mit vergleichenden Anmerkungen zu den Landespersonalvertretungsgesetzen, 5.überarb. u.aktual.Aufl., Köln.

Altvater,L./Preiseler,M. (2005), Bundespersonalvertretungsgesetz. Basis Kommentar mit Wahlordnung und ergänzenden Vorschriften für Gerichte, Bahn, Post, Bundeswehr und NATO, 4. überarb. u. erw. Aufl., Frankfurt/Main.

Ambrosius,G. (2001), Staat und Wirtschaftsordnung. Eine Einführung in Theorie und Geschichte, Stuttgart.

Ambrosius,G./Petzina,D./Plumpe,W. (1996), Moderne Wirtschaftsgeschichte. Eine Einführung für Historiker und Ökonomen, München.

Anderson,J.E. (2003), Public policy making, 5th ed., Boston.

Appelbaum,E./Hunter,L.W. (2005), Union participation in strategic decisions of corporations. In: Freeman,R.B./Hersch,J./Mishel,L.(Hg.), Emerging labor market institutions for the twenty-first century, Chicago-London, 265-291.

Arbeitskreis AFG-Reform (Hg.) (1994), Memorandum für eine neues Arbeitsförderungsgesetz, Düsseldorf.

Armingeon,K. (1988a), Die Entwicklung der westdeutschen Gewerkschaften 1950-1985, Frankfurt/Main-New York.

Armingeon,K. (1988b), Politische Regulierung industrieller Beziehungen. Vom Kaiserreich zur Bundesrepublik Deutschland. In: Schmidt,G.(Hg.), Staatstätigkeit. International und historisch vergleichende Analysen, Opladen, 151-177.

Armingeon,K. (1989), Trade unions under changing conditions: the West German experience, 1950-1985, European Sociological Review 5, 1-23.

Armingeon,K. (1992), Arbeitsbeziehungen als Stabilisierungs- oder Destabilisierungsfaktor. In: Abromeit,H./Jürgens,U.(Hg.), Die politische Logik wirtschaftlichen Handelns, Berlin, 123-149.

Armingeon,K. (1993a), Die Regulierung der kollektiven Arbeitsbeziehungen. In: Czada,R./ Schmidt,M.G.(Hg.), Verhandlungsdemokratie, Interessenvermittlung, Regierbarkeit. Festschrift für Gerhard Lehmbruch, Opladen, 145-170.

Armingeon,K. (1993b), Institutionelle Antworten auf wirtschaftliche Verwundbarkeit. Ein internationaler Vergleich der prozeduralen Regulierung der Arbeitsbeziehungen in kapitalistischen Industriegesellschaften, Politische Vierteljahresschrift 34, 436-454.

Armingeon,K. (1994), Staat und Arbeitsbeziehungen. Ein internationaler Vergleich. Opladen.

Armingeon,K. (1999), Europäische Gewerkschaften vor den Herausforderungen des politischen, sozialen und ökonomischen Wandels. In: Hemmer,H.O.(Hg.), Bilanz mit Aussichten – Die neue IG Metall an der Schwelle zum 21.Jahrhundert, Opladen, 181-196.

Artus,I. (2001), Krise des deutschen Tarifsystems. Die Erosion des Flächentarifvertrags in Ost und West, Wiesbaden.

Artus,I. (2004), Interessenrepräsentanz oder Stellvertreterhandeln? Über die Beziehungen zwischen ostdeutschen Arbeitgeberverbänden und ihren Mitgliedern, Berliner Journal für Soziologie 14, 233-249.

Artus,I. (2005), Betriebe ohne Betriebsrat: Gelände jenseits des Tarifsystems?, WSI-Mitteilungen 58, 392-397.

Artus,I. (2006), Im Schatten des dualen Systems: Zur Bedeutung tariflicher Normen in Betrieben ohne Betriebsrat. In: Artus,I./Böhm,S./Lücking,S./Trinczek,R.(Hg.), Betriebe ohne Betriebsrat. Informelle Interessenvertretung in Unternehmen, Frankfurt/Main-New York, 141-169.

Bach,S./Bordogna,L./Della Rocca,G./Winchester,D.(Hg.) (1999), Public service employment relations in Europe. Transformation, modernization or inertia, London.

Bäcker,G. (2007), Was heißt hier „geringfügig"? Minijobs als wachsendes Segment prekärer Beschäftigung. In: Keller,B./Seifert,H.(Hg.), Atypische Beschäftigung – Flexibilisierung und soziale Risiken, Berlin, 107-126.

Bäcker,G./Naegele,G./Bispinck,R./Hofemann,K./Neubauer,J. (2008), Sozialpolitik und soziale Lage in Deutschland, Band 1: Grundlagen, Arbeit, Einkommen und Finanzierung, 4. grundl. überarb. u. erw. Aufl., Wiesbaden.

Backes-Gellner,U./Lazear,E.P./Wolff,B. (2001), Personalökonomik. Fortgeschrittene Anwendungen für das Management, Stuttgart.

Backhaus,J. (1987), Mitbestimmung im Unternehmen. Eine ökonomische Rechtsanalyse des Verfassungsgerichtsurteils vom 1.März 1979 als Beitrag zur Theorie der wirtschaftlichen Rechtspolitik, Göttingen.

Bacon, N. (2003), Human resource management and industrial relations. In: Ackers,P./Wilkinson,A.(Hg.). Understanding work and employment: Industrial relations in transition, 71-88.

Baethge,M. (1994), Arbeit 2000. Wie Erwerbsarbeit Spaß macht – Arbeitsansprüche der Beschäftigten als Herausforderungen für die Gewerkschaften. Gewerkschaftliche Monatshefte 45, 711-725.

Baethge,M./Wolf,H. (1995), Continuity and change in the "German Model" of industrial relations. In: Locke,R./Kochan,T./Piore,M.(Hg.), Employment relations in a changing world economy, Cambridge-London, 231-262.

Bahnmüller,R. (1985), Der Streik. Tarifkonflikt um Arbeitszeitverkürzung in der Metallindustrie 1984, Hamburg.

Bahnmüller,R. (2002), Diesseits und jenseits des Flächentarifvertrags, Entgeltfindung und Entgeltstrukturen in tarifgebundenen und nicht-tarifgebundenen Unternehmen, Industrielle Beziehungen 9, 402-424.

Bamber,G.J./Lansbury,R.D./Wailes,N.(Hg.) (2004), International and comparative employment relations. A study of industrialised market economies, 4th ed., Sydney-Singapore.

Bamberg,U. (1984), Praxis der Unternehmensmitbestimmung nach dem Mitbestimmungsgesetz 1976. In: Diefenbacher,H./Nutzinger,H.G.(Hg.), Mitbestimmung: Theorie, Geschichte, Praxis, Heidelberg, 261-278.

Bamberg,U./Bürger,M./Mahnkopf,B./Martens,H./Tiemann,J. (1987), Aber ob die Karten voll ausgereizt sind... 10 Jahre Mitbestimmungsgesetz in der Bilanz, Köln.

Bartelheimer,P./Wieck,M. (2005), Arbeitslosigkeit und Unterbeschäftigung. In: SOFI/IAB/ISF/INIFES (Hg.), Berichterstattung zur sozioökonomischen Entwicklung in Deutschland. Arbeit und Lebensweisen. Erster Bericht, Wiesbaden, 271-302.

BDA (1988), Jahresbericht 1988, Bergisch-Gladbach.

BDA/BDI (2004), Bericht der Kommission Mitbestimmung. Mitbestimmung modernisieren, Berlin.

Bean,R. (1994), Comparative industrial relations. An introduction to cross-national perspectives, 2nd ed., London-New York.

Becker,G.S. (1975), Human capital. A theoretical and empirical analysis with special reference to education, 2nd ed., New York.

Behning,B. (1994), Die Schlichtung in der kollektiven Arbeitsverfassung der Bundesrepublik Deutschland, Frankfurt/Main-Berlin.

Behrens,M. (2003), Wie gut kehren neue Besen? Das neue Betriebsverfassungsgesetz in der Praxis, WSI-Mitteilungen 56, 167-176.

Behrens,M. (2005a), Die Arbeit des Betriebsrats in komplexen Gremienstrukturen, WSI-Mitteilungen 58, 638-644.

Behrens,M. (2005b), Die Rolle der Betriebsräte bei der Werbung von Gewerkschaftsmitgliedern, WSI-Mitteilungen 58, 329-338.

Behrens,M. (2006a), Der institutionalisierte Konflikt im Betrieb. In: Schäfer,C./Seifert,H. (Hg.), Kein bisschen leise: 60 Jahre WSI, Hamburg, 147-165.

Behrens,M. (2006b), Konfliktschlichtung und Interessenvertretung in gewerkschaftsfreien Betrieben. Die Entwicklung des amerikanischen Nonunion-Sektors. In: Artus,I./Böhm,S./Lücking,S./Trinczek,R.(Hg.), Betriebe ohne Betriebsrat. Informelle Interessenvertretung in Unternehmen, Frankfurt/Main, 395-414.

Behrens,M. (2007), Conflict, arbitration, and dispute resolution in the German workplace, International Journal of Conflict Management 18, 175-192.

Behrens,M. (2008), Organisation: Struktur und Entwicklung. In: Schroeder,W./Weßels,B. (Hg.), Arbeitgeber- und Wirtschaftsverbände in Politik und Gesellschaft der Bundesrepublik Deutschland: ein Handbuch, Wiesbaden (im Druck).

Behrens,M./Traxler,F. (2002), Collective bargaining coverage and extension procedures, http://www.eiro.eurofound.ie/2002/12/suty/TN0212102S.html.

Behrens,M./Traxler,F. (2004a), Employer organisations in Europe, eiro-observer 3/04, I-VIII.

Behrens,M./Traxler,F. (2004b), Employers' organisations in Europe, http://www.eiro.eurofound.eu.int/2003/11/ study/tn0311101s.html.

Beisheim,M./Eckardstein,D.v./Müller,M. (1991), Flexibilisierung der industriellen Fertigung durch partizipative Organisationsformen. In: Flecker,J./Schienstock,G.(Hg.), Flexibilisierung, Deregulierung und Globalisierung. Interne und externe Restrukturierung betrieblicher Organisation, München-Mering, 37-52.

Beisheim,M./Eckardstein,D.v./Müller,M. (1993), Partizipative Organisationsformen und industrielle Beziehungen. In: Müller-Jentsch,W.(Hg.), Konfliktpartnerschaft. Akteure und Institutionen der industriellen Beziehungen, 2.erw.u.verb.Aufl., München-Mering, 125-140.

Bellace,J.R. (1993), Managing employee participation in decision-making: An assessment of national models. In: Biagi,M.(Hg.), Participative management and industrial relations in a worldwide perspective, Bulletin of Comparative Labour Relations 27, 5-13.

Bellace,J.R. (1994), The role of the state in industrial relations. In: Niland,J.R./Lansbury,R.D./Verevis,C.(Hg.), The future of industrial relations: Global change and challenges, London-New Dehli, 19-40.

Bellmann,L. (2002), Das IAB-Betriebspanel: Konzeption und Anwendungsbereiche, Allgemeines Statistisches Archiv 86, 177-188.

Bellmann,L./Kohaut,S. (1995), Betriebliche Determinanten der Lohnhöhe und der übertariflichen Bezahlung. Eine empirische Analyse auf der Basis des IAB-Betriebspanels, Mitteilungen aus der Arbeitsmarkt- und Berufsforschung 28, 62-75.

Bellmann,L./Düll,H./Kühl,J./Lahner,M./Lehmann,U. (1996), Flexibilität von Betrieben in Deutschland. Ergebnisse des IAB-Betriebspanels 1993-1995, Nürnberg.

Bellmann,L./Kohaut,S./Schnabel,C. (1998), Ausmaß und Entwicklung der übertariflichen Entlohnung, IW-Trends 25, 5-14.

Bellmann,L./Kohaut,S./Schnabel,C. (1999), Flächentarifverträge im Zeichen von Abwanderung und Widerspruch: Geltungsbereich, Einflussfaktoren und Öffnungstendenzen. In: Bellmann,L./Steiner,V.(Hg.), Panelanalysen zu Lohnstruktur, Qualifikation und Beschäftigungsdynamik, Nürnberg, 11-40.

Bercusson,B. (1994), The dynamic of European labour law after Maastricht, Industrial Law Journal 23, 1-31.

Berggren,C. (1992), Alternatives to lean production: Work organization in the Swedish auto industry, Ithaca.

Berghahn,V.R./Karsten,D. (1987), Industrial relations in West Germany, Oxford-New York-Hamburg.

Berghahn,V.R./Vitols,S.(Hg.) (2006), Gibt es einen deutschen Kapitalismus? Tradition und globale Perspektiven der sozialen Marktwirtschaft, Frankfurt/Main-New York.

Bergmann,J.(Hg.) (1979), Beiträge zur Soziologie der Gewerkschaften, Frankfurt/Main.

Bergmann,J. (1985), Gewerkschaften – Organisationsstruktur und Mitgliederinteressen. In: Endruweit,G./Gaugler,E./Staehle,W./Wilpert,B.(Hg.), Handbuch der Arbeitsbeziehungen, Berlin-New York, 89-108.

Bergmann,J./Jacobi,O./Müller-Jentsch,W. (1976), Gewerkschaften in der Bundesrepublik, Bd.1: Gewerkschaftliche Lohnpolitik zwischen Mitgliederinteressen und ökonomischen Systemzwängen, Frankfurt/Main.

Bergmann,J./Jacobi,O./Müller-Jentsch,W. (1979), Gewerkschaften in der Bundesrepublik, 3.Aufl., Frankfurt/Main.

Bergmann,J./Schmidt,R.(Hg.) (1996), Industrielle Beziehungen. Institutionalisierung und Praxis unter Krisenbedingungen. Beiträge zu den Berichten der Kommission für die Erforschung des sozialen und politischen Wandels in den neuen Bundesländern e.V. (KSPW), Opladen.

Bericht der Kommission (2002), Moderne Dienstleistungen am Arbeitsmarkt. Vorschläge der Kommission zum Abbau der Arbeitslosigkeit und zur Umstrukturierung der Bundesanstalt für Arbeit, Berlin.

Bernhard,S./Hohmeyer,K./Jozwiak,E./Koch,S./Kruppe,Th./Stephan,G./Wolff,J. (2008), Aktive Arbeitsmarktpolitik in Deutschland und ihre Wirkungen, IAB-Forschungsbericht 2/2008, Nürnberg.

Bernschneider,W. (1986), Staat, Gewerkschaft und Arbeitsprozeß. Zur „Politisierung“ und zum Legitimationspotential staatlichen Handelns, Opladen.

Bertelsmann Stiftung/Schnabel,C.(Hg.) (2003), Tarifpolitik unter Reformdruck. Benchmarking Deutschland aktuell, Gütersloh.

Bertelsmann Stiftung/Hans-Böckler-Stiftung (Hg.) (1998), Mitbestimmung und neue Unternehmenskulturen – Bilanz und Perspektiven. Bericht der Kommission Mitbestimmung, Gütersloh.

Berthold,N. (1987), Lohnstarrheit und Arbeitslosigkeit, Freiburg.

Berthold.N./Stettes,O. (2001), Der Flächentarifvertrag – vom Wegbereiter des Wirtschaftswunders zum Verursacher der Beschäftigungsmisere. In: Ott,C./Schäfer,H.-B.(Hg.), Ökonomische Analyse des Arbeitsrechts, Tübingen, 1-29.

Berthold,N./Brischke,M./Stettes,O. (2003a), Betriebliche Bündnisse für Arbeit. Gratwanderung zwischen Tarifbruch und Tariftreue. Wirtschaftswissenschaftliche Beiträge des Lehrstuhls für Volkswirtschaftslehre, Wirtschaftsordnung und Sozialpolitik Nr.64, Würzburg.

Berthold,N./Brischke,M./Stettes,O. (2003b), Betriebliche Bündnisse für Arbeit. Eine empirische Untersuchung für den deutschen Maschinen- und Anlagenbau. Wirtschaftswissenschaftliche Beiträge des Lehrstuhls für Volkswirtschaftslehre, Wirtschaftsordnung und Sozialpolitik Nr. 68, Würzburg.

Bewley,T. (1999), Why wages don't fall during a recession, Cambridge.

Beyer,H./Nutzinger,H.G. (1991), Erwerbsarbeit und Dienstgemeinschaft. Arbeitsbeziehungen in kirchlichen Einrichtungen, Bochum.

Beyme,K.v. (1977), Gewerkschaften und Arbeitsbeziehungen in kapitalistischen Ländern, München.

Biehler,H./Brandes,W. (1981), Arbeitsmarktsegmentation in der Bundesrepublik Deutschland. Theorie und Empirie des dreigeteilten Arbeitsmarktes, Frankfurt/Main.

Billerbeck,U./Deutschmann,C./Erd,R. (1982), Neuorientierung der Tarifpolitik? Veränderungen im Verhältnis zwischen Lohn- und Manteltarifpolitik in den siebziger Jahren, Frankfurt/Main-New York.

Birk,R./Konzen,H./Löwisch,M./Raiser,T./Seiter,H. (1988), Gesetz zur Regelung kollektiver Arbeitskonflikte. Entwurf und Begründung, Tübingen.

Bispinck,R. (1996), Zeitfragen – Streitfragen. Zur Entwicklung der kollektiven Regulierung von Arbeitszeit, WSI-Mitteilungen 49, 414-422.

Bispinck,R. (1997), Überreguliert, undifferenziert, unbeweglich? Zum Flexibilitätspotential des Tarifvertragssystems und zu den Anforderungen an die zukünftige Tarifpolitik. In: Dieterich,T.(Hg.), Das Arbeitsrecht der Gegenwart, München, 49-67.

Bispinck,R. (2002), Tarifpolitik und Beschäftigungssicherung. Eine Bilanz der vergangenen 15 Jahre. In: Seifert,H.(Hg.), Betriebliche Bündnisse für Arbeit. Rahmenbedingungen – Praxiserfahrungen – Zukunftsperspektiven, Berlin, 13-38.

Bispinck,R. (2004), Kontrollierte Dezentralisierung der Tarifpolitik – Eine schwierige Bilanz, WSI-Mitteilungen 57, 237-245.

Bispinck,R. (2005), Betriebsräte, Arbeitsbedingungen und Tarifpolitik, WSI-Mitteilungen 58, 301-307.

Bispinck,R. (2007), Löhne, Tarifverhandlungen und Tarifsystem in Deutschland 1995 – 2005, WSI Diskussionspapier Nr. 150, Düsseldorf.

Bispinck,R./WSI-Tarifarchiv (1995), Tarifliche Lohnstrukturanalyse. Eine Untersuchung der Struktur, Differenzierung und Flexibilität des Tarifsystems und der Tarifeinkommen in der Bundesrepublik Deutschland, Düsseldorf.

Bispinck,R./Schulten,T. (1999), Flächentarifvertrag und betriebliche Interessenvertretung. In: Müller-Jentsch,W.(Hg.), Konfliktpartnerschaft, 3. überarb. u. erw. Aufl. München-Mering, 185-212.

Bispinck,R./Schulten,T. (2003), Verbetrieblichung der Tarifpolitik? Aktuelle Tendenzen und Einschätzungen aus Sicht von Betriebs- und Personalräten, WSI-Mitteilungen 56, 157-166.

Bispinck,R./WSI-Tarifarchiv (2005), WSI-Tarifhandbuch 2005, Frankfurt/Main.

Bispinck,R./Schulten,T. (2008), Aktuelle Mindestlohndebatte: Branchenlösungen oder gesetzlicher Mindestlohn, WSI-Mitteilungen 61, 151-158.

Blanke,T. (1995), 75 Jahre Betriebsverfassung: Der Siegeszug eines historischen Kompromisses. In: Kritische Justiz 28, 12-25.

Blanke,T. (2003), Koalitionsfreiheit und Tarifautonomie: Rechtliche Grundlagen und Rahmenbedingungen der Gewerkschaften in Deutschland. In: Schroeder,W./Wessels,B.(Hg.), Die Gewerkschaften in Politik und Gesellschaft der Bundesrepublik Deutschland. Ein Handbuch, Wiesbaden, 144-173.

Blanpain,R. (1992), Vergleichendes Arbeitsrecht der Mitgliedstaaten. In: Kommission der Europäischen Gemeinschaften. Generaldirektion Beschäftigung, Arbeitsbeziehungen und soziale Angelegenheiten (Hg.), Soziales Europa. Die Regelung der Arbeitsbedingungen in den Mitgliedstaaten der Europäischen Gemeinschaft, Band 1: Vergleichendes Arbeitsrecht der Mitgliedstaaten, Luxemburg-Brüssel.

Blanpain,R. (1993), Managerial initiatives and rights to information, consultation and workers' participation in the EC countries. In: Biagi,R.(Hg.), Participative management and industrial relations in a worldwide perspective, Deventer-Boston, 25-41.

Blaschke,S. (2000), Union density and European integration: Diverging convergence, European Journal of Industrial Relations 6, 217-236.

Blau,F.D./Kahn,L.M. (2002), At home and abroad. U.S. labor market performance in international perspective, New York.

Blyton,P./Trinczek,R. (1997), Renewed interest in work-sharing? Assessing recent developments in Germany, Industrial Relations Journal 28, 3-13.

Boecken,W. (2005), Flächentarifvertrag und Arbeitslosigkeit. Insbesondere zur Diskussion über die Öffnung von Flächentarifverträgen. In: Baßeler,U./Heintzen,M./Kruschwitz,L.(Hg.), Arbeitslosigkeit. Ringvorlesung der Fachbereiche Rechts- und Wirtschaftswissenschaft der Freien Universität Berlin im Sommersemester 2004, Berlin, 113-128.

Boes,A. (2006), Die wundersame Neubelebung eines vermeintlichen Auslaufsmodells; IT-Beschäftigte und Mitbestimmung nach dem Ende des New-Economy-Hype. In: Artus,I./ Böhm,S./Lücking,S./Trinczek,R.(Hg.), Betriebe ohne Betriebsrat. Informelle Interessenvertretung in Unternehmen, Frankfurt/Main-New York, 223-261.

Boes,A./Baukrowitz,A. (2002), Arbeitsbeziehungen in der IT-Industrie. Erosion oder Innovation der Mitbestimmung, Berlin.

Boll,F. (2003), Streik und Aussperrung. In: Schroeder,W./Wessels,B.(Hg.), Die Gewerkschaften in Politik und Gesellschaft der Bundesrepublik Deutschland. Ein Handbuch, Wiesbaden, 478-510.

Borgmann,W. (1987), Reformgesetz in der Bewährung. Theorie und Praxis des Betriebsverfassungsgesetzes von 1972, Opladen.

Borsdorf,U./Müller,G.(Hg.) (1987), Montan-Mitbestimmung – Bestandsaufnahme und Perspektiven. Beiträge zur Mitbestimmungsdiskussion, Düsseldorf.

Bosch,A./Ellguth,P./Schmidt,R./Trinczek,R. (1999), Betriebliches Interessenhandeln. Zur politischen Kultur der Austauschbeziehungen zwischen Management und Betriebsrat in der westdeutschen Industrie, Opladen.

Bosch,G. (1987), Verkürzung und Flexibilisierung der jährlichen Arbeitszeit. Ursachen, Wirkungen, Kontroversen, Soziale Sicherheit 36, 227-237.

Bosch,G. (1989), Wettlauf rund um die Uhr? Betriebs- und Arbeitszeiten in Europa, Bonn.

Bosch,G. (1995), Synthesis report. In: OECD (Hg.), Flexible working time. Collective bargaining and government intervention, Paris, 17-41.

Bosch,G. (2004), The changing nature of collective bargaining in Germany. Coordinated decentralization. In: Katz,H.C./Lee,W./Lee,J.(Hg.), The new structure of labor relations. Tripartism and decentralization, Ithaca-London, 84-118.

Bosch,G./Engelhardt,N./Hermann,K./Kurz-Scherf,I./Seifert,H. (1988), Arbeitszeitverkürzung im Betrieb. Die Umsetzung der 38,5-Stunden-Woche in der Metall-, Druck- und Holzindustrie, Köln.

Bosch,G./Lehndorff,S. (1994), Arbeits- und Betriebszeiten in Europa. In: Böck,R./ Sadowski,D.(Hg.), Die internationale Regulierung von Arbeit: Europäische Innovationen trotz Kompetenzmangels und Deregulierungswettbewerbs?, SAMF-Arbeitspapier 1994-7, Gelsenkirchen.

Bosch,G./Schief,S./Schietinger,M. (2005), Trends in der Arbeitszeitpolitik. Zur Diskussion um Dauer und Flexibilisierung der Arbeitszeit sowie der Insolvenzsicherung von Arbeitszeitguthaben, Bonn.

Bothfeld,S. (2005), Arbeitsmarkt. In: Bothfeld,S./Klammer,U./Klenner,C./Leiber,S./Thiel, A./Ziegler,A., WSI-FrauenDatenReport, Berlin, 109-186.

Boyer,R. (2006), What is the future of codetermination and corporate governance in Germany? In: Beckert,J./Ebbinghaus,B./Hassel,A./Manow,P.(Hg.), Transformation des Kapitalismus. Festschrift für Wolfgang Streeck zum sechzigsten Geburtstag, Frankfurt/Main-New York, 135-157.

Brandes,W./Buttler,F./Dorndorf,E. (1989), Arbeitsmarkttheorie und Arbeitsrechtswissenschaft: Analoge Probleme und Diskussionsschwerpunkte im Hinblick auf die Funktionsfähigkeit der Arbeitsmärkte. In: Fischer,W.(Hg.), Währungsreform und Soziale Marktwirtschaft. Erfahrungen und Perspektiven nach 40 Jahren, Berlin, 489-505.

Brandes,W./Weise,P. (1999), Arbeitsbeziehungen zwischen Markt und Hierarchie. In: Müller-Jentsch,W.(Hg.), Konfliktpartnerschaft. Akteure und Institutionen der industriellen Beziehungen, 3. überarb. u. erw. Aufl., München-Mering, 13-30.

Brandt,G./Jacobi,O./Müller-Jentsch,W. (1982), Anpassung an die Krise: Gewerkschaften in den siebziger Jahren, Frankfurt/Main-New York.

Breisig,T. (1990), Betriebliche Sozialtechniken. Handbuch für Betriebsrat und Personalwesen, Neuwied-Frankfurt/Main.

Breisig,T. (1991), Betriebsvereinbarungen zu Qualitätszirkeln – Eine Inhaltsanalyse, Die Betriebswirtschaft 51, 65-77.

Breisig,T. (1993), Quo vadis – partizipatives Management? In: Müller-Jentsch,W.(Hg.), Profitable Ethik – effiziente Kultur. Neue Sinnstiftungen durch das Management?, München-Mering, 159-178.

Briefs,G. (1965), Gewerkschaften, (I) Theorie. In: HDSW, 4.Bd., Tübingen-Göttingen, 545-561.

Brinkmann,C./Koch,S./Mendius,G. (2006a), Einführung in den vorliegenden Band. In: dies.(Hg.), Wirkungsforschung und Politikberatung – eine Gratwanderung, Nürnberg, 1-15.

Brinkmann,C./Koch,S./Mendius,G.(Hg.) (2006b), Wirkungsforschung und Politikberatung – eine Gratwanderung, Nürnberg.

Brisig,T. (2005), Personal. Eine Einführung aus arbeitspolitischer Perspektive, Herne-Berlin.

Brosius,G./Oppolzer,A.(Hg.) (1989), Auswirkungen der Arbeitszeitverkürzung, Frankfurt/Main-New York.

Brox,H. (1988), Gesetzliche Regelung des Arbeitskampfrechts. In: Maydell,B.v./ Kannengießer,W.(Hg.), Handbuch Sozialpolitik, Pfullingen, 412-415.

Brox,H./Rüthers,B./Henssler,M. (2007), Arbeitsrecht, 17., neubearb. Aufl., Stuttgart.

Bruckmeier,K./Graf,T./Rudolph,H. (2007), Aufstocker – bedürftig trotz Arbeit, IAB Kurzbericht Nr. 22, Nürnberg.

Bürger,M. (1991), Mitbestimmung ohne Parität. Aufsichtsratsbeteiligung nach dem Betriebsverfassungsgesetz 1952, Köln.

Büssing,A./Seifert,H.(Hg.) (1995), Sozialverträgliche Arbeitszeitgestaltung, München-Mering.

Bundesministerium für Arbeit und Soziales (BMAS) (2006), Die Wirksamkeit moderner Dienstleistungen am Arbeitsmarkt. Bericht 2006 des Bundesministeriums für Arbeit und Soziales zur Wirkung der Umsetzung der Vorschläge der Kommission Moderne Dienstleistungen am Arbeitsmarkt (ohne Grundsicherung für Arbeitsuchende), Berlin.

Bundesministerium für Arbeit und Soziales (Hg.) (2007), Statistisches Taschenbuch 2007, Bonn.

Burgmer,I.M. (1999), Die Zukunft der Wirtschaftsverbände - Am Beispiel des Bundesverbandes der Deutschen Industrie e.V., Bonn.

Buß,E. (1996), Lehrbuch der Wirtschaftssoziologie, 2.neubearb. Aufl., Berlin-New York.

Buß,E. (2007), Die deutschen Spitzenmanager – Wie sie wurden, was sie sind. Herkunft, Wertvorstellungen, Erfolgsregeln, München-Wien.

Buttler,F./Gerlach,K./Schmiede,R.(Hg.) (1987), Arbeitsmarkt und Beschäftigung. Neuere Beiträge zur institutionalistischen Arbeitsmarktanalyse, Frankfurt/Main-New York.

Calingaert, M. (1993), Government-business relations in the European Community, California Management Review 35, 118-133.

Calmfors,L./Driffeil,J. (1988), Bargaining structure, corporatism and macroeconomic performance, Economic Policy 6, 13-61.

Card,D./Krueger,A.B. (1995), Myth and measurement: The new economics of the minimum wage, Princeton.

Checchi,D./Lucifora,C. (2002), Unions and labour market institutions in Europe, Economic Policy 35, 363-408.

Checchi,D./Visser,J. (2005), Pattern persistence in European trade union density. A longitudinal analysis 1950-1996, European Sociological Review 21, 1-21.

Chelius,K./Dworkin,J.(Hg.) (1990), Reflections on the transformation of industrial relations, Metuchen.

Child,J./Loveridge,R./Warner,M. (1973), Towards an organizational study of trade unions, Sociology 7, 71-91.

Coleman,J. (1990), Foundations of Social Theory, Cambridge-London.

Commission of the European Communities (1994), European Social Policy – a way forward for the Union – A white paper (COM/94/333 final), Brussels.

Commission of the European Communities (1998), Commission Decision of 20 May 1998 on the establishment of Sectoral Dialogue Committees promoting the Dialogue between the social partners at European level (98/500/EC), Brussels.

Commission of the European Communities (2002), Communication from the Commission to the Council, the European Parliament, the economic and social committee and the committee of the regions. Taking stock of five years of the European Employment Strategy, COM (2002) 416, Brussels.

Cordes,H. (1989), Arbeit und Politik. Ausgewählte Neuerscheinungen zur gesellschaftlichen Regulierung der Arbeit, Neue Politische Literatur 34, 95-112.

Cordova,E./Ozaki,M. (1980), Union security arrangements: An international overview, International Labour Review 119, 30.

Cressey,P. (1993), Employee participation. In: Gold,M.(Hg.), The social dimension. Employment policy in the European community, Chatham, 85-104.

Crouch,C. (1978), The changing role of the state in industrial relations in Western Europe. In: Crouch,C./Pizzorno,A.(Hg.), The resurgence of class conflict in Western Europe since 1968, Volume 2: Comparative analysis, New York, 197-220.

Crouch,C. (1982), Trade unions. The logic of collective action, London.

Crouch,C. (1990), Generalized political exchange in industrial relations in Europe during the twentieth century. In: Marin,B.(Hg.), Governance and generalized exchange. Self-organizing policy networks in action, Frankfurt/Main-Boulder, 69-116.

Crouch,C. (1993), Industrial relations and European state traditions, Oxford.

Crouch,C. (2003), The state. Economic management and incomes policy. In: Edwards,P. (Hg.), Industrial relations. Theory and practice, 2nd ed., Malden-Oxford, 105-123.

Crouch,C./Traxler,F.(Hg.) (1995), Organized industrial relations in Europe: What future, Aldershot.

Czada,R. (1987), Unternehmerverbände zwischen Staat und Markt. Neue Beiträge zur politischen Ökonomie sektoraler Interessenvermittlung, Journal für Sozialforschung 27, 407-415.

Dabscheck,B. (1983), Of mountains and routes over them: A survey of theories of industrial relations, Journal of Industrial Relations 25, 485-506.

Dabscheck,B. (1989), A survey of theories of industrial relations. In: Barbash,J./Barbash,K. (Hg.), Theories and concepts in comparative industrial relations, Columbia,S.C., 155-183.

Dahrendorf,R. (1967), Class and class conflict in industrial society, 5th ed., London.

Dahrendorf,R. (1983), Wenn der Arbeitsgesellschaft die Arbeit ausgeht. In: Matthes,J.(Hg.), Krise der Arbeitsgesellschaft? Verhandlungen des 21.Deutschen Soziologentages in Bamberg 1982, 25-37

Damkowski,W./Precht,C. (1999), Public management – neuere Steuerungskonzepte für den öffentlichen Sektor, Stuttgart.

Däubler,W. (2006), Arbeitsrecht, 6., überarb. Aufl., Frankfurt/Main.

De Boer,R./Benedictus,H./van der Meer,M. (2005), Broadening without Intensification: The Added Value of the European Social and Sectoral Dialogue, European Journal of Industrial Relations 11, 51-70.

Dell'Aringa,C./Della Rocca,G./Keller,B.(Hg.) (2001), Strategic choices in reforming public service employment. An international handbook, Houndmills-New York.

Deregulierungskommission. Unabhängige Expertenkommission zum Abbau marktwidriger Regulierungen (1991), Marktöffnung und Wettbewerb. Berichte 1990 und 1991, Stuttgart.

Deutsche Bundesbank (2004), Mehr Flexibilität am deutschen Arbeitsmarkt, Monatsbericht 56, September, 43-58.

Deutsche Bundesbank (2005), Rascher Wandel der Erwerbsarbeit, Monatsbericht 57, 15-27.

Deutsche Bundesbank (2006), Zur Entwicklung der arbeitsmarktbedingten Staatsausgaben, Monatsbericht 58, September, 63-86.

Deutschmann,C. (1985), Der Weg zum Normalarbeitstag. Die Entwicklung der Arbeitszeiten in der deutschen Industrie bis 1918, Frankfurt/Main-New York.

Deutschmann,C. (2002), Postindustrielle Industriesoziologie, Wertheim-München.

Deutschmann,C./Schmiede,R./Schudlich,E. (1987), Die langfristige Entwicklung der Arbeitszeit – Versuch einer sozialwissenschaftlichen Interpretation, SAMF-Arbeitspapier 1987-2, Paderborn.

DGB (2004), Stellungnahme des DGB Bundesvorstandes, Abt. Mitbestimmung und Rechtspolitik zu dem Bericht der „Kommission Mitbestimmung" von BDA und BDI, Berlin.

Dickens,L. (1994), Deregulation and employment rights in Great Britain. In: Rogowski,R./ Wilthagen,T.(Hg.), Reflexive labour law. Studies in industrial relations and employment regulation, Deventer, 225-247.

Dickens,L./Hall,M. (2003), Labour Law and Industrial Relations: A New Settlement? In: Edwards,P.(Hg.), Industrial relations. Theory and practice, 2nd ed., Malden, 124-156.

Dickens,W.T./Lang,K. (1988), The reemergence of segmented labor market theory, American Economic Review 78, 129-134.

Diekmann,J. (1982), Kontrakttheoretische Arbeitsmarktmodelle, Göttingen.

Diekmann,A./Voss,T.(Hg.) (2004), Rational-choice-Theorie in den Sozialwissenschaften. Anwendungen und Probleme, München.

Dietz,M. (2006), Der Arbeitsmarkt in institutionentheoretischer Perspektive, Stuttgart.

Dilger, A. (2002). Ökonomik betrieblicher Mitbestimmung. Die wirtschaftlichen Folgen von Betriebsräten. München-Mering.

Dilger,A. (2003), Economic effects of co-determination. In: Müller-Jentsch,W./Weitbrecht,H.(Hg.), The changing contours of German industrial relations, München-Mering, 119-135.

DIW-Wochenbericht (1988), Vorruhestandsregelung sollte verlängert werden, DIW-Wochenbericht 55, 41-49.

Doeringer,P./Piore,M. (1971), Internal labor markets and manpower analysis, Lexington.

Donges,J.B./Eekhoff,J./Franz,W./Fuest,C./Möschel,W./Neumann.M.J.M. (Kronberger Kreis) (2007), Unternehmensmitbestimmung ohne Zwang, Berlin.

Doucouliagos,C./Laroche,P. (2003), What do unions do to profitability? A meta-analysis, Industrial Relations 42, 650-691.

Dribbusch,H. (2006), Arbeitskampf im Wandel – Zur Streikentwicklung seit 1990, WSI-Mitteilungen 59, 382-388.

Dube,A./Naidu,S./Reich,M. (2007), The economic impacts of a citywide minimum wage, Industrial and Labor Relations Review 60, 522-543.

Düll,H./Ellguth,P. (1999), Atypische Beschäftigung: Arbeit ohne betriebliche Interessenvertretung? Empirische Analysen mit dem IAB-Panel zum Einfluß von Betriebsräten auf befristete und geringfügige Beschäftigung, WSI-Mitteilungen 52, 165-176.

Dunlop,J.T. (1993), Industrial relations systems, rev.ed., Boston.

Dzielak,W. (1983), Einflußmöglichkeiten von Arbeitnehmervertretern in der Praxis der Unternehmensmitbestimmung nach dem MitbestG 76, WSI-Mitteilungen 36, 729-738.

Eaton,A.E./Voos,P.B. (1992), Unions and contemporary innovations in work organization, compensation, and employee participation. In: Mishel,L./Voos,P.B.(Hg.), Unions and economic competitiveness, Armonk-New York, 173-215.

Eaton,J. (2000), Comparative employment relations. An introduction, Cambridge.

Ebbinghaus,B. (2003), Die Mitgliederentwicklung deutscher Gewerkschaften im historischen und internationalen Vergleich. In: Schroeder,W./Wessels,B.(Hg.), Die Gewerkschaften in Politik und Gesellschaft der Bundesrepublik Deutschland. Ein Handbuch, Wiesbaden, 174-203.

Ebbinghaus,B./Visser,J. (1999), When institutions matter. Union growth and decline in Western Europe, 1950-1995, European Sociological Review 15, 135-158.

Ebbinghaus,B./Visser,J. (2000), Trade unions in Western Europe since 1945, London.

Ebers,M./Gotsch,W. (2002), Institutionenökonomische Theorien der Organisation. In: Kieser,A.(Hg.), Organisationstheorien, 5.unveränd. Aufl., Stuttgart-Berlin, 199-251.

Edwards,P.(Hg.) (2005), Industrial relations. Theory and practice, 2nd ed., Malden-Oxford.

Edwards,P./Hyman,R. (1994), Strikes and industrial peace: Peace in Europe? In: Hyman,R./ Ferner,A.(Hg.), New frontiers in European industrial relations, Oxford-Cambridge, 250-280.

Ehrenberg,R./Smith,R. (2006), Modern labor economics. Theory and public policy, 9th ed., Boston.

Ehrenreich,B. (2001), Arbeit poor. Unterwegs in der Dienstleistungsgesellschaft, München.

Ehrenstein,I. (2007), Mitbestimmte Unternehmen 2006, Mitbestimmung 53, 70.

Eichhorst,W./Profit,S./Thode,E. (2001), Benchmarking Deutschland: Arbeitsmarkt und Beschäftigung. Bericht der Arbeitsgruppe Benchmarking und der Bertelsmann Stiftung, Berlin-Heidelberg.

Eichhorst,W./Schneider,H./Zimmermann,K.F. (2006), Konzentration statt Verzettelung: Die deutsche Arbeitsmarktpolitik am Scheideweg, Perspektiven der Wirtschaftspolitik 7, 377-394.

Ellguth,P. (2003), Quantitative Reichweite der betrieblichen Mitbestimmung, WSI-Mitteilungen 56, 194-199.

Ellguth,P. (2004), Erosion auf allen Ebenen? Zur Entwicklung der quantitativen Basis des dualen Systems der Interessenvertretung. In: Artus,I./Trinczek,R.(Hg.), Über Arbeit, Interessen und andere Dinge. Phänomene, Strukturen und Akteure im modernen Kapitalismus. Rudi Schmidt zum 65.Geburtstag, München-Mering, 159-179.

Ellguth,P. (2005), Betriebe ohne Betriebsrat – welche Rolle spielen betriebsspezifische Formen der Mitarbeitervertretung?, Industrielle Beziehungen 12, 149-176.

Ellguth,P. (2006), Betriebe ohne Betriebsrat – Verbreitung, Entwicklung und Charakteristika – unter Berücksichtigung betriebsspezifischer Formen der Mitarbeitervertretung. In: Artus,I./Böhm,S./Lücking,S./Trinczek,R.(Hg.), Betriebe ohne Betriebsrat. Informelle Interessenvertretung in Unternehmen, Frankfurt/Main-New York, 43-80.

Ellguth,P. (2007), Betriebliche und überbetriebliche Interessenvertretung – Ergebnisse aus dem IAB Betriebspanel 2005, WSI-Mitteilungen 60, 155-157.

Ellguth,P./Schmidt,R./Trinczek,R. (1990), Trends betrieblicher Arbeitszeitgestaltung in der Metallindustrie, WSI-Mitteilungen 43, 170-180.

Ellguth,P./Promberger,M./Trinczek,R. (1995), Neue Branchen und neue Unternehmensstrukturen. Eine Herausforderung an die gewerkschaftliche Tarifpolitik. In: Bispinck,R.(Hg.), Tarifpolitik der Zukunft. Was wird aus dem Flächentarifvertrag?, Hamburg, 173-193.

Ellguth,P./Kohaut,S. (2004), Tarifbindung und betriebliche Interessenvertretung: Ergebnisse des IAB-Betriebspanels 2003, WSI-Mitteilungen 57, 450-454.

Ellguth,P./Kohaut,S. (2005), Tarifbindung und betriebliche Interessenvertretung: Aktuelle Ergebnisse aus dem IAB-Betriebspanel, WSI-Mitteilungen 58, 398-403.

Ellguth,P./Kohaut,S. (2007), Tarifbindung und betriebliche Interessenvertretung: Aktuelle Ergebnisse aus dem IAB-Betriebspanel 2006, WSI-Mitteilungen 60, 511-514.

Endruweit,G./Gaugler,E./Staehle,W./Wilpert,B.(Hg.) (1985), Handbuch der Arbeitsbeziehungen. Deutschland - Österreich - Schweiz, Berlin-New York

Endruweit,G./Berger,G. (1989), The functioning of institutionalised forms of workers` participation – seen from a social science perspective. In: Gladstone,A.(Hg.), Current issues in labour relations. An international perspective, Berlin-New York, 96-118.

Erd,R. (1978), Verrechtlichung industrieller Konflikte. Normative Rahmenbedingungen des dualen Systems der Interessenvertretung, Frankfurt/Main-New York.

Erd,R. (1979), Verrechtlichte Gewerkschaftspolitik. Bedingungen ihrer Entwicklung und Veränderung. In: Bergmann,J.(Hg.), Beiträge zur Soziologie der Gewerkschaften, Frankfurt/Main, 143-182.

Erlinghagen,M. (2006), Erstarrung, Beschleunigung oder Polarisierung? Arbeitsmarktmobilität und Beschäftigungsstabilität im Zeitverlauf: Neue Ergebnisse mit der IAB-Beschäftigtenstichprobe, Graue Reihe des Instituts Arbeit und Technik 2006-01, Gelsenkirchen.

Esping-Andersen,G. (1990), The three worlds of welfare capitalism, Princeton.

Esser,H. (1999), Soziologie. Allgemeine Grundlagen, 3. Aufl., Frankfurt/Main-New York.

Ettl,W./Wiesenthal,H. (1994), Tarifautonomie in de-industrialisiertem Gelände. Analyse eines Institutionentransfers im Prozeß der deutschen Einheit, Kölner Zeitschrift für Soziologie und Sozialpsychologie 46, 425-452.

Ettl,W./Heikenroth,A. (1996), Strukturwandel, Verbandsabstinenz, Tarifflucht: Zur Lage Unternehmen und Arbeitgeberverbände im ostdeutschen verarbeitenden Gewerbe, Industrielle Beziehungen 3, 134-153.

European Commission/Directorate-General for Employment, Social Affairs and Equal Opportunities (2004), Industrial Relations in Europe 2004, Luxemburg.

European Commission/Directorate-General for Employment, Social Affairs and Equal Opportunities (2006), Industrial Relations in Europe 2006, Luxemburg.

European Foundation for the Improvement of Working and Living Conditions (2007), Foundation findings – Flexicurity: Issues and challenges, www.eurofound.europa.eu /publications/htmlfiles/ef0790.htm.

Expertenkommission Finanzierung Lebenslanges Lernen (2004), Finanzierung Lebenslanges Lernens – der Weg in die Zukunft, Schlussbericht. Bielefeld.

Faith,R.L./Reid,J.D. (1987), An agency theory of unionism, Journal of Economic Behavior and Organization 8, 39-60.

Fajertag,G./Pochet,P.(Hg.) (1997), Social pacts in Europe, Brussels.

Fajertag,G./Pochet,P.(Hg.) (2000), Social pacts in Europe: New dynamics, Brussels.

Falkner,G. (1998), EU social policy in the 1990s. Towards a corporatist policy community, London.

Falkner,G./Treib,O./Hartlapp,M./Leiber,S. (2005), Complying with Europe: EU harmonization and soft law in the member states, Cambridge.

Faust,M./Jauch,P./Brünnecke,K./Deutschmann,C. (1994), Dezentralisierung von Unternehmen. Bürokratie und Hierarchieabbau und die Rolle betrieblicher Arbeitspolitik, München-Mering.

Ferner,A./Hyman,R.(Hg.) (1998), Changing industrial relations in Europe, 2nd ed., Oxford.

Fichter,M./Zeuner,B. (2002), Zukunft der Gewerkschaften. Erkenntnisse aus einer Literaturstudie, Forschungsjournal Neue Soziale Bewegungen 15, 13-28.

Fiedler,M./Schelter,W. (1994), Arbeitszeitrecht für die Praxis. Das Arbeitszeitrechtsgesetz (ArbZRG). Texte und Erläuterungen, Stuttgart.

FitzRoy,F.R./Kraft,K. (1985), Unionization, wages and efficiency, Kyklos 38, 537-554.

FitzRoy,F.R./Kraft,K. (1987), Efficiency and internal organization in West German firms, Economica 54, 493-504.

FitzRoy,F.R./Kraft,K. (2005), Co-determination, efficiency and productivity, British Journal of Industrial Relations 43, 233-247.

Flanagan,R.J. (1999), Macroeconomic performance and collective bargaining: An international perspective, Journal of Economic Literature 37, 1150-1175.

Flanagan,R.J./Soskice,D.W./Ulman,L. (1983), Unions, economic stabilization and incomes policies: European experience, Washington,D.C.

Flanders,A. (1970), Management and unions, London.

Flassbeck,H./Spieker,F. (2005), Die deutsche Lohnpolitik sprengt die Europäische Währungsunion, WSI-Mitteilungen 58, 707-713.

Franz,W. (1992), Keynesianische Beschäftigungstheorie und Beschäftigungspolitik, Aus Politik und Zeitgeschichte 42/12, 25-31.

Franz,W. (1995), Die Lohnfindung in Deutschland in einer internationalen Perspektive: Ist das deutsche System ein Auslaufmodell?, Beihefte der Konjunkturpolitik. Zeitschrift für angewandte Wirtschaftsforschung 43, 31-57.

Franz,W. (2006), Arbeitsmarktökonomik, 6. vollst. überarb. Aufl., Berlin-Heidelberg.

Freeman,R. (1986), Effects of unions on the economy. In: Lipset,S.(Hg.), Unions in transition. Entering the second century, San Francisco, 177-200.

Freeman,R. (2005), What do unions do? The 2004 m-brane stringtwister edition, Journal of Labor Research 26, 641-668.

Freeman,R./Medoff,J.L. (1984), What do unions do?, New York.

Freeman,R./Rogers,J. (1993), Who speaks for us? Employee representation in a non-union labor market. In: Kaufman,B./Kleiner,M.M.(Hg.), Employee representation: Alternatives and future directions, Madison, 13-79.

Freeman,R./Lazear,E. (1995), An economic analysis of works councils. In: Rogers,J./ Streeck,W.(Hg.), Works councils. Consultation, representation, and cooperation in industrial relations, Chicago, 27-50.

Freeman,R./Rogers,J. (1995), Worker representation and participation survey: First report of findings. In: IRRA (Hg.), Proceedings of the 47th meeting, Madison, 336-345.

Freeman,R.B./Rogers,J. (1999), What workers want. Ithaca-New York.

Frege,C. (2002), A critical assessment of the theoretical and empirical research on German works councils, British Journal of Industrial Relations 40, 221-248.

Frege,C./Kelly,J.(Hg.) (2004), Varieties of unionism. Strategies for union revitalization in a globalizing economy, Oxford.

Frei,F./Udris,I.(Hg.) (1990), Das Bild der Arbeit, Bern.

Frey,B./Kirchgässner,G. (1994), Demokratische Wirtschaftspolitik: Theorie und Anwendung, München.

Frey,D./v.Rosenstiel,L./Hoyos,C.G.(Hg.) (2005), Wirtschaftspsychologie, Weinheim-Basel.

Frick,B. (1995), Produktivitätsfolgen (über-)betrieblicher Interessenvertretungen. In: Schreyögg,G./Sydow,J.(Hg.), Managementforschung 5. Empirische Studien, Berlin-New York, 215-257.

Frick,B. (1997), Die Funktionsfähigkeit der bundesdeutschen Betriebsverfassung: Quantitative und qualitative Evidenz im Überblick, Industrielle Beziehungen 4, 172-195.

Frick,B. (2002), Ökonomische Analyse der deutschen Betriebsverfassung. In: Sadowski,D./ Walwei,U.(Hg.), Die ökonomische Analyse des Arbeitsmarkts, Nürnberg, 213-236.

Frick,B.(Hg.) (2003), Symposium „The economics of mandated codetermination", Schmollers Jahrbuch 123, 337-454.

Frick,B. (2004), Mitbestimmung, betriebliche. In: Schreyögg,G./v.Werder,A.(Hg.), Handwörterbuch Unternehmensführung und Organisation, Stuttgart, 870-879.

Frick,B./Sadowski,D. (1995), Works councils, unions, and firm performance. In: Buttler,F.(Hg.), Institutional frameworks and labor market performance, London, 46-81.

Fröhlich,D. (1998), Wege und Irrwege zur flexiblen Organisation. Eine Analyse der neueren Forschung über direkte Mitarbeiterbeteiligung in Europa, Japan und den USA, Dublin.

Fürstenberg,F. (1975), Industrielle Arbeitsbeziehungen. Untersuchungen zu Interessenlagen und Interessenvertretungen in der modernen Arbeitswelt, Wien.

Fürstenberg,F. (1987), Recent trends in collective bargaining in the Federal Republic of Germany. In: ILO (Hg.), Collective bargaining in industrialised market economies: A reappraisal, Geneva, 615-630.

Fürstenberg,F. (1991), Structure and strategy in industrial relations, Deventer-Boston.

Fürstenberg,F. (1993), Individual and representative participation, dualism or dilemma, Research and Practice in Human Resource Management 1, 53-66.

Fürstenberg,F. (1999), Thesen zur Geschichte und Gegenwartslage der Mitbestimmung. In: Nutzinger,H.G.(Hg.), Perspektiven der Mitbestimmung. Historische Erfahrungen und moderne Entwicklungen vor europäischem und globalem Hintergrund, Marburg, 192-202,

Fürstenberg,F. (2000), Arbeitsbeziehungen im gesellschaftlichen Wandel, München-Mering.

Funder,M. (1999), Mitbestimmungsforschung der Gegenwart. Erosion oder Stabilität? – Zum Wandel der betrieblichen Interessenvertretung. In: Nutzinger,H.G.(Hg.), Perspektiven der Mitbestimmung. Historische Erfahrungen und moderne Entwicklungen vor europäischem und globalem Hintergrund, Marburg, 169-191.

Geary,J./Sisson,K. (1994), Conceptualising direct participation in organisational change – The EPOC project, Dublin.

Genosko,J. (1990), Gewerkschaften – Monopolistische Institutionen oder Mechanismen zur Förderung der Effizienz? Eine Analyse der Gewerkschaften aus der Sicht der Liberalisierung des EG-Binnenmarktes, Jahrbuch für Nationalökonomie und Statistik 207, 594-604.

Genosko,J. (1998), Das Arbeitsförderungs-Reformgesetz. Eine sozial- und arbeitsmarktpolitische Betrachtung ausgewählter Aspekte. In: Hauser,R.(Hg.), Reform des Sozialstaats II. Theoretische, institutionelle und empirische Aspekte, Berlin, 81-123.

Gerlach,K./Hübler,O.(Hg.) (1989), Effizienzlohntheorie, Individualeinkommen und Arbeitsplatzwechsel, Frankfurt/Main-New York.

Gerum,E. (1989), Mitbestimmung und Effizienz. Neuere theoretische Entwicklungen und empirische Befunde. In: Eichhorn,P.(Hg.), Unternehmensverfassung in der privaten und öffentlichen Wirtschaft, Baden-Baden, 46-60.

Gerum,E. (1991), Aufsichtsratstypen – Ein Beitrag zur Theorie der Organisation der Unternehmensführung, Die Betriebswirtschaft 51, 719-731.

Gerum,E. (1997), Betriebsverfassung im Wandel – Strukturprobleme und Reformansätze, Zeitschrift für Personalforschung 11, 183-194.

Gerum,E./Steinmann,H./Fees,W. (1988), Der mitbestimmte Aufsichtsrat, Stuttgart.

Gerum,E./Debus,M. (2006), Die Größe des Aufsichtsrats als rechtspolitisches Problem. Einige empirische Befunde, Marburg.

Ghellab,Y./Vaughan-Whitehead,D.(Hg.) (2003), Sectoral social dialogue in future EU member states: The weakest link, Budapest.

Giesecke,J./Groß,M. (2002), Befristete Beschäftigung: Chance oder Risiko, Kölner Zeitschrift für Soziologie und Sozialpsychologie 54, 85-108.

Giesecke,J./Groß,M. (2007), Flexibilisierung durch Befristung. Empirische Analysen zu den Folgen befristeter Beschäftigung. In: Keller,B./Seifert,H.(Hg.), Atypische Beschäftigung – Flexibilisierung und soziale Risiken, Berlin, 83-105.

Giles,A. (1989), Industrial relations theory, the state and politics. In: Barbash,J./Barbash,K. (Hg.), Theories and concepts in comparative industrial relations, Columbia,S.C., 123-154.

Gill,C./Krieger,H. (1992), The diffusion of participation in new information technology in Europe: Survey results, Economic and Industrial Democracy 13, 331-357.

Gladstone,A.(Hg.) (1989), Current issues in labour relations. An international perspective, Berlin-New York.

Gladstone,A./Lansbury,R./Stieber,J./Treu,R./Weiss,M.(Hg.) (1989), Current issues in labour relations. An international perspective, Berlin-New York.

Goetschy,J. (2003), European employment policy since the 1990s. In: Keller,B./Platzer,H.-W.(Hg.), Industrial relations and European integration. Trans- and supranational developments and prospects, Aldershot, 137-160.

Golden,M. (1992), Conclusion: Current trends in trade union politics. In: Golden,M./Pontusson,M.(Hg.), Bargaining for change. Union politics in North America and Europe, Ithaca-London, 312-320.

Goldthorpe,J.H. (1984), The end of convergence: Corporatist and dualist tendencies in modern western societies. In: Goldthorpe,J.H.(Hg.), Order and conflict in contemporary capitalism, Oxford, 315-343.

Graf,G. (1977), Beschäftigungstheorie. In: Albers,W.(Hg.), Handwörterbuch der Wirtschaftswissenschaft, Bd.1, Stuttgart-New York, 513-543.

Greifenstein,R./Kißler,L./Jansen,P. (1988), Arbeitnehmerbeteiligung bei technischen Innovationen: Konzepte und Implementationsprobleme. In: Kißler,L.(Hg.), Computer und Beteiligung. Beiträge aus der empirischen Partizipationsforschung, Opladen, 140-163.

Greifenstein,R./Jansen,P./Kißler,L. (1990), Direkte Arbeitnehmerbeteiligung mit oder ohne Arbeitnehmervertretung? Die Antwort einer empirischen Partizipationsfolgenabschätzung im Betrieb, WSI-Mitteilungen 43, 602-610.

Griffin,G. (2005), Australia. Top-down strategic restructuring. In: Waddington,J.(Hg.), Restructuring representation. The merger process and trade union structural developments in ten countries, Brussels-Bern, 45-66.

Groser,M./Hilbert,J./Voelzkow,H. (1986), Die Organisation von Wirtschaftsinteressen im Kammersystem der Bundesrepublik Deutschland. Materialien zur sozialwissenschaftlichen Planungs- und Entscheidungstheorie Nr.9, Universität Bielefeld, Fakultät für Soziologie.

Haas,E. (1987), Beschäftigungs- und Kosteneffekte arbeitszeitverkürzender Maßnahmen – Dargestellt am Beispiel der Lebensarbeitszeitverkürzung (Vorruhestandsregelung), Hamburg.

Hagen,T./Steiner,V. (2000), Von der Finanzierung der Arbeitslosigkeit zur Förderung von Arbeit. Analysen und Handlungsempfehlungen zur Arbeitsmarktpolitik, Baden-Baden.

Haipeter,T./Schilling,G (2006a), Arbeitgeberverbände in der Metall- und Elektroindustrie. Tarifbindung, Organisationsentwicklung und Strategiebildung, Hamburg.

Haipeter,T./Schilling,G. (2006b), Von der Einfluss- zur Mitgliedschaftslogik. Die Arbeitgeberverbände und das System der industriellen Beziehungen in der Metallindustrie, Industrielle Beziehungen 13, 21-42.

Hall,M./Carley,M./Gold,M./Marginson,P./Sisson,K. (1995), European Works Councils. Planning for the Directive, London.

Hall,M./Broughton,A./Carley,M./Sisson,K. (2002), Works councils for the UK? Assessing the impact of the EU employee consultation Directive, London.

Hall,P.A./Soskice,D.(Hg.) (2001), Varieties of capitalism. The institutional foundations of comparative advantage, Oxford.

Hanau,P./Adomeit,K. (2005), Arbeitsrecht, 13., neu bearb. Aufl., München.

Hannan,M.T./Freman,J.F. (1987), The ecology of organizational founding: American labor unions, 1836-1985, American Journal of Sociology 92, 910-943.

Hardes,H.-D. (1989), Zur Bedeutung längerfristiger Arbeitsbeziehungen und betriebsinterner Teilarbeitsmärkte, Mitteilungen aus der Arbeitsmarkt- und Berufsforschung 22, 540-552.

Hartwich,H.-H. (1998), Die Europäisierung des deutschen Wirtschaftssystems: Alte Fundamente, neue Realitäten, Zukunftsperspektiven, Opladen.

Hartz,P. (1994), Jeder Arbeitsplatz hat ein Gesicht. Die Volkswagen-Lösung, Frankfurt/ Main-New York.

Hassel,A. (1999), The erosion of the German system of industrial relations, British Journal of Industrial Relations 37, 483-505.

Hassel,A. (2001), The problem of political exchange in complex governance systems: The case of Germany's alliance for jobs, European Journal of Industrial Relations 7, 307-326.

Hassel,A. (2007), Gewerkschaften. In: Winter,T./Willems,U.(Hg.), Interessenverbände in Deutschland, Wiesbaden, 173-196.

Hauser-Dietz,A./Hertwig,M./Pries,L. (2006a), Betriebsräte und andere Vertretungsorgane im Vergleich – Strukturen, Arbeitsweisen und Beteiligungsmöglichkeiten, WSI-Mitteilungen 59, 500-506.

Hauser-Dietz,A./Hertwig,M./Pries,L. (2006b), Betriebsräte und „Andere Vertretungsorgane“. Verbreitung und Kontext betrieblicher Beschäftigtenvertretungen in der deutschen Privatwirtschaft, Industrielle Beziehungen 13, 340-369.

Helberger,C. (1988), Eine Überprüfung der Linearitätsannahme der Humankapitaltheorie. In: Albach,H./Bodenhöfer,H.-J.(Hg.), Bildung, Beruf, Arbeitsmarkt, Berlin, 151-170.

Helfen,M. (2005), De-Institutionalisierung des Betriebsrates. Welchen Erklärungsbeitrag liefern „New Economy" und direkte Partizipation?, Industrielle Beziehungen 12, 120-148.

Henneberger,F. (1993a), Struktur und Organisationsdynamik der Unternehmerverbände: Probleme der Verbandsbildung und Interessenvereinheitlichung im vereinten Deutschland, Wirtschaft und Gesellschaft 19, 329-357.

Henneberger,F. (1993b), Transferstart: Organisationsdynamik und Strukturkonservatismus westdeutscher Unternehmerverbände - Aktuelle Entwicklungen unter besonderer Berücksichtigung des Aufbauprozesses in Sachsen und Thüringen, Politische Vierteljahresschrift 34, 640-673.

Henneberger,F. (1997), Arbeitsmärkte und Beschäftigung im öffentlichen Dienst: Eine theoretische und empirische Analyse für die Bundesrepublik Deutschland, Bern.

Henneberger,F./Graf,St./Vocke,M. (2000), Globalisierung und Arbeitsmarkt. Auslandsinvestitionen von Dienstleistungsunternehmen und ihre Auswirkungen auf die Beschäftigung, Baden-Baden.

Henneberger,F./Keller,B. (2004a), Arbeitsmarktpolitik. In: Haefner,V.(Red.), Gabler Wirtschafts-Lexikon A-D, 16. vollst. überarb. u. aktual. Aufl., Wiesbaden, 168-173.

Henneberger,F./Keller,B. (2004b), Arbeitsmarkttheorien. In: Haefner,V.(Red.), Gabler Wirtschafts-Lexikon A-D, 16. vollst. überarb. u. aktual. Aufl., Wiesbaden, 175-179.

Hildebrandt,E./Jürgens,U./Oppen,M./Teipen,C.(Hg.) (2007), Arbeitspolitik im Wandel. Entwicklungen und Perspektiven der Arbeitspolitik, Berlin.

Hinrichs,K. (1992), Zur Zukunft der Arbeitszeitflexibilisierung. Arbeitnehmerpräferenzen, betriebliche Interessen und Beschäftigungswirkungen, Soziale Welt 43, 313-330.

Hinrichs,K. (1993), Die Zukunft der Arbeitszeitflexibilisierung am Ende einer arbeitszeitpolitisch aktiven Phase: Arbeitnehmerpräferenzen, betriebliche Interessen und Beschäftigungswirkungen. In: Marr,R.(Hg.), Arbeitszeitmanagement. Grundlagen und Perspektiven der Gestaltung flexibler Arbeitszeitsysteme, 2.Aufl., Berlin, 78-99.

Hinz,T./Abraham,M. (2005), Theorien des Arbeitsmarktes: Ein Überblick. In: Abraham,M./ Hinz,T.(Hg.), Arbeitsmarktsoziologie. Probleme, Theorien, empirische Befunde, Wiesbaden, 17-68.

Hirsch,B.T./Addison,J.T. (1986), The economic analysis of unions: New approaches and evidence, London-Boston.

Hirsch-Kreinsen,H. (2005), Wirtschafts- und Industriesoziologie. Grundlagen, Fragestellungen, Themenbereiche, Mülheim-München.

Hirschman,A.O. (1974), Abwanderung und Widerspruch. Reaktionen auf Leistungsabfall bei Unternehmungen, Organisationen und Staat, Tübingen.

Hoffmann,J./Hoffmann,R./Lange,D./Mückenberger,U.(Hg.) (1990), Jenseits der Beschlußlage. Gewerkschaft als Zukunftswerkstatt, Köln.

Hoffmann,R./Gabaglio,E.(Hg.) (1998), European Trade Union Yearbook, Brüssel.

Hohendanner,C./Bellmann,L. (2007), Atypische Beschäftigung und betrieblicher Flexibilisierungsbedarf. In: Keller,B./Seifert,H.(Hg.), Atypische Beschäftigung – Flexibilisierung und soziale Risiken, Berlin, 27-43.

Hohn,H.W. (1987), Soziale Netzwerke und Kooperation im Betrieb - Funktionen informeller Rekrutierung im dualen System der industriellen Arbeitsbeziehungen. In: Deeke,A./ Fischer,J./Schumm-Garling,U.(Hg.), Arbeitsmarktbewegung als sozialer Prozeß, SAMF-Arbeitspapier 1987-3, Paderborn, 82-107.

Hohn,H.W. (1988), Von der Einheitsgewerkschaft zum Betriebssyndikalismus. Soziale Schließung im dualen System der Interessenvertretung, Berlin.

Hohn,H.W./Windolf,P. (1985), Prozesse sozialer Schließung im Arbeitsmarkt. Eine empirische Skizze betriebsinterner Determinanten von Mobilitätsprozessen. In: Knepel,H./ Hujer,R.(Hg.), Mobilitätsprozesse auf dem Arbeitsmarkt, Frankfurt/Main-New York, 305-327.

Homann,K./Suchanek,A. (2000), Ökonomik. Eine Einführung, Tübingen.

Höpner,M. (2004a), Was bewegt die Führungskräfte? Von der Agency-Theorie zur Soziologie des Managements, Soziale Welt 55, 263-282.

Höpner, M. (2004b), Unternehmensmitbestimmung unter Beschuss. Die Mitbestimmungsdebatte im Licht der sozialwissenschaftlichen Forschung, Industrielle Beziehungen 11, 347-379.

Hornung-Draus,R. (2002), Between e-economy, Euro and enlargement. Where are employer organisations in Europe heading?, Industrielle Beziehungen 9, 209-221.

Huber,B./Burkhard,O./Klebe,T. (2005), Tarifpolitik ist Betriebspolitik, Betriebspolitik ist Tarifpolitik, WSI-Mitteilungen 58, 656-662.

Husmann,J./Neifer-Dichmann,E. (1993), Arbeitszeitverkürzungen – ein beschäftigungspolitischer Fehlschlag. In: Hampe,P.(Hg.), Zwischenbilanz der Arbeitszeitverkürzung, München, 66-90.

Hyman,R. (1989), The political economy of industrial relations. Theory and practice in a cold climate, London.

Hyman,R. (1991), European unions: Towards 2000, Work, Employment & Society 5, 621-639.

IAB (2002a), IAB Management-Info Nr.1: Gesamteinschätzung der Hartz-Vorschläge, Nürnberg.

IAB (2002b), Wege aus der Arbeitsmarktkrise. Finanzpolitik, Ordnungspolitik, Arbeitsmarktpolitik und Tarifpolitik auf dem Prüfstand, IAB Werkstattbericht 11, Nürnberg.

IDE Industrial Democracy in Europe – International Research Group (1993), Industrial democracy in Europe revisited, Oxford.

ILO (1983), Conciliation techniques: Structures, functions and techniques, Geneva.

ILO (1997), World labour report 1997-98. Industrial relations, democracy and social stability, Geneva.

ILO (2006), Infocus Programme on Social Dialogue, Labour Law and Labour Administration, http://www.ilo.org/public/english/dialogue/ifpdial/sd/index.htm.

ILO Task Force on Industrial Relations (1996), Industrial Relations: Towards a negotiated compromise between democracy and the market, Ms. Geneva.

Institut der deutschen Wirtschaft (2005), iwd Nr. 33, Informationsdienst des Instituts der deutschen Wirtschaft Köln 31, 5.

IRRA (Hg.) (1988), Proceedings of the 37th annual meeting, Madison; Review symposium: The transformation of American industrial relations, Industrial and Labor Relations Review 41, 439-455.

Jackson,G. (2005), Contested boundaries: Ambiguity and creativity in the evolution of German codetermination. In: Streeck,W./Thelen,K.(Hg.), Beyond continuity. Institutional change in advanced political economies, Oxford, 229-254.

Jacobi,O./Müller-Jentsch,W. (1990), West Germany: Continuity and structural change. In: Baglioni,G./Crouch,C.(Hg.), European industrial relations. The challenge of flexibility, London, 127-153.

Jacobi,O./Keller,B./Müller-Jentsch,W. (1998), Germany: Facing new challenges. In: Ferner,A./Hyman,R.(Hg.), Changing industrial relations in Europe, 2nd ed. Oxford 1998, 190-238.

Jacobi,L./Kluve,J. (2007), Before and after the Hartz reforms: The performace of active labour market policy, Zeitschrift für Arbeitsmarktforschung 40, 45-64.

Jacoby,S. (1995), The workers of nations. Industrial relations in a global economy, New York-Oxford.

Jacoby,S. (2005a), The embedded corporation: Corporate governance and employment relations in Japan and the United States, Princeton.

Jacoby,S. (2005b), Corporate governance and employees in the United States. In: Gospel,H./Pendleton,A.(Hg.), Corporate governance and labour management. An international comparison, Oxford, 33-58.

Jann,W./Schmid,G.(Hg.) (2004), Eins zu eins? Eine Zwischenbilanz der Hartz-Reformen am Arbeitsmarkt, Berlin.

Janoski,T. (1990), The political economy of unemployment. Active labor market policy in West Germany and the United States, Berkeley-Los Angeles.

Jensen,M.C./Meckling,W.H. (1979), Rights and production functions: An application to labor-management firms and codetermination, Journal of Business 52, 469-506.

Jürgens,U. (2007), Arbeitspolitik: Zur Entwicklung eines Forschungprogramms. In: Hildebrandt,E./Jürgens,U./Oppen,M./Teipen,C.(Hg.) (2007), Arbeitspolitik im Wandel. Entwicklungen und Perspektiven der Arbeitspolitik, Berlin, 17-55.

Jürgens,U./Naschold,F.(Hg.) (1984), Arbeitspolitik, Opladen.

Jürgens,U./Lippert,I. (2005), Kommunikation und Wissen im Aufsichtsrat. Voraussetzungen und Kriterien guter Aufsichtsratsarbeit aus der Perspektive leitender Angestellter. Studie in Kooperation mit dem Deutschen Führungskräfteverband (ULA), Berlin.

Junkes,J./Sadowski,D. (1999), Mitbestimmung im Aufsichtsrat: Steigerung der Effizienz oder Ausdünnung von Verfügungsrechten. In: Frick,B./Kluge,N./Streeck,W.(Hg.), Die wirtschaftlichen Folgen der Mitbestimmung. Expertenberichte für die Kommission Mitbestimmung, Frankfurt/Main-New York, 53-88.

Juris,H.(Hg.) (1985), Industrial relations in a decade of economic change, Madison.

Kalbitz,R. (1972), Die Arbeitskämpfe in der BRD – Aussperrung und Streik, Diss., Bochum.

Kalbitz,R. (1978), Aussperrungen in der Bundesrepublik, Kritische Justiz 11, 350-364.

Kalbitz,R. (1979), Aussperrungen. Die vergessenen Konflikte, Köln-Frankfurt/Main.

Kassalow,E.M. (1989), Employee representation on U.S. German boards, Monthly Labor Review 112, 39-42.

Katz,H.C. (2004), United States: The spread of coordination and decentralization without national-level tripartism. In: Katz,H.C./Lee,W./Lee,J.(Hg.), The new structure of labor relations. Tripartism and decentralization, Ithaca-London, 192-212.

Katz,H.C. (2005), Industrial relations and work. In: Ackroyd,S./Batt,R./Thompson,P./ Tolbert,P.S.(Hg.), The Oxford handbook of work and organization, Oxford, 263-282.

Katz,H.C./Darbishire,O.(Hg.) (2000), Converging divergences: Worldwide changes in employment systems, Ithaca-London.

Kaufman,B.(Hg.) (2004a), Theoretical perspectives on work and the employment relationship, Champaign.

Kaufman,B. (2004b), The global evolution of industrial relations. Events, ideas and the IIRA, Geneva.

Kaufman,B. (2007), The core principle and fundamental theorem of industrial relations, The International Journal of Comparative Labour Law and Industrial Relations 23, 5-33.

Kaufman,B./Hotchkiss,J. (2005), The economics of labor markets, 7th ed., Chicago.

Keller,B. (1983a), Arbeitsbeziehungen im öffentlichen Dienst. Tarifpolitik der Gewerkschaften und Interessenpolitik der Beamtenverbände, Frankfurt/Main-New York.

Keller,B. (1983b), Individualistische Sozialwissenschaft. Zur Relevanz einer Theoriediskussion, Kölner Zeitschrift für Soziologie und Sozialpsychologie 35, 59-82.

Keller,B. (1985), Schlichtung als autonomes Regelungsverfahren der Tarifvertragsparteien. In: Endruweit,G./Gaugler,E./Staehle,W.H./Wilpert,B.(Hg.), Handbuch der Arbeitsbeziehungen, Berlin-New York, 119-130.

Keller,B. (1986), Gewerkschaften als korporative Akteure. Gruppeninteressen und differentielle Betroffenheit. In: Kern,L./Müller,H.P.(Hg.), Gerechtigkeit, Diskurs oder Markt? Die neuen Ansätze in der Vertragstheorie, Opladen, 151-167.

Keller,B. (1988a), Mediation as a conflict-solving device in collective industrial disputes, Relations Industrielles/Industrial Relations 43, 431-446.

Keller,B. (1988b), Olsons „Logik des kollektiven Handelns". Entwicklung, Kritik – und eine Alternative, Politische Vierteljahresschrift 29, 388-406.

Keller,B. (1993), Arbeitspolitik des öffentlichen Sektors, Baden-Baden.

Keller,B. (1998), Die zweite Novellierung des Betriebsverfassungsgesetzes: Cui bono? In: Keller,B./Seifert,H.(Hg.), Deregulierung am Arbeitsmarkt. Eine empirische Zwischenbilanz, Hamburg, 36-55.

Keller,B. (2001a), Europäische Arbeits- und Sozialpolitik, 2.Aufl., München-Wien.

Keller,B. (2001b), Ver.di: Triumphmarsch oder Gefangenenchor? Neustrukturierung der Interessenvertretung im Dienstleistungssektor, Hamburg.

Keller,B. (2002), The European Company Statute: Employee involvement – and beyond, Industrial Relations Journal 33, 423-444.

Keller,B. (2003a), Social dialogues at sectoral level: The neglected ingredient of European industrial relations. In: Keller,B./Platzer,H.-W.(Hg.), Industrial relations and European integration. Trans- and supranational developments and prospects, Aldershot, 30-57.

Keller,B. (2003b), The Hartz Commission's recommendations and beyond: An intermediate assessment, The International Journal of Comparative Labour Law and Industrial Relations 19, 363-386.

Keller,B. (2004), Multibranchengewerkschaft als Erfolgsmodell? Zusammenschlüsse als organisatorisches Novum – das Beispiel ver.di, Hamburg.

Keller,B. (2005), The industrial relations field in Germany: An empirical and comparative analysis, Advances in Industrial and Labor Relations 14, 239-278.

Keller,B. (2006a), Aktuelle Entwicklungen der Beschäftigungsbeziehungen im öffentlichen Dienst, Die Verwaltung. Zeitschrift für Verwaltungsrecht und Verwaltungswissenschaften 39, 79-99.

Keller,B. (2006b), Social Dialogues - The Specific Case of the European Union. In: International Industrial Relations Association(Hg.), Social Actors, Work Organization and New Technologies in the 21st Century. IIRA 14th World Congress, September 2006, Lima/Peru, 69-96.

Keller,B. (2007), Wandel der Arbeitsbeziehungen im öffentlichen Dienst: Entwicklungen und Perspektiven, Die Verwaltung. Zeitschrift für Verwaltungsrecht und Verwaltungswissenschaften 40, 173-202.

Keller,B./Henneberger,F. (1999), Privatwirtschaft und öffentlicher Dienst: Parallelen und Differenzen in den Arbeitspolitiken. In: Müller-Jentsch,W.(Hg.), Konfliktpartnerschaft. Akteure und Institutionen der industriellen Beziehungen, 3.überarb.u.erw. Aufl., München-Mering, 233-256.

Keller,B./Platzer,H.-W.(Hg.) (2003), Industrial relations and European integration. Trans- and supranational developments and prospects, Aldershot.

Keller,B./Schnell,R. (2003), Zur empirischen Analyse von Personalräten – Strukturdaten und Probleme der Interessenvertretung, WSI-Mitteilungen 56, 185-193.

Keller,B./Schnell,R. (2005), Sozialstruktur und Problemfelder der Interessenvertretung im öffentlichen Dienst. Eine empirische Untersuchung von Personalräten in West- und Ostdeutschland, Berliner Journal für Soziologie 15, 87-102.

Keller,B./Seifert,H.(Hg.) (1998), Deregulierung am Arbeitsmarkt. Eine empirische Zwischenbilanz, Hamburg.

Keller,B./Seifert,H. (2005), Atypical employment and flexicurity, Management Revue 16, 304-323.

Keller,B./Seifert,H.(Hg.) (2007), Atypische Beschäftigung – Flexibilisierung und soziale Risiken, Berlin.

Keller,B./Werner,F. (2007), Arbeitnehmerbeteiligung in der Europäischen Aktiengesellschaft (SE) – Eine empirische Analyse der ersten Fälle, WSI-Mitteilungen 60, 604-612.

Keller,B./Werner,F. (2008), The Establishment of the European Company: The First Cases from an Industrial Relations Perspective, European Journal of Industrial Relations 14, 153-175.

Keller,B./Seifert,H. (2008), Flexicurity: Ein europäisches Konzept und seine nationale Umsetzung. Gutachten für die Friedrich-Ebert-Stiftung, Bonn.

Kelly,J. (1998), Rethinking industrial relations. Mobilization, collectivism and long waves, London.

Kerckhofs,P. (2006), European Works Councils: facts and figures, Brüssel.

Kerckhofs,P./Triangle,L. (2003), EWC developments in 2002. In: Gabaglio,E./Hoffmann,R. (Hg.), European Trade Union Yearbook, Brussels, 105-126.

Kern,H./Schumann,M. (1984), Das Ende der Arbeitsteilung? Rationalisierung in der industriellen Produktion: Bestandsaufnahme, Trendbestimmung, München.

Kerr,C./Staudohar,P.(Hg.) (1994), Labor economics and industrial relations. Markets and institutions, Cambridge-London.

Kevelaer,K.-H.v./Hinrichs,K. (1985), Arbeitszeit und „Wirtschaftswunder“ – Rahmenbedingungen des Übergangs zur 40-Stunden-Woche in der Bundesrepublik Deutschland, Politische Vierteljahrsschrift 26, 52-75.

Kieser,A.(Hg.) (2005), Organisationstheorien, 5.Aufl. Stuttgart.

Kirsch,J. (2003), Die Allgemeinverbindlicherklärung von Tarifverträgen – ein Instrument in der Krise, WSI-Mitteilungen 56, 405-412.

Kirsch,W./Scholl,W. (1983), Was bringt die Mitbestimmung? Eine Gefährdung der Handlungsfähigkeit und/oder Nutzen für die Arbeitnehmer? Ergebnisse einer empirischen Untersuchung, Die Betriebswirtschaft 43, 541-561.

Kißler,L. (1986), 35 Jahre Mitbestimmungsforschung in der Bundesrepublik Deutschland – Ein Bilanzierungsversuch. In: Diefenbacher,H./Nutzinger,H.G.(Hg.), Mitbestimmung in Betrieb und Verwaltung. Konzepte und Formen der Arbeitnehmerpartizipation, Heidelberg, 13-28.

Kißler,L.(Hg.) (1989), Modernisierung der Arbeitsbeziehungen. Direkte Arbeitnehmerbeteiligung in deutschen und französischen Betrieben, Frankfurt/Main-New York.

Kißler,L. (1991), Die gemanagte Partizipation. Qualitätszirkel als Instrumente des Personalmanagements in der deutschen und französischen Automobilindustrie. In: Marr,R.(Hg.), Eurostrategisches Personalmanagement, Bd.2, München-Mering, 287-316.

Kißler,L. (1992), Die Mitbestimmung in der Bundesrepublik Deutschland. Modell und Wirklichkeit, Marburg.

Kißler,L. (1994a), Industrial modernization by workers' participation, Economic and Industrial Democracy 15, 179-210.

Kißler,L. (1994b), Neue Staatsbürgerlichkeit und alte Machtbeziehungen im Betrieb. Hat die Mitbestimmung am Arbeitsplatz eine Chance?. In: Scherer,K.-J./Wasmuth,U.C.(Hg.), Mut zur Utopie! Festschrift für Fritz Vilmar, Münster, 75-89.

Kittel,B. (2003), Politische Ökonomie der Arbeitsbeziehungen. Akteure, Institutionen und wirtschaftliche Effekte. In: Obinger,H./Wagschal,U./Kittel,B.(Hg.), Politische Ökonomie. Demokratie und wirtschaftliche Leistungsfähigkeit, Opladen, 81-111.

Kittel,B./Traxler,F. (1999), Disorganisierung als ultima ratio? Wettbewerbsfähigkeit der Arbeitsbeziehungen im internationalen Vergleich. In: Busch,A./Plümper,T.(Hg.), Nationaler Staat und internationale Wirtschaft: Anmerkungen zum Thema Globalisierung, Baden-Baden, 93-121.

Kittner,M.(Hg.) (1974), Streik und Aussperrung, Frankfurt/Main-Köln.

Kittner,M. (2005), Arbeitskampf. Geschichte-Recht-Gegenwart, München.

Klammer,U./Leiber,S. (2007), Atypische Beschäftigung und sozialer Schutz. EU-Regulierung und Situation in Deutschland. In: Keller,B./Seifert,H.(Hg.), Atypische Beschäftigung – Flexibilisierung und soziale Risiken, Berlin, 185-207.

Klenner,C./Seifert,H.(Hg.) (1998), Zeitkonten – Arbeit à la carte? Neue Modelle der Arbeitszeitgestaltung, Hamburg.

Klenner,C./Ochs,C./Seifert,H. (1998), Lockerung des Sonntagsarbeitsverbots. In: Keller,B./ Seifert,H.(Hg.), Deregulierung am Arbeitsmarkt. Eine empirische Zwischenbilanz, Hamburg, 105-136.

Klenner,C./Linecke,C. (2003), Gleichstellung von Frauen und Männern in der betrieblichen Interessenvertretung, WSI-Mitteilungen 56, 177-184.

Knuth,M. (1982), Nutzung betrieblicher Mitbestimmungsrechte in Betriebsvereinbarungen. In: Mitbestimmung 28, 204-208.

Knuth,M. (1983), Zustandekommen und Analyse von Betriebsvereinbarungen und praktische Erfahrungen mit Einigungsstellen, Bonn.

Knuth,M./Brussig,M. (2006), „Hartz-Kommission": Thesen zu den wissenschaftlichen Grundlagen der Reformvorschläge. In: Brinkmann,C./Koch,S./Mendius,G.(Hg.), Wirkungsforschung und Politikberatung – eine Gratwanderung, Nürnberg, 89-100.

Koch,G. (1999), Flucht in die OT-Mitgliedschaft, Personalwirtschaft 26, 47-52.

Koch,S./Walwei,U. (2005), Hartz IV: Neue Perspektiven für Langzeitarbeitslose?, Aus Politik und Zeitgeschichte 55, Heft 16, 10-17.

Kochan,T. (2005), What should governments do? Paper for IRRA/LERA Meeting, Philadelphia.

Kochan,T./McKersie,R.B./Cappelli,P. (1984), Strategic choice and industrial relations theory, Industrial Relations 23, 16-39.

Kochan,T./Katz,H.C./McKersie,R. (1986), The transformation of American industrial relations, New York.

Kochan,T./Osterman,P. (1994), The mutual gains enterprise. Forging a winning partnership among labor, management, and government, Boston.

Kohaut,S. (2007), Tarifbindung und tarifliche Öffnungsklauseln: Ergebnisse aus dem IAB-Betriebspanel, WSI-Mitteilungen 60, 94-97.

Kohaut,S./Bellmann,L. (1997), Betriebliche Determinanten der Tarifbindung: Eine empirische Analyse auf der Basis des IAB-Betriebspanels 1995, Industrielle Beziehungen 4, 317-334.

Kohaut,S./Schnabel,C. (1999), Tarifbindung im Wandel, IW-Trends 2, 63-80.

Kohaut,S./Schnabel,C. (2001), Tarifverträge – nein danke!? Einflussfaktoren der Tarifbindung west- und ostdeutscher Betriebe. Diskussionspapiere Nr. 8, Friedrich-Alexander-Universität Erlangen-Nürnberg.

Kohaut,S./Schnabel,C. (2003a), Verbreitung, Ausmaß und Determinanten der übertariflichen Entlohnung, Mitteilungen aus der Arbeitsmarkt- und Berufsforschung 36, 661-671.

Kohaut,S./Schnabel,C. (2003b), Zur Erosion des Flächentarifvertrags: Ausmaß, Einflussfaktoren und Gegenmaßnahmen, Industrielle Beziehungen 10, 193-219.

Kohaut,S./Schnabel,C. (2003c), Tarifverträge – nein danke!? Ausmaß und Einflussfaktoren der Tarifbildung west- und ostdeutscher Betriebe, Jahrbücher für Nationalökonomie und Statistik 223, 312-331.

Kohaut,S./Schnabel,C. (2007), Tarifliche Öffnungsklauseln – Verbreitung, Inanspruchnahme und Bedeutung, Sozialer Fortschritt 56, 33-40.

Kohl,H./Platzer,H.-W. (2004), Industrial relations in Central and Eastern Europe. Transformation and integration. A comparison of the eight new EU member states, Brüssel.

Köhler,C./Loudovici,K./Struck,O. (2007), Generalisierung von Beschäftigungsrisiken oder anhaltende Arbeitsmarktsegmentation?, Berliner Journal für Soziologie 17, 387-406.

Kohli,M. (1987), Ruhestand und Moralökonomie. Eine historische Skizze. In: Heinemann,K. (Hg.), Soziologie wirtschaftlichen Handelns, Opladen, 393-416.

Kohli,M. (1988), Die gesellschaftliche und individuelle Bedeutung der Altersgrenze. In: Schmähl,W.(Hg.), Verkürzung oder Verlängerung der Erwerbsphase? Zur Gestaltung des Übergangs vom Erwerbsleben in den Ruhestand in der Bundesrepublik Deutschland, Tübingen, 36-53.

Kohli,M. (1993), Altersgrenzen als Manövriermasse? Das Verhältnis von Erwerbsleben und Ruhestand in einer alternden Gesellschaft. In: Strümpel,B./Dierkes,M.(Hg.), Innovation und Beharrung in der Arbeitspolitik, Stuttgart.

Kohli,M./Wolf,J. (1987), Altersgrenze im Schnittpunkt von betrieblichen Interessen und individueller Lebensplanung. Das Beispiel des Vorruhestands, Soziale Welt 38, 92-109.

Kok,W. (2003), Jobs, jobs, jobs. Creating more employment in Europe. Report of the employment taskforce chaired by Wim Kok, Brüssel.

Koller,L./Schnabel,C./Wagner,J. (2007), Freistellung von Betriebsräten – Eine Beschäftigungsbremse? Diskussionspapiere No.53, Friedrich-Alexander-Universität Erlangen-Nürnberg, Lehrstuhl für Arbeitsmarkt- und Regionalpolitik.

Kommission der Europäischen Gemeinschaften (1993), Mitteilung der Kommission über die Anwendung des Protokolls über die Sozialpolitik an den Rat und an das Europäische Parlament. KOM(93) 600 endgültig, Brüssel.

Kommission der Europäischen Gemeinschaften (1996), Mitteilung der Kommission zur Entwicklung des sozialen Dialogs auf Gemeinschaftsebene. KOM(96) 448 endgültig, Brüssel.

Kommission der Europäischen Gemeinschaften (1998), Mitteilung der Kommission – Anpassung und Förderung des Sozialen Dialogs auf Gemeinschaftsebene. KOM(98) 322 endgültig, Brüssel.

Kommission der Europäischen Gemeinschaften (2002), Mitteilung der Kommission: Der europäische soziale Dialog, Determinate für Modernisierung und Wandel. KOM(2002) 341 endgültig, Brüssel.

Kommission der Europäischen Gemeinschaften (2004), Mitteilung der Kommission – Partnerschaft für den Wandel in einem erweiterten Europa - Verbesserung des Beitrags des europäischen sozialen Dialogs. KOM(2004) 557 endgültig, Brüssel.

König,M./Möller,J. (2007), Mindestlohneffekte des Entsendegesetzes. Eine Mikrodatenanalyse für die deutsche Bauwirtschaft, IAB-Discussion Paper Nr. 30/2007, Nürnberg.

König,S. (2005), Human Resource Management, Personalauswahl und Theorien industrieller Beziehungen. Interaktionskulturen aus einer Negotiated Order-Perspektive, München-Mering.

Konle-Seidl,R. (2006), Wirkungen aktiver Arbeitsmarktpolitik – Lessons learned. In: Brinkmann,C./Koch,S./Mendius,G.(Hg.), Wirkungsforschung und Politikberatung – eine Gratwanderung, Nürnberg, 341-371.

Kotthoff,H. (1980), Zur Anwendung des Betriebsverfassungsgesetzes in Betrieben, Jahrbuch für Rechtssoziologie und Rechtstheorie 7, 328-349.

Kotthoff,H. (1981), Betriebsräte und betriebliche Herrschaft. Eine Typologie partizipativer Handlungs- und Deutungsmuster von Betriebsräten und Unternehmensleitungen, Frankfurt/Main-New York.

Kotthoff,H. (1985), Betriebliche Interessenvertretung durch Mitbestimmung des Betriebsrats. In: Endruweit,G.(Hg.), Handbuch der Arbeitsbeziehungen, Berlin, 65-87.

Kotthoff,H. (1994), Betriebsräte und Bürgerstatus. Wandel und Kontinuität betrieblicher Mitbestimmung, München-Mering.

Kotthoff,H. (1995a), Betriebliche Mitbestimmung in der Langzeitperspektive, WSI-Mitteilungen 48, 549-557.

Kotthoff,H. (1995b), Betriebsräte und betriebliche Reorganisation. Zur Modernisierung eines ‚alten Hasen', Arbeit 4, 425-447.

Kotthoff,H. (1998), Mitbestimmung in Zeiten interessenpolitischer Rückschritte. Betriebsräte zwischen Beteiligungsofferten und „gnadenlosem Kostensenkungsdiktat, Industrielle Beziehungen 5, 76-100.

Kowalsky,W. (2001), Focus on European social policy. Countering europessimism, Brüssel.

Kreimer-de Fries,J. (1995), Die Allgemeinverbindlicherklärung von Tarifverträgen – ein unzeitgemäßes Instrument? In: Bispinck,R.(Hg.), Tarifpolitik der Zukunft. Was wird aus dem Flächentarifvertrag?, Hamburg.

Krieger,H./Lange,R. (1992), Der „New Deal" für die 90er Jahre – Die Verzahnung repräsentativer und direkter Arbeitnehmerbeteiligung in Europa, WSI-Mitteilungen 45, 788-799.

Kromphardt,J. (1993), Beschäftigungswirkungen der Arbeitszeitverkürzung unter den Rahmenbedingungen der achtziger Jahre. In: Hampe,P.(Hg.), Zwischenbilanz der Arbeitszeitverkürzung, München, 115-128.

Kronauer,M./Linne,G.(Hg.) (2007), Flexicurity – Die Suche nach Sicherheit in der Flexibilität, 2.Aufl., Berlin.

Kronenberg,B./Volkmann,G./Wendeling-Schröder,U. (1994), WSI-Mitbestimmungsbericht 1992, WSI-Mitteilungen 47, 24-29.

Kuda,R. (1993), Die Durchsetzung der 35-Stunden-Woche in der Metallindustrie 1989/90 aus gewerkschaftlicher Sicht. In: Hampe,P.(Hg.), Zwischenbilanz der Arbeitszeitverkürzung, München, 45-58.

Künemund,H./Neckel,S./Wolf,J. (1993), Die Rentnergewerkschaft: Ein neuer Akteur der Alterspolitik?, Soziale Welt 44, 537-554.

Kumar,P./Schenk,C.(Hg.) (2006), Paths to union renewal. Canadian experiences, Peterborough.

Lampert,H. (2004), Lehrbuch der Sozialpolitik, 7. Aufl., Berlin-Heidelberg.

Lampert,H./Englberger,J./Schüle,U. (1991), Ordnungs- und prozesspolitische Probleme der Arbeitsmarktpolitik in der Bundesrepublik Deutschland, Berlin.

Lane,C. (1994), Is Germany following the British path? A comparative analysis of stability and change, Industrial Relations Journal 25, 187-198.

Lang,A./Schneider,V. (2006), Wirtschaftsverbände. Verbandspolitik im Spannungsfeld von divergierenden Interessen und hierarchischer Integration. In: Winter,T./Willems,U.(Hg.), Interessenverbände in Deutschland, Wiesbaden, 221-243.

Lange,P. (1984), Unions, workers and wage regulation: The rational bases of consent. In: Goldthorpe,J.H.(Hg.), Order and conflict in contemporary capitalism, Oxford, 98-123.

Lange,P./Wallerstein,M./Golden,M. (1995), The end of corporatism? Wage setting in the Nordic and Germanic countries. In: Jacoby,S.M.(Hg.), The workers of nations. Industrial relations in a global economy, New York-Oxford, 76-100.

Lange,T. (1987), The role of lockouts in labor conflicts. A legal study of American and German approaches, Frankfurt/Main-Bern.

Langer,A. (1994), Arbeitgeberverbandsaustritte - Motive, Abläufe und Konsequenzen, Industrielle Beziehungen 1, 132-154.

Lansbury,R.D. (1994), Workplace Europe: New forms of bargaining and participation. In: IIRA(Hg.), 4th European Regional Congress: Transformation of European industrial Relations – Consequences of integration and disintegration, Helsinki.

Lattard,A. (1994), German trade unionism since the crisis: Gradual erosion, Journal of Area Studies 5, 47-62.

Lecher,W. (1995), Betriebliche Interessenvertretung und direkte Partizipation – vier Fallbeispiele, WSI-Mitteilungen 48, 323-333.

Lecher,W./Nagel,B./Platzer, H.-W. (1998), Die Konstituierung Europäischer Betriebsräte. Vom Informationsforum zum Akteur?, Baden-Baden.

Lecher,W./Platzer,H.-W./Rüb,S./Weiner,K.-P. (1999), Europäische Betriebsräte – Perspektiven ihrer Entwicklung und Vernetzung, Baden-Baden.

Lecher,W./Platzer,H.-W./Rüb,S./Weiner,K.-P. (2000), Verhandelte Europäisierung. Die Einrichtung Europäischer Betriebsräte – Zwischen gesetzlichem Rahmen und sozialer Dynamik, Baden-Baden.

Lee,W./Lee,J./Katz,H.C. (2004), Summary: Reconstructing decentralized collective bargaining and other trends in labor-management-government interaction. In: Katz,H.C./Lee,W./ Lee,J.(Hg.), The new structure of labor relations. Tripartism and decentralization, Ithaca-London, 213-234.

Lehmbruch,G. (1984), Concertation and the structure of corporatist networks. In: Goldthorpe,J.H.(Hg.), Order and conflict in contemporary capitalism, Oxford, 60-80.

Lehmbruch,G./Schmitter,P.C.(Hg.) (1982), Patterns of corporatist policy-making, Beverly Hills.

Lehndorff,S.(Hg.) (2006), Das Politische in der Arbeitspolitik. Ansatzpunkte für eine nachhaltige Arbeits- und Arbeitszeitgestaltung, Berlin.

Leif,T./Klein,A./Legrand,H.-J.(Hg.) (1993), Reform des DGB. Herausforderungen, Aufbruchspläne und Modernisierungskonzepte, Köln.

Leminsky,G. (1994), Projekt „Perspektiven der Mitbestimmung in Deutschland" Erster interner Zwischenbericht, Düsseldorf.

Leminsky,G. (1995), Gewerkschaftsreform und Mitbestimmung, Gewerkschaftliche Monatshefte 46, 21-34.

Leminsky,G. (1998), Bewährungsproben für ein Management des Wandels. Gewerkschaftliche Politik zwischen Globalisierungsfalle und Sozialstaatsabbau, Berlin.

Lesch,H. (2005), Arbeitskämpfe und Strukturwandel im internationalen Vergleich, IW-Trends 29, 45-60.

Levine,D. (1995), Reinventing the workplace. How business and employees can both win, Washington.

Levine,D./Tyson,L.D. (1990), Participation, productivity, and the firm's environment. In: Blinder,A.S.(Hg.), Paying for productivity. A look at the evidence, Washington, 183-237.

Lindbeck,A./Snower,D.J. (1988), The Insider-Outsider-Theory of Employment and Unemployment, Cambridge-London.

Lindbeck,A./Snower,D.J. (2001), Insiders versus outsiders, Journal of Economic Perspective 15, 165-188.

Lindecke,C. (2005), Geschlechterpolitik im Betrieb, WSI-Mitteilungen 58, 322-328.

Linnenkohl,K. (1996), Arbeitszeitgesetz – Taschenkommentar, Baden-Baden.

Linsenmayer,T. (1986), Concession bargaining in the United States, Labour and Society 11, 207-220.

Lippert,I./Jürgens,U. (2005), Leitende Angestellte im Informations- und Wissenssystem „Aufsichtsrat", Industrielle Beziehungen 12, 280-305.

Lipset,S./Trow,M.A./Coleman,J.S. (1956), Union democracy. The internal politics of the International Typographical Union, Garden City.

Locke,R. (1995), Das strategische Dilemma der Solidarität, Gewerkschaftliche Monatshefte 46, 601-610.

Locke,R./Kochan,T./Piore,M.(Hg.) (1995a), Employment relations in a changing world economy, Cambridge-London.

Locke,R./Kochan,T./Piore,M. (1995b), Reconceptualizing comparative industrial relations: Lessons from international research, International Labour Review 134, 139-161.

Lompe,K. (1989), Vierzig Jahre Bundesrepublik – vierzig Jahre Mitbestimmung. Entwicklungslinien, Probleme und Perspektiven der Mitbestimmung in der Bundesrepublik Deutschland, Sozialer Fortschritt 38, 193-198.

Lorenz,W./Wagner,J. (1991), Bestimmungsgründe von Gewerkschaftsmitgliedschaft und Organisationsgrad. Eine ökonometrische Untersuchung auf Mikrodatenbasis für die Bundesrepublik Deutschland, Zeitschrift für Wirtschaft und Sozialwissenschaften 111, 65-82.

Ludsteck,H. (2005), Internationale Analyse. Günstige Streikbilanz in Deutschland, IAB-Kurzbericht 13/2005, Nürnberg.

Ludwig-Mayerhofer,W. (2005), Arbeitslosigkeit. In: Abraham,M./Hinz,T.(Hg.), Arbeitsmarktsoziologie. Probleme, Theorien, empirische Befunde, Wiesbaden, 199-239.

Lutz,B. (1987a), Arbeitsmarktstruktur und betriebliche Arbeitskräfteschlange. Eine theoretisch-historische Skizze zur Entstehung betriebszentrierter Arbeitsmarktsegmentation, Frankfurt/Main-New York.

Lutz,B. (1987b), Das Ende des Technikdeterminismus und die Folgen – soziologische Technikforschung vor neuen Aufgaben und neuen Problemen. In: ders.(Hg.), Technik und sozialer Wandel. Verhandlungen des 23. Deutschen Soziologentages in Hamburg 1986, Frankfurt/Main-New York, 34-52.

Lutz,B./Sengenberger,W. (1980), Segmentationsanalyse und Beschäftigungspolitik, WSI-Mitteilungen 33, 291-299.

Mann,S. (1994), Macht und Ohnmacht der Verbände. Das Beispiel des Bundesverbandes der Deutschen Industrie e.V. (BDI) aus empirisch-analytischer Sicht, Baden-Baden.

Marginson,P. (2005), Industrial relations at European sector level: The weak link?, Economic and Industrial Democracy 26, 511-540.

Marginson,P./Gilman,M./Jacobi,O./Krieger,M. (1998), Negotiating European Works Councils. An analysis of agreements under article 13, Luxemburg.

Marginson,P./Sisson,K (2006), European integration and industrial relations. Multi-level governance in the making, 2nd ed., Houndsmills.

Markovits,A.S. (1986), The politics of West German trade unions. Strategies of class and interest representation in growth and crisis, Cambridge-London.

Marr,R.(Hg.) (1993a), Arbeitszeitmanagement. Grundlagen und Perspektiven der Gestaltung flexibler Arbeitszeitsysteme, 2.Aufl., Berlin.

Marr,R. (1993b), Arbeitszeitmanagement: Die Nutzung der Ressource Zeit – Zur Legitimation einer bislang vernachlässigten Managementaufgabe. In: Marr,R.(Hg.), Arbeitszeitmanagement. Grundlagen und Perspektiven der Gestaltung flexibler Arbeitszeitsysteme, 2.Aufl., Berlin, 16-38.

Marshall,R. (1992), Work organization, unions, and economic performance. In: Mishel,L./Voos,P.B.(Hg.), Unions and economic competitiveness, Armonk-London, 287-315.

Marshall,R./Briggs,V.M. (1989), Labor economics: Theory, institutions, and public policy, 6th ed., Homewood-Boston.

Martin,A./Nienhüser,W.(Hg.) (1998), Personalpolitik. Wissenschaftliche Erklärung der Personalpraxis, München-Mering.

Marwell,G./Oliver,P. (1993), The critical mass in collective action. A micro-social theory, Cambridge.

Massa-Wirth,H. (2007), Zugeständnisse für Arbeitsplätze? Konzessionäre Beschäftigungsvereinbarungen im Vergleich Deutschland – USA, Berlin.

Massa-Wirth,H./Seifert,H. (2004a), Betriebliche Bündnisse für Arbeit nur mit begrenzter Reichweite, WSI-Mitteilungen 57, 246-254.

Massa-Wirth,H./Seifert,H. (2004b), German pacts for employment and competitiveness. Concessionary bargaining as a reaction to globalization and European integration?, Transfer. European Review of Labour and Research 11, 26-44.

Massa-Wirth,H./Seifert,H. (2006), Betriebliche Bündnisse für Arbeit – Flexibilisierung der Personalpolitik. In: Nienhüser,W.(Hg.), Beschäftigungspolitik von Unternehmen. Theoretische Erklärungsansätze und empirische Erkenntnisse, München-Mering, 175-195.

Maurer,A./Seifert,H. (2001), Betriebliche Beschäftigungs- und Wettbewerbsbündnisse – Strategie für Krisenbetriebe oder neue regelungspolitische Normalität, WSI-Mitteilungen 54, 490-500.

Meinhardt,V./Stille,F./Zwiener,R. (1993), Weitere Arbeitszeitverkürzung erforderlich. Zum Stellenwert des VW-Modells, Wirtschaftsdienst 73, 639-644.

Menez,R. (2008), Arbeitgeber- und Wirtschaftsverbände in der IKT-Branche. In: Schroeder,W./Weßels,B.(Hg.), Arbeitgeber- und Wirtschaftsverbände in Politik und Gesellschaft der Bundesrepublik Deutschland: ein Handbuch, Wiesbaden (im Druck).

Metcalf,D. (2007), Why has the British national minimum wage had little or no impact on employment?, CEP Discussion Paper 781, London.

Mikl-Horke,G. (2000), Industrie- und Arbeitssoziologie, 5. vollst. neubearb. Aufl., München-Wien.

Mincer,J. (1974), Schooling, experience, and earnings, New York.

Minssen,H. (1999), Direkte Partizipation contra Mitbestimmung? Herausforderung durch diskursive Koordinierung. In: Müller-Jentsch,W.(Hg.), Konfliktpartnerschaft, 3. überarb. u. erw. Aufl., München-Mering, 129-156.

Minssen,H. (2006), Arbeits- und Industriesoziologie. Eine Einführung, Frankfurt/Main-New York.

Minssen,H./Riese,C. (2007), Professionalität der Interessenvertretung. Arbeitsbedingungen und Organisationspraxis von Betriebsräten, Berlin.

Mintz,B./Schwartz,M. (1985), The power structure of American business, Chicago.

Mitbestimmungskommission (1970), Mitbestimmung im Unternehmen. Bericht der Sachverständigenkommission zur Auswertung der bisherigen Erfahrungen bei der Mitbestimmung, Stuttgart.

Mitchell,D.J.B. (1994), A decade of concession bargaining. In: Kerr,C./Stauhohar,P.D.(Hg.), Labor economics and industrial relations. Markets and institutions, Cambridge-London, 435-474.

Mitteilungen aus der Arbeitsmarkt- und Berufsforschung (MittAB) (2000), Heft 3, Nürnberg.

Molina,O./Rhodes,M. (2002), Corporatism: The past, present, and future of a concept, Annual Review of Political Science 5, 305-331.

Mosley,H./Schütz,H./Schmid,G. (2003), Effizienz der Arbeitsämter: Leistungsvergleich und Reformpraxis, Berlin.

Mückenberger,U. (1985), Die Krise des Normalarbeitsverhältnisses – hat das Arbeitsrecht noch Zukunft?, Zeitschrift für Sozialreform 31, 415-434 u. 457-475.

Mückenberger,U. (1992), Produktionsverflechtung und Risikoverantwortung. Verfassungsfragen zur Neufassung von § 116 AFG, Baden-Baden.

Mückenberger,U. (1995), Aktuelle Herausforderungen an die Tarifpolitik. In: Blanke,T./ Schmidt,E.(Hg.), Tarifpolitik im Umbruch, München-Mering, 19-35.

Mückenberger,U. (1997), Individualrechte in der Betriebsverfassung, Kritische Justiz 30, 187-200.

Müller,M. (2005), Die Institution Betriebsrat aus personalwirtschaftlicher Sicht, München-Mering.

Müller,T./Hoffmann,A. (2001), EWC research: A review of the literature, http://www.users.wbs.warwick.ac.uk/irru/publications/warwick_papers.

Müller,T./Platzer,H.-W. (2003), European Works Councils. A new mode of EU regulation and the emergence of a European multi-level structure of workplace industrial relations. In: Keller,B./Platzer,H.-W.(Hg.), Industrial relations and European integration. Trans- and supranational developments and prospects, Aldershot, 58-84.

Müller-Jentsch,W. (1979), Streiks und Streikbewegungen in der Bundesrepublik 1950-1978. In: Bergmann,J.(Hg.), Beiträge zur Soziologie der Gewerkschaften, Frankfurt/Main, 21-71.

Müller-Jentsch,W. (1983a), Kollektive Interessenvertretung: Das System der „industriellen Beziehungen“. In: Littek,W.(Hg.), Einführung in die Arbeits- und Industriesoziologie, 2. erw. Aufl., Frankfurt/Main-New York, 362-393.

Müller-Jentsch,W. (1983b), Versuch über die Tarifautonomie. Entstehung und Funktionen kollektiver Verhandlungssysteme in Großbritannien und Deutschland, Leviathan 11, 118-150.

Müller-Jentsch,W. (1988), Strukturwandel der industriellen Beziehungen. Kurseinheit 1: Historische Entwicklung und Strukturen des dualen Systems der Interessenvertretung, Fernuniversität Hagen.

Müller-Jentsch,W. (1988), Zukunft der Gewerkschaften. Ein internationaler Vergleich, Frankfurt/Main.

Müller-Jentsch,W. (1993), Organisation und Mitbestimmung. Evolution einer diffizilen Synthese. In: ders.(Hg.), Profitable Ethik – effiziente Kultur. Neue Sinnstiftungen durch das Management?, München-Mering, 253-266.

Müller-Jentsch,W. (1994), Industrielle Demokratie – Von der repräsentativen Mitbestimmung zur direkten Partizipation, Gewerkschaftliche Monatshefte 45, 362-368.

Müller-Jentsch,W. (1995), Germany: From collective voice to co-management. In: Rogers,J./Streeck,W.(Hg.), Works councils. Consultation, representation, and cooperation in industrial relations, Chicago-London, 53-78.

Müller-Jentsch,W. (1997), Soziologie der industriellen Beziehungen. Eine Einführung, 2., überarb. u. erw. Aufl., Frankfurt/Main-New York.

Müller-Jentsch,W. (1998), Industrielle Beziehungen in der Region: Das Ruhrgebiet als sozialpolitisches Laboratorium, Ms., Ruhr-Universität Bochum.

Müller-Jentsch,W. (2003), Organisationssoziologie. Eine Einführung, Frankfurt/Main-New York.

Müller-Jentsch,W. (2004a), Mitbestimmung in Organisationen: Soziale cum/versus ökonomische Rationalität. Eine Argumentation in acht Thesen. In: Artus,I./Trinczek,R.(Hg.), Über Arbeit, Interessen und andere Dinge. Phänomene, Strukturen und Akteure im modernen Kapitalismus. Rudi Schmidt zum 65.Geburtstag, München-Mering,143-158.

Müller-Jentsch,W. (2004b), Theoretical approaches to industrial relations. In: Kaufman,B.E. (Hg.), Theoretical perspectives on work and the employment relationship, Urbana-Champaign, 1-40.

Müller-Jentsch,W. (2007), Strukturwandel der industriellen Beziehungen. ‚Industrial Cizitenship' zwischen Markt und Regulierung, Wiesbaden.

Müller-Jentsch,W./Stahlmann,M. (1988), Management und Arbeitspolitik im Prozeß fortschreitender Industrialisierung, Österreichische Zeitschrift für Soziologie 13, 5-31.

Müller-Jentsch,W./Sperling,H.J. (1995), Towards a flexible triple system? Continuity and structural changes in German industrial relations. In: Hoffmann,R./Jacobi,O./Keller,B./ Weiss,M.(Hg.), German industrial relations under the impact of structural change, unification and European integration, Düsseldorf, 9-29.

Müller-Jentsch,W./Weitbrecht,H.(Hg.) (2003), The changing contours of German industrial relations, München-Mering.

Nägele,G.(Hg.) (1987), Theorie und Praxis des Vorruhestands, Augsburg.

Naschold,F.(Hg.) (1985), Arbeit und Politik, Frankfurt/Main-New York.

Naschold,F. (1989), Politik und Institutionen in neokorporatistischen und Public Choice-Ansätzen – Anmerkungen zu einem Theorieprogramm. In: Hartwich,H.-H.(Hg.), Macht und Ohnmacht politischer Institutionen, 17. Wissenschaftlicher Kongreß der DVPW – Tagungsbericht, Opladen, 210-221.

Naschold,F. (1994), Germany: The concerted transition from work to welfare. In: Naschold,F./de Vroom,B.(Hg.), Regulating employment and welfare. Company and national policies of labour force participation at the end of worklife in industrial countries, Berlin-New York, 117-182.

Naschold,F./Dörr,G. (1992), Arbeitspolitik. In: Schmidt,M.G.(Hg.), Lexikon der Politik. Band 3: Die westlichen Länder, München, 38-45.

Naschold,F./de Vroom,B.(Hg.) (1994), Regulating employment and welfare. Company and national policies of labour force participation at the end of worklife in industrial countries, Berlin-New York.

Naschold.F./Bogumil.J. (2000), Modernisierung des Staates: New Public Management in deutscher und internationaler Perspektive, 2.vollst.aktual. u.erw. Aufl., Opladen.

Neumann,L.F./Schaper,K. (1998), Die Sozialordnung der Bundesrepublik Deutschland, 4. überarb. u. aktualisierte Aufl., Frankfurt/Main-New York.

Nickell,S. (1997), Unemployment and labor market rigidities: Europe versus north America, Jounal of Economic Perspectives 11, 55-74.

Niedenhoff,H.-O. (1994), Die Kosten der Anwendung des Betriebsverfassungsgesetzes, Köln.

Niedenhoff,H.-U. (2002), Bertiebsratswahlen 2002. Eine Analyse der Zusammensetzung der Betriebsräte bis 2006, Köln.

Niedenhoff,H.-U. (2005), Mitbestimmung in der Bundesrepublik Deutschland, 14. überarb. Aufl., Köln.

Niedenhoff,H.-U. (2007), Betriebsratswahlen 2007. Eine Analyse der Betriebsratswahlen von 1975 bis 2006, Köln.

Niedenhoff,H.-U./Wilke,M. (1991), Der neue DGB – Vom Industrieverband zur Multibranchengewerkschaft, Köln.

Nienhüser,W. (1993), Die historische Entwicklung der Grundlohnbestimmung. Eine Erklärungsskizze auf macht- und transaktionskostentheoretischer Grundlage. In: Weber,W.(Hg.), Entgeltsysteme. Lohn, Mitarbeiterbeteiligung und Zusatzleistungen. Festschrift zum 65. Geburtstag von Eduard Gaugler, Stuttgart, 233-268.

Nienhüser,W. (2005), Der Einfluss des Betriebsrats-Typs auf die Nutzung und Bewertung von Betriebsvereinbarungen. Ergebnisse einer empirischen Untersuchung, Industrielle Beziehungen 12, 5-27.

Nienhüser,W. (2007), Betriebliche Beschäftigungsstrategien und atypische Arbeitsverhältnisse. In: Keller,B./Seifert,H.(Hg.), Atypische Beschäftigung – Flexibilisierung und soziale Risiken, Berlin, 45-65.

Nienhüser,W./Hoßfeld,H. (2004), Bewertung von Betriebsvereinbarungen durch Personalmanager. Eine empirische Studie, Frankfurt/Main.

Noll,S./Wießner,F. (2007), Selbständig oder arbeitslos: Brücke oder Falle? Einige empirische Befunde zu geförderten Neugründungen aus arbeitsmarkt- und sozialpolitischer Perspektive. In: Keller,B./Seifert,H.(Hg.), Atypische Beschäftigung – Flexibilisierung und soziale Risiken, Berlin, 145-161.

Nürnberger,I. (2007), Was bekommen künftige Rentner?, Soziale Sicherheit 57, 405-416.

Nutzinger,H.G.(Hg.) (1999), Perspektiven der Mitbestimmung. Historische Erfahrungen und moderne Entwicklungen vor europäischem und globalem Hintergrund, Marburg.

OECD (1979), Collective bargaining and government policies in ten OECD countries, Paris.

OECD (1986), Flexibility in the labour market. The current debate, Paris.

OECD (1989), Labour market flexibility. Trends in enterprises, Paris.

OECD (1994), Employment outlook, Paris.

OECD (1997), Employment outlook, Paris.

OECD (1999), Employment outlook, Paris.

OECD (2004), Employment outlook, Paris.

Oechsler,W.A./Schönfeld,T. (1988), Die Einigungsstelle als Konfliktlösungsmechanismus. Eine Analyse der Wirkungsweise und Funktionsfähigkeit, Frankfurt/Main.

Oechsler,W.A./Schönfeld,T./Düll,H. (1988), Konfliktfeld Arbeitszeitverkürzung. Zur Veränderung der industriellen Beziehungen durch erweiterte Regelungsbefugnisse für die betriebliche Ebene, Betriebs-Berater 43, 845-849.

Offe,C. (1974), Politische Herrschaft und Klassenstrukturen. In: Widmaier,H.P.(Hg.), Politische Ökonomie des Wohlfahrtsstaates, Frankfurt/Main, 264-293.

Offe,C./Wiesenthal,H. (1980), Two logics of collective action, Political Power and Social Theory 1, 67-115.

Offe,C./Hinrichs,K./Wiesenthal,H. (1982), Arbeitszeitpolitik, Frankfurt/Main-New York.

Olson,M. (1968), Die Logik des kollektiven Handelns. Kollektivgüter und die Theorie der Gruppen, Tübingen.

Olson,M. (1982), The rise and decline of nations. Economic growth, stagflation, and social rigidities, New Haven-London.

O'Reilly,J./Reissert,B./Eichner,V. (1996), European Regulation of Social Standards. In: Schmid,G./O'Reilly,J./Schömann,K.(Hg.), International Handbook of Labour Market Policy and Evaluation, Cheltenham, 868-898.

OSE (Oberservatoire social européen) (2004), Rapport final "Dialogue social sectoriel", Bruxelles.

Osterloh,M./Frey,B. (2005), Shareholders should welcome employees as directors. Institute for Empirical Research in Economics, University of Zurich, Working Paper No. 228, Zurich.

Osterman,P./Burton,M.D. (2005), Ports and ladders. The nature and relevance of internal labor markets in a changing world. In: Ackroyd,S./Batt,R./Thompson,P./Tolbert,P.S.(Hg.), The Oxford handbook of work and organization, Oxford, 425-445.

Otto,H. (2003), Arbeitsrecht, 3. neu bearb. Aufl., Berlin.

Owen-Smith,E./Frick,B./Griffith,T. (1989), Third party involvement in industrial disputes. A comparative study of West Germany and Britain, Aldershot.

Ozaki,M. (1999), Negotiating flexibility – The role of the social partners and the state, Geneva.

Penz,R. (2006), Evaluation im aktivierenden Sozialstaat. Normative Überlegungen zur Aufgabe der Wirkungsforschung am Beispiel der neuen Grundsicherung für Arbeitsuchende. In: Brinkmann,C./Koch,S./Mendius,G.(Hg.), Wirkungsforschung und Politikberatung – eine Gratwanderung, Nürnberg, 19-38.

Pernicka,S. (2005a), The evolution of union politics for atypical employees. A comparison between German and Austrian trade unions in the private sector, Economic and Industrial Democracy 26, 201-224.

Pernicka,S. (2005b), Organizing the self-employed: Theoretical considerations and empirical findings, European Journal of Industrial Relations 12, 125-143.

Pernicka,S./Aust,A.(Hg.) (2007), Die Unorganisierten gewinnen. Gewerkschaftliche Rekrutierung und Interessenvertretung atypisch Beschäftigter – ein deutsch-österreichischer Vergleich, Berlin.

Peters,J.(Hg.) (1994), Modellwechsel: Die IG Metall und die Viertagewoche, Göttingen.

Pfeffer,J. (1998), The human equation. Building profits by putting people first, Boston.

Pfeffer,J./Salancik,G. (1982), The external control of organizations, New York.

Pierenkemper,T. (1996), Beschäftigung und Arbeitsmarkt. In: Ambrosius,G./Petzina,D./ Plumpe,W.(Hg.), Moderne Wirtschaftsgeschichte. Eine Einführung für Historiker und Ökonomen, München, 243-263.

Piore,M. (1993), The social embeddedness of labor markets and cognitive processes, Labour 7, 3-18.

Piore,M./Sabel,C. (1985), Das Ende der Massenproduktion. Studie über die Requalifizierung der Arbeit und die Rückkehr der Ökonomie in die Gesellschaft, Berlin.

Plowman, D.H. (1991), Management and industrial relations. In: Adams,R.J.(Hg.), Comparative industrial relations. Comtemporary research and theory, London, 56-75.

Plumpe,W. (1996), Industrielle Beziehungen. In: Ambrosius,G./Petzina,D./Plumpe,W.(Hg.), Moderne Wirtschaftsgeschichte, München, 389-419.

Poole,M. (1992), Industrial democracy. In: Széll,G.(Hg.), Consise encyclopedia of participation and co-management, New York, 429-439.

Poole,M. (2003), Industrial relations: Origins and patterns of national diversities, reprint, London.

Prigge,W.-U. (1991), Zwischengewerkschaftliche Konflikt- und Kooperationsbeziehungen unter den Bedingungen eines Gewerkschaftspluralismus: Großbritannien, Frankreich und Belgien. In: Marr,R.(Hg.), Euro-strategisches Personalmanagement. Sonderband 1991 der Zeitschrift für Personalführung, München-Mering, 469-510.

Prigge,W.-U. (1995), Gewerkschaftspluralismus und kooperative Interessenvertretung in Großbritannien, Bochum.

Prigge,W.-U. (2000), Staatliche Steuerung und gewerkschaftlicher Pluralismus. Kollektive Arbeitsbeziehungen in Belgien und Frankreich, Wiesbaden.

Promberger,M. (1993), Was wird aus der Arbeitszeit? „Modernisierung“ der betrieblichen Arbeitszeiten in der Metallindustrie zwischen Verkürzung, Pluralisierung und Differenzierung, München-Mering.

Promberger,M. (2007a), Leiharbeit. Flexibilität und Prekarität in der betrieblichen Praxis. In: Keller,B./Seifert,H.(Hg.), Atypische Beschäftigung – Flexibilisierung und soziale Risiken, Berlin, 127-144.

Promberger,M. (2007b), Leiharbeit. Flexibilitäts- und Unsicherheitspotentiale in der betrieblichen Praxis. In: Kronauer,M./Linne,G.(Hg.), Flexicurity – Die Suche nach Sicherheit in der Flexibilität, 2.Aufl., Berlin, 183-204.

Promberger,M./Trinczek,R. (1993), „Stell Dir vor, es gibt Möglichkeiten zur flexibleren Gestaltung der Arbeitszeit, und sie werden nicht genutzt". In: Seifert,H.(Hg.), Jenseits der Normalarbeitszeit. Perspektiven für eine bedürfnisgerechte Arbeitszeitgestaltung, Köln, 104-129.

Promberger,M./Rosdücher,J./Trinczek,R./Seifert,H. (1995), Beschäftigungssicherung durch Arbeitszeitpolitik, WSI-Mitteilungen 48, 473-481.

Promberger,M./Rosdücher,J./Seifert,H./Trinczek,R. (1996), Beschäftigungssicherung durch Arbeitszeitverkürzung. 4-Tage-Woche bei VW und Freischichten im Bergbau: Mehr als zwei Beispiele, Berlin.

Promberger,M./Seifert,H./Trinczek,R. (1999), Experiences with the four-day week at the Volkswagen company, Journal of Human Resource Costing and Accounting 4, 27-43.

Pumberger,K. (1989), Mobilisierung in der Krise? Die Auseinandersetzungen um die Arbeitszeitverkürzungen, Hamburg.

Rampelt,J. (1979), Zur Organisations- und Entscheidungsstruktur in westdeutschen Unternehmerverbänden – Ein Literaturbericht, IIM/dp 79-111, Wissenschaftszentrum Berlin.

Ramsay,H. (1991), The community, the multinational, its workers and their charter: A modern tale of industrial democracy?, Work, Employment & Society 5, 541-566.

Rehder,B. (2002), Wettbewerbskoalitionen oder Beschäftigungsinitiativen? Vereinbarungen zur Standort- und Beschäftigungssicherung in deutschen Großunternehmen. In: Seifert,H. (Hg.), Betriebliche Bündnisse für Arbeit. Rahmenbedingungen, Praxiserfahrungen, Zukunftsperspektiven, Berlin, 87-102.

Rehder,B. (2003a), Betriebliche Bündnisse für Arbeit in Deutschland. Mitbestimmung und Flächentarif im Wandel, Frankfurt/Main.

Rehder,B. (2003b), Konversion durch Überlagerung. Der Beitrag betrieblicher Bündnisse zum Wandel der Arbeitsbeziehungen. In: Beyer,J.(Hg.), Vom Zukunfts- zum Auslaufmodell? Die deutsche Wirtschaftsordnung im Wandel, Wiesbaden, 61-77.

Rehder,B. (2003c), Betriebliche Bündnisse. Institutionenwandel im System der deutschen Arbeitsbeziehungen. In: Schmid,M./Maurer,A.(Hg.), Ökonomischer und soziologischer Institutionalismus, Marburg, 259-276.

Reynolds,L.G./Masters,S.H./Moser,C.H. (1997), Labor economics and labor relations, 11th ed., Englewood Cliffs.

Rhodes,M. (1991), The social dimension of the single european Market: National versus transnational research, European Journal of Political Research 19, 245-280.

Richter,R./Furubotn,E. (1996), Neue Institutionenökonomik: Eine Einführung und kritische Würdigung, Tübingen.

Rieble,V.(Hg.) (2004), Zukunft der Unternehmensmitbestimmung, München.

Roggendorff,P. (1994), Arbeitszeitgesetz. Erläuterte Textausgabe mit Einführung und amtlicher Begründung sowie ergänzenden Rechtsvorschriften, München.

Rogowski,R./Tooze,A. (1992), Individuelle Arbeitskonfliktlösung und liberaler Korporatismus. Gewerbe- und Arbeitsgerichte in Frankreich, Großbritannien und Deutschland im historischen Vergleich. In: Mohnhaupt,H./Simon,D.(Hg.), Vorträge zur Justizforschung. Geschichte und Theorie, Band 1, Frankfurt/Main, 317-386.

Rosdücher,J. (1997), Arbeitsplatzsicherheit durch Tarifvertrag. Strategien – Konzepte – Vereinbarungen, München-Mering.

Rosdücher,J./Seifert,H. (1994a), Die Einführung der „4-Tage-Woche“ in der Volkswagen AG. Modell für eine beschäftigungssichernde Arbeitszeitpolitik? Schriftenreihe der Senatsverwaltung für Arbeit und Frauen 4, Berlin.

Rosdücher,J./Seifert,H. (1994b), Temporäre Arbeitszeitverkürzungen zur Beschäfigungssicherung – Ein neuer beschäftigungspolitischer Ansatz?, WSI-Mitteilungen 47, 744-752.

Rosdücher,J./Stehle,O. (1996), Concession bargaining in den USA und beschäftigungssichernde Tarifpolitik in Deutschland: Ein Vergleich zweier tarifpolitischer Konzepte, Industrielle Beziehungen 3, 307-333.

Rosen,S. (1985), Implicit contracts: A survey, Journal of Economic Literature 23, 1144-1175.

Rothschild,K.W. (1987), Der Wechsel vom keynesianischen zum neoklassischen Paradigma in der neueren Wirtschaftspolitik. Versuch einer soziologisch-historischen Einordnung. In: Krupp,H.-J./Rohwer,B./Rothschild,K.W.(Hg.), Wege zur Vollbeschäftigung. Konzepte einer aktiven Bekämpfung der Arbeitslosigkeit, 2. Aufl., Freiburg, 107-123.

Rubery,J. (2005), Labor markets and flexibility. In: Ackroyd,S./Batt,R./Thompson,P./ Tolbert,P.S.(Hg.), The Oxford handbook of work and organization, Oxford, 31-51.

Rudolph,W./Wassermann,W. (2006), Übergänge zwischen Betriebsratslosigkeit und Betriebsratsgründung: Neue Betriebsratsgründungen im Bereich kleiner Betriebe und Reform der Betriebsverfassung 2001. In: Artus,I./Böhm,S./Lücking,S./Trinczek,R.(Hg.), Betriebe ohne Betriebsrat. Informelle Interessenvertretung in Unternehmen, Frankfurt/Main-New York, 81-105.

Rudolph,W./Wassermann,W. (2007), Das Profil der Betriebsräte 2006. Die Ergebnisse der BR-Wahlen spiegeln Trends in der betrieblichen Mitbestimmung wider, Arbeitsrecht im Betrieb 28, 220-224.

Sachverständigenrat zur Begutachtung der gesamtwirtschaftlichen Entwicklung (2004), Erfolge im Ausland – Herausforderungen im Inland, Jahresgutachten 2004/2005, Wiesbaden.

Sachverständigenrat zur Begutachtung der gesamtwirtschaftlichen Entwicklung (2005), Die Chance nutzen – Reformen mutig voran bringen. Jahresgutachten 2005/2006, Wiesbaden.

Säcker,F.J./Oetker,H. (1992), Grundlagen und Grenzen der Tarifautonomie, München.

Sadowski,D. (2002), Personalökonomie und Arbeitspolitik, Stuttgart.

Sadowski,D./Backes-Gellner,U./Frick,B. (1995a), Betriebsräte in Deutschland: Gespaltene Rationalitäten, Jahrbuch für Neue Politische Ökonomie 14, 157-181.

Sadowski,D./Backes-Gellner,U./Frick,B. (1995b), Works councils: Barriers or boosts for the competitiveness of German firms?, British Journal of Industrial Relations 33, 493-513.

Sadowski,D./Junkes,J./Lindenthal,S. (2001), Gesetzliche Mitbestimmung in Deutschland: Idee, Erfahrungen und Perspektiven aus ökonomischer Sicht, Zeitschrift für Unternehmens- und Gesellschaftsrecht 30, 110-145.

Schäfer,C. (2001), Die WSI-Befragung von Betriebs- und Personalräten 1999/2000 im Überblick, WSI-Mitteilungen 54, 65-75.

Schäfer,C. (2003), Die WSI-Befragung von Betriebs- und Personalräten 2002 – ein Überblick, WSI-Mitteilungen 56, 139-148.

Schäfer,C. (2005), Die WSI-Befragung von Betriebs- und Personalräten 2004/05 – ein Überblick, WSI-Mitteilungen 58, 291-300.

Scharpf,F.W. (1987), Sozialdemokratische Krisenpolitik in Europa, Frankfurt/Main-New York.

Scharpf,F.W. (1999), Governing in Europe. Effective and democratic?, Oxford.

Schettkat,R. (2006), Lohnspreizung: Mythen und Fakten. Eine Literaturübersicht zu Ausmaß und ökonomischen Wirkungen von Lohngleichheit, Düsseldorf.

Schettkat,R. (2007), Sind 3 Euro schon zu viel? Aufklärendes zu Lohnspreizung und Beschäftigung, WSI-Mitteilungen 60, 335-343.

Scheuer,M. (1987), Zur Leistungsfähigkeit neoklassischer Arbeitsmarkttheorien, Bonn.

Scheuer,S. (2006), A novel calculus? Institutional change, globalization and industrial conflict in Europe, European Journal of Industrial Relations 12, 143-164.

Schienstock,G. (1982), Industrielle Arbeitsbeziehungen. Eine vergleichende Analyse theoretischer Konzepte in der „industrial relations“-Forschung, Opladen.

Schienstock,G. (1991), Managementsoziologie – ein Desiderat der Industriesoziologie. Theoretische Perspektiven einer Soziologie des Managements, Soziale Welt 42, 349-370.

Schlochauer,U. (1998), OT-Mitgliedschaft in tariffähigen Arbeitgeberverbänden. In: Schlachter,M./Ascheid,R./Friedrich,H.-W.(Hg.), Tarifautonomie für ein neues Jahrhundert. Festschrift für Günter Schaub zum 65.Geburtstag, München, 699-714.

Schlömer,N./Kay,R./Backes-Gellner,U./Rudolph,W./Wassermann,W. (2007), Mittelstand und Mitbestimmung. Unternehmensführung, Mitbestimmung und Beteiligung in mittelständischen Unternehmen, Münster.

Schmähl,W.(Hg.) (1988), Verkürzung oder Verlängerung der Erwerbsphase? Zur Gestaltung des Übergangs vom Erwerbsleben in den Ruhestand in der Bundesrepublik Deutschland, Tübingen.

Schmid,G. (1987), Der organisierte Arbeitsmarkt. Überlegungen zu einer institutionellen und politischen Theorie des Arbeitsmarktes. In: Buttler,F./Gerlach,K./Schmiede,R.(Hg.), Arbeitsmarkt und Beschäftigung. Neuere Beiträge zur institutionalistischen Arbeitsmarktanalyse, Frankfurt/Main, 24-63.

Schmid,G. (2002), Wege in eine neue Vollbeschäftigungspolitik. Übergangsarbeitsmärkte und aktivierende Arbeitsmarktpolitik, Frankfurt/Main-New York.

Schmid,G./Reissert,B./Bruche,G. (1992), Unemployment insurance and active labour market policy. An international comparison of financing systems, Detroit.

Schmid,G./O'Reilly,J./Schömann,K.(Hg.) (1996), International handbook of labour market policy and evaluation, Cheltenham-Brookfield.

Schmid,G./Gazier,B.(Hg.) (2002), The dynamics of full employment. Social integration through transitional labor markets, Cheltenham.

Schmid,H./v.Dosky,D. (1990), Ökonomik des Arbeitsmarktes, Band 1 Arbeitsmarkttheorien: Stärken und Schwächen, Bern-Stuttgart.

Schmidt,M.G. (1982), Wohlfahrtsstaatliche Politik unter bürgerlichen und sozialdemokratischen Regierungen. Ein internationaler Vergleich, Frankfurt/Main-New York.

Schmidt,M.G. (2005), Sozialpolitik in Deutschland. Historische Entwicklung und internationaler Vergleich, 3., vollst. überarb. u. erw. Aufl., Opladen.

Schmidt,R. (2003), Der gescheiterte Streik in der ostdeutschen Metallindustrie, PROKLA 32, 493-509.

Schmidt,R./Trinczek,R. (1986a), Die betriebliche Gestaltung tariflicher Arbeitszeitnormen in der Metallindustrie, WSI-Mitteilungen 39, 641-652.

Schmidt,R./Trinczek,R. (1986b), Erfahrungen und Perspektiven gewerkschaftlicher Arbeitszeitpolitik, Prokla 64, 85-105.

Schmidt,R./Trinczek,R. (1993), Duales System: Tarifliche und betriebliche Interessenvertretung. In: Müller-Jentsch,W.(Hg.), Konfliktpartnerschaft. Akteure und Institutionen der industriellen Beziehungen, 2. Aufl. München-Mering, 169-201.

Schmidt,R./Trinczek,R. (1999), Der Betriebsrat als Akteur der industriellen Beziehungen. In: Müller-Jentsch,W.(Hg.), Konfliktpartnerschaft. Akteure und Institutionen der industriellen Beziehungen, 3., überarb.u.erw.Aufl., München-Mering, 103-128.

Schmiede,R./Schudlich,E. (1985), Das Zeitalter des Achtstundentages: Die Entwicklung der Arbeitszeiten in der deutschen Industrie seit 1918, Frankfurt/Main-New York.

Schmitter,P.C./Lehmbruch,G.(Hg.) (1979), Trends towards corporatist intermediation, London.

Schmitter,P.C./Streeck,W. (1981), The organization of business interests. A research design to study the associative action of business in the advanced industrial societies of Western Europe. Revised and extended version, Discussion paper IIM/LMP 81-13, Wissenschaftszentrum Berlin.

Schnabel,C. (1989), Zur ökonomischen Analyse der Gewerkschaften in der Bundesrepublik Deutschland. Theoretische und empirische Untersuchungen von Mitgliederentwicklung, Verhalten und Einfluss auf wirtschaftliche Größen, Frankfurt/Main-Bern.

Schnabel,C. (1991), Trade unions and productivity: The German evidence, British Journal of Industrial Relations 29, 15-24.

Schnabel,C. (1993), Bestimmungsgründe der gewerkschaftlichen Mitgliedschaft, Hamburger Jahrbuch für Wirtschafts- und Gesellschaftspolitik 38, 205-224.

Schnabel,C. (1994), Die übertarifliche Bezahlung, Köln.

Schnabel,C. (1995a), Dokumentation. Arbeitskämpfe im internationalen Vergleich, IW-Trends 22, 43-56.

Schnabel,C. (1995b), Entwicklungstendenzen der Arbeitsbeziehungen in der Bundesrepublik Deutschland seit Beginn der achtziger Jahre. Eine Analyse unter besonderer Berücksichtigung der Arbeitgeberseite. In: Mesch,M.(Hg.), Sozialpartnerschaft und Arbeitsbeziehungen in Europa, Wien, 53-74.

Schnabel,C. (1998a), Betriebliche Flexibilisierungsspielräume durch tarifvertragliche Öffnungsklauseln, Personal 50, 160-164.

Schnabel,C. (1998b), Im Blickpunkt. Arbeitskämpfe im internationalen Vergleich 1970/96, IW-Trends 25, 5-20.

Schnabel,C. (2001), Betriebs- und Tarifautonomie im Spannungsfeld juristischer Rahmenbedingungen und ökonomischer Herausforderungen: eine ökonomische Analyse. In: Sadowski,D./Walwei,U.(Hg.) Die ökonomische Analyse des Arbeitsrechts, Nürnberg, 257-264.

Schnabel,C. (2003a), Determinants of trade union membership. In: Addison,J.T./Schnabel,C.(Hg.), International handbook of trade unions, Cheltenham-Northampton, 13-43.

Schnabel,C. (2003b), Tarifpolitik unter Reformdruck. Benchmarking Deutschland Aktuell, Gütersloh.

Schnabel,C. (2004), Mitarbeiterbeteiligung – ein guter Weg zu höherer Prouktivität und Flexibilität, Sozialer Fortschritt 53, 81-87.

Schnabel,C. (2005), Trade unions in Germany. On the road to perdition? In: Fernie,S./ Metcalf,D.(Hg.), Trade unions. Resurgence or demise?, London-New York, 213-230.

Schnabel,C. (2006), Verbetrieblichung der Lohnfindung und der Festlegung von Arbeitsbedingungen, HBS-Arbeitspapier 118, Düsseldorf.

Schnabel,C./Wagner,J. (1992), Unions and innovative activity in Germany, Journal of Labor Research 13, 393-406.

Schnabel,C./Wagner,J. (1996), Ausmaß und Bestimmungsgründe der Mitgliedschaft in Arbeitgeberverbänden. Eine empirische Untersuchung mit Firmendaten, Industrielle Beziehungen 3, 293-306.

Schnabel,C./Wagner,J. (2001), Die betriebsratsfreie Zone und die Novellierung des Betriebsverfassungsgesetzes aus ökonomischer Sicht. Theoretische Überlegungen und empirische Befunde, Gewerkschaftliche Monatshefte 52, 237-243.

Schnabel,C./Wagner,J. (2003), Trade union membership in eastern and western Germany: Convergence or divergence?, Applied Economics Quarterly 49, 213-232.

Schnabel,C./Kohaut,S. (2004), Anker der Lohnsetzung, Personal 56, 44-47.

Schnabel,C./Wagner,J. (2005), Determinants of union membership in 18 EU countries: Evidence from micro data, 2002/03, Discussion paper No.31, Friedrich-Alexander-Universität Erlangen-Nürnberg.

Schnabel,C./Wagner,J. (2007), The persistent decline in unionization in western and eastern Germany, 1980-2004: What can we learn from a decomposition analysis?, Industrielle Beziehungen 14, 118-132.

Schneider,M. (2001), Kleine Geschichte der Gewerkschaften. Ihre Entwicklung in Deutschland. Von den Anfängen bis heute, Bonn.

Schönhoven,K. (2003), Geschichte der deutschen Gewerkschaften: Phasen und Probleme. In: Schroeder,W./Wessels,B.(Hg.), Die Gewerkschaften in Politik und Gesellschaft der Bundesrepublik Deutschland. Ein Handbuch, Wiesbaden, 40-64.

Schregle,J. (1987), Worker's participation in the Federal Republic of Germany in an international perspective, International Labour Review 126, 317-325.

Schregle,J. (1989), Workers' participation in the Federal Republic of Germany in an international perspective. In: Gladstone,A.(Hg.), Current issues in labour relations. An international perspective, Berlin-New-York.

Schreyögg, G. (2003), Organisation. Grundlagen moderner Organisationsgestaltung, 4., vollst. überarb. u. erw. Aufl., Wiesbaden.

Schroeder,W. (1997), Loyalty und Exit – Austritte aus regionalen Arbeitgeberverbänden der Metall- und Elektroindustrie im Vergleich. In: v.Alemann,U./Wessels,B.(Hg.), Verbände in vergleichender Perspektive. Beiträge zu einem vernachlässigten Feld, Berlin, 225-251.

Schroeder,W. (2000), Das Modell Deutschland auf dem Prüfstand. Zur Entwicklung der industriellen Beziehungen in Ostdeutschland (1990-2000), Wiesbaden.

Schroeder,W. (2001), „Konzertierte Aktion" und „Bündnis für Arbeit": Zwei Varianten des deutschen Korporatismus. In: Zimmer,A./Weßels,B.(Hg.), Verbände und Demokratie in Deutschland, Opladen, 29-54.

Schroeder,W. (2007), Arbeitgeberverbände. In: Winter,T./Willems,U.(Hg.), Interessenverbände in Deutschland, Wiesbaden, 197-220.

Schroeder,W./Ruppert,B. (1996), Austritte aus Arbeitgeberverbänden. Motive – Ursachen – Ausmaß, WSI-Mitteilungen 49, 316-328.

Schroeder,W./Silvia,S. (2003), Gewerkschaften und Arbeitgeberverbände. In: Schroeder,W./ Wessels,B.(Hg.), Die Gewerkschaften in Politik und Gesellschaft der Bundesrepublik Deutschland. Ein Handbuch, Wiesbaden, 244-270.

Schubert,K. (1992), Leistungen und Grenzen politisch-ökonomischer Theorie. Eine kritische Bestandsaufnahme zu Mancur Olson, Wiesbaden.

Schudlich,E. (1984), Arbeitszeitpolitik seit 1950: Interessenparallelität und -widersprüche. In: Jürgens,U./Naschold,F.(Hg.), Arbeitspolitik, Opladen, 381-392.

Schudlich,E. (1987), Die Abkehr vom Normalarbeitstag, Frankfurt/Main-New York.

Schulten,T. (2005), Changes in national collective bargaining systems since 1990s, http://www.eiro.eurofound.eu.int/2005/03/study/tn0503102s.html.

Schulten,T./Bispinck,R.(Hg.) (2001), Collective bargaining under the Euro. Brussels.

Schulten,T./Bispinck,R./Schäfer,C.(Hg.) (2006), Mindestlöhne in Europa, Hamburg.

Schumann, M. (2003), Metamorphosen von Industriearbeit und Arbeiterbewusstsein. Kritische Industriesoziologie zwischen Taylorismusanalyse und Mitgestaltung innovativer Arbeitspolitik, Hamburg.

Schumann,M./Kuhlmann,M./Sanders,F./Sperling,H.J. (2005), Anti-tayloristisches Fabrikmodell – AUTO 5000 bei Volkswagen, WSI-Mitteilungen 58, 3-10.

Schumann,M./Kuhlmann,M./Sanders,F./Sperling,H.J. (2006a), Vom Risiko- zum Vorzeigeprojekt: Auto 5000 bei Volkswagen, WSI-Mitteilungen 59, 299-306.

Schumann,M./Kuhlmann,M./Sanders,F./Sperling,H.J.(Hg.) (2006b), VW Auto 5000: ein neues Produktionskonzept. Die deutsche Antwort auf den Toyota-Weg, Hamburg.

Schumm,W.(Hg.) (1989), Zur Entwicklungsdynamik des modernen Kapitalismus. Beiträge zur Gesellschaftstheorie, Industriesoziologie und Gewerkschaftsforschung. Symposium für Gerhardt Brandt, Frankfurt/Main-New York.

Segbers,F. (1986), Streik und Aussperrung sind nicht gleichzusetzen. Eine sozialethische Betrachtung, Köln.

Seifert,H. (1984), Öffentliche Arbeitsmarktpolitik in der Bundesrepublik Deutschland. Zur Entwicklung der Arbeitsmarktpolitik im Verhältnis von Steuerungsaufgaben und Anpassungsfunktion, Köln.

Seifert,H. (1989), Beschäftigungswirkungen und Perspektiven der Arbeitszeitpolitik, WSI-Mitteilungen 42, 156-163.

Seifert,H. (1991), Employment effects of working time reductions in the former Federal Republic of Germany, International Labour Review 130, 495-510.

Seifert,H. (1993a), Ausmaß und Effekte der Arbeitszeitverkürzung. In: Hampe,P.(Hg.), Zwischenbilanz der Arbeitszeitverkürzung, München, 11-27.

Seifert,H. (1993b), Arbeitszeitgestaltung jenseits der Normalarbeitszeit. In: Seifert,H.(Hg.), Jenseits der Normalarbeitszeit. Perspektiven für eine bedürfnisgerechtere Arbeitszeitgestaltung, Köln, 271-288.

Seifert,H.(Hg.) (1995), Reform der Arbeitsmarktpolitik, Köln.

Seifert,H. (2000), Negotiating employment security. In: Berg,P.(Hg.), Creating competitive capacity: Labor market institutions and workplace practices in Germany and the United States, Berlin, 55-71.

Seifert,H. (2002), Betriebliche Bündnisse für Arbeit – Beschäftigen statt entlassen. In: Seifert,H.(Hg.), Betriebliche Bündnisse für Arbeit. Rahmenbedingungen – Praxiserfahrungen – Zukunftsperspektiven, Berlin, 65-85.

Seifert,H. (2003), Paradigm shift in working time policy through working time accounts – from standard working hours to controlled flexibility, WSI-Mitteilungen, Special issue „Industrial relations in Germany – An empirical survey“, 49-55.

Seifert,H.(Hg.) (2005), Flexible Zeiten in der Arbeitswelt, Frankfurt/Main.

Seifert,H. (2006), Konfliktfeld Arbeitszeitpolitik. Entwicklungslinien, Gestaltungsanforderungen und Perspektiven der Arbeitszeit, Bonn.

Seifert,H./Massa-Wirth,H. (2005), Pacts for employment and competitiveness in Germany, Industrial Relations Journal 36, 217-240.

Sengenberger,W. (1975), Arbeitsmarktstruktur – Ansätze zu einem Modell des segmentierten Arbeitsmarktes, Frankfurt/Main-München.

Sengenberger,W. (1987), Struktur und Funktionsweise von Arbeitsmärkten, Frankfurt/Main-New York.

Sesselmeier,W. (1993), Der Arbeitsmarkt in institutionalistischer Sichtweise. In: Neubäumer,R.(Hg.), Arbeitsmarktpolitik kontrovers. Analysen und Konzepte für Ostdeutschland, Darmstadt, 61-76.

Sesselmeier,W. (2007), (De-)Stabilisierung der Arbeitsmarktsegmentation? Überlegungen zur Theorie atypischer Beschäftigung. In: Keller,B./Seifert,H.(Hg.), Atypische Beschäftigung - Flexibilisierung und soziale Risiken, Berlin, 67-80.

Sesselmeier,W./Blauermel,G. (1997), Arbeitsmarkttheorien. Ein Überblick, 2., überarb. u.erw. Aufl., Heidelberg.

Siaroff,A. (1999), Corporatism in 24 industrial democracies: Meaning and measurement, European Journal of Political Research 36, 175-205.

Silvia,S.J./Schroeder,W. (2007), Why are German employers associations declining? Arguments and evidence, Comparative Political Studies 40, 1433-1459.

Sisson,K. (1987), The management of collective bargaining. An international comparison, Oxford.

Sisson,K. (1994), Workplace Europe: Direct participation in organisational change. Introducing the EPOC project. In: IIRA (Hg.), 4th European Regional Congress, Transformation of European Industrial Relations – Consequences of Integration and Disintegration, Helsinki.

Sisson,K. (2002), The information and Consultation Directive: unnecessary "regulation" or an opportunity to promote "partnership"?, Warwick Papers in Industrial Relations No. 67, IRRU, University of Warwick.

Sisson,K./Freyssinet,H./Krieger,H./O'Kelly,K./Schnabel,C./Seifert,H. (1999), Pacts for employment and competitiveness. Concepts and issues, Dublin.

Sloane,A.A./Witney,F. (2007), Labor relations, 12th ed., Upper Saddle River.

Slomp,H. (1992), European labor relations and the prospects of tripartism. In: Treu,T.(Hg.), Participation in public policy-making: The role of trade unions and employers associations, Berlin-New York, 162-173.

Smith,S.C. (1991), On the economic rationale for codetermination law, Journal of Economic Behavior and Organization 16, 261-281.

Söllner,A./Waltermann,R. (2003), Grundriß des Arbeitsrechts, 13., neu bearb. Aufl., München.

Solow,R.M. (1990), The labor market as a social institution, Cambridge-Oxford.

Soltwedel,R./Bothe,A./Hoffmeyer,M./Laaser,C./Merz,M./Reuter,D. (1990), Regulierungen auf dem Arbeitsmarkt der Bundesrepublik, Tübingen.

Soltwedel,R./Laaser,C.F./Hoffmeyer,M./Bothe,A./Merz,M./Lammers,K./Reuter,D. (1991), Regulierungen auf dem Arbeitsmarkt der Bundesrepublik, Tübingen.

Sörries,B. (1999), Europäisierung der Arbeitsbeziehungen: Der soziale Dialog und seine Akteure, München-Mering.

Soskice,D. (1990), Wage determination: The changing role of institutions in advanced industrialized countries, Oxford Review of Economic Policy 6, 36-61.

Sperling,H.J. (1994), Innovative Arbeitsorganisation und intelligentes Partizipationsmanagement. Trend-Report Partizipation und Organisation, Marburg.

Sperling,H.J. (1997), Restrukturierung von Unternehmens- und Arbeitsorganisation – eine Zwischenbilanz, Marburg.

Sperling,H.J. (2008), Vom Lohnrahmentarifvertrag II zum Auto 5000. Stationen einer tarifpolitischen Rahmung innovativer Arbeitspolitik. In: Wagner,H.(Hg.), Arbeit und Leistung – gestern & heute. Ein gewerkschaftspolitisches Politikfeld, Hamburg, 125-140.

Spieker,W. (1992), Die ungewisse Zukunft des Montan-Arbeitsdirektors. In: Däubler,W./ Bobke,M./Kehrmann,K.(Hg.), Arbeit und Recht. Festschrift für Albert Gnade, Köln, 275-287.

Staehle,W. (1999), Management, 8. Aufl., München.

Staehle,W.H./Osterloh,M. (1985), Wie, wann und warum informieren deutsche Manager ihre Betriebsräte? In: Ballwieser,W./Berger,K.H.(Hg.), Information und Wirtschaftlichkeit, Wiesbaden, 777-812.

Stern,R.N. (1998), Participation by representattion. Workers on board of directors in the United States and abroad, Work and Occupations 15, 396-422.

Stitzel,M. (1987), Der gleitende Übergang in den Ruhestand, Frankfurt/Main-New York.

Stobernack,M. (1991), Der Zusammenhang von Arbeitslosenversicherung und Arbeitslosigkeit im Lichte der Empirie: Ein Literatursurvey, Zeitschrift für Wirtschaft und Sozialwissenschaften 111, 251-271.

Strauss,G. (1989), Workers' participation and US collective bargaining. In: Lammers,C.G./ Széll,G.(Hg.), International handbook of participation in organizations. For the study of organizational democracy, co-operation and self-management, Vol. I Organizational Democracy, Oxford, 227-247.

Strauss,G. (1992), Workers' participation in management. In: Hartley,J.F./Stephenson,G.H. (Hg.), Employment relations. The psychology of influence and control at work, Oxford, 291-313.

Strauss,G. (1998), Comparative international industrial relations. In: Whitfield,K./ Strauss,G.(Hg.), Researching the world of work. Strategies and methods in studying industrial relations, New York, 175-192.

Strauss,G. (2006), Worker participation – some under-considered issues, Industrial Relations 45, 778-803.

Strauss,G/Whitfield, K. (1998), Research methods in industrial relations. In: Whitfield,K./ Strauss,G.(Hg.), Researching the world of work. Strategies and methods in studying industrial relations, Ithaca-London, 5-29.

Streeck,W. (1979a), Gewerkschaftsorganisation und industrielle Beziehungen. Einige Stabilitätsprobleme industriegewerkschaftlicher Interessenvertretung und ihre Lösung im westdeutschen System der industriellen Beziehungen. In: Matthes,J.(Hg.), Sozialer Wandel in Westeuropa. Verhandlungen des 19. Deutschen Soziologentages Berlin, Frankfurt/Main-New York, 206-226.

Streeck,W. (1979b), Gewerkschaftsorganisation und industrielle Beziehungen. Einige Stabilitätsprobleme industriegewerkschaftlicher Interessenvertretung und ihre Lösung im westdeutschen System der industriellen Beziehungen, Politische Vierteljahresschrift 20, 241-257.

Streeck,W. (1981), Gewerkschaftliche Organisationsprobleme in der sozialstaatlichen Demokratie, Königstein.

Streeck,W. (1984), Co-determination: the fourth decade, International Yearbook of Organizational Democracy 2, 391-422.

Streeck,W. (1987), Industrial relations in West Germany: Agenda for change, IIM/LMP 87-5, Wissenschaftszentrum für Sozialforschung, Berlin.

Streeck,W. (1991), Interest heterogeneity and organizing capacity: Two class logics of collective action? In: Czada,R./Windhoff-Héritier,A.(Hg.), Political choice. Institutions, rules and the limits of rationality, Frankfurt/Main-Boulder: 161-198.

Streeck,W. (1992a), National diversity, regime competition and institutional deadlock: Problems in forming a European industrial relations system, Journal of Public Policy 12, 302-308.

Streeck,W. (1992b), Social institutions and economic performance. Studies of industrial relations in advanced capitalist economies, London.

Streeck,W. (1993), The rise and decline of neocorporatism. In: Ulman,L./Eichengreen,B./ Dickens,W.(Hg.), Labor and an integrated Europe, Washington, 80-99.

Streeck,W. (2003), No longer the century of corporatism. Das Ende des ‚Bündnisses für Arbeit', MPIfG Working Paper 03/04, Mai 2003.

Streeck,W. (2005), Nach dem Korporatismus: Neue Eliten, neue Konflikte, MPIfG Working Paper 05/04, Mai 2005.

Streeck,W./Schmitter,P.C. (1985a), Gemeinschaft, Markt und Staat – und die Verbände? Der mögliche Beitrag von Interessenregierungen zur sozialen Ordnung, Journal für Sozialforschung 25, 133-157.

Streeck,W./Schmitter,P.C. (1985b), Private interest governments: Beyond market and state, London.

Streeck,W./Hassel,A. (2003), Trade unions as political actors. In: Addison,J.T./Schnabel,C. (Hg.), International handbook of trade unions, Cheltenham-Northampton, 335-365.

Streeck,W./Rehder,B. (2003), Der Flächentarifvertrag: Krise, Stabilität und Wandel, Industrielle Beziehungen 10, 341-362.

Streeck,W./Rehder,B. (2005), Institutionen im Wandel: Hat die Tarifautonomie eine Zukunft? In: Busch,H.-W./Frey,H.P./Hüther,M./Rehder,B./Streeck,W., Tarifpolitik im Umbruch, Köln, 49-82.

Streeck,W./Visser,J. (2006), Conclusions: Organized business facing internationalization. In: Streeck,W./Grote,J./Schneider,V./Visser,J.(Hg.), Governing interests: Business associations facing internatioalization, New York, 242-272.

Streit,M.E. (1988), The mirage of neo-corporatism, Kyklos 41, 603-624.

Struck,O./Köhler,C.(Hg.) (2004), Beschäftigungsstabilität im Wandel? Empirische Befunde und theoretische Erklärungen für West- und Ostdeutschland, München-Mering.

Struck,O./Köhler,C./Goetzelt,I./Grotheer,M./Schröder,T. (2006), Die Ausweitung von Instabilität? Beschäftigungsdauern und betriebliche Beschäftigungssysteme (BBSS), Arbeit 15, 167-180.

Szydlik,M. (1990), Die Segmentierung des Arbeitsmarktes in der Bundesrepublik Deutschland. Eine empirische Analyse mit Daten des Sozio-ökonomischen Panels, Berlin.

Teichmann,U.(Hg.) (1981), Gewerkschaften. Analysen, Theorie und Politik, Darmstadt.

Terry,M. (1994), Workplace unionism: Redefining structures and objectives. In: Hyman,R./ Ferner,A.(Hg.), New frontiers in European industrial relations, Oxford, 223-249.

Thelen,K. (1991), Union of parts. Labor politics in postwar Germany, Ithaca-London.

Thelen,K. (1992), The politics of flexibility in the German metalworking industries. In: Golden,M./Pontusson,J.(Hg.), Bargaining for change. Unions politics in North America and Europe, Ithaca-London, 215-246.

Thelen,K. (2000), Why German employers cannot bring themselves to dismantle the German model. In: Iverson,T./Pontusson,J./Soskice,D.(Hg.), Unions, employers and central banks macroeconomic coordination and institutional change in social market economies, Cambridge, 138-169.

Thelen,K. (2001), Varieties of labor politics in the developed democracies. In: Hall,P./ Soskice,D.(Hg.), Varieties of capitalism. The institutional foundations of comparative advantage, Oxford, 71-103

Thompson,M. (1991), Union-management relations: Recent research and theory. In: Adams,R.J.(Hg.), Comparative industrial relations. Contemporary research and theory. London, 94-108.

Thurow,L.C. (1976), Generating Inequality, London-Basingstoke.

Tondorf,K. (1995), Beschäftigungssicherung in ostdeutschen Kommunalverwaltungen – Probleme einer neuen Tarifpolitik im öffentlichen Dienst, Industrielle Beziehungen 2, 180-202.

Trampusch,C. (2004), Das Scheitern der Politikwissenschaft am Bündnis für Arbeit. Eine Kritik an der Problemlösungsliteratur über das Bündnis für Arbeit, Politische Vierteljahresschrift 45, 541-562.

Traxler,F. (1986), Interessenverbände der Unternehmer. Konstitutionsbedingungen und Steuerungskapazitäten, analysiert am Beispiel Österreichs, Frankfurt/Main-New York.

Traxler,F. (1993), Business unions and labor unions in comparison: theoretical perspectives and empirical findings on social class, collective action and associational organizability, British Journal of Sociology 44, 673-691.

Traxler,F. (1995a), Farewell to labour market associations? Organized versus disorganized decentralization as a map for industrial relations. In: Crouch,C./Traxler,F.(Hg.), Organized industrial relations in Europe: What future, Avebury, 3-19.

Traxler,F. (1995b), Two logics of collective action in industrial relations? In: Crouch,C./ Traxler,F.(Hg.), Organized industrial relations in Europe: What future?, Avebury, 23-44.

Traxler,F. (1997a), The state in industrial relations. A cross-national analysis, Ms. University of Vienna.

Traxler,F. (1997b), Der Flächentarifvertrag in der OECD. Entwicklung, Bestandsbedingungen und Effekte, Industrielle Beziehungen 4, 101-124.

Traxler,F. (1998a), Collective bargaining in the OECD: Developments, preconditions and effects, European Journal of Industrial Relations 4, 207-226.

Traxler,F. (1998b), Der Staat in den Arbeitsbeziehungen. Entwicklungstendenzen und ökonomische Effizienz im internationalen Vergleich, Politische Vierteljahresschrift 39, 235-260.

Traxler,F. (1999), Gewerkschaften und Arbeitgeberverbände: Probleme der Verbandsbildung und Interessenvereinheitlichung. In: Müller-Jentsch,W.(Hg.), Konfliktpartnerschaft. Akteure und Institutionen der industriellen Beziehungen, 3., überarb. und erw. Aufl. München-Mering, 57-77.

Traxler,F. (2000), Employers and employer organisations in Europe: membership strength, density and representativeness, Industrial Relations Journal 31, 308-316.

Traxler,F. (2001), Der verbandliche Organisationsgrad der Arbeitgeber: ein internationaler Vergleich. In: Abel,J./Sperling,J.(Hg.), Umbrüche und Kontinuitäten – Perspektiven nationaler und internationaler Arbeitsbeziehungen. Walther Müller-Jentsch zum 65. Geburtstag, München-Mering, 315-330.

Traxler,F. (2002), Wage Regulation between Industrial Democracy and Market Pressures, European Sociological Review 18, 1-16.

Traxler,F. (2003a), Bargaining, state regulation and the trajectories of industrial relations, European Journal of Industrial Relations 9, 141-161.

Traxler,F. (2003b), Der Zentralisationsgrad des Tarifverhandlungssystems und seine wirtschafts- und sozialpolitischen Effekte im internationalen Vergleich, Industrielle Beziehungen 10, 528-543.

Traxler,F. (2003c), Die Struktur der nationalen Gewerkschaftssysteme im Vergleich. In: Schroeder,W./Wessels,B.(Hg.), Die Gewerkschaften in Politik und Gesellschaft der Bundesrepublik Deutschland. Ein Handbuch, Wiesbaden, 543-564.

Traxler,F. (2003d), European Monetary Union and collective bargaining. In: Keller,B./ Platzer,H.-W.(Hg.), Industrial relations and European integration. Trans- and supranational developments and prospects, Aldershot, 85-111.

Traxler,F. (2004), The metamorphosis of corporatism: From classical to lean patterns, European Journal of Political Research 43, 571-598.

Traxler,F. (2006), Economic internationalization and the organizational dilemma of employer associations. A comparison of 20 OECD countries. In: Streeck,W./ Grote,J./Schneider,V./Visser,J.(Hg.), Governing interests: Business associations facing internatioalization, New York, 93-114.

Traxler,F. (2007), Unternehmerverbände im internationalen Vergleich. In: Schroeder,W./ Weßels,B.(Hg.), Arbeitgeber- und Wirtschaftsverbände in Politik und Gesellschaft der Bundesrepublik Deutschland: ein Handbuch, Wiesbaden (im Druck).

Traxler,F./Blaschke,S./Kittel,B. (2001), National labor relations in internationlized markets. A comparative analysis of institutions, change and performance, Oxford.

Treu,T. (1989), Development of working-time patterns and flexibility. In: Gladstone,A./ Lansbury,R./Stieber,J./Treu,R./Weiss,M.(Hg.), Current issues in labour relations: An international perspective, Berlin-New York, 149-263.

Treu,T. (1992a), Participation in public policy making: The role of trade unions and employers associations, Berlin-New York.

Treu,T. (1992b), Tripartite social policy making: An overview. In: Treu,T.(Hg.), Participation in public policy making, 12-31.

Trinczek,R. (1989), Betriebliche Mitbestimmung als soziale Interaktion. Ein Beitrag zur Analyse innerbetrieblicher industrieller Beziehungen, Zeitschrift für Soziologie 18, 444-456.

Turner,L. (1991), Democracy at work. Changing world markets and the future of labor unions, Ithaca-London.

UCL/IST (2003), Institut des sciences du travail, Recherche, http://www.travb.ucl.be/recherche/dg5-part2.htm.

Ulich,E. (2005), Arbeitspsychologie, 6., überarb. und erw. Aufl., Zürich.

Ulman,L. (1992), Why should human resource managers pay higher wages?, British Journal of Industrial Relations 30, 178-212.

UNICE (1999), Releasing Europe's employment potential. Companies' views on European social policy beyond 2000, Brüssel.

Useem,M. (1984), The inner circle, New York.

van Ruysseveldt,J./Visser,J.(Hg). (1996), Industrial Relations in Europe. Traditions and Transitions, London.

van Rysseveldt,J./Huiskamp,R./van Hoof,J.(Hg.) (1995), Comparative industrial relations and employment relations, London.

van Waarden,F. (1991), Two logics of collective action? Business associations as distinct from trade unions: The problems of associations of organisations. In: Sadowski,D./Jacobi,O. (Hg.) (1991), Employers' associations in Europe: Policy and organisation, Baden-Baden, 51-84.

van Waarden,F. (1995a), The organizational power of employers' associations: Cohesionm comprehensiveness and organizational development. In: Crouch,C./Traxler,F.(Hg.), Organized industrial relations in Europe: What future?, Aldershot, 45-97.

van Waarden,F. (1995b), Employers and employers' associations. In: van Ruyssefeldt,J./ Huiskamp,R./v.Hoof,J.(Hg.), Comparative industrial and employment relations, London, 68-108.

van Waarden,F. (1995c), Government interventions in industrial relations. In: van Ruysseveldt,J./Huiskamp,R./v.Hoof,J.(Hg.), Comparative industrial and employment relations, London, 109-133.

Verma,A./Kochan,T.A.(Hg.) (2004), Unions in the 21st century. An international perspective, London.

Vieregge,H.v. (1993), Was Mitglieder bindet – eine Umfrage von Infratest, Der Arbeitgeber 45, 742-745.

Vieregge,H.v./HESSEN METALL (1994), „Was Mitglieder bindet“: Ergebnis einer Infratest-Umfrage 1993 bei HESSEN METALL. Reihe „Manuskripte“ 1/94, Frankfurt/Main.

Visser,J. (1989), In search of inclusive unionism, Deventer.

Visser,J. (1994), Union organization: Why countries differ. In: Niland,J.-.R./Lansbury,R.D./ Verevis,C.(Hg.), The future of industrial relations: Global change and challenges, London-New Dehli, 164-184.

Visser,J. (1995), Trade unions from a comparative perspective. In: van Ruyssefeldt,J./Huiskamp,R./v.Hof,J.(Hg.), Comparative industrial and employment relations, London, 37-67.

Visser,J. (2006), Union membership statistics in 24 countries, Monthly Labor Review 129, 38-49.

Visser,J. (2007), Trade union decline and what next. Is Germany a special case?, Industrielle Beziehungen 14, 97-117.

Vitols,S. (2001), Unternehmensführung und Arbeitsbeziehungen in deutschen Tochtergesellschaften großer ausländischer Unternehmen. Forum Mitbestimmung und Unternehmen, Gütersloh.

Vitols,S. (2004), Investitionshindernis als Drohkulisse, Mitbestimmung 50, 46-49.

Vitols,S. (2006), Ökonomische Auswirkungen der paritätischen Mitbestimmung, Gutachten im Auftrag des DGB, Berlin.

Volkert,K. (1994), Beschäftigungssicherung durch Arbeitszeit- und Qualifizierungsmaßnahmen – das 4-Tage-Modell bei VW. In: Forschungsinstitut der Friedrich-Ebert-Stiftung (Hg.), Verzahnung von Arbeitsmarkt- und Arbeitszeitpolitik. Mehr Weiterbildung bei veränderten Arbeitszeiten, Bonn, 7-17.

Völkl,M. (1998), Krise des Flächentarifvertrages und Integrationsfähigkeit von Arbeitgeberverbänden. Empirische Untersuchungen am Beispiel zweier mittelständischer baden-württembergischer Branchen, Industrielle Beziehungen 5, 165-192.

Völkl,M. (2002), Der Mittelstand und die Tarifautonomie. Arbeitgeberverbände zwischen Sozialpartnerschaft und Dienstleistung, München-Mering.

von Hauff,M. (1979), Theorie und Praxis gewerkschaftlicher Interessenpolitik. Eine ökonomische Analyse, Königstein.

von Werder,A. (2003), Modernisierung der Mitbestimmung, Diskussionspapier, Berlin.

von Werder,A. (2004), Modernisierung der Mitbestimmung, Die Betriebswirtschaft 64, 229-243.

Waddington,J. (1995), The politics of bargaining: The merger process and British trade union structural development, 1892-1987, London.

Waddington,J.(Hg.) (2005), Restructuring representation. The merger process and trade union structural development in ten countries, Brüssel.

Waddington,J./Hoffmann,R. (2000), The German union movement in structural transition: defensive adjustment or setting a new agenda? In: Hoffmann,R./Jacobi,O./ Keller,B./Weiss,M.(Hg.), Transnational industrial relations in Europe, Düsseldorf, 113-137.

Waddington,J./Kahmann,M./Hoffmann,J. (2005), A comparison of the trade union merger process in Britain and Germany. Joining forces?, London-New York.

Wagner,D.(Hg.) (1995), Arbeitszeitmodelle. Flexibilisierung und Individualisierung, Göttingen.

Wagner,J./Lorenz,W. (1992), An international comparison of the rates of return to human capital: Evidence from five countries, Research on Economic Inequalitiy 3, 115-131.

Walton,R.E./McKersie,R.B. (1991), A behavioral theory of labor negotiations. An analysis of a social interaction system, 2nd ed., Ithaca.

Walwei,U. (1996), Improving job-matching through placement services. In: Schmid,G./ O'Reilly,J./Schömann,K.(Hg.), International handbook of labour market policy and evaluation, Cheltenham-Brookfield, 402-430.

Walwei,U. (2006), Zu den gesamtwirtschaftlichen Auswirkungen der „Hartz-Reformen". In: Brinkmann,C./Koch,S./Mendius,G.(Hg.), Wirkungsforschung und Politikberatung – eine Gratwanderung, Nürnberg, 59-87.

Wassermann,W. (1992), Arbeiten im Kleinbetrieb. Interessenvertretung im deutschen Alltag, Köln.

Wassermann,W./Rudolph,W. (2005), Betriebsräte nach der Reform. Eine empirische Untersuchung ausgewählter Effekte der Reform des Betriebsverfassungsgesetzes 2001 in der Praxis, Münster.

Weber,H. (1986), Konflikte in Interorganisationssystemen. Zur Konfliktlogik organisierter Arbeitsmarktparteien im Tarifkonflikt 84, Soziale Welt 37, 263-279.

Weber,H. (1987), Desynchronisation, Dezentralisierung – und Dekomposition? Die Wirkungsdynamik des Tarifkonflikts 84 und ihre Effekte auf das System industrieller Beziehungen. In: Abromeit,H./Blanke,B.(Hg.), Arbeitsmarkt, Arbeitsbeziehungen und Politik in den 80er Jahren, Opladen, 133-146.

Weber,H. (1987), Unternehmerverbände zwischen Markt, Staat und Gewerkschaften. Zur intermediären Organisation von Wirtschaftsinteressen, Frankfurt/Main-New York.

Weber,S. (2008), Autonome Sozialdialoge auf EU-Ebene. Zur Problematik der Implementation von „Texten der neuen Generation", Industrielle Beziehungen 15, 53-75.

Weber,W.(Hg.) (1996), Grundlagen der Personalwirtschaft. Theorien und Konzepte, Wiesbaden.

Weinert,A. (2004), Organisations- und Personalpsychologie, 5., vollst. überarb. Aufl., Weinheim-Basel.

Weiss,M. (2002), Modernizing the German works council system: A recent amendment, International Journal of Comparative Labour Law and Industrial Relations 18, 251-264.

Weiss,M. (2005), Wider die Provinzialität des arbeitsrechtlichen Diskurses. Eine Skizze in forschungs- und ausbildungspolitischer Absicht. In: Kiesow,R.M./Ogorek,R./Simitis,S.(Hg.), Summa. Dieter Simon zum 70. Geburtstag, Frankfurt/Main, 79-592.

Weiss,M./Schmidt,M. (2000), Labour Law and Industrial Relations in Germany, 3rd revised ed., The Hague-London-Boston.

Weitbrecht,H. (1969), Effektivität und Legitimität der Tarifautonomie. Eine soziologische Untersuchung am Beispiel der deutschen Metallindustrie, Berlin.

Weitbrecht,H. (1998), Mitbestimmung, Human Resource Management und neue Beteiligungskonzepte, Gütersloh.

Weitbrecht,H. (2008), Arbeitgeberverbände in der Tarifpolitik und im tarifpolitischen System der Bundesrepublik. In: Schroeder,W./Weßels,B.(Hg.), Arbeitgeber- und Wirtschaftsverbände in Politik und Gesellschaft der Bundesrepublik Deutschland: ein Handbuch, Wiesbaden (im Druck).

Weltz,F. (1977), Kooperative Konfliktverarbeitung, Gewerkschaftliche Monatshefte 28, Teil I: 291-301, Teil II: 489-494.

Wenger,H. (1984), Segmentation am Arbeitsmarkt und Arbeitslosigkeit, Frankfurt/Main-New York.

Weßels,B. (1999), Die deutsche Variante des Korporatismus. In: Kaase,M./Schmid,G.(Hg.), Eine lernende Demokratie. 50 Jahre Bundesrepublik Deutschland, Berlin, 87-113.

Western,B. (1993), Postwar unionization in eighteen advanced capitalist countries, American Sociological Review 58, 266-282.

Wever,K. (1994), Learning from works councils: Five unspectacular cases from Germany, Industrial Relations 33, 467-481.

Wever,K. (1995), Negotiating competitiveness. Employment relations and organizational innovation in Germany and the United States, Boston.

Wever,K. (1997), Unions adding value: Addressing market and social failures in the advanced industrialized countries, International Labour Review 136, 449-468.

Wever,K. (1998), International labor revitalization: Enlarging the playing field, Industrial Relations 37, 388-407.

Weyand,J. (1993), The role of managerial initiatives in changing industrial relations: Some German lessons. In: Biagi,M.(Hg.), Participative management and industrial relations in a worldwide perspective, Bulletin of Comparative Labour Relations 27, 165-181.

Whitfield,K./Strauss,G. (2000), Methods matter: Changes in industrial relations research and their implications, British Journal of Industrial Relations 38, 141-151.

Wiedemann,E./Brinkmann,C./Spitznagel,E./Walwei,U. (1999), Die arbeitsmarkt- und beschäftigungspolitische Herausforderung in Ostdeutschland, Nürnberg.

Wiesenthal,H. (1988), Akteurrationalität. Überlegungen zur Steuerungsfähigkeit politischer Akteure in der Beschäftigungskrise. In: Feldhoff,J.(Hg.), Regulierung – Deregulierung. Steuerungsprobleme der Arbeitsgesellschaft, Nürnberg, 70-98.

Wiesenthal,H. (1992), Kapitalinteressen und Verbandsmacht. "Two logics of collective action" revisited. In: Abromeit,H./Jürgens,U.(Hg.), Die politische Logik wirtschaftlichen Handelns, Berlin, 38-61.

Wiesenthal,H./Clasen,R. (2003), Gewerkschaften in Politik und Gesellschaft: Von der Gestaltungsmacht zum Traditionswächter. In: Schroeder,W./Wessels,B.(Hg.), Die Gewerkschaften in Politik und Gesellschaft der Bundesrepublik Deutschland. Ein Handbuch, Wiesbaden, 296-322.

Williamson,O.E. (1985), The economic institutions of capitalism. Firms, markets, relational contracting, New York-London.

Williamson,O.E. (1996), The mechanisms of governance. Oxford-New York.

Wilpert,B. (1989), Mitbestimmung. In: Greif,S./Holling,H./Nicholson,N.(Hg.), Arbeits- und Organisationspsychologie. Internationales Handbuch in Schlüsselbegriffen, München, 324-328.

Windmuller,J.P. (1987), Comparative study of methods and practices. In: ILO (Hg.), Collective bargaining in industrialised market economies: A reappraisal, Geneva, 121-148.

Windmuller,J.P./Gladstone,A.(Hg.) (1984), Employers associations and industrial relations, Oxford.

Windolf,P. (1989a), Productivity coalitions and the future of European corporatism, Industrial Relations 28, 1-20.

Windolf,P. (1989b), Vom Korporatismus zur Deregulierung. Thesen zum Strukturwandel der Gewerkschaften, Journal für Sozialforschung 29, 367-387.

Windolf,P. (2003), Korruption, Betrug und ‚Corporate Governance' in den USA – Anmerkungen zu Enron, Leviathan 31, 185-218.

Windolf,P./Hohn,H.W. (1984), Arbeitsmarktchancen in der Krise. Betriebliche Rekrutierung und soziale Schließung, Frankfurt/Main-New York.

Windolf,P./Wood,S. (1988), Recruitment and selection in the labour market, Aldershot.

Wissenschaftszentrum Berlin für Sozialforschung (1988), Bericht 1986-1987, Berlin.

WSI (Hg.) (2007), WSI-Tarifhandbuch 2007, Frankfurt/Main.

WSI (Hg.) (2008), WSI-Tarifhandbuch 2008, Frankfurt/Main.

WSI-Projektgruppe (1998), Ausgewählte Ergebnisse der WSI-Befragung von Betriebs- und Personalräten 1997/98, WSI-Mitteilungen 51, 653-667.

Zeitlin,J. (2005), The open method of co-ordination in action. Theoretical promise, empirical realities, reform strategy. In: Zeitlin,J./Pochet,P./Magnusson,L.(Hg.), The open method of co-ordination in action. The European employment and social inclusion strategies, Brüssel, 447-504.

Zeitlin,J./Pochet,P./Magnusson,L.(Hg.) (2005), The open method of co-ordination in action. The European employment and social inclusion strategies, Brüssel.

Zerche,J./Schönig,W./Klingenberger,D. (2000), Arbeitsmarktpolitik und -theorie. Lehrbuch zu empirischen, institutionellen und theoretischen Grundfragen der Arbeitsökonomik, München-Wien.

Zmarzlik,J. (1994), Das neue Arbeitszeitgesetz, Der Betrieb 47, 1082-1086.

Zwiener,R. (1993), Zu den Effekten der Arbeitszeitverkürzung in den achtziger Jahren. In: Hampe,P.(Hg.), Zwischenbilanz der Arbeitszeitverkürzung, München, 91-103.

Personenverzeichnis

Sachindex

Aufgeführt sind jeweils die zentralen Fundstellen.

26953640R00273

Printed in Poland
by Amazon Fulfillment
Poland Sp. z o.o., Wrocław